VICTOR MIRSHAWKA

ENCANTADORAS CIDADES BRASILEIRAS

AS PUJANTES ECONOMIAS
ALAVANCADAS PELA VISITABILIDADE

VOLUME III

São Paulo, 2021
www.dvseditora.com.br

ENCANTADORAS CIDADES BRASILEIRAS
AS PUJANTES ECONOMIAS ALAVANCADAS PELA VISITABILIDADE

Volume 3

DVS Editora 2021 - Todos os direitos para a território brasileiro reservados pela editora.

Nenhuma parte deste livro poderá ser reproduzida, armazenada em sistema de recuperação, ou transmitida por qualquer meio, seja na forma eletrônica, mecânica, fotocopiada, gravada ou qualquer outra, sem a autorização por escrito do autor.

Capa e Diagramação: Spazio Publicidade e Propaganda
Fotos capa e miolo: Shutterstock

Dados Internacionais de Catalogação na Publicação (CIP)
(Câmara Brasileira do Livro, SP, Brasil)

Mirshawka, Victor
  Encantadoras cidades brasileiras : volume III : as pujantes economias alavancadas pela visitabilidade / Victor Mirshawka. -- 1. ed. -- São Paulo : DVS Editora, 2021.

  ISBN 978-65-5695-024-2

  1. Cidades - Administração 2. Cidades - Brasil 3. Cidades - Condições econômicas 4. Cidades criativas 5. Cultura - Aspectos econômicos 6. Desenvolvimento econômico 7. Economia - Brasil 8. Planejamento urbano - Brasil I. Título.

21-60607　　　　　　　　　　　　CDD-363.690981

Índices para catálogo sistemático:

1. Cidades brasileiras : Cultura : Economia criativa 363.690981

Maria Alice Ferreira - Bibliotecária - CRB-8/7964

Índice

Introdução v

Petrolina e Juazeiro 1
Petrópolis 45
Porto Alegre 79
Recife e Olinda 159
Salvador 263
São Luís 353
Teresina 397
Teresópolis 449
Tiradentes 479
Uberlândia 519
Vitória 561

Lugares próximos de cidades
que valem a pena ser visitados 617

Posfácio 631

Siglas 635

Índice

Introdução
(3ª parte)

**VIAJAR É PRECISO!!!
NO MUNDO TODO SÃO CADA VEZ MAIORES
OS NEGÓCIOS AO TURISMO CRIATIVO!!!**

Nos últimos anos proferi diversas palestras nas quais abordei o tema **empregabilidade**, bem como os riscos de desaparecerem muitos postos de trabalho devido a evolução cada vez maior da IA e do desenvolvimento de novos robôs para a realização de tarefas humanas.

Destaquei que é nos diversos setores da EC – que tem como matéria-prima a **inovação** e o **capital intelectual** - que estão as possibilidades de surgirem novos postos de trabalho!!!

E cada dia que passa confirma-se o fato que o mercado das indústrias criativas está numa grande expansão precisando de muita gente para o seu correto desenvolvimento valendo-se de todos os avanços tecnológicos alcançados.

Um dos importantes setores da EC é o **turismo**, mais especificamente o **turismo criativo**. Este pode ser definido como aquele que oferece a oportunidade de desenvolver o potencial criativo dos visitantes, por meio da participação criativa deles em **experiências** de aprendizado, interagindo com a cultura e os residentes dos destinos que eles foram conhecer.

De forma facilmente perceptível o turismo criativo contempla também o desenvolvimento de outros segmentos da EC como a gastronomia, o artesanato, o entretenimento, as artes cênicas e visuais, a música, o cinema etc.

Vivemos hoje de fato na era do **turismo criativo**, no qual se busca envolver os visitantes nas mais variadas atividades que lhes permitam tanto o divertimento como o incremento de sua cultura.

Portanto, deve-se agora mais do que nunca envolver o turista, neste início da terceira década do século XXI, para que ele participe ativamente de manifestações artísticas e culturais (isto significa ele querer dançar, cantar, assistir apresentações teatrais, visitar museus, admirar as belezas naturais e históricas de onde estiver), aprecie a gastronomia, adquira peças artesanais e registre em fotos e vídeos sua passagem pelos locais de destaque.

Neste sentido, os empreendimentos hoteleiros têm um papel muito importante nesse movimento de cativar os visitantes, oferecendo-lhes diversos aconselhamentos sobre o que deveriam fazer durante sua estada numa determinada localidade, facilitando-lhes o estabelecimento de conexões com o que há de mais interessante na região.

São esses bons serviços, essenciais, para que o turista tenha experiências e sensações agradáveis, que se envolva emocionalmente no espaço em que está, o que certamente fará com que ele queira voltar e inclusive, recomendar essa visita aos seus conhecidos.

Tudo isso mostra que as autoridades do governo brasileiro em suas diversas instâncias devem aperfeiçoar as leis que permitam o desenvolvimento do turismo no País, facilitando também a vinda dos turistas estrangeiros e ao mesmo tempo auxiliando as localidades (cidades) para que elas possam oferecer novas atrações, sem jamais esquecer os turistas domésticos.

No livro *Cidades Paulistas Inspiradoras: Desenvolvimento Estimulado pela Economia Criativa,* destaquei o programa especial Municípios de Interesse Turístico (MIT), que foi desenvolvido pelo governo paulista e que ajudou muitas cidades para que estas possam ter um perfil no qual o turismo se torne a sua atividade econômica prioritária.

É interessante neste sentido observar como nestes últimos cinco anos evoluiu no Estado de São Paulo, a **visitabilidade** às cidades como: Olímpia, Brotas, Aparecida, Holambra, Campos de Jordão etc., todas relativamente pequenas e que recebem muitas centenas de milhares (ou até milhões) de visitantes todos os anos.

No Brasil, as ruas de pedra, as casas caiadas, os casarões antigos, as igrejas seculares, as janelas e portas feitas em madeira no século XIX etc., criaram uma atmosfera indescritível em cidades como Ouro Preto, Tiradentes, São Luís, Paraty etc., como descrevo nesse livro.

Quem vai a essas cidades pratica o **turismo arquitetônico e criativo**, pois nelas os visitantes podem fazer uma viagem ao passado, observando edificações feitas há três séculos ou um pouco menos.

Claro que as atrações dessas localidades não se restringem a esses "**tesouros do passado**".

Viajar permite que as pessoas conheçam melhor o nosso mundo!!!

É verdade que quem viaja hoje está apoiado (e cercado) por muita tecnologia, que de certa forma condiciona os viajantes, se bem que ao mesmo tempo os ajuda muito, inclusive para não desperdiçarem tempo, ficando perdidos nas suas andanças...

De certa forma as pessoas eliminaram o flanar sem propósito por uma cidade e passaram a planejar cada um dos seus passos, olhando constantemente a tela do seu celular para seguir à risca o trajeto que lhes está sendo indicado no Google.

Hoje os turistas escolhem onde vão comer (ou hospedar) de acordo com as avaliações que conseguem em algum *site* e chegam a perder um dia inteiro de viagem só para almoçar (ou jantar) naquele restaurante incrível, no qual tiram fotos dos pratos que solicitaram e as colocam nas redes sociais para que os seus conhecidos fiquem com inveja delas!?!?

E o que há de errado nisso?

Fundamentalmente nada!!!

Porém certamente há uma forma melhor de apreciar a viagem, deixando-a mais natural, menos coordenada e possibilitando especialmente que os **sentidos** de uma pessoa sejam usados de forma mais eficiente.

No que se refere a **visão**, a recomendação é que o viajante pare de olhar tanto para a tela!!!

A pessoa deve isto sim, observar mais os detalhes de onde está, reparar em como se comportam as pessoas (vendedores, recepcionistas, batedores de carteira, transeuntes etc.) e como eles estão aproveitando o seu dia a dia.

É esse conjunto que forma a **real experiência** de uma viagem.

No tocante ao **paladar** claro que ir a um restaurante recomendadíssimo deve ser muito legal, mas o visitante criativo é aquele que dá uma chance a um pequeno restaurante simpático que oferece comida local, o que talvez lhe ajudará a entender melhor a história, os costumes e a geografia do lugar visitado.

Recorrer a um suculento hambúrguer vez ou outra no decorrer de uma viagem não é nenhum pecado, devendo, porém, ser uma exceção!!!

Dê sempre a maior quantidade possível de opções ao seu paladar para envolver-se com os sabores locais!!!

Quando alguém viaja, quanto ao **tato** deve buscar as texturas diferentes do lugar que está visitando no decorrer dos seus passeios, na hora de comprar lembrancinhas e inclusive na gastronomia.

Assim se puder encontrar um *souvenir* que faça jus ao nome de "**artesanato local**" e que conte algo sobre onde você está. Opte por ele no lugar de qualquer outra bugiganga atraente, mas que tem a inscrição *made in China*!?!?

A **memória olfativa** do visitante é comprovadamente a que tem o maior poder de fazê-lo voltar a um determinado tempo e local.

Portanto o turista, não pode jamais desprezar esse sentido em suas viagens.

Não é pois por acaso que muitos hotéis vêm investindo em criar fragrâncias próprias para aromatizar o ambiente.

Mercados como o Ver-o-Peso, em Belém, são uma fonte inesgotável de ervas, banhos e essências.

Finalmente o sentido da **audição** não pode ficar imune à viagem.

O visitante tem que ouvir o que as pessoas que moram num lugar dizem, a aprender com elas e as suas narrativas.

Por isso, o viajante esperto não anda numa cidade com fones nos ouvidos escutando música, mas ao contrário procura isto sim escutar os sons da cidade, os diferentes sotaques e até tentar "pescar" alguma coisa nas conversas em idioma que desconhece, pois isso é bem divertido...

Toda pessoa deve levar muito a sério a **história de viajar**.

Por isso ela deve planejar muito bem onde quer ir nos meses e anos que estão à frente.

Todo aquele que quer alimentar a sua cabeça e incrementar sua criatividade deve disciplinar e organizar as suas viagens pois elas serão fundamentais para que aumente o seu repertório, incremente os seus relacionamentos ("*network*") e amplie sua visão global.

A gente aprende tanto observando o passado como imaginando o futuro.

Viajar permite que a pessoa se encontre com novas paisagens, experimente coisas novas, questione, seja curioso,

Torna possível fazer novos amigos, encontrar antigos, com o que se acaba deixando o celular de lado por muitas horas, em vários dias.

Por isso é vital que o (a) caro (a) leitor (a) desse livro compreenda a importância que tem na sua vida viajar, indo visitar lugares incríveis e estar presente em eventos imperdíveis organizados nas nossas cidades encantadoras ou também nas atraentes e criativas de outras partes do planeta.

O mundo inteiro já compreendeu a importância do turismo e se acredita que em 2019 esse setor foi responsável por cerca de 12% dos empregos e algo próximo de 11,2% do PIB mundial.

O Brasil precisa nesse sendo se internacionalizar, facilitar a chegada dos turistas, incrementar as viagens ao nosso País, promover mais congressos, eventos esportivos e musicais, criar uma conexão aérea mais intensa com as principais cidades do mundo.

É isso que vai permitir que nas nossas cidades haja mais empregos e ter uma economia mais vibrante, o que possibilitará inclusive melhorá-las, investir nelas mais em cultura e arte e principalmente levará os seus moradores a usarem mais a sua criatividade devotando-a para novas ideias e inovações principalmente que incrementem o turismo, dentro de um círculo virtuoso.

Temos o maior potencial natural entre 140 países que foram analisados no Fórum Econômico Mundial de Davos (Suiça) e a oitava potência cultural do planeta, o nosso País está apenas na 137ª posição no que se refere ao ambiente de negócios para desenvolver o turismo!?!?

Assim como ao agronegócio foi dada uma chance de fazer muito pelo País – em 2019. a soma de bens e serviços gerados no agronegócio chegou a R$ 1,55 trilhão ou seja, 21,4% do PIB brasileiro – é o turismo que agora está pedindo passagem.

Nessa era da intensa falta de empregos é no turismo que poderão ser alocados alguns milhões de brasileiros, que passarão a ter, dessa maneira uma vida mais digna.

Uma das intenções desse livro é mostrar que o Brasil tem tudo para se tornar uma potência do turismo podendo receber mais de 26 milhões de turistas estrangeiros por ano, (quase quatro vezes mais os que nos visitam hoje) o que obviamente criaria alguns milhões de novos empregos (no final de 2019 havia cerca de 12,7 milhões de desempregados no País).

E isto não é um sonho, mas uma obviedade decorrente das seguintes informações recentes.

- Na pesquisa que o ministério do Turismo realizou com os turistas no Rio de Janeiro no final dos Jogos Olímpicos, em 2016, mais de 95% declararam que pretendiam voltar ao País.
- A respeitada *Wanderlust*, uma publicação inglesa especializada em ecoturismo, fez uma enquete com celebridades de diversos segmentos, e o *chef* Michel Roux Jr., apresentador da rede de TV BBC, foi categórico: um destino que mais atrai pela gastronomia no mundo é o Brasil!!!

    Aliás não se pode esquecer que o País já tem algumas cidades na RCC na categoria gastronomia que são Belém, BH, Florianópolis e Paraty.
- O canal mundial de notícias CNN escolheu o povo brasileiro como o mais *"cool"* (gente legal) do planeta!!!
- A conceituada revista *Condé Nast Traveler*, dirigida ao turismo de alto padrão, elegeu, em julho de 2017, o Brasil como o País **mais bonito do mundo**.

Claro que isso não basta, pois também se divulgam no mundo todos os problemas com a falta de segurança que um turista pode ter nos passeios no País!?!?

Apesar de tudo isso deve-se estar bem ciente que atualmente é grande o impacto do turismo, ou seja, desse setor na geração de negócios pois movimenta outros 52 setores da cadeia produtiva sendo responsável pela garantia de cerca de 10% de empregos entre diretos e indiretos, e gera riquezas na ordem de 8% do PIB (em 2018 o PIB do Brasil chegou a R$ 6,8 trilhões).

Mesmo assim estamos ainda nas últimas posições no *ranking* de países no que diz respeito às condições de investimento em turismo.

Enquanto em 2018 países latinos como o México, Colômbia e Argentina estima-se que investiram na sua promoção internacional (campanhas de mídia, feiras etc.) e na modernização de estruturas de seus organismos ligados ao turismo respectivamente US$ 430 milhões, US$ 50 milhões e US$ 38 milhões, nós estávamos na contramão e a Embratur (hoje a Agência Brasileira de Promoção Internacional do Turismo) aplicou algo próximo de US$ 17 milhões.

Pois é, enquanto esses países latinos (e outros) apresentam fluxos turísticos internacionais sólidos e crescentes, o Brasil continua a patinar e não conseguimos sair da faixa de 6,6 milhões de turistas internacionais.

Quando é que o nosso governo vai perceber que é através do turismo que pode alavancar a economia, e superar a recessão, a exemplo do que aconteceu recentemente em outros países como Espanha, Portugal, Tailândia etc.?

Não desenvolver o **turismo** com todas as vantagens que temos no País, especialmente nas cidades encantadoras e em tantos outros locais como descrito nesse livro, significa que não queremos nos transformar **em potência mundial do turismo**.

Note-se que o nosso turismo doméstico é bem **significativo**, o que se observa facilmente principalmente quando há finais de semana com algum feriado encostado neles quando aeroportos, rodoviárias, estradas, praias, hotéis, restaurantes, destinos atraentes etc., ficam superlotados com muitas queixas sobre a qualidade de serviço, a alta dos preços e especialmente a dificuldade para se ter momentos de lazer e divertimento.

Claro que agora estamos convivendo com o chamado **turista 4.0**, pois o fácil acesso e disseminação da informação, lhe permitem procurar por **experiências únicas**, que fujam de clichês e pacotes de viagem genéricos sem nenhum tipo de personalização.

Estima-se que no final de 2019, só o Google registrou cerca de 1,6 bilhão de buscas relacionadas a viagens e 68% delas foram feitas em *smartphones*.

Atualmente cerca dos 88 milhões de viajantes brasileiros, 91% deles têm acesso à Internet.

E uma pesquisa de 2019 do Euromonitor Brasil, indicou que cerca de 61% das vendas referentes à hospedagem foram feitas *on-line*, o que evidencia que a presença digital nos negócios é cada vez mais estratégica.

Por outro lado, a Fundação Instituto de Pesquisa Econômica (Fipe) revelou em 2019 que os adeptos do Airbnb, a plataforma comunitária de hospedagem, gastaram em média, três vezes mais no comércio local em comparação a viajantes que se hospedam em hotéis.

Não se pode mais deixar de levar em conta que hoje se tem na sua grande maioria o viajante (ou turista) 4.0, altamente preparado, imediatista e que busca cada vez mais por **experiências marcantes**.

O Brasil, e especialmente tanto as empresas privadas (particularmente as pequenas e médias que têm uma grande oportunidade de oferecer informações bem criativas aos visitantes) bem como os órgãos públicos municipais e estaduais ligados ao turismo devem criar muitas ações de *marketing* que entrem na lista de destinos de desejo dos turistas, para impulsionar mais ainda a receita do setor.

Aí vão três exemplos do que já se faz em cidades de alguns países europeus.

- ⇢ Na Holanda, em Amsterdã, destacam-se várias áreas de *selfie zone* ("locais para se tirar fotos incríveis") com o objetivo de movimentar regiões específicas.
- ⇢ Na Suécia, criou-se um número de telefone, que o turista pode usar para falar com um morador que o atenda, explicando-lhe a cultura do país e recomendando-lhe visitas a museus, locais históricos etc.
- ⇢ Muitas cidades da Espanha já fazem o uso de grandes quantidades de dados (*o big data*) para melhorar a oferta local de suas atrações, divulgando inclusive dias e horários em que elas podem ser presenciadas ou aproveitadas sem grandes esperas ou aglomerações.

Vivemos num Brasil em que uma das "grandes" questões é: **"Por que dar dinheiro público para artistas enquanto há gente morrendo nas filas de hospitais?"**

Lamentavelmente essa é a "provocação" que muitos utilizam para aqueles que querem ver o fim da lei Rouanet e outras formas de financiamento à cultura.

E ela é bem capciosa, por ser bem radical...

O fato é que por melhores que sejam os serviços de saúde pública de um País, sempre haverá neles algumas restrições de oferta, isto é, pessoas tentando conseguir um tratamento e não tendo sucesso!?!?

Um governo não pode gastar exageradamente no setor da saúde pois, devido a limitação de recursos começará a faltar muito dinheiro para outros setores como educação, segurança, infraestrutura e para a própria cultura (como já acontece no Brasil...).

O que faz mais sentido é estabelecer quanto cada rubrica deve receber e cuidar para que este dinheiro seja aplicado da melhor forma possível, seguindo os princípios norteadores da boa administração pública, realizada de forma eficiente e impessoal.

E no caso da lei Rouanet, não se trata apenas da eficiência, mas sim acabar com as suas distorções e desvios, aprimorando-a, com o que se poderá impedir que os brasileiros vivam cada vez mais sem irem a bons museus, ouçam boas orquestras ou vejam grandes espetáculos teatrais ou filmes nacionais.

Note-se que a **visitabilidade** que as cidades conseguem, deve-se em parte aos eventos artísticos que são apresentados nelas!!!

O País tem poucos competidores no mundo em termos de intensidade e diversidade culturais, reunindo dessa maneira todas as condições para se tornar uma das maiores potências culturais e criativas no século XXI.

Mas para que isso ocorra devem ser melhor aproveitados e contabilizados os mais diversos ativos que possui nessa área.

Infelizmente apesar da relevância do setor e do sentido estratégico da política pública de cultura, as nossas autoridades nos diversos níveis (municipal, estadual e federal) não têm focado a EC com a devida seriedade.

As autoridades não perceberam que o fomento público à cultura e a criatividade é um excelente investimento com incrível retorno, não sendo apenas um gasto...

Desconhecem (ou ignoram...) os números que atestam o já excelente desempenho da EC brasileira, tratando-a como algo secundário.

Uma exceção a essa situação é o estudo recente desenvolvido pela Federação das Indústrias do Estado do Rio de Janeiro (Firjan) constatando que em 2018 considerando todas as atividades culturais e criativas desenvolvidas no ano, elas geraram algo próximo de 3% do PIB brasileiro, sendo também responsáveis por mais de 1,3 milhão de empregos formais diretos, havendo nesse setor cerca de 300 mil empresas e instituições.

O mais importante é o grande potencial de crescimento da EC, visto que nos últimos cinco anos, a taxa média de seu crescimento foi de 9,1%.

Nessa época em que as pessoas estão perdendo seus empregos nos outros setores, principalmente porque está em curso uma intensa **revolução digital**, a sociedade brasileira civil não pode se dar ao luxo de desperdiçar essa clara vocação, ou seja, de maximizar no País as atividades ligadas à EC.

Infelizmente, já se vive em alguns países do mundo, mais especificamente nas suas atraentes cidades a **turismofobia**, ou seja, uma repulsa aos viajantes, o que obviamente vai contra o incremento da visitabilidade, o que é ruim para a economia da cidade.

Entretanto a turismofobia é uma aversão muito antiga (!?!?), pois ainda na antiguidade, os povos temiam a presença de qualquer estrangeiro.

A turismofobia está repleta de más intenções como a xenofobia, o racismo e todas outras aversões humanas que diminuem a natureza humana.

Mas mesmo assim já há casos de autoridades de turismo de certos países (não se inclui o nosso País nessa relação) procurando redistribuir e alertar os viajantes, de modo a evitar que eles se concentrem em lugares específicos, até com boas intenções, como por exemplo sugerindo aos visitantes não frequentarem certos locais pois neles há muitos assaltos, especialmente praticados pelos "batedores de carteira" ("*pickpockets*") ou andem em algumas ruas, particularmente à noite...

O que as autoridades governamentais deveriam fazer é eliminar esses problemas oferecendo não só aos turistas, mas a todos os moradores segurança para poderem circular onde desejassem e particularmente onde estão os locais atraentes.

Naturalmente os visitantes também provocam alguns inconvenientes, seja em locais por onde passam ou que frequentam. E o que é pior: devido a "avareza" dos vários setores de serviço (hotéis, restaurantes, casas de espetáculos, meios de transporte etc.) eles acabam aumentando os preços de diversas coisas, o que impacta também nos que vivem numa cidade.

Mas, mesmo assim, é vital diminuir ao máximo na sociedade o contingente de pessoas contrário a presença de visitantes, convencendo-as que no balanço final são eles que permitem incrementar a economia de uma cidade.

Um exemplo incrível é o da cidade do Rio de Janeiro que para o *réveillon* de 2019/2020 atraiu um público de 2,9 milhões de pessoas (entre turistas e moradores), na praia de Copacabana, tornando-se o novo recorde.

Os visitantes levaram os hotéis da cidade a alcançarem a fantástica ocupação de 98%!!!

Tudo indica, que nos próximos anos quando passar a pandemia da *Covid-19*, voltará a predominar a **sociedade do lazer**.

Haverá assim um foco cada vez maior na *otium* ("ócio"), o que estimulará cada vez mais na vida cotidiana o desejo das pessoas quererem (ou deverem...) ser cada vez mais criativas.

Os seres humanos buscarão fazer das suas vidas verdadeiras obras de arte!?!?

Com a expansão cada vez maior do **lazer consumível**, haverá um retorno cada vez mais intenso à natureza.

E uma das formas de conhecer melhor o que existe no nosso planeta é **viajando**, quando as pessoas nessa atividade se sentirão mais **felizes**!!!

É verdade que o turismo, com manifestação maior do lazer é **uma espécie de nomadismo efêmero**.

Recorde-se que a palavra **turismo**, no século XIX, significava **dar uma volta**.

E assim os ingleses começaram a fazer viagens à Itália, à Grécia – lugares culturais que simbolizavam a criatividade.

Vivemos em uma época de nomadismo exacerbado, que se desenvolve junto com o tribalismo.

É engraçado ver que as viagens se dão com muita frequência em grupos, ou seja, em **tribo**s que se encontram pelo prazer das férias.

Nesse sentido, o lazer é a manifestação do nomadismo, do tribalismo e do hedonismo (dedicação ao prazer dos sentidos).

As pessoas ou partem com a sua tribo, os seus amigos ou então buscam uma tribo que vai se criar na praia, nas caminhadas na montanha, nas competições esportivas, nas peregrinações etc., ou seja, em espaços festivos ou em lugares empíricos.

As pessoas vão procurar cada vez mais lugares simbólicos que parece que lhes trazem alguma forma de conforto, de satisfação, de regeneração e a possibilidade de reforçar seus vínculos na tribo.

Um exemplo internacional incrível é o da peregrinação até Santiago de Compostela, na Espanha, na qual 70% das pessoas que fazem a mesma, **não são cristãos praticantes**!!!

Ou seja, elas não são movidas por uma fé, uma crença, uma ideologia cristã, mas apenas pelo fato de que ao fazer essa dura caminhada, a cada escala encontrem outras pessoas que estão fazendo o mesmo percurso para cumprir uma promessa bem séria!!!

Isso é muito típico do tribalismo e do nomadismo.

Neste momento estamos nos afastando cada vez mais da sociedade do consumo – na qual as pessoas prioritariamente passavam trabalhando para poder consumir e reservavam uma parte do que ganhavam para o lazer visando com isso reconstruir as suas energias para poder trabalhar melhor ainda!!!

Vai prevalecer nas próximas décadas a sociedade criativa, na qual as pessoas já não têm tanto interesse em gastar suas vidas tentando ganhá-las!?!?

Um bom exemplo são as jovens gerações que não estão mais apenas limitadas a uma atitude puramente consumista, evidenciando uma dimensão mais nómade, tribal, hedonista.

No mundo pós-modernidade, ou seja, na saturação da modernidade o que ganhará cada vez mais espaço é a **criatividade** especialmente porque as pessoas trabalharão cada vez menos e terão cada vez mais tempo para usarem a sua imaginação, nos seus momentos de lazer.

COMO CHEGAR AO SUCESSO, AUTORREALIZAÇÃO E FELICIDADE

Como salientei no início desse capítulo introdutório, bem bibliográfico, cheguei ao Brasil com a minha família, refugiada da 2ª Guerra Mundial, e assim que foi possível me naturalizei brasileiro.

Aliás costumo dizer que tive a grande sorte de optar por ser brasileiro, enquanto muitos nascem aqui e não valorizam como deveriam essa pátria maravilhosa!!!

Nela me eduquei, me transformei em um esportista de relativo sucesso na modalidade que pratiquei, - o basquete – tendo entre outras alegrias, escutado com muita emoção o Hino Nacional, quando em 1963, no Rio de Janeiro, integrando a nossa seleção tornei-me campeão mundial de bola ao cesto!!!

Nesse País tive todas as oportunidades para evoluir muito na minha atividade principal – **professor universitário** – tendo lecionado e desenvolvido o trabalho administrativo em algumas das mais importantes IESs paulistas, com o que tive a oportunidade de influenciar a formação de algumas centenas de milhares de jovens.

Mas um dia, depois de se ter vivido algumas décadas, todo ser humano acaba se questionando procurando exprimir seu arrependimento ou suas frustrações na frase: "**Se eu soubesse, ou pudesse...**"

E aí vão algumas das minhas lamúrias: se eu soubesse que ser professor seria viver numa luta decepcionante contra a indiferença do saber em toda a parte, mas sobretudo no Brasil, teria – mesmo assim – sido professor...

➜ Se eu soubesse que despertaria tanta inveja, meu sentimento de culpa caberia num dedal...

- ➤ Se eu soubesse tudo, eu não teria que aprender nada...
- ➤ E se eu não soubesse nada, como foi o meu caso, não ficaria tão decepcionado em agora saber ainda tão pouco...
- ➤ Se eu soubesse que o passado jamais volta, exceto pelos bons momentos do presente, não estaria tão envolvido em querer apresentar agora o que acredito que será importante para cada pessoa no futuro...
- ➤ Se eu soubesse que tudo o que fiz e ainda vou fazer vai ser fatalmente esquecido, buscaria mesmo assim deixar minhas ideias e reflexões registradas em um livro...
- ➤ Se eu soubesse que absurdo não era apenas a afirmação ou convicção manifestamente contrária à minha, certamente teria seguido alguns caminhos bem mais promissores...
- ➤ Se eu soubesse que muitos sonhos se tornam realidade (sem essa possibilidade a natureza não nos incentivaria a tê-los) desejaria que tivesse tido muito mais deles...
- ➤ Se eu soubesse que para ser justo, deve-se desconfiar do que os bons têm de **mau**, e do que os maus têm de **bom** isso teria me permitido não ter sido tão injusto com algumas pessoas!!!
- ➤ Se eu soubesse que viveria tanto tempo, teria cuidado mais de mim mesmo!!!
- ➤ Se eu soubesse que para ser criativo é preciso ser curioso, teria planejado e realizado mais viagens para os lugares mais diferentes do planeta.
- ➤ Se desde o início da minha vida entendesse que para desenvolver a minha criatividade teria que viver procurando em cada novo dia sempre fazer algo novo, ou seja, pela primeira vez, entenderia melhor que o que se aprendeu no passado não deve transformar-se em uma **rotina imutável**, bloqueando ou até impedindo novas viagens de descoberta, não permitindo não só observar novas paisagens, mas também de ver as coisas sob outras perspectivas.

O tempo é uma grandeza física.

Ele está em todas as etapas e em todos os recônditos de nossas vidas.

Muitas vezes dizemos que temos tempo de sobra para algumas coisas, ou às vezes, que não temos tempo para nada.

Há dias em que parece que o tempo não passa, anda devagar, como se os ponteiros do relógio (será que alguém ainda usa o modelo analógico?) parecessem mais pesados...

Arrastam-se como se houvesse algum tipo de peso nas suas engrenagens (um exemplo típico é quando vamos a um hospital público para algum cuidado com a nossa saúde).

Em compensação, há aqueles dias em que o tempo que corre, voa, nos falta.

Nesse início da 3ª década do século XXI, caracterizado pela velocidade (que aliás gera muito estresse...) o tempo escasseia e os mesmos exatos 60 min que a física diz que é uma hora, viram uma fração ínfima do tempo que precisamos!?!?

Vivemos um presente fugidio!!!

Mal alguém fala ou faz algo e o que ele acabou de dizer ou executar vira passado.

Temos até uma emissora de rádio, a Bandeirantes, que criou o *slogan*: **"Em 20 min tudo pode mudar"**, com o qual destaca o quanto é instável tudo o que é informado.

Não é incomum querermos que o presente dure mais, que se estique, para que a faísca de felicidade que estamos desfrutando possa viver alguns momentos mais longos, mas isso não é possível!!!

O presente é esse instante impossível de ser estendido.

Daí é totalmente tolo quando alguém afirma: **"Vamos recuperar o tempo perdido!!!"**

O que passou, já se foi e o que de fato acontece é que para as pessoas longevas (talvez já possa me incluir nessa categoria...) o passado vai se expandindo, ou seja, quanto mais envelhecemos, como indivíduos, mais passado passamos a ter, do qual deveremos nos lembrar e não esquecer. Mas aquilo que nós não lembramos ou nos esquecemos nem sempre depende da nossa vontade ou escolhas. Quando alguém diz: "Quero me esquecer disso ou daquilo", está se lembrando daquela situação!!! Pois é, o ser humano acaba convivendo com eventos tão traumáticos, que eles são guardados pela memória, condicionando nossas ações.

Quem definiu de uma forma incrível o passado foi Ambrose Bierce, no seu *Dicionário do Diabo* ao explicar que: "O **passado** é a parte da eternidade em que fica a pequena parcela da qual temos um leve e lamentável conhecimento.

Uma linha móvel, chamada **presente** o separa de um período imaginário conhecido como **futuro**.

Essas duas grandes divisões da eternidade, uma das quais está sempre apagando a outra, são totalmente diferentes.

Uma é cheia de mágoas e decepções – o **passado** -, a outra – o **futuro** -, brilha pela esperança de alegria e prosperidade.

O passado é a região dos soluços, o futuro é o domínio da música.

Em um deles rasteja a **memória**, vestida com roupas bem esgarçadas e coberta de cinzas, murmurando orações penitenciais e na outra se nota a **esperança** voando com as asas bem abertas, dirigindo-se para ilhas de prosperidade, de tranquilidade e felicidade.

No entanto, o passado é o futuro do ontem e o futuro é o passado do amanhã.

Eles são uma e a mesma coisa – o **conhecimento** e o **sonho**."

Pois bem, acredito que a vida só pode ser compreendida, olhando-se para trás, mas só pode ser bem vivida, olhando-se sempre para frente!!!

Saber sobre tudo o que possa vir a ocorrer é um grande desejo de todos os seres humanos.

Não por acaso surgiram videntes e especialistas em tendências.

Infelizmente a maior parte das profecias é **vaga**.

Entretanto nossa era da IA, da intensa robotização, da IoT, há algo que é impossível não antecipar, ou seja, o desaparecimento de muitos postos de trabalho e fica ainda bem incerto que tipos de competências os seres humanos deverão desenvolver para realizarem tarefas que as máquinas não farão ou não se deseje que façam!!!

Há quem diga que a **sabedoria** nunca é alcançada cedo e nem sempre na ocasião certa!!!

Apesar de não existir para isso uma plena garantia, a tradição ensina que podemos melhorar muito com o passar do tempo.

De fato a idade madura abre os nossos olhos para as coisas essenciais, cresce a nossa autenticidade, buscamos com mais intensidade a verdade, toleramos melhor as opiniões contrárias, saímos geralmente incólumes de jogos de sedução e alcançamos um estágio superior da paternidade e maternidade que nos permite aproveitar o gostoso convívio com os netos.

Se tivemos uma vida regrada, com algum planejamento, chegamos a maturidade com mais dinheiro (ou bens) do que na juventude o que leva os idosos a estar num mundo que não precisa ser conquistado, mas sim melhor fruído, ou seja, viver numa época em que se pode fazer mais ou apenas o que se gosta!!!

Em outras palavras, ter controle da própria agenda.

Isso não quer dizer que quem passar dos 70 anos deve acomodar-se.

Ao contrário, com a sabedoria acumulada podem ser feitas muitas realizações grandiosas.

E aí vão três exemplos: Cora Coralina publicou seu primeiro livro com quase 76 anos (morreu com 95 anos): Ulysses Guimarães, completou a sua obra máxima, a promulgação da Constituição de 1988, aos 72 anos e Konrad Hermann Joseph Adenauer, que foi chanceler da República Federal da Alemanha de 1949 a 1963, reerguendo o país para voltar a ter uma das economias mais pujantes do mundo. Ele fez isso no período de sua vida, dos 73 aos 87 anos.

Pois é, deve-se sempre pensar que com qualquer idade a pessoa pode ser feliz, o que significa **ter amor continuamente** (como é o meu caso no convívio com a esposa, filhos e netos), **fazer algo com propósito** (a minha missão foi sempre ser um educador com a visão de formar bem as novas gerações) e **trabalhar no que gosta** (escrever livros me deu sempre um grande prazer).

O colapso do cérebro nos leva à discussão se vale a pena alguém viver quando não se tem mais consciência de tudo que nos rodeia, quando a pessoa se torna prisioneira de si mesma!?!?

Aí surge a questão complexa: a vida é o nosso corpo ou a atividade cerebral ou a combinação de ambos?

Há quem diga, enquanto há vida, há esperança!!! Claro que sempre há bons motivos para se viver e acima de tudo existe a vontade de viver como algo definidor dessa luta.

Nos anos que me restam estou procurando indicar aos mais jovens os caminhos que devem seguir para nessa época de tantos avanços tecnológicos **possam ter um emprego**, que lhes garanta ao menos a própria sobrevivência de maneira confortável e aos mais velhos a necessidade de dominar novos conhecimentos que lhes sejam úteis para poderem administrar bem as suas vidas.

Insisto que viver com o drama de colapso físico não é nada fácil, mas não pode ser comparado com a dor da perda da consciência de uma pessoa...

Naturalmente como não tenho os conhecimentos médicos necessários, não consigo saber ou explicar com segurança quais são os padrões que determinam a vontade de alguém querer continuar a viver.

O que posso afirmar é que uma vida digna – acredito que tive nessas quase oito décadas – é aquela durante a qual você dedicou-se a fazer o **bem**.

Tenho plena consciência que foi o que busquei fazer durante mais de 55 anos quando a minha ocupação principal foi a de professor!!!

Ouvi muito no início de minha carreira, já que me formei engenheiro, a frase "**Quem sabe faz; quem não sabe, ensina!**"

Mas esse mantra estúpido não me abalou e hoje posse dizer com muito orgulho que foi fantástica a minha vida, tendo em tantas décadas o contato com a juventude, o que sem dúvida me permitiu também não envelhecer tão rapidamente e inclusive tornar-me obsoleto...

Além disso escutei muita gente dizendo que quem gostava de ler e escrever – fui sempre um devorador (e colecionador) de livros porque isso me permitiu fazer muitas perguntas ao mundo, obtendo algumas boas respostas... – tinha como destino ser pobre ou louco!?!?

Pois bem, chegando quase aos 80 anos de idade sinto-me muito bem mentalmente, e mesmo hoje aposentado consigo viver de forma harmoniosa com certo conforto!!!

Passei muitas décadas vivendo de ler, escrever, estudar (que, entre outras coisas, é ler até compreender) e ensinar os meus alunos da forma mais eficiente.

Lecionei dezenas de cursos de curta duração e um deles chamava-se *Como ser Feliz*, que estruturei seguindo os ensinamentos de Liggy Webb, autora do livro com o mesmo título!!!

Tenho na minha biblioteca centenas de livros sobre o termo **felicidade** e sei que muitos milhares foram escritos sobre esse tema, mas nesse livro de Liggy Webb encontrei as maneiras mais simples que uma pessoa pudesse adaptar ao seu cotidiano para desenvolver confiança e resiliência, tornando-se saudável e mais feliz.

Aliás, na realidade encontrei nos ensinamentos apresentados, muitas das práticas e crenças que eu próprio já seguia como por exemplo, orientar-se sempre que possível por um **pensamento positivo**.

Inicialmente cabe lembrar que mais de dois milênios atrás Aristóteles disse: "A felicidade é ao mesmo tempo o significado e o propósito da vida, ou seja, o objetivo e o objeto da existência humana."

Na minha vida, com a ajuda da Nilza Maria, - minha querida esposa - procurei sempre estabelecer um equilíbrio entre quatro polos existenciais: **amor, trabalho, fé e lazer**.

Sempre procurei fugir dos desequilíbrios, que ocorrem quando a fé se transforma em fanatismo, o amor em passionalidade, o trabalho em escravidão e o lazer em libertinagem.

Entre as regras que busquei não infringir com o passar do tempo destacam-se as seguintes:

1ª) **Ter o hábito de ser feliz.**
Uma forma de realizar isso é aproximar-nos dos animais, pois eles têm muito a nos ensinar sobre o amor. Quanto mais alguém se aproxima deles, mais alegre e bem-humorado fica.

2ª) **Declarar guerra aos sentimentos negativos e as adversidades.**
É vital livrar-se dos momentos de raiva, irritação, depressão, negação etc. o mais rápido possível.

Nesse sentido deve-se ter uma grande resiliência que no fundo significa seguir o conselho de Confúcio: "Nossa maior gloria não está em jamais termos caído, mas em nos levantarmos rapidamente cada vez que vamos ao chão."

3ª) **Reforçar a imagem de si próprio.**
Tentei de todas as formas evidenciar aos que me eram próximos e também àqueles mais distantes que para ser feliz é crucial valorizar as seguintes habilidades: **empatia, compaixão e generosidade**.

4ª) Aprender a rir.
Um dos meios mais rápidos para se reduzir o estresse é **rindo**!!! Quem sorri também deixa os que estão a sua volta mais felizes.

Aliás escrevi um livro sobre isso com o título: *Há! Há! Há! – O Bom, o Ruim e o Interessante do Humor*, no qual recomendo que toda pessoa deveria dar pelo menos 25 gostosas gargalhadas por dia para se sentir feliz. Lamentavelmente a maioria das pessoas não consegue fazer isso diariamente!!!

5ª) Valer-se dos seus "tesouros escondidos".
Para ter muitos "tesouros escondidos" deve-se levar uma vida de aprendizado permanente, o que foi fácil para mim pois na minha experiência educacional acabei enveredando e me especializando em algumas dezenas de temas. E fui aprendendo coisas novas sempre, não como uma obrigação, mas para me sentir **melhor**. O fato é que todo ser humano que aprende algo novo a cada dia de sua vida acaba se sentindo mais satisfeito e feliz.

6ª) Ajudar o próximo.
Foi também fácil seguir essa regra, pois procurei através do meu exemplo e das minhas aulas e palestras incentivar as pessoas para que elas construíssem sempre bons relacionamentos, baseados em amor e apoio que são essenciais para se sentir feliz, começando pela construção de uma família harmoniosa.

7ª) Procurar sempre praticar atividades que me tornassem feliz.
Tendo sido um professor a maior parte da minha vida, isso sem dúvida, foi fácil de seguir, pois me senti cada ano que passava cada vez mais realizado e feliz por ter passado ensinamentos a milhares de alunos, para serem jovens responsáveis que constituiriam uma sociedade cada vez mais culta e equilibrada.

Além disso foi vital para mim a advertência de Henry Ford: "Qualquer pessoa que pare de aprender fica velha, tenha ela 20 anos ou 80 anos de idade.

Mas todo aquele que continue a aprender permanece jovem.

Essa é a melhor coisa da vida para alguém manter sua mente ativa."

Ao ultrapassar os 79 anos acredito que tive uma vida muito feliz pois a maior parte do tempo passei engajado em atividades louváveis.

Sei que ninguém consegue fazer tudo mas sei também que cada um de nós é capaz de fazer alguma coisa como acredito ter feito, tendo sido professor de mais de 150 mil alunos presenciais.

Agora sou idoso, mas muito feliz, vivendo todos os meus novos dias intensamente, fazendo muitos planejamentos, acreditando que ainda não vivi a melhor parte da minha vida!!!

Vivo agora uma época incrível, na qual posso afirmar com toda a convicção que sou dono da minha agenda...

Mais do que isso, estou num estado que posso caracterizar como "**felissucessidade**" quando a pessoa está imersa, a ponto de não conseguir distinguir entre sucesso, realização pessoal e felicidade.

Como disse sou da geração anterior àquela da *baby boomer* na qual se valorizava muito o **romantismo** e a **fidelidade**, o que se alterou muito nesse século XXI, especialmente com a disseminação do conceito de **amor líquido!?!?**

Segui bastante o exemplo de alguns animais monogâmicos, que acabam formando casais de "**eternos namorados**", bem parecidos com os que formam muitos seres humanos e assim conseguem realmente alcançar a plena felicidade.

Lamentavelmente no reino animal a monogamia é rara (!?!?), mas entre os exemplos mais notáveis estão os cisnes, nadando bem próximos com os pescoços formando um contorno que lembra o coração, um símbolo romântico popular, em qualquer mensagem impressa para destacar o Dia dos Namorados.

Os casais de cisnes trabalham em conjunto na construção do ninho, na incubação dos ovos, no cuidado com a sua "prole" etc.

Mas não são só os cisnes que têm a fama de partilharem "**um amor para sempre**", pois isso também acontece com os lobos, os gibões, os pinguins, as águias-carecas (símbolos de patriotismo norte-americano), os albatrozes, os grous canadenses, os *dik-diks* (pequenos antílopes),as rolas-bravas, os castores, as corujas-das-terras, as araras, os polvos, os macacos-da-noite etc.

Entre esses animais (e muitos outros), a infidelidade praticamente não existe, com o que esses casais se tornam inseparáveis!!!

A fidelidade é o ingrediente essencial para surgir a **confiança mútua**, que é tão importante como **amar**.

Quero ressaltar que sempre gostei de animais domésticos, em particular de cães e tive muitos ao longo da minha vida.

E hoje tenho três em São Paulo e seis no meu sítio em Ibiúna, formando três casais.

Eles me contagiam com a sua alegria, fidelidade e seu carinho...

Nos últimos anos ganhei, dos meus filhos, um casal de papagaios da família *Ecletus roratus*, que também me proporcionam uma incrível companhia e distração, sendo muito recomendáveis para aqueles que querem conviver com seus *pets* por muitas décadas.

Estou casado há mais de 55 anos (sem contar os 6 anos de namoro) com a mesma pessoa e posso assegurar que essa sem dúvida foi a melhor coisa da minha vida, ter conhecido uma pessoa compreensiva, carinhosa, companheira e uma cuidadora excepcional da família!!!

Não há nada que supere o estabelecimento de um relacionamento tão longo e íntimo que lhe proporciona a integração com outra pessoa, que o completa e que você também completa.

Foi possível assim deixar o nosso legado para a continuidade da civilização!!!

Com a Nilza Maria tivemos três filhos.

Quando damos vida, viramos deuses. Nós entretanto no início não estávamos suspeitando sobre a enorme responsabilidade que assumimos pois devíamos educá-los e torná-los aptos a poderem ter os seus filhos, que mais tarde terão também os seus filhos e assim tenhamos uma sociedade cada vez melhor através das gerações X, Y, Z e Alpha...

Hoje temos netos e pode-se dizer que nós como criadores, devemos tudo a essas criaturas que nos deram um propósito para nossas vidas.

Pelos filhos que criamos temos um enorme orgulho e carinho, já pelos netos um grande afeto e deslumbramento.

Só quem tem essa felicidade de viver com a mesma esposa por tantas décadas como eu, acaba de fato entendendo qual é o real significado dessa palavra.

Felicidade é aquele estado em que se sente uma perfeita paz interior, associada a um grande e pleno contentamento da alma, que, no gozo dos mais deliciosos prazeres não é inquietada por novos desejos!!!

Está feliz toda pessoa que sente que recebeu da vida tudo que dela esperava e acredito integralmente que vivo nesse estado, graças à presença e o convívio contínuo com a minha mulher.

Certamente esse é o conselho mais importante que posso dar a todo(a) aquele(a) que ler o livro: encontre o seu par com o qual possa viver para o resto das suas vidas.

É assim que se pode chegar ao sucesso, autorrealização e felicidade!!!

Victor Mirshawka
Professor, engenheiro, escritor e gestor educacional

Petrolina e Juazeiro

Vista aérea, com destaque para a ponte Presidente Dutra sobre o rio São Francisco, que une as cidades de Petrolina e Juazeiro.

PREÂMBULO

Um destaque para as cidades de Petrolina (em Pernambuco) e Juazeiro (na Bahia) é a existência no primeiro município do aeroporto Senador Nilo Coelho, que tem se firmado como um dos mais importantes do nordeste. Moderno e com capacidade para receber até um milhão de passageiros por ano, ele atende atualmente a cerca de 50 municípios próximos a ambas as cidades.

Claro que isso facilita bastante a vinda de turistas para Petrolina – conhecida como "**Califórnia sertaneja**", "**capital do São Francisco**" ou ainda como "**capital das frutas**" – e também para Juazeiro – também chamada de "**oásis do sertão**" ou "**terra das carrancas**". Afinal, ambas estão separadas pelo rio São Francisco – o "**Velho Chico**" –, mas ao mesmo tempo bem unidas por uma ponte majestosa – a Presidente Dutra.

O turismo de negócios, lazer e ecológico vem crescendo ano a ano, e agora os excelentes vinhos da região também estão atraindo visitantes e produtores de outros locais. Aliás, essa prática é impulsionada pela produção frutífera do vale do rio São Francisco, **maior exportador de frutas** no Brasil, e responsável pela maior taxa de crescimento econômico da região.

Quem estiver em Petrolina tem uma opção muito interessante, ou seja, visitar o Bodódromo, um complexo gastronômico que foi inaugurado em 6 de setembro de 2000. Ele possui cerca de 10 restaurantes, nos quais se pode comer a carne de sol do bode, servida em diferentes formas (!!!), embora o prato mais pedido seja a carne de carneiro, que é muito mais macia!!!

Já para quem estiver em Juazeiro e gostar da vida noturna, o indicado é visitar um dos bares e restaurantes que ficam na orla fluvial. Aí, além de comer bem o visitante também poderá se divertir e até dançar.

Em Juazeiro, um local bem bacana é o Centro de Cultura João Gilberto – uma justa homenagem ao famoso juazeirense, "pai da bossa nova" – que se tornou o ponto de encontro de artistas, produtores e gente bem descolada do mundo teatral.

É verdade que hoje ele precisaria de uma boa reforma...

E além de tudo isso, as duas cidades contam com festivais e eventos atraentes, ambas ostentando diversas belezas naturais. Portanto, vale muito a pena visitar essas joias do nordeste.

A HISTÓRIA DE PETROLINA

Petrolina é um município brasileiro no interior do Estado de Pernambuco, na região nordeste do País. Ele possui uma extensão territorial de 4.561,87 km², sendo que 244,8 km² constituem o perímetro urbano. Os municípios limítrofes são Lagoa Grande, Afrânio e Dormentes (no mesmo Estado) e Juazeiro, Sobradinho e Casa Nova (no Estado vizinho, a Bahia).

Estima-se que no início de 2020 vivessem em Petrolina cerca de 351 mil pessoas, o que torna essa cidade o quinto maior município do Estado de Pernambuco, e a segunda maior do interior, atrás apenas de Caruaru. O município integra a RIDE do Polo Petrolina-Juazeiro, formando dessa maneira a **2ª maior conurbação** do interior do nordeste, depois de Feira de Santana (Bahia).

De acordo com a tradição local, o território onde hoje se encontra o município de Petrolina teria sido desbravado primeiramente por frades capuchinhos franceses, da ordem franciscana, que trabalharam na catequese dos índios da região. Esses frades contavam com o consenso do chefe índio, Francisco Rodela, que em 1674 recebeu a patente de capitão-de-aldeia. Aliás, Francisco Rodela deixou o seu nome associado a quase toda a região do médio São Francisco, que acabaria se tornando conhecida como sertão dos Rodelas.

De fato, foi grande a influência das missões dos frades capuchinhos na região. Eles contribuíram de forma eficaz para a ocupação do trecho médio do rio São Francisco, particularmente das ilhas fluviais. Tais missões só cessaram em 1698, quando ocorreu o rompimento das relações diplomáticas entre Portugal e França.

Outro fator que contribuiu para consolidar a ocupação do território foi a implantação nele de **currais**. De fato, Petrolina está situada numa região anteriormente ocupada pela sede de uma grande fazenda de gado.

No século XVIII, a região recebeu seu primeiro morador, de nome Pedro. Ele instalou-se na região denominada Passagem, mais especificamente à margem esquerda do rio São Francisco, e defronte de Juazeiro, na província da Bahia. Além de se dedicar à agricultura, à pesca e à criação de caprinos, ele usava sua canoa para o transporte de pessoas e cargas entre as margens opostas do rio.

É bem provável que outras pessoas tenham ocupado a região e fixado moradia ali, porém, não há vestígios de que um povoamento tenha sido oficialmente registrado no século XVIII. De fato, somente em 1817 foi que surgiram os primeiros indícios de ocupação, mais para o interior.

Foi em Cachoeira do Roberto que o capuchinho frei Ângelo edificou uma capela dedicada à Nossa Senhora das Dores. Nessa empreitada ele contou com a ajuda de Inácio Rodrigues de Santana, um morador local. Na mesma época, em Caboclo, Roberto Ramos da Silva levantou uma igreja em honra do Senhor Bom Jesus do Bonfim.

Em 1841, a região de Passagem – que na época já havia sido rebatizada de Passagem do Juazeiro – ainda não era um povoado, embora já houvesse ali algumas casas esparsas e diversos habitantes. Por sua localização no extremo sudoeste do Estado, às margens do rio São Francisco, o lugar era um ponto de convergência de vários Estados. Tornou-se um lugar de passagem obrigatória de boiadeiros e negociantes oriundos dos sertões de Pernambuco, Piauí e Ceará, que cruzavam o rio em direção ao Estado da Bahia, e vice-versa. A partir dessa intensa movimentação formaram-se duas cidades: **Petrolina** e **Juazeiro**, cada qual numa das margens do rio São Francisco.

Coube ao capuchinho italiano frei Henrique dar início às pregações missionárias na região. Isso foi um pedido do padre Manoel Joaquim da Silva, que na época era vigário de Boa Vista (em cujo território se encontrava Passagem). Frei Henrique decidiu então construir uma capela no local, cuja padroeira seria Santa Maria Rainha dos Anjos. Então, em 1858, após a benção do sítio, frei Henrique assentou aí a pedra fundamental do templo.

A igreja foi concluída dois anos mais tarde, em 1860, quando finalmente recebeu a imagem de sua santa padroeira. Voltada para o rio São Francisco, ela ostenta um estilo neocolonial. Em seu entorno, num local chamado Grude, surgiu o primeiro núcleo habitacional da cidade. A partir daí o povoamento da região se intensificou, transformando-a num próspero município e ativando ainda mais o comércio já existente entre os dois lados. Vale lembrar que nessa época (desde 1833) Juazeiro já era uma vila.

Por conta da grande extensão do território que ficava a seu cargo, o pároco responsável por ele pediu ao bispo diocesano dom João da Purificação Marques Perdigão que a freguesia fosse dividida. O pedido foi então apresentado à Assembleia da província, que o atendeu. Assim, pela lei provincial Nº 530, de 7 de junho de 1862, a capela de Santa Maria Rainha dos Anjos foi elevada à categoria de matriz e desmembrada da freguesia de Santa Maria da Boa Vista. Aliás, seu primeiro vigário foi o mesmo padre Manoel Joaquim da Silva, que na ocasião optou pela regência da nova freguesia.

Essa mesma lei provincial (Nº 530) também elevou Passagem de Juazeiro à categoria de vila, transferindo para lá a sede do termo da Boa Vista. A vila acabou recebendo a denominação de Petrolina, em homenagem ao imperador dom Pedro II, que na época ocupava o trono do Brasil.

Como curiosidade, há outra versão para o nome da cidade. Segundo ela o topônimo seria sim uma homenagem, mas dupla, com a junção do nome do imperador Pedro – cuja versão latina é *Petrus* – ao da imperatriz Tereza Cristina, o que resultou em Petrolina. Já uma terceira versão sugere que o topônimo deriva de "**pedra linda**", nome dado a uma pedra na margem do rio em que ficava a matriz, e que foi utilizada nas obras de cantaria da catedral de Petrolina, um dos maiores monumentos históricos da cidade.

A lei provincial Nº 601, de 13 de maio de 1864, mudou a denominação da freguesia de Santa Maria Rainha dos Anjos para Senhor Bom Jesus da Igreja Nova e, ao mesmo tempo, elevou a capela no povoado de Caboclo à categoria de matriz. Ela também extinguiu a vila de Petrolina e restituiu à povoação da Boa Vista a categoria de vila e de sede do termo, abrangendo duas freguesias: Senhor Bom Jesus da Igreja Nova e Santa Maria da Boa Vista.

Mais tarde, a lei provincial Nº 921, de 18 de maio de 1870, restaurou e oficializou a vila de Petrolina, transferindo para lá as sedes da vila de Boa Vista e da freguesia de Santa Maria Rainha dos Anjos da Cachoeira do Roberto. A reinstalação da vila só ocorreu, entretanto, em 24 de outubro de 1870.

Já a lei provincial Nº 1.377, de 8 de abril de 1879, dividiu a comarca de Boa Vista em dois termos: Boa Vista e Petrolina, tendo por limites os mesmos das respectivas freguesias. Alguns meses depois, com a lei provincial Nº 1.444, de 5 de junho de 1879, o termo de Petrolina foi elevado à categoria de comarca, que foi instalada em 1º de outubro de 1881 pelo seu primeiro juiz, Manoel Barreto Dantas.

O município foi constituído no dia 26 de abril de 1893, ganhando autonomia legislativa. Essa decisão foi promulgada durante o governo de Alexandre José Barbosa Lima. Dois anos mais tarde, pela lei estadual Nº 130, de 3 de julho de 1895, Petrolina foi elevada de vila à categoria de **cidade**, a qual foi solenemente instalada em 21 de setembro de 1895. O primeiro prefeito eleito de Petrolina foi o tenente-coronel Manoel Francisco de Souza Júnior.

Pela lei municipal Nº 48, de 5 de março de 1900, foi criado em Petrolina o distrito de Caboclo, tendo por sede a povoação de mesmo nome. Em 1919 foram iniciados os trabalhos de construção da Estrada de Ferro Petrolina-Teresina, cujo primeiro trecho de 62 km (entre Petrolina e Pau Ferro) foi inaugurado em 24 de fevereiro de 1923, juntamente com a estação ferroviária local. O segundo trecho (entre Pau Ferro e Rajada) foi inaugurado em 9 de dezembro de 1923, e se estendia por 82 km. Em 14 de maio de 1923 também começou a funcionar na cidade sua primeira feira livre.

Já a diocese de Petrolina foi instituída em 30 de novembro de 1923, por sua santidade o papa Pio XI, através da bula pontifícia *Dominicis Gregis*. O bispado de Petrolina foi instalado solenemente no dia 15 de agosto de 1924, juntamente com a posse de dom Antônio Maria Malan, o primeiro bispo diocesano.

Em 2 de fevereiro de 1925 houve o lançamento da pedra fundamental da catedral de Petrolina, a qual só foi inaugurada em 15 de agosto de 1929, em um ato oficiado por dom Miguel de Lima Valverde, arcebispo de Olinda e Recife. Essa igreja, que se chama Sagrado Coração de Jesus, foi construída com pedras retiradas da própria região, tendo um estilo arquitetônico neogótico e vitrais franceses.

Em 18 de fevereiro de 1941, a Estrada de Ferro Petrolina-Teresina foi incorporada à Viação Férrea Federal Leste Brasileiro, por força do decreto-lei federal Nº 2.964, de 20 de janeiro de 1941.

E em 28 de fevereiro de 1941, foi instalada em Petrolina uma agência de Navegação Aérea Brasileira S.A., uma companhia nacional de transporte aéreo de passageiros, correspondências e encomendas, na rota Rio de Janeiro-Fortaleza, sendo Petrolina ponto de escala dos aviões.

Na década de 1950 foi construída a ponte Presidente Dutra, com uma extensão de 801m, sobre o rio São Francisco, ligando Petrolina a Juazeiro, na qual hoje há um tráfego diário de cerca de 40 mil veículos (em média).

Essa ponte foi a segunda em concreto protendido feita no Brasil. O seu projeto foi concebido por Eugéne Freyssinet e o cálculo foi desenvolvido na França, pela sua equipe.

Por meio do decreto Nº 1.737, de 26 de julho de 1968, o governador Nilo Coelho declarou de utilidade pública, para efeitos de desapropriação de uma área de 500 mil m^2 de terreno, à margem do rio São Francisco, para a instalação do porto fluvial de Petrolina, em substituição ao antigo ancoradouro.

Os trabalhos de construção desse porto foram iniciados no dia 8 de junho de 1970. Em 15 de abril de 1974 foi fechado o canal de navegação no rio São Francisco, em virtude das obras da barragem de Sobradinho, ficando paralisado o tráfego fluvial para os portos de Petrolina e Juazeiro.

Ao longo do século XX, Petrolina passou por várias divisões administrativas e as últimas aconteceram a partir de 1991. A lei estadual Nº 10.625, de 1º de outubro de 1991, desmembrou de Petrolina os distritos de Lagoa e Dormentes, para formar o novo município de Dormentes. Em divisão territorial datada de 2003, o município estava constituído de quatro distritos: Petrolina, Cristália, Curral Queimado e Rajada, assim permanecendo em divisão de 2005.

O distrito-sede de Petrolina está subdividido em quatro regiões administrativas, ou seja, norte, leste, oeste e centro.

A RIDE Petrolina-Juazeiro foi instituída pela lei complementar Nº 113, de 19 de setembro de 2001, e regulamentada pelo decreto Nº 4.366, de 9 de setembro de 2002. A região detém uma área de aproximadamente 35 mil km², englobando uma população estimada no início de 2020 em cerca de 850 mil habitantes. Ela abrange quatro municípios pernambucanos: Petrolina, Lagoa Grande, Santa Maria da Boa Vista e Orocó, além de quatro municípios baianos: Juazeiro, Casa Nova, Curaçá e Sobradinho.

O município de Petrolina se localiza na unidade geoambiental da **depressão sertaneja**, que é formada pelas principais características do semiárido nordestino. Seu relevo é marcado por uma superfície em que predominam ondulações suaves, sendo atravessado por diversos vales estreitos. A altitude média do distrito-sede do município é de 376 m acima do nível do mar.

Petrolina está inserida na macro bacia hidrográfica do rio São Francisco, do rio Pontal e do grupo de bacias de pequenos rios interiores. Todos os seus cursos de água, com exceção do rio São Francisco, são intermitentes. Ao sul do município localizam-se algumas das principais ilhas no Velho Chico, como Massangano, Rodeador (ou Rodeadouro) e do Fogo.

Os principais riachos são: Baixa Salina, da Pedra Preta, Baixa do Procópio, Bom Jesus, Terra Nova, da Grota Grande, do Maçarico, Baixa do Coveiro, Baixa do Boi, do Estandarte, da Formosa e da Areia. Já os açudes de maior importância do município são: Vira Beiju (com 11,8 milhões de m³ de água); Salina (4,02 milhões de m³ de água), Baixa do Icó (1,3 milhão de m³ de água) e Barreira Alegria (2,88 milhões de m³ de água). Na região há também algumas lagoas, a saber: da Craíba, do Junco, da Areia e da Tapera.

O clima petrolinense é classificado como **semiárido quente**, com chuvas principalmente na época da primavera e do verão, mas relativamente escassas e bem irregulares. Aliás, o índice pluviométrico em Petrolina é de apenas 483 mm por ano, um dos mais baixos do Brasil, com um tempo de insolação de quase 3.000h/ano.

A temperatura média anual em Petrolina é de 26,9ºC, sendo que a menor já registrada foi de 12,4º C, em 30 de junho de 1981, enquanto a maior atingiu 44,1ºC, em 3 de janeiro de 1963. Com isso, pode-se dizer que os verões na cidade são quentes e úmidos, marcados por forte evaporação. Já os invernos são mornos e secos.

Em Petrolina, o órgão responsável pela formulação, implementação e execução da **política municipal de meio ambiente** é a Agência Municipal de Meio Ambiente. Suas atribuições incluem: a concessão de licenças ambientais, o controle, o monitoramento e a fiscalização das atividades empreendedoras e dos processos com grande potencialidade de provocar poluição e/ou danos ao meio ambiente.

Além disso, também compete a esse órgão a criação de ações voltadas para a educação ambiental, o desenvolvimento e a execução de projetos e atividades que visem proteger o meio ambiente, preservá-lo e ainda promover a melhoria de sua qualidade. Também cabe a essa agência administrar os recursos do Fundo Municipal do Meio Ambiente.

A vegetação nativa e predominante no município é a **caatinga**, que é composta por espécies hiperxerófilas, com forte presença de arbustos com galhos retorcidos e raízes profundas. As espécies mais encontradas são os cactos, o caroá, a aroeira, o angico, o juazeiro, o mandacaru e o xique-xique.

Ao contrário do que muitos pensam, a fauna da caatinga é bastante rica, havendo nesse bioma centenas de espécies, como: o veado-catingueiro, o preá, o sapo-cururu, a cutia, o tatupeba, a ararinha-azul, a asa-branca, o sagui-de-tufos-brancos, entre outros.

Estima-se que no início de 2020 cerca de 51,4% dos petrolinenses fossem do sexo feminino, e que 60,8% da população da cidade fosse parda; 31% fosse branca; 7%, negra; 1%, amarela e 0,2% indígena.

Em relação ao poder aquisitivo do município, 82,3% de sua população vivia acima da linha de pobreza, porém, ainda há muita gente em Petrolina vivendo em dificuldades. De fato, 4,9% dos seus moradores vivem abaixo da linha de **indigência**. Imediatamente acima dessa linha vergonhosa, porém ainda abaixo da linha de **pobreza**, encontram-se outros 12,8% da população. Isso significa que ainda há muito o que fazer para melhorar a situação de toda essa gente.

A desigualdade de renda já forçou muitos petrolinenses a viverem em pequenas favelas, em regiões degradadas e que sequer têm acesso a serviços básicos, como abastecimento de água potável, rede de coleta e tratamento de esgoto ou ruas calçadas e pavimentadas.

Para tentar mudar essa situação, uma ação bastante positiva do governo municipal foi implementada no início de 2012, e promoveu a urbanização da comunidade de Cacheado. Na época, o então prefeito Júlio Lóssio, assinou um convênio com a CEF, com o intuito de garantir os recursos financeiros necessários para viabilizar a construção de casas, praças, pavimentação de ruas, obras de esgotamento sanitário, fornecimento de água e energia elétrica, num conjunto de obras que consumiram cerca de R$ 20 milhões e beneficiou mais de 400 famílias da região.

Estima-se que no fim de 2020, cerca de 71% da população petrolinense era católica; 18%, fosse evangélica; 1%, espírita, e que 8,5%, não fossem adeptos de nenhuma religião. Os restantes 1,5% estavam distribuídos entre religiões de matriz africana ou oriental.

De acordo com a divisão feita pela Igreja Católica, Petrolina se situa na província eclesiástica de Olinda e Recife, cuja sede fica em Olinda. Foi a partir da posse do primeiro bispo da cidade, dom Antônio Maria Malan, em 15 de agosto de 1924, que a diocese recebeu grande apoio de padres e seminaristas, conseguindo assim as condições físicas essenciais para a realização de um bom trabalho pastoral. No decorrer dessa década houve a criação de novas paróquias, a aquisição de terras, a construção de residência episcopal, a construção da catedral diocesana e também de seminários e escolas.

O município de Petrolina também possui um número significativo de igrejas evangélicas, entre elas a Igreja Evangélica Assembleia de Deus, a Igreja Batista; a Congregação Cristã do Brasil; a Igreja Adventista do Sétimo Dia; a Igreja Universal do Reino de Deus; a Igreja Pentecostal Deus é Amor; a Igreja Presbiteriana do Brasil; a Igreja Evangélica Luterana do Brasil; a Igreja do Evangelho Quadrangular e a Igreja Cristã Maranata.

Os evangélicos estão divididos em dois grupos principais: o **pentecostal** e o dos **evangélicos de missão**. Há também seguidores de outras igrejas evangélicas sem uma denominação.

Além disso, existem em Petrolina templos de minorias cristãs, como a Testemunha de Jeová e a Igreja de Jesus Cristo dos Santos dos Últimos Dias, também conhecida como **"igreja dos mórmons."**

No que se refere à **economia**, estima-se que o PIB de Petrolina em 2020 tenha alcançado R$ 6,5 bilhões. Embora empregue 23% do todos os que trabalham na cidade, o **setor primário** é o que apresenta o menor valor entre os três que compõem o PIB do município, participando com cerca de **13,5% do total.**

Apesar de se localizar numa região semiárida, o município se destaca por sua **agricultura irrigada**, e, como já foi antecipado na introdução, é o 2º maior centro vinícola e o maior exportador de frutas do País. Aliás, as pessoas apreciam muito as frutas e os vinhos do vale do rio São Francisco, por conta do seu sabor especial. A razão para isso é a temperatura elevada quase o ano todo, o que expõe as frutas a um estresse contínuo!!!

Na lista de melhores vinhos brasileiros – escolhidos em criteriosa avaliação realizada por especialistas de várias partes do mundo, durante um concurso internacional realizado em Petrolina, em 2009 – o vale do São Francisco marcou presença, tendo vários de seus vinhos premiados, particularmente da vinícola Rio Sul (localizada na cidade de Lagoa Grande), que continua sendo uma grande medalhista...

As políticas de incentivo aplicadas nas últimas décadas, tornaram a região um celeiro de frutas tropicais, que são enviadas para as principais regiões do País e também exportadas para países da América do Norte, Europa e Ásia (especialmente para o Japão).

Na lavoura permanente, todo ano são colhidas significativas quantidades de frutas: são dezenas de milhares de toneladas de banana e goiaba, e centenas de milhares de toneladas de uva e manga. E também não se pode esquecer das colheitas de coco-da-baia, mamão e maracujá. Cerca de 15 mil ha do município são ocupados com essas lavouras.

Já no caso da lavoura temporária, os destaques são as plantações de feijão, batata-doce, melancia, macaxeira, tomate, melão, cebola, cana-de-açúcar, milho, mamona e sorgo.

No âmbito da pecuária, não se pode deixar de mencionar os rebanhos bovinos, caprinos, asininos, equinos, muares, ovinos e suínos criados no município. Há cerca de 4.500 vacas nas fazendas da região, que ordenhadas fornecem boa parte do leite consumido no município. Também são criadas dezenas de milhares de galinhas, que abastecem os petrolinenses com seus ovos e, posteriormente, com sua carne.

O **setor secundário** é o 2º maior produtor de riqueza no município, contribuindo com cerca de 17,4% do PIB. Em Petrolina os empregos estão na indústria extrativista, na de transformação e, em sua maior porcentagem, na construção civil.

Devido à alta produtividade agrícola, impulsionada pela irrigação, uma grande parte das indústrias instaladas no município de Petrolina é do setor alimentício. Assim, entre os subsetores industriais, o que mais cresceu na cidade foi o da agroindústria alimentar de sucos, polpas e doces (com pequenas, médias e grandes empresas).

A indústria têxtil também tem uma boa presença em Petrolina, pois aí está uma grande unidade da São Francisco Têxtil, na qual o grupo paulistano Covolan investiu cerca de R$ 150 milhões.

No ano de 2013 a Agência de Desenvolvimento de Pernambuco licitou um terreno no **Distrito Industrial** de Petrolina, tendo as empresas São Francisco Têxtil, Mineração Costa e Bira Comércio de Peças e Serviços vencido a concorrência para ocupá-lo. Na sequência elas investiram ali cerca de R$ 102 milhões, com o que geraram cerca de 1.250 empregos diretos. Esse Distrito Industrial tem evoluído ano a ano, transformando-se numa das locomotivas do desenvolvimento não apenas de Petrolina, mas de toda a região. O condomínio que constitui o complexo tem uma área de 500 ha e, atualmente, cerca de sete dezenas de empresas já ocupam algo como 15% desse espaço. O acesso ao Distrito Industrial é feito por um anel viário.

Acredita-se que no início de 2020 o **setor terciário** contribuísse com cerca de 69,1% da riqueza do município, sendo, portanto, o mais importante para a economia petrolinense. Nele destaca-se bastante a prestação de serviços, seguido pelo comércio.

Aliás, o comércio de Petrolina é muito diversificado e descentralizado, embora a região central abrigue o principal polo comercial da cidade, concentrando lojas de importantes redes nacionais, como: Casas Bahia, Cacau Show, Lojas Americanas, Magazine Luiza, Farmácia Pague Menos etc.

A cidade é considerada uma cidade-tronco na região, o que significa que seu comércio **abastece** municípios vizinhos, transformando Petrolina num centro atacadista de medicamentos e de vestuário. Já os bairros petrolinenses dispõem de estruturas complexas de comércio, e nas avenidas que circundam o perímetro urbano, é perceptível a presença do comércio de materiais de construção, peças e serviços automotivos.

No que se refere a centros comerciais, a cidade conta com a Galeria Eco Center, na qual também existem várias lojas, ótimos produtos e serviços úteis e bem executados. Porém, o mais importante *shopping center* de Petrolina é o River, que foi inaugurado em 25 de outubro de 1995 e, desde então vem crescendo e se ampliando para se tornar o maior centro de lazer, entretenimento, serviços e compras do vale do São Francisco.

Atualmente ele recebe dezenas de milhares de clientes (em média 25 mil visitantes) todos os dias. Com sua localização estratégica na região central de Petrolina, e distante apenas 2 km da cidade de Juazeiro, esse *shopping* além de ser um dos maiores empreendimentos do município, é também muito importante em termos de emprego e renda, oferecendo cerca de 1.600 empregos diretos e uns 3.500 indiretos.

Nesse centro de compras estão instaladas hoje cerca de 140 unidades comerciais, entre lojas satélites, lojas-âncora, megalojas, quiosques e uma praça de alimentação, com cerca de 20 opções diferentes de comida. Em relação ao lazer e entretenimento, no River encontram-se o Playtoy e bons cinemas (quatro salas, sendo uma com tecnologia 3D). Todo o seu ambiente é climatizado e seguro, tendo um estacionamento com 1.538 vagas para carros.

Na zona rural do município de Petrolina, destacam-se os **núcleos habitacionais** dos projetos públicos de irrigação, sendo que o projeto Senador Nilo Coelho é, notadamente, o maior deles. Eles são conhecidos pela forma abreviada, constituída pelo número do núcleo agrícola a que cada um está ligado, de **N1 a N11**, e estão ordenados de oeste para leste, ao norte do centro da cidade.

Outro projeto irrigado de grande importância é o projeto Bebedouro, que teve início em 1968 com um campo experimental e acabou se tornando a área pioneira no vale do rio São Francisco. Esse projeto possui hoje uma população estimada de 3.200 habitantes, e conta com uma boa infraestrutura social e de serviços, composta por um centro administrativo, sete núcleos habitacionais internos, duas escolas, um posto de saúde, duas creches e três igrejas.

Hoje as famílias ocupam uma área de 1.034 ha, na qual existem mais de uma centena de lotes e uma área empresarial. A estimativa é de que 1.400 empregos diretos e 2.100 indiretos sejam gerados aí. A produção anual de alimentos em 2019 alcançou algo próximo de 23 mil toneladas. Entre as ações culturais que ocorrem no projeto Bebedouro, destaca-se a já tradicional Festa dos Colonos, que acontece anualmente no mês de julho, e que conta com uma programação distribuído ao longo de três dias de comemorações, e para qual vem muita gente da cidade e também dos arredores.

No que se refere a **educação**, Petrolina está muito bem atendida nos ensinos **infantil**, **fundamental** e **médio**, tanto pela rede pública como a privada. Aliás, existem na cidade várias entidades dedicadas aos cuidados que precedem a educação infantil.

Entre as escolas públicas que atuam no ensino fundamental, tem-se: Professor Anézio Leão (com excelente avaliação); Professor Simão Amorim Durando (com excelente avaliação); Paul Harris (com boa avaliação); Professora Adelina Almeida (com boa avaliação); Marechal Antônio Alves Filho (com boa avaliação); Joaquim André Cavalcanti (boa avaliação); Fernando Idalino Bezerra (avaliação regular, e necessitando de melhorias no projeto interdisciplinar); Professor Humberto Soares; Dom Malan (uma escola muito bonita); Eduardo Coelho (com desempenho regular); Professor Manoel Xavier Paes Barreto (com desempenho regular) e Moyses Barbosa (também com desempenho regular).

No que concerne ao ensino médio, há três escolas públicas referência em Petrolina: a Padre Manoel de Paiva Netto (ótima qualidade de ensino e excelentes professores); Otacílio Nunes de Souza (com bons cursos técnicos) e Professora Osa Santana de Carvalho (escola bem organizada, com boa infraestrutura, possuindo inclusive uma quadra poliesportiva na qual ocorrem entre outras coisas diversos eventos noturnos).

O grande destaque em Petrolina é o seu Colégio Militar, que oferece um excelente ensino, o que gera muita procura, em especial por aqueles que desejam estar bem preparados para enfrentar vestibulares.

A rede privada de IEs contribuiu bastante nesse setor, desde o ensino infantil e pré-escola até o ensino médio. Destacam-se assim os educandários Olavo Bilac e Sonhos Dourados (muito bem avaliados), bem como as escolas: Saber (excelente avaliação); Cecília Meireles (que tem um hotelzinho...); Patrícia Diniz; Mônica (com excelente qualidade de ensino); Pequeno Sábio, entre outras.

Entre os colégios particulares, muitos dos quais atuam nos diversos níveis educacionais, os destaques são: Castro Alves (uma excelente IE, com alto índice de aprovação pelos pais); Encontro (talvez o melhor colégio de Petrolina, já tendo prestado um grande serviço educacional para milhares de crianças e jovens); Objetivo (muito bem avaliado em todos os níveis: infantil, fundamental, médio e nos cursos preparatórios); Sorriso (que conquistou grande reputação pela qualidade do ensino oferecido, ele utiliza o sistema GEO e oferece também um bom curso pré-vestibular); Vivência (um excelente centro educacional, com professores atenciosos e competentes); Recanto (com boa avaliação); Plenus (certamente uma das melhores IEs da região do vale do rio São Francisco, tendo uma ótima equipe de professores capacitados que atua desde a pré-escola até o ensino médio e o curso preparatório para o ingresso nas faculdades); Desafio (com boa avaliação); Professor Simão (com boa avaliação, é uma IE comprometida com o crescimento da criança); Nossa Senhora Auxiliadora (para muita gente a melhor IE da cidade: séria, comprometida e um lugar de uma criança muito feliz, que pode começar a estudar nessa IE bem cedinho...).

Entre as IESs instaladas em Petrolina destaca-se a Universidade de Pernambuco (UPE), que tem aí um *campus* no qual são oferecidos os cursos de Ciências Biológicas, Enfermagem, Fisioterapia, Geografia, História, Letras, Matemática, Nutrição e Pedagogia.

Também em Petrolina está a sede da Fundação Universidade Federal do Vale do São Francisco (Univasf), que no *RUF 2019* ocupou a 61ª posição numa lista de 107 universidades públicas. Nas suas unidades em Petrolina são oferecidos os cursos de Administração de Empresas, Ciências Biológicas, Educação Física, Enfermagem, Engenharia Agronômica, Farmácia, Medicina, Medicina Veterinária, Psicologia e Zootecnia.

O petrolinense também pode estudar gratuitamente no Instituto Federal de Educação, Ciência e Tecnologia do Sertão Pernambucano (IF-Sertão), cuja sede fica em Petrolina. Os cursos oferecidos são Agroecologia, Agronomia, Alimentos, Computação, Física, Música, Química, Viticultura e Enologia. Além do *campus* Petrolina, o IF-Sertão possui outros *campi* em cidades pernambucanas.

Entre as IESs particulares, há em Petrolina um *campus* da Faculdade de Tecnologia e Ciências (FTC) e uma unidade da Uninassau (com mais de duas dezenas de cursos de graduação presenciais e mais de 35 cursos de graduação no sistema EAD). Mas não se pode esquecer da Faculdade de Ciências Aplicadas e Sociais de Petrolina, uma IES pública municipal (uma autarquia) com cerca de dez cursos de graduação em diversas áreas. Além disso, existe na cidade um *campus* da Faculdade Metropolitana, que oferece o curso superior de Serviço Social.

Naturalmente, todas essas IESs atendem a um significativo contingente de alunos, que vivem em Petrolina. Todavia, há nelas também muitos estudantes oriundos de cidades mais distantes, que, por isso, precisam se mudar para Petrolina. Assim, a cidade possui alguns milhares de "visitantes" universitários.

No campo da **saúde**, vale destacar que em 2018 o Brasil registrou o maior número de médicos de sua história: 450 mil profissionais. E o marco de meio milhão de médicos deverá ser alcançado até o final de 2020, quando a taxa de médicos para cada mil habitantes será de praticamente 2,5, número similar àquele de países desenvolvidos, como Canadá e EUA.

No entanto, ao contrário do que se poderia esperar, esse aumento significativo no número absoluto de médicos não fez diminuir a desigualdade na distribuição ou na fixação desses profissionais, tampouco melhorar o acesso a eles pela população. O grande problema está na distribuição deles pelo País.

Atualmente, além de haver uma concentração de médicos na região sudeste do País, onde a taxa é 2,81/1.000 – contra 1,16/1.000 na região norte e 1,41/1.000 na região nordeste –, os médicos também preferem trabalhar nos grandes centros, ou seja, nas cidades com mais de 500 mil habitantes. Isso representa cerca de 50 cidades brasileiras, onde trabalham cerca de **4,33** desses profissionais para cada mil moradores!!!

Nas localidades com até 20 mil moradores (que correspondem a **68,3%** das 5.570 cidades do País), a taxa é de 0,40/1000. Esse é o caso de algumas cidades no raio de 150 km em torno de Petrolina e Juazeiro. Assim, para conseguir atendimento médico, as pessoas precisam necessariamente se dirigir aos centros médicos e hospitais dessas cidades maiores.

Partindo do correto diagnóstico de que essas localidades estavam desassistidas e precisavam de profissionais, o governo federal autorizou nos últimos anos a abertura de diversas faculdades nas cidades do interior. Porém, o que se testemunhou foi a vinda dos estudantes dos grandes centros (e também de cidades pequenas...), sem que houvesse, entretanto, o desejo por parte dos formandos de fixar-se nas cidades de médio porte, onde estavam essas IESs de medicina!?!? Mudar esse cenário depende de uma política abrangente, que inclua:

1º) Medidas voltadas para a **formação do estudante** (com um currículo que valorize as competências voltadas para a atenção primária).

2º) Políticas de **atratividade** (com o oferecimento de boa remuneração a quem se dispuser a atuar longe dos grandes centros).

3º) Estratégias que garantam a **permanência** dos médicos nas áreas desassistidas.

Ressalte-se que em 2018 o ministério da Educação interrompeu a permissão de abertura de novas IESs de medicina por um período 5 anos!!!

E não se pode esquecer que, além da desigualdade geográfica dos médicos, há também um desequilíbrio no próprio sistema, visto que a população atendida pelos **setor privado** conta com cerca de três vezes mais médicos que aquela atendida pelo SUS, além de existir uma distribuição díspar entre as especialidades médicas.

Uma pesquisa recente indicou que para 84% dos egressos de um curso de medicina, o item **condições de trabalho** era o principal determinante para sua fixação numa instituição hospitalar ou numa cidade; a **qualidade de vida** aparecia na sequência, com 66,2%. Em seguida estava a **remuneração**, com 63,1%; a **possibilidade de aperfeiçoamento** e **especialização**, com 50,2%, e finalmente o **plano de carreira**, com 47,8%.

Os gestores municipais, responsáveis pelas redes públicas da saúde de Petrolina e Juazeiro, deveriam inspirar-se, por exemplo, no modelo de Florianópolis. Na capital catarinense, no âmbito da atenção básica de saúde, conseguiu-se atrair para o SUS as pessoas que perderam o convênio médico por conta da crise econômica que afetou o País nesses últimos anos (e até mesmo aquelas pessoas que conseguiram manter seu convênio).

Assim, no início de 2020, cerca de 20% dos florianopolitanos que possuíam plano de saúde eram atendidos pela rede pública, ancorada no programa Estratégia Saúde da Família (ESF). Florianópolis se tornou a primeira capital estadual a ter 100% da sua população coberta pelo ESF. Isso ocorreu porque o programa se manteve forte, mesmo com gestões municipais diferentes e cortes nos seus orçamentos. Apesar disso, em 2017 foram destinados à saúde 17% do orçamento municipal, ou seja, R$ 1,1 bilhão. O fato é que o município não parou de investir na qualificação dos profissionais, oferecendo-lhes programas próprios de residência médica e enfermagem em **medicina de família**.

Nos centros de saúde da rede pública de Florianópolis as enfermeiras se revezam com os médicos nos cuidados de rotina de doentes crônicos, gestantes e bebês. Não há uma outra cidade do País em que a **enfermagem** esteja tão alinhada com a medicina, isto é, todos trabalhando juntos e sem competição, como na capital catarinense!!!

De qualquer modo, para **tratar da saúde** a população de Petrolina pode recorrer a alguns estabelecimentos hospitalares, que apresentam um desempenho razoável, entre os quais:

- **Urgências e Traumas** – É um hospital com profissionais qualificados e que oferecem um bom atendimento aos pacientes. Porém, todos trabalham sob muita tensão e estão sobrecarregados, o que é certamente um problema.
- **Universitário da Univasf** – Conta com uma estrutura física muito boa e tem potencial para oferecer um serviço de qualidade aos pacientes.
- **Dom Malan** – É um hospital com mais de 20 anos e que precisa de reestruturação imediata, em especial com a substituição de vários equipamentos obsoletos. Mesmo assim é uma instituição pública de saúde de referência no sertão nordestino, particularmente na área de obstetrícia.
- **UPA e de Atenção Especializada Dr. Emanuel Alírio Brandão** – Apesar da demora no atendimento, os petrolinenses nela atendidos se dizem satisfeitos com os serviços, pois, segundo eles, os médicos e enfermeiros são super atenciosos.
- **Imaculada Conceição** – Oferece um bom atendimento e várias especialidades médicas. Possui ótimos profissionais, mas precisa ampliar a oferta de exames específicos.
- **Memorial Petrolina** – Mesmo sendo um hospital particular, os pacientes reclamam da grande demora no atendimento e da impontualidade dos médicos.
- **Geral e Urgência** – As avaliações por parte dos pacientes variam bastante. Existem os que o consideram "**o melhor da região**", mas muita gente se sente revoltada pelo "descaso, pela falta de humanidade e a total negligência dos funcionários" dessa instituição de saúde.
- **Neurocardio** – Um hospital particular de médio porte, cujos serviços têm sido bastante criticados, particularmente pela burocracia na liberação do atendimento conveniado em casos de urgência...
- **Unimed** – É um hospital moderno, pensado nos detalhes para oferecer um atendimento de qualidade, com serviço de hemodinâmica, centro de diagnóstico e ressonância. Dispõe de cardiologista plantonista para atendimento de urgência, e conta com 84 leitos. Foi inaugurado em 14 de dezembro de 2018, quando o médico e ex-prefeito da cidade, Júlio Lóssio, disse: "A inauguração desse hospital é um novo marco na saúde de nossa cidade e da região."

- → **Clin Center** – Uma excelente clínica, com atendimento personalizado e preços acessíveis.
- → **Clínica Pró Mulher** – É um centro médico que tem recebido boas avaliações por parte das mulheres que se tratam ali.

Petrolina não para de crescer e, dessa forma, a cada ano tem aumentado o número de clínicas e consultórios médicos na cidade. O problema, porém, é que aqueles mais carentes não dispõem de recursos financeiros para recorrer a eles...

No que se refere ao **transporte público**, há atualmente em Petrolina 20 linhas de ônibus, administradas pela autarquia municipal de mobilidade de Petrolina e operadas pela empresa Atlântico Transportes.

Uma curiosidade sobre Petrolina é que na cidade existem mais **motos** do que **carros**. Estima-se que no início de 2020 o número de motocicletas aí se aproximasse de 53 mil, e o de automóveis fosse de 46 mil. No total a frota circulante já ultrapassava os 138 mil veículos, incluindo-se nesse número os caminhões, os ônibus e micro-ônibus.

Atualmente, muita gente chega a Petrolina valendo-se do transporte aéreo. E como já foi dito, o aeroporto utilizado na região é o Senador Nilo Coelho, a 10 km do centro de Petrolina e a 15 km do centro de Juazeiro. A história desse aeroporto demonstra claramente que sua própria evolução não apenas acompanhou o crescimento da cidade, mas foi incentivada por ele, exigindo inclusive sua ampliação.

Em 1932 vários aeroportos foram construídos para dar apoio ao Correio Aéreo Militar, em especial entre as cidades do Rio de Janeiro e Fortaleza. Petrolina se antecipou, oferecendo o local para a construção de um campo de pouso e a prefeitura deu início às obras. No dia 16 de fevereiro de 1933 o aeroporto foi inaugurado oficialmente, com a aterrissagem do primeiro avião do Correio Aéreo Militar, um *Waco*, pilotado pelo tenente Nelson Lavanery Wanderley. Posteriormente, em 28 de março de 1941, iniciou-se a operação do trecho Rio de Janeiro–Bom Jesus da Lapa–Petrolina–Recife, realizado com uma aeronave *Beechcraft 18*, pela empresa Navegação Aérea Brasileira.

O ministério da Aeronáutica assumiu em 1958 a responsabilidade pelos encargos de manutenção e conservação e, dessa maneira, o aeroporto continuou cumprindo sua finalidade. Todavia, a dinâmica urbanização e a ocupação desordenada acabaram por deixá-lo bem no centro da cidade.

Com isso, sob o ponto de vista operacional e de segurança, a mudança do aeroporto tornou-se vital. Além disso, o evidente potencial socioeconômico da região motivou a construção de um aeroporto bem maior. Assim, em 1974, tiveram início as negociações para a liberação de uma excelente área para abrigar o novo aeroporto da cidade.

O projeto foi elaborado pelo II COMAR (Comando Aéreo Regional) e pela Comissão de Aeroportos da Região Amazônica. As pistas e os pátios ficaram prontos em 1978 e, no ano seguinte, o aeroporto já estava apto a ser inaugurado.

A inauguração do aeroporto foi programada para acontecer durante a visita do então presidente da República, João Baptista de Oliveira Figueiredo, que viria mesmo à região para inaugurar a eclusa do lago de Sobradinho, no dia 27 de junho de 1980. Todavia, embora a comitiva presidencial tenha de fato realizado o primeiro pouso oficial do aeroporto, todas as instruções de aterrissagem foram enviadas pelas instalações do aeroporto antigo, pois o sistema de comunicações do novo ainda não estava operante. Com isso, **a inauguração acabou não acontecendo na data prevista**.

De fato, o aeroporto permaneceu inativo por mais um ano, até que em outubro de 1981 a Infraero recebeu a incumbência de torná-lo operacional. A partir daí ela assumiu a sua administração e, finalmente, no dia 28 daquele mês realizou uma solenidade de inauguração, presidida pelo então presidente da Infraero, o tenente-brigadeiro Protásio Lopes de Oliveira.

Embora o aeroporto tivesse sido construído para operar modernos aviões de transporte, por muito tempo ele recebeu apenas pequenos aviões particulares e os *Bandeirantes* da Companhia de Aviação Regional. Então, em 21 de junho de 1984 finalmente pousou ali um *Boeing 737*, da famosa (e já extinta) empresa aérea brasileira Varig, que trazia a bordo uma comitiva de altos representantes oficiais. Essa aterrissagem inaugurou a nova fase de linhas comerciais com aviões de grande porte, ligando Petrolina a Recife, São Paulo, Brasília, BH e Rio de Janeiro.

Em 1995 foi inaugurado o terminal de logística de carga de Petrolina. Porém, somente a partir de 17 de fevereiro de 2000 é que o aeroporto foi habilitado para pousos e decolagens de aeronaves destinadas ao transporte de cargas internacionais. Em 3 de julho daquele ano, o então vice-presidente da República, Marco Maciel, alfandegou o aeroporto em caráter extraordinário por um período de seis meses.

Em 1º de julho de 2002 o aeroporto finalmente passou a contar com sistema de alfândega permanente e recebeu oficialmente o nome de aeroporto de Petrolina Senador Nilo Coelho, em homenagem a um político brasileiro nascido na cidade de Petrolina e que já havia sido secretário da Fazenda, deputado estadual e federal, governador e senador pelo Estado de Pernambuco.

No ano de 2004 a Infraero realizou várias ações no sentido de aprimorar o aeroporto. Houve uma grande reforma no terminal de passageiros, que passou para 2.027 m², e cuja capacidade aumentou para 150 mil passageiros. O pátio de manobras foi ampliado, e a pista e o pátio das aeronaves foram reforçados com uma cobertura asfáltica. Assim ele passou a ter 16.406 m² e a oferecer cinco posições de estacionamento para aviões de grande porte (dez posições no total).

A pista de pouso e decolagem passou a ter 3.250 m de comprimento, por 45 m de largura, o que possibilitou a operação de aeronaves de grande porte, como o *Boeing 747-100*, bem como de grandes aviões cargueiros com capacidade de até 110 t. A partir de 1º de novembro de 2010, o aeroporto também passou a operar 24 h por dia.

Em 2013 houve uma requalificação do terminal de passageiros, com a ampliação das salas de embarque e desembarque. A primeira passou de 307 m² para 788 m², enquanto a segunda foi de 235 m² para 777 m². Também foi ampliada a área do pátio de manobras. Com essas medidas, **a capacidade de atendimento passou a ser de um milhão de passageiros por ano!!!**

Atualmente o aeroporto conta com 19 pontos comerciais, dentro do conceito de *aeroshopping*. Ele conta com restaurantes, cafés, lojas de artesanato e de produtos regionais, caixas eletrônicos etc. Três empresas aéreas atuam no local: Azul, Latam e Gol, de forma que os passageiros que embarcam em Petrolina têm a possibilidade de seguir para Recife, Salvador, Campinas e São Paulo e, a partir dessas cidades, fazer outras conexões.

Semanalmente a empresa luxemburguesa Cargolux – uma das maiores companhias aéreas de transporte de carga da Europa – conecta a cidade de Luxemburgo (capital de Luxemburgo) às cidades de Campinas (SP) e Petrolina, depois segue para Acra (na África) e então retorna à origem.

A região de Petrolina-Juazeiro encontra-se numa posição privilegiada no nordeste, uma vez que está praticamente à mesma distância das três importantes regiões metropolitanas de Recife, Salvador e Fortaleza. Tal localização lhe proporciona o papel de articuladora entre essas metrópoles e outras capitais regionais, o que inclusive sugere que seu aeroporto deva crescer cada vez mais para facilitar as conexões entre elas e outras importantes cidades do País e do mundo.

No âmbito da **comunicação**, existem diversas emissoras de televisão aberta, na região, sendo a mais vista a TV Grande Rio, afiliada à TV Globo. Em Petrolina capta-se o sinal de mais de uma dezena de rádios, a maioria com sede na cidade e com preponderância daquelas em FM. Quanto à mídia escrita, são comercializados na cidade jornais com sede em Salvador e Recife. O jornal da cidade é o *Gazzeta do São Francisco*.

Entre as operadoras de telefonia móvel, têm-se a Claro, Oi, Vivo e TIM, que também operam o serviço de telefonia fixa, juntamente com a Embratel (incorporada a Claro em 2015).

Muitos mitos povoam a mente dos habitantes da região desde a sua mais tenra infância. Essas histórias foram sendo contadas ritualmente de pai para filho, e constituem um grande patrimônio de Petrolina e Juazeiro – que, inclusive, firmaram um acordo e se tornaram **cidades-irmãs**.

Entre essas lendas, uma que se destaca por sua importância e forte representatividade é a da **carranca** (escultura com forma humana ou animal), que, aliás, se tornou um dos símbolos do artesanato local. E uma artista que se destacou em todo o País, tornando-se inclusive um patrimônio do Estado de Pernambuco, foi a consagrada artesã, ceramista, escultora e louceira Ana Leopoldina dos Santos, que ficou conhecida como Ana das Carrancas ou como "dama do barro", tendo falecido em 1º de outubro de 2008.

Mas além dessas belas esculturas, Petrolina tem um amplo calendário de atrações, o que faz com que muita gente visite a cidade. Esse é o caso dos diversos festivais ali realizados, como: *Vale Curtas* (uma mostra nacional e competitiva de curtas-metragens); *Janeiro Tem Mais Artes* (realizado no mês de janeiro no Sesc); *AnimeKai* [um encontro de animação japonesa (em Petrolina e Juazeiro)]; *Carnaval Cultural Pernambucano*; *Aldeia Vale Dançar* (realizado no mês de abril no Sesc, para comemorar o Dia Mundial da Dança); *São João do Vale* (uma incrível festa junina); *Aldeia do Velho Chico* (realizado no mês de agosto, no Sesc); festa da padroeira da cidade, Nossa Senhora Rainha dos Anjos (celebrada em 15 de agosto); *Raiz & Remix* (no qual se mistura tradição e contemporaneidade na música); *Primavera* (ocorre em setembro, quando se comemora o aniversário do município); *dos Colonos*, do projeto Bebedouro (no último sábado de julho); o *Internacional de Sanfona*; o *Congresso Literário Internacional do Sertão* (promovido pela

UPE) e, para fechar o ano, a *Cantata de Natal* (realizada pela Assembleia de Deus, um evento oficial da agenda petrolinense, que acontece todo 4º sábado do mês de dezembro, na Concha Acústica).

Além disso há também eventos do mundo da moda, como o *Petrolina Fashion*, e do mundo esportivo, como a *Jecana* (corrida de jegue, na abertura oficial do São João da cidade); o *Moto Chico* e a *Vaquejada*. Mas as atrações não param por aí. Há muitas outras sendo oferecidas a petrolinenses e aos turistas nos diversos espaços culturais da cidade, em particular as apresentadas pelos grupos de teatro e dança da cidade.

Assim, quem for a Petrolina poderá assistir incríveis apresentações e ainda adquirir peças de arte nos seguintes locais:

- **Teatro Dona Amélia** – Ele ocupa um antigo auditório do Sesc Petrolina, sendo o palco mais moderno e bem equipado da região, com iluminação de última geração. Inaugurado em 24 de outubro de 2013, tem capacidade para 345 pessoas, e acesso para quem tem dificuldades de locomoção.
- **Espaço Cultural Janela 353** – Nele é desenvolvido o projeto semanal Cine Clube Raiz, que exibe gratuitamente, aos sábados, filmes de arte com temáticas selecionadas a cada mês. Nesse espaço também funciona o projeto *Teatro na Janela 353*, que aos domingos apresenta espetáculos a preços populares.
- **Sesc Petrolina** – Trata-se de um espaço plural, no qual existem diversos equipamentos e são desenvolvidas muitas iniciativas culturais.
- **Galeria de Artes Ana das Carrancas** – Foi inaugurada em 2009 e está localizada no Sesc Petrolina, e nela são expostas obras contemporâneas.
- **Oficina do Artesão Mestre Quincas** – É um espaço destinado à produção e venda de peças do artesanato local, com obras esculpidas em pedra, madeira, ferro e outros materiais, bem como peças confeccionadas em fuxico e itens da culinária tradicional.
- **Centro Cultural Ana das Carrancas** – É um espaço inaugurado em 2000, que abriga as obras da artesã mais famosa da cidade. Esse local, que também abriga um clube de xadrez, é palco para alguns eventos de *rock*.
- **Espaço Cultural Lula Cardoso Ayres** – Edifício histórico, no qual instalou-se o primeiro açougue da cidade, e que abriga atualmente o

grupo musical Matingueiros, e possui um grande acervo de figurinos da cultura popular pernambucana.

→ **Sebo Rebuliço** – Uma tradicional livraria com milhares de livros antigos. No local é possível encontrar obras-primas da literatura.

E justamente por contar com todos esses locais para apresentações de artes cênicas, desenvolveram-se em Petrolina vários grupos teatrais, como: Trup Errante (começou a atuar em 2006); Cia Biruta de Teatro; Guterima (um dos grupos mais antigos da cidade, que realiza anualmente o espetáculo *A Crucificação*); Pé Nu Palco; Núcleo Teatral do Sesc Petrolina; Coletivo Passarinho; Cia Talentos e Clã Virá, entre outros.

Já no que se refere a dança, surgiram na cidade diversos grupos, como: Companhia de Dança do Sesc (que atua desde 1995); Coletivo Trippé, Confraria 27 (que atua desde 2014); Coletivo INcomum; Coletivo Experimenta AÍ; Cia Sarau das 6; Cia Balançarte e Companhia de Dança Qualquer Um dos 2 (que começou a atuar em 2007).

E vale realçar, que alguns habitantes ilustres e, em especial, diversos gestores públicos de Petrolina, apoiaram o surgimento na cidade da banda Philarmônica 21 de Setembro; da orquestra de percussão do Vale do São Francisco; da orquestra de câmara e coro Senador Nilo Coelho; da orquestra de câmara Novos Talentos; da orquestra sinfônica do Sertão Opus 68; da orquestra filarmônica Harmonia Celeste e da orquestra Fernando Júnior. Ainda no campo da música clássica, nasceram em Petrolina o compositor, cantor e violinista Geraldo Azevedo e o pianista e compositor Zé Manoel.

No âmbito turístico, além dos diversos pontos já citados, existem muitos outros em Petrolina, como: a antiga estação ferroviária da Leste Brasileira; a calçada da Fama; o balneário de Pedrinhas; o Centro de Artesanato Celestino Gomes; o Centro de Convenções Nilo Coelho, o Espaço de Ciência e Cultura Univasf, o memorial Dom Bosco, o Museu do Sertão, o parque aquático Ilha do Sol, o mirante do Serrote do Urubu, o parque municipal Josefa Coelho, o Parque Zoobotânico da Caatinga, a pedra do Bode, a praça do Centenário e a Serra da Santa.

O **esporte** também atrai bastante gente para Petrolina, que é a casa do Carrancas FA, um time de **futebol norte-americano**. Ele foi criado em 2013, por um grupo de amigos, e hoje disputa vários campeonatos nacionais. A missão dessa equipe, composta por mais de 70 pessoas (entre atletas, diretoria e comissão técnica), é difundir um esporte ainda pouco conhecido na região, mas que nos EUA atrai milhões de espectadores e movimenta muitos bilhões de dólares. Aliás, em 2018, a equipe fez um grande esforço para se destacar na Liga Nordeste (a 2ª divisão do Campeonato Nacional) e, neste sentido, contratou dois jogadores norte-americanos!?!? O importante é que o time já arrasta uma legião de fãs para o estádio Paulo Coelho.

No passado, a cidade de Petrolina também contribuiu muito para o handebol brasileiro, por intermédio do atleta Ivan Raimundo Pinheiro. Ele se tornou conhecido como Ivan Petrolina e fez parte da seleção brasileira nos Jogos Olímpicos de Barcelona (1992) e dos EUA (1996).

No campo do futebol, Petrolina já teve vários times amadores, como o Caiano Sport Club, o América, o Náutico, o Ferroviária, o Palmeiras, entre outros, que costumavam atrair muitos torcedores nas tardes de domingo no então estádio da Associação Rural, que posteriormente foi transformado no estádio Paulo Coelho. Atualmente são os clubes Petrolina Social Futebol Clube e o 1º de Maio Esporte Clube, que se revezam entre a primeira e a segunda divisões do Campeonato Pernambucano de Futebol. Aliás, o Petrolina Social Futebol Clube já participou do Campeonato Brasileiro de Futebol, nas Séries C e D, e já conquistou o Campeonato Pernambucano de Futebol da 2ª divisão em 2010.

A cidade tem uma Associação Petrolinense de Atletismo, que funciona no prédio do Senai. Já surgiram na cidade alguns atletas que alcançaram destaque no cenário nacional. Uma atividade que tem movimentado muita gente de Petrolina e das cidades vizinhas, particularmente de Juazeiro é o Circuito de Aventura Rio da Integração (CARI), que é constituído de diversas corridas que acontecem na região do vale do rio São Francisco. Essas corridas envolvem diversas modalidades esportivas, como *trekking*, flutuação, canoagem, práticas e técnicas verticais, competições de *bike* e corridas propriamente ditas.

É cada vez maior o número de pessoas que se inscrevem no CARI, algumas que querem participar das competições com a finalidade de fazer parte de uma prática física saudável e muitas outras para se desafiar e poder curtir a beleza que oferece o vale do rio São Francisco. Entre os principais grupos que participam do CARI estão o Caatinga Extreme, Desafio dos Sertões, Casco de Peba, Insanos Adventure, Pedal do Vale, Pedal Rosa e Pé Laskado.

Em Petrolina não se tem hotéis super luxuosos, mas há uma razoável rede hoteleira com estabelecimentos classificados como três e duas estrelas, nos quais os visitantes podem ter uma estadia tranquila. Entre os de categoria três estrelas, estão:

- **Nobile Suites del Rio** – É um hotel moderno com fachada de vidro, em frente ao rio São Francisco, que fica a 2,3 km do centro de convenções da cidade e a 9 km do aeroporto de Petrolina Senador Nilo Coelho. Ele dispõe de restaurante, piscina externa e sauna.
- **Ibis** – Este hotel econômico, com quartos práticos e simples a 13 min de caminhada da catedral Sagrado Coração de Jesus, a 1,8 km do parque municipal Josefa Coelho, a 2,4 km da estação de ônibus intermunicipal e bem perto de um mercado e do *shopping*. Permite a presença de animais de estimação.
- **Petrolina Palace** – É um hotel casual que ocupa um prédio moderno e simples, que está na rodovia federal BR-122, próximo às margens de rio São Francisco. Tem restaurante, piscina externa e quartos bem casuais.
- **Orla Guest House** – É uma hospedaria despojada a 12 min de caminhada do centro e a 2 km do terminal de ônibus intermunicipal. Seus quartos são práticos, alguns com vista para o rio, tem um restaurante, uma banheira de hidromassagem externa e academia.
- **Costa do Rio** – É um hotel com serviço mediano e precisa executar reformas em suas instalações, especialmente nos quartos.
- **JB** – Hotel bem moderno localizado no centro da cidade, a 1,4 km do parque municipal Josefa Coelho. Tem um restaurante panorâmico, cuja comida é boa, uma piscina externa e os seus quartos têm o básico.
- **Novo Sol** – Uma boa acomodação para quem busca tranquilidade no sono e uma boa alimentação.
- **Neuman** – É uma boa opção para se hospedar, com ótima localização e preços bons.
- **Águas Palace** – É um hotel funcional que está em área comercial da cidade, a 4,7 km, do Bodódromo. Seus quartos são simples e tem um restaurante.
- **Masuka Center** – É bem econômico e fica no centro da cidade, a 100 m do rio São Francisco.

Com algumas exceções, todos os hotéis há pouco mencionados oferecem gratuitamente aos hóspedes estacionamento, café da manhã e *Wi-Fi*.

Já no grupo dos hotéis duas estrelas, estão:
- **Kris** – É bem modesto, mas dispõe de restaurante estilo *buffet*. Tem boa localização, ficando próximo do centro, do mercado e de alguns restaurantes.
- **Grande Rio** – Está situado no centro comercial e é bem modesto, mas possui duas piscinas externas e restaurante.
- **Rio Belo** – Uma boa opção para quem deseja ficar poucos dias na cidade.
- **Exclusive** – Bom ambiente, boa localização, quarto confortável e bom preço.
- **Reis Palace** – Tem quartos simples e funcionais. Ocupa um prédio moderno, mas simples. Fica a 10 min a pé do rio São Francisco.
- **Real** – Sua localização é excelente, ou seja, está bem no centro da cidade.

Também com algumas exceções, os hotéis duas estrelas citados há pouco oferecem café da manhã, estacionamento e *Wi-Fi* gratuitamente aos seus hóspedes.

Por ser uma cidade maior, Petrolina possui restaurantes melhores e em maior número do que Juazeiro. A maioria deles se concentra na culinária brasileira, com ênfase para a comida regional nordestina. Entre eles vale citar:
- *Café da Fazenda* – Esse restaurante *self-service* oferece almoço em que predominam as comidas regionais. O ambiente é rústico, natural e familiar. É uma excelente opção para os turistas, pois a comida é saborosa e o atendimento nota 10. Um bom diferencial é que nele também é servido café da manhã.
- *Flor de Mandacaru* – Prepara pratos típicos da culinária nordestina. A casa é rústica, mas acolhedora, com varanda e jardim. Além disso, a decoração tem como temática a cultura nordestina, o que é uma atração à parte para os clientes, em especial os turistas. A comida é ótima e o atendimento é rápido.
- *Cheiro Mineiro* – Tem-se aí uma boa comida mineira, vendida à quilo. É um ótimo local para o almoço, com grande variedade e bons preços.

- *Peixada Rio Bar* – Esse restaurante, que possui mesas externas, é uma ótima opção para quem busca um bom local para comer tarde da noite.
- *Lampião Aceso* – Um ótimo lugar para comer um delicioso cuscuz e tapiocas com diversos recheios.
- *Macaxeira* – Oferece boa comida no sistema *self-service*, com muita variedade.
- *Manjopina* – Uma das atrações desse restaurante é o queijo coalho da serra Talhada, que é *show* de bola!!! Além disso, é aí que dizem que se come o melhor carneiro do País!!!
- *Da Vila* – O espaço é lindíssimo e serve pratos deliciosos, como é o caso da moqueca mista e do camarão com arroz de coco. Os preços, entretanto, são um pouco salgados.
- *Capivara* – Com comida de qualidade, bons petiscos, cerveja bem gelada e atendimento exemplar.
- *Bode Assado do Ângelo* – No cardápio entre as especialidades tem-se o bode assado e guisado. O cliente observa o forró pé de serra, mas não pode dançar no ambiente, que apresenta música ao vivo.
- *Dona Salada* – Tem-se aí saladas, proteínas e sopas, além de sanduíches, crepes e sucos naturais, em um espaço contemporâneo e acolhedor. Os pratos são bem generosos e os preços em conta. É uma das poucas opções interessantes de comida saudável, tanto em Petrolina quanto em Juazeiro.
- *Barcarola* – Serve comida típica caseira, com grande variedade no cardápio. O espaço é amplo, aconchegante e bem arejado. A seleção da música popular brasileira é excelente.
- *Bera D'Água* – Oferece um excelente filé de peixe empanado, bem como um saboroso filé à parmegiana. Tem um *sushi bar*. Há nele um espaço de recreação para crianças, bom lugar para o lazer com a família ou para realizar eventos comemorativos.
- *Barretus* – Tem uma grande variedade de pratos no seu cardápio, os garçons são atenciosos, os preços justos e a música é boa.
- *Subway* – Está localizado no *shopping* River sendo uma loja da famosa rede de *fast-food* que lhe permite montar seus próprios sanduíches e saladas. Para muitos petrolinenses é aí que se pode comer o melhor sanduíche da cidade!?!?

- *London Pub Food'n Bar* – Inspirada em Londres, a casa serve boa comida e *drinks*, num ambiente fantástico e excelente música.
- *777 Sushi Bistrô* – Esse restaurante possui um ambiente moderno e familiar. Especializado em culinária japonesa, com um toque criativo e contemporâneo, é sem dúvida é o melhor restaurante oriental da região. Vale muita a pena experimentar seus pratos e também seus excelentes coquetéis.
- *Jappa* – Restaurante de comida japonesa clássica, despojada e com elementos contemporâneos. Seguramente é uma excelente opção para quem gosta de comida oriental (o combinado misto é ótimo!) e curte música ambiente.
- *Haus Bier* – É uma cervejaria incrível, com o melhor chope da região. O local é sofisticado e oferece um ótimo atendimento, além de música ao vivo e preços justos!!!

A HISTÓRIA DE JUAZEIRO

Juazeiro é um município do norte do Estado da Bahia, situado no sertão do nordeste brasileiro, na região submédia da bacia hidrográfica do rio São Francisco, na sua margem direita. A cidade, onde estima-se que no início de 2020 vivessem cerca de 220 mil pessoas, se destaca por sua **agricultura irrigada**.

Ela é conhecida como a "**terra das carrancas**", figuras antropomorfas que adornam as embarcações típicas do rio São Francisco, e também como "**oásis do sertão**", naturalmente por conta da imponência do Velho Chico. Seu lema é *Amor labore omnia vincit*, cujo significado é: "**O amor e o trabalho a tudo conquistam.**"

Seus municípios limítrofes em território baiano são Campo Formoso, Sobradinho, Jaguarari e Curaçá, enquanto em Pernambuco a cidade faz divisa com Lagoa Grande e Petrolina.

Já a RIDE é constituída em Pernambuco por Petrolina, Lagoa Grande, Santa Maria da Boa Vista e Orocó, e na Bahia por Juazeiro, Casa Nova, Curaçá e Sobradinhos. Juazeiro é o ponto exato em que se cruzaram duas "estradas" importantes e estratégicas para o Brasil. A primeira, de caráter **fluvial**, é representada pelo Velho Chico, que integra o norte ao sul do País. Já a segunda, denominada "**caminho das bandeiras**", foi aberta por um grupo constituído de paulistas (comandados por Domingos do Sertão), baianos (liderados por Garcia d'Avila II, cujas terras se estendiam até o local onde fica hoje a praia do Forte, vizinha a Salvador) e nativos da própria região (cujo líder foi Manuel Nunes Viana).

Acredita-se que a cidade de Juazeiro – que com o tempo se transformaria num dos mais importantes núcleos urbanos do sertão nordestino – tenha começado a surgir ainda no final do século XVII. Todavia, desde 1596 (século XVI), seu território fora percorrido pelo bandeirante Belquior Dias Moreira e, já naquela época, muitos tropeiros costumavam descansar à sombra protetora da árvore-mãe daquela região – o **juazeiro**.

Em 1706 chegou à região uma missão franciscana que tinha por objetivo catequizar os índios que aí viviam. Na época foi erguido no local um convento e uma capela com a imagem da Virgem, que, de acordo com a lenda, fora encontrada por um indígena numa gruta das imediações. Deu-se ao local o nome de Nossa Senhora das Grotas do Juazeiro, que deu origem a atual sede do município. Com o passar do tempo, e de modo sucessivo, Juazeiro foi elevada às categoria de vila e então comarca, transformando-se finalmente em cidade pela lei Nº 1814, de 15 de julho de 1878.

Quando foi construído, o porto de Juazeiro – de onde partiram embarcações conhecidas como "**vapor**" – era o mais importante do rio São Francisco. Ele permitia que as pessoas chegassem a outros municípios ribeirinhos baianos e, inclusive, ao Estado de Minas Gerais, de onde elas conseguiriam acessar mais rapidamente a antiga capital do País, o Rio de Janeiro. De fato, ainda existe hoje uma dessas embarcações, que funciona como restaurante e fica bem perto do centro da cidade.

O relevo do município de Juazeiro se caracteriza como pediplano sertanejo, com várzeas e terraços aluviais. Em suas terras podem ser encontrados minerais, como o amianto, o cobre, o mármore, o calcário, o jaspe, o salitre, a calcita e o manganês. Já no que se refere à **vegetação**, o município é coberto pela caatinga arbórea dos tipos: **aberta** (com e sem palmeiras) e **densa** (sem palmeiras).

Juazeiro faz parte da bacia hidrográfica do São Francisco. No município, cuja área total é de cerca de 6.500,52 km^2, mas cuja área urbana é de apenas 51 km^2, estão os rios São Francisco, Curaçá, Malhada da Areia, Salitre, Tourão, Mandacaru e Maniçoba.

A cidade se localiza numa área caracterizada de semiárido, pelo elevado risco de longos períodos de seca. O período chuvoso ocorre entre os meses de novembro e março, ou seja, do final da primavera até quase o fim do verão. A precipitação pluviométrica média anual está em 399 mm (bem baixa), a temperatura média anual é de 24,2°C, mas pode atingir a máxima de 43,6°C. A mínima já registrada na região foi de 20,3°C, o que ainda é bem alta, não é mesmo?

Apesar de o município estar no interior do continente, existem em Juazeiro algumas ilhas, isso por conta da grandiosidade do rio São Francisco. Entre elas destacam-se: do Rodeadouro, do Fogo, Culpe o Vento, da Amélia, do Massangano, de Nossa Senhora das Grotas e do Maroto.

A ilha do Rodeadouro fica a 12 km do centro de Juazeiro, mas, apesar da distância, é uma das mais frequentadas da região, por conta de suas excelentes praias e do fato de a areia aí ser bem branquinha. Por sua vez, a infraestrutura na ilha é razoável, havendo nela barracas nas quais os visitantes podem degustar os mais variados pratos da região. Também há espaço para a prática de *camping* nos fins de semana, quando os turistas podem desfrutar das belezas naturais do local.

A travessia até essa ilha pode ser feita de duas maneiras: utilizando-se um dos barcos aportados às margens do rio São Francisco, no povoado do Rodeadouro, ou uma das barcas de passeio que saem de Juazeiro todos os fins de semana. Aliás, nesse último caso, as pessoas podem curtir música ao vivo durante o percurso, enquanto contemplam as belas paisagens naturais do Velho Chico.

A ilha do Fogo fica aproximadamente no meio do trajeto entre Juazeiro e Petrolina, pela ponte Presidente Eurico Gaspar Dutra, marcando a divisa entre os Estados da Bahia e Pernambuco. A área praiana dessa ilha revela um terreno bem acidentado, formado por uma rocha única de cerca de 20 m de altura, na qual foi erguido um cruzeiro.

Já a ilha Culpe o Vento ainda é relativamente deserta e, portanto, ideal para quem gosta de um estilo de *camping* mais selvagem. O acesso é feito por meio de um dos barcos aportados às margens do rio São Francisco, mas antes disso o viajante precisa percorrer cerca de 15 km pela rodovia BA-210, que liga Juazeiro a Curaçá.

Muitos turistas vêm a Juazeiro para visitar as incríveis **grutas** existentes em suas proximidades. Esse é o caso, por exemplo, da gruta do Convento, que está localizada no interior do município de Campo Formoso, a 100 km de Juazeiro. Trata-se de uma aventura imperdível para todo aquele que aprecia passeios ecológicos. Dentro dessa gruta – de 40 m de largura por 30 m de altura – é possível admirar muitas cortinas e torres formadas por estalactites e estalagmites. Além disso, no local existem dois lagos que tornam o cenário ainda mais lindo. Naturalmente, para se visitar essas grutas os turistas precisarão de um guia nativo que lhes forneça todas as orientações necessárias!?!?

Já para os apreciadores de quedas de água, o que não falta na região são **cachoeiras**. Dentre elas destaca-se a do rio Salitre, localizada na fazenda Félix, no vale do Salitre, a 39 km de Juazeiro. Essa cachoeira, cujo salto tem pouco mais de 2m de altura, é um local excelente para banho, sendo bastante apreciada por visitantes e pelas crianças que moram na região e costumam se divertir nas águas do rio Salitre. O acesso é feito pela rodovia BA-210, no sentido Sobradinho.

Também é formada pelo rio Salitre a cachoeira da Gameleira, a 68 km de Juazeiro. Essa atração fica bem escondida pela vegetação fechada da caatinga, mas o cenário é paradisíaco! A queda de água despenca por um cânion onde existe uma enorme gameleira, cujas raízes se espalham e formam uma vasta sombra em cima de parte da cachoeira. Do topo da queda d'água, que tem cerca de 5m, é possível saltar no lago formado ali, que é profundo o suficiente.

O acesso à cidade de Juazeiro pode ser feito de automóvel, utilizando-se as rodovias BR-235 e BR-407. Também é possível chegar à cidade num dos ônibus que partem diariamente da capital baiana. São várias as empresas que fazem o percurso até Juazeiro (ida e volta), dentre as quais destacam-se a Expresso Guanabara, a Viação Itapemirim, a Viação Nossa Senhora da Penha e a Viação Falcão Real. De Salvador saem diariamente ônibus para Juazeiro e quem opta por essa viagem passa por Feira de Santana, Tanquinho, Riachão do Jacuípe, Nova Fátima, Gavião, Capim Grosso e Jacobina. Para quem vem de outros Estados brasileiros, como Fortaleza, Brasília e São Paulo, também é possível ir direto para Juazeiro.

Pode-se chegar a Juazeiro por **via aérea**, descendo no aeroporto de Petrolina, ou ainda valendo-se de um dos campos de pouso existentes na região, como o de Sobradinho. E naturalmente não se pode esquecer a **via fluvial**, utilizando a hidrovia do rio São Francisco. As barcas partem da cidade de Pirapora, no Estado de Minas Gerais, e atracam no porto fluvial da cidade de Juazeiro, localizado bem próximo do perímetro urbano.

No que se refere a **economia**, estima-se que no final de 2019 o PIB de Juazeiro tenha alcançado R$ 3,7 bilhões. Mesmo ficando numa região conhecida como **polígono das secas**, as cidades de Juazeiro e Petrolina constituem hoje o maior centro produtor de frutas tropicais do País, com destaque para os cultivos de manga, uva, melancia, melão, coco, banana, dentre outros. Além disso, Juazeiro também desenvolveu uma significativa produção de vegetais.

Também como já foi mencionado, a região é conhecida nacional e internacionalmente pela produção – e pela boa **qualidade** – de seus vinhos. Esta prática se desenvolveu bastante com a implantação de mecanismos eficientes de irrigação, tornando a região a **única** do Brasil a colher duas safras de frutas por ano.

Vale ressaltar que Juazeiro abriga o maior centro estadual de abastecimento (Ceasa) do interior da região norte-nordeste e um dos maiores do País, inclusive se comparado àqueles de muitas capitais, sendo responsável pelo abastecimento de outras regiões brasileiras.

A cidade de Juazeiro também é a mais **industrializada** do vale do rio São Francisco. Segundo estimativas para 2019, o setor secundário contribuiu com aproximadamente 18% do PIB da cidade, uma fatia maior, portanto, que aquela do setor primário (agropecuário), que agregou somente 11%.

O município conta com um dinâmico Distrito Industrial, composto de diversas indústrias e outros tipos de empresa, e está localizado no sul da cidade, a 8 km do porto fluvial de Juazeiro e a 24 km do aeroporto internacional de Petrolina, esse distrito ocupa uma área de cerca de 3.626.000 m², e é cortado pelas rodovias BR-407 e BR-210.

No que concerne ao setor de serviços, a cidade de Juazeiro possui alguns bons centros comerciais. Um bom exemplo disso é o *shopping* Juá Garden, administrado pela Tenco *Shopping Centers*, que está estrategicamente localizado no km 6 da rodovia Lomanto Júnior, umas das principais vias de acesso ao vale do rio São Francisco, e a apenas 9 km da vizinha Petrolina. Ele foi inaugurado em 22 de março de 2016.

Esse *shopping* tem 40.000 m² de área construída, e sua construção consumiu nada menos que 14.500 m³ de concreto, 175.000 blocos de concreto e duas mil toneladas de aço. Cerca de 22 mil m² de sua área total é destinada a lojas, das quais cinco são âncoras e outras cinco são megalojas. Existe também no local uma área de lazer completa, quatro salas de cinema (3D) e seis lojas de serviços.

A praça de alimentação desse centro comercial também merece destaque, uma vez que abriga dois bons restaurantes – um deles o *Bonaparte* – e 18 opções de *fast-food*. Além disso, o estacionamento foi projetado para comportar 1.200 veículos. O local oferece ainda *Wi-Fi* gratuito, o que permite que os clientes acessem a Internet enquanto fazem suas compras.

O Juá Garden ganhou tamanho prestígio que acabou se transformando num influenciador local, atraindo um fluxo de 2,5 milhões de pessoas por ano. Juntas elas gastam cerca de R$ 1,6 bilhão anualmente no local. E o mais importante é que além de gerar lucros, também garante aproximadamente 4.000 empregos diretos e indiretos. Aliás, o Juá Garden foi eleito em 2019 como a 5ª melhor empresa na Bahia para se trabalhar.

Mas além do Juá Garden, Juazeiro também é a casa do *shopping* Águas Center, que, aliás, segundo os juazeirenses oferece um bom ambiente para lazer, entretenimento e compras. Além de diversas boas lojas, ele possui um belo jardim (com lago e peixes) e ótimas salas de cinema.

No campo da **educação**, algumas EMEFs de Juazeiro prestam um excelente serviço na oferta de ensino fundamental. Dentre elas destacam-se a Paulo VI, a Professor José Pereira da Silva e a Professora Helena Araújo Pinheiro, sendo que essas duas últimas contam com avaliação máxima e servem de referência para as demais.

Também existem na cidade muitas IEs administradas pelo governo estadual, como é o caso das seguintes: Dona Guiomar Barreto Meira (muito bem avaliada); Democrático (um colégio com excelente avaliação); Professor Pedro Raymundo Moreira Rego (com avaliação regular, precisando de uma reforma em suas instalações); Misael Aguilar Silva (um colégio excelente); Helena Celestino Magalhães (com boa avaliação); Agostinho Muniz (com excelente avaliação); Antonilio da Franca Cardoso (apesar de o prédio ter sido reformado, seu *design* não é moderno, tampouco atende às novas exigências da educação, porém, conta com bons professores e sua avaliação geral é boa); Luiz Eduardo Magalhães (colégio modelo e referência em Juazeiro); Hildete Lomanto (uma IE muito boa, com excelente equipe docente); Lomanto Junior (com excelentes professores, mas que precisa lidar com a atitude de muitos alunos que costumam causar problemas durante as aulas); Professora Florentina Alves dos Santos (uma excelente IE, com boa avaliação).

Os destaques em Juazeiro são o colégio da Polícia Militar, que para muita gente é o melhor da rede pública, e a Escola de Informação Técnica de Saúde, especializada em enfermagem. Além disso, as crianças e os jovens juazeirenses têm à sua disposição uma ampla rede privada de IEs, que atende desde a pré-escola até o ensino médio.

Entre aquelas, com foco inclusive na educação infantil, estão: Nova Geração (com excelente avaliação); Prisma (com quase 23 anos no mercado e excelente avaliação, essa IE oferece desde a educação infantil até o ensino fundamental, num espaço privilegiado para a aprendizagem e formação humana); Recanto do Pequeno Príncipe (avaliação muito boa); Arco-Íris (oferece um ensino de qualidade, desenvolvido por profissionais competentes); Caminhando com o Saber (com boa avaliação); Shalom (uma ótima escolha para educação infantil).

Já entre os colégios particulares, é importante destacar o Adventista (com avaliação muito boa); Geo (oferece alto nível de ensino, e nele os alunos são estimulados a praticar esportes e ainda recebem apoio psicológico e psicopedagógico, sempre que necessário); Dr. Edson Ribeiro (com boa avaliação); Dínamo (com boa avaliação, graças aos seus ótimos professores) e Moura (que utiliza uma excelente metodologia de ensino).

Juazeiro também conta com várias IESs, destacando-se entre elas as públicas, como a Fundação Universidade Federal do Vale do São Francisco (Univasf) e a Universidade do Estado da Bahia (UNEB).

A Univasf é a única universidade com *campi* em três Estados, ou seja, nas cidades de Petrolina – onde fica a sede – e Salgueiro (em Pernambuco), São Raimundo Nonato (no Piauí) e Juazeiro, Senhor do Bonfim e Paulo Afonso (na Bahia). Ela foi criada em 27 de junho de 2002, mas iniciou suas atividades somente em 2004.

No *campus* de Juazeiro estão os cursos de Artes Visuais e Ciências Sociais, assim como os de Engenharia Agrícola e Ambiental, Civil, Elétrica, Mecânica, de Produção e da Computação. Estima-se que no início de 2020 estivessem matriculados em toda a Univasf cerca de 5.500 alunos, e empregados aproximadamente 500 docentes.

Já a UNEB, que foi criada em 1983, é hoje a maior IES pública *multicampi* do Estado da Bahia, estando presente em 29 locais. As unidades mais importantes encontram-se em Salvador, sendo que Juazeiro abriga o *campus* III.

Vale destacar que nesses últimos anos registrou-se na UNEB um expressivo crescimento dos cursos *stricto sensu* (mestrados e doutorados), e nos diversos *campi* da IES. Assim, ela tem ajudado a promover a interiorização da pós-graduação pública, gratuita e de qualidade. Nela destacam-se também os cursos de EAD nos níveis de graduação e pós-graduação.

A UNEB também buscou nesses últimos anos se colocar presente de alguma forma em praticamente todos os 417 municípios do Estado da

Bahia, por intermédio de programas e ações **extensionistas** em convênio com organizações públicas e privadas, que beneficiam milhões de cidadãos baianos, a maioria pertencente a segmentos social e economicamente desfavorecidos e excluídos.

A alfabetização e a capacitação de jovens e adultos em situação de risco social; a educação em assentamentos da reforma agrária e em comunidades indígenas e quilombolas; os projetos de inclusão e valorização voltados para pessoas deficientes, da terceira idade, entre outros, são algumas das iniciativas que aproximaram a UNEB da sociedade.

Entre as IESs privadas de ensino presencial, tem-se a Faculdade São Francisco, a Faculdade Estácio de Medicina, e a Faculdade de Tecnologia e Ciências (FTC). Esta última tem sua sede em Salvador, mas também possui unidades nas cidades de Itabuna, Vitória da Conquista, Feira de Santana, Jequié, além de Juazeiro e Petrolina, que foram inauguradas em 2017.

No campo da **saúde**, estima-se que em 2020 houvesse em Juazeiro cerca de 135 estabelecimentos, entre hospitais, prontos-socorros, postos de saúde, postos de serviços odontológicos, clínicas etc. Desses, 52% são privados e os 48% restantes são públicos. Entre os serviços de saúde existentes em Juazeiro, destacam-se:

- **SOTE (Serviço de Ortopedia e Traumatologia Especializada)** – Oferece um excelente serviço público no caso de traumas, apesar da visível falta de recursos públicos.
- **Da Mulher (CLISE)** – Especializado em ginecologia e obstetrícia, esse hospital conta com ótimos profissionais, mas precisa de mais investimentos e de reforma.
- **Regional** – Dispõe de boa estrutura, mas os recursos disponibilizados pelo governo estadual são insuficientes para garantir um bom funcionamento.
- **Hemoba** – Um importante local para a coleta de sangue de doadores.
- **Pró Matre** – Esse hospital-maternidade precisa agilizar seu atendimento.
- **Sanatório Nossa Senhora de Fátima** – Hospital psiquiátrico que atende a muitos pacientes de Juazeiro e de cidades próximas.
- **São Lucas** – Conta com excelente avaliação por parte dos pacientes atendidos no local.

- **Gastro Med Center** – Hospital particular que oferece serviços de qualidade aos juazeirenses.
- **Centro Médico e Empresarial Dr. Balbino de Oliveira** – Excelente estabelecimento que oferece diversos tratamentos num só local.
- **Unimed** – Ele foi inaugurado em 18 de dezembro de 2009 e dispõe de 59 leitos, além de UTI para adultos (5 leitos), neonatal (3) e pediátrica (2). Sua infraestrutura é composta de pronto atendimento; laboratório de análises clínicas; centro de diagnóstico por imagem; ambulatório médico de especialidades; centro de atendimento multiprofissional e serviço de remoção com ambulância simples e UTI. Há também um posto de coleta, em outro local da cidade.

No âmbito da **comunicação**, os juazeirenses têm acesso a várias emissoras de televisão de canal aberto, por meio de afiliadas das maiores redes nacionais (SBT, Globo, Record etc.). No que se refere a rádio, a cidade conta com algumas emissoras, operando na frequência AM e outras em FM. Quanto à mídia impressa, a cidade possui o jornal *Diário da Região*, mas também recebe jornais de Salvador, Recife e Petrolina.

Quanto ao **turismo**, vale ressaltar que Juazeiro tem recebido seguidos investimentos por parte dos governos estadual e municipal. Isso graças ao entendimento de que esse é um setor muito importante para a economia do município. Encontra-se em desenvolvimento, por exemplo, a **zona turística** dos Lagos de São Francisco, que ostenta grande potencial turístico, por ter inclusive o 2º maior lago artificial do mundo, o lago de Sobradinho.

Essa zona turística é uma importante região da Bahia na qual Juazeiro está inserida. Nela, entre outras atrações, pode-se destacar a orla fluvial, o navio "*Vaporzinho*", o Museu de São Francisco, a ponte Presidente Eurico Gaspar Dutra (que inclusive está sendo ampliada), o parque municipal da Lagoa de Calú, a estátua do Nego D'Água e as vinícolas da região.

A **orla fluvial** é um local bastante movimentado, pois dispõe de uma ampla rede de bares e restaurantes. Neles, além de se deliciar com a boa comida da região e curtir ótimos momentos de descontração, o turista poderá apreciar toda a beleza do Velho Chico.

Com 28 m de comprimento, o Saldanha Marinho, mais conhecido como *Vaporzinho*, é uma embarcação que foi importada dos EUA ainda no século XIX, depois de navegar pelo rio Mississipi. Ele se tornou o primeiro **navio a**

vapor a singrar as águas do rio São Francisco, em 1871, no trecho Pirapora (Minas Gerais) e Juazeiro. Atracado na orla fluvial da cidade, esse verdadeiro monumento homenageia os navegantes e a prática da navegação, cujo papel foi crucial no desenvolvimento da cidade.

O parque da **Lagoa de Calú** é um parque multimodal, voltado para o lazer e o entretenimento. Seu nome é uma homenagem a dona Calú, uma senhora que vivia numa casinha de taipa existente no local. Inicialmente (e de forma bastante pejorativa), o local foi chamado de "**buraco de Calú**", numa referência às características do espaço onde ela residia. Infelizmente dona Calú faleceu antes da grande reforma que transformou o lugar nesse belíssimo parque.

A estátua **Nego D'água** está localizada dentro do rio São Francisco, na margem juazeirense do mesmo. Trata-se de uma homenagem do povo da cidade às lendas e ao folclore do Velho Chico e também dos ribeirinhos.

A visitabilidade a Juazeiro também é estimulada pelo amplo calendário de eventos realizados anualmente, que ocorrem nos meses de:

Março	➡ Via Sacra de Itamotinga e Malhada da Areia (distrito de Pinhões)
Abril	➡ Maratona Tiradentes.
Maio	➡ Festa da Padroeira de Carnaíba; Festival Programa Arte Educação e Pentecostes.
Junho	➡ Padroeira de Abóbora, São João nas comunidades, Padroeiro de Juremal, São Pedro.
Julho	➡ Aniversário da cidade; Feira Internacional de Agricultura Irrigada; Festival Internacional da Sanfona; Festa dos Colonos, no distrito de Maniçoba.
Agosto	➡ Semana do Folclore e Padroeiro de Itamotinga.
Setembro	➡ Desfile cívico-militar do dia da Independência (7 de setembro) e Dia da Padroeira da cidade: Nossa Senhora das Grotas.
Dezembro	➡ Festival Integrado de Artesanato; projeto Cantos Natalinos; Auto de Natal e *réveillon* da cidade.

Existem alguns juazeirenses bem ilustres, dentre os quais deve-se mencionar o grande futebolista Daniel Alves, integrante da seleção brasileira. Aos 36 anos de idade, ele foi capitão do grupo vencedor da Copa América de 2019, realizada entre junho e junho daquele ano no Brasil.

Ao longo de 18 anos o jogador passou por grandes clubes europeus, como o Barcelona, a Juventus e o Paris Saint Germain e, em 2018, foi mais uma vez eleito pela Fifa para integrar a seleção do mundo. Daniel Alves é o maior colecionador de títulos do futebol brasileiro e, em julho de 2019, ele acertou sua volta para o Brasil para defender o São Paulo.

Então, na tarde do dia 5 de agosto de 2019, torcedores são-paulinos lotaram o aeroporto de Congonhas para receber o jogador. A estrondosa festa contou com bandeiras, bateria, fogos de artifício e até sinalizadores!!! Sem dúvida ele impulsionou novamente a equipe do São Paulo.

Aliás, em 15 de julho de 2019, Daniel Alves usou uma foto da estátua de outro juazeirense famoso, João Gilberto, para parabenizar a cidade pelo seu 141º aniversário, salientando: "Pausa para parabenizar minha terrinha, Juazeiro, com uma obra maravilhosa do grande mestre, que agora descansa em paz!!!" Outros futebolistas famosos que nasceram em Juazeiro são Luís Edmundo Pereira, Petrus Matheus e Nixon Cardoso.

Já no mundo musical, existem vários nomes famosos, como o compositor e produtor Luisão Pereira; o letrista e integrante dos Novos Baianos, Luiz Galvão e o cantor, ator, dançarino, produtor teatral e artista plástico, Edy Star. Claro que um nome que não se pode esquecer é o de **Ivete Maria Dias de Salgado Cady**.

Nascida em Juazeiro no dia 27 de maio de 1972, e filha de músicos, Ivete Sangalo se tornou uma das cantoras mais famosas do País. Em 2019, para celebrar o aniversário de 141 anos da cidade – em 15 de julho – ela escreveu numa rede social: **"Juazeiro, meu amor, soa sempre você em mim. Feliz aniversário para a minha cidade, da qual sinto tanta saudade!!!"**

Sem dúvida, um outro juazeirense que precisa ser ressaltado é João Gilberto Prado Pereira de Oliveira. Nascido na cidade em 10 de julho de 1931, ele se tornou um dos mais conhecidos violonistas, cantores e compositores do mundo. De fato, ele revolucionou a música popular brasileira com a criação da **bossa nova**, um novo movimento da MPB, ganhando fama internacional – principalmente depois da famosa canção *Garota de Ipanema*.

João Gilberto faleceu no Rio de Janeiro em 6 de julho de 2019, tendo infelizmente vivenciado em seus últimos anos uma longa disputa judicial entre seus filhos. Aliás, em 2017, sua filha, Bebel Gilberto, tornou-se a detentora da curatela integral do criador da bossa nova, conseguindo inclusive a **interdição** do pai(!?!?) Para isso ela teve o consentimento do seu irmão, João Marcelo...

Ainda falando sobre música, e embora todo mundo adore as canções e o som delicado do violão de João Gilberto, em Juazeiro – lugar de **cabra macho** – quem manda mesmo é a **sanfona** (nome popular do acordeão). É ela quem dita as regras do jogo!

Esse interessante instrumento musical pode ser visto em todos os lugares: bares, escolas e até mesmo às margens do Velho Chico. É uma tradição na entre as famílias da cidade ensinar os filhos a tocá-lo. Assim, logo depois do jantar, os meninos são "convocados" para aprender a tocar a sanfona. Muitos desses garotos escutam seus pais dizerem: "Vocês têm que saber *Asa Branca* para se tornarem homens bons e serem bem-sucedidos no futuro!?!?"

De fato, um sanfoneiro dos bons sabe de cabo a rabo como funciona uma sanfona. O instrumento é formado por três partes: teclado, baixos e fole. Alguns deles, inclusive, não tem teclado, apenas botões dos dois lados. Cada tecla ativa uma nota que soa quando o fole empurra ou puxa o ar, através de algumas pequenas palhetas de metal localizadas na parte interna.

O som ao apertar ou dilatar o fole é o mesmo!!! No lado dos baixos, os botões estão divididos em colunas. Na primeira e na segunda coluna os botões tocam apenas uma nota, enquanto nas demais, eles tocam três ou mais notas, formando acordes. Normalmente o botão da nota **dó** tem um formato diferente para ajudar o músico a localizar as outras notas e os acordes.

Do outro lado do rio, na vizinha Petrolina – repleta de grandes prédios –, as pessoas acabam ficando com inveja do forte relacionamento entre os juazeirenses e a sanfona... Aliás, foi um músico e sanfoneiro pernambucano, o "**rei do baião**" Luiz Gonzaga, que, de posse de sua sanfona, descreveu com precisão o que sentia em relação às duas cidades, em sua música *Petrolina e Juazeiro*. Ele disse:

"Na margem do rio São Francisco, nasceu a beleza
e a natureza ela conservou.
Jesus abençoou com sua mão divina,
e para não morrer de saudade, vou voltar para Petrolina.
Do outro lado do rio tem uma cidade.

E na minha mocidade eu visitava todo dia.
Atravessava a ponte, mas que alegria!
Chegava a Juazeiro, Juazeiro da Bahia.

Petrolina, Juazeiro, Juazeiro, Petrolina.
Todos as duas eu acho uma coisa linda.
Eu gosto de Juazeiro, e adoro Petrolina!"

O Festival Internacional da Sanfona, em sua 5ª edição, aconteceu em Juazeiro entre 14 e 17 de novembro de 2018, no Centro de Cultura João Gilberto. Ele se desdobrou em diversos **eventos gratuitos**, cujo objetivo principal foi ressaltar a importância e a beleza da **sanfona**.

Há registros de que havia na China, desde o século XII a.C., um instrumento primitivo que se utilizava do mesmo princípio sonoro das palhetas de acordeão: o *cheny*. Aliás, a sanfona não é mesmo oriunda de Juazeiro. Sua primeira aparição no Brasil teria ocorrido entre os anos 1836 e 1851, nas mãos de imigrantes alemães do Rio Grande do Sul, onde o instrumento era mais conhecido como **gaita**. Provavelmente ele foi trazido para a região nordeste pelos nordestinos que participaram da guerra do Paraguai, entre 1864 e 1870...

Voltando ao 5º Festival Internacional da Sanfona de Juazeiro, durante o evento houve uma exposição temática, além de oficinas de sanfona, *"jam sanfona sessions"* com o instrumento, *workshops* nacionais e internacionais, e *shows* com instrumentistas mundialmente consagrados. Entre os artistas nacionais estiveram presentes vários "craques" de diversos Estados, dentre os quais: Daniel Itabaiana, Chico Chagas, Maryanne Francescon, Edglei Miguel, Mestrinho, Targino Gondim etc.

Entre as atrações internacionais, vieram Simone Zanchini, da Itália, o homem que tem transformado o som do instrumento, e Jason O'Rourke, da Irlanda do Norte, que toca concertina (uma pequena sanfona) no estilo da música tradicional de Belfast, onde mora.

O intuito do festival foi levar ao público, de uma maneira diversificada, o som das sanfonas de diferentes regiões brasileiras e do mundo, além de desenvolver uma programação formativa, na qual se propôs educar, discutir e mostrar o que há de novo, além de fomentar o universo da sanfona.

Com verba reduzida nessa edição (apenas R$ 300 mil, se comparada às edições anteriores que receberam mais que o dobro desse valor), o festival sofreu diversas modificações. Entre elas, a eliminação do *show* de encerramento, que costumava acontecer na Orla Nova de Juazeiro, à beira do rio São Francisco, e contar com artistas renomados da MPB, como Elba Ramalho e Fagner.

O diretor do festival, o flautista e compositor baiano Celso de Carvalho, comentou: "Sem o patrocínio pela Lei Rouanet, o projeto só vingou por causa dos recursos obtidos pelo edital do Fundo de Cultura da Bahia. Essa dificuldade de captar mais recursos fez com que fosse realizada uma edição mais parecida com o que acontece em países da Europa e nos EUA, isto é, mais concentrada no próprio instrumento. Por isso, no lugar de reunirmos cerca de 30 a 40 mil pessoas como nos anos anteriores, chegamos a apenas 16 mil pessoas. Isso foi uma grande perda em termos de visitabilidade, e também para a economia de Juazeiro!!!" Na 6ª edição do festival (que ocorreu entre 26 e 28 de dezembro de 2019), foi porém, possível receber novamente um bom público.

De qualquer modo, a cidade baiana sempre recebe muitos visitantes. E quem vai até lá tem à sua disposição alguns bons restaurantes, em especial aqueles que servem comida típica do nordeste. Entre eles estão:

- *Cravo e Canela* – Oferece uma moqueca de peixe deliciosa!!!
- *Chimarrão* – Com uma cozinha informal do dia a dia no sistema *self-service*, com pratos regionais, além de carnes feitas na brasa, como se tem numa boa churrascaria. O local conta com boa estrutura e oferece um excelente atendimento.
- *Ariela* – É um mix de *pizzaria*, pastelaria – a melhor de Juazeiro – e restaurante. O cardápio é bem variado, as *pizzas* são saborosas e os preços são justos.
- *Subway* – Como é de se esperar, nessa loja da franquia de *fast-food* o serviço é de qualidade. Nele o cliente monta os próprios lanches e as saladas. O ambiente é agradável e climatizado.
- *Bode Assado da Anita* – Boa estrutura, comida saborosa, música ao vivo, ambiente agradável e atendimento eficiente.
- *Rio Center Grill* – Com comida de qualidade, música excelente, e atendimento gentil e preços bons.

- *Boteco do Caranguejo* – Um lugar aconchegante, com excelentes petiscos, cerveja bem gelada e preços condizentes com a qualidade da comida.
- *Nossa Casa* – Ótimo espaço dedicado à comida baiana.
- *Mac Beto* – Localizado no centro da cidade, possui um ótimo ambiente e uma bela vista da orla. Serve comidas variadas, oferece música ao vivo e, o melhor de tudo, cobra preços acessíveis.
- *Bode Grill* – Serve comida simples, boa e barata.
- *Rei do Caldo* – O local serve um caldo bem gostoso. Os lanches também são muito bons e o local é ótimo para se passar momentos de descontração num final de noite.
- *Rio Center* – Talvez seja uma das melhores opções da cidade para quem deseja uma boa refeição.
- *Macaxeira* – O local oferece uma boa variedade de pratos e é bem estruturado, porém os preços são relativamente altos.
- *Bê Cardan* – Um excelente lugar para se fazer um lanche rápido.
- *Casa Antiga* – O ambiente do local é muito bom, e a comida é excelente, mas deveria dispor de uma maior variedade de cervejas.
- *Cais do Porto* – É uma boa *pizzaria*, com uma bela vista para o Velho Chico.
- *Kaori Suchi* – Oferece uma boa variedade de comida chinesa e japonesa, e o atendimento é excelente. Fica bem localizado, no centro da cidade, e tem instalações modernas.
- *China Real* – Ótimo lugar para famílias juazeirenses e também para visitantes. Fica à beira do rio e serve comida japonesa (*sushi*) e chinesa de boa qualidade.

Uma falha que Juazeiro precisa corrigir se quiser receber mais visitantes diz respeito à rede hoteleira da cidade. Ela tem que ser **ampliada**!!! Atualmente existem na cidade alguns hotéis classificados como três e duas estrelas, e que são relativamente confortáveis.

Entre os hotéis três estrelas estão: Rapport (localizado no centro, com quartos agradáveis e bom serviço); Itamaraty (com boa localização, quartos limpos e excelente café da manhã) e o Rio Mar (com preços e quartos ótimos, atendimento muito bom e café da manhã perfeito).

Já entre os hotéis com classificação duas estrelas, tem-se: Chimarrão (com boa localização e serviço razoável); Opara Palace (com acomodações razoáveis e bom atendimento); Rio Center (fica próximo da orla e dos bares mais populares da cidade, e dispõe de bons quartos); Grande Hotel (localizado a 2,4 km da catedral Sagrado Coração de Jesus, e possui piscina e restaurante, que segundo alguns hóspedes deveria ser classificado como três estrelas...); Maracanã (localizado ao lado de uma boa academia, possui serviços de almoço com comida deliciosa).

Para comemorar no dia 15 de julho de 2020 os 142 anos de Juazeiro, o poeta Valdir Lemos publicou o seguinte cordel:

"Parabéns Juazeiro
Que o poeta anuncia
No dia 15 de julho
E nesta data aniversaria
É cidade progressiva
No coração da Bahia

Progresso e filisofia
Que não deixa para depois
E muitos anos se passaram
Na história que compôs
E que está completando
Seus cento e quarenta e dois anos

Aqui se dá nome aos bois
Como disse João Gilberto
Juazeiro é a cidade
E que antes foi deserto
De certo fazendo errado
E o errado fazendo certo

Nosso povo está liberto
Para viver o tempo inteiro
Trabalhando e progredindo
Com o projeto pioneiro
Na cidade que mais cresce
No nordeste brasileiro

Eu não sou de Juazeiro
Mas eu moro na região
Na verdade no direito
O título de cidadão
E são mais de 20 anos
Cultura e educação

Da cidade ao sertão
Percorrendo todo dia
No cordel e no repente
Nas trilhas da cantoria
Com nosso melhor projeto
Sertão, Viola e Poesia

Nossos votos com alegria
Que o trabalho pertence
A este vate repentista
Que é grande cearense
Parabéns a Juazeiro
E ao povo juazeirense".

Note-se que em Juazeiro ocorrem com frequência encontros dos mestres da literatura de cordel e da poesia popular.

Petrópolis

Uma vista panorâmica da praça da Liberdade, no centro histórico da cidade de Petrópolis, que tem uma área de 21.275 m². O local foi denominado praça da Liberdade em 1888, porque ali se reuniam os escravos livres para comprar a liberdade dos companheiros que ainda eram mantidos nas senzalas.

PREÂMBULO

Petrópolis oferece a seus moradores, e especialmente a seus visitantes, uma intensa sensação de **tranquilidade**. Trata-se de uma cidade bastante acolhedora e com estilo de vida pacato, que harmoniza perfeitamente sua exuberância natural e sua riqueza arquitetônica.

A cidade abriga diversas construções históricas bem conservadas, sendo que uma delas é o castelo de Itaipava, localizado no distrito de Itaipava, a 35 km do centro da cidade. Ele foi construído em 1920 pelo barão de Vasconcellos, com materiais trazidos da Europa. Nele ocorrem diversos eventos festivos, como o Festival de Inverno, o Castelo Folia no Carnaval etc., mas o local também funciona como um luxuoso hotel.

Já para os que que gostam de fazer compras, Petrópolis também é um destino perfeito! Nesse caso deve-se destacar a rua Teresa, cujos 2 km de extensão abrigam diversas lojas que comercializam roupas a preços de fábrica e, portanto, **irresistíveis**. Assim, quem fizer um passeio por lá acabará no mínimo com algumas sacolas nas mãos.

Mas a despeito das preferências, o fato é que nenhum turista que vier a Petrópolis pode deixar de experimentar alguma de suas deliciosas cervejas – mesmo que não seja um grande entusiasta dessa bebida –, visitando a Cervejaria Bohemia. Sua fábrica, que aliás é muito bonita e moderna, funciona no mesmo local onde surgiu a primeira fábrica de cervejas do Brasil, em 1853, na rua Alfredo Pachá Nº 166, no centro da cidade.

No decorrer desse passeio o visitante terá a oportunidade de conhecer um pouco sobre a história e a criação da bebida – desde os sumérios e egípcios até a febre atual das cervejas artesanais – e de saborear um chope da própria cervejaria. Além disso, a Bohemia possui uma loja de bebidas e um restaurante no próprio local, onde o visitante poderá comer muito bem enquanto aprecia uma excelente cerveja da marca.

Sem dúvida Petrópolis é o local certo para uma agradabilíssima temporada de lazer. Chegando lá, o visitante compreenderá claramente o lema da cidade: "*Altiora Semper Petens*", cujas possíveis traduções são "**Buscando sempre o mais elevado**" ou "**Aspirando sempre o mais alto**."

A HISTÓRIA DE PETRÓPOLIS

Petrópolis é um município do Estado do Rio de Janeiro, a 68 km da capital fluminense. Ele ocupa uma área de 795,80 km², e tem como municípios limítrofes: Areal, Duque de Caxias, Guapimirim, Magé, Miguel Pereira, Paraíba do Sul, Paty do Alferes, São José do Vale do Rio Preto e Teresópolis.

Por conta de sua proximidade com Rio de Janeiro, a cidade costuma receber muitos visitantes cariocas, seja para passeios de um dia ou até para curtir o fim de semana em suas casas de campo, seus sítios ou até mesmo nos hotéis petropolitanos. Estima-se que em 2020 vivessem no município cerca de 315 mil pessoas, o que torna Petrópolis a cidade mais populosa da **região serrana fluminense**.

Aliás, pelo fato de a cidade estar unida à capital fluminense por laços políticos e econômicos, e também por ela possuir um dos maiores IDHs do Estado, existem inclusive projetos para reanexá-la à região metropolitana do Rio de Janeiro. A cidade foi fundada por iniciativa do imperador dom Pedro II, e seu nome se originou da junção de duas palavras estrangeiras *Petrus*, do latim (Pedro), e *pólis*, do grego (cidade), ou seja, a "**cidade de Pedro**".

Até o século XVIII, a região onde fica Petrópolis foi habitada pelos índios coroados, o que lhe valeu a denominação pelos portugueses de "**sertão dos índios coroados**". Foi somente com a descoberta de ouro em Minas Gerais, e a consequente abertura do Caminho Novo das minas (que passava por Petrópolis), que a região começou a ser ocupada por **não índios**!?!?

Em 1822, ao perfazer o Caminho do Ouro rumo a Minas Gerais, o imperador brasileiro dom Pedro I hospedou-se na fazenda do padre Correia. Ele ficou tão encantado com a região que decidiu adquirir a fazenda vizinha para ali construir um palácio. A escolhida foi a fazenda do Córrego Seco, que, a partir daí, passou a ser chamada de Imperial Fazenda do Córrego Seco.

Então, em 16 de março de 1843 – data que mais tarde seria considerada como da fundação de Petrópolis –, seu filho dom Pedro II assinou um decreto imperial que determinou o assentamento no local de uma povoação a ser formada com a vinda de imigrantes alemães... Também nesse decreto foi determinada a construção do sonhado palácio de Verão, cuja pedra fundamental foi assentada pelo próprio imperador em maio de 1845, e que foi concluído em 1847.

A cidade de Petrópolis foi concebida pelo major Júlio Frederico Koeler e é tida como a **segunda cidade projetada** do Brasil (depois de Recife, que fora projetada pelos holandeses). Ela era composta de um núcleo urbano – a cidade (o atual centro), que abrigava o palácio imperial, os prédios públicos, o comércio e os serviços – e distritos.

A partir daí, a cidade passou a receber toda a corte durante os meses do verão, transformando-se nesses períodos na nova capital do império – o que inclusive justifica seus 2 apelidos: "**cidade imperial**" e "**cidade de dom Pedro II**". Nessas ocasiões, aliás, um grande número de habitantes da cidade do Rio de Janeiro também se mudava temporariamente para Petrópolis, com o objetivo de fugir nos surtos de febre amarela que surgiam na capital brasileira. Dom Pedro II governou o País por 49 anos, sendo que em pelo quarenta verões ele permaneceu em Petrópolis, eventualmente até por **5 meses**!!!

Em 29 de setembro de 1857 Petrópolis foi elevada à condição de **cidade** e, em 1861, foi inaugurada a primeira rodovia macadamizada do Brasil (!!!), a estrada União e Indústria, que conectava Petrópolis com Juiz de Fora.

Em 1883, a estrada de ferro chegou à cidade. Essa foi uma iniciativa do primeiro grande industrial e empreendedor do Brasil, Irineu Evangelista de Sousa, mais conhecido como barão de Mauá (1831-1889). Ele foi um dos maiores opositores da escravatura e do tráfico de escravos, entendendo que somente a partir de um comércio livre e trabalhadores libertos (com rendimentos) o Brasil poderia alcançar uma situação de prosperidade.

Independentemente da época do ano, Petrópolis abrigou os representantes diplomáticos estrangeiros na maior parte do período imperial. Entre 1894 e 1902, por conta da Revolta da Armada, a cidade se tornou a capital do Estado do Rio de Janeiro, em substituição a Niterói. Esse movimento rebelde foi um conjunto de rebeliões promovidas por unidades de Marinha contra o primeiro e o segundo presidentes da República. Os revoltosos não reconheciam a autoridade dos novos presidentes. Como consequência ameaçaram bombardear a capital do Rio de Janeiro em 1891 e 1893, comandados pelo almirante Custódio de Melo. Teria sido a primeira Revolta da Armada. Essa intimidação fez com que em 23 de novembro de 1891 o presidente Deodoro da Fonseca renuncia-se com menos de um ano de governo para evitar a guerra tendo assumido o vice-presidente Floriano Peixoto quando o correto teria sido a convocação de novas eleições. Em 13 de setembro de 1893, o almirante Luis Filipe Saldanha da Gama bombardeou o Rio de Janeiro fazendo com que a capital fosse transferida para Petrópolis. Floriano Peixoto não renunciou e contando com o apoio popular e do Exército conseguiu debelar a 2ª Revolta da Armada em março de 1894.

Entre os fatos importantes que inicialmente se desenrolaram na cidade estão a primeira sessão de cinema em Petrópolis, em 1897, quando foram exibidos por meio de um cinematógrafo os primeiros filmes dos irmãos Lumière; em 1903, a assinatura do tratado de Petrópolis, que incorporou o Acre ao Brasil; e a nomeação do sanitarista Oswaldo Cruz como primeiro prefeito da cidade, em 1916.

A importância política de Petrópolis perdurou por décadas, mesmo depois do fim do império brasileiro, em 1889. Todos os presidentes da República, desde Prudente de Moraes a Costa e Silva, passaram pelo menos alguns dias na "cidade imperial" durante seus mandatos.

O mais assíduo foi Getúlio Vargas, cujas estadas durante o período de Estado Novo, duravam até três meses. Aliás, foi nas dependências do palácio Quitandinha que ocorreu a assinatura da declaração de guerra dos países americanos às **potências do eixo** Alemanha, Itália e Japão, durante a 2ª Guerra Mundial (1939-1945).

Como curiosidade, cabe recordar que Hermes da Fonseca – o único presidente da República a se casar durante o exercício do mandato (1910-1914) – desposou uma petropolitana, a caricaturista Nair de Teffé, em 8 de dezembro de 1914. O evento aconteceu no palácio Rio Negro, localizado na avenida Koeler, no centro da cidade.

Como se nota, há muito tempo Petrópolis já era considerada por muita gente renomada como uma "**cidade encantadora**", e um lugar perfeito para se curtir momentos de lazer... Infelizmente a cidade também teve seu período ruim, quando abrigou na década de 1970 a Casa da Morte, um dos principais centros de tortura do regime miliar brasileiro!?!?

A área central de Petrópolis está localizada no topo da serra da Estrela, que pertence ao conjunto montanhoso da serra dos Órgãos, um subsetor da serra do Mar. O município apresenta relevo extremamente acidentado, prevalecendo nele grandes desníveis. Porém, a partir do distrito de Itaipava a altitude diminui.

O ambiente serrano, quase sempre úmido, faz com que a vegetação do município seja qualificada como "**mata atlântica**". Todavia, resta cada vez menos dessa vegetação, isolada apenas em algumas "ilhas" da região, e sob o sério risco de extinção em apenas algumas décadas.

O **clima** no município de Petrópolis é o **tropical de altitude**, com verões úmidos e quentes, e invernos secos e relativamente frios. Naturalmente o seu alto relevo exerce uma grande influência sobre o clima do município. Desse modo, as massas de ar quente são bloqueadas, concentradas e obrigadas a subir acima de 2000 m. Quando entram em contato com o ar frio, acabam desencadeando chuvas e tempestades constantes.

Nos meses de verão essas **precipitações pluviométricas** tornam-se muito concentradas e até mesmo catastróficas, atingindo num só dia algo próximo de 100 mm de chuva. O maior volume de chuva em 24h ocorreu em 25 de janeiro de 1947, com 154,4 mm. Aliás, em janeiro de 2007, registrou-se a maior precipitação pluviométrica em um só mês: 669,4 mm. No que se refere a temperatura, a menor já registrada em Petrópolis foi de 3,5 °C, em 10 de julho de 1994, enquanto a maior chegou a 35,4 °C, em 19 de janeiro de 1986

Petrópolis viveu um forte **crescimento populacional** no final do século XIX, que, embora de forma menos intensa, se manteve ao longo do século XX. Porém, a partir da década de 2000 esse crescimento se tornou bem mais lento. Estima-se que no início de 2020, 52,4% da população petropolitana fosse do sexo feminino.

No âmbito da **composição étnica**, em 2020 cerca de 63% dos locais eram brancos; 26,5% pardos; 10% negros, 0,4% asiáticos e 0,1% indígenas. Os principais povos a participar da formação étnica/cultural de Petrópolis, além dos negros oriundos da África, foram os portugueses (principalmente de Açores) e os alemães. Entretanto, outros povos (italianos, franceses, ingleses e libaneses) também tiveram expressiva participação na formação do contingente populacional da cidade.

Quando o assunto é **religião**, no início de 2020, 52% dos moradores de Petrópolis seguiam o catolicismo romano; 31% eram protestantes; 4,5% se diziam espíritas; 10,1% afirmavam não ter religião. Os 2,4% restantes professavam outros credos

Petrópolis está dividida da seguinte maneira: um centro e quatro zonas (norte, sul, leste e oeste), que por sua vez subdividem-se em bairros menores. Além disso, há quatro distritos: Itaipava, Cascatinha, Pedra do Rio e Posse, sendo que cada um deles se subdivide também em bairros, ou localidades urbanas e rurais.

A **economia** de Petrópolis está fortemente alicerçada no **turismo histórico e cultural**. Segundo dados do IBGE, o PIB de 2019 ultrapassou os 13,2 bilhões, sendo o 8º maior do Estado do Rio de Janeiro. Com isso, a economia petropolitana é não apenas a maior da região, mas superior a várias capitais estaduais (como Aracaju e Palmas, por exemplo) e até mesmo maior que de alguns Estados (como Acre e Roraima).

Os maiores contribuidores são os setores secundário e terciário. Na indústria, merecem destaque a confecção de vestuário e a fabricação de cerveja e chocolate, sobretudo nos polos da rua Teresa e do distrito de Itaipava, que atraem compradores atacadistas e varejistas de todo o País.

Petrópolis possui muitos *shoppings centers* que, apesar de não serem gigantescos, oferecem aos seus moradores – em especial aos visitantes – boas opções de compras, além de alguns serviços importantes, dentre os quais o de **alimentação**. Destacam-se entre esses empreendimentos os seguintes:

- **Serra** – Trata-se de uma *shopping* de pequeno porte, quase uma galeria, mas conta com diversas lojas de qualidade que oferecem bons preços. Ele também possui uma academia e um bom estacionamento.
- **Via Thereza** – É um local de fácil acesso e com estacionamento. Oferece bons preços, especialmente para artigos de vestuário para adultos e crianças.
- **Aldeia** – É um centro comercial muito bonito, com um ambiente super agradável. Dispõe de lojas de boa qualidade e com grande variedade de produtos. No local há também um bom restaurante e, nos fins de semana, acontece nesse *shopping* um evento *gourmet*.
- **Estação Itaipava** – É um *shopping* bonito, com boas lojas, bom restaurante, cinema com filmes recém-lançados e preços promocionais durante a semana. Com estacionamento amplo, é um lugar muito bom para se apreciar cervejas de várias partes do mundo...
- **Vilarejo Itaipava** – Bem localizado, na estrada União e Indústria, dispõe de boas opções de lojas (inclusive uma indiana), antiquário, restaurante etc. É um ótimo lugar para se ir com a família, almoçar e então caminhar no parque municipal.
- **Tarrafas** – É um excelente lugar para bater papo, mas também há nele um excelente restaurante, o *Imperium*.
- *Valley* – É térreo, mas bem espaçoso. O destaque é o bom restaurante que existe no local, que serve excelente comida a preços justos.
- **Boa Vista** – Um bom lugar para se fazer compras, mas o espaço abriga também clínica médica, lanchonete, espaço para se comemorar aniversários etc.

- **Pedro II** – Conta com boas lojas de roupas, calçados, móveis, eletrônica etc. Além disso, o local abriga um restaurante que serve comida de boa qualidade, além de farmácia, consultórios médicos e odontológicos, entre outros serviços.
- **Alexandre Fiani** – Trata-se mais de uma galeria, com algumas boas lojas e uma agradável pracinha de alimentação.
- **ABC** – É um bom lugar para se fazer compras, embora existam aí poucas lojas. Conta também com uma praça de alimentação, um bom cinema, estacionamento amplo e alguns outros atrativos.
- **2000** – Aqui o turista encontra num só lugar lojas interessantes e um bom restaurante. Além disso, o local dispõe de clínica odontológica, clínica médica, centro de exames e outros prestadores de serviço. É ideal para os que vivem especialmente em Itaipava.
- **608** – É bem localizado e possui lojas de roupas, além de algumas lanchonetes. Está procurando modernizar sua área de lazer para atrair mais clientes.
- **Copacabana Petrópolis** – Vende somente roupas, praticando bons preços, e conta com um restaurante, mas isso não é o suficiente para atrair muitos compradores, em especial turistas...
- **Alcides Demori** – Localizado na famosa rua Teresa, é um bom local para se comprar boas roupas, pois os preços são atraentes.
- **Badia** – Infelizmente muitas de suas lojas estão fechadas, mas ainda assim o local oferece um bom estacionamento, banco 24 horas em um ambiente agradável.

Apesar das dificuldades vivenciadas pelo País, principalmente nesses últimos 3 anos – e em especial em 2020, com a pandemia da *Covid-19* –, ainda assim trabalham nos *shopping* citados alguns milhares de pessoas, que atendem diariamente muitos milhares de clientes!!!

Como já mencionado, Petrópolis abriga as sedes de várias cervejarias brasileiras, inclusive as do grupo Petrópolis, da Cidade Imperial e da Bohemia. Ela também possui fábricas da Brasil Kirin, que agora faz parte do grupo holandês Heineken International, e da Ambev, maior empresa de bebidas do País (e uma das maiores do mundo)!!! Com tudo isso, a cidade é o **segundo maior polo cervejeiro do Brasil**.

Em 2017, a Câmara dos Vereadores de Petrópolis aprovou uma lei de incentivo fiscal para as microcervejarias e para os *brewpubs* (restaurantes que fabricam, comercializam e servem a cerveja produzida, tudo num mesmo local). De acordo com a associação das cervejarias artesanais de Petrópolis, no início de 2020 cerca de 1.700 pessoas trabalhavam com esse tipo de venda, espalhadas pelos mais vinte produtores de cerveja da região – e esse número não inclui os empregados das megacervejarias.

Outras empresas importantes também têm sede na cidade, como é o caso da rede Mundo Verde, um varejista brasileiro de produtos naturais; e da fabricante de chocolates Katz (fundada em 1953). Atualmente se tem trabalhado no desenvolvimento do distrito industrial de Posse, com o objetivo de atrair para lá a instalação de um número cada vez maior de indústrias.

A alta temporada de turismo em Petrópolis se inicia em junho, com o início do inverno e a realização da *Bauernfest*, um evento que atrai milhares de turistas para a cidade, todos desejosos de curtir o clima tipicamente frio da região.

No início a *Bauernfest*, ou *Festa do Colono Alemão*, era um festival que homenageava os imigrantes alemães. Ele sempre ocorreu na cidade no mês de junho, desde o início do século XX. Era um evento em que filhos e netos dos primeiros colonos germânicos organizavam pequenas quermesses em casas e barracões, no bairro Fazenda Inglesa, com o objetivo de promover um retorno às origens. Na ocasião tocava-se música alemã, dançava-se e consumia-se os tradicionais pratos da culinária alemã.

Entretanto, em 1983, surgiu a ideia de transformar essa iniciativa – que na época já acontecia no clube 29 de Junho, onde se reuniam os descendentes da colônia – numa **festa maior**, e assim poder compartilhar com todos a história e as tradições alemãs em Petrópolis. Desse modo, a partir daquele ano o evento passou a durar três dias e a se chamar "**Festival Germânico**".

O novo local escolhido para abrigá-lo foi bastante simbólico: os arredores do palácio de Cristal, onde encontra-se afixado o cruzeiro que demarca justamente a chegada dos pioneiros!!! Esse lugar se transformou no ponto de encontro das famílias alemãs, que ali realizavam jogos, brincadeiras e piqueniques nos finais de semana!!! Aliás, o próprio nome desse local – praça da Confluência, ponto geográfico da junção entre os rios Quitandinha e Platinado – representa outra importante referência afetiva: ele faz alusão a outra famosa praça alemã – a Koblenz (que significa confluência), onde também se encontram dois importantes rios, o Reno e o Mosel.

Em 1989 o evento passou a se chamar de *Bauernfest* e, a partir de 1990, o clube 29 de Junho e os demais organizadores do evento estabeleceram uma parceria com a prefeitura de Petrópolis, por intermédio da Fundação de Cultura e Turismo, atual Instituto Municipal de Cultura e Esportes.

O incremento e a profissionalização do evento provocaram um crescimento exponencial, fazendo com que ele se tornasse a maior festa de Petrópolis, e de toda a região. Atualmente a festa conta com ranchos folclóricos; bailões; corais e bandas tradicionais (como a Banda Musical Germânica de Blumenau); concurso de chope por metro; venda de comidas típicas (como salsicha, chucrute) e bebidas (como a cerveja, é claro).

Estima-se que no evento de 2019, ocorrido entre 14 e 30 de junho, tenham participado mais de 380.000 pessoas, e que ao longo dos 17 dias da festa elas tenham gastado na cidade mais de R$ 85 milhões, consumido algo próximo de 10 toneladas de salsichão e bebido mais de 45 mil litros de cerveja. E chegaram à cidade mais de 1.600 ônibus e *vans* oriundas de outros lugares.

Por causa da Copa do Mundo de Futebol, realizada em 2014 no País, e dos Jogos Olímpicos, que aconteceram no Rio de Janeiro em 2016, muitos hotéis da cidade tiveram uma ocupação fora do comum... Aliás, Petrópolis é a cidade da região serrana fluminense que mais recebe turistas anualmente - estima-se que em 2019 tenham sido cerca de 1,6 milhão de pessoas. Nestes últimos e mais recentes anos Petrópolis tem sido a cidade não capital que mais progrediu no **índice de competitividade do turismo nacional**, que é elaborado pelo ministério do Turismo, estando entre as 15 cidades mais bem colocadas do Brasil no *ranking* geral de competitividade no turismo

Os visitantes que chegam a Petrópolis podem se acomodar em um dos estabelecimentos da boa rede hoteleira da cidade, e se alimentar num dos diversos restaurantes de qualidade que atendem aos mais diversos gostos, conforme o que cada **visitante** está disposto a gastar!!!

Um local incrível para ficar é a pousada da Alcobaça, localizada em Corrêas, na serra fluminense. Ela é comandada desde 1992 por Laura Góes – a Lóli – que anteriormente havia sido dona de dois colégios em São Paulo (o Gávea e o Palmares).

Em 2018 dona Lóli tinha 88 anos, mas dispunha de tanta energia que podia ser vista em todas as partes da Alcobaça, particularmente na cozinha – que, aliás, é um dos pontos altos da pousada. Sobre a comida, dona Laura comentou: "Gosto de fazer uma comida boa e de ser livre para fazer o que eu quiser. Mas a minha 'religião' proíbe o uso de margarina e de adoçante.

Fico desconfiada porque muitas regras sobre alimentos têm mudado muito. Assim, a banha de porco que antes era terrível, agora é saudável; e hoje em dia, a farinha de trigo é que está na berlinda. Gosto de servir as carnes malpassadas e os meus clientes adoram a nossa feijoada com favas e linguiça.

Quem se hospeda aqui aprende a tomar o que é gelado, bem gelado, e a comer o que é quente, bem quente. Aliás, talvez seja essa a minha receita de vitalidade. É verdade que faço com que todos deixem um espaço para as sobremesas: o pudim especial, os bolos etc."

As criações gastronômicas de Lóli, já renderam um livro: *A Cozinha da Alcobaça: Receitas e Histórias* (lançado em 2009), mas ela própria esclareceu: "Desde o lançamento desse livro mudei muitas coisas e ele acabou ficando defasado. Quero fazer um novo livro, mas dessa vez só com receitas, e então disponibilizá-lo na Internet".

A Alcobaça possui quartos amplos e confortáveis, e qualquer canto da pousada parece convidar o hóspede para uma boa leitura, visto que o local é repleto de estantes lotadas de livros – de obras antigas às mais recentes, das clássicas às contemporâneas. Porém, há um espaço reservado especificamente para essa prática: uma saleta de frente para os quartos, com um sofá confortável e uma geladeirinha com água mineral e refrigerantes. O hóspede pega o que quiser e anota em um papel para pagar depois.

Do lado de fora da pousada, descendo uma escadaria de pedras, ficam a piscina e a sauna. Ali os hóspedes que ocupam as cadeiras depois de um delicioso mergulho são com frequência surpreendidos com a oferta de deliciosos petiscos crocantes e inesquecíveis (asas de frango fritas, empanados etc.), que, é claro, são rapidamente devorados!!! Do outro lado fica a grande horta do Alcobaça, de onde saem quase todas as verduras e os legumes servidos nas refeições.

Obviamente há outros bons locais para se hospedar em Petrópolis, mas sem dúvida a pousada da Alcobaça deve ser levada em conta por todos que visitarem essa cidade encantadora, viu?

Veja a seguir alguns hotéis de Petrópolis, classificados como **quatro estrelas**:

- ➜ **Solar do Império** – Trata-se de uma propriedade refinada, que ocupa duas mansões do século XIX, com quartos sofisticados, piscinas interno e externa, sauna e hidromassagem. Ele fica no centro da cidade, a 1 min a pé da praça da Liberdade e a 0,8 km das exposições do Museu Imperial.

- **Grande Hotel** – Possui quartos e suítes no estilo renascentista, além de sauna, academia e restaurante casual. Está localizado numa rua comercial bem movimentada, e a 10 min a pé da catedral gótica São Pedro de Alcântara.
- **Casablanca Center** – É uma excelente opção para quem deseja ficar no centro da cidade. Oferece quartos bem elegantes, além de sala de jogos com mesa de sinuca.
- **Casablanca Koeler** – Ele ocupa uma casa de 1885, e possui quartos coloniais, alguns com sacada. Dispõe de restaurante e está localizado a 9 min a pé do Teatro D. Pedro II.
- **Atelier Molinaro** – É um hotel *boutique* e bem chique, localizado a 5 km do Museu Imperial, num lugar rodeado de florestas exuberantes. Ele conta com lindos jardins, piscina externa, *jacuzzi* e bistrô rústico.

Todos esses hotéis oferecem aos seus hóspedes gratuitamente café da manhã, estacionamento e *Wi-Fi*.

Na categoria de hotéis **três estrelas**, existem os seguintes em Petrópolis:
- **Ace Suites Inn** – Um local bem limpo, com quartos para todos os bolsos e funcionários prestativos...
- **Petrópolis Inn** – Trata-se de um hotel moderno, que ocupa uma construção feita em aço e vidro. Localizado numa área tranquila da cidade, a 10 min a pé dos restaurantes da rua Gonçalves Dias, ele oferece uma linda vista para as montanhas. Seus alojamentos são simples, mas confortáveis.
- **Casablanca Imperial** – O hotel oferece quartos aconchegantes, numa mansão de 1897 localizada a 5 min a pé da catedral da cidade. No local há um bistrô francês, um *lounge* e uma piscina externa.
- **Serra da Estrela** – Fica no centro da cidade, a 10 min a pé do Museu Imperial. Possui quartos bem confortáveis e permite a presença de animais de estimação.
- **Kastel Grão-Pará** – Está situado no centro, num grande edifício em cores pastéis. É um hotel modesto, mas bem intimista, com quartos despojados que possuem TV de tela plana, frigobar etc.

- **Riverside Park** – É um excelente hotel para famílias com crianças, pois dispõe de um espaço para elas brincarem. Além disso, tem um salão de jogos e piscina.
- **York** – É um hotel prático e refinado, situado no centro histórico a 2 min a pé da estação rodoviária de Petrópolis. Tem quartos em estilo colonial e oferece um excelente atendimento aos hóspedes.
- **Pedra Bonita** – Está localizado à beira da rodovia BR-40, e é rodeado pela floresta tropical. Possui uma piscina externa, um restaurante-bar, e um minizoológico. Seus quartos são discretos, mas bastante tranquilos.
- **Capadócia** – Na realidade é uma pousada localizada no bairro Quitandinha, próxima de vários pontos turísticos. Nos seus quartos o chuveiro é a gás, o que é muito bom para se tomar um banho quente nas noites frias da cidade de Petrópolis.

Em praticamente todos esses hotéis três estrelas, os hóspedes contam com *Wi-Fi*, estacionamento e café da manhã gratuitamente.

Na cidade há ainda vários hotéis mais baratos, classificados como **duas estrelas**, nos quais os visitantes são igualmente bem atendidos:

- **Casablanca Palace** – Esse hotel fica no centro da cidade, na rua 16 de Março, uma rua comercial e bem movimentada. Os quartos, entretanto, são bem confortáveis.
- **Buriti da Serra** – Fica numa área um tanto barulhenta e que não tem muitas atrações nas proximidades, mas presta um excelente serviço aos hóspedes.
- **Orleans** – Está localizado no centro histórico, e fica a 7 km do palácio Quitandinha e bem próximo da rodoviária, o que ajuda bastante caso o hóspede venha à cidade de ônibus. É um hotel bem prático, com quartos bem simples.
- *Flat* **Itaipava** – Fica na estrada União e Indústria, e nele o hóspede tem todos os serviços básicos, além de uma piscina para relaxar. Nesse local permite-se a presença de animais de estimação.
- **Valparaíso** – É um *hostel* muito bem estruturado e com preços atraentes.

- **Petrópolis** – Também é um *hostel*, a 2 km do palácio de Cristal. Seus quartos são acolhedores. O local possui um bar e duas cozinhas compartilhadas. Permite-se nele a presença de animais de estimação.

Em quase todos os hotéis duas estrelas citados os hóspedes contam com Wi-Fi, estacionamento e café da manhã gratuitamente.

Mas além de boa hospedagem, o que não falta em Petrópolis são bons restaurantes, que atendem tanto aos anseios gastronômicos dos petropolitanos, como, principalmente, dos visitantes. Entre eles deve-se citar:

- *Alvorada* – É um local bem aconchegante, no qual são oferecidos pratos saborosíssimos finalizados no forno à lenha. O lugar é rodeado pela bela natureza da região!!!
- *Afrânio* – O lugar é lindo, a comida é ótima e os vinhos servidos são os melhores de Petrópolis. O atendimento também é sensacional, apenas os preços é que assustam um pouco os clientes...
- *Barão Gastronomia* – Graças a um *chef* muito criativo, o local oferece alta gastronomia, variada e sofisticada. O restaurante ocupa um espaço requintado, com ares sóbrios e intimistas.
- *Matilda* – Nesse restaurante e *pizzaria* o atendimento é especial e tem-se uma cozinha bastante criativa. Em seu cardápio há diversas opções para satisfazer a todos os gostos, como, por exemplo, seus hambúrgueres envoltos em massa de *pizza*. O sorvete de queijo e goiabada derretida também é inolvidável.
- *Bordeaux* – Nesse espaço gastronômico há um bistrô no qual se pode comer *fondue* e um *buffet* de frios. O cliente também conta com uma vasta carta de vinhos e cervejas, além de excelentes sobremesas. No local também há uma lojinha de vinhos e queijos especiais.
- *Olivinho* – Esse restaurante ocupa uma casa antiga e rústica. Nele pode-se degustar uma casquinha de siri, refestelar-se com a comida do *buffet*, optar por um caldo de cebola e, aos sábados, servir-se de uma rica feijoada, tudo com preços justos. O ambiente é bastante familiar.
- *Lago Sul* – Trata-se de uma churrascaria tradicional com serviço de rodízio completo. Tem uma decoração alpina e uma vista para os jardins e para o palácio Quitandinha. Os clientes, entretanto, reclamam dos altos preços praticados...

- *Trutas do Rocio* – Serve comida caseira no almoço, e seus pratos à base de truta vêm acompanhados de molhos deliciosos. Fica na estrada de Vargem Grande, num sítio bem sossegado no meio da floresta, repleto de riachos e hortênsias. O local é lindo, e nele é possível inclusive comprar trutas para levar para casa...
- *Majórica* – É uma churrascaria bem tradicional, fundada em 1961, e situada no centro da cidade. Dispõe de um vasto cardápio de carnes, aves e peixes grelhados, além de alguns pratos europeus. Apesar de ser razoavelmente caro, sua picanha com farofa de banana e batata pastel é nota 10, e vale o que custa!!!
- *O Temperado* – É um restaurante *self-service*, mas tem comida caseira deliciosa, bem temperada e com ótimos preços. Todo aquele que vai pela primeira vez vira cliente!!!
- *Farfarello* – Esse restaurante italiano, inaugurado em 1985, ocupa uma casa rústica e aconchegante. Seu foco está nas massas caseiras, nas *pizzas* e nos filés.
- *Trattoria S'a Carola* – Serve cozinha clássica *à la carte*, que agrega pratos de diversas regiões italianas. Todos eles podem ser acompanhados por bons vinhos. O ambiente é refinado e intimista, fazendo com que os clientes não queiram ir embora...
- *Il Perugino* – Cozinha refinada de menu italiano criativo, composto de massas artesanais, carnes, aves, frutos do mar e vinhos finos.
- *Cocotte* – Esse bistrô franco-brasileiro ocupa uma casa rústica, charmosa e aconchegante, com um belo jardim. Seu cardápio oferece uma perfeita combinação entre comida de qualidade – servida em pratos que são uma verdadeira obra prima, tanto para os olhos quanto para o paladar – e ótima música!!! É o melhor restaurante de Itaipava.
- *Oliveiras da Serra* – Esse restaurante charmoso fica em meio à natureza, e seu clima é romântico e, ao mesmo tempo, familiar. É um local perfeito para se degustar o melhor da cozinha portuguesa. O cardápio inclui diversas opções, e, embora o carro-chefe seja obviamente o bacalhau, seu cabrito à alentejana também é ótimo.
- *Parador Valência* – É um restaurante espanhol tradicional e bem intimista, com diversas especialidades. Naturalmente o destaque é a *paella* (que embora excelente, é cara...). Os pratos incluindo pescados são deliciosos, bem de acordo com a cozinha mediterrânea.

- *Nikko Sushi* – Esse restaurante de cozinha oriental, considerado o melhor da serra fluminense, ocupa uma casa charmosa em estilo japonês, com um belo jardim na frente e uma confortável varanda. Ele é perfeito para um *happy hour*, quando os clientes podem apreciar um saquê acompanhado de *torimandju*, o guioza caseiro da vovó, a especialidade da casa.

Apesar de todos os problemas econômicos que a pandemia do novo coronavírus provocou no País, no dia 23 de julho de 2020, Petrópolis passou a contar com um novo restaurante especializado em risotos que vai funcionar no Castelo Country Club, no Quitandinha.

A risoteria é a primeira e única da cidade.

O nome do empreendimento é bem sugestivo: *Risoteria e Massas Sabor e Arte* em cujo cardápio tem-se pratos saborosíssimos (18 opções) preparados pela equipe liderada pelo *chef* petropolitano Luciano de Andrade.

O restaurante começou a operar inicialmente no sistema *delivery*, esperando pela flexibilização das restrições que impedem o atendimento de clientes no próprio local...

Quando é que vamos ter a vacina para o *Covid-19*?

No campo da **educação**, vale mencionar que de acordo com o IBGE, cerca de 97% da população de Petrópolis é alfabetizada, um índice próximo das taxas de países como Israel, Coreia do Sul e Austrália. De fato, na educação básica, a rede municipal já atingiu um Ideb que se revela bem superior à média estadual e, inclusive, nacional. Todavia, isso não significa que o ensino público tenha alcançado uma qualidade satisfatória!?!? Aí vão 12 EMEFs, das mais bem avaliadas até as que ocupam as últimas colocações na cidade, sendo bastante criticadas por alunos e seus pais:

Frei Aniceto (localizada no bairro Mosela, foi considerada a melhor EMEF do município em 2018); Rosemira de O. Cavalcanti (conta com um excelente corpo docente); São Judas Tadeu (oferece boa qualidade de ensino); Vila Felipe (considerada uma das melhores da cidade); Rotary (conta com boa avaliação); Professora Jandira Peixoto Bordignon (padrão de ensino considerado razoável, mas necessita de muitas reformas); Augusto Pugnaloni (conta com boa avaliação); Santa Maria Goretti (precisa de reparos em sua parte externa); Major Júlio Frederico Koeler (IE com décadas de existência, mas precisa melhorar a qualidade do ensino oferecido); Odette Fonseca (com avaliação insatisfatória); Duque de Caxias (com avaliação precária); Carmem Nunes Martins (a sua qualidade de ensino tem piorado nos últimos anos).

No que se refere aos Cieps, destacam-se em Petrópolis, o Brizolão 137 Cecília Marques, no qual se percebe a clara intenção de demonstrar que a educação pública pode primar pela qualidade e formar jovens com atitude crítica e bem preparados. Graças ao seu excelente corpo docente, essa IE consegue alcançar seu objetivo, tornando-se uma referência no bairro Corrêas. O mesmo pode-se dizer do Ciep 038 Santos Dumont, no bairro Independência.

Já nos colégios estaduais Rui Barbosa e Dom Pedro II, as salas são limpas, a estrutura é adequada e os professores são bem qualificados. Todavia, notam-se em ambos muitas falhas provocadas principalmente pelos problemas vivenciados nos últimos anos pelo governo do Estado do Rio de Janeiro.

Enquanto isso, na rede privada, existem no município boas IEs, tanto para a educação infantil quanto para os ensinos fundamental e médio. O destaque vai para a escola Favo de Mel (o local é muito bonito, oferece ambiente familiar, ensino bilíngue e ótimos funcionários, em especial os docentes); Criativa Idade (com avaliação excelente); escola Turminha Peralta (na qual estimula-se nas crianças o uso da criatividade de forma planejada e integrada); escola Crescer (dispõe de um espaço atraente para as crianças, e de uma ótima proposta pedagógica, bem executada pelos seus professores) e a escola Recanto (bem organizada, com professores competentes e dirigentes capacitados).

E já que o assunto é educação, vale citar que em setembro de 2018 foram divulgados o Ideb de 2017 – que reúne as taxas de aprovação, reprovação e evasão escolar nesse ciclo do ensino – e o Saeb (Sistema de Avaliação de Educação Básica) do mesmo período – que aufere o nível de aprendizagem dos alunos ao término do 5º e 9º anos do ensino fundamental e do 3º ano do ensino médio. Ambos os resultados demonstraram algo assustador: **nosso sistema educacional encontra-se numa crise profunda!!!**

O Saeb, cujos números compõem o Ideb, leva em conta as médias de proficiência dos alunos nas áreas de Português e Matemática. Os índices são extraídos da Prova Brasil (que foi obrigatória para os alunos da rede pública e facultativa para os estudantes das escolas particulares) e foi aplicada a 5,4 milhões de estudantes, num universo de 59.388 escolas – muitas de Petrópolis – no segundo semestre de 2017.

Os testes que compõe essa prova envolveram questões de Língua Portuguesa (com ênfase em leitura) e Matemática (com foco na resolução de problemas), e os indicadores de proficiência estão organizados numa escala de 0 a 9. Vale lembrar que os níveis de 0 a 3 correspondem a uma aprendizagem considerada **insuficiente**; os de 4 a 6 correspondem ao conhecimento **básico e os níveis de 7 a 9 indicam conhecimento avançado.**

O grande problema é que, embora no ensino fundamental o Saeb tenha registrado um pequeno avanço em comparação ao resultado anterior no 5º ano, os alunos alcançaram apenas o **nível 4**, ou seja, de **conhecimento básico**, já no 9º ano, os alunos foram classificados no **nível 3**, ou seja, de aprendizagem insuficiente. Isso significa que eles têm **dificuldades para escrever e ler até mesmo textos simples.**

No campo da Matemática, esses estudantes também não conseguiam interpretar gráficos, tampouco calcular porcentagens. E não é só isso. Além dos índices baixos, os números do Saeb revelaram que os ganhos em aprendizagem dos alunos brasileiros nos anos iniciais do ensino fundamental acabam se **perdendo** nos anos finais desse ciclo educacional.

Esses números demonstram claramente que, apesar de o País ter vencido a barreira da **universalização** do ensino fundamental, na virada do século XX para o século XXI, o sistema escolar brasileiro continua extremamente atrasado no que concerne à **qualidade da educação**, e, portanto, sem condições adequadas para alfabetizar e formar as novas gerações!?!?

No ensino médio, mesmo com a triplicação dos investimentos por aluno entre 2004 e 2014, a situação é ainda mais grave. Segundo o Ideb, (que na versão de 2017 adotou a metodologia de coleta de dados) em quase todos os Estados esse ciclo educacional ficou aquém das metas previstas para aquele ano.

Já de acordo com o Saeb, 70% dos alunos do 3º ano desse ciclo educacional obtiveram nível **insuficiente** tanto em Português quanto em Matemática. Desse total, 23% foram classificados no **nível 0** (zero), **o mais baixo da escala de proficiência!?!?** Isso revelou que esses alunos **não sabem compreender textos de média complexidade, nem fazer cálculos simples.**

O ensino médio também ostenta os índices **mais altos** de evasão, sendo **o mais problemático de todo o sistema educacional.** Isso se dá por causa do anacronismo do seu currículo e da falta de professores com formação adequada. Para se ter uma ideia, na edição de 2017 do Saeb, somente **2%** dos alunos avaliados demonstraram **conhecimento avançado.** Isso significa que esse ciclo de ensino não oferece aos estudantes (na faixa etária entre 14 e 17 anos) a qualificação de que necessitam para serem aprovados num vestibular, muito menos para adentrarem um mercado de trabalho cada vez mais exigente.

A situação é tão crítica, advertem os especialistas em educação, que ameaça seriamente o desenvolvimento das áreas de engenharia, ciências e tecnologia no País. Os números do Ideb e do Saeb são convergentes. Eles mostram que, por causa de todas as políticas educacionais equivocadas adotadas ao longo de mais de 15 anos (pelo menos), o Brasil continua perdendo a corrida educacional (!?!?). Isso compromete a formação de capital humano qualificado, de que tanto necessita o País – em especial nas suas cidades encantadoras – para ser capaz de modernizar sua economia e voltar a crescer.

É crucial lembrar que nenhum país do mundo conseguiu vencer o desafio do desenvolvimento sem antes promover uma **revolução educacional**. Por isso, quanto mais ela for postergada, mais trágicos serão os reflexos da crise do sistema de ensino no perfil social, econômico e cultural das novas gerações de brasileiros. Infelizmente em 2019 e 2020 o nosso ministério da Educação passou por muitas turbulências, com várias trocas de ministros nesse período, e por isso nada de útil foi feito para que de fato fosse promovida uma real melhoria na educação brasileira.

Em Petrópolis há diversas IEs particulares denominadas como centros--educacionais, como é o caso das seguintes: Barreto Moura (com profissionais bem qualificados que garantem um ensino de excelência); Monteiro Lobato (com avaliação excelente); Petropolitano Cristão (com ensino, educação e ambiente excelentes); Corrêas (um ambiente ideal para o desenvolvimento das crianças); Ciranda das Letras (com avaliação excelente); Criança Feliz (para alguns, a melhor IE de Petrópolis); e Educação Integrada Petrópolis (com avaliação excelente).

Há também alguns institutos na cidade que oferecem ensino em educação básica, como os seguintes: São Pedro Alcântara (com boa avaliação) e Social São José (está entre os melhores colégios de Petrópolis). Também não se pode esquecer do Instituto Metodista de Petrópolis, que oferece ensino de qualidade, desde a educação infantil até o curso superior, e conta com ótimas dependências e um excelente processo de ensino/aprendizagem.

Finalmente, deve-se citar alguns bons colégios particulares em Petrópolis, como: São Tomás de Aquino (com professores empenhados em oferecer um ensino de qualidade); Fênix (bem localizado e com excelente corpo docente); Ipiranga (um colégio bastante exigente, que prepara bem seus alunos para o curso superior); e o Alaor (cuja filosofia educacional se baseia em criar na mente de seus alunos uma consciência de sua função política, econômica e social, como seres humanos livres).

No âmbito da **educação superior**, existem em Petrópolis duas universidades públicas: a Universidade do Estado do Rio de Janeiro (UERJ), que tem na cidade um *campus*; e a Universidade Federal Fluminense (UFF). Ambas contam com nível de excelência reconhecido nacionalmente, e oferecem, respectivamente, os cursos de Arquitetura e Urbanismo e Engenharia de Produção na cidade.

Há também na cidade um Centro Federal de Educação Tecnológica Celso Suckow da Fonseca (CEFET), com os cursos de licenciatura em Física, bacharelado em Turismo e Engenharia da Computação.

O CEFET/RJ é uma instituição federal vinculada ao ministério de Educação que se propõe a oferecer ensino médio, cursos técnicos e superiores. Todos os seus cursos são considerados de excelência, principalmente pelas indústrias que procuram contratar seus técnicas e engenheiros.

Sua sede fica no bairro do Maracanã, no Rio de Janeiro, sendo que a sua origem data de 1917, a partir da Escola Normal de Artes e Ofícios do então Distrito Federal, depois transformado em Escola Técnica Nacional em 1942 e finalmente no CEFET, em 1978.

A partir da década de 2000 começaram a surgir as Unidades de Ensino Descentralizado (Uneds) em diversas cidades do Estado do Rio de Janeiro. A Uned Petrópolis do CEFET/RJ foi inaugurada em 13 de setembro de 2008. Essa IES está localizada no centro histórico de Petrópolis, e ocupa o prédio do antigo Fórum na rua do Imperador.

A **missão** da Uned Petrópolis é a de promover educação por meio de atividades de ensino, pesquisa e extensão, que propiciem aos alunos, de modo reflexivo e crítico, na interação com a sociedade, a formação integral (humanística, científica e tecnológica, ética, política e social) de profissionais capazes de contribuir para o desenvolvimento cultural, tecnológico e econômico dessa mesma sociedade.

Infelizmente no Brasil faltam instituições como a Uned Petrópolis do CEFET/RJ, com o que, o nosso País está entre aqueles com o menor percentual de graduados nas áreas de *STEM* [sigla em inglês que engloba Ciências (*Science*), Tecnologia (*Technology*), Engenharia (*Engineering*) e Matemática

(*Mathematics*)], de acordo com o relatório *Education at a Glance* ("Um rápido olhar sobre a educação"), publicado em 11 de setembro de 2018.

Esse relatório da OCDE analisou a situação nos 38 países membros da organização, que incluem além da nações mais ricas do mundo, outras 10 consideradas parceiras. Entre os graduados brasileiros nos cursos superiores, apenas 17% são formados nas áreas de *STEM*, enquanto a média nos países ricos é de 24%. Em nosso País os campos de formação mais populares são: Administração e Direito, com 37%, enquanto a média da OCDE nesses setores é de 23%.

De fato, o que enriquece um país é a prática de boa engenharia e de boa ciência, uma vez que só com bons conhecimentos nessas áreas torna-se possível criar e produzir dispositivos e equipamentos competitivos no mercado mundial, com o que se fortalece a economia de toda uma nação. Infelizmente ainda não assimilamos essa cultura tão bem compreendida (e praticada...) por outros países já há muito tempo.

De fato, não é por milagre que se formam bons engenheiros e cientistas. Entre os ingredientes essenciais para se atingir níveis de excelência na formação desse contingente de profissionais, os jovens precisam obrigatoriamente de uma **educação básica adequada**. Porém, considerando tudo o que já foi dito em relação aos índices apresentados no Ideb e no Saeb (os péssimos resultados obtidos), justifica-se a pouca procura dos brasileiros por uma graduação nas áreas *STEM*.

No PISA, da OCDE, na qual são avaliadas três áreas específicas – Leitura, Matemática e Ciência –, não temos apresentado um bom desempenho. Aliás, no PISA 2018, enquanto as médias dos países-membros em Matemática e Ciência foram respectivamente 490 e 493 pontos, as notas médias dos representantes do Brasil nessas disciplinas foram, respectivamente, 384 e 404. Isso está bem abaixo dos resultados apresentados pelos países mais desenvolvidos, **não é mesmo?**

Como decorrência, isso explica também o porquê de o País apresentar um fraco desenvolvimento científico e tecnológico e, por extensão, uma economia quase estagnada nos últimos anos e terrivelmente abalada pela *Covid-19* em 2020... Quem sabe com a recentemente anunciada reforma do ensino médio e a Base Nacional Comum Curricular (BNCC), o País poderá melhorar bastante em sua forma de ensinar disciplinas como Matemática, Física, Química e Biologia.

Porém, só isso não basta!!! É vital que o orçamento do ministério da Ciência, Tecnologia, Inovações e Comunicações não seja cada vez mais reduzido. Vale lembrar que entre 2015 e 2018 ele diminuiu mais de 75%, com o que os nossos investimentos públicos, particularmente nos chamados **laboratórios nacionais** – nos quais são obtidos avanços científicos e tecnológicos – tornaram-se cada vez menores.

O físico e professor emérito da Unicamp, Rogério Cezar de Cerqueira Leite, alertou: "A criação dos laboratórios nacionais foi uma invenção dos EUA para enfrentar a competição industrial mundial iniciada após o término da 2ª Guerra Mundial, em 1945. Eles se tornaram a espinha dorsal do esforço norte-americano em pesquisas e desenvolvimento econômico.

Existem atualmente nos EUA cerca de 17 laboratórios nacionais administrados pelo departamento de Energia daquele país. Neles trabalham aproximadamente 57,6 mil empregados, em tempo integral, com um orçamento operacional de U$ 14 bilhões (algo próximo de R$ 56 bilhões no câmbio médio de 2018). Comparativamente, o Brasil possui **apenas 4** laboratórios semelhantes aos norte-americanos, nos quais trabalham cerca de 600 funcionários, com um orçamento de apenas R$ 90 milhões."

Como se nota, os números no Brasil são absurdamente inferiores aos norte-americanos: a quantidade de laboratórios nacionais não chega a 25% dos existentes nos EUA; contamos com menos de 1,05% do pessoal especializado trabalhando neles, o que representa 96 vezes menos gente trabalhando com tópicos relacionados à ciência e tecnologia que nos EUA; e cerca de 0,16% dos recursos disponíveis (622 vezes menos do que o total investido nos EUA)!?!?

Dessa maneira nunca conseguiremos competir, **não é mesmo**? É fato que os EUA ainda são a nação mais poderosa do mundo, e talvez tal comparação seja inadequada, mas, quando é que as nossas autoridades perceberão que existe uma relação histórica e inequívoca entre investimentos em ciência e tecnologia e o desenvolvimento econômico de uma nação!?!?

Além dessas IESs, a cidade conta com a Universidade Católica de Petrópolis (UCP), a Faculdade de Medicina (FMP), a Faculdade Arthur Sá Earp Neto (Fase), um *campus* da Universidade Estácio de Sá e diversos polos de importantes IESs, oferecendo EAD.

A UCP é uma IES privada sediada no centro histórico da cidade, sendo a maior do interior do Estado do Rio de Janeiro. Ela teve o seu início no dia 31 de maio de 1953, com a fundação da Sociedade Civil Faculdades Católicas

Petropolitanas, por iniciativa do então bispo diocesano de Petrópolis, dom Manoel Pedro da Cunha Cintra.

O primeiro curso oferecido pela nova IES foi de Direito, instalado em 1954, em um imóvel no bairro Retiro. Em 1956, com a aquisição do prédio onde funcionou, durante muito tempo um dos mais requintados hotéis da região – o Orleans – na rua Barão do Amazonas, foram criadas também as faculdades de Filosofia, Ciências e Letras e, mais tarde, de Engenharia Industrial.

Em 1961, a fusão dessas três faculdades resultou na UCP, que foi reconhecida pelo decreto Nº 383, de 20 de dezembro de 1961. Ela foi instalada solenemente em 11 de março de 1962 e, em seguida, começou a ter uma forte expansão, com abertura de novos cursos. No final da década de 1960, a UCP adquiriu as instalações do Colégio Notre Dame de Sion, na rua Benjamin Constant, e levou para esse espaço toda a sua administração e boa parte de seus alunos. No novo *campus* fundou o Colégio de Aplicação, cuja finalidade era propiciar campo de estágio e pesquisa aos alunos da Faculdade de Educação da UCP.

No início da década de 1970, a UCP se tornou um cartão-postal da cidade, com a inauguração do Relógio das Flores, em frente ao conjunto dom Manoel Pedro de Cunha Cintra, na rua Barão do Amazonas. Esse espaço foi criado por ocasião das solenidades de comemoração do sesquicentenário da Independência e se tornou agora um dos principais pontos de visitação turística da região.

Nessa mesma época, a UCP passou por grandes mudanças, destacando-se a aquisição do primeiro computador, a instalação do Centro de Processamento de Dados e a inauguração do Centro de Educação Física, em 1976. Nos anos 1980, houve a conquista da concessão da rádio UCP-FM e mais tarde, a criação da Fundação Cultural Dom Manoel Pedro da Cunha Cintra.

A década de 1990 marcou o reconhecimento da UCP por toda a comunidade petropolitana e da região. Entre os importantes projetos que tiveram a participação dessa IES, estão a assinatura de um convênio entra a UCP e a prefeitura para a revitalização do centro histórico da cidade e a integração dela ao projeto Petrópolis-Tecnópolis.

Até 2020, com seus 67 anos de história, a UCP já formou mais de 31 mil profissionais em diversas áreas, oferecendo 39 cursos de graduação, além de cursos de pós-graduação (mestrado e doutorado). Encontram-se matriculados nessa IES cerca de 5.500 estudantes, muitos dos quais oriundos de cidades vizinhas, em especial Teresópolis e Nova Friburgo.

A UCP tem por **missão** dedicar-se à causa da verdade, enquanto uma comunidade inspirada pela mensagem cristã, visando à formação integral do ser humano e o bem da sociedade por meio do ensino, da pesquisa e da extensão. Já a **visão** de futuro da UCP consiste em "**ser perene promotora do bem da sociedade, buscando a verdade, e formando pessoas capazes de melhorar as condições humanas do mundo contemporâneo.**"

A FMP é uma IES privada que foi fundada em 1967 e em 1998, dando continuidade ao projeto de seu fundador o reitor Arthur de Sá Earp Neto foi criada a Fase. Hoje o *campus* da FMP/Fase está localizado na avenida Barão do Rio Branco, no centro histórico de Petrópolis, ocupando uma área de 85.000 m².

Atualmente nessas IESs são oferecidos os cursos de Medicina, Nutrição, Odontologia, Psicologia, Administração (com diversas habilitações) e Tecnologia em Gestão Pública, Gestão Ambiental, Recursos Humanos e Radiologia. A entidade mantenedora da FMP/Fase é a Fundação Octacílio Gualberto.

Em 1º de julho de 2020 Petrópolis recebeu a boa notícia que pela portaria Nº 482 (de junho de 2020) do ministério da Educação, a Fase/FMP tornou-se Centro Universitário Unifase. Dessa maneira, além da nova nomenclatura a IES obtve mais autonomia, tendo suas prerrogativas ampliadas tanto no campo administrativo como no acadêmico possibilitando-lhe que desenvolva com mais agilidade, eficácia e liberdade sua ação educativa.

No que se refere a polos de EAD, um importante em Petrópolis é aquele do Centro de Ensino à Distância do Estado do Rio de Janeiro, um consórcio formado pelas IESs públicas do Estado do Rio de Janeiro. Esse consórcio já disponibilizou cursos de graduação gratuitos em Pedagogia, Matemática, Biologia e Segurança Pública.

Petrópolis é também a sede do Laboratório Nacional de Computação Científica, uma unidade de pesquisa do ministério da Ciência, Tecnologia, Inovações e Comunicações, no qual são oferecidos cursos de mestrado e doutorado, gratuitos, nas áreas de Computação, Matemática, Biologia, Física e Engenharia.

Note-se que em 10 de junho de 2020 foi recriado o ministério da Comunicação.

No campo da **saúde**, a prefeitura de Petrópolis tem procurado oferecer aos seus habitantes o melhor serviço de assistência possível, porém, tem tido dificuldade para que isso aconteça de modo satisfatório. Entre os hospitais, as clínicas e os laboratórios existentes na cidade, que atendem tanto aos petropolitanos quanto aos que vivem nas proximidades, tem-se:

- **Municipal Dr. Nelson de Sá Earp** – É um nosocômio muito bem estruturado, com uma excelente equipe de médicos que procuram desdobrar-se para amenizar o caos em que se encontra a saúde pública.
- **Centro de Saúde Professor Manoel José Ferreira** – É um posto de saúde que oferece bom atendimento, porém, pelo fato de ser público, tem uma elevada demanda – as filas são enormes. As pessoas também têm muita dificuldade para marcar consultas e o local precisa urgentemente de uma boa reforma.
- **Alcides Carneiro** – É um excelente hospital, no qual além dos pacientes, os acompanhantes também recebem um tratamento diferenciado. Os médicos, enfermeiros e demais funcionários são considerados muito bons e dedicados. Pena que o local não possui atendimento de emergência!?!?
- **Unimed** – O primeiro hospital da Unimed em Petrópolis foi inaugurado em 1990 – a unidade Bingen –, com um total de 91 leitos, dos quais na UTI tem-se 10 para adultos, 2 pediátricos e 4 neonatais. Em 2014 foi inaugurado outro hospital da Unimed, dessa vez no centro da cidade, com 30 leitos. A Unimed possui em Petrópolis um pronto-atendimento nas seguintes especialidades: clínica médica, pediatria, ginecologia/obstetrícia e ortopedia; há também uma farmácia; um centro de atendimento médico; um serviço de atenção domiciliar e saúde ocupacional. Os pacientes que frequentam os hospitais da Unimed concordam que neles "o atendimento, no geral, é excelente, o que inclui médicos, enfermeiros, pessoal da limpeza, da cozinha, recepção e segurança."
- **Real Sociedade Portuguesa Beneficência** – Tem um excelente centro cirúrgico, bons quartos para os que possuem plano de saúde, e médicos atenciosos. Porém, o hospital precisa de uma reforma completa, até para acabar com falhas elementares, como as diversas goteiras...
- **Santa Teresa** – Talvez seja o melhor hospital particular de toda a região serrana. Destaca-se pelo atendimento aos pacientes, com internações eficientes e atendimento por profissionais experientes e atenciosos. Aliás, os acompanhantes também recebem um trata-

mento diferenciado, passando de forma confortável o seu tempo no hospital.

- ↣ **Clínico de Corrêas** – Muito bom, com ótima higiene, organização excelente e corpos médico e de enfermagem muito atenciosos.
- ↣ **Centro de Terapia Oncológica** – Uma clínica de excelência, com profissionais extremamente competentes e especializados, que oferecem a mesma qualidade de tratamento para pacientes do SUS e particulares.
- ↣ **Laboratório de Corrêas, no Hospital Nossa Senhora Aparecida (antigo Hospital Casa Providência)** – Um local onde podem ser feitos muitos exames, dentro de um bom hospital.

O fato assustador é que em 26 de novembro de 2019 havia cerca de 305 cursos de Medicina no Brasil, aproximando-se ao número da Índia (cerca de 400), que porém tem uma população **seis vezes maior!!!**

A situação vigente no Brasil é a má distribuição de médicos no País, o que é imposto pelo mercado de trabalho e isso não é nada fácil de reverter... Mantidas todas essas faculdades, em 2030 o Brasil terá mais de 30 mil novos médicos se formando a cada ano e, ao se chegar até 2040, haverá cerca de 1 milhão de médicos, quando se estima que a população do País será de 230 milhões de pessoas.

Isso corresponderá a praticamente quatro médicos por cada mil habitantes. Essa relação é **duas vezes maior que o desejável!?!?** Porém, mais grave que o número excessivo de médicos, é a formação precária desses profissionais. Isso pode ser facilmente verificado pela falta no País de docentes capacitados em número suficiente para lecionar em todas essas faculdades. Também **não existem** hospitais de ensino que permitam o treinamento de todos os graduandos.

Acreditar que esses novos médicos ao trabalharem em várias cidades e nos hospitais que atendem ao SUS serão competentes, é sem dúvida uma grande falácia!!! A formação técnica e comportamental do médico depende de exemplos continuamente compartilhados, à beira do leito dos pacientes. Se isso não acontecer de forma adequada, teremos nos consultórios, nas clínicas e especialmente nos hospitais um grande contingente de médicos despreparados (!?!?), fora a deficiência adicional provocada pela falta de vagas de residência médica, que não vai crescer proporcionalmente ao surgimento de novos formandos.

No que concerne à **segurança**, Petrópolis é atualmente considerada a cidade mais **segura** do Estado do Rio de Janeiro, e uma das mais seguras do País, entre aquelas de médio e grande porte. Isso numa época em que em muitas cidades do País o índice de homicídios por 100 mil habitantes já ultrapassa os 50 por ano.

Já no que se refere à frota total de veículos que circulavam em Petrópolis no início de 2020, eles já ultrapassaram as 170 mil unidades, com preponderância de carros (cerca de 103 mil) e motocicletas (com 38 mil). O restante englobava caminhões, caminhonetes, ônibus, micro-ônibus etc.

O **transporte público** na cidade é feito por várias empresas, sendo a maior delas a Petro lta. No transporte rodoviário persiste não só em Petrópolis, mas em todas as cidades da região serrana fluminense, a necessidade de melhorar a manutenção da pavimentação das ruas, avenidas e estradas que as interligam.

A falta de recursos impede também a ampliação da malha e a modernização dos equipamentos e do material rodante (especialmente a frota de ônibus). Desse modo, existem muitos gargalos, em Petrópolis, que em muitos horários do dia tem um trânsito bem congestionado.

No tocante à **comunicação**, a principal emissora de televisão a transmitir notícias relacionadas à cidade é a Inter TV Serra+Mar, além de outras locais, como a SBT Rio e a Brasil Rio, que apresentam notícias da região serrana fluminense, focadas principalmente no que acontece em Petrópolis e Nova Friburgo. Encontram-se também na cidade as sedes de algumas TVs locais, que exercem certa influência sobre a região, como: a Rede Petrópolis de Televisão, a TV Vila Imperial e a TV Cidade de Petrópolis. Já as principais e mais escutadas estações de rádio petropolitanas são a Imperial, com sinal AM, e as três em FM, ou seja, a Tribuna, a UCP e a Supernova.

O principal jornal a circular pela cidade é a *Tribuna de Petrópolis*, um dos mais antigos do País, e cuja sede fica no centro da cidade. Ele foi criado em 1902, e é publicado diariamente, de terça-feira a domingo (a edição de domingo é vendida também na segunda-feira). Também merece destaque o jornal *Diário de Petrópolis*, que é publicado diariamente (também de terça-feira a domingo) e tem grande influência na cidade desde a sua fundação em 1954. Vale lembrar que nos últimos anos a Internet se tornou um dos principais meios de comunicação na cidade e, desse modo, os petropolitanos têm recorrido bastante aos portais *on-line* de ambos os jornais.

Aliás, no dia 20 de julho de 2020, na edição digital do *Diário de Petrópolis*, o assunto de maior destaque foi o artigo sobre a grande circulação de turistas não só no centro de Petrópolis, mas também no distrito de Itaipava, apesar das restrições impostas devido a pandemia provocada pelo novo coronavírus, o que inclusive levou à proibição pelos controles sanitários da entrada na cidade de cerca de 1.900 veículos só nos dias 18 (sexta-feira) e 19 (sábado) de julho.

A **cultura** de Petrópolis está obviamente bastante ligada ao período imperial do Brasil, existindo na cidade um grande acervo de teatros, museus e palácios que remetem a essa época. Não é, pois, por acaso que ela é chamada de cidade imperial. Além disso, grande parte da cultura da cidade foi influenciada pelos grupos migratórios que participaram da formação da identidade de Petrópolis.

Como já foi mencionado, a cidade realiza o segundo maior festival da cultua alemã no Brasil, a *Bauernfest* – que, aliás, somente fica atrás do *Oktoberfest*, de Blumenau. Além disso, também são realizados anualmente outros festivais que remetem à cultura de outros povos, como a *Serra Serata*, em homenagem à imigração italiana, e o *Bunka-Sai*, uma celebração da cultura japonesa, cuja primeira edição foi em 2009, no qual se destaca o festival gastronômico japonês. Há ainda o *Festival de Inverno*, promovido pelo Sesc, que acontece anualmente no palácio Quitandinha e conta com apresentações teatrais e eventos culturais. Todos esses eventos atraem milhares de visitantes para a cidade.

E por falar em **Quitandinha**, esse é um bairro nobre da zona sul da cidade de Petrópolis, localizado próximo ao fim da subida da serra de Petrópolis. Ele é a principal entrada para o município, tanto para quem vem da cidade do Rio de Janeiro como da região da Baixada Fluminense, pela BR-40.

O Quitandinha fica a cerca de 7 km do centro histórico da cidade e faz divisas com os bairros de Bingen, Valparaíso e Independência, e também com o município de Duque de Caxias. No século XVIII esse local abrigava uma das quatro fazendas originais da região que, mais tarde, se tornaria a cidade de Petrópolis. Na época a fazenda recebeu o nome de Quitandinha por ser o local onde se realizava a feira de produtos agrícolas – aqueles que iam e vinham das Minas Gerais –, quando Petrópolis estava no caminho para se chegar ao interior do País.

Em 1928, foi inaugurada a rodovia Rio-Petrópolis – **a primeira rodovia asfaltada do Brasil** –, cuja principal entrada no município levava justamente ao bairro de Quitandinha. O trecho hoje faz parte da BR-40, entretanto, ainda agora ela é conhecida como rodovia Washington Luís, em homenagem ao presidente brasileiro que a inaugurou!!!

É nesse bairro que fica o palácio Quitandinha; o Laboratório Nacional de Computação Científica, um dos principais centros de pesquisa em computação da América Latina; um *campus* da Faculdade de Educação Tecnológica do Estado do Rio de Janeiro, onde é oferecido o curso de graduação em Tecnologia da Informação; um *campus* da UFF e o Parque Tecnológico da Região Serrana, no qual estão instaladas empresas nacionais e multinacionais de TIC e biotecnologia, que geram mais de 1.500 empregos.

O palácio/hotel Quitandinha foi construído em 1944 pelo empreendedor mineiro Joaquim Rolla e pelo proprietário do terreno, Antonnio Faustino. Este, aliás, também era o proprietário do castelo de Montebello, e sua irmã, Margherita, se casou justamente com Joaquim Rolla.

O objetivo da construção era de que ele fosse o **maior hotel cassino** da América Latina. E de fato ele ocupava 50 mil m², tinha seis andares, 440 apartamentos e 13 grandes salões, com até 10 m de altura cada um. A cúpula do salão Mauá ainda é uma das maiores do mundo, medindo 30 m de altura e 50 m de diâmetro!!! Internamente o estilo arquitetônico é o rococó-hollywoodiano, enquanto a parte externa segue o estilo normando-francês, que aliás está bastante presente em Petrópolis, por conta de sua colonização alemã.

Em frente ao hotel Quitandinha, foi construído um lago em formato do mapa do Brasil, mas de "cabeça para baixo" em relação à posição do hotel. Uma curiosidade é que na construção desse lago foi usada uma grande quantidade de areia trazida da praia de Copacabana, no Rio de Janeiro.

Pelos seus salões transitaram figuras famosas do cenário artístico internacional, como: Errol Flynn, Orson Welles, Lana Turner, Henry Fonda, Maurice Chevalier, Greta Garbo, Carmen Miranda, Walt Disney, Bing Crosby, entre outros. Também estiveram hospedados no hotel políticos importantes, como a argentina Evita Perón, o presidente brasileiro Getúlio Vargas, e até mesmo o rei destronado da Romênia, Carol II.

Em 30 de maio de 1946, o então presidente do Brasil, Eurico Gaspar Dutra, decretou a proibição do jogo no Brasil. Com isso, a partir da década de 1960, o Quitandinha passou a enfrentar dificuldades para sobreviver somente com as hospedagens – embora continuasse a oferecer aos hóspedes um serviço de alto padrão –, sem a arrecadação do cassino.

Aos poucos o hotel começou a perder espaço para os seus concorrentes da época – os hotéis Glória e Copacabana Palace, ambos no Rio de Janeiro –, para os quais se "transferiram" os clientes mais abastados, em especial durante as festividades de Carnaval.

Então, em 1962, o palácio Quitandinha deixou de funcionar como hotel!!! Seus apartamentos foram vendidos por Joaquim Rolla e, a partir de 1963, o prédio se tornou um sofisticado e singular **condomínio**, inclusive com a integração de toda a parte social de lazer e eventos, cuja infraestrutura era bem ampla. Na época, entretanto, pelo fato de ainda não possuir muitos moradores, parte desse espaço de lazer foi utilizado como um **clube de alto padrão**.

Mais tarde, com a elevação da inflação no Brasil e o surgimento de outros locais atraentes para os turistas – especialmente no litoral do Estado do Rio de Janeiro (em Cabo Frio, na Armação dos Búzios etc.) –, o número de frequentadores diminuiu muito e, assim, toda a área voltou a ser usada e mantida pelos próprios condôminos...

Em 2007, toda a parte administrativa do prédio, assim como os diversos salões e as áreas de lazer, foram adquiridas pelo Sesc Rio, ficando sob domínio particular apenas os apartamentos que haviam sido comprados. A partir daí, o Sesc passou a promover atrações culturais no local, com o objetivo de valorizar o espaço histórico-cultural, que por muito tempo havia permanecido fechado.

Por se tratar de um prédio construído originalmente para ser um grande hotel, o local abriga um número expressivo de apartamentos. Diversos deles foram adquiridos por um mesmo dono e anexados uns aos outros, transformando-se assim em amplos espaços, com maior valor agregado. O prédio, entretanto, mantém um elevado padrão e é considerado um ícone da arquitetura nacional.

O alto custo condominial do palácio Quitandinha se deve às despesas com a preservação de seu patrimônio histórico. Ele conta com um parque privativo, um espaço paisagístico, piscinas, boliche, patinação no gelo, teatros e restaurantes. Além disso, preservou-se o belo lago em formato de mapa do Brasil. Atualmente o Sesc Rio organiza ali diversas feiras itinerantes, congressos e *shows*, além de oferecer um *tour* para moradores e visitantes interessados em conhecer um pouco melhor seu interior.

Ainda no âmbito da cultura, é a Fundação Cultura e Turismo que promove desde 2009 o prêmio Maestro Guerra-Peixe de Cultura, que homenageia os artistas e agentes culturais que mais se destacaram durante o ano. Seu patrono é César Guerra-Peixe, que foi um ilustre compositor petropolitano.

A cidade possui um conjunto arquitetônico notável, destacando-se com edificações como a catedral São Pedro de Alcântara, o Museu Casa de Santos Dumont, o Theatro D. Pedro, o Museu Casa do Colono, o Mausoléu Imperial (que abriga os restos mortais de dom Pedro II, da imperatriz Teresa Cristina, da princesa Isabel e do seu marido, o conde D'Eu), a Academia Petropolitana de Letras, entre outras.

A catedral São Pedro de Alcântara ostenta um estilo neogótico francês, e levou cerca de 41 anos para ser solenemente inaugurada, em 29 de novembro de 1925. Suas obras foram iniciadas em 1884, antes da proclamação da República, e só foram finalizadas totalmente em 1969, com a construção da sua torre. Trata-se de um "tesouro" petropolitano, que deve ser apreciado não somente por religiosos, mas também pelos amantes de belas obras.

A residência de veraneio de Alberto Santos Dumont, localizada na rua do Encanto (e talvez por isso apelidada de "*A Encantada*"), foi transformada num museu. Por meio dos textos, desenhos e documentos ali contidos, é possível perceber toda a engenhosidade desse genial inventor brasileiro. O local, cujos espaços internos aliás são bem pequenos (!!!), foi feito sob medida para ele, que tinha 1,52 m de altura.

Ali podem ser vistos móveis adaptados para atender às suas necessidades de estudo e criação, além de itens curiosos, como as escadas com meios degraus em formato de raquete. O chuveiro instalado no banheiro foi provavelmente o primeiro aquecido da época, com um sistema a base de álcool. E bem perto dessa casa há uma praça batizada com o nome da mais famosa obra do inventor, onde há inclusive uma réplica do seu veículo voador, o *14-Bis*.

O Theatro D. Pedro, que é um dos maiores do Estado, foi construído pela empresa D'Ângelo & Cia, e inaugurado em 1933. O local ostenta um estilo ecléctico, mesclando o *art déco* a outros estilos com referências mitológicas e futuristas. Por conta disso o local se tornou uma referência cultural e artística para Petrópolis.

Já o Museu Imperial, que convém lembrar foi construído entre 1845 e 1862 para ser o palácio de dom Pedro II (palácio de Verão), possui um acervo constituído por peças ligadas à monarquia brasileira, incluindo mobiliário, documentos, obras de arte e objetos pessoais de integrantes da família real. Esse palácio se tornou museu em 1943, por decreto do então presidente Getúlio Vargas.

Todos os cômodos desse palácio são muito bem conservados, assim, caminhar por seus quartos, banheiros, salões e corredores dão ao visitante a impressão de estar convivendo com figuras ilustres da história do Brasil que viveram ali no passado.

De acordo com o Instituto Brasileiro de Museus, o Museu Imperial de Petrópolis é um dos mais visitados do Brasil. De fato, em 2019, ele alcançou uma visitação recorde, tendo recebido 446 mil pessoas. Esse número, entretanto, é muito baixo, se comparado à realidade de museus similares em outras partes do mundo.

Aliás, no que se refere a museus, vale mencionar que, de um modo geral, os brasileiros parecem não se preocupar muito com a própria história, com a sua cultura e nem mesmo os conhecimentos que poderiam ser adquiridos ao se **visitar** os museus de seu País.

Além disso, muitos prédios públicos – em especial os museus, que deveriam ser bem cuidados pelo governo – vivenciam uma situação caótica por conta da crônica falta de recursos. Por exemplo, entre 2014 e 2017, apesar do aumento dos recursos da União para a UFRJ – a responsável pela manutenção e conservação do Museu Nacional do Rio de Janeiro –, o orçamento dele despencou.

Essa falta de recursos se comprova pela **inexistência** de manutenção adequada nesses locais. Tal situação foi responsável pelo terrível incêndio ocorrido no Museu Nacional, em 2 de setembro de 2018. Na ocasião, além da total destruição do interior do prédio, verificou-se a perda de 90% dos 20 milhões de itens expostos ao público, o que representou uma verdadeira **tragédia**, tanto para a ciência quanto para o patrimônio cultural brasileiro.

Vale lembrar que o Museu Nacional (fundado em 1818 por dom João VI) é a mais antiga instituição científica do País. Antes do incêndio ele abrigava itens arqueológicos, etnológicos e geológicos, além de coleções da antiguidade, trazidos para o Brasil no século XIX. Porém, nos últimos anos, os visitantes que entravam nele se deparavam com fios soltos pelo chão, paredes rachadas e com pintura descascada, e hidrantes fora de funcionamento. Com tudo isso, pode-se dizer que essa **tragédia** já estava **anunciada**, e tinha um nome: **descaso**!!!

Em São Paulo os problemas são os mesmos, sendo que a cidade registrou diversos incêndios na última década: no Instituto Butantã (em 2010), no Memorial da América Latina (em 2013), no Liceu de Artes e Ofícios (em 2014) e no Museu da Língua Portuguesa (em 2015). Isso mostra que o governo tem falhado sistematicamente em cuidar de seu patrimônio. Em outras palavras, a forma de gestão dos museus tem sido completamente inadequada para mantê-los vivos, como fontes de aprendizagem para as novas gerações.

Mas voltando à cidade de Petrópolis, no seu "**centro histórico**" está localizado o palácio de Cristal, um belíssimo prédio com paredes de vidro e lindas pinturas do século XIX no teto. Inaugurado em 1884, o local foi inspirado no palácio de Cristal de Londres, tendo sido um presente do conde d'Eu para sua esposa, a princesa Isabel – nele, aliás, em 1888 foram libertados os últimos escravos de Petrópolis –, e atualmente abriga nos seus arredores o evento *Bauernfest* entre junho e julho (o de 2020 foi cancelado por causa da pandemia causada pelo novo coronavírus).

Hoje o prédio é usado para exposições e eventos, sendo que um dos principais que acontecem ali é a apresentação da *Serenata Imperial*, quando um grupo de seresteiros e seresteiras cantam músicas populares brasileiras (de Roberto Carlos, Chico Buarque, Silvio Caldas etc.). Em 2019, ela aconteceu no dia 21 de fevereiro, quando foi apresentado um repertório de 76 músicas, recheado de marchinhas de Carnaval.

No dia 18 de julho de 2020 na edição digital do *Diário de Petrópolis* destacou-se que o ministério de Turismo repassou à CEF cerca de R$ 253.500,00 para dar continuidade às obras de reforma que estão sendo realizadas no palácio de Cristal.

Ficam também no centro histórico o palácio Amarelo (onde atualmente encontra-se instalada a Câmara dos Vereadores da cidade) e o palácio Rio Negro (que no passado foi a hospedagem oficial dos presidentes da República em visita à cidade), localizado próximo da atual sede da prefeitura, que ocupa o palácio Sérgio Fadel.

Na parte central de Petrópolis há também várias construções curiosas, como o "**Castelinho**" (fechado há muito tempo...), do autodenominado "duque de Belfort", que fica na esquina da avenida Koeler com a praça Ruy Barbosa. Há também a antiga casa da família Rocha Miranda, na avenida Ipiranga (aberta às visitas do público). Mas é possível também ver edificações com linhas bem modernas, como é o caso da casa de Lúcio Costa, no bairro de Samambaia.

Em Petrópolis há também alguns teatros importantes, como o Santa Cecília, construído em 1955 na rua Aureliano Castanho, no centro da cidade; o Afonso Arinos, localizado no Centro de Cultura Raul de Leoni; o Mecanizado da Quitandinha, com capacidade para 1.600 expectadores, situado no antigo hotel Quitandinha; o Mariano, que pertence à congregação mariana; o teatro da Fase, localizado na avenida Rio Branco, e o auditório da Concha Acústica, localizado no Museu Imperial.

Além dos museus já citados estão na cidade o Museu de Cera, o Museu de Armas Ferreira da Cunha, a Casa da Princesa Isabel e o Museu da Força Expedicionária Brasileira (com cerca de 700 peças doadas pelos pracinhas de Petrópolis, que lutaram na 2ª Guerra Mundial). Petrópolis tem tentado firmar parcerias com outras cidades no sentido de tornar-se cidade-irmã das mesmas e, até o momento, isso já aconteceu com as cidades catarinenses de Blumenau e Orleans...

Há um bom tempo a cidade atrai muitos visitantes durante o período do Natal, que começa já no início de dezembro, quando as árvores, as praças e os prédios públicos da cidade recebem uma bela iluminação. Estima-se que em 2019 o número de turistas tenha ultrapassado os 335 mil. Essas pessoas acompanham as celebrações de Natal, quando Petrópolis oferece um ciclo de atrações – *shows*, desfiles, paradas e outros eventos – denominado **Natal Imperial**. Esses eventos são custeados através de uma parceria entre o município e empresas privadas.

Uma curiosidade a respeito de Petrópolis é o fato de que em 2013 o Carnaval da cidade foi cancelado. Na ocasião, a justificativa do então prefeito Rubens Bomtempo foi de que as verbas públicas para o apoio a esse evento – na época de cerca de R$ 1 milhão – seriam mais bem aproveitadas se investidas **no setor de saúde**. Com isso Petrópolis se tornou um refúgio para os cariocas durante esse período, em especial aqueles que desejavam "fugir" da folia. Vale ressaltar que a decisão de cancelar o Carnaval da cidade ocorreu depois de uma reunião entre o prefeito da cidade e a direção da Fundação de Cultura e Turismo de Petrópolis.

Um lembrete especial!!! Recomenda-se a todos os visitantes que pretendam chegar a Petrópolis pela rodovia Washington Luís, que façam uma paradinha no km 39,05 dessa estrada. A ideia é apreciar o incrível visual da região a partir do mirante de Cristo – além é claro da própria escultura, feita em granito e bronze. Essa é uma ótima maneira de se preparar para todas as coisas interessantes e importantes que eles certamente encontrarão nessa cidade encantadora.

Porto Alegre

Vista incrível da encantadora Porto Alegre.

PREÂMBULO

Porto Alegre – carinhosamente chamada de **Poa** – é uma cidade que pode ser visitada em qualquer época, independentemente da estação do ano ou da temperatura, conforme o que o turista tiver em mente. Na primavera, por exemplo, a cidade redescobre a luz e o sol e muitos locais ficam super floridos, enquanto no verão as tardes ficam bem quentes. No outono o clima é ameno, já no inverno, os dias começam com os termômetros registrando temperaturas negativas...

A cidade oferece aos visitantes diversas opções culturais, como é o caso do Festival de Teatro de Rua de Porto Alegre. Mas existem muitas outras coisas interessantes na cidade, e aí vão cinco recomendações que o (a) visitante de Poa irá adorar:

1ª) **Visitar o Mercado Público** – Ele foi inaugurado em 1869 e continua sendo um dos principais centros de compras da cidade. Uma boa pedida é almoçar em um dos restaurantes do local. Eles atendem aos mais variados gostos, servindo desde comida japonesa até a mais autêntica culinária portuguesa, passando ainda pelos pratos macrobióticos e pelos famosos *à la minuta*, como os porto-alegrenses costumam chamar o **prato feito**!!!

2ª) **Conhecer o parque Farroupilha** – Carinhosamente chamado de Redenção, trata-se de um dos espaços públicos mais característicos e movimentados de Poa. Nele os porto-alegrenses tomam chimarrão, brincam com seus cães e passam a tarde aproveitando a vida ao ar livre. Aos domingos acontece ali a famosa feira Brique da Redenção, na qual são vendidas antiguidades e artesanato.

3ª) **Admirar a vista da cidade** – Quem deseja apreciar uma vista panorâmica de Poa deve sem dúvida fazer um passeio no Guaíba, utilizando para isso a embarcação *Cisne Branco*, considerada um espaço cultural flutuante.

4ª) **Ir ao Museu Iberê Camargo** – Projetado pelo famoso arquiteto português Álvaro Siza, o espaço reúne as obras do importante artista plástico gaúcho Iberê Camargo, além de abrigar exposições itinerantes.

5ª) **Passear de bicicleta** – Alugar uma magrela pelo sistema *Bike Poa* e percorrer toda a orla revitalizada, chegando ao Museu Iberê Camargo, que aliás é um ótimo lugar para se assistir ao pôr do sol.

A HISTÓRIA DE PORTO ALEGRE

Porto Alegre é a capital do Estado mais meridional do Brasil, o Rio Grande do Sul. A Região Metropolitana de Porto Alegre (RMPA) foi criada em 1973, sendo constituída por 31 municípios. Estima-se que no início de 2020 vivessem na RMPA cerca de 4,5 milhões de pessoas, das quais 1,5 milhão estavam em Poa.

O município, cuja área é de 496,68 km² (um número bem controverso), tem como cidades limítrofes: Alvorada, Cachoeirinha, Canoas, Eldorado do Sul, Nova Santa Rita, Triunfo e Viamão. Boa parte dos municípios que compõem a RMPA têm indicadores sociais bem piores que os de Poa. Eles convivem com uma distribuição desigual de agentes econômicos e equipamentos urbanos, como transporte, saúde, educação, habitação e saneamento.

Mesmo assim, a RMPA é hoje um polo de imigração no Rio Grande do Sul, atraindo para lá muita gente que vive no interior do Estado. Apesar da crise econômica que assolou o País durante os últimos quatro anos, muitas áreas estão em expansão econômica na RMPA, o que representa uma maior facilidade de se conseguir empregos ali.

Vale lembrar que, por conta do tratado de Tordesilhas (assinado em 7 de junho de 1494), todo o território do Rio Grande do Sul pertenceu legalmente aos espanhóis. No século XVI chegaram à região de Poa os primeiros europeus. Nesse tempo o local era habitado apenas por um dos povos do tronco tupi, os carijós, que logo foram escravizados por colonos de origem portuguesa.

Porto Alegre apenas se tornaria uma cidade no fim do século XVIII e início do século XIX, todavia, desde o século XVII os portugueses desenvolveram na região várias iniciativas para conquistá-la, penetrando nela progressivamente pelo nordeste, utilizando para isso o caminho dos Conventos (uma extensão da estrada Real) até chegar à região de Vacaria dos Pinhais e, então dali descendo para Viamão. Na época esse avanço foi feito não apenas pelos **bandeirantes**, que buscavam escravizar os índios, mas também por **tropeiros**, que caçavam os grandes rebanhos de gado bovino, mulas e cavalos que viviam livres nessa região!?!?

Mais tarde muitos desses tropeiros se radicariam no sul, transformando-se em **estancieiros**, e acabariam solicitando a concessão de **sesmarias** (terras abandonadas que os reis de Portugal entregavam a sesmeiros para que se tornassem produtivas). A primeira delas, aliás, foi outorgada em 1732, a Manuel Gonçalves Ribeiro, na Parada das Conchas, hoje Viamão.

Outra via de penetração na região foi o litoral, sendo que em 1737 foi fundada uma fortaleza no local onde fica hoje o Rio Grande. O objetivo era oferecer assistência à Colônia de Sacramento, no Uruguai. Assim, depois da assinatura do tratado de Madrid, em 1750, o rei de Portugal determinou que um grupo de 4.000 casais dos Açores fosse reunido e enviado para povoar o sul do Brasil.

Porém, apenas cerca de 1.000 casais foram de fato transportados até a região, e então eles se espalharam pelo litoral, entre Osório e Rio Grande, e também pelo interior. Em 1752, cerca de 500 pessoas se fixaram à beira do lago Guaíba, no chamado Porto de Viamão – primeiro nome da futura Porto Alegre.

Os conflitos locais entre portugueses e espanhóis não foram plenamente contidos pelo tratado de Madrid. Assim, em 1763, Rio Grande foi invadida pelos espanhóis e a população portuguesa fugiu. O governo da capitania do Rio Grande de São Pedro se mudou às pressas para Viamão e, por conta disso, a região foi elevada à categoria de **freguesia**, recebendo o nome de São Francisco de Porto dos Casais, isso em 26 de março de 1772. Essa se tornou, aliás, a **data oficial** da fundação de Porto Alegre.

Em virtude de sua melhor situação geográfica e estratégica, em 25 de julho de 1773 o então governador da capitania, Marcelino de Figueiredo, determinou a transferência da capital do Estado para essa freguesia, numa época em que ali viviam cerca de 1.500 pessoas.

Com a paz celebrada entre Portugal e Espanha, estabelecida pelo tratado de Santo Ildefonso (em 1777), a posse da terra na região foi regularizada e começou-se a organizar sua administração. Então foram construídos o palácio de Barro – a primeira sede do governo –, uma prisão, um pequeno teatro, a igreja matriz e o cemitério. As ruas também foram calçadas e foi criado um serviço postal. O comércio começou a florescer, a atividade do porto se intensificou e a pequena urbe assumiu suas funções como capital definitiva da capitania, crescendo bem depressa.

Em 1798, a população já era de 3.000 habitantes e, em 1814, esse número dobrou, chegando a 6.000. Então, em 27 de agosto de 1808 a freguesia foi elevada à categoria de **vila**, cuja instalação efetiva, entretanto, somente aconteceria em 11 de dezembro de 1810. Dois anos mais tarde, em 16 de dezembro de 1812, Porto Alegre se tornou sede da recém-criada capitania de São Pedro do Rio Grande do Sul, além de cabeça da comarca de São Pedro do Rio Grande e de Santa Catarina.

Em 1814, com o objetivo de estimular a agricultura local, o novo governador, dom Diogo de Sousa, obteve a concessão de uma grande sesmaria ao norte da região. A partir daí, com o crescimento das cidades próximas como Rio Pardo e Santo Antônio da Patrulha, e também por conta de sua privilegiada situação geográfica – na confluência das duas maiores rotas de navegação interna, entre o rio Jacuí e a lagoa dos Patos –, Porto Alegre começou a se tornar o maior centro comercial da região.

A frota permanente que utilizava o porto naquela época já se constituía de cerca de 100 navios e, por isso, foi aberta aí uma alfândega. Em 1814, tiveram início as primeiras exportações de trigo e charque. Quatro anos mais tarde, em 1818, o total de vendas para Portugal já alcançava 120 mil arrobas (uma arroba equivale a 15 kg) de charque, um produto que logo se tornaria o principal na economia local. Então, em 1822, a vila ganhou foro de **cidade** e então começaram a chegar os primeiros imigrantes alemães, instalando os primeiros restaurantes, pensões, pequenas manufaturas, olarias, alambiques e diversos outros estabelecimentos comerciais.

A despeito desse desenvolvimento, a situação econômica da capitania não parecia ir muito bem, isso por causa não apenas da pressão dos pesados impostos, mas pelo fato de ela se sentir negligenciada pelo governo imperial. Isso fez com que em 1835 fosse deflagrada a **Revolução Farroupilha**, também denominada **guerra dos Farrapos**, uma revolta regional, de **caráter republicano**, contra o **governo imperial** do Brasil.

Essa revolução, que se estendeu entre 20 de setembro de 1835 até 1º de março de 1845, aconteceu na então província de São Pedro do Rio Grande do Sul, e resultou na declaração de Independência da província e deu origem à República Rio-Grandense.

Com o decorrer do tempo, a revolta ganhou um caráter separatista, influenciado movimentos em outras províncias brasileiras e irradiando energia para a **Revolução Liberal** – que aconteceria em São Paulo, em 1842 – e para a **Sabinada** – na Bahia, em 1837 – ambas com ideologia do Partido Liberal da época.

A Revolução Farroupilha teve como líderes os generais Bento Gonçalves da Silva, David Canabarro, Antônio de Sousa Netto, José Mariano de Matos e José Gomes de Vasconcelos Jardim, além dos coronéis Onofre Pires, Lucas de Oliveira, Corte Real, Teixeira Nunes, Domingos de Almeida e Domingos Crescência de Carvalho. O movimento também recebeu inspiração ideológica de italianos da sociedade carbonária que estavam refugiados no País, como o cientista e tenente Tito Lívio Zambeccari, o jornalista Luigi Rossetti e o capitão Giuseppe Garibaldi, que embora não pertencesse à carbonária, esteve envolvido em movimentos republicanos na Itália.

O objetivo dos separatistas era conquistar militarmente muitas cidades da província e, mais especificamente, Porto Alegre. Todavia, a cidade conseguiu se desvencilhar e se manter nas mãos das forças imperiais, ao lado do imperador dom Pedro II. Na realidade, Porto Alegre foi tomada em 1836 pelas tropas imperiais, embora a partir de então tenha ainda sofrido três longos cercos até o ano de 1838. Aliás, foi a resistência a esses cercos que fizeram com que dom Pedro II desse à cidade o título de "**Mui leal e valorosa**".

Apesar do inchaço populacional daqueles tempos, a malha urbana local só voltaria a crescer em 1845, após o fim da revolução e a derrubada das muralhas que cercavam a cidade. No período de seis anos da guerra do Paraguai (entre 1864 a 1870), a capital gaúcha sofreu radicais transformações, por se tratar da cidade brasileira mais próxima do teatro de operações. De fato, a cidade recebeu muito dinheiro do governo central, além de serviço telegráfico, novos estaleiros, quartéis e melhorias na área portuária.

Em 1872 surgiram na cidade – oficialmente denominada Porto Alegre em 1873, quando seu governador era José Marcelino de Figueiredo – as primeiras linhas de bonde e, dois anos mais tarde (em 1874), foi construída ali a usina do Gasômetro, com o objetivo de gerar energia para a região. Também foi implantada na cidade uma rede de esgotos (em 1899) e, com isso, os bairros da cidade se expandiram.

Entretanto, somente a partir da 2ª metade do século XIX é que a **cultura** local finalmente começou e receber mais atenção. Construiu-se aí um grande teatro – o Theatro São Pedro –, e começaram a se revelar os primeiros literatos, educadores, músicos e pintores locais de expressão nacional, como: Antônio Vale Caldre Fião, Hilário Ribeiro, Luciana de Abreu, Pedro Weingärtner, Apolinário Porto-Alegre, Joaquim Mendanha e Carlos von Koseritz. Também foi fundada nessa época a Sociedade Parthenon Litterario, uma iniciativa da flor da intelectualidade gaúcha, que em 1875 realizou seu primeiro salão de artes.

Na virada para o século XX, Porto Alegre passou a ser imaginada como o cartão de visitas do Rio Grande do Sul, e tal ideia se alinhava perfeitamente com os propósitos do **positivismo**, uma corrente filosófica abraçada pelos governos estadual e municipal. Por conta disso, a cidade deveria transmitir uma impressão de **ordem** e **progresso**, e não apenas a seus moradores, mas especialmente aos visitantes.

O **positivismo** é uma corrente filosófica que surgiu na França no começo do século XIX, e cujos principais idealizadores foram os pensadores Auguste Comte e John Stuart Mill. O conceito dessa escola filosófica, que ganhou força na Europa na segunda metade do século XIX e começo do século XX, possuía distintos significados, que, por sua vez, englobavam tanto perspectivas filosóficas e científicas do século XIX quanto outras do século XX.

O método geral do positivismo de Auguste Comte se opõe ao **racionalismo** e ao **idealismo**. Ele consiste na observação dos fenômenos através da experiência sensível, que, na concepção positivista, seria a única forma capaz de produzir a **verdadeira ciência**. Segundo os positivistas, toda experiência acontece a partir de **dados concretos** (positivos), sem considerar quaisquer atributos teológicos ou metafísicos subordinados à imaginação ou à observação. Desse modo, o positivismo toma como base apenas o mundo físico ou material.

Em sua obra *Apelo aos Conservadores* (editada em 1855), Auguste Comte utilizou sete acepções para definir a palavra "positivo", ou seja: real, útil, certo, preciso, relativo, orgânico e simpático. Portanto, o positivismo defende a ideia de que o **conhecimento científico** é a única forma de conhecimento verdadeiro. Assim, desconsideram-se todas as outras formas do conhecimento humano que não possam ser comprovadas cientificamente!?!?

Para transformar a ideia do positivismo em um fato, a intendência (o equivalente a prefeitura), a cuja frente estava José Montaury, iniciou um vasto programa de obras públicas. Ele permaneceu no governo municipal por 27 anos (!!!), sendo sucedido por Otávio Rocha e Alberto Bins, que em linhas gerais mantiveram a mesma orientação.

Com o intuito de melhor controlar o processo de desenvolvimento, o município atraiu para si a responsabilidade sobre muitos serviços públicos, como o fornecimento de água encanada, iluminação, transporte público, educação, policiamento, saneamento e assistência social, em um volume que ultrapassava em muito os hábitos da época e superava o que era feito nessas áreas nas cidades de São Paulo e Rio de Janeiro!!!

Contudo, o crescimento do funcionalismo público e a execução de uma grande quantidade de obras demandaram recursos muito além do que se arrecadava na cidade, e por isso a sua administração precisou contrair grandes empréstimos... Na cultura, o grande marco foi a fundação em 1908 do Instituto Livre de Belas Artes, o antecessor do atual Instituto de Artes da Universidade Federal do Rio Grande do Sul (UFRGS), que concentrou a produção de arte em Porto Alegre e foi para todo o Estado praticamente a única referência institucional significativa até a década de 1960, nos campos do **estudo, ensino e produção de arte**!!!

Em 1940, o município já contava com cerca de 385 mil habitantes e seu índices de crescimento eram positivos na indústria, na construção civil, na educação, na saúde, na eletrificação, no saneamento, no movimento portuário, nos transportes e nas obras de urbanização. Um sinal claro de que Porto Alegre queria se tornar uma **cidade encantadora**!!!

A ligação rodoviária e aérea com o centro do Brasil foi incrementada e a rede ferroviária para o interior do Estado se expandia. E no encerramento da década de 1950, foi implantado o seu primeiro Plano Diretor, elaborado com base na Carta de Atenas. Com ele se acentuou muito a verticalização da cidade, fazendo com que ocorresse em Porto Alegre o maior *boom* de construção de edifícios de sua história, o que alterou significativamente a morfologia urbana.

Assim, na 2ª metade do século XX, o que se viu em Porto Alegre foi um acelerado crescimento urbano e populacional, e os sucessivos administradores da cidade se empenharam novamente em uma série de investimentos em obras públicas, enquanto a cidade via desaparecer sob a onda do progresso, boa parte de suas edificações antigas!?!?

Paralelamente, a cultura de Porto Alegre se caracterizou por um forte colorido político, reunindo um expressivo grupo de intelectuais e produtores artísticos influentes alinhados ao **existencialismo** e ao **comunismo**!!!

Entre o fim da década de 1950 e os anos que precederam o **golpe militar** de 1964 no País, foram montadas em Porto Alegre peças teatrais de vanguarda, com polêmicas abordagens de crítica social; e as artes plásticas mostraram uma arte realista/expressionista do mesmo perfil, que por vezes adquiriu um tom panfletário.

Quanto ao próprio golpe, deve-se salientar que Porto Alegre foi o palco de importantes movimentos políticos, que levaram à sua concretização, comandados pelo então governador Ildo Meneghetti a partir do palácio Piratini.

Porto Alegre nas últimas décadas se tornou uma das grandes metrópoles brasileiras, internacionalizou sua cultura, tornou-se um modelo de administração pública, dinamizou sua economia a ponto de se tornar uma das cidades mais ricas do mundo. Ela alcançou altos níveis de qualidade de vida, mas ao mesmo tempo passou a conviver com os problemas que afligem outros grandes centros do Brasil, com o surgimento de favelas, de dificuldades no trânsito (mobilidade ruim), crescimento da poluição e aumento nos índices de criminalidade.

Porto Alegre originalmente se dividiu em distritos, o que foi documentado pela primeira vez em 1892. Então, em 1927 aconteceu uma nova divisão, dessa vez por zonas – **urbana**, **suburbana** e **rural** – e distritos, subdivididos em **seções**. Na década de 1950 foi adotada a divisão por bairros, sendo que no ano de 2014 a cidade possuía oficialmente 81 deles.

O bairro mais extenso é o Arquipélago, com 4.718 ha, enquanto o menor é o Bom Fim, com apenas 38 ha. Mas ainda existem algumas áreas sem denominação oficial, e são descritas como "**zona indefinida**", conhecidas por nomes atribuídos popularmente.

De acordo com especialistas em urbanismo, Porto Alegre pode ser dividida em dez macrozonas de organização espacial urbana, cada qual com distintos padrões de desenvolvimento urbano, espaços públicos de natureza e funções diversas, tipologia de edificações e estruturação viária diferentes, além dos aspectos socioeconômicos, paisagísticos e ambientais, bem como o potencial de crescimento próprios.

Assim, tem-se a **Cidade Radiocêntrica**, que compreende o **Centro Histórico**, com uma trama radial de elevada densidade demográfica. Ao norte do município situa-se o **Corredor de Desenvolvimento**, uma área de grande potencial econômico e localização privilegiada pela presença de vias de ligação com os principais polos da RMPA, entretanto não é uma área bem explorada para a habitabilidade, ou seja, pouco residencial e vem sendo ocupada por muitas favelas.

No sul, encontra-se a **Cidade Xadrez**, de malha viária ortogonal, resultado da expansão planejada da cidade naquela região. Já a **Cidade de Transição** caracteriza-se pela passagem de uma ocupação mais densa para uma urbanização rarefeita e mais concentrada no topo dos morros.

Na margem sudoeste do lago Guaíba está a **Cidade Jardim**, onde predominam as boas residências e há uma densa arborização. No limite leste encontra-se o eixo **Lomba do Pinheiro**, com um grande número de vilas populares e favelas. No centro-sul situa-se a **Restinga**, que nasceu com o objetivo de assentar a população de baixa renda removida de áreas de ocupação irregular.

No extremo sul encontra-se a **Cidade Rural-Urbana**, uma vasta área de pequena ocupação, misturando diferentes graus de atividade rural e urbana. E, finalmente, tem-se as **Ilhas do Delta do Jacuí**, uma grande área de preservação natural, de importância para o município e para o Estado, com poucos pontos de urbanização.

No município de Porto Alegre os morros mais elevados são o Santana, com 311 m de altura, o da Polícia (na realidade o morro da Glória), com 287 m e o Pelado, com 298 m. A altitude média da cidade é de 10 m acima do nível do mar. O centro está assentado sobre o extenso batólito granitoide. Nos morros encontram-se áreas de rocha exposta, em parte matacões (blocos de rocha compacta) descobertos lentamente pela erosão natural, em parte pela exploração comercial de pedreiras a partir do século XIX, e pela urbanização desordenada.

Significativa porção da área urbanizada da cidade está sobre uma planície aluvial, com sedimentos depositados pelos rios Jacuí, Sinos, Gravataí e Caí. Na hidrografia do município, a formação mais importante é o lago Guaíba, que tem aliás uma grande importância ambiental, econômica e histórica-cultural para toda a região. O lago possui diversos usos, como navegação, pesca, esportes e abastecimento público, sendo que outros usos diretos estão limitados pelo fato de ele apresentar-se poluído.

A zona urbana é drenada internamente por vários arroios, destacando-se entre eles o Dilúvio. Os demais arroios são Cascata, Teresópolis, Passo Fundo, Cavalhada, Mangueira e Águas Mortas. Na zona rural correm os arroios Feijó, Capivara, Salso e Lami. Grande parte da área municipal (82,6%) encontra-se na bacia do lago Guaíba, e o restante na bacia do rio Gravataí.

O clima de Porto Alegre é classificado como **subtropical úmido**, tendo como característica marcante a **grande variabilidade**. A presença da grande massa de água do lago Guaíba contribui para elevar as taxas de umidade atmosférica, e também para modificar as condições climáticas locais, com a formação de microclimas.

O contínuo processo de cobertura da superfície por edificações, assim como o calçamento de terrenos, também gera microclimas específicos, observando-se por isso mesmo uma variação térmica de até 4ºC num mesmo dia, nas diferentes regiões da cidade.

As precipitações pluviométricas são bem distribuídas ao longo do ano, com uma média anual em torno de 1.425 mm. Em alguns anos, sob a influência do *El Niño*, aconteceram fortes chuvas que acabaram provocando enchentes, principalmente no bairro Arquipélago. Entretanto, depois da retificação do arroio Dilúvio e da construção do muro de contenção na avenida Mauá, as cenas dramáticas como ocorreram na grande enchente de 1941 nunca mais se repetiram.

A ocorrência de neve é muito rara em Porto Alegre, embora geadas aconteçam com certa frequência durante o ano. A menor temperatura registrada foi de -3ºC, em 14 de julho de 1991, no aeroporto internacional Salgado Filho; já a maior foi de 42,6ºC, em 6 de fevereiro de 2014. Ao longo dos anos, a RMPA já foi fustigada por tornados, com ventos que chegaram a até 200 km/h e provocaram grandes estragos por onde passaram.

Atualmente percebe-se que pouco da vegetação original foi preservada em Porto Alegre, o que aliás é uma realidade por toda a RMPA. Os ambientes naturais foram extensamente modificados pelo ser humano, mas, apesar disso, cerca de 62% da área do município de Porto Alegre ainda não foi ocupada pela urbanização propriamente dita.

Existem no município três importantes unidades de conservação ambiental: a reserva biológica de Lami, que na verdade se chama José Lutzenberger; e os parques Saint-Hilaire e do Morro do Osso, que preservam segmentos de seus ecossistemas primitivos e são um ponto de atração de visitantes que querem envolver-se com o ecoturismo.

Aliás, a reserva do Lami possui ecossistemas diferenciados, permitindo o crescimento de cerca de 300 espécies vegetais, além de um número muito grande de espécies animais, como capivaras, tartarugas, lagartos, lontras, jacarés etc. Mas de 120 espécies de aves nativas já foram registradas na reserva, inclusive as migratórias. Os banhados e juncais da região servem de berçários para muitos organismos aquáticos.

Por sua vez o parque Saint-Hilaire possui uma área de 1.148,62 ha, dos quais 908,62 ha se destinam à preservação permanente. A flora nativa foi bastante modificada, com a introdução de espécies exóticas como o eucalipto e o pinheiro, mas ainda existe nele uma parte da **mata atlântica original**, sendo um abrigo para 12 espécies de mamíferos, 47 de répteis, 23 de anfíbios e 14 de peixes, várias delas ameaçadas de extinção.

Já o parque natural Morro do Osso é uma ilha verde de 127 ha, entre os bairros Tristeza, Ipanema, Camaquã e Cavalhada, com um ambiente definido por vegetações rasteiras, arbustivas e fragmentos de mata atlântica. Nesse parque foi registrada cerca de 65% da avifauna encontrado em Porto Alegre, incluindo as espécies ameaçadas.

A outra reserva natural que se tem no município, com estatuto de APA, ocupando uma área de 17.245 ha, é o parque do Delta de Jacuí, que está sob administração estadual. Ele é composto por extensos e variados banhados, blocos de vegetação arbustiva e maciços de árvores bem altas.

Numa categoria à parte está o Jardim Botânico de Porto Alegre, inaugurado em 1958 com uma área de 81,5 ha, dividida em várias coleções vegetais bem distintas, incluindo espécies nativas, protegidas na chamada **zona permanente**.

Em 2004 ele também foi definido como uma unidade de conservação e como parte integrante da estrutura administrativa da secretaria estadual de Meio Ambiente, com propósitos ecológicos, educativos e recreativos, além de aí serem realizadas pesquisas científicas de âmbito estadual e existir um banco de sementes para a recuperação da biodiversidade de áreas devastadas.

No Jardim Botânico está também instalado o Museu de Ciências Naturais. Mesmo tendo perdido grande parte de seus ecossistemas originais, a zona urbana de Porto Alegre é mesmo assim uma das mais arborizadas dentre as capitais estaduais do Brasil. Assim, para cada porto-alegrense tem-se cerca de 17 m^2 de área verde!!!

Estima-se que no início de 2020, havia em Porto Alegre cerca de 1,39 milhão de árvores plantadas em vias públicas, sendo que a prefeitura busca cuidar bem de todas elas. Nas ruas da cidade podem ser vistas cerca de 180 espécies arbóreas, sendo as mais frequentes a extremosa, o ligustro, o jacarandá, o cinamomo, o braquiquito, o ipê-roxo, o mimo-de-vênus, o ipê-amarelo, a tipuana e a sibipiruna.

As outras áreas de Porto Alegre são as cerca de 600 praças arborizadas, ocupando uma área total superior a 4,3 milhões de m^2, bem como os diversos parques. Entre os mais frequentados em Porto Alegre destacam-se o Farroupilha (ou Redenção), o mais antigo da cidade; o Moinhos de Vento (ou Parcão) e o Marinha do Brasil.

As demais áreas verdes importantes na cidade são os parques Chico Mendes, Mascarenhas de Moraes e o Maurício Sirotski Sobrinho. Diversas áreas verdes dispõem de variados equipamentos esportivos e de lazer, atraindo por isso mesmo um grande número de frequentadores, além obviamente de terem várias espécies vegetais nativas, que servem inclusive de abrigo para muitos animais e especialmente para as aves.

Infelizmente, apesar de haver em Porto Alegre tantas áreas verdes, devido a crescente concentração nela de atividades industriais de alto potencial poluidor e uma frota muito grande de veículos, a média de material particulado fino na sua atmosfera já alcançou cerca de 26 microgramas por metro cúbico, um valor bem maior que o dobro do que é recomendado como aceitável pela OMS.

Como esse nível de poluição só tende a subir nos próximos anos, tudo indica que aumentarão devido a isso entre os porto-alegrenses os mortos por doenças cardiovasculares e bronquites crônicas. Os outros problemas ambientais em Porto Alegre são a **urbanização descontrolada**, com a perda da cobertura vegetal, impermeabilização do solo, contaminação e redução de mananciais de água e erosão, desencadeando também alagamentos e deslizamentos durante as chuvas fortes.

Atualmente em muitos poços existentes no município a água coletada está aquém do limite de potabilidade permitido pelo ministério da Saúde, sendo o principal contaminante inorgânico o **fluoreto**. Esse problema se agravou pela construção de muitos poços sem a devida selagem sanitária, o que gerou uma contaminação adicional por **nitratos orgânicos**. O lago Guaíba, que é o principal manancial de água para a cidade, está bem poluído por uma variedade de fontes, como: o lançamento de esgotos, efluentes industriais e agrotóxicos, além de receber o afluxo das águas também poluídas dos rios Gravataí e Sinos. Aliás, o lixo doméstico é outro dos agentes poluidores da capital gaúcha. Devido a essa poluição, diversas espécies da fauna e da flora estão ameaçadas de extinção.

Por outro lado, é essencial destacar que desde a década de 1970 a cidade apareceu com destaque nacional pelo movimento ecológico bastante organizado que começou a desenvolver, tendo à frente figuras destacadas, como a de José Lutzenberger, que fundou em 1971 a Associação Gaúcha de Proteção ao Ambiente Natural – e Magda Renner, que organizou vários eventos importantes focados na ecologia. A partir de suas iniciativas pioneiras, formaram-se outros grupos de pessoas trabalhando para preservar o meio ambiente em Porto Alegre.

Em 1976, foi criada pela prefeitura de Porto Alegre a secretaria municipal de Meio Ambiente – a **primeira numa cidade brasileira** – e começaram a ser promovidos pela administração municipal diversas atividades voltadas para os munícipes, a respeito de tópicos variados, como orientação sobre descarte adequado de resíduos, arborização urbana, organização de passeios ecológicos monitorados e palestras sobre temas ecológicos globais.

Há alguns anos Porto Alegre foi escolhida como uma das sedes dos jogos da Copa do Mundo de Futebol de 2014, e, por conta disso, foi necessária a construção de um novo estádio e de um acesso adequado a ele. Na época, um grande número de árvores teve de ser removido, o que provocou vários protestos populares contra a prefeitura da cidade. Isso, aliás, acabou se repetindo posteriormente em relação a outros projetos, denominados de "**revitalização de logradouros públicos**", com os porto-alegrenses revelando-se muito descontentes com a diminuição da vegetação provocada por essas supostas melhorias...

No que se refere ao número de habitantes na cidade, pode-se dizer que durante quase quatro décadas a taxa de crescimento populacional em Porto Alegre foi de aproximadamente 1,3% ao ano. Porém, a partir da metade da década de 1980 houve uma desaceleração, quando muita gente começou a fixar a residência em outras cidades da RMPA. Claro que a cidade continuou sendo um polo de atração para as migrações intermunicipais e interestaduais, um movimento provocado principalmente por indivíduos em busca de trabalho, de abrir um negócio ou que desejavam estudar nas importantes IESs de Porto Alegre.

Não se deve esquecer que a partir do século XIX a cidade recebeu o influxo de muitos imigrantes alemães e italianos. Além disso, também vieram muitos espanhóis, poloneses, libaneses e africanos. Com isso a sua população tornou-se bastante heterogênea, embora haja um significativo predomínio de brancos. Estima-se que em 2020 a **composição étnica** de Porto Alegre fosse: 81% de brancos; 8,5% de negros; 9,6% de pardos; 0,4% de índios; 0,2% de amarelos e 0,3% de etnia não declarada.

No **âmbito religioso**, nessas últimas três décadas ocorreu uma significativa mudança na crença dos moradores de Porto Alegre, com uma sensível redução no percentual de católicos e, paralelamente, um aumento no número de evangélicos e daqueles que se declaram sem religião. Em números absolutos, estima se que no início de 2020 houvesse 63,5% de católicos; 17,6% de evangélicos (de missão, pentecostais etc.); 9,2% de indivíduos se declarando sem religião; e 9,7% que seguiam outras religiões.

Em sua busca por integrar-se ao mundo global, criar relações e mecanismos de caráter econômico e cultural, e estabelecer bons laços de cooperação, Porto Alegre estabeleceu acordos de **cidade-irmã** com 13 urbes. São elas: Horta, Portoalegre e Ribeira Grande (em Portugal); La Plata e Rosário (ambas na Argentina); Austin e Newark (nos EUA); São Petersburgo (na

Rússia); Kanazawa (no Japão); Punta del Este (no Uruguai); Suzhou (na China); Morano Calabro (na Itália) e Natal, capital do Estado do Rio Grande do Norte. Entretanto, o que continua num ritmo muito lento (ou particularmente estagnado) é a realização de eventos conjuntos entre Porto Alegre e suas cidades-irmãs!?!?

No tocante a **gestão municipal**, uma das características marcantes da administração porto-alegrense foi a adoção de um sistema de participação popular na definição de investimentos públicos, o chamado **orçamento participativo**. Esse sistema foi reconhecido internacionalmente como uma experiência bem-sucedida de interação entre a população e as esferas administrativas oficiais na gestão pública.

No orçamento participativo, a distribuição dos recursos para os investimentos obedecia a um planejamento que partia da indicação de prioridades pelas assembleias regionais ou temáticas. Isso culminava com a aprovação de um plano de investimentos que programava as obras e as atividades discriminadas de acordo com as decisões dessas assembleias. Isso possibilitou o exercício do controle social sobre os governantes, criando obstáculos para o **clientelismo** e, ao mesmo, permitindo que os segmentos sociais historicamente excluídos do desenvolvimento fossem reconhecidos e integrados como sujeitos ativos dos processos decisórios.

A participação majoritária de pessoas das classes baixas e a priorização dos investimentos – principalmente na área de infraestrutura –, comprovou o apelo popular da proposta. Porém, há quem conteste isso, dizendo que esse modelo já se desgastou com o passar dos anos e não provoca mais o debate, nem incita a participação da comunidade, ou que seus efeitos não são significativos. Aliás, isso se notou claramente a partir de 2017, desde que Nelson Marchezan Júnior assumiu a administração municipal e optou por estratégias diferentes para o desenvolvimento de várias políticas públicas e de empreendimentos.

Além disso, outras questões sociopolíticas que também foram levantadas em Porto Alegre recentemente dizem respeito às minorias, como os indígenas, os negros e outras comunidades que, se por um lado conquistaram um progressivo respeito, espaço e visibilidade, ainda esperam por mais estudos que permitam ampliar o conhecimento de suas realidades. Também são aguardadas medidas públicas que de fato atendam satisfatoriamente às suas necessidades, propiciando para essas minorias uma inserção mais digna, representativa e ativa na sociedade local.

A cidade destacou se no século XXI pela realização das três primeiras edições do **Fórum Social Mundial (FSM)**, nos anos de 2001, 2002 e 2003. Vale ressaltar que a terceira edição atraiu quase 21 mil delegados, representando 130 países, e contou com a participação total de 100 mil pessoas de todas as partes do mundo. Segundo Oded Grajew, um dos mentores do FSM, essa iniciativa teve como objetivo **denunciar** os riscos do **modelo neoliberal**!?!? A 5ª edição do FSM foi também em Porto Alegre, com 155 mil participantes de 135 países.

Esses eventos realizados em Porto Alegre, inspiraram a criação de movimentos semelhantes em diversos países, e muitos frequentadores do FSM desde o seu início são hoje presidentes de seus países ou então ocupam postos importantes no governo. A 10ª edição do FSM também se realizou em Porto Alegre, e concentrou seus debates na reflexão sobre os resultados obtidos até então, porém, as conclusões foram bem controversas... Depois disso, aconteceram edições do FSM em Porto Alegre, nos anos de 2012, 2016, 2017 e 2020.

Outro evento importante que começou a ser realizado anualmente desde 1988, e segue no **sentido inverso** ao do FSM, é o **Fórum da Liberdade**. Seu objetivo é encontrar alternativas objetivas e viáveis para equacionar os problemas brasileiros – e, em particular, os de Porto Alegre... –, defendendo a linha liberal ou neoliberal. A sua 32ª edição aconteceu em 2019 e reuniu cerca de 5 mil pessoas. Como se nota, os porto-alegrenses não têm nenhum receio em discutir propostas bem contraditórias, **não é mesmo?**

Apesar dos conceitos de orçamento participativo e de algumas ideias debatidas no FSM terem se mostrado bem interessantes, o fato é que, ao longo dos primeiros 17 anos do século XXI, a gestão municipal de Porto Alegre se mostrou bastante **ineficiente** – para não dizer **desastrosa**... Uma condição *sine qua non* (indispensável) para toda **cidade encantadora**, é possuir uma prefeitura bem administrada, o que implica em dispor de recursos para conseguir promover todo ano melhorias na mesma, particularmente em sua infraestrutura. E, felizmente, esse agora é o caso de Porto Alegre – embora o mesmo não possa ser dito em relação a boa parte das cidades descritas neste livro!!!

Depois de passar a última década inteira no vermelho, em 2020 a capital gaúcha voltou a ter superávit, como resultado de audaciosas reformas fiscais. Com mudanças significativas nas carreiras dos servidores da prefeitura e na previdência municipal, e um arrocho nas despesas com os diversos setores e nos investimentos, a capital gaúcha conseguiu eliminar o seu déficit fiscal, que era de R$ 379 milhões, para apenas R$ 22 milhões em 2019. Graças a isso, a cidade deve fechar 2020 com um superávit de aproximadamente R$ 46 milhões.

Para chegar a essa situação, a partir de 2017 o prefeito Nelson Marchezan Júnior promoveu cortes de despesas de custeio, não concedeu reajustes aos servidores e ainda cortou gratificações. Pelas projeções da prefeitura, em dez anos as medidas já aprovadas significarão (a partir de 2020) um aumento de R$ 2,345 bilhões nas receitas, e uma redução de R$ 2,698 bilhões nas despesas.

O prefeito Nelson Marchezan Júnior comentou: "O impacto do que aprovamos até agora em reformas de pessoal, e também do aumento de arrecadação, é de mais de R$ 5 bilhões, em 10 anos. Isso obviamente é uma perspectiva muito boa para a cidade.

Somente as medidas de cortes de custeio não teriam sido suficientes para reverter a trajetória de déficits sucessivos nas contas municipais. Foi preciso também reduzir material de consumo, horas extras, cursos, diárias, passagens aéreas etc. Acabamos com gastos em publicidade e revisamos todos os contratos terceirizados. Isso é como cortar as unhas, ou seja, é preciso fazer sempre...

Essas reformas fiscais foram possíveis em razão do novo cenário político instaurado com as eleições de 2018, com a vitória de Eduardo Leite para governador do Estado. Aí houve uma convergência nas esferas federal, estadual e municipal quanto às necessidades de equilíbrio fiscal. Conseguimos parar de tapar o sol com a peneira, e fazer o que precisava ser feito. E agora os resultados já começaram a aparecer, com a prefeitura conseguindo aprovar no final de 2019 quase R$ 1 bilhão em novos investimentos. Conseguimos também atrair novos investimentos, por meio de concessões e PPPs, como o que aconteceu na iluminação pública e em breve toda a cidade contará com lâmpadas de *LED*.

A cidade já é a segunda do País em número de *startups*, o que inspira os novos empreendedores a abrirem seus negócios aqui. E essa expectativa de se viver um momento de inovação e desenvolvimento inspira todos na prefeitura a fazerem muito mais por Porto Alegre."

Apesar de Nelson Marchezan Júnior ter feito uma gestão eficiente, especialmente nos gastos na prefeitura, não conseguiu nas eleições municipais realizadas em 15 de novembro de 2020 nem ir par ao 2º turno...

No que se refere à **economia**, o PIB de Porto Alegre em 2019 alcançou R$ 75 bilhões, e o IDH da capital gaúcha estava próximo de 0,805 (elevado).

Isso, segundo o relatório *Doing Business* dos últimos anos, tem colocado a cidade entre as mais favoráveis do Brasil para a atividade empresarial, chegando inclusive a ficar na frente de São Paulo.

Em contrapartida, Porto Alegre está entre as capitais estaduais mais **caras** no que se refere a serviços, suprimentos domésticos, transportes, vestuário/calçados etc., mas é uma das mais **baratas** nos quesitos **lazer** e **entretenimento**.

Para entender como funciona a economia de nosso País, primeiramente é preciso saber quais são alguns dos componentes do PIB nacional, ou seja: produtos, serviços, aluguéis, serviços públicos, impostos e até mesmo contrabando. Esses dados são calculados pelo IBGE, de acordo com os padrões internacionais, e seu objetivo é medir a produção de bens e serviços de uma nação em um determinado período, demonstrando quem produz e quem consome, assim como a renda gerada a partir dessa produção.

No período de 12 meses, entre outubro de 2018 a setembro de 2019 – ao longo de quatro trimestres –, nosso País obteve um PIB de R$ 7,3 trilhões, sob o ponto de vista da **oferta**. Esse valor foi obtido pela soma do que foi conseguido nós seguintes setores:

1º) **Agropecuária (1º setor)** – Corresponde aproximadamente a 5% do PIB nacional. Esse dado é apurado a partir das pesquisas do próprio IBGE para agricultura, pecuária, produção florestal e pesca/aquicultura. Entretanto, esse percentual não inclui todo o agronegócio (representado, por exemplo, pela indústria de alimentos).

2º) **Indústria (2º setor)** – No Brasil, esse setor recuou de 23% para 18% entre 1995 a 2019. A indústria de transformação (têxteis, máquinas, automóveis, fabricação de alimentos etc.), que representa mais da metade do setor. A outra metade se divide em três partes praticamente iguais: construção, segmento extrativo (como petróleo e mineração), e a produção e distribuição de eletricidade, gás, água, esgoto e limpeza urbana.

3º) **Serviços (3º setor)** – Constitui o principal setor da economia nacional, e sua participação no PIB ao longo de quase 25 anos, foi ampliada de 58% para 63%. Nele há o peso relevante das atividades imobiliárias, do comércio, do setor público, além de 12 atividades que compõem o grupo de outros serviços como: alojamento, alimentação, educação e saúde (privadas), cultura e esporte. Entre os serviços, um dos principais componentes são os aluguéis.

Ao valor adicionado por esses 3 setores deve ser somado o imposto sobre a produção, que é parte do preço do produto e, portanto, compõe o PIB com cerca de 14%.

Outra forma de ver o PIB é pelo ponto de vista da **demanda**, ou seja, o destino de tudo o que foi produzido. Nesse caso, trata-se da soma da despesa de consumo de bens e serviços pelas famílias e pelo governo, da parcela destinada aos investimentos e às exportações, descontadas as importações.

Estima-se que em 2020 houvesse em Porto Alegre algo próximo de 105 mil empresas atuantes, nas quais trabalhavam cerca de 860 mil pessoas. O setor primário contribui bem pouco para o PIB municipal, com cerca de 1,2%. A agropecuária local conta com quase 400 estabelecimentos agropecuários de produtores individuais, sendo o maior destaque para a produção de arroz em casca – que em 2018 ultrapassou as 4.500 t. Existem outros produtores bem menores envolvidos com: cana-de-açúcar, batata-doce, mandioca, milho, pera, tomate, melão, laranja, pêssego etc.

Na pecuária, há no município um pequeno rebanho de cerca de 13 mil bovinos, que produz leite inclusive para o consumo dos porto-alegrenses. Em números menores vêm os outros produtores de equinos, caprinos, ovinos etc. Também é pequena a quantidade de aves, bem como a produção de ovos.

Encontra-se em Porto Alegre a sede da Federação das Indústrias do Estado do Rio Grande do Sul (Fiergs), uma entidade que representa empresas, associações, sindicatos, centros e câmaras de indústria e comércio de todas as regiões do Estado. Nos relatórios divulgados pela Fiergs, notou-se que, em relação às outras economias, no período entre 1990 e 2000 a cidade experimentou um declínio na concentração de atividades industriais. Com isso ela perdeu empregos na indústria para cidades instaladas no interior do Estado e para a própria periferia da RMPA, que também tem vivido uma desconcentração industrial.

Nos últimos 10 anos, o número de indústrias em Porto Alegre diminuiu quase 19%, e a reversão deste processo só poderá acontecer se forem atraídas para a cidade indústrias de alta tecnologia, cujos produtos tenham maior valor agregado e gerem empregos com remuneração mais elevada. Isso porque o espaço da cidade não comporta mais fábricas de grande porte. Porém, para se atrair indústrias de alta tecnologia é necessário criar políticas públicas que incluam a concessão de incentivos tributários!?!?

Na construção civil a tendência tem sido a concentração na edificação imobiliária, com significativo crescimento em termos do número de empreendimentos e área construída, que sofreu, porém, a partir de 2015 uma certa retração, da qual não saiu totalmente até o início de 2019...

Embora ainda possua um parque industrial diversificado, em vista de sua economia dinâmica, da forte e moderna infraestrutura física e técnico-científica que possui e da qualificação do seu mercado de trabalho, Porto Alegre vem mostrando uma tendência para a concentração cada vez maior em atividades do **setor terciário**, crescendo bastante a **indústria do conhecimento**, o **comércio** e os **serviços**. De fato, tem ocorrido uma evidente especialização nas atividades administrativas, técnicas, científicas e assemelhadas.

Houve da mesma forma uma tendência ao crescimento nos níveis de rendimentos reais dos empregados no setor público o que levou tanto o governo municipal como o estadual a sérias dificuldades para arcar com os seus salários... Estima-se que no fim de 2018, no setor terciário houvesse cerca de 38% das empresas voltadas para o comércio varejista e atacadista e algo como 61% estavam no setor de serviços. O comércio contribuía com cerca de 32% do PIB municipal e o setor de serviços com aproximadamente 43%.

Parte desse fenômeno se deve à concentração na cidade de sedes administrativas de grandes empresas gaúchas, como a Gerdau, a Ipiranga e a Rede Brasil Sul de Comunicações.

Um exemplo interessante é o das Lojas Renner, uma importante empresa com sede em Porto Alegre, que estima-se ter em 2020 cerca de 17 mil empregados nas suas lojas de moda e vestuário e nas áreas de apoio espalhados pelo País.

Ela se tornou referência especialmente pelo fato de ter quase 90% dos seus executivos formados internamente e pelo cuidado que dedica para a evolução das competências dos seus empregados praticamente todos eles recebendo treinamento para que saibam aplicar bem no seu trabalho as **leis da simplicidade** como: "Antes de fazer, pergunte 'Por quê?'", "Confie mais e controle menos!", "Simplifique sempre com foco no cliente", "Elimine os melindres entre as áreas" etc.

Uma outra empresa gaúcha de destaque é a Toniolo, Busnello, que atua no setor de engenharia e construção, com sede em Porto Alegre. Já trabalharam nela cerca de 2.600 funcionários e ela se destacou entre as melhores empresas na gestão de pessoas graças a sua política focada em formação, segurança, reconhecimento e abertura de oportunidades de crescimento profissional para os seus empregados, de todos os níveis, o que lhe permitiu reter os seus talentos, num setor com altos níveis de rotatividade.

Mas nesses últimos anos devido à crise econômica vivida no País, o número de obras caiu, a empresa se endividou e precisou reduzir drasticamente o número de funcionários, tendo entrado na recuperação judicial em 2019. Esperava-se que em 2020 houvesse uma reversão dessa tendência, o que não ocorreu pois foi grande o estrago provocado na economia pela *Covid-19*.

Um elemento que favoreceu o setor terciário em Porto Alegre foi a crescente procura da cidade por empresários estrangeiros que desejavam instalar filiais que servissem de entrepostos para os países do Mercosul (Mercado Comum do Sul), isso em função da posição geográfica estratégica da cidade neste bloco comercial. Com isso, foi crescendo o número de empreendimentos hoteleiros para atender a essa movimentação do empresariado e também a expansão do turismo.

Na esteira da desconcentração industrial, com já foi dito, muitas empresas abandonaram suas instalações na cidade, ocasionando um relativo despovoamento do antigo distrito industrial da zona norte, contribuindo para a degradação da região. Muitos estudos e propostas têm sido realizados nos últimos anos, no sentido de se recuperar os pavilhões abandonados, muitos deles de interesse histórico e arquitetônico, bem como a revitalização econômica de toda essa área.

Outra tendência que tem se revelado desde os anos 1970, e não apenas em Porto Alegre, mas em todas as cidades médias e grandes do País (em especial nas capitais estaduais) é o progressivo declínio do comércio varejista de rua. Isso ocorre por conta do surgimento de centros comerciais. Todavia, nos anos mais recentes, até mesmo esses centros vêm enfrentando a concorrência de vários, grandes e modernos *shoppings centers* que se instalaram por toda parte, particularmente na capital gaúcha. Parte disso se deve ao fato de que esses *shoppings* oferecem aos clientes não apenas muitas opções de compra, mas também mais segurança, melhor acessibilidade e bastante conforto e lazer.

Não obstante, no centro histórico porto-alegrense, em especial em torno da rua da Praia, ainda sobrevive um ativo comércio de rua, que dá continuidade a uma tradicional vocação dessa área. Os outros polos comerciais de rua na cidade são as avenidas Azenha e Assis Brasil.

Os *shoppings centers,* por sua vez, têm contribuído muito para a valorização de algumas áreas urbanas que, antes de sua instalação, estavam desprestigiadas ou adormecidas. Esse foi o caso do Iguatemi, que nos anos 1980 revitalizou todo o espaço entre as avenidas Nilópolis e Nilo Peçanha.

Até então essa área era considerada de difícil acesso, o que fazia com que as pessoas preferissem fazer suas compras no centro histórico. Ele foi inaugurado em 14 de abril de 1983.

Atualmente o Iguatemi não é apenas um ótimo lugar para os visitantes fazerem suas compras, mas também para se alimentarem, passearem com a família etc., pois, além de ótimas lojas, ele oferece várias opções de entretenimento (tem 6 salas de cinema) e ainda conta com um bom estacionamento (mais de 3 mil vagas). Ele tem recebido um fluxo de cerca de 24 milhões de visitantes por ano.

Outro *shopping center* importante em Porto Alegre é o Bourbon, que inclusive possui diversas unidades espalhadas pela cidade, como: na avenida Túlio de Rose, Nº 100; na avenida Assis Brasil, Nº 164; outro na mesma via, no Nº 2.611 e ainda outro na avenida Ipiranga, Nº 5.200. Em todos eles os clientes têm ótimas opções de compras, bons restaurantes, entretenimento etc.

Note-se que foi o grupo Zaffari que construiu esses *shoppings*, com a marca Bourbon, tendo sempre como âncora um hipermercado seu. O primeiro deles foi o da avenida Assis Brasil Nº 164, inaugurado em 1991, e o último, aquele que está na mesma avenida, Nº 2.611, inaugurado em 2017. Nesses centros comerciais os porto-alegrenses passaram a ter diversas salas de cinema bem modernas (com tecnologia 3D e IMAX, ou seja, com tela gigante e lugares para cadeirantes e pessoas obesas). Esses *shoppings* dispõem de locais para lazer e divertimento das crianças (inclusive com pista de patinação no gelo) e entretenimento com as artes cênicas em seus teatros.

Além desses *shoppings* não se pode deixar de citar o Total (que dispõe de bons bares, cinema e, inclusive, espaço para eventos – como o Festival de Cervejas Artesanais); o Moinhos (com excelente estrutura, cinemas, estacionamento pago e boa praça de alimentação); o da rua da Praia (cujo *mix* de lojas é pequeno, mas dispõe de boa praça de alimentação, sendo uma excelente opção para almoços executivos ou lanches); o João Pessoa (um bom lugar para se fazer pequenas compras e refeições); o Boulevard; o Paseo Zona Sul; o Cavalhada (com um excelente restaurante); o DC (que possui restaurante, churrascaria, teatro e algumas boas opções de lojas); o Astir Center Mall (que dispõe ainda de muitos espaços vazios para aluguel); o Lindóia e o Praia de Belas (que foi projetado pelo arquiteto Júlio Neves e cuja garagem é bastante usada por ocasião dos jogos do Internacional no estádio Beira-Rio).

É sempre importante destacar que em todos esses *shoppings* se empregam milhares de pessoas e eles recebem muitos milhares de clientes todos os dias, sendo que boa parte deles vêm de fora de Porto Alegre...

Mas por falar em empregos, uma **cidade encantadora** como Porto Alegre deve estar preparada para encarar a grande preocupação que tem afligido as pessoas nesse final de 2020, ou seja, a **revolução da automação**. De fato, esse processo está fazendo com que muitos empregos desapareçam, o que representa um grande desafio, ou seja: **como será possível sustentar as pessoas, bem como promover seu desenvolvimento espiritual e social, sem oferecer-lhes empregos?**

Em seu livro *21 Lições para o Século 21* (lançado em 2018), o historiador israelense Yuval Noah Harari, destacou: "Muitos dos empregos que existem hoje – talvez a maioria deles – não merecem ser defendidos. O que precisamos fazer é proteger os seres humanos. No sistema político e econômico atual, caso alguém queira que suas necessidades básicas sejam atendidas – e, para muitas pessoas, que suas vidas tenham significado e propósito –, **é obrigatório que esse indivíduo tenha um emprego!!!** É óbvio que se fôssemos capazes de atingir todos esses objetivos sem precisar trabalhar, então seria desnecessário proteger muitos dos empregos existentes, **não é mesmo?** Aliás, muitas das ocupações existentes são difíceis demais, tediosas demais, insatisfatórias demais etc. As pessoas as têm pelo fato de precisarem delas, não porque o seu 'grande sonho' seja realmente trabalhar como caixa de supermercado ou motorista de caminhão!?!?

Caso alguém consiga se libertar dessas horas de trabalho, talvez seja capaz de desenvolver melhor seu potencial (aquilo que não sabe que sabe) de maneira muito mais plena. Por sinal, é dessa forma que alguém vai se tornar mais humano. Sem dúvida, a revolução da automação – que se apoia na IA e no aprendizado de máquina – tende a enriquecer algumas áreas, ao mesmo tempo em que destrói outras completamente."

Concordo plenamente com esses alertas de Harari e, apostando nessa ideia de que muita gente **"não sabe que sabe"**, meu diagnóstico é o seguinte: os novos empregos estão nos vários setores da EC e nas atividades vinculadas à **visitabilidade**, em especial nas cidades encantadoras. A ideia é atender bem as pessoas que chegam a elas para cuidar da saúde, fazer compras, estudar ou simplesmente passear e se divertir.

No tocante à **educação**, em 2007 Porto Alegre recebeu do ministério da Educação o selo de reconhecimento como **Município Livre do Analfabetismo**, concedido a toda a cidade que alcançar **96% de alfabetização**.

Estima-se que no início de 2020 o ensino fundamental em Porto Alegre contasse com quase 400 escolas. Nelas trabalhavam mais de 9.300 docentes, atendendo a quase 212 mil alunos. Já no ensino médio havia 3.420 professores, distribuídos por cerca de 150 escolas, nas quais estudavam aproximadamente 54 mil alunos.

Entre algumas dezenas de EMEFs que existem em Poa, com boa avaliação destacam-se as seguintes: Lauro Rodrigues, Chico Mendes, Neuza Goulart Brizola, Saint Hilaire, Deputado Victor Issler, José Loureiro da Silva, Gabriel Obino, Emílio Meyer, Profa. Ana Íris do Amaral, Chapéu do Sol, Nossa Senhora de Fátima, Governador Ildo Meneguetti, Anísio Teixeira, Salomão Werneck (que é bilingue e para surdos).

Em Porto Alegre também são muitas as escolas estaduais de ensino fundamental, sendo que entre elas estão: Doutor Martins Costa Júnior (bem avaliada); Nações Unidas (talvez a melhor de Porto Alegre); Venezuela; Evaristo Flores da Cunha (uma das melhores do bairro Belém Novo); Medianeira (muito bem avaliada); Roque Callaje; Lídia Moschetti; Cândido Portinari (muito bem avaliada); Presidente Roosevelt (bem avaliada); Ildefonso Gomes (com avaliação regular); Gonçalves Dias (muito bem avaliada); São Francisco de Assis (com boa avaliação); General Daltro Filho (muito bem avaliada) etc.

E há ainda diversas IEs estaduais que oferecem o **ensino médio** como é o caso dos colégios Professor Júlio Grau, Anne Frank, Tom Jobim, Baltazar de Oliveira Garcia, Inácio Montanha, Antão de Faria, Itália, Dr. Oscar Tollens, Visconde do Rio Grande, entre outros.

E não se pode esquecer do Colégio Militar de Porto Alegre, hoje voltado para o ensino fundamental (do 6º ao 9º ano) e ao ensino médio.

Ele foi criado em 28 de fevereiro de 1912, e ocupa um portentoso prédio, que sem dúvida, faz parte do patrimônio histórico da cidade, desde sua fundação em 1872.

É mantido com as verbas do Exército, mas atualmente as famílias também pagam pequenos valores (algumas centenas de reais) para manter seus filhos na IE.

Os estudantes do Colégio Militar têm obtido bom desempenho no Enem.

A rede privada colabora muito com o desenvolvimento das crianças e dos jovens porto-alegrenses, oferecendo-lhes uma educação de bom nível. Todavia, muitos porto-alegrenses infelizmente não dispõem dos recursos necessários para isso... De qualquer modo, existem na cidade diversas escolas particulares de educação infantil e também aquelas voltadas para os anos iniciais do ensino fundamental. Esse é o caso do Trocando Ideias (que realiza um trabalho educacional não apenas de instrução, mas de humanização da criança); Mãe Admirável (que possui uma grande biblioteca, além de área de recreação exclusivamente voltada para a educação); São Francisco Menino Deus (que acolhe as crianças de forma exemplar); Nossa Senhora do Brasil (muito bem avaliada) etc.

Também são vários os bons colégios particulares de Porto Alegre, destacando-se entre eles:

- **Anchieta** – Fundado em 13 de janeiro de 1980, sendo uma das 22 IEs abertas pela Companhia de Jesus na região sul do País. Muitas gerações de porto-alegrenses e de gaúchos de outras cidades, se formaram nesse excelente colégio.
- **Dom Bosco** – Trata-se de uma tradicional IE de Porto Alegre, fundada em 1952 pelo padre José Mássimi, e que oferece um excelente ensino. Inicialmente ela surgiu como uma casa de ensino salesiana, cuja finalidade era atender crianças e jovens carentes.
- **Batista** – Para muitos pais e alunos, talvez ele seja o melhor colégio particular de Porto Alegre, tendo também excelente estrutura. Seus alunos adoram passar uma temporada na colônia de férias Dínamo.
- **Pastor Dohms** – É uma IE luterana, ligada à Igreja Evangélica de Confissão Luterana do Brasil. Como o próprio nome já diz, ela homenageia o pastor Hermann Gottlieb Dohms. Segundo alguns ex-alunos, é uma IE muito moralista, cheia de dogmas...
- **Bom Jesus Sévigné** – Possui uma proposta pedagógica voltada para a formação integral dos alunos, e dispõe de uma infraestrutura que complementa sua proposta curricular, oferecendo uma boa biblioteca, quadra esportiva etc.

E além das IEs mencionadas, também merecem destaque os seguintes colégios particulares: La Salle Dores (bem avaliado); Província de São Pedro (que utiliza o método montessoriano); Concórdia (muito bem avaliado, privilegiando atividades culturais); João Paulo I (muito bem avaliado); Mãe de Deus (bem avaliado); Vicentino Santa Cecília (colégio católico administrado por irmãs); Sinodal do Salvador (colégio simples, porém acolhedor e que oferece um ensino maravilhoso); Monteiro Lobato (excelente colégio, no qual os alunos são de fato estimulados a utilizar os mais modernos dispositivos para dominar o mundo digital); Nossa Senhora da Glória (tem excelentes docentes, ótimas dependências físicas e uma boa biblioteca, mas precisa melhorar o atendimento administrativo); Adventista (o ambiente é agradável, mas a doutrinação religiosa é considerada exagerada); São Francisco (com excelente qualidade de ensino, disciplina e organização).

Existem diversas universidades públicas e IESs privadas em Porto Alegre, mas as duas maiores, e também consideradas as melhores da região sul do Brasil, são a Universidade Federal do Rio Grande do Sul (UFRGS) e a Pontifícia Universidade Católica do Rio Grande do Sul (PUCRS), sendo que esta última foi classificada como a melhor universidade privada do País, no *RUF 2019*.

A história do surgimento da UFRGS remonta à fundação da Escola de Farmácia e Química, em 29 de setembro de 1895, e da Escola de Engenharia, no ano seguinte. Esse, aliás, **foi o início do ensino de nível superior no Estado do Rio Grande do Sul**. Em 1900 foram fundadas a Faculdade de Medicina de Porto Alegre e a Faculdade Livre de Direito. Em 28 de novembro de 1934 surgiu a Universidade de Porto Alegre, composta inicialmente pelas seguintes faculdades:

- Escola de Engenharia (com os Institutos de Astronomia, Eletrotécnica e Química Industrial).
- Faculdade de Direito (com a sua Escola de Comércio).
- Faculdade de Medicina (com as Escolas de Odontologia e Farmácia).
- Faculdade de Agronomia e Veterinária.
- Faculdade de Filosofia, Ciências Letras e o Instituto Livre de Belas Artes.

Em 1947, a IES recebeu sua nova denominação: Universidade do Rio Grande do Sul (URGS), passando também a incorporar as faculdades de Direito e de Odontologia de Pelotas, e a Faculdade de Farmácia de Santa Maria. Posteriormente essas duas últimas se emanciparam com a criação das universidades federais nas duas cidades. Em dezembro de 1950, a universidade foi também federalizada e, em 1968, passou a ser a UFRGS, mas, apesar dessa mudança a sigla anterior continuou sendo utilizada, por conta de sua ampla divulgação entre a população!?!?

As instalações da UFRGS estão espalhadas numa área de cerca de 22 km^2, sendo que a área construída é de quase 400 mil m^2. Ao longo de sua história ela teve muitas dezenas de milhares de alunos, entre os quais personalidades como os ex-presidentes do País, Getúlio Vargas e João Goulart.

Estima-se que no início de 2020 estivessem matriculados nessa IES cerca de 32.000 alunos, apenas na graduação. Já nos cursos de pós-graduação – que são mais de 200, entre mestrado acadêmico, mestrado profissional e doutorado – havia cerca de 23.500 estudantes. A UFRGS também é uma grande empregadora, tendo aproximadamente 5.600 colaboradores, entre funcionários técnicos, administrativos e docentes (professores permanentes e temporários ou substitutos).

A UFRGS oferece cerca de 93 cursos presenciais de graduação e, ano a ano, tem aumentado o número de cursos pelo sistema EAD. Ela também oferece ensino fundamental, médio e técnico pós-médio. A IES possui mais de 500 laboratórios, 33 bibliotecas, 37 auditórios, editora própria, museu, Jardim Botânico, centro de teledifusão, observatório astronômico, três casas de estudantes, seis restaurantes universitários (com refeições bem baratas), duas colônias de férias, diversos outros centros e ainda o Hospital das Clínicas de Porto Alegre, que, aliás, se tornou uma referência em todo o País.

Este hospital foi fundado em 1970 e é popularmente conhecido por Clínicas. Ele é público e universitário, tendo também uma conexão com o ministério da Educação. Em 2014 foram feitas nele muitas obras de expansão, o que aumentou sua capacidade em quase 70%. Atualmente tem cerca de 795 leitos e atende a 60 especialidades.

A UFRGS conta com mais de 900 grupos de pesquisa cadastrados, que atuam em pesquisa básica ou aplicada, em todas as **áreas de conhecimento**. Contando-se todos os envolvidos, incluindo alunos de graduação e pós-graduação, técnicos de laboratório, docentes visitantes, chega-se a um conjunto de aproximadamente 14.000 pessoas abrangidas em atividades de pesquisa científica e inovação tecnológica.

A inovação e o desenvolvimento tecnológico são as áreas que mais se destacam na pesquisa, por se transformarem em aplicações principalmente em Química, Física, Biociências, e nas Engenharias. A UFRGS tem contribuído bastante para a preservação dos sítios paleontológicos no Rio Grande do

Sul, publicando estudos, inclusive de repercussão Internacional. Ela possui um Museu de Paleontologia, que está localizado no Instituto de Geociências.

Por tudo isso, é fácil entender o porquê de a UFRGS estar tão bem classificada nas avaliações mais conceituadas do Brasil e do mundo. No *ranking* elaborado pela Shangai Jiao Tong University, ela apareceu em **quinto lugar** na posição nacional, e no *RUF 2019*, a IES também apareceu nessa mesma posição entre 107 universidades públicas brasileiras. No *QS World University Rankings*, publicado pela Quacquarelli Symonds do Reino Unido, a UFRGS já apareceu classificada na quarta posição entre as melhores do País, e numa outra avaliação já foi colocada como a terceira melhor da América Latina!?!?

Um fato é indiscutível: não só os gaúchos, mas muitos estudantes de outras regiões do País, sonham em passar nos exames vestibulares que lhes permitam estudar na UFRGS. Dessa maneira, todos os anos a IES traz para a cidade muitos alunos de outras partes do País "**visitantes**" que ficam, na capital gaúcha, pelo menos no decorrer da sua formação, dando impulso a sua economia... O mais importante, entretanto, é que quando se apaixonam por Porto Alegre, acabam por arranjar empregos e se estabelecer nela, o que aumenta bastante a **capital humano** na cidade!!!

Por usa vez, a PUCRS é uma IES privada e católica, cuja sede fica em Porto Alegre, mas possui também um *campus* seu em Viamão. A história da universidade se iniciou com a vinda para o Brasil dos irmãos maristas, que faziam parte da congregação fundada por são Marcelino Champagnat, em 1817 na França. Em 1900, os primeiros maristas chegaram à cidade gaúcha de Bom Princípio, a pedido do bispo dom Cláudio José Gonçalves Ponce de Leão. A partir de então, muitos outros religiosos maristas vieram da Europa, tendo sempre como **ideal o estilo marista de educar**.

Em 1904, usando as instalações da igreja Nossa Senhora do Rosário, em Porto Alegre, criou-se a escola Nossa Senhora do Rosário, que mais tarde se transformou num colégio, sendo transferido em 1927 para os arredores da praça Dom Sebastião, no bairro Independência. Finalmente, em março de 1931, foi fundada a Faculdade de Ciências Políticas e Econômicas, que iniciou seu primeiro curso com **apenas 9 alunos**!!! Esse foi o primeiro passo para a constituição da PUCRS.

O projeto educacional dos irmãos maristas foi conduzido pela visão do irmão Afonso, que contou com a colaboração de outros irmãos e professores. Assim, em 1940 eles conseguiram fundar a Faculdade de Filosofia, Ciências e Letras, que foi seguida pela criação da Escola de Serviço Social, em 1945, e pela Faculdade de Direito, em 1947.

Já englobando essas 4 faculdades, a União Sul Brasileira de Educação e Ensino, uma entidade civil dos irmãos maristas, requereu ao ministério da Educação que fosse feita a equiparação dessa IES a uma universidade. Desse modo, pelo decreto Nº 25.794, de 9 de novembro de 1948, assinado pelo então presidente do Brasil, Eurico Gaspar Dutra, essas faculdades passaram a constituir a Universidade Católica do Rio Grande do Sul, **a primeira criada pelos irmãos maristas no mundo**!!!

Em 8 de dezembro de 1948, o então arcebispo de Porto Alegre, dom Vicente Scherer, empossou a primeira administração da IES para o triênio de 1948 a 1951, sendo que o reitor escolhido foi Armando Pereira da Câmara. Em 1º de novembro de 1950, o papa Pio XII, por solicitação da entidade mantenedora do arcebispo dom Vicente Scherer, autorizou a universidade a utilizar o título de **pontifícia**, surgindo assim a PUCRS.

As obras dos irmãos maristas sempre foram pautadas pela obediência e pelo respeito às diretrizes do santo padre, o papa!!! Como universidade pontifícia, o arcebispo de Porto Alegre era também seu chanceler. O brasão da PUCRS é formado, em seu timbre, por uma tiara (ou coroa) e por duas chaves papais, sobre as quais pende uma lista azul com o lema latino *Ad verum ducit*, que significa "**Conduz à verdade**". Em seu escudo, decorado com pele de arminho, há uma cruz de são Pedro invertida, em cor vermelha, no qual estão estampados o monograma dos irmãos maristas e uma estrela de sete pontas.

O *campus* central da PUCRS em Porto Alegre concentra mais de 200 laboratórios, e espaços como o da Biblioteca Central Irmão José Otão, um Museu de Ciências e Tecnologia, o parque esportivo, o Instituto do Cérebro (especializado em pesquisa e atendimento em neurologia) que foi inaugurado em 6 de junho de 2012, o Instituto do Petróleo e dos Recursos Naturais, entre outros espaços que também dão apoio ao ensino.

Ainda para os alunos dos cursos de saúde, a PUCRS possui um hospital próprio – o São Lucas –, no qual acontecem as aulas práticas e os estágios.

O Hospital São Lucas iniciou suas atividades em 1976, sendo um hospital geral de natureza filantrópica, que assiste a pacientes adultos e pediátricos. Ocupa uma área construída de 49.000 m², possuindo 661 leitos, sendo 508 de internação, 49 de cuidados intermediários e 104 de terapia intensiva.

Interligado ao hospital tem-se um Centro Clínico abrigando cerca de 80 clínicas, que atendem a 68 especialidades, dispondo para isso de uma completa estrutura. Seu quadro profissional em 2020 tinha cerca de 1.250 médicos do corpo clínico e 190 médicos residentes.

Em seu Parque Científico e Tecnológico (Tecnopuc), a PUCRS tem estimulado a pesquisa e a inovação por meio de ações simultâneas entre ele e as instituições privadas e governamentais.

No final de 2018, a IES abrigava no Tecnopuc cerca de 130 empresas de diferentes portes, além de entidades e centros de pesquisa em suas duas unidades em Porto Alegre e Viamão, e com isso gerava mais de 7.000 postos de trabalho. No Tecnopuc, também está localizada a incubadora de empresas Raiar. Um de seus programas, a *startup* Garagem, está voltada exclusivamente para o desenvolvimento de estudantes empreendedores da PUCRS, que precisam de apoio para criar o seu modelo de negócio, além de incentivo para tirar ele do campo das ideias. Ainda em 2016 a PUCRS lançou um projeto de inovação: o **Ideal**, um laboratório avançado no qual eram lecionadas disciplinas sobre empreendedorismo, e realizados outros cursos e seminários que apresentavam iniciativas vencedoras e impulsionadoras do empreendedorismo e da inovação em sala de aula.

A PUCRS desenvolveu também pesquisa de excelência em diversas outras áreas de conhecimento, por intermédio dos seus centros de estudo e pesquisa. Os campos que mereceram maior destaque foram os seguintes: acervos culturais, democracia, tuberculose, células-tronco, genoma e evolução humana, arqueologia, meio ambiente e armazenamento de carbono, energia solar, aeroespaço, memória, IA e televisão digital.

No início de 2018, a IES contava com mais de 580 estruturas de pesquisa, entre grupos, núcleos, laboratórios, centros e institutos, que desenvolviam na época aproximadamente 2.000 projetos de pesquisa, envolvendo docentes, alunos dos programas de pós-graduação e graduação. Mais de 180 desses projetos contavam com parcerias internacionais.

Além de participar dos programas de iniciação científica das agências de fomento do País e do Estado, a PUCRS tem um programa próprio de bolsas para incentivar projetos que promovam a interação entre diferentes áreas de conhecimento.

A PUCRS ainda efetua várias ações sociais, culturais, educacionais e econômicas, com mais de 730 mil atendimentos anuais aos públicos interno e externo. Um bom exemplo é o trabalho realizado no seu Centro de Extensão Universitária Vila Fátima, que oferece assistência jurídica, ambulatórios de saúde, apoio social e auxílio a alunos com problemas de aprendizagem, que são encaminhados por escolas influentes da região da PUCRS.

Internamente, apenas o Centro de Atenção Psicossocial atendeu nos últimos 10 anos 12 mil estudantes, professores e funcionários administrativos da PUCRS. Um novo projeto dessa IES é o *Service Learning* ("aprendizado de serviço"), que reuniu ensino e extensão numa só proposta e agora possibilita aos alunos de graduação desenvolver dentro das disciplinas de seus cursos soluções para empresas, ONGs e órgãos públicos.

Além do *Service Learning*, outros projetos de extensão (em que os alunos da PUCRS prestam serviços à comunidade), já realizaram mais de 430 mil atendimentos nas áreas de **educação**, o que ocorreu por meio de ações em escolas públicas; na **saúde**, que envolveu assistência odontológica; na **assistência social**, com a ajuda por parte da incubadora de empreendimentos solidários; e na **cidadania**, com atendimento jurídico. Como se nota, é muito fácil entender o porquê de a PUCRS ter sido a **primeira colocada** no *RUF 2019* das IES privadas, **não é mesmo**?

Bem, a PUCRS oferece atualmente cerca de 59 opções de cursos de graduação, 24 de mestrado, 22 de doutorado e mais de 100 especializações. Estima-se que no início de 2020 estudassem na PUCRS um total de 21.200 alunos, para os quais lecionavam cerca de 1.320 docentes. Nessa IES já se diplomaram mais de 168 mil estudantes.

Está em Poa, a reitoria e *campus* da Universidade Estadual do Rio Grande do Sul (UERGS), uma IEs pública, que é *multicampi*, com 24 unidades distribuídas por dezenas de cidades do Estado.

Ela foi fundada em 11 de julho de 2001 e desde o seu início tem procurado oferecer o ensino não apenas na forma presencial, mas também usando a EAD (que foi tão importante em 2020 quando durante muitos meses essa foi a única forma de passar conhecimento e informações para os seus alunos).

A UERGS oferece mais de suas dezenas de cursos de graduação. Estima-se que em 2020 a IES tivesse cerca de 4.300 estudantes e entre os funcionários técnico-administrativos e docentes empregava mais de 530 pessoas.

Em 11 de junho de 2020, o reitor da UERGS, Leonardo Beroldt informou que a partir de 22 de junho as aulas seriam todas dadas no formato remoto, sabendo que 40% dos seus alunos não tinham acesso à Internet!?!?

Deve-se citar também a Fundação Universidade Federal de Ciências da Saúde de Porto Alegre (UFCSPA) cuja origem data de 7 de dezembro de 1953, mas na qual a sua primeira aula só aconteceu em 22 de março de 1961.

Ela recebe cerca de 2.400 novos estudantes por ano, tem uma ótima infraestrutura, laboratórios modernos, bem equipados, além de um corpo docente qualificado.

Num só *campus* a UFCSPA, possui 16 cursos de graduação, sendo 13 de bacharelado.

Tem ainda 12 programas de pós-graduação *stricto sensu*, 9 programas *lato sensu* e várias dezenas de programas de residência médica e multiprofissional. Ela ocupou a 52ª posição no *RUF 2019*.

Entre as IEs privadas de destaque em Poa tem-se:

→ **Centro Universitário FADERGS** – Ele foi fundado em 2004, sendo inicialmente conhecido como Escola Superior de Administração, Direito e Economia.

Juntou-se em 2008 a rede Laureate International Universities o que lhe permitiu oferecer programas e serviços de intercâmbio com mais de 100 IESs espalhadas por dezenas de países no planeta.

Em 2012 adotou o novo nome – Faculdade de Desenvolvimento do Rio Grande do Sul (FADERGS) para refletir seu crescimento e seu desenvolvimento.

O Centro Universitário FADERGS tem hoje 4 *campi* em Poa subdivididos em oito sedes, além de ter muitos polos de EAD espalhados pelas cidades do País.

Atualmente a FADERGS oferece mais de 35 cursos de graduação e cerca de 20 opções de pós-graduação nas áreas de Negócios, Ciências Sociais, Ciências da Saúde, Direito e Tecnologia, tendo aproximadamente 11.500 alunos matriculados.

→ **Centro Universitário Ritter dos Reis** – Ele também é conhecido como UniRitter, sendo uma IES privada, fundada em 18 de outubro de 1971, tendo quatro *campi* localizados em Poa (três) e Canoas, sendo que a partir de 2010 passou a fazer parte também da rede Laureate International Universities.

A IES tem como missão oferecer educação de qualidade para um número cada vez maior de alunos e, assim formar profissionais inquietos, qualificados e éticos para atuar com desembaraço no mercado de trabalho.

Possui algo como 70 cursos de graduação (presenciais e semipresenciais) além de pós-graduação (mestrado e doutorado).

A UniRitter tem dado muita ênfase a EAD nesses últimos anos.

No dia 2 de novembro de 2020 foi celebrado o acordo definitivo entre a Ânima Holding e o grupo Laureate, que vendeu as suas operações no Brasil, em uma negociação estimada em R$ 4,6 bilhões.

O grupo Ser Educacional, que apresentou a proposta inicial para a aquisição da rede Laureate concordou com a rescisão do contrato de transação, retirando todos os processos judiciais relacionados ao mesmo, recebendo como compensação R$ 180 milhões!!!

O grupo Ânima com essa compra agrega aos seus 140 mil alunos, mais de 270 mil estudantes que estão em 13 cidades de 7 Estados do Brasil.

→ **Faculdade de Direito da Fundação Escola Superior do Ministério Público** – Foi criada em 2005 por promotores e procuradores de Justiça do Estado.

É uma IES privada, especializada em ensino jurídico, por isso carrega o nome de Ministério Público.

→ **Faculdade de Ciências da Saúde do Hospital Moinhos de Vento** – Nele é oferecido o mais tradicional e excelente curso de graduação em Enfermagem de Poa.

E são também recomendáveis em Poa outras IESs particulares como Faculdade de Tecnologia Senai, Faculdade Meridional, Faculdade Mário Quintana, Faculdade Senac, Faculdade Verbo Educacional, Faculdade Dom Bosco, Escola Superior de Propaganda e *Marketing* (cuja sede é em São Paulo) etc.

Em um nível municipal, o campo da **ciência e tecnologia** é administrado pelo Conselho Municipal de Ciência e Tecnologia, que é o responsável por elaborar e discutir as políticas públicas para o setor em **conferências municipais** que acontecem **a cada dois anos**. Outras instâncias oficiais também têm se dedicado ao fomento do setor, como é o caso do Instituto Federal de Educação, Ciência e Tecnologia do Rio Grande do Sul, que desenvolve uma série de atividades nas áreas de pesquisa, ensino e qualificação técnica (desde o nível elementar até o superior) e da Fundação de Ciência e Tecnologia, vinculada ao governo estadual.

Porto Alegre já sediou várias edições da Feira da Ciência, Tecnologia e Inovação Globaltech, e, além disso, é a sede permanente do Fórum Internacional *Software* Livre, o maior encontro de comunidades de *software* livre da América Latina, e um dos maiores do mundo. Infelizmente ele acabou em 2019 após 18 edições!?!? As universidades locais têm demonstrado empenho na área e assim a PUCRS mantem o Museu de Ciências e Tecnologia, que dispõe de uma grande área de exposição permanente, com mais de 10.000 m^2 e cerca de 750 equipamentos interativos.

Como já foi dito, o PUCRs também atua de maneira destacada na pesquisa e no ensino científico, tendo inclusive já sido escolhida (em 2010) como a melhor universidade brasileira nos campos de **Ciências Exatas** e **Informática**, ao lado da Unicamp. A UFRGS, por sua vez, mantém vários núcleos que são referência nacional em produção científica e tecnológica e, por conta disso, diversos pesquisadores ativos na capital gaúcha já receberam premiações e desenvolveram projetos pioneiros em suas especialidades.

No que se refere à **saúde**, estima-se que no início de 2020 houvesse na cidade cerca de 760 **estabelecimentos de saúde**, dos quais aproximadamente 25% eram públicos (e a grande maioria municipais). O total de leitos oferecidos era de cerca de 9.300, dos quais por volta de 20% eram públicos. Mais de 60% desses estabelecimentos ofereciam, entre outros serviços, atendimento ambulatorial e emergencial, tratamento do odontológico etc. Além dos bons hospitais já citados, como o São Lucas (da PUCRS) e o das Clínicas (da UFRGS), existem vários outros hospitais em Porto Alegre, com desempenho adequado ou até excelente como:

- **Hospital Independência** – Ele pertence à prefeitura de Porto Alegre e tem como mantenedora a Sociedade Sulina Divina Providência. Esse hospital possui 90 leitos para traumatologia e ortopedia, sendo o segundo maior hospital da cidade nessa área e já recebeu o prêmio Qualidade Hospitalar, outorgado pelo SUS.
- **Santa Casa de Misericórdia** – Localizada no centro histórico de Porto Alegre, essa instituição privada de caráter filantrópico mantém um conjunto de sete hospitais de várias especialidades – entre eles a Policlínica Santa Clara. A avaliação dada à Santa Casa pelas pessoas que recorrem a ela tem sido muito boa, uma vez que a instituição conta com um excelente serviço de enfermagem e uma equipe médica ampla e competente.

- **Fêmina** – Trata-se de um hospital público, especializado no atendimento de mulheres. Ele dispõe de emergência ginecológica, obstétrica e oncológica, e atende gestantes desde o pré-natal até o pós-parto. O ponto negativo é que o hospital vive com problemas decorrentes de distorções no atendimento oferecido pelos seus profissionais e sofre com o descaso do governo
- **Nossa Senhora da Conceição** – Essa é a maior unidade do grupo hospitalar Conceição, e oferece todas as especialidades de um hospital geral. Conta com excelentes profissionais, se bem que há uma certa demora no atendimento dos pacientes por causa da elevada demanda.
- **Espírita** – É um hospital filantrópico que oferece tratamento psiquiátrico, ou seja, é voltado para "doenças da alma". Conta com funcionários e médicos competentes e dedicados.
- **Unimed** – Esse hospital da Unimed foi inaugurado em 2008 e, apesar de pequeno (conta com apenas com 24 leitos), possui uma boa infraestrutura e oferece pronto atendimento. O local tem também um centro de diagnóstico por imagem e um serviço de remoção, com ambulâncias simples e UTI. Além desse hospital, encontram-se espalhadas por outras localidades da cidade duas unidades assistenciais, um centro de diagnóstico e um centro de atendimento multiprofissional da Unimed.
- **Moinhos de Vento** – Ele é o grande destaque entre os hospitais de Porto Alegre. O lançamento da sua pedra fundamental ocorreu em 1914, entretanto, esse hospital alemão (*Deuch Krakenhouse*) – que mais tarde se tornaria o futuro Moinhos de Vento, só foi inaugurado em 2 de outubro de 1927, pela comunidade teuto-rio-grandense. Nesse mesmo ano foi criado no hospital o **curso de Enfermagem**, um dos pioneiros na área de saúde do Rio Grande do Sul. Desde 1994 esse hospital aderiu ao programa de qualidade e produtividade, buscando a excelência na área de gestão e aprimorando seu foco na sustentabilidade. Em 2010, hospital foi expandido, com a construção de um novo prédio. Com isso foram disponibilizados mais de 100 novos leitos. Houve também a ampliação do centro cirúrgico, a inclusão de uma nova UTI e de novos setores de emergência e oncologia etc.

Em 2013 a administração do hospital assinou um acordo de filiação com o John Hopkins Medicine International – um braço

Internacional do John Hopkins Medicine, sediado em Baltimore nos EUA. Assim, não foi por acaso que o Hospital Moinhos de Vento foi logo reconhecido pelo ministério da Saúde como **um dos seis hospitais excelência no Brasil**. Ele também foi o segundo no País a receber cinco acreditações consecutivas da Joint Commission International, em 2005, 2008, 2011, 2014 e 2015. Além do destaque alcançado nas áreas de neurologia e neurocirurgia, urologia, cardiologia, medicina intensiva em cirurgia geral, o Hospital Moinhos de Vento também é frequentemente exaltado pelo trabalho social que desenvolve em comunidades carentes. Mas além dos pacientes diretos e independentes, o hospital atende também a cerca de 280 empresas associadas por meio de um formato exclusivo. Ele busca envolver a comunidade focada nos cuidados com assistência médica e, neste sentido, um claro exemplo desse trabalho foi a realização de um evento denominado *O Futuro da Sociedade – Estratégias que Geram Valor nas Organizações*. Esse evento foi promovido em agosto de 2019, em parceria com a famosa revista *Harvard Business Review*, e dele participaram autoridades e especialistas em diversas áreas médicas e tecnológicas.

Os porto-alegrenses ainda podem recorrer aos seguintes locais: Instituto de Cardiologia do Rio Grande do Sul; Hospital Psiquiátrico São Pedro (de alta complexidade) com especialidades em psiquiatria e neurologia; Maimônides *Day Hospital* (cujo atendimento é excelente, humanizado e eficiente); Hospital Cristo Redentor (com atendimento emergencial pelo SUS e de fácil acesso); Hospital Mãe de Deus (bem aparelhado e com atendimento em várias especialidades); Hospital São José (cujo atendimento é bem avaliado); Hospital Giovanni Battista (que necessita de muitas mudanças na gestão); Associação Hospitalar Vila Nova (apesar de oferecer atendimento razoável, precisa de um corpo médico mais completo). Além dos hospitais, Porto Alegre também abriga bons laboratórios, como é o caso do Weinmann (que tem várias unidades na cidade), que já recebeu inclusive o Prêmio Nacional de Gestão da Saúde, **nível ouro**. O Grupo Fleury, de São Paulo, comprou o Weinmann em 19 de outubro de 2009.

No âmbito de **planejamento urbano**, por conta de sua situação geográfica – a oeste a cidade é limitada pelo lago, e ao sul pelos morros –, o processo de urbanização de Porto Alegre se deu basicamente num único eixo, ou seja, em direção ao **norte**. Por consequência, é também nesse eixo que se concentram as principais rodovias e ferrovias da cidade, ao longo das quais floresceram diversas cidades da RMPA.

No campo da **mobilidade**, estima-se que no início de 2020 houvesse em Porto Alegre uma frota de quase 820 mil unidades, dos quais a grande maioria (cerca de 690 mil) eram carros, seguidos pelas motocicletas. O setor de **transportes** é administrado na cidade pela Empresa Pública de Transporte e Circulação (EPTC). Estima-se que em 2020 estivessem à disposição da população de Porto Alegre cerca de 1.850 ônibus (transportando cerca de 1,2 milhão de pessoas por dia, dos quais 25% possuíam adaptações para pessoas com deficiência, e 23% tinham ar condicionado), além de algumas centenas de lotações (*vans* e micro-ônibus, que percorrem 46 linhas e conduzem quase 65.000 passageiros por dia). Existem na cidade cerca de 4.300 táxis comuns, além de uma série de aplicativos de transporte, como Uber, 99, Cabify etc.

A prefeitura controla a companhia Carris Porto-Alegrense, a mais antiga de transporte coletivo do País ainda em atividade. Ela foi criada em 19 de junho de 1872, e possui agora 30 linhas, nas quais operam 371 veículos (a maior frota da cidade) que, por sua vez, atendem a um quarto do total de passageiros transportados na região. Além do transporte, a EPTC tem organizado um programa de **educação para o trânsito**, operacionalizado por agentes de fiscalização e apoiado por professores técnicos.

De uma forma geral, o número de usuários do transporte coletivo em Porto Alegre vem caindo desde o início de um acompanhamento iniciado em 1994, com alguns intervalos isolados de elevação. Entre as causas apontadas estão o valor da tarifa do ônibus (considerado alto por muitos usuários), a expansão da frota de motocicletas e motonetas; o crescimento do número de assaltos em ônibus (!?!?) e o enorme aumento do uso da Internet, o que possibilita que muitas atividades sejam feitas sem a necessidade de deslocamento físico!!!

Também se registrou um grande aumento nas reclamações por imprudência no trânsito, assim como no número de acidentes com feridos e no volume de engarrafamentos. Tudo isso faz com que a mobilidade em Porto Alegre se torne cada vez mais complicada. Porém, apesar de o número total de acidentes ter aumentado muito nos últimos 10 anos (proporcionalmente ao incremento do número de veículos), a tendência é de queda nos acidentes de trânsito nas vias e rodovias porto-alegrenses, em especial com vítimas fatais.

O movimento dos ônibus intermunicipais está concentrado na **estação rodoviária** de Porto Alegre, que funciona 24 h por dia. Ela é bem estruturada, possuindo bares, restaurantes, Brigada Militar, espaço para guardar bagagens etc. Nas semanas em que ocorrem feriados, ou nos períodos de festividades (Natal, Carnaval etc.), chegam a passar pela rodoviária mais de 140 mil pessoas por dia.

Já quando o assunto é o uso de aplicativos, nas grandes cidades brasileiras (como é o caso de Porto Alegre), o **Uber** tem conquistado cada vez mais usuários – principalmente entre os que vivem nas periferias. Isso tem acontecido não apenas pelo custo do uso do sistema, mas principalmente por conta da ampliação da segurança para passageiros e motoristas.

Por exemplo, em 2017, o número de porto-alegrenses que utilizava o Uber para se deslocar entre os bairros mais afastados até as regiões centrais da cidade cresceu cerca de 12 vezes em relação aquele do ano anterior. Isso, como comentou um usuário do Uber, deve-se ao fato de que os ônibus demoram muito para percorrer o mesmo trajeto. Além disso, os assaltos que ocorrem nas paradas e até dentro dos veículos, assustam os passageiros.

Desse modo, muitos milhares de pessoas que vivem na RMPA têm optado pelo Uber (e outros aplicativos de transporte) para realizar suas viagens (ou até mesmo para completá-las), seja pela carência de alternativas ou por questões de segurança. Aliás, deve-se ressaltar que ainda em 2007 a Uber investiu cerca de R$ 250 milhões no País, criando um centro de excelência para melhorar o suporte técnico a passageiros e motoristas parceiros.

Atualmente, quando o aplicativo Uber recebe uma solicitação de viagem, uma ferramenta de segurança passa imediatamente a analisar todos os dados desse usuário: número de viagens, forma de pagamento e, inclusive, o índice de criminalidade na região em que o pedido foi feito. Dependendo das informações obtidas, a rota poderá ser considerada potencialmente arriscada, e, nesse caso, a aprovação da mesma somente ocorrerá caso o usuário forneça mais informações.

A Uber também utiliza atualmente a IA, ou, mais especificamente, o *machine learning*, para reduzir bastante a probabilidade de incidentes relativos à segurança. Assim, outra medida adotada pela Uber foi o reconhecimento facial de todos os motoristas cadastrados no aplicativo. Isso é feito por meio de um *selfie* (autorretrato) para confirmar se a foto de quem está dirigindo corresponde à imagem do indivíduo cadastrado no aplicativo. O objetivo é evitar que as contas dos motoristas sejam usadas por pessoas não autorizadas.

Essa ferramenta exige confirmação da identidade em momentos aleatórios. Dessa maneira, o sistema poderá pedir que o motorista tire uma foto ao iniciar uma viagem ou no momento em que ficar *on-line*. A partir da foto o sistema fará a comparação da imagem com seu banco de dados e, em caso de divergência, a conta ficará bloqueada enquanto o caso é analisado.

Uma outra empresa de serviços de transportes, a 99, entregou recentemente à prefeitura de Porto Alegre o chamado **mapa de fluidez**, que permite fazer mudanças no trânsito da cidade em tempo real. A esse respeito, o diretor-presidente da EPTC, Marcelo Soletti, comentou: "Cerca de 95% dos semáforos da cidade são controlados à distância, mas com a ajuda da 99 o sistema semafórico ganhará mais inteligência ainda. Vamos implementar uma ferramenta por meio da qual será possível controlar diversas ações em tempo real, como: revisar o tempo semafórico, avaliar horários e locais de pico etc. Fizemos uso dos dados estáticos fornecidos pela 99, o que já nos possibilitou introduzir algumas ações, como prever os principais trajetos congestionados da cidade."

E é assim que a **encantadora Porto Alegre** está se transformando, para no futuro poder ser chamada de **cidade inteligente**!!!

Porto Alegre tem uma ferrovia de bitola de 1 m, que é controlada pela empresa ALL. Ela transporta principalmente farelo de soja, soja em grãos, derivados de petróleo, álcool, arroz e adubo. A cidade também conta com uma linha de metrô de superfície, o Transurb, que interliga a cidade com outras do eixo norte da RMPA, chegando até Nova Hamburgo. Essa linha, que transportava em 2019 uma média de 161 mil pessoas por dia, foi criada em 1980 para aliviar a já saturada via principal de acesso rodoviário da capital gaúcha, a BR-116.

O **porto** da cidade está localizado na avenida Mauá Nº 1.050, permitindo guardar o que se produz na RMPA e transportar até o porto marítimo de Rio Grande, um dos maiores do Mercosul. A primeira porção desse pequeno porto de pedra foi construída na década de 1850, na altura da praça Pereira Parobé, acompanhando a construção do Mercado Público de Porto Alegre, mas somente em 1913 é que foram concluídas as obras do cais, com 146 m. A profundidade do porto era de 4 m nessa época. Nas décadas de 1940 e 1950 grandes extensões do cais foram construídas.

Em 27 de março de 1997, a administração e exploração do porto passou para a Superintendência de Portos e Hidrovias do Rio Grande do Sul, órgão que foi extinto em 2017. A partir daí, suas funções foram transferidas para a Superintendência do Porto do Rio Grande. Atualmente o cais acostável tem uma extensão de 8.028 m, sendo subdividido em três trechos. O primeiro é o **cais Mauá**, com 3.240 m de comprimento e 16 berços. Sua profundidade é de 4 m a 5,5 m, e ele conta com 18 armazéns. O segundo é o **cais dos Navegantes**, com 3.268 m, que dispõe de 12 berços e tem profundidade de 6 m. O local conta com 11 armazéns (6 para carga geral e 5 para granéis sólidos.

O terceiro é o **cais Marcílio Dias**, que tem 1.366 m de comprimento, com cinco berços e uma profundidade que varia de 4 m a 5 m, e serve para a movimentação de areia e seixos rolados. Há aí cinco **pátios descobertos**, um maior para o carvão, com 36.105 m² e os demais totalizando 22.340 m², além de três silos para grãos, comportando 88.750 t.

As principais cargas embarcadas nesse porto são: soja, celulose, bobina de ferro/aço, máquinas e aparelhos elétricos, contêineres cheios e vazios, petróleo cru, óleo diesel, óleo combustível, benzeno, xileno e tolueno. Já as principais cargas importadas são: trigo, sulfatos diversos, fertilizantes fosfatados e nitrogenados, papel para jornal, contêineres cheios e vazios, nafta, petróleo cru, gasolina comum, propano e etileno. Estima-se que a movimentação de carga em 2019 nesse porto tenha sido superior a 1 milhão de toneladas.

Já o **aeroporto internacional** de Porto Alegre, Salgado Filho é o nono mais movimentado do Brasil, sendo que passaram por ele em 2019 cerca de 8,2 milhões de passageiros. Também foram transportados nesse mesmo ano algo próximo de 16 mil t de carga e passaram por ali pouco mais de 80 mil aeronaves.

O local onde está situado o aeroporto ficava dentro da propriedade de Jerónimo de Ornelas, que foi dono de muitos grandes lotes de terra em Porto Alegre. Essa área foi então ocupada pelo governo estadual e desapropriada. Inicialmente foi construída no local uma pista de terra com 600 m de comprimento, localizada no campo da várzea do rio Gravataí. Também foram erguidos dois galpões destinados a abrigar as oficinas e os hangares.

Somente em 15 de setembro de 1923 é que foi concluída a construção desse que seria o primeiro aeroporto da cidade, pertencente ao Serviço de Aviação da Brigada Militar – serviço que encerrou suas atividades em 1924. O local passou a ser conhecido como aeródromo de São João.

Por volta de janeiro de 1924, a Brigada Militar cedeu e arrendou os aviões e o aeródromo (com pistas e hangares) a Orestes Dionísio Barroni, que tinha por objetivo instalar ali uma escola de aviação civil. A Varig (Viação Aérea Rio-Grandense) foi a primeira companhia aérea do Brasil a iniciar aí suas operações, utilizando para isso um hidroavião *Dornier DO J*, apelidado de *Atlântico*, com capacidade para 9 passageiros. Na época ele era considerado um dos mais modernos existentes, e fez seu voo de estreia entre Porto Alegre a Rio Grande.

Foi somente em 1932 que a Varig adquiriu seu primeiro avião com trem de pouso, o *Junkers A-50 Júnior*, e, posteriormente, o *Junkers F.13*, e iniciou suas operações neste aeródromo. Nesse mesmo ano, instalou-se nele a **Base Aeronaval** do Rio Grande do Sul, que foi utilizada nos seus primeiros meses como apoio à navegação marítima, lacustre e à rede de faróis costeiros.

Em 1937, teve início o processo de desapropriação dos terrenos adjacentes à área ocupada pelo aeródromo de São João, visando a futura ampliação dele e a construção do aeroporto de Porto Alegre. Durante esse período foi construído o primeiro terminal de passageiros.

No decorrer da 2ª Guerra Mundial (de 1939 a 1945), o ministério da Aeronáutica determinou a redução do ritmo das obras do aeroporto, deslocando equipamentos e pessoal para a construção da Base Aérea de Gravataí (atual Base Aérea de Canoas). Com a retomada das obras, cuidou-se da pavimentação do primeiro trecho da pista (de 900 m de comprimento e 42 m de largura), o que permitiria que os aviões triciclos *Convair 240, 340* e *440* pousassem no aeroporto!!!

A partir de 12 de outubro de 1951, o aeroporto passou a ser chamado de Salgado Filho, em homenagem a Joaquim Pedro Salgado Filho, que foi senador e ministro da Aeronáutica. O novo trecho da pista e os 12 módulos do terminal de passageiros foram inaugurados em 19 de abril de 1953, e posteriormente foram construídos outros 700 m de pista de concreto, com recursos vindos de um convênio entre o Estado e a União.

Em continuação ao trecho executado, finalmente construiu-se o último trecho da pista, que totalizou 2.280 m de comprimento. Também foram providenciadas a construção das pistas de taxiamento e a ampliação do pátio de estacionamento para atender aeronaves de grande porte.

Em 7 de janeiro de 1974, a Infraero assumiu a administração, a operacionalidade e a exploração comercial e industrial do aeroporto. Então, em 1982, novos recursos foram destinados para a ampliação do terminal de passageiros, uma vez que a demanda aeroportuária já havia alcançado índices demasiadamente elevados. Assim, em 1986, foram destinadas mais áreas para a construção de novos terminais de carga e manutenção, para várias empresas.

Em 1987, o estacionamento em frente ao aeroporto foi ampliado, passando de 280 para 750 vagas. Nesse mesmo ano foi realizada a modernização da marquise em frente ao aeroporto, assim como a remodelação de uma das alas de embarque, a duplicação de outra sala de embarque e ampliação do desembarque doméstico. Em 1995, foi concluída a ampliação do terminal de cargas e a instalação da segunda esteira de bagagem no desembarque doméstico.

Em 1996, foi assinada a ordem de serviço que autorizou o início da construção de um novo complexo aeroportuário, que foi inaugurado em 2001 – o Terminal 1 –, e para o qual foram transferidas todas as operações. Esse novo terminal tinha acesso pela avenida Severo Dullins, através de um sistema viário próprio. Ele contava com três andares de acesso aos visitantes. No primeiro andar havia 43 balcões de *check-in*, que possuíam um sistema de *check-in* integrado desenvolvido pela Infraero, o que permitia a utilização do mesmo balcão por várias companhias aéreas, e agilizava o espaço, em horário de movimento.

No segundo andar localizaram-se as salas de embarque doméstica e internacional, *duty-free shops* (lojas de artigos livres de certos impostos) e o *aeroshopping*, com lojas de diversos ramos. Já no terceiro andar tinha-se o terraço envidraçado, de onde os visitantes podiam observar o movimento das aeronaves no pátio, e ainda utilizar sua área de alimentação.

Claro que nesse terminal também estavam vários serviços, como agências de turismo, bancos, órgãos públicos etc. Nele tinha-se 10 pontos de embarque e 4 posições remotas, para embarque/desembarque de aeronaves de companhias que operavam voos nacionais e internacionais (para América do Sul, América Central e Europa).

Em dezembro de 2010 foi reinaugurado o antigo terminal de passageiros, que passou a ser denominado como Terminal 2. Aliás neste mesmo ano foi instalado o sistema de **pouso por instrumentos**, algo bastante requisitado pelos pilotos, devido às baixas condições de visibilidade, principalmente no inverno.

O Terminal 2 surgiu assim do **"aeroporto antigo"**, que foi inaugurado em 1940, para atender a Varig. Depois da inauguração do Terminal 1, em 2001, ele ficou sem utilização até 2010. O Terminal 2 conta com 9 balcões e 8 totens de *check-in*, além de uma sala de embarque/desembarque, praça de alimentação e lojas. A Azul Linhas Aéreas Brasileiras opera nele, com voos para as regiões sul, sudeste e centro-oeste do País, e para o Uruguai.

Em 13 de setembro de 2016, o então presidente do Brasil, Michel Temer, decidiu conceder o aeroporto de Porto Alegre, juntamente com outros três aeroportos do Brasil, para a iniciativa privada. Segundo o edital, o consórcio vencedor administraria o aeroporto por um período de 25 anos e iria implementar nele as melhorias necessárias.

A medida foi adotada como emergencial, uma vez que o governo federal anunciou nessa época a extinção da Infraero. Assim, a partir de 28 de julho de 2017, a administração passou para Fraport, que ofereceu R$ 382 milhões no leilão, e assinou um contrato no qual se comprometeu a realizar diversas obras de ampliação.

Aliás, em outubro de 2017, a Fraport anunciou que faria um investimento de R$ 600 milhões no aeroporto. Entretanto, em fevereiro de 2018, já com o projeto de ampliação estabelecido, a Fraport confirmou que faria aportes no aeroporto de R$ 1,5 bilhão, o que pode tornar Porto Alegre uma **aerotrópole**, ou seja, uma cidade que vive principalmente em torno do que acontece em seu aeroporto!?!?

Entre as obras de ampliação necessárias está o aumento da pista de pouso e decolagem em 920 m, passando dos atuais 2.280 m para 3.200 m, o que possibilitará a operação de grandes aeronaves de passageiros e cargas, como os *Boeings 747* e *777*, e o *Airbus A-350*. Atualmente os aviões de carga não conseguem decolar com capacidade plena para viagens de longa distância.

Nos últimos cinco anos, dos US$ 3,34 bilhões exportados por via aérea pelo Estado do Rio Grande do Sul, somente US$ 442 milhões foram embarcados no Salgado Filho. Isso ocorre porque cerca de 40% das operações de transporte de carga têm sido realizadas nos aeroportos do Estado de São Paulo. Espera-se que essa obra de extensão da pista esteja concluída até o fim de 2021...

Outra obra prevista no contrato da Fraport é ampliação do Terminal 1, principalmente nas áreas de *check-in*, raios-X, esteiras de embarque/desembarque, assim como a instalação de 14 pontos de embarque e oito posições remotas, para embarque e desembarque de passageiros. Aliás, está incluída também a construção de outro edifício-garagem, ao lado do existente, o que aumentará a capacidade do estacionamento de 2.600 vagas para 4.300.

Já uma obra que não estava prevista no edital, mas que também será realizada, é a construção de um novo terminal de cargas ao lado do Terminal 1, que será maior que o existente e terá capacidade para receber grandes aeronaves. Na área onde está atualmente o terminal de cargas será construída uma extensão do pátio, aumentando assim a capacidade para o recebimento de até 20 aeronaves.

Em março de 2018, a Fraport iniciou o trabalho de demolição da obra do novo terminal de passageiros, que havia sido iniciada pela Infraero em outubro de 2013, mas ficou paralisada por mais de 12 meses. Lamentavelmente, a falta de cuidado e a longa exposição ao ambiente acabaram inviabilizando o aproveitamento dessa estrutura, na qual já haviam sido gastos R$ 30 milhões!?!?

Destaque-se que em 10 de agosto de 2013 foi inaugurado o **Aeromóvel** (um meio de transporte em via elevada), que interligou a estação Aeroporto do metrô de Porto Alegre ao Terminal 1 do aeroporto, que funciona no mesmo horário dos trens. O trajeto de 814 m, com duas estações de embarque, é percorrido em 155 s. Essa linha conta com dois veículos, um com capacidade para 150 passageiros e outro para 300 passageiros, e seu funcionamento se adequa à demanda do período!!!

No âmbito da **segurança**, infelizmente Porto Alegre é uma cidade **violenta**, e não apenas para os seus moradores, mas também para os turistas. De fato, o município já conviveu com taxas de homicídios que se revelaram iguais ao dobro – ou até o triplo – daquelas registradas no Rio de Janeiro, onde os assassinatos têm uma repercussão nacional (e, inclusive, deram à **cidade maravilhosa** uma fama indesejada).

E naturalmente deve-se considerar uma cidade como **violenta** quando nela ocorrem muitas mortes, o que é bem mais grave do que ser roubado, pois as perdas humanas são muito mais lamentadas que as materiais.

No século XXI, a **criminalidade** tem mostrado índices bem variáveis ao longo dos anos. Desse modo, em 2007, entre às 13 maiores capitais do País em que a taxa de homicídios mais cresceu, Porto Alegre estava no topo da lista. Entre as principais causas apontadas para essa situação estavam: o sucateamento do sistema de segurança, o acirramento da rivalidade entre as polícias Civil e Militar, o crescimento do tráfico de drogas e o aumento dos bolsões de pobreza na cidade.

Já em 2009, com um esforço do policiamento ostensivo, os números nas mais diversas áreas da criminalidade caíram. Em 2010 foi instalado um sistema de mapeamento do crime através da Internet, com resultados bastante significativos, sendo que em apenas 6 meses houve uma grande redução dos índices. Os bons resultados também ocorreram por causa do aumento do efetivo, que em 2010 teve um acréscimo de 1.000 policiais.

Porém, apesar da perspectiva positiva em 2010, entre 2011 e 2015 a ocorrência de crimes violentos por cada 100 mil habitantes quase dobrou.

Isso voltou a colocar Porto Alegre como a cidade mais **violenta** do Estado. Para se ter uma ideia, em 2015 foram registrados em Porto Alegre 1.479 homicídios, o que representou uma taxa de 34,73 para cada 100 mil habitantes. Mas não aconteceram em Poa apenas os homicídios dolosos (cerca de 85% deles ligados ao tráfico de drogas), houve muitos outros crimes, como: furtos de veículos, extorsões mediante sequestros, latrocínios diversos, posse e tráfico de entorpecentes, estelionatos e crimes relacionados à corrupção e a armas de fogo e munições.

Lamentavelmente, um dos **sérios problemas em Porto Alegre no início de 2020** continua sendo a **segurança** e a **criminalidade** apesar de ter apresentado uma grande redução, tendo fechado o ano de 2019 no que se refere a homicídios com uma taxa de 21,2 por 100.000 habitantes. É importante lembrar que a segurança pública é oferecida na cidade por vários corpos especializados mantidos pela prefeitura. Dessa forma, a Guarda Municipal patrulha prédios e espaços públicos, faz a segurança de pessoas públicas e eventos oficiais e atende à população de várias maneiras, como em reintegrações de posse, nas ações com vigilância motorizada, no socorro em incêndios e desabamentos e no combate à pichação.

Já o Centro de Referência às Vítimas de Violência presta informações e orientações a vítimas de violações de direitos, abuso de autoridade, exploração sexual e qualquer tipo de discriminação. Em Porto Alegre foi implantado o Programa Nacional de Segurança com Cidadania para atender ao jovem que se encontra em situação infracional ou a caminho dela, e também um Sistema de Defesa Civil Municipal, que é focado em ações preventivas, de socorro, assistenciais e recuperativas, isto é, o seu propósito é o de evitar ou minimizar desastres, procurando preservar o moral da população e, ao mesmo tempo, restabelecer a normalidade do convívio social. Outro corpo de segurança presente na capital gaúcha é a Polícia Civil, cuja principal função é a de polícia judiciária (apurando as infrações penais civis).

Finalmente a Brigada Militar, que é mantida pelo governo estadual, tem como seu principal objetivo a integração e a proteção da população. Neste sentido, entre as suas múltiplas atribuições estão: o policiamento preventivo e ostensivo, a patrulha ambiental, a defesa civil, o auxílio às Forças Armadas, o combate às drogas, as ações de busca e salvamento, a profissionalização de adolescentes em situação de risco; a promoção de cidadania, a instrução sobre higiene básica, além de providenciar serviços de bombeiros e, durante o verão, de salva-vidas.

Uma cidade que pretende ser considerada **encantadora** não pode ser violenta, portanto, a questão de segurança pública é um sério problema que precisa ser urgentemente solucionado pelas autoridades governamentais porto-alegrenses!!!

Já no que se refere aos **serviços básicos** – água, saneamento e energia elétrica –, pode-se dizer que em Porto Alegre os níveis são bem superiores aos registrados em outras capitais estaduais. No caso do fornecimento de água, dados do Departamento de Água e Esgotos (DMAE) indicam que 100% da população da capital sul-rio-grandense é **atendida**!!!

O lago Guaíba é o principal manancial de abastecimento da cidade, embora exista outro manancial importante para Porto Alegre, ou seja, a represa da Lomba do Sabão, localizada dentro do parque Saint-Hilaire. Ela constitui uma reserva estratégica de água caso algum acidente ambiental venha a impedir temporariamente a utilização da água do lago. Note-se que o Guaíba é bastante afetado por vários agentes poluidores, uma vez que recebe esgotos domésticos *in natura* ou parcialmente tratados, além de efluentes industriais e agrícolas.

E já que o assunto é o Guaíba, aqui vai uma pergunta: **o que é exatamente o Guaíba, um rio ou um lago?** O geólogo Rualdo Menegat, docente da UFRGS e autor do livro *Manual para Saber Porque o Guaíba é um Lago*, publicado em parceria com o engenheiro de Minas, Clóvis Carlos Carro, afirmou: "Rios e lagos são claros em suas definições. O rio é um curso de água cuja região próxima da nascente é mais elevada do que aquela para onde se dirige a corrente. A água não oferece resistência ao escoamento por ação gravitacional; ela está sempre atritando o leito. Por isso que o rio tem suas margens paralelas.

Um **lago** não tem esse escoamento gravitacional, o que, entretanto, não quer dizer que não haja escoamento, apenas que ele acontece de forma diferente. Se o lago encher suas bordas, vai extravasar. No Guaíba, as margens são definidas por enseadas vegetadas basicamente por matas de restinga. Outras características – como a retenção das águas no reservatório, a ausência de um canal hidroviário, e o tipo de depósito sedimentar encontrado nas margens – são de um corpo lacustre."

Já para o também geólogo e professor da UFRGS, Elírio Ernestino Toldo Júnior, o Guaíba é um **rio**!!! Neste sentido, ele explicou: "A vazão média do Guaíba é de mais de 1000 m³/s (com valores máximos que excedem os 14.000 m³/s) e, portanto, típica de uma descarga de rio. Como uma descarga tão significativa como essa poderia se manter em um corpo de água represado? Outro dado importante é que essa descarga renova as águas do rio. Apesar de sofrer forte poluição, o Guaíba tem uma alta taxa de renovação de suas águas por causa da descarga fluvial para a lagoa dos Patos. O Guaíba envia uma enorme quantidade de sedimentos para a lagoa dos Patos, ou seja, algo próximo de mais de um milhão de toneladas por ano são transferidos para lá. E lagos não exportam sedimentos; pelo contrário, eles os importam!!!"

O *Jornal do Comércio*, especializado em economia e negócios (principalmente no Estado), publicou em 25 de maio de 2018 um artigo sobre essa questão, no qual salientou: "Persistem incertezas sobre o principal cartão-postal de Porto Alegre, e elas são de ordem científica. Afinal, o Guaíba é um rio ou um lago? Alguns pesquisadores defendem a primeira denominação, que também foi consagrada pelo uso popular. Outros, entretanto, alegam que foram os erros históricos que levaram a esse entendimento. A classificação oficial adotada, tanto pelo Estado quanto pelo município, é de que o Guaíba é um **lago**. Assim, é essa a denominação que o *Jornal do Comércio* irá seguir!!!"

Há quem diga, porém, que o conceito de lago estabelecido pelo decreto foi adotado para burlar a legislação ambiental, uma vez que de acordo com o Código Florestal, a área de preservação permanente de um rio chega até 500 m em relação à margem, enquanto a de um lago é de apenas 30 m. Ou seja a classificação como lago favoreceria muito mais a especulação imobiliária, enquanto a outra – do Guaíba como rio – garantiria uma grande proteção à principal fonte de abastecimento de água para a capital gaúcha!?!?

E você, caro (a) leitor (a), o que acha depois de ter acesso a esses diferentes relatos: o **Guaíba é rio ou lago**?

Existem 7 **estações de tratamento** para a água retirada do Guaíba, e o DMAE tem desenvolvido o programa de Educação Ambiental, cujo objetivo é explicar a forma correta de se utilizar a água e dispor o esgoto. Na cidade em 2019 havia cerca de 2.015 km de redes de coleta de esgoto, além de 10 estações de tratamento e de 32 estações de bombeamento. A população atendida pela rede de esgoto cloacal e pluvial é de 66%, e pela rede mista é de 33%.

Atualmente a capacidade de tratamento do esgoto coletado em Porto Alegre é de 87% do total, entretanto, somente 71% desse todo são efetivamente tratados. A cada ano a prefeitura destina cerca de 17% da receita para o saneamento básico e, recentemente, lançou seu projeto Integrado Socioambiental, que em sua maior parte foi financiado pelo BID e pela

CEF. Com isso será possível ampliar significativamente a capacidade de tratamento de esgotos.

A coleta de lixo é organizada pelo Departamento Municipal de Limpeza Urbana (DMLU), que já atende a **100% dos domicílios da cidade!?!?** O sistema é de coleta seletiva, sendo que boa parte do lixo seco é reciclado, enquanto outra parte dos resíduos alimentares é transformada em ração animal e os resíduos restantes são depositados em aterros sanitários.

Lamentavelmente, os serviços de coleta são terceirizados e, dessa maneira, esse trabalho nem sempre está dentro dos parâmetros exigidos. Além disso, é preciso lidar com a falta de conscientização de uma significativa parte da população, que ainda promove uma destinação inadequada para os materiais descartados.

No campo da energia elétrica, em Porto Alegre ela é fornecida pela Companhia Estadual de Energia Elétrica (CEEE), uma concessionária dos serviços de energia elétrica da região sul-sudoeste do Estado. Desde 1991, cerca de 99,5% dos domicílios porto-alegrenses já eram servidos de eletricidade. Em anos recentes a empresa fez outros investimentos para melhorar ainda mais o atendimento e expandir a rede. Além disso, desde 1999 Porto Alegre dispõe de fornecimento de gás natural, vindo por gasodutos desde a Bolívia e a Argentina.

Estima-se que em 2019 houvesse em Porto Alegre cerca de 450 mil domicílios registrados, dos quais aproximadamente 23% eram alugados. Por outro lado, a média da área ofertada por morador está crescendo, e a prefeitura vem propiciando uma série de incentivos, concedendo inclusive isenções fiscais para o estímulo à construção e aquisição de habitações populares. A prefeitura também tem procurado promover a regularização de vários assentamentos desordenados.

Acredita-se que no início de 2020 o déficit habitacional em Porto Alegre tenha superado o total de 125 mil moradias. Além disso, o problema das favelas tem se agravado, atingindo cerca de 26% da população, da qual aproximadamente um terço sobrevive dá triagem do lixo doméstico. E com o recuo da **industrialização** no município, e o declínio da atividade portuária, essa questão tem piorado bastante!!!

No que se refere à **comunicação**, circulam em Porto Alegre vários jornais, como: o *Zero Hora*, o *Diário Gaúcho* e o *Correio do Povo*. Aliás, em 21 de setembro de 2020, publicou-se no *Correio do Povo*: "Até agora em Poa totalizaram-se devido a *Covid-19*, 941 óbitos e 30.978 pessoas infectadas, enquanto no Estado do Rio Grande do Sul foram 4.409 mortes e 175,3 mil infectados. No Rio Grande do Sul, é a faixa etária de 20 à 59 anos que concentra cerca de 60% dos infectados, enquanto 80% das mortes são de pessoas acima de 60 anos (a maioria de negros) com 59% dos óbitos de sexo masculino. Os mais jovens são os vetores circulantes e as próprias crianças que são pouco afetadas, também transmitem o novo coronavírus."

Apesar do declínio na venda de jornais impressos, eles ainda aparecem entre os dez de maior circulação no País. Além desses há também o *Jornal do Comércio* e o *O Sul* (digital). Existem também diversas rádios importantes na cidade, como a Gaúcha, a Guaíba e a Pampa, várias em FM, como a Cultura, a Mix e a 102,3. Vale lembrar que Porto Alegre é a sede da Associação Gaúcha das Emissoras de Rádio e Televisão, uma entidade bem atuante que congrega mais de 300 filiados, entre emissoras de rádio, televisão e representantes comerciais.

O acesso à Internet na cidade é fácil e, aliás, Porto Alegre pode se considerar uma das capitais estaduais mais privilegiadas neste aspecto. A cidade possui uma infovia própria, e está coberta por uma rede *W-Fi*. Além disso, a administração do município tem uma rede de fibra ótica com aproximadamente 1.000 km de extensão, com o que todas as escolas públicas da cidade dispõem de banda larga (que aliás quer vender ou repassar para a concessão privada). Por sinal, desde 2010 os postos de saúde de Porto Alegre também começaram a sua integração ao sistema.

Diversos centros de capacitação digital da prefeitura oferecem cursos gratuitos, inclusive para portadores de deficiências, idosos e adolescentes. O governo municipal abriu o acesso livre e gratuito à Internet em ambientes públicos. Aliás, o uso institucional da Internet pela prefeitura gerou também uma significativa economia, tornando-se inclusive possível abandonar bastante o uso da telefonia.

Entre os canais de TV que operam na cidade estão a Bandeirantes, o SBT, a Record, a TV Pampa e a RBS (Rede Brasil Sul). Esta última, aliás, é um importante conglomerado de mídia brasileira, fundado por Maurício Sirotsky Sobrinho, que em 1950 se mudou em definitivo de Passo Fundo para Porto Alegre para trabalhar como locutor na rádio Farroupilha, e em 1951 na rádio Difusora. Em 1952 ele se tornou gerente de publicidade das Emissoras Reunidas e em 1953, fundou em Porto Alegre a Rádio Publicidade Ltda., um escritório de representação de emissoras de rádio e jornais no interior do Estado do Rio Grande do Sul.

Em 1956 ele estreou na rádio Farroupilha com o programa Maurício Sobrinho, uma atração de auditório que acontecia no cinema Castelo. Vale lembrar que no palco desse cinema apresentavam-se semanalmente diversos artistas importantes da música brasileira, inclusive uma iniciante talentosa chamada Elis Regina, que mais tarde se tornaria um ícone da música nacional e internacional. Aliás, foi com Maurício Sirotsky Sobrinho que ela assinou seu primeiro contrato naquela época!!!

Em 1957, ao se tornar sócio da rádio Gaúcha, Maurício Sirotsky Sobrinho **deu início à formação do grupo RBS** e, em 1962, foi inaugurado em Porto Alegre a TV Gaúcha (que mais tarde, em 1967, se tornaria a primeira afiliada da rede Globo). Em 1969 foi fundada a primeira rede regional do País, da qual faziam parte a TV Caxias (de Caxias do Sul) e a TV Imembuí (de Santa Maria). Em 1970 o grupo RBS adquiriu o seu primeiro jornal, o *Zero Hora*. Em 1973 teve início a formação da rede de rádios FM do grupo RBS, com a inauguração em 1976 da rádio Atlântida FM, em Porto Alegre.

A expansão para o Estado de Santa Catarina teve início em 1979, com a inauguração da primeira emissora da RBS TV em Florianópolis, e a segunda em Joinville, no mesmo ano. Em 1980, a rádio Farroupilha também foi incorporada ao grupo, e em 1981, foi a vez da TV Coligadas de Blumenau, que também foi adquirida. Além disso, a rádio Atlântida FM inaugurou filiais em Blumenau em Florianópolis.

Em seguida, as rádios Diário da Manhã FM/AM da capital catarinense foram incorporadas ao grupo, e em 1983 inaugurou-se em Florianópolis a Itapema FM, e adquiriu-se a TV Cultura de Chapecó. Em 1983, todas as emissoras de televisão dos dois Estados pertenciam à RBS TV, mas o grupo não parou de se desenvolver!!!

Todavia, nos anos mais recentes (mais especificamente no início de 2016), após rumores de que o grupo RBS estaria passando por uma crise financeira – e apesar dos desmentidos dos seus diretores –, todos os seus veículos de comunicação no Estado de Santa Catarina foram vendidos de uma só vez, em 7 de março de 2016!?!? Com isso, a área de atuação do grupo RBS passou a abranger apenas o Estado do Rio Grande do Sul, após ter atuado por 37 anos em Santa Catarina. Apesar da venda, os novos donos afirmaram que não iriam mudar a linha editorial dos veículos adquiridos.

Em 2016 o jornal *Zero Hora* também unificou as edições de sábado e domingo, criando assim uma edição conjunta que seria publicada aos sábados, com novos cadernos, encartes tradicionais e classificados. Já a edição dominical passou a ser publicada apenas para assinantes, e mesmo assim somente nos dispositivos digitais. Ainda em 2016, o jornal *Diário de Santa Maria* foi vendido para um grupo de empresários daquela cidade.

Ao longo de 2017, as rádios de entretenimento do grupo RBS, ou seja, a 102,3, Atlântida e Farroupilha, foram todas transferidos para o prédio do jornal *Zero Hora*, no bairro Azenha. Em 21 de setembro de 2017, estreou a nova plataforma digital Gaúcha ZH, integrando as redações do jornal *Zero Hora* e da rádio Gaúcha, mas que seguem independentes... Em 15 de março de 2018 foi anunciada a criação da 92 FM, uma rádio popular que passou a ocupar o *dial* FM, nos 92,1 MHz. Com isso a rádio Farroupilha voltou a operar nos 680 KHz, em AM, a partir de 26 de abril de 2018, visando retomar toda a audiência que a rádio já havia alcançado anteriormente.

Infelizmente o grupo RBS tem sido alvo de algumas investigações criminais, como a do Ministério Público Federal, que em 2006 ajuizou uma ação civil pública contra o oligopólio do grupo RBS. Em 19 de fevereiro de 2011 a Justiça Federal do Rio Grande do Sul acatou uma denúncia do Ministério Público contra o presidente, os diretores e conselheiros do grupo RBS, envolvendo irregularidades em relação à Receita Federal. Esse processo está em andamento e o grupo pode ser punido, devendo nesse caso pagar uma grande dívida!?!? Todavia, espera-se que todas essas questões jurídicas sejam resolvidas, para que o grupo RBS continue pujante na indústria da comunicação, e levando avante bandeiras como a que lançou em 2012, com a grande campanha de mobilização da sociedade: "**A educação precisa de respostas**".

No momento o grupo RBS tem cerca de 6.000 empregados, e possui como subsidiárias 12 emissoras de TV aberta, afiliadas à rede Globo; 16 emissoras de rádio e três jornais (*Zero Hora*, *Diário Gaúcho* e *Pioneiro*). A empresa também opera uma empresa digital, *e.BricksDigital*, formada por empresas da área de tecnologia. É por meio delas que o grupo RBS atua nas áreas de mídia digital, tecnologia móvel e *e-commerce* segmentado.

O grupo RBS opera também a Engage Eventos, a RBS Publicações (editora), uma gráfica, a Vialog (empresa de logística), a Fundação Maurício Sirotsky Sobrinho, a Appus (tecnologia de *big data*, com foco em produtos de recursos humanos) e a Hypermind R (que faz análise do comportamento do consumidor).

No que concerne ao **turismo**, essa atividade tem crescido bastante, principalmente pelo fato de a cidade de Porto Alegre ser um ponto de partida para quem chega até lá de avião em seu trajeto para outros locais interessantes do Estado, como é o caso das cidades que estão na Serra Gaúcha, no nordeste do Estado, o litoral sul-rio-grandense, ou a região das Missões.

Alguns especialistas acreditam que o turismo local poderia ser muito mais explorado, em especial no que se refere a atividades envolvendo passeios no lago Guaíba, ou desenvolvendo eventos culturais. Atualmente, tanto a iniciativa privada como os órgãos públicos estão direcionando seus esforços para incrementar essa área da economia, que já é bastante desenvolvida em muitos países do mundo e no próprio Estado do Rio Grande do Sul. Aliás, isso está bem descrito neste livro, nos capítulos que discorrem sobre as cidades de Caxias do Sul, Gramado e Canela.

Uma pesquisa recente sobre o perfil do turista que vem a Porto Alegre revelou que apenas 14,2% dos visitantes viajaram para a capital gaúcha com a finalidade de lazer. A maioria foi para visitar parentes e amigos (36%) ou em função de negócios ou trabalho (34,7%). Já entre as atividades que fizeram com que esses visitantes gastassem algum dinheiro, notou-se que 39% deles experimentaram a culinária da cidade, indo a algum restaurante local; 34% fizeram compras; 21% visitaram parques, passearam no lago ou assistiram a algum espetáculo. Para quase 40% dos visitantes, os gastos diários individuais chegaram a R$ 500, enquanto para cerca de 13%, as despesas alcançaram R$ 1.700 por dia.

De qualquer modo, o fato mais importante é que **87%** desses visitantes declararam que recomendariam Porto Alegre para conhecidos, descrevendo a cidade como um bom destino para lazer, e quase **90%** dessas pessoas expressaram sua intenção de **retornar**. Os pontos positivos destacados durante a estada em Porto Alegre foram a gastronomia, a hospitalidade, a boa hospedagem, o lazer (parques) e o entretenimento (cultura), os atrativos turísticos, os serviços de transporte e as opções de compras. Já os menores níveis de satisfação foram registrados em relação à segurança, à limpeza pública, aos serviços de saúde e à sinalização urbana.

Desde 2003 a prefeitura tem aprimorado a **Linha Turismo**, um itinerário percorrido em ônibus aberto que inclui os principais pontos turísticos da cidade. Nesse caso o visitante tem duas opções: passear pelo centro histórico ou encantar-se com a zona sul da cidade. Estima-se que até o início de 2020, a Linha Turismo já tenha sido procurada por mais de 560 mil pessoas.

Mas existem outros itinerários oferecidos pela prefeitura que podem interessar bastante aos turistas. Entre eles estão: os **Caminhos Rurais**, que inclui visita à região de chácaras e antigas fazendas na zona sul; as **Caminhadas Orientadas/Viva o Centro a Pé**, em que se procura visitar o centro histórico na companhia de guias; ou o passeio **Estação Porto Alegre**, com roteiros diversos. Todas essas atrações cobram preços bem acessíveis. Também pode-se conhecer a cidade a partir do lago Guaíba, realizando passeios náuticos.

Em 2018, aconteceu em Porto Alegre a 2ª edição da Copa da Cerveja, entre 14 e 16 de novembro!!! O evento reuniu cerca de 250 cervejarias, sendo que as do Brasil conseguiram uma ampla vantagem sobre aquelas oriundas da Argentina, da Colômbia, do Chile, do Paraguai e do Uruguai. Após o concurso que premiou as melhores bebidas em diversos estilos, cerca de 60 delas levaram seus rótulos para o Festival de Cerveja POA, realizado logo na sequência na capital gaúcha, entre 16 e 18 de novembro, no *shopping* Iguatemi, no bairro de Passo d'Areia (misto de residências e comércio).

Todo aquele que participou do evento teve a oportunidade de conhecer melhor o cenário cervejeiro gaúcho, um dos principais do País, mas cujos rótulos raramente chegam aos bares de outros Estados do sudeste. Não é por acaso que Porto Alegre se intitula como "**a capital das microcervejarias**". Aliás, deve-se salientar que no início de 2020 havia em Poa cerca de 39 microcervejarias registradas no ministério da Agricultura, indutoras de geração de empregos e renda. E foi justamente nesse cenário que despontaram na cidade os *brewpubs*, ou seja, bares que produzem suas próprias marcas, apostando em estilos variados e, inclusive, indo bem além das cervejas mais amargas.

Esse é o caso do *4 Beer*, um *brewpub* que foi inaugurado em 2016 e possui um bar com 34 torneiras e que fabrica num mesmo espaço a *Diefen Bros* e a *Polvo Loco* que participaram do festival! Próximo a ele está o *Distrito Brewpub*, que além de oferecer uma programação musical voltada para o *blues*, dispõe de 8 bicas de chope com os estilos mais inusitados, incluindo em seu portfólio várias *saisons* (bebidas refrescantes, mas com leve acidez). Vale ressaltar que essas duas casas ajudaram a revitalizar a região conhecida como Quarto Distrito.

Alguns especialistas em cerveja, entretanto, afirmam que o bar mais ousado na região central de Porto Alegre é o instigante *Devaneio do Velhaco*. Esse *brewpub* conta com cerca de 20 estilos, todos fabricados na própria casa. Nele, simpáticos atendentes "catequizam" o cliente servindo-lhes cervejas inventivas. Uma das novidades, por exemplo, é o **Picolé de Mente Aberta**, uma *saison* preparada com abacaxi e servida no nitrogênio, com pedras de gelo. Nessa casa, até uma *Weiss* comum leva manga em sua fórmula, sendo uma das criações do proprietário Bruno Faria Lopes, que no passado trabalhou como dentista...

Nas campanhas que os candidatos à prefeitura fizeram em 2020, vários deles enxergaram o consumo de cerveja como um campo que deveria ser mais explorado, para se atrair mais turistas para a capital gaúcha.

Já no entorno da Grande Porto Alegre, em Viamão, está uma das mais criativas cervejarias da nova safra gaúcha, a *Zapata*, que se intitula uma cervejaria rural, usando conceitos das *farmhouses* norte-americanas. Localizada num grande sítio que outrora produzia cogumelos, essa cervejaria é comandada pelo químico Felipe Araújo de Paula. A marca investe em ingredientes, insumos e laboratórios próprios para produzir rótulos como a *Ziggy*, uma *witbier* (cerveja de trigo belga) preparada em duas versões: com limão-tainha e gengibre ou com laranja, pimenta e coentro.

E não se pode esquecer que bem próximo de Porto Alegre estão diversas cidades encantadoras, como é o caso de Caxias do Sul, onde encontra-se o espetacular *La Birra Brewpub*; de Nova Petrópolis, lar da *Edelbrau*, uma cervejaria no estilo alemão clássico; de Canela, onde existe a cervejaria Farol; ou de Gramado, que abriga o *Rasen Platz*, um espaço inspirado na *Hofbrauhaus* (localizada no centro de Munique, na Alemanha). Essa casa, cujo pé direito é de 12 m de altura, possui mesas comunitárias e tem capacidade para 500 pessoas. O local serve rótulos da *Rasen Bier* e suas garçonetes vestem trajes típicos alemães.

Em 7 de novembro de 2019 aconteceu a 3ª edição da Copa da Cerveja, que recebeu mais de 1450 amostras de 358 cervejarias nacionais e internacionais, com o que, a competição conquistou um lugar entre os dez maiores concursos de avaliação de cervejas do mundo!!!

Pois é, quem já estiver pensando em visitar Porto Alegre, não pode deixar de reservar alguns dias para conhecer algumas cidades da Serra Gaúcha, **não é mesmo?**

Atualmente acontece na cidade um número bem significativo de espetáculos de **teatro e música**, assim como exposições de arte, eventos, seminários, feiras, congressos, eventos esportivos, festas e comemorações variadas. Muitas dessas atrações são acessíveis até para quem dispõe de poucos recursos, ou são até mesmo são inteiramente gratuitas. Além disso, uma ótima opção é conhecer e desfrutar das tradições tipicamente gauchescas é visitando um dos muitos Centros de Tradições Gaúchas (CTGs) espalhados pela cidade.

Os CTGs são sociedades civis sem fins lucrativos, sendo entidades tradicionalistas que cultivam a cultura e os costumes do Estado do Rio Grande do Sul através da **dança**, do **churrasco** e dos **esportes**. O primeiro CTG foi fundado oficialmente em 24 de abril de 1948, fruto do trabalho inicial de 8 pessoas que lhes deram o nome de 35 CTG, uma referência a Revolução Farroupilha que começou em 1835.

Também existem em Porto Alegre muitas casas noturnas, *pubs*, bares, casas de espetáculo, danceterias etc., capazes de atender aos públicos mais variados (dos mais conservadores aos mais vanguardistas e irreverentes). Neste sentido, são bem conhecidos o *Bar do Beto*, o *Chalé* (bar e restaurante) localizado na praça XV, o *Opinião* (com *shows* atraentes) a microcervejaria *Dado Bier*, entre outros.

Já para os que gostam de se divertir à noite, a sugestão é dirigir-se à chamada "**Cidade Baixa**", e conhecer bares na tradicional rua Padre Chagas, no bairro Moinhos de Vento, um dos mais nobres de Poa. A Cidade Baixa é um famoso bairro boêmio da capital gaúcha, repleto de botecos de samba e de baladas que mesclam *pop-rock*, *indie* e *rock*, concentrando-se em três ruas: João Alfredo (com casas noturnas) e José do Patrocínio e Lima Silva (bares e restaurantes).

Por outro lado na rua Padre Chagas, o clima é ideal para se esticar o *happy hour* até o jantar e, depois, seguir direto para a balada nos *pubs*. Como já foi dito, Porto Alegre é a cidade onde se produz a maior quantidade de cerveja artesanal do País, podendo-se assim fazer *tours* cervejeiros incríveis, passando por lugares como *Duplex 312* (antiga filial da *Lagom*), *Lagom Brewpub*, *Malvadeza*, *Perro Libre Tap Room*, *Bier Keller*, *Bárbaros*, *Bier Markt*, *A Toca*, *Bier Markt Vom Fass* etc.

E o que não faltam em Porto Alegre são bons locais para os visitantes de hospedar. De fato, estima-se que no início de 2020 houvesse na capital gaúcha cerca de 85 hotéis de qualidade, além de excelentes hotéis-fazendas e pousadas no entorno da cidade. Juntos eles oferecem aos visitantes algo próximo de 14 mil leitos.

Em minha opinião, um excelente local para se hospedar em Porto Alegre é o Plaza São Rafael, que é um hotel contemporâneo e de estilo colonial, que ocupa uma torre moderna e bem elegante. Além de quartos e suítes muito aconchegantes, alguns com vista da cidade, ele possui piscina, *spa*, um centro de convenções e restaurante sofisticado. O local oferece aos hóspedes *Wi-Fi* e café da manhã gratuitamente, e fica de frente para a igreja São José, a 4,8 km do estádio do Sport Club Internacional. Tive a oportunidade de me hospedar nesse hotel quando algumas vezes visitei Poa...

Já entre outros hotéis classificados como quatro estrelas, têm-se:

- **Radisson** – Trata-se de um hotel sofisticado, merecendo até a classificação de cinco estrelas para alguns... Ele ocupa uma construção moderna, possui um átrio de vários andares e teto de vidro, além de um restaurante refinado, excelentes quartos, *spa* etc. Está localizado a 2,8 km do exuberante parque Farroupilha, e a 6 km do centro histórico.
- **Blue Tree Millennium** – Ele ocupa um edifício bem moderno e possui suítes e quartos contemporâneos bem conservados, alguns com vista para o lago Guaíba e dois belos parques públicos. O local conta com um restaurante, piscina coberta, academia e salas para eventos. Fica a 10 min a pé do *shopping* Praia de Belas (um lugar incrível...).
- **Everest** – Esse hotel dispõe de quartos funcionais e possui um bom restaurante, com vista da cidade. Fica próximo de um ponto de ônibus e está no centro histórico, a apenas 3 min a pé da catedral metropolitana, e a 5 min a pé do Theatro São Pedro.
- **Quality** – Esse hotel modesto é uma opção descontraída e dispõe de quartos bem casuais. Está localizado no bairro Moinhos de Vento. Fica de frente para o parque Moinhos de Vento e a 5,2 km do Mercado Público.
- **Continental** – Trata-se de um hotel cosmopolita, com quartos descontraídos e um centro de eventos. Fica no centro histórico, de frente para a estação rodoviária intermunicipal.
- **Intercity** – Esse hotel moderno e luxuoso dispõe de quartos e suítes bem aconchegantes. Possui piscina externa e sauna, e está situado a 3,1 km do aeroporto internacional Salgado Filho.
- **Embaixador** – Trata-se de um hotel bem elegante, que ocupa um edifício moderno no centro da cidade. Possui um bom restaurante, além de quartos e suítes bem aconchegantes.

Em todos esses hotéis quatro estrelas os hóspedes têm gratuitamente os serviços de *Wi-Fi* e café da manhã. Eles também contam com estacionamento, porém o seu uso é pago à parte. Já no que se refere a hotéis três estrelas, existem os seguintes:

- **Continental Business** – É um hotel de negócios, bem tranquilo, que dispõe de quartos discretos, porém, confortáveis. Está situado no centro histórico, a 9 min a pé da estação de trem e a 12 min a pé do Theatro São Pedro.
- **Ibis Moinhos de Vento** – Trata-se de um hotel econômico, com quartos discretos, bom restaurante (de grelhados) e bar aberto 24 h. Fica num bairro nobre, em rua arborizada, e permite a presença de animais de estimação.
- **Ibis Styles Centro** – Esse hotel vibrante possui uma decoração eclética e bem peculiar. Dispõe de bons quartos, bar aberto 24 h e restaurante com terraço. Além disso oferece bom atendimento na recepção e permite a presença de animais de estimação. Fica a 10 min da estação de metrô mais próxima.
- **Ibis Aeroporto** – Está situado em um prédio colorido e moderno, com quartos discretos. Dispõe de restaurante com um ótimo serviço de *buffet*, bar aberto 24 h e permite a presença de animais de estimação. Está localizado a 11 min a pé do aeroporto e a 8 min de caminhada da casa de shows *Pepsi On Stage*.
- **Dan Inn Express** – Esse hotel possui quartos bem requintados e restaurante. Está localizado bem perto do terminal de ônibus e de um ponto de táxi, o que torna a rua movimentada e bem barulhenta.
- **Tri** – Seus apartamentos são funcionais e possuem minicozinhas. Está localizado num lugar tranquilo do centro histórico, a 2 min de caminhada de um ponto de ônibus.
- **City** – Esse hotel dispõe de acomodações simples, restaurante e bar. Está situado no centro histórico, a 3 min de caminhada de uma estação de trem e a 4 min do Mercado Público.
- **Comfort** – Esse hotel possui quartos modestos, mas bem limpos e com camas confortáveis. O local conta com um bar e permite a presença de animais de estimação. Fica a 13 min a pé do Theatro São Pedro.
- **Ritter** – Hotel casual que dispõe de piscina externa na cobertura e jardim com cascata. Fica em frente à rodoviária central, no centro histórico, a 2 km do Museu de Arte do Rio Grande do Sul.

→ **Umbu** – Está num prédio simples, com quartos minimalistas e está localizado a 13 min a pé do observatório astronômico da UFRGS, e a uma caminhada de 15 min do parque Farroupilha.

→ **Tulip Inn** – Hotel com linda fachada de vidro e quartos arejados, além de ter um restaurante e sala de ginástica. Fica numa rua bem movimentada no centro histórico, repleta de lojas de varejo, e a 9 min a pé de uma estação de trem.

Como cortesia, todos esses hotéis oferecem aos hóspedes os serviços de *Wi-Fi* e café da manhã gratuitamente, mas o estacionamento é pago.

Claro que também há muitos hotéis bem econômicos em Porto Alegre, e entre eles um de duas estrelas bem recomendável é o **Ibis Budget**. Esse hotel contemporâneo ocupa um prédio bem alto e dispõe de quartos minimalistas e bem agradáveis. Está localizado a 11 min do Mercado Público e a 7 km da Fundação Zoobotânica. Ele oferece *Wi-Fi* e café da manhã gratuitamente aos hóspedes, permitindo inclusive que tragam animais de estimação.

Os restaurantes de Porto Alegre são bem diversificados e numerosos – estima-se que no final de 2020 fossem mais de 3.800. Neles, os comensais podem saborear não apenas pratos locais, mas de todas as partes do mundo, e em geral com preços acessíveis.

Um desses restaurantes é o *Gambrinus*, instalado no Mercado Público – um dos pontos mais turísticos da cidade – e o mais antigo da cidade, existindo desde 1889 e, portanto, com mais de 131 anos de funcionamento. Nele o prato mais solicitado continua sendo o **bacalhau à Gomes de Sá**.

Na culinária local, entretanto, a maior atração é o **churrasco**, um prato tradicional da cozinha campeira, com diversos cortes de carne assada sobre brasas e servida com fartura. Entre as churrascarias mais frequentadas pelos porto-alegrenses existem algumas clássicas:

- *Giovanaz* – Seu espeto corrido traz boas opções de cortes mais simples de carne. Além disso, o atendimento nele é extremamente ágil e o cliente de fato se alimenta com comida tipicamente gaúcha.
- *Costela no Roletchê* - Especializada em costela e na sua famosa churrasqueira usa o sistema de roletes que faz a carne girar continuamente enquanto é assada.
- *Barranco* – Onde os clientes podem fazer suas refeições sob a sombra das árvores. Serve grelhados tradicionais individuais.

- *Galpão Crioulo* – Onde especialmente às noites acontecem danças e *shows* surpreendentes, com boleadeiras (antigas armas utilizadas para a caça no campo). No final de cada espetáculo os clientes podem tirar fotos com os grupos de dança, nessa tradicional churrascaria que foi fundada em 1966 e oferece um *buffet* variado ou a opção do rodízio, tendo o cordeiro como uma de suas especialidades.

Outra boa opção é a churrascaria *Roda de Carreta*, localizada entre o 35CTG e o *shopping* Bourbon Ipiranga, que foi fundada em 1º de dezembro de 1986, para suprir a carência de um espaço no qual se pudesse servir a todos um saboroso churrasco gaúcho!!! A ideia da sua criação nasceu da parceria entre os sócios fundadores da churrascaria *Galpão Crioulo* e uma patronagem do 35CTG. Nela são oferecidos 16 tipos de carne, além de outros pratos com o carreteiro de charque. Outro destaque desse restaurante são as suas sobremesas caseiras, como a ambrosia e o sagu. Diariamente ocorrem aí apresentações ao vivo de dança e música gaúchas.

Além desses restaurantes, existem centenas de outros lugares onde é possível comer bem em Porto Alegre, e aí estão algumas outras sugestões:

- *Du'Attos* – Uma boa opção para se comer bem no centro histórico. O ambiente é legal e bem tranquilo, e provavelmente oferece o melhor *buffet* executivo da região central.
- *Casa Di Paolo Boulevard Laçador* – Nesse belo espaço serve-se uma gastronomia refinada, com braseiro de cortes seletos de carnes assadas, além de massas e outras opções.
- *Quintanilha* – Uma comida deliciosa, com grande variedade de cortes de carne, *buffet* livre e o melhor pudim do Rio Grande do Sul!!!
- *Tudo Pelo Social* – Um espaço simples, tradicional e familiar, que serve pratos executivos, incluindo filés e frango, *pizzas* e *buffet*. A melhor pedida é o filé à parmegiana, que serve para alimentar até 6 pessoas!!!
- *Constantino Café* – Nesse restaurante aconchegante, com área interna e externa com muitas plantas, tudo nele é ótimo: ambiente, atendimento, bebidas, comidas e sobremesas.
- *Outback Steakhouse* – Faz parte da rede de restaurantes com tema australiano, no qual são servidas carnes, frutos do mar e comidas típicas de uma churrascaria. Fica dentro do *shopping center* Iguatemi.

- *The Raven* – Esse restaurante com ambiente rústico e acolhedor serve uma gastronomia contemporânea internacional, com foco em sabores mediterrâneos. Os preços são justos, considerando a qualidade da comida que oferece.
- *Atelier de Massas* – Um restaurante envolvente que vale a pena ser visitado, pois serve bastante comida por preços acessíveis. Os pratos individuais italianos têm um toque mediterrâneo. A casa também dispõe de *buffet* de antepastos.
- *Casa do Marquês* – É um restaurante italiano rústico, localizado num prédio de tijolinhos aparentes. Serve um rodízio de massas caseiras que costuma atrair uma grande clientela, além disso, seu **galeto al primo canto** é delicioso.
- *Peppo Cucina* – Uma cantina à luz de velas, com obras de arte nas paredes de tijolinhos. Serve saborosos pratos italianos e dispõe de uma boa carta de vinhos.
- *Le Rouge Bistrô* – É um restaurante italiano/mediterrâneo, com um menu sofisticado e mesas ao ar livre. Sem dúvida é a melhor opção de Porto Alegre para quem prefere comida vegana com apresentação sofisticada.
- *Koh Pee Pee* – É um espaço aconchegante e temático, com o predomínio do bambu e da arte. Serve pratos típicos da Tailândia, além de drinques e bons vinhos.
- *Ratskeller* – Restaurante alemão tradicional e aconchegante, com um excelente *buffet* que inclui salsicha, pato e truta.
- *Le Bateau Ivre* – É um restaurante francês bem aconchegante, com pratos clássicos, champanhe, flores e arte. Com certeza é um dos melhores restaurantes de alta gastronomia de Porto Alegre, e seus pratos individuais valem os preços cobrados.
- *Panorama Gastronômico* – Um ótimo restaurante, com muita variedade de comida no sistema *buffet*, várias opções orientais, massas, carnes e direito a uma ilha de sorvete e doces.
- *Sambô Sushi* – Uma fusão da culinária japonesa e tailandesa, num espaço colorido e decorado de forma moderna, com diversas referências brasileiras. O atendimento é muito bom, pois todos os funcionários são atenciosos e prestativos.

- *Takêdo* – É um luxuoso restaurante japonês, num ambiente bonito e elegante. Reúne ingredientes asiáticos em combinações harmoniosas, sendo, sem dúvida, o melhor restaurante de *sushi* da capital gaúcha.
- *Daimu* – Trata-se de um restaurante japonês *gourmet*, que ocupa um casarão tombado, no bairro Moinhos de Vento. O ambiente é bem elegante e a casa é especializada em *sushis* tradicionais.
- *Sharin* – Um ambiente aconchegante e ricamente decorado com temas típicos indianos. Serve cozinha típica indiana, com aromas e sabores intensos. O destaque é o pão indiano, feito direto no forno *tandoor*. É o melhor restaurante de comida indiana de Porto Alegre!!!

Mas além de apreciar a gastronomia, quem visita Porto Alegre se encanta muito com a **música** popular gaúcha, que nasceu na cidade. De fato, desde os anos 1980 Porto Alegre se tornou conhecida por contar com um circuito de música popular bem diversificado, sendo que a música de inspiração gauchesca, como já foi dito, ocupa um papel bem destacado, pois recebe o apoio do movimento tradicionalista gaúcho e de vários CTGs.

Durante quase duas décadas, nos anos 1950 e 1960, praticamente o Brasil todo escutou o conjunto Farroupilha, que nasceu em Porto Alegre e foi um vocal de músicas no estilo regionalista, que teve entre seus fundadores Tasso Bangel. É verdade que o conjunto Farroupilha também gravou discos de bossa nova e de música internacional e, inicialmente, ele se chamou conjunto vocal Farroupilha.

Todavia, o cenário musical porto-alegrense conta com diversos grupos de cantores de *rock* e música *pop*, incorporando assim estéticas internacionais e locais e, muitas vezes, adicionando traços de irreverência e contestação social – uma característica que inclusive deu à música popular de Porto Alegre uma feição original.

Isso, aliás, foi bem tipificado na produção musical de Bebeto Alves, Nelson Coelho de Castro, e Kleiton & Kledir. Atualmente a movimentação continua grande, com uma série de ações realizadas por instituições oficiais e privadas, no sentido de apoiar a produção local e trazer artistas de fora, enquanto se multiplicam os festivais, os *shows* e os grupos dos mais variados gêneros passando pelo *rock*, samba, MPB, *hip hop*, nativismo, *jazz*, bossa nova e outros.

Muitos nomes e grupos se tornaram bem conhecidos na música popular porto-alegrense, entre os quais: Raul Ellwanger, Zé Caradípia, Cachorro Grande (uma banda), Gelson Oliveira, Renato Borghetti, Duca Leindecker, Humberto Gessinger, Geraldo Flach (1945-2011), Zilah Machado (1928-2011), Apocalypse, Os The Darma Lóvers (banda de *rock*), Karine Cunha, Arthur de Faria, Wander Wildner, Da Guedes (um grupo de *rap*) etc.

Porto Alegre se transformou numa referência para todo o Estado no âmbito da **música erudita**, sendo o principal polo produtor e irradiador desse estilo musical. De fato, a cidade possui um público considerável que aprecia esse gênero e, por isso, está no roteiro de concertistas de fama internacional.

A cidade conta com uma grande orquestra – a Orquestra Sinfônica de Porto Alegre [fundada em 1950, tendo à frente o maestro Pablo Komlós (1907-1978), sendo a mais antiga em atividade do País], além de uma Orquestra de Câmara Theatro São Pedro (criada em 1985), e diversos grupos menores de câmara e solistas vocais e instrumentais, bem como um grande número de escolas de música e espaços para apresentações.

Em relação a isso, certa vez o famoso maestro Isaac Karabtchevsky, que ocupou o cargo de diretor artístico da Orquestra Sinfônica da cidade, declarou: "Não há em nenhum canto do mundo uma identidade mais forte com a música clássica do que a constatada na população de Porto Alegre." Pode até parecer uma afirmação exagerada, mas o fato é que os porto-alegrenses realmente prestigiam as apresentações de música erudita.

Aliás, um fato concreto que apoia essa situação é o desenvolvimento da pesquisa acadêmica e da qualificação profissional avançada nos cursos de graduação e pós-graduação em **Música** da UFRGS. Além de ter dado origem a um significativo acervo de textos e publicações de musicologia e preparado uma grande quantidade de profissionais de música e novos professores, é parte inerente do funcionamento desses cursos a **organização de recitais públicos** bem qualificados e atraentes!!!

Destaque-se que a UFRGS na sua emissora de rádio oferece uma programação voltada prioritariamente para a população que aprecia a música erudita, o que significa que pode atualmente ser ouvida por muita gente. Há entretanto diversos outros espaços em que a música clássica pode ser ouvida, como: nos museus, nas empresas, nas escolas e até em hospitais e asilos. A própria pró-reitoria de Extensão da UFRGS organiza um ciclo de recitais e oficinas voltados para a música clássica.

Entre os grupos de câmara que já se notabilizaram na cidade estão o Trio de Madeiras de Porto Alegre (fundado em 1984), com um repertório diversificado; o grupo Ex-Machina, dedicado à divulgação de música contemporânea de sua própria autoria; e o grupo de Música Contemporânea de Porto Alegre, de perfil similar.

Também acontece anualmente em Porto Alegre o Festival de Música, no qual são divulgadas músicas de importantes autores brasileiros. Aliás a 14ª edição ocorreu em outubro de 2019 (depois de nove anos de interrupção) com o maior número de inscritos da história do evento com 359 candidatos. O evento é uma oportunidade de descoberta de novos talentos na música.

Em relação ao **cinema**, sua popularidade se estabeleceu em Porto Alegre desde que o gênero foi criado no fim do século XIX, passando a contar com vários espaços para exibição de filmes. Estima-se que existam na cidade cerca de 71 salas, tornando-a a terceira capital estadual mais bem servida em termos de salas de cinema por habitante, atrás apenas de Vitória e Florianópolis. Aliás, Porto Alegre é a capital estadual brasileira cuja população mais consome a **sétima arte**.

Porém, a cidade não apenas possui muitos espaços de apresentação como é também um local de significativa discussão, crítica e produção cinematográfica, contando com um grupo de cineastas com voz própria!!! Em 1984, por exemplo, foi produzido em Porto Alegre, *Verdes Anos*, de Carlos Gerbase e Giba Assis Brasil, que foi um marco do cinema local. Mais tarde o movimento cinematográfico se estruturou numa cooperativa, a Casa de Cinema, reunindo 11 realizadores que já tinham experiências em comum.

Ainda em atividade, a Casa de Cinema (fundada em dezembro de 1987) já produziu dezenas de filmes, vídeos, documentários especiais e séries de televisão, que por sua vez foram exibidos no Brasil e no exterior. Ela também organizou fóruns de debate e cursos de introdução à arte do cinema e de formação de roteiristas. Entre os títulos que receberam boa atenção do público, além de prêmios da crítica em anos recentes, estão: *Ilha das Flores*; *O Dia em que Dorival Encarou o Guarda*; *O Homem que Copiava*; *Tolerância* e *Saneamento Básico, O Filme*.

Além disso, realizam-se na cidade vários eventos cinematográficos importantes, como o Festival de Cinema Fantástico e o Festival de Cinema de Porto Alegre. No Clube de Cinema de Porto Alegre e em salas institucionais, como na Cinemateca Paulo Amorim, ocorrem seções nas quais os filmes são comentados.

Por fim, em março de 2015, o projeto de restauração do Cine Theatro Capitólio, e a instalação da Cinemateca Capitólio foi concluído. Além de servir como sala de exibição de filmes, o espaço tornou-se um local destinado à preservação da memória audiovisual do Rio Grande do Sul.

Já no que se refere a **literatura** e ao **teatro**, não se poderia deixar de citar que em Porto Alegre sempre houve uma grande movimentação, tanto na publicação de obras como na apresentação de espetáculos voltados para as **artes cênicas**. Seguindo dessa maneira a tradição consolidada pelos renomados escritores já falecidos Mário Quintana (1906-1994), Érico Veríssimo (1905-1975), Moacyr Jaime Scliar (1937-2011) e João Gilberto Noll (1946-2017) – que tornaram Porto Alegre uma referência como centro produtor e até a fizeram foco de suas obras –, conhecidos escritores continuam ativos, entre os quais Luís Fernando Veríssimo, Lya Luft, Luiz Antônio de Assis Brasil, entre outros.

A **literatura** é um assunto muito sério para um País, para qualquer região, pois, afinal de contas, é o seu rosto. Por exemplo, Luís Fernando Veríssimo obteve um grande sucesso com o seu livro humorístico o *Analista de Bagé*, lançado em 1981. Ele foi publicado originalmente em forma de crônica, editado em diversos jornais do País, sendo que as histórias desse analista retratam o estereótipo da personalidade típica dos bajeenses. Essas histórias, adaptadas para o teatro, estiveram em cartaz não só em Porto Alegre, mas por diversas temporadas nos teatros do Rio de Janeiro e São Paulo.

A personagem representa um gaúcho, psicanalista, supostamente freudiano e da linha ortodoxa, cujas palavras são marcantes e ilustrativas da sabedoria popular do Rio Grande do Sul. Sua assistente Lindaura, o auxiliava na abordagem de casos mais difíceis.

O analista, que afirma ter vivido uma infância normal, onde o que não aprendeu no galpão, aprendeu atrás do galpão (!?!?) se considera mais ortodoxo que a pomada Minâncora ou as pastilhas Valda. Sua **técnica do joelhaço**, no entanto é bastante heterodoxa, ou seja, contrária aos procedimentos vigentes – dependendo, é claro, do ponto de vista de cada profissional da psicanálise ...

Sua técnica se baseia no princípio de **provocar uma dor que seja maior** que a reclamada. Ou seja, quando o paciente viesse se queixar de suas dores subjetivas, dando um joelhaço no local correto, ele proporcionaria ao reclamante a vivência de uma dor tão intensa que faria com que esquecesse de todas as suas dores "menores".

Instituições e diversos órgãos dos poderes públicos, bem como os privados, têm desenvolvido uma significativa atividade de fomento, divulgação e publicação de livros. Há uma significaria quantidade de bibliotecas abertas e funcionando gratuitamente para os leitores, e também são organizados regularmente na cidade seminários, conferências, oficinas e encontros promovendo a **importância da leitura**, seguindo inclusive o que tem sido recomendado pelos estudos relacionados ao tema, feitos em nível superior e de pós-graduação nas IESs de Porto Alegre.

Ocorre anualmente em Porto Alegre, geralmente no mês de outubro, na praça da Alfândega, a **Feira do Livro**, que atrai multidões – inclusive gente do exterior – e se constitui em um importante elemento dinamizador do mercado literário, e já foi declarada **patrimônio imaterial da cidade**. A 65ª edição do evento ocorreu em novembro de 2019.

O **teatro** também possui uma longa tradição na cidade de Porto Alegre, e suas raízes encontram-se no século XIX. O destaque em nível nacional, entretanto, aconteceu na década de 1970, com os espetáculos apresentados no Teatro de Arena, que aliás se tornou um reduto da resistência política durante a **ditadura militar**, e também pela ação de importantes dramaturgos, como Carlos Carvalho e Ivo Bender. Atualmente Porto Alegre possui mais de 20 casas de teatro, destacando-se entre as maiores o Theatro São Pedro e o Teatro do Sesi, ambos totalmente equipados com tecnologia moderna, em especial no que se refere ao som e à iluminação.

A programação nesses teatros é contínua, abrangendo representações de todos os gêneros e para todas as idades. Algumas dessas peças repetem o sucesso alcançado, por exemplo, pela peça *A Mulher que Comeu o Mundo*, apresentada em 2008 pelo grupo de teatro Usina do Trabalho do Ator (que em 2017 comemorou 25 anos de atividades).

Há vários grupos profissionais e amadores em atividade nesses teatros, assim como diversos outros que se dedicam ao teatro de rua. Neste último caso, a prefeitura de Porto Alegre, além de oferecer vários prêmios ainda mantém um grande festival: o **Porto Alegre em Cena**, que já conquistou projeção internacional.

O **folclore** local, por sua vez, é o resultado da mistura de tradições muito diversificadas, trazidas por imigrantes de variadas procedências que formaram a população local, bem como aquelas legadas pelos povos indígenas autóctones e pelos descendentes de escravos africanos. Esse rico folclore, que abrange expressões de dança, literatura, música, teatro, religião, culinária e jogos infantis, foi sendo transmitido em salas de aula e por meio de outras atividades, com oficinas e recitação de histórias voltadas para o público jovem.

Por conta disso, um evento que se tornou muito famoso e importante na cidade é o **Festival Internacional de Folclore**, durante o qual há diversas atrações em vários pontos da cidade, principalmente nas escolas, com a apresentação de grupos folclóricos locais, nacionais e até internacionais, que são prestigiados por cerca de 35 mil pessoas.

Porto Alegre também se torna bastante animada por ocasião das múltiplas atividades organizadas pelo **Instituto Gaúcho de Tradição e Cultura**, uma entidade do governo estadual. Entre as celebrações e festejos tradicionais na cidade está a **Festa de Nossa Senhora dos Navegantes**, o maior evento religioso da capital gaúcha.

Embora não seja a padroeira da cidade – é a nossa Senhora Mãe de Deus –, a tradicional celebração a Nossa Senhora dos Navegantes (conhecida também como "Estrela do Mar") atrae centenas de milhares de pessoas da cidade e de fora, para expressar a sua devoção a protetora contra as tempestades e demais perigos que enfrentam aqueles que se deslocam no mar e nos rios. Na sua 145ª edição, mais de 400 mil pessoas estiveram nas ruas de Poa no dia 2 de fevereiro de 2020, para acompanhar a missa, seguir a procissão e agradecer pelas graças alcançadas!!! Esse evento é considerado **patrimônio imaterial** de Porto Alegre.

Outro evento muito importante é o Carnaval, que a cada ano ganha mais espaço entre os dez mais animados do País, liderando inclusive a audiência local na transmissão de televisão – e garantindo o emprego de alguns milhares de pessoas. O Carnaval de Poa acontece no Complexo Cultural do Porto Seco, localizado no bairro Rubem Berta, que foi inaugurado em 2004.

No que se refere ao **folclore urbano**, várias histórias se tornaram conhecidas no País, entre elas a dos crimes da rua do Arvoredo, a maldição do escravo da igreja da Nossa Senhora das Dores, a história da prisioneira do castelinho do Alto da Bronze e a da Maria Degolada, uma prostituta que acabou se tornando uma santa popular!?!?

Entretanto, entre tantas manifestações, como já foi dito anteriormente algo que ocupa o lugar mais privilegiado no cenário porto-alegrense é o **tradicionalismo gauchesco**, que tem representação no Movimento Tradicionalista Gaúcho. Estabelecido há muito tempo na cidade, ele se dedica à preservação e ao resgate do desenvolvimento da cultura gaúcha, e, neste sentido, associa cerca de 1.450 CTGs, legalmente constituídos.

Depois de ter ficado dormente na cidade no início do século XX, período marcado por intensa **urbanização** e **internacionalização**, o tradicionalismo foi ressuscitado nos anos 1940, por Barbosa Lessa e Paixão Cortes e hoje se tornou tão popular que acabou sendo absorvido por descendentes de imigrantes que não tinham nenhuma ligação com as origens históricas, étnicas e/ou campeiras do gaúcho do pampa. A partir daí, essas tradições se tornaram um verdadeiro estilo de vida para muitos habitantes urbanos.

Aliás, essa expressão folclórica pode ser percebida com muita clareza e intensidade nas comemorações da **Semana Farroupilha**, durante a qual é bastante relembrada a guerra dos Farrapos, com fortes associações cívicas e históricas!!!

No âmbito das **artes visuais**, desde que o **Instituto Livre de Belas Artes** foi fundado, em 1908, ele assumiu sua posição como principal centro de ensino, crítica e produção em artes visuais da cidade e também do Estado. De fato, do Instituto Livre – hoje uma unidade da UFRGS, na qual lecionaram muitos nomes eminentes – emergiram vários importantes artistas.

Nas últimas décadas, por exemplo, trabalhando ao lado de artistas de renome Internacional, como Vasco Prado (1914-1998), Francisco Alexandre Stockinger (1919-2009) e Iberê Camargo (1914-1994), outros mestres tiveram suas contribuições reconhecidas, como: Henrique Fuhro, Danúbio Gonçalves, Zorávia Bettiol, Mário Röhnelt, Milton Kurtz, Romanita Disconzi, Carlos Tenius, Carlos Carrion de Britto Velho, Maria Tomaselli Cirne Lima, Karin Lambrecht, Anico Herskovits e Alfredo Nicolaiewsky, que já como professores ampararam o surgimento de uma promissora nova geração de jovens talentos. Essas pessoas, além de trabalharem em seus próprios projetos, levaram adiante os questionamentos levantados ainda nos anos 1970 e 1980 por grupos conceitualistas, como Nervo Óptico e Espaço N.O.

Nos últimos tempos, entretanto, o **mercado da arte** vem demonstrando uma certa retração, além disso, a produção artística em meios tradicionais está sofrendo uma forte competição das novas mídias. Mesmo assim, especialmente na última década, grandes exposições de figuras históricas locais, foram sendo apresentadas, incluindo mostras retrospectivas de talentosos artistas, como: Carlos Petrucci, Oscar Boeira, Libindo Ferrás, Edgar Koetz, Pedro Weingärtner e Ado Malagoli. Aliás, o Museu de Arte do Rio Grande do Sul, além das exposições de seu acervo – que é o maior de artes visuais do

Estado –, tem organizado mostras importantes com as obras pertencentes a colecionadores privados e de outras instituições.

A pesquisa acadêmica também alcançou um patamar superior com a consolidação do curso de pós-graduação em Artes Visuais do Instituto de Artes da UFRGS e do curso de especialização em Artes Plásticas da PUCRS. Desde 1997, Porto Alegre é a sede da Bienal de Artes Visuais do Mercosul, que já ganhou respeito no exterior. A sua 11ª edição ocorreu entre 6 de abril e 3 de junho de 2018, sob o título *Triângulo do Atlântico* abordando o que interligou América, África e Europa nos últimos 500 anos.

Além disso, outros centros de produção e divulgação artística e associações de artistas, também assumiram um papel de relevo no circuito local, como foi o caso da Associação Rio-Grandense de Artes Plásticas Francisco Lisboa, que desde a sua fundação (em 1938) mantém um salão de arte dos mais importantes do Estado (com poucas interrupções) e o Centro Municipal da Cultura, Arte e Lazer Lupicínio Rodrigues (inaugurado em 1978), formando gerações de artistas por meio de vários cursos teóricos e práticas, e realizando uma grande quantidade de eventos relacionados com a EC.

Entre outras ações, a prefeitura tem contribuído muito ao reservar para as artes visuais uma categoria em seu prestigiado **prêmio Açorianos**, e organizando um **Salão Internacional de Desenho para a Imprensa**, promovendo cursos e oficinas para a população e projetos descentralizados e comunitários, e ainda oferecendo vários espaços para que os artistas façam suas exposições, como aquele da Usina do Gasômetro (aberta em 1991).

Na Casa de Cultura Mario Quintana (originalmente hotel Majestic), administrada pelo governo estadual, tem-se bibliotecas e há também vários espaços de produção, acervamento e divulgação da arte, entre os quais destacam-se suas oficinas, galerias e o Museu de Arte Contemporânea do Rio Grande do Sul (criado em 1992 e que em breve terá nova sede).

Na área privada, são bastante ativos e influentes no setor cultural de Porto Alegre, a Fundação Iberê Camargo e o Farol Santander (fica na praça da Alfândega). Ambos promovem exposições e outros eventos de alta qualidade, com grande repercussão na cultura local.

No que tange à **arquitetura** porto-alegrense, atualmente ela se apresenta como uma mosaico de estilos, mesclando o antigo e o moderno. Essa característica se revela mais visível no centro da cidade, ou seja, no núcleo urbano histórico, onde ainda sobrevivem alguns exemplares de edificações do século XIX e do chamado **"período áureo"** da arquitetura local, entre 1900 e 1930, aproximadamente.

Muitas das edificações mais antigas infelizmente já desapareceram ao longo do século XX para dar lugar a uma urbanização de linhas modernistas. Entre os prédios mais significativos do século XIX estão o *Solar Lopo Gonçalves*, que abriga o Museu de Porto Alegre Joaquim Felizardo, um bom exemplo de arquitetura senhorial da zona rural, e o *Solar dos Câmara* (anteriormente chamado de palacete do Visconde de Pelotas), a mais antiga construção residencial da cidade ainda de pé.

No **campo religioso**, são importantes a igreja Nossa Senhora das Dores, a mais antiga de Porto Alegre e declarada patrimônio nacional pelo IPHAN, e a paróquia Nossa Senhora da Conceição, a única em estilo colonial a conservar até hoje seu estado primitivo.

Ainda do século XIX, são considerados notáveis o Theatro São Pedro e o conjunto dos pavilhões históricos do Hospital Psiquiátrico São Pedro. Segundo os técnicos do IPHAN esse conjunto é a maior área edificada de interesse social do século XIX, e conta com uma estrutura de perfil neoclássico.

Já da fase áurea, quando predominou o **ecletismo**, destacam-se entre muitos outros ou palácio Piratini – a residência oficial do governador do Estado –; o Paço Municipal, um dos primeiros exemplos arquitetônicos a exibir a influência do positivismo na decoração de sua fachada; e o grande conjunto de edifícios construídos pela parceria estabelecida entre o arquiteto Theodor Wiederspahn, o engenheiro-construtor Rudolph Ahrons e o decorador João Vicente Friederichs, que deixaram obras como o edifício da antiga cervejaria Bopp, o prédio dos antigos Correios e Telégrafos, o prédio da Faculdade de Medicina da UFRGS e o edifício da antiga delegacia.

O *campus* central da UFRGS também é digno de nota pelos seus prédios imponentes, alguns deles projetados por Manuel Itaqui, um dos introdutores do *art noveau* na cidade. Já da geração seguinte, acompanhando em linhas gerais a estética *art déco*, são obras importantes a do Clube do Comércio e o palácio do Comércio. Finalmente, entre as construções modernistas, deve-se citar o palácio Farroupilha, que é sede da Assembleia Legislativa; o palácio da Justiça e o Centro Administrativo do Estado.

Nos últimos decênios, verificou-se o declínio da **escola modernista** e sua substituição pelos valores do pós-modernismo. Com isso, fez-se a releitura de estilos históricos pré-modernistas e criou-se um novo senso de ecletismo, liberdade e democracia formal. Os exemplos mais paradigmáticos dessa tendência são edificações como os *shopping centers*, que nos últimos anos têm pontuado a paisagem, embora tendo um gosto duvidoso no que se refere a sua pertinência na paisagem urbana local.

Foi com a criação em 1981 da equipe do Patrimônio Histórico e Cultural, que teve início um processo de estudo e resgate dos bens culturais de propriedade do município, de especial interesse histórico, social e arquitetônico. Assim, sistematizou-se os tombamentos municipais que haviam se iniciado a partir de 1979. Vale lembrar que até o final de 2018, o município já tinha tombado cerca de 75 bens históricos, mais de duas dezenas foram em nível estadual. E com o projeto Viva o Centro a prefeitura está buscando reabilitar o centro histórico de maneira a valorizar seu patrimônio cultural e ambiental.

A cidade possui muitos museus de várias categorias. Além dos já citados, os mais destacados são: Museu Júlio de Castilhos, Pinacoteca Barão de Santo Ângelo, Memorial do Rio Grande do Sul, Museu de Comunicação Social Hipólito José da Costa e o Arquivo Público do Estado.

Desde 1990, Porto Alegre tem sediado a seção regional do Sistema Brasileiro de Museus, desenvolvendo um importante trabalho de intercâmbio e divulgação cultural, além de oferecer cursos, seminários e palestras. Ressalte-se que com a inauguração do Memorial Luiz Carlos Prestes, em outubro de 2017, Porto Alegre entrou para o grupo de cidades brasileiras que abrigam obras do renomado arquiteto Oscar Niemeyer.

Quando o assunto é **esporte**, a cidade de Porto Alegre já se destacou em diversos deles. Porém, o futebol é naturalmente o mais popular entre os porto-alegrenses, que se orgulham de torcer para dois dos mais importantes times de futebol profissional do Brasil: os grandes rivais Grêmio e Internacional. Ambas equipes já se tornaram campeãs mundiais de clubes, e juntas protagonizam um dos maiores clássicos do futebol mundial: o **Gre-Nal**. Essa expressão surgiu em 1926, quando o jornalista Ivo dos Santos Martins (torcedor do Grêmio), cansado de escrever por extenso os longos nomes dos clubes, criou o termo, (usando também Grenal).

O Grêmio Foot-Ball Porto Alegrense, conhecido apenas por Grêmio, foi fundado em 15 de setembro de 1903, por um grupo de mais de 30 pessoas reunidas no *Salão Grau*, restaurante de um hotel da antiga rua 15 de Novembro (atual rua José Montaury), no centro de Porto Alegre.

O primeiro jogo oficial do clube foi contra o Fuss Ball Club Porto Alegre, em 6 de março de 1904, e durante uma jornada dupla (dois jogos na mesma tarde), quando o Grêmio garantiu suas duas primeiras vitórias, ambas pelo placar de 1 a 0. Somente em 18 de julho de 1909 aconteceria o primeiro jogo envolvendo o Grêmio e seu futuro arquirrival, o Sport Club Internacional, numa partida em que o Grêmio conseguiu uma vitória arrasadora: **10 a 0**.

O primeiro uniforme da equipe era metade azul e metade preto (!!!), porém, atualmente as cores do Grêmio são o azul, o preto e o branco. A mascote do **tricolor gaúcho**, adotada oficialmente em 1946, foi a figura do **mosqueteiro**. Em 2001 foi realizado um concurso para a escolha de um novo desenho de mascote que seguisse o padrão da figura, cujo vencedor foi Hilton Edeniz de Oliveira Ávila.

Por conta de seu histórico vitorioso em competições do tipo mata-mata, e também do seu grande desempenho ao longo das décadas, a equipe foi ganhando várias alcunhas como: "**imortal tricolor**", "**tricolor dos pampas**", "**tricolor gaúcho**" e "**rei das Copas**". O time já foi campeão da Copa Libertadores da América em três ocasiões (1983, 1995 e 2017), sendo o clube brasileiro com mais conquistas nessa competição, ao lado das equipes paulistas do São Paulo e do Santos. O Grêmio também foi vice em duas outras oportunidades, sendo a única equipe nacional a ter chegado à decisão em quatro décadas diferentes.

O Grêmio também é o primeiro clube fora do sudeste do País a conquistar títulos de dimensão continental e até mundial, tendo se sagrado campeão da América e do mundo em 1983. Ele também é bicampeão da Recopa Sul-Americana, tendo conquistado esse torneio em todas as vezes em que disputou. Foram ainda dois Campeonatos Brasileiros da série A, e um da série B; cinco Copas do Brasil (sendo a equipe recordista ao lado do Cruzeiro); uma Copa Sul (o único vencedor desta competição) e um título do Campeonato Sul-Brasileiro (sendo também o único vencedor dessa competição). O Grêmio já foi campeão do Campeonato Gaúcho 38 vezes, nas 77 vezes que o disputou.

Ao longo de sua história, o clube já revelou vários futebolistas de renome internacional, como: Danrlei, Baltazar, Alcindo, Lucas Leiva, Emerson, Douglas Costa, Renato Portaluppi (que aliás era o seu técnico em 2020), Anderson Polga, Valdo, Mazzaropi, Ronaldinho Gaúcho, Pedro Geromel, Luan, Arthur etc.

Estima-se que no final de 2020 fossem mais de 90 mil torcedores pagando regularmente as mensalidades do Grêmio. O time também conta com a sétima maior torcida do País, que regularmente lotam sua arena atual, cuja capacidade é para 55.662 torcedores. Aliás, a torcida do tricolor gaúcho se identifica bastante com a cultura incondicional das *hinchas* platinas (em particular dos clubes mais famosos de Buenos Aires, como o River Plate, o Boca Júniors, o Racing e o Independiente), sendo por isso considerada por muitos entendidos como a mais **fanática** do País!!!

Isso se reflete no seu engajamento, no seu profundo conhecimento sobre a história do clube e também na sua disposição em prover recursos à equipe, seja por meio da compra de produtos (em especial camisetas) ou da presença no estádio. Deve-se levar em conta que muitos torcedores gremistas vivem fora de Porto Alegre, e, mesmo assim, não deixam de visitar periodicamente a capital gaúcha para assistir aos jogos do seu time!!!

Em 19 de setembro de 1954 o Grêmio inaugurou um grande e antigo projeto: o estádio Olímpico, com capacidade para 38 mil espectadores. O evento foi marcado com uma partida contra o forte oponente internacional, o Nacional de Montevidéu, que o Grêmio venceu por 2 a 0.

Nos anos seguintes o Grêmio disputou treze campeonatos, vencendo doze deles!!! Ele conquistou o pentacampeonato gaúcho e metropolitano (entre 1956 e 1960,) e o heptacampeonato gaúcho (entre 1962 e 1978), sendo essa a maior sequência de títulos do Campeonato Gaúcho do clube.

Vale lembrar que nessa época o histórico zagueiro do clube, Airton Ferreira da Silva (conhecido como Airton Pavilhão), foi **unodecampeão** (11 vezes) do Campeonato Gaúcho, ou seja, de 1956 a 1967 (a única exceção foi em 1961). Posteriormente ele foi convocado para a seleção brasileira entre 1960 e 1964.

O outro período de grandes glórias do Grêmio foi entre 1991 e 2002, especialmente a partir de 1993, quando a equipe voltou a vencer o Campeonato Gaúcho e inclusive contratou o técnico Luiz Felipe Scolari (Felipão), que já havia passado pelo clube em 1987. Sob o seu comando, o Grêmio conquistou vários títulos importantes, inclusive a Copa Libertadores de 1995. Ele também foi vice-campeão mundial no mesmo ano. Aliás, Felipão comandaria a seleção do Brasil em sua jornada rumo ao pentacampeonato na Copa do Mundo de Futebol da FIFA, em 2002.

Depois de alguns percalços, inclusive a queda para a Série B (pela 2ª vez) em 2005, o período entre 2012 e 2018 marcou o retorno do "rei das Copas". Assim, já sob o comando do técnico Renato Gaúcho, o Grêmio se tornou pentacampeão da Copa do Brasil e, em 2017, conquistou a Copa Libertadores da América pela terceira vez.

Em 29 de agosto de 2011, a diretoria do clube resolveu construir uma arena no padrão FIFA. Esse novo estádio foi concluído em 8 de dezembro de 2012, e sua partida inaugural foi um amistoso contra o time alemão do Hamburgo, vencido pelos anfitriões por 2 a 1. A construção dessa nova arena custou R$ 600 milhões de reais.

O Grêmio tem como rival histórico o Internacional, e, como já foi dito, as partidas entre os dois clubes são conhecidas como Gre-Nal. As duas torcidas praticamente dividem o Estado do Rio Grande do Sul, e principalmente a cidade de Porto Alegre, sendo que os torcedores de um normalmente apoiam o adversário do outro (!?!?) nas partidas realizadas na cidade. Por enquanto o Internacional está levando uma vantagem no Gre-Nal, tendo um número de vitórias superior àquele do Grêmio (mais de 20).

O hino do Grêmio já teve algumas versões, mas o atual foi composto por Lupicínio Rodrigues (o "Lupi") em 1953, que era um gremista fanático. Ao longo de suas estrofes, o hino cita a fé e o fanatismo dos gremistas, e inclusive destaca o **craque imortal** Eurico Laro (goleiro que atuou no Grêmio entre as décadas de 1920 e 1930). Outra referência histórica é o verso que diz: **"Com o Grêmio e onde o Grêmio estiver"**, estampado numa faixa feita por Alfredo Obino, e o conceituado maestro Salvador Campanella foi quem elaborou a partitura da canção!!!

Caro (a) leitor (a), se você quiser saber mais peculiaridades sobre o Grêmio, saiba que somente no século XXI já foram escritos mais de 20 livros bem interessantes sobre esse clube, relatando a sua história, destacando as figuras relevantes e suas conquistas.

O outro clube importante de Porto Alegre é o Sport Club Internacional, mais conhecido como Internacional ou Inter de Porto Alegre. Ele é um clube multiesportivo fundado em 4 de abril de 1909, pelo jornalista Henrique Poppe Leão, e seus irmãos Luiz Madeira Poppe e José Eduardo Poppe. Em 1901 os três se transferiram de São Paulo para Porto Alegre e, na época, encontraram grandes dificuldades para praticar o futebol, uma vez que os principais clubes de Porto Alegre restringiam os participantes a descendentes de alemães. Vale lembrar que, naquele tempo, muitos clubes tinham uma grande identificação com colônias de imigrantes de determinada etnia ou nacionalidade – como o Palestra Itália paulista (atual Palmeiras) em relação aos italianos ou o Vasco da Gama no Rio de Janeiro, em relação aos imigrantes portugueses.

A escolha do nome "Internacional" tinha por escopo distinguir esse clube como aquele em que todos poderiam jogar, independentemente de sua origem, raça ou *status* social. O clube foi criado com o objetivo de ser uma instituição democrática e sem preconceitos.

O Inter tem no seu uniforme as cores vermelho e branco, e seus torcedores são conhecidos como "**colorados**". Os primeiros treinos do Inter, em 1909, aconteceram num terreno baldio situado no fim da rua Arlindo, entre a Saldanha Marinho e José de Alencar. No final de 1910 o time foi para campo da Várzea, que era compartilhado com o time do Colégio Militar.

Muito tempo se passou até que o engenheiro Ildo Meneghetti fosse eleito presidente do Inter, em 1929. Um dia ele se deparou com um terreno na rua Silveiro, praticamente no limite da cidade de Porto Alegre, e decidiu comprá-lo. A partir daí, com o objetivo de levantar dinheiro para a construção do estádio dos Eucalípitos, Meneghetti colocou à venda ações do clube. O estádio foi inaugurado em março de 1931, com um Gre-Nal vencido pelo Internacional por 3 a 0. Nessa época o estádio dos Eucaliptos, que mais tarde ganharia o nome de Ildo Meneghetti, possuía 10 mil lugares, com um pavilhão de madeira na rua Silveiro e uma arquibancada de cimento do lado oposto.

Para a realização da Copa do Mundo de Futebol no Brasil, em 1950, o pavilhão da Silveiro também passou a ser de concreto (por exigência da Confederação Brasileira de Desportes – CBD). No local foram realizados dois jogos da competição. A última partida do estádio dos Eucaliptos foi disputada em março de 1969, quando o Inter ganhou do time mais antigo do futebol brasileiro (o Rio Grande) por 4 a 1, com a participação do seu grande ídolo, o "velho" Tesourinha, que jogou apenas alguns minutos... O Eucaliptos resistiu ao tempo por quase 80 anos, no bairro Menino Deus, até que foi vendido para uma construtora em agosto de 2010.

No final dos anos 1950, o Inter sabia da necessidade de ter um hino, uma canção formal de celebração dos sentimentos colorados. Assim, realizou-se um concurso para a escolha desse hino, com muitos candidatos. Todavia, nenhum dos hinos participantes satisfez a alma colorada como aquele que foi feito numa tarde de sofrimento por um torcedor, o Nélson Silva.

Isso aconteceu num dia que o Inter disputava uma partida com o Aimoré, em 1957, e não estava se saindo nada bem. Então, enquanto escutava o jogo e esperava a namorada, o sofrido e irritado torcedor Nélson Silva – que era um compositor carioca (do morro), músico do conjunto Águias de lá Medianoche, e morador de Poa desde 1943 – acabou esquecendo do seu compromisso e, muito bravo, foi sentar-se na mesa de um bar que ficava em frente...

Por motivos que somente o artista poderia explicar, ele começou a escrever um hino de louvação ao Inter. Quando concluiu a última estrofe (com "**o clube do povo do Rio Grande do Sul**"), ele teve a sensação de que era isso que seria cantado pelo torcedor. E foi o que aconteceu, pois mesmo sem participar do concurso, seu *Celeiro de Ases* foi escolhido como hino oficial do Inter e do torcedor colorado, e Nélson Silva doou os direitos ao clube!!!

Para identificar o Inter como um clube do povo, nas páginas esportivas da antiga *Folha Desportiva* e do jornal *A Hora*, surgiu na década de 1950 a figura do "Negrinho", um personagem cheio de ironia e malandragem. Com o tempo, o Negrinho acabou virando o Saci, aquele que gosta de armar ciladas contra as pessoas. Certamente essa foi uma analogia ao que o Inter faria nos campos de futebol. Hoje o Saci é a **mascote** da equipe!!!

A década de 1960 foi uma época bem difícil para o Internacional, que se dedicou muito à construção de seu novo estádio, o Beira-Rio. Na verdade, a história dessa construção começou em 12 de setembro de 1956, quando o vereador Ephraim Pinheiro Cabral (um homem do futebol, que por diversas vezes presidiu o Inter), apresentou na Câmara de Vereadores de Porto Alegre o projeto de doação de uma área que seria aterrada no lago (rio!?!?) Guaíba!?!?

De fato, o que o Inter acabou ganhando foi um terreno dentro da água. Só em 1959 é que o clube fincou as primeiras estacas do Beira-Rio. O estádio foi construído em grande parte com a contribuição dos torcedores – muitos vindos inclusive do interior do Estado –, que traziam tijolos, cimento e até ferro para obra. Foi feita uma grande divulgação e havia programas especiais de rádio para mobilizar os colorados por todo o Rio Grande do Sul. Consta que até o craque Falcão, mais tarde um ídolo colorado, chegou a trazer tijolos para construção... O Beira-Rio foi inaugurado no dia 6 de abril de 1969, num domingo, 2 dias e 60 anos após a fundação do clube.

No jogo inaugural, contra o Benfica de Portugal (visto por mais de 100 mil pessoas...), Claudiomiro fez o primeiro gol do Inter no novo estádio. E de repente um homem grandalhão começou a chorar e a abanar para a torcida, enquanto dava a volta olímpica no gramado: era **Rui Tedesco**, o engenheiro que concluiu o Beira-Rio. Os dirigentes também estavam muito felizes, mas nada era maior que o orgulho dos torcedores da equipe, afinal, naquele dia nasceu "**o gigante do Beira-Rio**."

E de fato a década de 1970 marcou um incrível domínio do "colorado" no âmbito nacional. A equipe venceu todos os campeonatos estaduais entre 1969 e 1976, tornando-se o **único octacampeão gaúcho**. O time também foi o ganhador do Campeonato Brasileiro de 1979, e de forma invicta – façanha jamais repetida por qualquer outro clube brasileiro – sendo o único caso de clube tricampeão brasileiro na região sul do País.

Além disso, três anos antes ele chegara à hegemonia no cenário nacional, sendo bicampeão brasileiro em 1975 e 1976. Com o técnico Rubens Minelli no comando na maioria dos títulos, o Internacional tinha em seu time na década de 1970 craques como Falcão, Figueroa e Carpegiani, além de outros jogadores de destaque, como Valdomiro, Claudiomiro, Manga, Batista, Caçapava etc. Em 1979, ao ganhar de forma invicta o Campeonato Brasileiro, na época tendo Ênio Andrade como técnico, o Inter foi chamado de "**o time que nunca perdeu**".

O clube também foi o primeiro da região sul a decidir um título da Copa Libertadores, tornando-se vice-campeão em 1980. O Inter se manteve durante 24 anos seguidos (entre 1975 e 1998) como líder no *ranking* de pontos do Campeonato Brasileiro, disputando 7 semifinais, 3 fases finais e 4 finais. Sem dúvida o Inter é um dos clubes de futebol mais bem-sucedidos do Brasil e das Américas nos últimos anos, sendo o **terceiro maior** campeão internacional do País, com sete conquistas oficiais, atrás somente do Santos e do São Paulo.

Dentre as maiores glórias do Inter no futebol, destacam-se as conquistas do Mundial de Clubes da FIFA, em 2006, e os dois títulos da Copa Libertadores, em 2006 e 2010, além de uma Copa Sul-Americana (invicto), dois títulos da Recopa Sul-Americana e uma Copa Suruga Bank. No Campeonato Gaúcho, o Inter é o maior vencedor da competição, com 45 títulos até agora.

Ao longo de sua história o Inter teve muitos técnicos famosos, entre eles Abel Braga, Muricy Ramalho, Diego Aguirre e, inclusive, Dunga (Carlos Caetano Bledorn Verri), que foi revelado no próprio clube e acabou se tornando um excelente jogador. Entre suas façanhas na equipe, está o fato de tê-la salvado do rebaixamento em 1999, com um gol no último minuto de um jogo dramático contra o Palmeiras. Por conta de tudo isso, ele é considerado um **ídolo eterno** da torcida colorada.

Dunga também foi o capitão da seleção brasileira ganhadora da Copa do Mundo de 1994, nos EUA. Posteriormente, ele foi convidado a se tornar o técnico do selecionado, que disputou a Copa do Mundo de Futebol de 2010, na África do Sul. Infelizmente o desempenho da equipe no evento foi sofrível. Para a temporada de 2013 o Inter contratou Dunga para ser o seu técnico por um período de dois anos.

Nessa época, embora mandando suas partidas fora de casa – seu estádio estava em reforma –, o Inter conquistou o Campeonato Gaúcho pela terceira vez seguida. Porém, a equipe acabou sendo eliminada nas quartas de final da Copa do Brasil, e também não teve uma boa participação no Campeonato Brasileiro. Então, após quatro derrotas seguidas no returno, o técnico Dunga foi demitido...

Vale lembrar que não foi só ele que não durou muito como técnico, uma vez que outros jogadores famosos que atuaram no clube e se tornaram técnicos da equipe também não duraram muito. Dois bons exemplos disso foram Falcão e Clemer.

O Inter é um dos clubes mais populares do futebol brasileiro, com sua torcida sendo estimada em 6,5 milhões de pessoas, espalhadas principalmente pelas regiões sul e centro-oeste do País. No que se refere a programas sócio-torcedor, o Inter foi o pioneiro no Brasil, lançando-o em 2003. Estima-se que no início de 2020 o número de sócios ativos estivesse próximo de 128 mil.

Isso lhe permitiu igualar suas finanças àquelas das principais equipes do eixo Rio-São Paulo. Em 2017, o Inter apareceu como a sexta marca mais valiosa do futebol brasileiro, avaliada em R$ 627,3 milhões (apesar de que nesse ano disputou a Série B do Campeonato Brasileiro, tornando-se vice--campeão e a retornou a série A).

O clube se tornou também um celeiro de revelações, sendo reconhecido como uma das equipes que melhor cuidava das **categorias de base** do País. Isso é super importante, uma vez que é delas que saem muitos dos seus reforços, bem como jogadores para os principais times do Brasil. Um ótimo exemplo foi o goleiro Cláudio Taffarel, revelado em 1985, que se tornou um dos maiores na posição de todos os tempos, sendo inclusive tetracampeão mundial em 1994 com a seleção brasileira.

Como curiosidade, deve-se destacar que em 25 de janeiro de 2020, o Inter venceu nos pênaltis o seu arquirrival Grêmio, na decisão da 51ª edição da Copa São Paulo de Futebol Júnior – a Copinha –, a maior competição de futebol de equipes sub-20 (com 127 times participantes) do País, em partida realizada no estádio do Pacaembu, em São Paulo.

Na Copinha uma equipe sub-20 pode ser formada com jogadores que têm idade máxima de 20 anos e mínima de 15 anos completos. Essa competição tem revelado todos os anos muitos jogadores talentosos para seguirem suas carreiras no futebol profissional, e não apenas em clubes como o Internacional ou o Grêmio. De fato, esses garotos são imediatamente cobiçados pelos mais importantes times do Brasil e do mundo, que lhes oferecem contratos milionários!!!

A partir de 2011 o clube empenhou-se bastante na reforma do estádio Beira-Rio, assim, durante praticamente os dois anos que demoraram as obras, o Inter precisou utilizar outros estádios para realizar suas partidas, sendo que muitas delas aconteceram no estádio Centenário (em Caxias do Sul) ou no estádio do Vale (em Nova Hamburgo). Atualmente o Beira-Rio é um dos estádios mais modernos de futebol sul-americano. O estádio possui uma cobertura em formato de folhas, e sua fachada foi totalmente remodelada, ostentando hoje as duas cores do clube. Durante a Copa do Mundo de Futebol, realizada no Brasil em 2014, ele sediou cinco partidas.

Outro fato importante sobre o Beira-Rio é que antes mesmo da grande reforma, o estádio abrigou um evento que entraria para o *Guinness Book* (o livro dos recordes). Em 7 de dezembro de 2010, o estádio recebeu o maior público da história para uma só sessão de cinema: foram 27.022 pessoas presentes na projeção do documentário *Absoluto Internacional – Bicampeão da América*, que contava a história do título conquistado pelo Inter quatro meses antes.

E por falar em história, existem mais de três dezenas de bons livros contando as façanhas e os fatos relevantes da história do Inter. Entre eles dois que merecem destaque são: *O Time que Nunca Perdeu*, de Paulo Roberto Falcão; e *Os Dez Mais do Internacional*, elaborado por Kenny Braga.

Além das glórias no futebol, o Inter também tem se destacado em outras modalidades esportivas, coletivas e individuais, como atletismo, basquete, boxe, *taekwondo*, voleibol e futebol de salão. O clube também obteve muitas conquistas no futsal masculino, tendo sido uma das forças nesse esporte. A equipe conquistou 8 vezes o Campeonato Estadual, venceu a Liga Futsal em1996, a Copa Libertadores de Futsal de 2000 e a Copa Intercontinental de Futsal de 1996.

Um importante destaque de Porto Alegre foi na ginástica olímpica, com Daiane dos Santos, que se tornou uma estrela internacional, brilhando nos Jogos Olímpicos e conquistando em sua carreira nada menos que 18 troféus e 110 medalhas. No judô, João Derly se tornou bicampeão mundial; Tiago Camilo foi eleito em 2007 o melhor judoca do mundo e Mayra Aguiar conquistou a medalha de prata no Mundial de Judô de Tóquio, em 2010.

Anualmente a capital do Rio Grande do Sul abriga a Maratona Internacional de Porto Alegre, que conta com um dos percursos mais bonitos do País. Em 2 de junho de 2019, aconteceu a 36ª edição do evento, que contou com 10 mil inscritos, e representantes de 11 países. Os vencedores das provas masculina e feminina foram os atletas brasileiros Alisson Peres da Rocha e Cristiane Alves Silva, respectivamente, superando o favoritismo dos africanos do Quênia.

Nos esportes aquáticos, a vela desempenha um papel muito importante na cidade, com clubes tradicionais como o Veleiros do Sul e o Clube dos Jangadeiros, nos quais se formaram medalhistas em várias competições, incluindo de caráter olímpico, como Fernanda Oliveira, Isabel Swan e Alexandre Paradeda.

Na natação obtiveram bons resultados nos cenários nacional e internacional Michelle Lenhardt, Betina Lorscheitter e Samuel de Bona. Atualmente há diversos clubes tradicionais na cidade, que contam com equipamentos esportivos, equipes oficiais e escolas de várias modalidades esportivas. Esse é o caso da Associação Leopoldina Juvenil, do Grêmio Náutico União, e da Sociedade de Ginástica Porto Alegre (Sogipa).

Recife e Olinda

Os passageiros no seu passeio de barco no rio Capibaribe, apreciando a arquitetura de Recife, uma mistura de edifícios históricos e contemporâneos.

A bela arquitetura barroca na cidade de Olinda.

PREÂMBULO DE RECIFE

Recife é um lugar vivo, pulsante, histórico e cultural, que dispõe de diversas atrações incríveis, tanto para moradores quanto para visitantes. Uma delas é o Marco Zero, uma ampla praça cercada de um lado por prédios históricos do final do século XVII, e do outro pelo rio Capibaribe, que corta a cidade. Aliás, no chão dessa praça está pintada a emblemática "**rosa dos ventos**", em cujo centro encontra-se uma peça de metal que marca o início da contagem das distâncias entre Recife e outras localidades – uma delas, Olinda, bem próxima, outro **tesouro** nacional!!!

Recife também conta com belíssimas praias, em especial a do Pina, que é bastante popular. Quem a frequenta pode desfrutar de uma longa faixa de areia repleta de coqueiros, quiosques e barracas, além de, é claro, poder banhar-se no mar verdinho, típico da região.

Mas para os que preferem curtir a vida noturna da cidade, existem diversas opções, como: o bar *Birutas*, também localizado na praia do Pina, que nas noites de quarta-feira oferece música ao vivo. Outra sugestão é o bar *Central*, um local bem descolado que conta com uma excelente cozinha. Tem também o *UK Pub*, um dos melhores lugares para se beber, encontrar amigos, dançar ou apenas curtir música.

Um bar também bastante recomendado é o *Burburinho*, que abre para o almoço, mas é a noite que ferve, ficando cheio de gente que se reúne não apenas para apreciar *shows* de diversos ritmos (*rock*, MPB, *blues* etc.), mas também para comer seus pastéis super recheados.

E por falar em comida, em Recife está o restaurante *Leite*, que foi inaugurado em 1882 – quando o Brasil ainda tinha escravos e era governado por dom Pedro II –, e funciona até hoje. Entre seus clientes estava o famoso escritor Jorge Amado (1912-2001), que costumava passar as férias na cidade com sua família e acabou criando ali um de seus mais importantes personagens.

Ao contrário do que muitos pensam, Quincas Berro D'Água – responsável por divulgar as histórias da Bahia para o mundo – não surgiu nas ladeiras e nos becos escuros do Pelourinho, tampouco na orla do cais de Salvador. Esse pacato chefe de família, que se tornaria um grande beberrão, foi mesmo inspirado num personagem cachaceiro da praia do Pina.

A HISTÓRIA DE RECIFE

Recife é a capital do estado de Pernambuco, mas num raio de 300 km exerce **influência** sobre três outras importantes capitais estaduais: João Pessoa (a 122 km), Maceió (a 257 km) e Natal (a 286 km). No início de 2020 estima-se que vivessem em Recife cerca de 1,7 milhão de habitantes.

O município tem uma área total de 218 km^2, sendo relativamente pequeno se comparado a outras capitais estaduais. Os municípios limítrofes de Recife são: Jaboatão dos Guararapes, São Lourenço da Mata, Camaragibe, Paulista e Olinda – que, aliás, encontra-se cada vez mais **conurbada** com a capital pernambucana.

Já a Região Metropolitana de Recife (RMR), que foi criada em 8 de junho de 1973, é formada hoje por 15 municípios: Abreu e Lima, Araçoiaba, Cabo de Santo Agostinho, Camaragibe, Goiana, Igarassu, Ilha de Itamaracá, Ipojuca, Itapissuma, Jaboatão dos Guararapes, Olinda, Moreno, Paulista, Recife e São Lourenço da Mata. Em 2020 a RMR se tornou o quarto aglomerado urbano mais populoso do Brasil, com 4,2 milhões de habitantes, sendo apenas superado pelas concentrações urbanas de São Paulo, Rio de Janeiro e BH.

Arrecife é a forma mais antiga do vocábulo **recife**, ambos originários do árabe *ár-raçif*, cujos significados são: calçada, caminho pavimentado, dique, paredão, cais, molhe etc. O vocábulo foi utilizado em sua forma arcaica, "arrecefe", em 1258, como registrado pelo dicionarista José Pedro Machado.

O topônimo da atual cidade do Recife resulta de um acidente geográfico, cuja designação foi registrada pela primeira vez no *Diário* de Pero Lopes de Souza. Em 1532, ele denominou o porto natural do local como "Barra dos Arrecifes" e, no chamado **foral** (carta de direitos feudais) de Olinda em 1537, no qual o seu primeiro donatário, Duarte Coelho, nomeou o local de "Ribeira do Mar dos Arrecifes dos Navios".

Já no mapa do cartógrafo João Teixeira Albernaz (em 1618), o local encontra-se registrado como "Lugar do Recife", numa menção aos primórdios da antiga povoação, que depois seria chamada de Vila de Santo Antônio do Recife (em 1709) e, finalmente, de cidade do Recife (em 1823).

Um fato interessante sobre o nome do município, é que dentro de frases ele é antecedido pelo artigo masculino, como acontece com os municípios do Rio de Janeiro, do Crato, do Cabo de Santo Agostinho, entre outros. A esse respeito, muitos intelectuais recifense e pernambucanos já se pronunciaram, uns contra e outros a favor!?!?

Gilberto Freyre, por exemplo, defende o uso do artigo masculino, tendo inclusive escrito um livro sobre isso, intitulado *O Recife, sim! Recife não!*, publicado em 1960. Já o gramático Napoleão Mendes de Almeida afirmou, em longo arrazoado, que **não se deve usar o artigo definido** para fazer referência à cidade, mas apenas ao bairro homônimo: "**o bairro do Recife, na cidade de Recife**."

Por volta do ano 1000, acredita-se que os índios tapuias, que ocupavam uma região da atual cidade do Recife, tenham sido expulsos para o interior do continente pelos povos tupis procedentes da Amazônia. Então, quando os europeus chegaram à região, no século XVI, ela estava ocupada pelo povo tupi dos caetés.

A atual área do RMR foi palco de muitos dos primeiros fatos históricos do Novo Mundo. No Cabo de Santo Agostinho, por exemplo, ocorreu possivelmente o descobrimento pré-cabralino do Brasil, pelo navegador espanhol Vicente Yáñez Pinzon, no dia 26 de janeiro de 1500. Já na ilha de Itamaracá, estabeleceu-se em 1516 o **"primeiro governador das partes do Brasil"**, Pero Capico, que aí construiu o primeiro engenho de cana-de-açúcar de que se tem notícia na América portuguesa.

Desde há muito tempo o atual município de Recife tem a sua origem associada ao do município de Olinda. Durante os anos anteriores à invasão pela Companhia das Índias Orientais, o povoado de Recife existiu apenas em função do porto, e à sombra da sede de Olinda, um local que fora escolhido como residência pela aristocracia por conta de sua localização elevada, o que facilitava a sua defesa.

Assim, ergueram-se ali fortificações e paliçadas, em defesa do povoado e do porto de Recife, todas voltadas para o mar. Todavia, considerando-se que Pernambuco era na época o centro da economia colonial, os temores voltaram-se para o oceano, por conta dos constantes ataques ao litoral da América portuguesa pelos piratas.

O "**saque de Recife**" em 1595, um fato também conhecido como a "expedição pernambucana de Lancaster", foi na realidade apenas um episódio da guerra Anglo-Espanhola. Liderada pelo almirante inglês James Lancaster, essa foi a única expedição do corsário inglês diretamente ao Brasil, e representou o mais rico butim da história da navegação no período elisabetano.

Na época, a união dinástica entre as monarquias de Portugal e da Espanha – a chamada União Ibérica – colocou o Brasil em conflito com as potências europeias que eram amigas de Portugal, mas inimigas da Espanha, como era o caso da Inglaterra e da Holanda.

Poucos anos após derrotarem a **Invencível Armada** espanhola, em 1588, os ingleses tiveram acesso a manuscritos portugueses e espanhóis que detalhavam a costa do Brasil. Um deles, de autoria do mercador português Lopes Vaz, foi publicado em inglês e enfatizava as qualidades da rica vila de Olinda, ao dizer que: "**A mais importante cidade da costa pernambucana é Olinda!**"

Aliás, essa opulência pernambucana impressionou a muita gente. De fato, o comentário vigente na época era que: "Em Pernambuco há fazendas maiores e mais ricas que as da Bahia. Em seus banquetes são oferecidas iguarias extraordinárias, os seus leitos são de damasco carmesim, franjados de ouro e com ricas colchas da Índia. Enfim, em Pernambuco, pode-se observar mais vaidade que em Lisboa!!!"

Assim, a capitania de Pernambuco passou a ser vista pelos ingleses como um "macio e suculento pedaço do império de Felipe II", motivo pelo qual foi organizada a expedição de James Lancaster. Ela saiu de Blackwall, na Grande Londres, em outubro de 1594 e então navegou pelo oceano Atlântico, capturando vários navios ao longo do trajeto, antes de chegar a Pernambuco.

Logo na chegada, Lancaster tomou o porto do Recife, onde permaneceu por quase um mês, rechaçando uma série de contra-ataques portugueses antes de partir. O montante de açúcar, pau-brasil, algodão e mercadorias de alto preço saqueado foi **grande**, o que obrigou Lancaster a fretar navios holandeses e franceses que lá estavam, para levar as mercadorias para a Inglaterra.

O lucro dos investidores nessa expedição – entre eles Thomas Cordell, o então prefeito de Londres, John Watts, um vereador da capital inglesa, e a própria rainha da Inglaterra – foi **assombroso**!!!

Com tal desfecho, essa expedição foi considerada um absoluto sucesso militar e financeiro. Após esse assalto sofrido com a chegada da expedição de James Lancaster, a capitania de Pernambuco, na época **a maior produtora de cana-de-açúcar do mundo** (!!!), organizou duas companhias armadas para defender a região, cada qual com 220 mosqueteiros e arcabuzeiros, uma sediada em Olinda e outra no Recife.

Anos mais tarde, e até 1626, o então governador Matias de Albuquerque, procurou estabelecer posições fortificadas no porto do Recife, a fim de dissuadir a Companhia Holandesa das Índias Ocidentais de perpetrar ali uma invasão nos moldes do que ocorrera na Bahia dois anos antes, em 1624. Tais medidas, entretanto, não intimidaram a poderosa companhia, que em 1630 realizou a **invasão**!!!

Nessa década teve início no Recife a construção da Mauritsstadt (Mauricéia ou "cidade de Maurício"), que seria a capital do Brasil holandês no decorrer dos 24 anos em que foi governada (entre 1630 e 1654) pelo conde alemão Maurício de Nassau, a serviço da coroa holandesa.

Na época, o império holandês no Brasil era constituído por uma série de fortalezas, que iam do Ceará até a embocadura do rio São Francisco, ao sul de Alagoas. Os holandeses também tinham algumas feitorias na Costa da Mina e em Angola, situadas no outro lado do oceano Atlântico (o que lhes dava controle sobre o açúcar e o tráfico negreiro) e administradas pela Companhia Holandesa das Índias Ocidentais.

O conde Maurício de Nassau desembarcou no Brasil em 1637, com o navio *Nieuw Holland* (*Nova Holanda*), acompanhado por uma equipe de arquitetos e engenheiros. Com o objetivo de vencer as condições geográficas locais, foram construídos em Recife pontes, diques e canais, o que mais tarde motivaria o seu apelido de: "**Veneza brasileira**".

O arquiteto Pieter Post foi o responsável pelo traçado da nova cidade e também pela construção de edifícios imponentes, como o palácio de Friburgo, sede do poder de Maurício de Nassau na Nova Holanda. A cidade recebeu inclusive um observatório astronômico – o primeiro do hemisfério sul –, e abrigou o primeiro farol e o primeiro Jardim Zoobotânico do continente americano.

Maurício de Nassau colocou em prática uma **política de tolerância religiosa** frente aos católicos e os calvinistas. Além disso, permitiu a chegada de judeus ao Recife, bem como a construção de uma sinagoga – a Kahal Zur Israel –, inaugurada em 1642. Este foi considerado **o primeiro templo judaico da América**.

Ele está localizado na rua Bom Jesus Nº 197. Aliás em novembro de 2019, essa rua foi escolhida pela revista norte-americana *Architectural Digest*, a 3ª **mais bonita do mundo**, entre 31 citadas em todo o mundo, a única no País.

Ela é considerada a mais antiga do Recife e recebeu esse nome por causa do arco de Bom Jesus, antigo portal da cidade. Inicialmente a via foi conhecida com rua do Bode ("Bokeestraet") e durante o domínio holandês, tornou-se a rua predileta dos israelitas, passando a ser chamada de "**rua dos

judeus". A revista destacou que a sua escolha deveu-se a beleza e o colorido dos casarios, das palmeiras que a ladeiam, a presença da sinagoga etc.

Maurício de Nassau também trouxe para o Brasil uma plêiade de naturalistas e pintores, com o objetivo de retratar e estudar o que havia no novo continente!!! Entre eles mereceram destaque especial os pintores Frans Post e Albert Eckhout, que retrataram as paisagens e os habitantes locais; o médico Willem Piso e o naturalista Georg Marggraf, que juntos estudaram a fauna, a flora, a farmacopeia local e as doenças tropicais.

Durante o seu governo, o Recife tornou-se **a cidade mais cosmopolita de toda a América**!!! Todavia, Maurício de Nassau precisou retornar a Holanda em 1644. Ele foi demitido por conta de um desentendimento com as autoridades da Companhia Holandesa das Índias Ocidentais, que não estavam satisfeitas com o nível de lucros proporcionado pelas possessões brasileiras.

Porém, os novos governantes holandeses que sucederam a Maurício de Nassau logo entraram em conflito com a população local. Muitos, afinal, estavam descontentes com a situação, entre eles, dezoito líderes insurretos pernambucanos. Depois de uma reunião no engenho de São João, em 15 de maio de 1645, esses homens assinaram um compromisso para lutar sem trégua contra o domínio holandês na capitania.

E com esse acordo assinado, teve início um intenso contra-ataque à invasão holandesa, que naquela altura já durava mais de 10 anos... A primeira vitória importante dos insurgentes aconteceu no monte das Tabocas, localizado no atual município de Vitória de Santo Antão. Ali, de posse de armas de fogo, foices, paus e flechas, 1.200 insurretos mazombos (!!!) derrotaram numa emboscada 1.900 holandeses bem treinados e fortemente armados, um sucesso que daria ao líder do movimento Antônio Dias Cardoso, o apelido de "**mestre das emboscadas**".

Os holandeses que sobreviveram, seguiram para a Casa Forte, sendo novamente derrotados pela aliança dos mazombos, dos índios nativos e dos escravos negros. Eles então recuaram ainda mais para suas fortificações em Cabo de Santo Agostinho, Pontal de Nazaré, Sirinhaém, Rio Formoso, Porto Calvo e para o forte Maurício, mas, novamente, foram derrotados de maneira sucessiva pelos insurretos.

Por fim, com a chegada gradativa de reforços portugueses, os holandeses foram expulsos de Pernambuco em 1654, depois da segunda batalha dos Guararapes. Aliás, um fato importante é que a **data da primeira** das batalhas dos Guararapes passou a ser considerada como a de origem do Exército brasileiro!!!

Após a tomada da colônia holandesa, os judeus receberam um prazo de três meses para escolher entre a **partida do País** ou a **conversão ao catolicismo**. Diante disso, e com medo da fogueira da Inquisição, quase todos venderam o que tinham e deixaram Recife a bordo de 16 navios!!! Parte da comunidade judaica que foi expulsa de Pernambuco fugiu para Amsterdã, capital da Holanda, e a outra, se estabeleceu em Nova York, nos EUA.

Vale ressaltar que graças a esse último grupo a ilha de Manhattan – atual centro financeiro dos EUA – passou por um grande desenvolvimento econômico. Aliás, os descendentes de judeus egressos de Recife tiveram uma participação ativa na história norte-americana, como foi o caso de Gershom Mendes Seixas, aliado de George Washington na guerra da Independência; de seu filho, Benjamin Mendes Seixas, o fundador da Bolsa de Valores de Nova York; e de Benjamin Cardozo, que se tornou juiz da Suprema Corte dos EUA, e foi íntimo do seu presidente Franklin Delano Roosevelt.

O lado negativo da saída dos holandeses de Pernambuco foi a perda de sua tecnologia açucareira, uma vez que os holandeses levaram para as Antilhas Holandesas todo o conhecimento que haviam adquirido no Brasil. Isso fez com que os pernambucanos passassem a enfrentar uma forte concorrência.

Por causa da primeira guerra Anglo-Neerlandesa, a República Holandesa não conseguiu auxiliar na sobrevivência dos holandeses em território brasileiro. Então, em maio de 1654, com o fim da guerra contra os ingleses, a Holanda exigiu a devolução da colônia brasileira, sob a ameaça de uma nova invasão ao nordeste do País. Diante disso, Portugal firmou um acordo com os holandeses, por meio do qual os indenizou com 4 milhões de cruzados e a entrega de duas de suas colônias: o Ceilão (atual Sri Lanka) e as ilhas Molucas (parte da atual Indonésia). Em 6 de agosto de 1661, a Holanda cedeu formalmente a Portugal toda a região que ocupara anteriormente no Brasil, com a assinatura do acordo da Paz de Haia.

Com o término da **insurreição pernambucana**, a capitania de Pernambuco precisou trabalhar muito para reconstruir Recife e Olinda, ambas destruídas pelas lutas contra os invasores holandeses. Foi nesse cenário que teve início uma nova etapa das histórias recifense e olindense...

A partir de 1666, pelo fato de terem contribuído muito para a expulsão dos holandeses, os senhores de engenhos radicados em Olinda e com reservas quanto ao porto de Recife, se acharam merecedores de um maior reconhecimento por parte da coroa portuguesa, por terem contribuído muito para que tivesse ocorrido a expulsão dos neerlandeses. Portugal, entretanto, enviou para a capitania para governá-la: Jerônimo de Mendonça Furtado, um estranho!!! Isso contrariou bastante os interesses de muitos pernambucanos, que se julgavam dignos de ocupar a função, e não um "**estrangeiro**".

Esse foi o estopim do que se chamou de conjuração de "**Nosso Pai**", que culminou com a prisão e a deposição desse governador. Para justificar suas ações, os insurgentes divulgaram que Jerônimo de Mendonça Furtado estaria a serviço de estrangeiros que planejavam um novo ataque a Pernambuco...

Depois que acabou a invasão holandesa, muitos comerciantes vindos de Portugal – chamados pejorativamente de "**mascates**" – se estabeleceram no Recife, trazendo prosperidade à vila. Entretanto, o desenvolvimento de Recife foi visto com desconfiança pelos olindenses, uma grande parte deles constituída por senhores de engenho que enfrentavam dificuldades econômicas.

Esse conflito de interesses políticos e econômicos entre a nobreza açucareira pernambucana e os novos burgueses acabou dando origem à **guerra dos Mascates**, entre 1710 e 1711, um período durante o qual o Recife foi palco de diversos cercos e embates. O mais incrível é que mais tarde a guerra dos Mascates passaria a ser considerada, em especial por vários historiadores, como o movimento nativista precursor da Independência do Brasil!!!

Passado mais de um século, eclodiu em Recife em 6 de março de 1817 a chamada **Revolução Pernambucana**, também chamada de **Revolução dos Padres**. Dentre as suas causas destacam-se a influência das ideias iluministas propagadas pelas sociedades maçônicas, o absolutismo monárquico português e os **enormes gastos da família real e seu séquito** no Rio de Janeiro.

Nessa época, o governo de Pernambuco era obrigado a enviar grandes somas de dinheiro para o Rio de Janeiro, com o intuito de custear os salários, a comida, as roupas e até mesmo as festas da corte. Isso dificultava o enfrentamento de problemas locais (como a seca ocorrida em 1816) e provocava o atraso no pagamento dos soldados pernambucanos, o que gerou grande descontentamento por parte do povo local.

Essa insurreição foi liderada por Domingos José Martins, que contou com o apoio de religiosos, como os padres João Ribeiro, Antônio Pereira Miguelinho e Roma, o vigário Tenório e o frei Caneca. Também colaboraram Antônio Carlos de Andrada e Silva (irmão de José Bonifácio), José de Barros

Lima, Cruz Cabugá, José Luís de Mendonça e Gervásio Pires, entre outros.

Depois de dominar o governo provincial, os insurgentes se apossaram do Tesouro da província, instalaram um governo provisório e proclamaram a República. A repressão a esse movimento foi bem sangrenta, e muitos revoltosos foram enforcados ou arcabuzados (assassinados a tiro), e então tiveram seus corpos esquartejados. Outros participantes acabaram morrendo na prisão!!!

Como retaliação e punição ordenada por dom João VI, a comarca das Alagoas foi desmembrada de Pernambuco. Isso ocorreu porque os proprietários rurais dessa comarca se mantiveram fiéis à coroa portuguesa, e como recompensa, puderam formar uma **capitania independente**.

Destaque-se que Pernambuco foi a **primeira província brasileira a se separar do reino de Portugal**, 11 meses antes de o príncipe dom Pedro de Orleans e Bragança proclamar a Independência do Brasil. Assim, em 29 de agosto de 1821, teve início um movimento armado contra o governo imperial do capitão-general Luís do Rego Barreto – que já tinha sido o grande algoz da Revolução Pernambucana –, culminando com a formação da Junta de Goiana. Esta tornou-se vitoriosa com a rendição das tropas portuguesas, numa capitulação assinada em 5 de outubro de 1821, quando dá Convenção de Beberibe, responsável pela expulsão do exército português do território pernambucano. Esse Movimento Constitucionalista de 1821 em Pernambuco passou a ser considerado como o primeiro episódio **efetivo** da Independência do Brasil!!!

Em 1824, surgiu em Pernambuco um movimento revolucionário de caráter emancipacionista (ou autonomista) e republicano – a **Confederação do Equador** –, que representou a principal reação contra a tendência absolutista e a política centralizadora do governo de dom Pedro I (entre 1822 e 1831), esboçada na Carta Outorgada de 1824, primeira Constituição do País.

Pernambuco esperava que a primeira Constituição do império fosse do tipo **federalista**, e desse autonomia para que as províncias resolvessem suas questões. Como punição a Pernambuco, dom Pedro I determinou, através de um decreto de 7 de julho de 1824, o desligamento de uma grande área que fazia parte de seu território – a comarca de Rio de São Francisco (atual oeste baiano) – que inicialmente passou para Minas Gerais e, depois, para a Bahia.

Em 1848 ocorreu em Recife e Olinda a chamada **Revolução Praieira**, um movimento de caráter liberal e separatista. Ele se desenvolveu durante o segundo reinado e foi a última das revoltas provinciais ligadas às lutas político-partidárias que marcaram o período regencial e o início do segundo reinado.

A monarquia brasileira era duramente contestada pelas novas ideias liberais da época. Mas além do descontentamento com o governo imperial, grande parte da população pernambucana mostrava-se insatisfeita com a concentração fundiária e de poder político na província, a mais importante do nordeste. Foi nesse contexto que surgiu o Partido da Praia, criado para se opor aos partidos Liberal e Conservador, ambos dominados por duas famílias poderosas que viviam fazendo acordos políticos entre si.

Houve uma série de disputas pelo poder, até que em 7 de novembro de 1848 iniciou-se a luta armada. Em Olinda, os líderes praieiros lançaram o "**Manifesto ao Mundo**", enquanto no Recife, iniciaram-se os ataques contra as tropas do governo imperial. Este interveio e pôs fim a essa intensa insurreição ocorrida no segundo reinado. A derrota do movimento demonstrou a força do governo de dom Pedro II, que comandou o País entre 1840 e 1889!!!

No início do século XX, Recife ainda era uma cidade muito influente, perdendo em importância político-econômica apenas para o Rio de Janeiro!!! A partir dos anos 1910 a cidade demonstrou sua pretensão em tornar-se moderna, tal como Paris. Ela reformou seu porto e construiu largas avenidas, como as que existiam na capital francesa, sem, entretanto, preocupar-se com a preservação dos edifícios históricos, muitos dos quais foram demolidos.

Iniciou-se então um período de agitação cultural, e a *belle époque* em Recife demonstrou a busca de novas linguagens que traduzissem as velozes mudanças trazidas pelas novas técnicas. E de fato, até a metade do século XX os recifenses tiveram uma forte influência cultural francesa.

Um evento que ocorreu na cidade em 26 de julho de 1930 teve repercussão nacional. O advogado e político João Pessoa, que naquele ano era o candidato à vice-presidência na chapa encabeçada por Getúlio Vargas, foi assassinado por João Duarte Dantas na confeitaria *Glória*, localizada na rua Nova, no centro de Recife. Este fato seria um dos estopins para a Revolução de 1930.

Em 1934, o Estado de Pernambuco assumiu uma posição inovadora ao contratar o arquiteto Luiz Nunes e o paisagista Roberto Burle Marx para modernizarem a cidade, sendo que coube ao segundo projetar os primeiros jardins públicos de Recife. A partir daí, o bairro de Boa Viagem se tornou cada vez mais requintado, ao abrigar as residências de veraneio da elite recifense!!!

Na década de 1950, Recife ganhou seu contorno urbano atual, por conta do crescimento populacional ocasionado não apenas pela grande imigração do interior nordestino, mas pela extinção dos **mocambos**. Isso obrigou a população mais pobre a viver nos morros. Como se vê, naquela época a cidade já buscava exibir uma perspectiva positiva de si mesma, escondendo algumas de suas mazelas sociais.

Em 1966, no decorrer do regime militar, houve na cidade um atentado terrorista, cujo alvo foi o general Artur da Costa e Silva, que na época era ministro do Exército e candidato à presidência da República. O ataque aconteceu durante um desembarque no aeroporto dos Guararapes, e acabou com mortos e feridos. Ele, entretanto, escapou ileso, uma vez que chegou ao Recife de carro, vindo de João Pessoa!!!

Também foi na capital pernambucana que se iniciou em 1983 o movimento **Diretas Já**, cuja finalidade era acabar com o regime militar vigente no País. Esse movimento posteriormente expandiu-se para toda a Nação, sendo responsável por apressar o fim da ditadura.

Um acidente aéreo que abalou não apenas Recife e o Estado de Pernambuco, mas a opinião pública do Brasil todo, aconteceu em 13 de agosto de 2014. Na ocasião, a aeronave Cessna modelo *Citation Excel*, que trazia 7 pessoas a bordo – incluindo Eduardo Campos, que fora governador do Estado do Pernambuco por duas vezes, era líder nacional do Partido Socialista Brasileiro e candidato à presidência da República nas eleições que aconteceriam menos de dois meses depois – despencou em Santos, no litoral do Estado de São Paulo. Todos que estavam a bordo morreram!!!

Vale lembrar que estava previsto que a então candidata a vice-presidente na chapa de Eduardo Campos, Marina Silva, também embarcaria nesse voo, mas ela acabou desistindo apenas um dia antes da viagem...

Só em 19 de janeiro de 2016 foi divulgado o relatório do governo federal a respeito da queda do avião: **falha humana, condições inapropriadas para operação** no aeródromo e **desorientação visual**. Tudo bastante genérico e um tanto quanto estranho, **não é**?

A cidade do Recife está situada sobre uma **planície aluvional (fluviomarinha)**, constituída por ilhas, penínsulas, alagados e manguezais envolvidos por cinco rios: Beberibe, Capibaribe, Tejipió e braços do Jaboatão e do Pirapama, o que lhe confere características peculiares. Aliás, um dos apelidos da cidade é **Manguetown**.

Essa planície está circundada por colinas em forma de arco, que se estendem do norte ao sul, ou seja, de Olinda até Jaboatão. Conforme análise do estudioso Fernando Bruce, a altitude média de Recife em relação ao mar é de apenas 4 m, porém algumas áreas do município se localizam a até **2 m abaixo do nível do mar**!!!

Os limites da cidade são marcados ao sul por morros com altitudes variadas, como o do morro dos Guararapes, por exemplo, que se prolongam desde Jaboatão dos Guararapes até Olinda; já ao leste fica o litoral, guarnecido por extensos cordões de arenito (os arrecifes). A oeste ficam os municípios de Camaragibe e São Lourenço da Mata.

Como já foi dito, Recife é conhecido como a "**Veneza brasileira**", graças à semelhança fluvial com a cidade italiana de mesmo nome. Ela é atravessada por rios e interligada por dezenas de pontes, repleta de ilhas e áreas de mangue. A ponte mais antiga de Recife – e da América Latina – data de 1642. Ela foi reformada algumas vezes e "inaugurada" em 1917. Chama-se Maurício de Nassau e tem 180 m de extensão.

Em Recife ocorre o encontro dos rios Beberibe e Capibaribe, que hoje infelizmente estão entre os dez mais poluídos do País, uma vez que são receptores de grande quantidade de esgoto doméstico *in natura* e efluentes industriais – material este que, posteriormente, chega ao oceano Atlântico.

Além dos rios Capibaribe, Beberibe e Tejipió, a cidade dispõe de um sistema de drenagem composto por uma série de cursos de água secundários ou canais, afluentes ou interligados à drenagem principal. Fazem parte da malha hídrica de Recife os cursos de água dos rios Moxotó, Jangadinha, Jiquiá e Jordão, os diversos canais, o rio Capibaribe (com o seu "**braço morto**"), bem como corpos de água de expressão, em áreas como a lagoa de Araçá e os açudes da Várzea e Jangadinha.

Recife tem um **clima** tropical úmido, típico do litoral leste nordestino, com temperaturas médias mensais sempre superiores a 18°C, elevada umidade relativa do ar, baixas amplitudes térmicas e precipitações abundantes ao longo do ano. A temperatura média compensada anual é de aproximadamente 26°C, mas que chegam a 30°C no verão. O tempo médio de insolação é superior a 2.500 h por ano, e a maior temperatura média na cidade atingiu 35,1°C, em 21 de março de 1988. Já a menor temperatura na capital pernambucana foi de 15 °C no dia 4 de agosto de 1999.

Considerando-se o grande número de arranha-céus no Recife, ocorre na cidade a formação de **ilhas de calor**, o que contribui para uma significativa diferença de temperatura entre as diversas regiões da cidade. De acordo com uma pesquisa realizada pela Universidade Federal de Pernambuco (UFPE), em uma mesma ilha de calor no Recife a temperatura pode variar em até 13°C (!?!?), sendo que o bairro mais afetado por este fenômeno é o da Boa Viagem.

O índice pluviométrico é superior a 2.000 mm por ano, concentrados entre abril e julho. As precipitações acontecem sob a forma de chuvas, que podem ser acompanhadas de raios e trovoadas. Além disso, elas podem ser bem intensas, ocasionando muitas vezes alagamentos. A maior enchente já registrada na história de Recife aconteceu em julho de 1975, e gerou muitos prejuízos aos recifenses.

Os nevoeiros são muito comuns na cidade nos meses úmidos, sendo que um dos mais densos ocorreu em 30 de outubro de 1998, quando a cidade amanheceu cinzenta por causa de uma inversão térmica. Embora bastante raras, **frentes frias** e **ventanias** também podem afetar a região. Uma das ocorrência mais intensas de vento na região foi registrada em 18 de fevereiro de 2010, quando rajadas com velocidade de 86 km/h destelharam muitas casas!!!

O município de Recife possui ainda remanescentes da mata atlântica em seu território. Várias áreas do município são de manguezal, sendo que as principais se encontram próximas ao rio Capibaribe, na zona sul e na fronteira com Olinda. E no que se refere a áreas verdes, um dos parques mais interessantes da cidade é o dos Manguezais, que possui 215 ha.

Ele pertence à Marinha do Brasil e está situado entre os bairros do Pina, Boa Viagem e Imbiribeira. O local é banhado pelos rios Jordão e Pina, sendo a maior reserva de mangue em área urbana da América – e uma das maiores do mundo –, da qual fazem parte as ilhas das Cabras, de São Simão e de Deus.

Já o maior parque do município é o Dois Irmãos, que funciona ao mesmo tempo como jardim botânico, zoológico e reserva ambiental. Esse parque oferece uma variedade de opções de divertimento e lazer, tanto para adultos quanto para crianças, incentivando em todos o interesse pela conservação ambiental. Aliás, dos seus 384,42 ha, cerca de 350 ha são de reserva ambiental. O parque e a reserva são separados por um alambrado e, no zoológico, os animais da reserva não podem ser mantidos em cativeiro!?!?

Outro local bem verde no município de Recife é a mata do Engenho Uchôa, na zona sul. Ela é um refúgio da vida silvestre com cerca de 20 ha, que são do Estado, e 192 h do município, sendo uma APA protegida por leis.

Desses 192 ha, 60 ha são de manguezais, que na verdade pertencem à União. A área da mata do Engenho Uchôa foi decretada de utilidade pública em 2002, porém, **nunca** foi desapropriada, uma vez que os proprietários desde o início contestaram o valor da indenização!?!? Mesmo assim, ela é considerada a unidade de conservação mais abrangente do Recife, sendo a única de Pernambuco a possuir três biomas: **mangue**, **restinga** e **mata atlântica**.

O parque da Jaqueira está localizado no bairro homônimo, uma área nobre e residencial de Recife. Ele foi inaugurado em 1985 e reúne dois espaços distintos. O primeiro é o do sítio histórico, onde se localiza a capela de Nossa Senhora da Conceição (ou capelinha da Jaqueira), tombada e restaurada na década de 1970, e emoldurada por um belo jardim assinado por Burle Max. O outro é destinado à prática de esportes, atividades culturais e contemplativas. Ele dispõe de pistas de corrida e caminhada (com 1.000 m); área de patinação (com 600 m) e para a prática de *bicicross* (com 400 m). Há também uma ciclovia (com 1.100 m) e instalações de apoio aos usuários.

O parque 13 de Maio teve o início de sua construção em 1892, na gestão do governador Alexandre José Barbosa Lima, mas somente em 1939 foi transformado no parque que é hoje, pelo então prefeito Antônio Novaes Filho. Ele está localizado entre as ruas da Saudade, João Lira, Princesa Isabel e do Hospício, em Boa Vista. Ele possui pista de corrida e caminhada, um pequeno zoológico e um parque infantil, além de abrigar vários monumentos. Em seu entorno estão alguns prédios centenários, como o da Faculdade de Direito da UFPE (que foi a primeira do País) e a sede da Câmara de Vereadores da cidade.

Há também o parque das Esculturas Francisco Brennand, situado no molhe do bairro do Recife. Ele foi inaugurado em dezembro de 2000 para comemoração dos 500 anos de Descobrimento do Brasil, e fica em frente da praça do Marco Zero. Nele encontram-se 90 esculturas do artista plástico pernambucano Francisco Brennand, sendo que a principal obra do complexo é a *Torre de Cristal*, com 32 m de altura, feita de argila e bronze.

No âmbito do **saneamento básico**, deve-se destacar que Recife foi a **terceira cidade** da América do Sul a contar com uma rede coletora de esgoto sanitário (depois de Montevidéu e do Rio de Janeiro). Lamentavelmente, nos dias atuais uma parte significativa da população recifense vive em condições ambientais insalubres, o que repercute negativamente em sua qualidade de vida, sobretudo daqueles que habitam áreas pobres da cidade.

Estima-se que no início de 2020 a proporção de domicílios com saneamento básico **adequado** fosse de apenas 69%!!! Esse é o percentual de moradias recifenses com abastecimento de água e esgotamento sanitário por rede geral ou fossa séptica. Nessas moradias, o lixo é coletado de maneira direta ou indireta.

Já a proporção de domicílios com saneamento **semiadequado** (em que se tem a presença de pelo menos uma forma de saneamento adequada) caiu para 30,4%. Além disso, cerca de 2,6% das moradias de Recife não contam com qualquer tipo de saneamento!?!?

As características peculiares do município do Recife, no que se refere à sua **geomorfologia**, aliadas a um processo de urbanização realizado às custas da ocupação do espaço natural das águas, explicam a crescente dificuldade para o escoamento das águas pluviais no seu território. Essa circunstância sobrecarrega as estruturas do sistema de drenagem, o que provoca em muitos casos inundações indesejáveis, às vezes permanentes, nas áreas mais baixas.

Além disso, a efetividade desse sistema de macrodrenagem ainda é diminuída por conta da deficiência do sistema de microdrenagem a montante, pelos problemas de assoreamento e deslizamento dos morros e até pelas condições naturais de uma cidade situada ao nível do mar (ou até abaixo dele...).

No caso das encostas dos morros, a ocupação desordenada e realizada à revelia dos princípios básicos de drenagem, contribui para agravar os problemas relativos à macrodrenagem, além de torná-las áreas de risco, sujeitas a desmoronamentos, ameaçando dessa forma a vida de seus moradores.

Em contrapartida, Recife tem se destacado na **reciclagem**, figurando entre as cinco cidades brasileiras com melhor índice de arrecadação de resíduos sólidos urbanos para a **coleta seletiva**: a cidade recolhe em média 1.600 t por mês!!! Todavia, há elementos que dificultam o aumento dessa captação, dentre os quais os principais são: os custos dessa operação e a destinação desse material, que atualmente é levado para fora do território municipal, ou seja, para o bairro de Candeias, em Jaboatão dos Guararapes, onde se tem um aterro, cuja gestão é compartilhada.

Ficam sob responsabilidade do Recife as tarefas operacionais, a destinação final de resíduos sólidos especiais (como animais mortos recolhidos na cidade ou sacrificados no Centro de Vigilância Animal da secretaria municipal de Saúde, que atende também ao município de Olinda) e dos resíduos hospitalares provenientes das unidades de saúde municipais, estaduais, federais e privadas do município.

Uma excelente notícia para os que vivem na RMR foi o acordo fechado em 2019 entre a **maior empresa de capital privado de saneamento básico do País**, a BRK Ambiental – controlada pela empresa canadense Brookfield –, e o Banco do Nordeste (BNB). Com um contrato de R$ 578 milhões, o objetivo é expandir o saneamento na RMR. Esse projeto faz parte da maior PPP do setor, assinada em 2013 com a estatal Compesa, do Estado de Pernambuco, e prevê investimentos de R$ 6,5 bilhões durante os 35 anos do contrato entre a BRK e a Compesa.

As obras estão sendo feitas em etapas. O montante concedido recentemente pelo BNB vai financiar cerca de 70% do 2º ciclo de investimento nos 15 municípios da RMR. No total serão investidos mais de R$ 900 milhões na área, com o intuito de elevar a cobertura de esgoto dos atuais 40% para 50% até 2023. Nessa fase serão construídos 450 km de rede, 5 novas ETEs e 25 estações elevatórias de esgoto. Recorde-se que no primeiro ciclo, a BRK – que é a antiga Odebrecht Ambiental, que foi comprada pela gestora canadense em 2016 – investiu R$ 800 milhões para ampliar de 5% para 40% a cobertura nos municípios.

O contrato todo prevê que até 2037 o índice de coleta e tratamento de esgoto alcance 90% na RMR. O diretor financeiro da BRK, Sérgio Barros, explicou: "A empresa buscou várias alternativas para o financiamento dessa obra e, sem dúvida, as condições do BNB foram as melhores, inclusive que as oferecidas pelo BNDES, pois vamos receber o dinheiro conforme os trabalhos forem sendo executados. Desde o início da PPP já foram gerados cerca de dois mil empregos. Esses novos recursos investidos irão sem dúvida impulsionar a economia da RMR, com as diversas obras que serão realizadas, e também contribuirão contribuir bastante para a preservação ambiental, inclusive nas cidades que vivem especialmente do turismo, gerando dessa forma empregos e renda."

No que concerne à **composição étnica** do Recife, no início de 2020 a população declarava-se da seguinte forma: 38% como brancos; 52% como pardos e 8,7% como negros. O restante se dividia entre amarelos (1%) e indígenas (0,3%). Já no tocante à **religião**, a composição era de que 52% da população fosse católica, 29% evangélica, 3,8% espiritas e 13% sem religião. O percentual restante abriga os seguidores de outras crenças.

A Igreja Católica inclui o território do município do Recife na arquidiocese de Olinda e Recife, criada como diocese sufragânea da arquidiocese de São Salvador da Bahia, em 16 de novembro de 1676, e elevada a atual categoria em 5 de dezembro de 1910. Sua sé episcopal fica na catedral Sé de Olinda, cuja cossede é a concatedral de São Pedro dos Clérigos em Recife, que possui 9 dioceses sufragâneas e mais de 100 paróquias.

Os colégios tradicionais recifenses são em sua maioria católicos (ou eram), como é o caso do Domus da Instituição Cristã, do marista São Luís e do Nóbrega, pertencente à congregação dos jesuítas. Já os maiores templos católicos em Recife, bastante visitados pelos turistas, são: a igreja matriz do Santíssimo Sacramento de Santo Antônio, a da Ordem Terceira de São Francisco, a da Ordem Terceira de Nossa Senhora do Carmo, a Madre de Deus, a da Nossa Senhora do Rosário dos Homens Pretos, a da Nossa Senhora da Conceição dos Militares, a da Nossa Senhora do Livramento dos Homens Pardos, e as basílicas do Carmo e da Penha, e a capela Dourada.

No âmbito da **violência**, em anos recentes a capital pernambucana tem registrado taxas de homicídios próximas de 40 por 100 mil habitantes, o que representa cerca de 4 vezes mais do que a taxa considerada **aceitável** pela ONU (de 10 por 100 mil habitantes)!!!

Esse é um grande obstáculo para se atrair turistas, e representa um grave fator de insegurança e preocupação constante para recifenses e visitantes. Torna-se, portanto, essencial reduzir substancialmente esse percentual no decorrer da próxima década. Afinal, nenhuma cidade que deseja ser vista como **encantadora** pode aceitar conviver com números tão elevados de assassinatos.

Outro motivo de grande preocupação em Recife são os incidentes envolvendo ataques de **tubarão** nas praias locais. Note-se que a maior parte da praia de Boa Viagem é protegida por uma barreira de recifes naturais e as autoridades alertam os frequentadores para que não se banhem além dos recifes, justamente para evitar esses ataques. No início de 2006, o governo estadual autorizou também a instalação de uma rede de proteção contra tubarões, e até proibiu a prática do surfe no local. Todavia, alguns banhistas continuam não atendendo às determinações e, de tempos em tempos, algum incidente acontece.

Em 2007, o Comitê Estadual de Monitoramento de Incidentes com Tubarões (CEMIT) iniciou o processo de instalação de sensores nos tubarões capturados. O objetivo é permitir o monitoramento via satélite desses animais, visando identificar o momento de aproximação da costa – uma área que compreende a praia do Paiva até a praia do Pina – e, então, retirá-los dos locais de risco.

Hoje em dia os ataques são cada vez mais raros, porém, às restrições quanto aos locais de banho permanecem. Segundo os especialistas, os ataques de tubarão no litoral recifense resultam do impacto ambiental provocado pela construção do porto de Suape, que exigiu o aterramento de dois estuários onde os tubarões-touro procriavam.

Outros fatos também contribuíram para a existência de tubarões na área da praia de Boa Viagem. As correntes marinhas têm direcionado os animais para esse trecho de 20 km e, ondem existem dois canais de águas profundas. Quando os tubarões se desviam da rota migratória e entram nesses canais há um grande risco de atacarem as pessoas.

Vale a pena ressaltar que o ser humano não faz parte do cardápio alimentar dos tubarões, o que significa que a maior parte dos ataques acontece por engano!?!? O problema é que quando a água está turva o tubarão que está à caça de alimentos não é capaz de perceber a diferença entre uma pessoa e um peixe grande... Por isso, os especialistas preferem utilizar o termo **incidente** em vez de **ataque**, embora isso em nada diminua o perigo de uma pessoa ser mutilada ou até morta por um tubarão, não é mesmo?

Segundo o CEMIT, que desde 1992 registra as vítimas de ataques de tubarões na RMR, até junho de 2018 já aconteceram 65 ocorrências, das quais **25 foram fatais**. Aliás, a partir de 2015 foram também registrados alguns casos de incidentes com tubarões no arquipélago de Fernando de Noronha, tão visitado por brasileiros e estrangeiros.

Recife desempenha um importante papel centralizador na região, uma vez que é a quarta capital estadual na hierarquia da gestão federal. A cidade abriga um grande número de redes regionais e nacionais de instituições públicas da União, como a Sudene, o Comando Militar do Nordeste, o Cindacta III, a Eletrobras Chesf, o Tribunal Regional Federal (TRF) da 5ª Região, o II COMAR, a SRNE (Superintendência Regional do Nordeste) da Infraero, a SRNE do INSS, entre outras.

Apesar de sua importância no cenário nacional, o **espaço público** da cidade não têm recebido a **atenção merecida**. E dessa desatenção resultaram inclusive espaços qualitativamente pouco expressivos, pobres do ponto de vista urbanístico e, com frequência, pouco atraentes. Some-se a essas questões a intensa poluição local, tanto visual quanto sonora. Além disso, apenas nos bairros de renda média e elevada existem praças em estado de conservação considerado regular ou bom.

Além disso, o **processo de verticalização** se intensificou em determinadas áreas da cidade, como na zona sul, na margem esquerda do rio Capibaribe, em parte também da margem direita e em grande parte do centro expandido. O maior problema, entretanto, é que ele vem sendo desenvolvido de maneira indiscriminada em boa parte do território da cidade e, muitas vezes, de forma incompatível com a paisagem urbana ou com a capacidade das estruturas urbanas existentes.

A dinâmica de localização das atividades comerciais, industriais e de serviços, especialmente ao longo das últimas três décadas, sofreu grandes transformações!!! Assim, até a década de 1970 o centro da cidade abrigava as principais atividades econômicas e institucionais da cidade. Com a emergência de um dinâmico mercado imobiliário, voltado mais para a classe média, alguns bairros das zonas sul e norte se tornaram áreas privilegiadas em termos de investimentos.

Tal processo acelerou a mudança para esses bairros de muitas pessoas que antes viviam e trabalhavam no setor terciário na área central da cidade. Toda essa gente escolheu viver especialmente nos locais mais próximos aos principais eixos viários. Por outro lado, isso contribuiu para a expansão na área central (e seu entorno), de diversas atividades comerciais e terciárias, direcionadas para os segmentos mais populares da sociedade.

Muita gente, particularmente as autoridades governamentais não consideraram isso um problema, e sim um **sinal de progresso**!?!? Porém, isso acabou levando o centro do Recife a uma certa decadência. Com isso, essa região se tornou abandonada e desvalorizada – um fenômeno que aliás também aconteceu em outras importantes capitais brasileiras, como Salvador, São Paulo e Rio de Janeiro.

Toda a extensão territorial do município do Recife é considerada **zona urbana**, entretanto, há ainda muitos imóveis rurais cadastrados pelo INCRA (Instituto Nacional de Colonização e Reforma Agrária) – alguns já loteados e outros que ainda resistem ao parcelamento para fins urbanos –, que estão localizados nas proximidades das rodovias BR-100, BR-232 e BR-408 e nos seus limites com Jaboatão dos Guararapes, Camaragibe e Paulista.

Algumas dessas áreas rurais estão protegidas por legislação estadual de proteção de mananciais e reservas ecológicas. Outras, entretanto, integram a fronteira de conurbação e transbordamento do tecido viário do município. Nas décadas anteriores existiu uma certa omissão do Estado em relação a uma necessária regulação das propriedades urbanas e à ação direta, por meio de políticas de desenvolvimento urbano e habitacional.

O governo estadual adotou de forma "pacífica" uma distribuição seletiva dos investimentos públicos, incentivando a retenção especulativa da terra e, ao mesmo tempo, restringindo o acesso ao solo urbano e à moradia para a população de baixa renda.

Por conta disso, essa população acabou só tendo, historicamente, acesso à terra urbana e a alternativas habitacionais mediante **ações informais e irregulares de ocupação de terra**, construindo suas casas com padrões de baixíssima qualidade e em áreas pouco infraestruturadas e ambientalmente frágeis, onde as condições de **habitabilidade** são as piores possíveis (às margens de córregos, áreas de risco geotécnico, entre outros problemas). Vale lembrar, entretanto, que desde a década de 2000 a prefeitura tem feito investimentos significativos no setor habitacional, procurando suprir os mais carentes com moradias decentes!!!

Estima-se que em 2019 o PIB de Recife tenha ultrapassado R$ 60 bilhões, dos quais cerca de 70% são provenientes do comércio e de serviços. Considerando todas as cidades situadas a até 65 km de distância rodoviária do centro do Recife – o que inclui municípios próximos da capital pernambucana, como Vitória de Santo Antão (a 52,8 km) e Goiana (a 62,9 km), esse PIB ultrapassa R$ 120 bilhões, o que corresponde a mais de dois terços do PIB do Estado de Pernambuco.

Existem nessa região áreas industriais importantes, como o polo automotivo Fiat Chrysler Automobiles e o complexo industrial e portuário do Suape, que abriga dentre muitos empreendimentos o estaleiro Atlântico Sul (o maior estaleiro do hemisfério sul) e a refinaria Abreu e Lima (que ainda está sendo construída, encontrando-se em operação parcial).

Também merece destaque a **indústria da construção civil** da cidade. O Recife possui algumas centenas de arranha-céus residenciais e comerciais, sendo superado neste indicador no País apenas por São Paulo e Rio de Janeiro, que têm áreas municipais mais de cinco vezes superiores em tamanho àquele da capital pernambucana.

Ainda em 2008, uma pesquisa encomendada pela MasterCard Worldwide demonstrou que o Recife foi eleito como uma das 65 cidades com economia mais desenvolvida dos mercados emergentes no mundo. Apenas cinco capitais brasileiras entraram nessa lista: São Paulo, a mais bem colocada nesse grupo, na 12ª posição; Rio de Janeiro (36ª colocação); Brasília (42ª),

Recife (47ª) e, por último, Curitiba (49ª), sendo que Xangai e Pequim, ambas na China, é que ocuparam respectivamente as duas primeiras posições.

Para compor o índice que permitiu elaborar esse *ranking* de cidades com economia mais avançada, foram considerados o ambiente econômico e comercial, o crescimento e desenvolvimento econômico, o ambiente de negócios, o ambiente de serviços financeiros e a conectividade comercial, a conectividade de educação e a TI, a qualidade de vida urbana e o risco e segurança.

Recife tem bons centros de compras, sendo que o principal deles é o *shopping* **RioMar**, que pertence ao grupo JCPM e está localizado na zona sul da cidade. Ele é o maior das regiões norte e nordeste do País, e o quinto maior do Brasil, em ABL.

O mesmo grupo é o proprietário do *shopping center* **Recife**, que foi inaugurado em 7 de outubro de 1980, sendo um ótimo centro de lazer, compras e entretenimento. O local possui bons cinemas e uma praça de alimentação na qual se pode comer muito bem. Ele é o nono maior do Brasil em ABL.

Além disso há outros *shoppings* importantes em Recife, como o **Boa Vista** (fica no centro da cidade e com boa variedade de lojas e salas de cinema); **Tacaruna** (com duas praças de alimentação e ótimas salas de cinema); **Plaza** (ótimo lugar para se passear e fazer compras); **Paço Alfândega** (um *minishopping* no centro, com uma bela vista do terraço); **Parnamirim** (interessante para compras casuais, mas faltam opções de lazer e alimentação); **Espinheiro** (um espaço interessante, com lojas de sapatos e roupas femininas e bons preços); **ETC** (com boa localização, bons cinemas e diversos serviços) e o **Guararapes**.

Os centros comerciais de Recife abrigam a maior concentração de grifes de alto luxo do norte e do nordeste. Neles é possível encontrar lojas Prada, Gucci, Burberry, Dolce & Gabbana, Valentino, Emporio Armani, Versace Collection, Hugo Boss, Coach, Diesel, Ricardo Almeida, entre outras. Também estão disponíveis as multimarcas pernambucanas Dona Santa/Santo Homem, que trabalha com grifes de alta-costura, como a Balmain.

Estima-se que no início de 2020 mais de 170 mil alunos estivessem matriculados nas escolas municipais e estaduais públicas do Recife. No ensino fundamental municipal as matrículas contemplam mais de 120 mil crianças.

No que se refere especificamente ao ensino fundamental, em Recife há muitas IEs públicas municipais, dentre as quais estão: Professor Nilo Pereira (com excelente avaliação); General Emídio Dantas Barreto (com excelente avaliação, oferecendo um atendimento super qualificado às crianças); Paulo VI (com boa avaliação); Jordão Baixo (com boa avaliação); Diná de Oliveira (com boa avaliação e bons professores); Oswaldo Lima Filho (uma escola linda e com boa avaliação); Cristiano Cordeiro (escola muito bonita, mas com avaliação razoável); Maurício de Nassau (com avaliação sofrível); Doutor Antônio Correia (com avaliação sofrível); dos Remédios (com avaliação sofrível), entre outras.

No Recife há diversas IEs públicas estaduais que oferecem aos jovens matriculados no ensino fundamental uma educação de qualidade. Entre elas vale destacar: São Sebastião (com excelente avaliação); Professor Pedro Augusto Carneiro Leão (com excelente avaliação); Luís de Camões (com boa avaliação); Cândido Duarte (com boa avaliação); José Vilela (com boa avaliação); Monsenhor Álvaro Negromonte (com boa avaliação); Marechal Rondon (boa avaliação), entre outras.

Destacam-se ainda no Recife algumas escolas de referência no ensino médio (EREMs), administradas pelo governo estadual. Entre elas está o famoso Ginásio Pernambucano, fundado em 1825. Ele é o mais antigo do País, e uma referência em todo o Estado de Pernambuco. Também merecem ser citadas as escolas Joaquim Nabuco (com boa avaliação); Clóvis Bevilácqua (com ótimos professores e ensino de qualidade); Santos Dumont (o local certo para os jovens aprenderem, adquirirem cultura e se tornarem cidadãos); Professor Fernando Mota (com boa avaliação); Silva Jardim (muito bem avaliada); Aníbal Falcão (bem avaliada); Nóbrega (bem avaliada). Há na cidade outras boas IEs, como é o caso da Escola Técnica Estadual, do Colégio Militar e do Colégio da Polícia Militar.

Sem dúvida, as IEs que oferecem a melhor educação infantil são as **particulares**!!! Entre elas destaca-se a Primeiro Passo, na qual as crianças ficam em turno integral, sendo estimuladas a expressar a sua criatividade de diversas formas, como por exemplo na pintura, na música e nas encenações artísticas. Deve-se salientar que está também em Recife o Colégio Grande Passo, no qual se tem ensino fundamental e médio, de boa qualidade, o que permite que seus alunos conquistem os primeiros lugares nas competições de ciências!!!

Outra escola que recebeu excelente avaliação foi a IE Vila Aprendiz, que possui duas unidades em Recife, a primeira voltada para a educação infantil e a segunda para o ensino fundamental e médio. Essa IE oferece educação voltada tanto para a mente como para o corpo. Nela, cuidar e educar são aspectos integrados, e dessa forma o seu trabalho tem como fio condutor a afetividade e a motricidade, que norteiam o desenvolvimento socioconstrutivista de seus aprendizes. Além de uma arquitetura interessante, a Vila Aprendiz inova e encanta principalmente pelo seu ensino. Nela cada criança é a protagonista na construção de seu próprio conhecimento.

Na Vila Aprendiz, a leitura, por exemplo, vai muito além de apenas decifrar letras: ela serve para criar redes neurais que ganham complexidade à medida que a criança aprende e alcança níveis mais desafiadores de interpretação. Desse modo, enquanto a criança lê, ela consegue fazer com que o seu cérebro realize atividades envolvendo diversas variáveis e detalhes, ativando mecanismos associados à atenção, decodificação, interpretação, memória, emoções, sem que ela sequer perceba isso.

A IE se estruturou para potencializar o aprendizado da criança de forma divertida e segura, fazendo-a participar de várias atividades extra classe que visam otimizar a sua aquisição de conhecimentos. Neste sentido, a escola reuniu uma equipe multidisciplinar de professores para atuar como agentes de todo o processo. Essa tipo de abordagem interdisciplinar acontece quando os conteúdos das diversas disciplinas se relacionam para que cada tema estudado seja amplamente compreendido.

Ainda no âmbito da educação infantil, outro bom exemplo é a Baby Mel – berçário, educação infantil, ensino fundamental e integral. Há 28 anos essa IE vem crescendo junto com os pequenos, e tem orgulho por ter feito parte da vida de tantas crianças!!! A Baby Mel é uma IE viva, que prioriza a vida em toda a sua completude, cumprindo a sua missão de educar e de semear conhecimento para futuras gerações. Assim, essa escola é muito mais do que simplesmente um espaço acadêmico. É um lugar para aquisições, construções, constituições e evoluções.

Entre outras boas IEs particulares é preciso citar: Doce Criança (um lugar agradável para cuidar de crianças, e com ótimo atendimento); Espaço Cata-vento (focada no desenvolvimento das crianças, desde o berçário); Despertar (com estrutura adequada para as crianças brincarem na areia e no parquinho, e envolver-se em atividades instrutivas); Alfaminha (uma das melhores escolas infantis do Recife, que conta inclusive com um hotelzinho); Gira-Gira (com excelente avaliação e estrutura para lidar com crianças já no início de seu desenvolvimento); Criativa (que oferece educação para crianças até 6 anos); Lápis na Mão (com excelente espaço físico e bons professores); Baby Home (que há mais de dez anos cuida dos primeiros passos das crianças, seguindo a linha socioconstrutivista); Sua Majestade (que oferece às crianças um espaço aconchegante para que se desenvolvam de forma feliz); Cecília Meireles (voltada para a educação segundo os princípios cristãos); Pinheiros (com boa avaliação); Positiva (com excelente avaliação); Querubim (escola bilíngue e talvez a melhor de Recife); Geração Vitória (com excelente avaliação); João Paulo II (com excelente avaliação, tanto no que se refere à qualidade de ensino quanto ao acolhimento às crianças); Educandário Anita Garibaldi (educação infantil e ensino fundamental 1 e 2); Educandário Monte Horebe (uma IE, que oferece uma educação boa e geradora de conhecimento).

Também há vários bons colégios particulares no Recife, destacando-se entre eles: Visão (onde no decorrer do aprendizado procura-se possibilitar ao aluno a interação com a tecnologia); São Mateus (que conta com excelentes professores); Mickeylândia (muito bem avaliado); Equipe (sempre com destaque no Enem, na cidade e no Brasil, figurando entre as 50 IEs mais bem posicionadas nessa avaliação); Casaforte (com educação infantil e ensino fundamental 1); Desafio (excelente nos ensinos infantil, fundamental, médio e também no seu curso preparatório para o ingresso no ensino superior); Geração (com excelente avaliação); Adventista (que oferece um ambiente bem diferente dos outros colégios, destacando-se pelo ensino dos valores cristãos); Anchieta (bem avaliado); Decisão (no qual o aluno nunca deixa de ter aula quando algum professor falta...); 90 Graus (com excelentes professores, dedicados e comprometidos com o ensino); Reino Mágico (oferece berçário, educação infantil e ensino fundamental, e que conta com excelente avaliação); Formação Integral (que se preocupa com a formação do ser humano, exigindo, porém, muita disciplina nos estudos), entre outras.

Infelizmente, verificou-se em 2003 que **10,6%** dos recifenses acima dos 15 anos eram **analfabetos**. Todavia, nessas últimas duas décadas houve uma grande redução na taxa de analfabetismo nessa faixa etária, tanto que no início de 2020 esse índice já havia caído para **5,9%**, o que representa uma redução significativa – embora ainda insuficiente para que a cidade seja considerada livre do alfabetismo, conforme os parâmetros estabelecidos pelo ministério da Educação. Acredita-se que com a utilização da EJA, em breve será possível diminuir ainda mais essa taxa. Aliás, segundo estimativas do início de 2020, havia 25 mil estudantes nessa modalidade, a maioria deles estudando no horário noturno.

Um fato bastante curioso – e importante – sobre Recife diz respeito à educação brasileira. Foi nessa cidade que nasceu um ícone do ensino nacional: Paulo Reglus Neves Freire (1921-1997), que se tornaria um dos mais célebres especialistas em educação do País. Tendo sido alfabetizado por sua mãe, Edeltrudes Neves Freire – que o ensinou a escrever as primeiras palavras com gravetos no quintal da casa –, ele se mudaria para Jaboatão dos Guararapes ainda aos 10 anos. Foi lá que ele passou a adolescência e começou a interessar-se pelo estudo da língua portuguesa.

Aos 22 anos Paulo Freire ingressou na Faculdade de Direito de Recife, visto que na época não havia um curso superior para a formação de educadores. Enquanto cursava a faculdade, casou-se com a professora primária Elza Maia Costa de Oliveira, com quem teve 5 filhos. Após sua morte em 1986, casou-se mais tarde, em 1988 com a sua ex-aluna Ana Maria Araújo. Ele trabalhou no Colégio Oswaldo Cruz, na capital pernambucana e, em 1947, foi contratado como diretor do setor de educação e cultura do Sesi, onde permaneceria até 1954, já como superintendente do órgão. Foi lá que pela primeira vez ele entrou em contato com a educação de adultos.

Em 1958, ele participou de um Congresso de Educação no Rio de Janeiro, durante o qual apresentou um trabalho cujos princípios norteariam sua atividade como educador. Ele defendia que a alfabetização dos adultos não deveria contemplar apenas o aprendizado de letras, palavras e frases, sem fundamentar-se no dia a dia dos educandos. Para ele, a alfabetização deveria levar o adulto a conhecer os problemas que enfrenta, estimulando-o a participar da vida social e política do seu meio.

Em 1968, ele escreveu o livro *Pedagogia do Oprimido*, quando se encontrava exilado no Chile. Ele foi publicado em várias línguas e no Brasil só em 1974. Nele explicou o seu método de alfabetização e essa tornou-se a sua obra mais conhecida. Mais tarde, em 1989, ele foi nomeado secretário municipal da Educação de São Paulo, na administração de Luiza Erundina. Durante sua gestão ele procurou implementar seu método, por meio do qual partia-se do conhecimento do próprio meio em que seria desenvolvida a experiência educacional. Ele insistia que: **"O educador deve também ser um educando; ele deve aprender a partir da realidade e das pessoas com as quais trabalha!!!"**

Recebeu o título de doutor *honoris causa* de 41 importantes IESs do mundo, entre elas, prestigiadas universidades, como Cambridge, Oxford e Harvard.

Embora existam no Recife importantes IEs, tanto públicas como privadas, nota-se uma evidente falta de infraestrutura no que se refere a bibliotecas públicas. De fato, só existem três dessas instituições na capital: a Biblioteca Popular de Afogados, a Biblioteca Popular da Casa Amarela e a Biblioteca Pública do Estado de Pernambuco. Isso é muito pouco, pois, em países desenvolvidos, cidades com população semelhante à do Recife possuem entre dez e quinze vezes mais dessas instituições.

O Recife conta com importantes universidades públicas e privadas, como é o caso da Universidade Federal de Pernambuco (UFPE), que já foi classificada pelo *QS World University Rankings* como a melhor das regiões norte e nordeste do Brasil, e no *RUF 2019* ficou em 10º lugar entre as 101 universidades públicas brasileiras.

A Faculdade de Direito de Olinda pode ser considerada como a precursora da UFPE. Ela foi criada por decreto do imperador dom Pedro I e, posteriormente, foi transferida para o Recife, tendo seu nome alterado para Faculdade de Direito do Recife. Em 11 de agosto de 1946 as faculdades de Direito (fundada em 1827), Medicina (em 1927) e Filosofia (criada originalmente em 1941)], se reuniram com as escolas de Belas Artes (criada em 1932) e Engenharia (criada em 1895) para formar a Universidade do Recife.

A discussão sobre a localização do *campus* dessa universidade consumiu 1947, e só em 1948 teve início a construção da cidade universitária na zona oeste do Recife, no bairro da Várzea. Atualmente ela conta com uma área de 149 ha, cuja denominação oficial é *campus* universitário Reitor Joaquim Amazonas.

Nesse *campus* encontram-se a administração central, nove dos dez centros acadêmicos sediados no Recife, 67 departamentos, o Colégio de Aplicação – que já foi eleito três vezes como melhor IE pública do Brasil –, que atende ao ensino fundamental e médio; a Biblioteca Central (oficialmente instituída em 1953); dez bibliotecas setoriais; a editora universitária (criada em 1955); os núcleos de Tecnologia da Informação (que surgiu em 1967), de Educação Física e de Esportes (criado em 1975), de Hotelaria e Turismo (criado em 1996); o Laboratório de Imunopatologia Keizo Asami (LIKA) e o Hospital das Clínicas.

O LIKA foi criado a partir de um acordo internacional entre os governos do Brasil e do Japão, no início da década de 1980. A iniciativa contou com o suporte da Japan International Cooperation Agency, uma instituição japonesa responsável pela implementação de programas e projetos de cooperação técnica em países em desenvolvimento; do ministério da Educação e da UFPE. A ideia partiu do seu professor Aggeu de Godoy Magalhães Filho, e do cientista Keizo Asami, da Universidade de Keio, no Japão. Infelizmente, alguns meses antes da inauguração do laboratório o cientista japonês faleceu, o que justificou o batismo do laboratório com o nome dele.

O LIKA tem como objetivo desenvolver estudos acerca dos fenômenos envolvidos em doenças infecciosas e parasitárias dos trópicos, por meio da realização de pesquisas capazes de gerar procedimentos, tecnologias e produtos na área de cura e prevenção dessas doenças, garantindo uma melhor qualidade de vida das populações tropicais. Assim, os focos de atuação do LIKA são quatro: **diagnósticos** (processos e métodos); **estudo das doenças tropicais que se manifestam nos trópicos** (como dengue, febre amarela e malária); **terapêutica** (estudos farmacêuticos de medicamentos) e **microbiologia aplicada**.

Atualmente o LIKA trabalha em conjunto com núcleos como o Centro de Ciências Biológicas e o Centro de Ciências da Saúde, e apresenta propostas bem mais amplas em relação àquelas objetivadas nos primeiros anos de seu funcionamento. **Contribuir para o desenvolvimento de uma sociedade com melhor qualidade de vida**, no entanto, é o seu maior projeto.

Já o Hospital das Clínicas (HC) da UFPE foi inaugurado em 14 de setembro de 1979, pelo reitor Paulo Frederico do Rêgo Maciel. Porém, sua história começou ainda na década de 1950, no reitorado de Joaquim Ignácio de Almeida Amazonas, quando foi lançada a sua pedra fundamental!?!? Todavia, durante quase 20 anos a obra do HC permaneceu paralisada, sendo reiniciada apenas no fim da década de 1970, por iniciativa do reitor Marcionilo de Barros Lins.

A transferência dos setores do Hospital Pedro II – a primeira unidade hospitalar ligada a UFPE – para o HC ocorreu aos poucos, estendendo-se de 1979 até 1981. O primeiro setor transferido foi o laboratório, então, em 1980 foi a vez dos ambulatórios de iniciação ao exames clínico e terapêutico. Em 17 de fevereiro de 1981 começaram a funcionar as clínicas especializadas, como cirurgia geral, reumatologia e gastroenterologia. As enfermarias foram os últimos setores instalados nesse processo e, no final de 1984 e início de 1985, foi criado o serviço de combate a doenças infecto-parasitárias.

A primeira grande reforma do hospital, uma obra do arquiteto veneziano Mário Russo, ocorreu em 1999. Nessa ocasião foram reformados a UTI, a enfermaria de nefrologia, o bloco cirúrgico e dois andares do prédio (10º e

11º), onde inicialmente funcionou o atendimento privado. Hoje no décimo andar funciona a enfermaria de alta complexidade.

Nesses últimos anos também ocorreram reestruturações no HC, com a melhoria de diversos serviços, entre eles os ligados a cirurgia ambulatorial e ao bloco obstétrico. Também foi implementada a modernização de equipamentos e móveis, com um investimento de cerca de R$ 10 milhões.

Como órgão suplementar da UFPE, o HC está ligado diretamente ao reitor dessa IES, para efeito de supervisão e controle administrativo, tendo como função básica apoiar o ensino de graduação e pós-graduação do Centro de Ciências da Saúde da IES.

Também ficam no *campus* Reitor Joaquim Amazonas um centro de convenções e uma concha acústica. Entre as áreas naturais da UFPE destaca-se o riacho Cavouco, que possui nascente dentro do *campus* e sofre com a poluição provocada pelos próprios órgãos internos da universidade!?!?

No centro da cidade encontra-se o Centro de Ciências Jurídicas da Faculdade de Direito, que mantém um programa de pós-graduação; os núcleos de Práticas Jurídicas, de Educação Continuada e os de Rádio e Televisão, além da rádio Universitária (que opera nas frequências AM e FM) e da TV Universitária, criada em 22 de novembro de 1968. Também ficam ali o Memorial da Medicina de Pernambuco; o Centro Cultural Benfica, que abriga o Instituto de Arte Contemporânea, a Coordenação de Desenvolvimento Cultural do Teatro Joaquim Cardoso; a livraria Benfica; o setor de acervo e documentação e os projetos especiais. O antigo prédio da Escola de Engenharia e o Departamento Cultural também se localizam no centro da cidade.

A UFPE oferece atualmente mais de 100 cursos de graduação, sendo a maior parte deles no *campus* de Recife, e apenas 11 no *campus* da cidade de Caruaru, 4 no *campus* da cidade de Vitória de Santo Antão, além de 56 cursos de pós-graduação *lato sensu* (especializações) e 133 cursos de pós-graduação *stricto sensu*, com 71 mestrados acadêmicos, 11 mestrados profissionais e 51 doutorados. A UFPE também oferece cursos na modalidade EAD.

Estima-se que no início de 2020 estivessem empregados nessa IES aproximadamente 4.250 servidores técnico-administrativos, além de 2.900 professores lecionando para 31 mil alunos nos cursos de graduação e 13.200 estudantes nos de pós-graduação. Além disso, havia cerca de 62 docentes atendendo a quase 600 alunos no Colégio de Aplicação. Como curiosidade, a Faculdade de Direito da UFPE tem apresentado aproveitamento próximo de 79% no exame da Ordem dos Advogados do Brasil, sendo este o segundo maior percentual do País, depois do Curso de Direito da Universidade Federal do Espírito Santo (UFES).

Vale ainda ressaltar que na Faculdade de Direito da UFPE estudaram nomes importantes da história brasileira, destacando-se expoentes, como: barão do Rio Branco, Castro Alves, Clóvis Bevilacqua, Tobias Barreto, Ruy Barbosa, Joaquim Nabuco, Eusébio de Queirós, Teixeira de Freitas, Raul Pompéia, Nilo Peçanha, Augusto dos Anjos, João Lustosa da Cunha Paranaguá, 2º marquês de Paranaguá, Epitácio Pessoa, Assis Chateaubriand, José Lins do Rêgo, Graça Aranha, Pontes de Miranda, entre muitos outros!!!

Outra IES pública importante cuja sede está em Recife é a Universidade de Pernambuco (UPE). Em 22 de março de 1966, as faculdades de Ciências Médicas de Pernambuco (fundada em 1950), de Odontologia de Pernambuco (criada em 1955), de Enfermagem Nossa Senhora das Graças (aberta em 1945) se uniram com a Escola Politécnica de Pernambuco (instituída em 1912) para formar o núcleo inicial da Fundação de Ensino Superior de Pernambuco (FESP), que viria a se transformar no início da década de 1990 na UPE, adquirindo caráter público e assumindo um papel social.

Recorde-se que ainda na década de 1970, juntaram-se a FESP a Escola Superior de Educação Física (fundada em 1946) e as Faculdades de Formação de Professores de Garanhuns (criada em 1966), de Nazaré de Mata (aberta em 1966) e de Petrolina (surgida em 1968). Em 1976 foi criado o Instituto de Ciências Biológicas, como unidade centralizadora das disciplinas básicas dos cursos de Medicina, Odontologia, Enfermagem e Educação Física.

Atualmente a UPE está bem descentralizada, tendo *campi* em diversas cidades do Estado de Pernambuco, além de ter implantado vários cursos no modelo EAD, em muitos municípios, inclusive no arquipélago de Fernando de Noronha e em Campina Grande, no Estado da Paraíba. Hoje a UPE oferece 59 cursos de graduação, 17 cursos de mestrado, 6 cursos de doutorado e 114 cursos de pós-graduação *lato sensu*.

Em 2020 trabalhavam na UPE aproximadamente 1.100 professores, lecionando para cerca de 17.600 alunos nos cursos de graduação, e em torno de 4.600 nos de pós-graduação. Todo ano, cerca de 4 mil vagas nos cursos de graduação são ofertados pela UPE, sendo que elas são preenchidas principalmente por meio do Enem. A concorrência tem sido de 13 candidatos por vaga. A UPE é considerada a melhor universidade estadual das regiões norte e nordeste, em termos de pesquisa e internacionalização, e no *RUF 2019* dicou na 71ª posição.

A cidade do Recife conta também com a Universidade Federal Rural de Pernambuco (UFRPE), que teve como célula embrionária uma IES criada em 1912 pelos monges beneditinos no mosteiro de São Bento, em Olinda, e tem a Medicina Veterinária como seu primeiro curso.

A UFRPE foi criada pela lei federal Nº2.524, de 4 de julho de 1955. Além de sua sede em Recife, ela possui atualmente outros *campi*: o de Serra Talhada, no sertão, o de Cabo de Santo Agostinho (na RMR) e campos avançados espalhados por todo o Estado. Um outro *campus* deverá ser implantado em Belo Jardim, no agreste.

Atualmente a UFRPE oferece 54 cursos de graduação, sendo 45 presenciais e 9 pelo sistema EAD; 32 cursos de mestrado acadêmico; 5 de mestrado profissional e 18 cursos de doutorado. Além das atividades de ensino superior, a UFRPE oferece ainda cursos técnicos em agropecuária, alimentos e administração, e atua no ensino médio através do Colégio Agrícola Dom Agostinho Ikas.

Estima-se que no início de 2020 estudassem na UFRPE 11 mil alunos nos cursos de graduação, e cerca de 1.800 nos de pós-graduação. Trabalhavam nela mais de 3.000 pessoas, das quais 1.250 são docentes e o restante funcionários técnico-administrativos. No *RUF 2019*, entre as 107 universidades públicas brasileiras, a UFRPE ocupou a 55ª posição.

Também se destaca no Recife o Instituto Federal de Pernambuco (IFPE), que pertence à rede federal de educação tecnológica e está situado na cidade universitária.

A Universidade Católica de Pernambuco (UNICAP) é o maior complexo de ensino jesuíta do Brasil, tendo atualmente quase 16 mil estudante. Trata-se de uma IES privada, filantrópica e confessional, criada em 27 de setembro de 1951 e reconhecida pelo governo federal por meio do decreto Nº 30.417, de 18 de janeiro de 1952. Hoje ela possui 10 prédios em seu *campus* da Boa Vista, além de cerca de 10 núcleos de práticas jurídicas espalhados pela RMR

A UNICAP possui uma clínica-escola de Psicologia e Fonoaudiologia, e uma clínica de Fisioterapia e Terapia, ambas consideradas referências nas regiões norte e nordeste do País. A IES tem também a maior e mais moderna biblioteca dessa parte do Brasil, que é a Biblioteca Central Padre Aloísio Mosca de Carvalho, com cerca de 280 mil livros em seu acervo. Ainda funciona no seu *campus* universitário, no antigo Colégio Nóbrega, o Liceu de Artes e Ofícios de Pernambuco, uma IE de aplicação que oferece educação básica e profissionalizante.

Há também o Museu de Arqueologia, que é referência em Pernambuco, e em breve terá nova sede. Atualmente a UNICAP oferece 36 cursos de graduação, sendo que o de Direito é aquele que reúne o maior número de alunos matriculados. Já o mais antigo, surgido em 1943, é o de Ciências Econômicas. A UNICAP possui os mais conceituados cursos *lato sensu* da região, e também oferece 8 mestrados e doutorados em 5 áreas. No *RUF 2019* essa IES ocupou a 28ª posição entre as 89 universidades privadas brasileiras analisadas.

Entre as IESs privadas instaladas em Recife, não se pode esquecer do Centro Universitário Maurício de Nassau (Uninassau), que atualmente é um dos mais importantes do País, com unidades espalhadas por dezenas de cidades, especialmente no nordeste. Ele surgiu a partir da Faculdade Maurício de Nassau, cujo embrião nasceu em 1993 quando foi criado o Bureau Jurídico – Complexo Educacional de Ensino e Pesquisa, com o objetivo de preparar candidatos para concorridos concursos públicos.

Mais tarde, em 1998, começou a funcionar o BJ Colégio e Curso e em 2009 foi autorizada oficialmente a abertura da Faculdade Maurício de Nassau, mantida pelo Ensino Superior Bureau Jurídico Ltda. A decisão de criar essa IES partiu de um sonhador, o empresário paraibano José Janguiê Bezerra Diniz, empenhado no desenvolvimento de um projeto de educação superior de qualidade, homenageando a figura do extraordinário empreendedor Maurício de Nassau, reconhecido por todos os brasileiros.

Em 2008 a Faculdade Maurício de Nassau passou a integrar o grupo Ser Educacional que abriu unidades em várias cidades das regiões norte e nordeste do País. Foi em 2012 que o ministério de Educação conferiu a essa IES o credenciamento para que se tornasse **Centro Universitário Maurício de Nassau (Uninassau).**

Em todos os seus cursos de graduação e programas de pós-graduação, na Uninassau, há um espaço acadêmico, sob a forma de atividades complementares, seminários, simpósios e eventos similares, para o desenvolvimento de estudos e pesquisas sobre as raízes do nordeste e do Brasil focando-se nas suas figuras históricas. Como está em Recife a matriz da Uninassau, o aluno nessa unidade tem cerca de 50 opções de cursos.

Hoje o grupo Ser Educacional, além da Uninassau mantém outras respeitadas IESs, alinhadas a sua visão, missão, valores e o seu jeito de ser e fazer possuindo mais de 70 *campi* espalhados pelo Brasil, atendendo cerca de 180 mil alunos presencialmente e uns 15 mil no modelo EAD.

O fundador do grupo, Janguiê Diniz, explicou: "O verbo '**ser**' designa existência, instiga aspiração, estar e pertencer. Ser que cria, produz, empreende, gera riqueza, ensina, aprende, compartilha e se comunica. Essas são as nossas premissas. Nós chegamos onde estamos graças à conjunção de esforços, por mérito dos profissionais que integram nosso time, que se preocuparam em construir o futuro de nossos jovens e do nosso País. Pessoas que, por méritos próprios, por sua moral tornaram-se nossas referências, os símbolos que orientam as nossas ações.

Ser Educacional procura se atualizar sempre e assim a partir de 2018 iniciou-se de forma efetiva a transformação Ser Digital, entre outras, com mais investimentos em inovação e tecnologia, estimulando-se a criação e o desenvolvimento de *startups*. A Ser Educacional jamais deixará de se renovar para melhorar cada vez mais os seu serviços. Queremos ser e estar sempre entre os melhores. Esse é e será sempre o nosso **objetivo maior**!!!"

Vale muito a pena conhecer a biografia de José Janguiê Bezerra Diniz, que a partir de uma infância pobre e rural, e com muito esforço desde os seus 8 anos, quando montou o seu primeiro "empreendimento": uma caixa de engraxate, conseguiu erguer um dos maiores conglomerados de educação do País, comandado pelo grupo Ser Educacional.

Por isso, seu nome agora é reconhecido como sinônimo de **obstinação e talento**. O Brasil todo agradece ao grupo Ser Educacional que tem cumprido o seu compromisso de produzir e socializar o conhecimento e com isso oferecer a melhores condições de empregabilidade para os seus alunos.

Claro que em Recife, há ainda pelo menos mais duas dezenas de IESs privadas com boa estrutura para que um jovem adquira uma formação adequada em algum campo profissional como é o caso das faculdades Boa Viagem, Cesar Educação, Odontologia, Frassinetti, Integrada de Gestão e Meio Ambiente, Nectar etc.

Como já foi dito, em 1895 foi criado no Recife a Escola de Engenharia de Pernambuco, a primeira Faculdade de Engenharia fora da região sudeste. Nela, que logo se destacou como uma das principais IESs do País, surgiu uma leva de grandes cientistas brasileiros, como: Mário Schenberg, José Leite Lopes e Leopoldo Nachbin. Isso aconteceu graças à ação catalisadora do professor Luís Freire, que se tornou conhecido por participar ativamente do movimento em favor da criação de IESs que fossem aptas a formar pesquisadores em Matemática e Física.

Nasceram em Recife muitos jovens talentosos que se tornaram figuras notórias em muitos campos (particularmente nas ciências exatas) como: Paulo Ribenboim, Joaquim Cardoso, Aron Simis, Gauss Moutinho Cordeiro, Israel Vainsencher, Luciano Coutinho, Cristovam Buarque, Fernando de Souza Barros, Ricardo de Carvalho Ferreira, Leandro do Santíssimo Sacramento, dentre muitos outros.

Seguindo sua tradição nas Ciências Exatas, o Recife é atualmente um dos mais importantes polos de TI do País. De fato, encontra-se hoje na capital pernambucana o **Porto Digital**, um parque tecnológico fundado em 19 de dezembro de 2000, com o duplo objetivo de reter profissionais qualificados na cidade e revitalizar o bairro do Recife Antigo, uma região histórica que estava bem degradada.

O Porto Digital foi criado a partir de um aporte inicial de R$ 33 milhões provenientes da privatização da Companhia Energética de Pernambuco e, ao longo de quase duas décadas de existência foi evoluindo e recebendo o reconhecimento de diversas pessoas e entidades. A empresa de consultoria A.T. Kearney, por exemplo, classificou esse parque como o maior e mais rentável do Brasil. Atualmente o Porto Digital detém três prêmios de **melhor parque tecnológico do País**, concedido pela Associação Nacional de Entidades Promotoras de Empreendimentos Inovadores (ANPROTEC).

Em 2017, o professor Jerome S. Engel, da Universidade da Califórnia (em Berkeley), apresentou no seu livro o Porto Digital como um dos mais importantes *clusters* de tecnologia do mundo, ressaltando-o inclusive como uma referência em governança público-privada. Além do reconhecimento por sua atuação como indutor de novos negócios de base tecnológica, especialmente aqueles voltados para as TICs, o Porto Digital foi reconhecido por sua atuação na revitalização do patrimônio histórico, ao ganhar em 2017 a 30ª edição do prêmio Rodrigo Melo Franco de Andrade, concedido pelo IPHAN.

Em 2011 o parque expandiu sua área territorial para o bairro de Santo Amaro e, em 2015, para os bairros de Santo Antônio, Vila São José e Boa Vista. Em seu planejamento para o período de 2017 a 2025 pretende abrir 5 unidades do Armazém da Criatividade, similares ao existente em Caruaru, em outras 5 cidades pernambucanas; revitalizar mais imóveis históricos e criar novas unidades *Pitch* e *Think Tank* (laboratório de ideias ou grupo de reflexão), com o foco em análise de tecnologia e mercado.

O Porto Digital abriga importantes institutos de pesquisa. E apesar de não estar localizado fisicamente no território do Porto Digital, o Centro de

Informática (CIn) da UFPE é o mais importante instituto de pesquisa do parque tecnológico, sendo que em 2015 o Porto Digital abriu um escritório avançado do CIn, chamado *Pitch*. Mas além do CIn, também se destacam o Centro de Estudos e Sistemas Avançados do Recife – C.E.S.A.R. –, o Centro de Pesquisa Automotiva do grupo Fiat-Chrysler Automobiles, o Innovation Center Recife da Accenture e o Instituto Senai de Inovação para TICs.

Atualmente atuam de forma destacada no Porto Digital diversos fundos de investimento, como o IKEWAI, CRIATEC, Saints Investimentos, Inseed Investimentos, Triaxis Capital, FIR Capital, Tynno Negócios e Participações, além de algumas aceleradoras de negócios.

O engenheiro Silvio Meira, um dos fundadores do C.E.S.A.R., articulador do IKEWAI e presidente do Conselho de Administração do Porto Digital, em seu livro *Novos Negócios Inovadores do Crescimento Empreendedor*, no Brasil, escreveu: "Toda vez que um projeto é iniciado, o C.E.S.A.R. monta times baseados no conceito de **GeNTe.**

Esse time que vai resolver ou executar projetos para os clientes, guia-se pela seguinte lógica:

- **Esclarecer** o que tem que ser feito, ou seja, qual é o problema e a vantagem em solucioná-lo.
- **Idealizar**, isto é, imaginar as possíveis soluções.
- **Desenvolver** ou criar uma solução prática para o problema.
- **Implementar** a solução encontrada.

Para executar essas etapas os integrantes desse time devem ter três características:

1ª) Serem pessoas que primordialmente entendem de **gente**, do comportamento de outras pessoas, sem ignorar as facetas de negócios e tecnologia do problema.

2ª) Serem pessoas de **negócios**, tendo obviamente uma boa ideia dos componentes de comportamento humano e tecnologia associados ao esforço.

3ª) Serem especialistas em **tecnologia** com bom entendimento dos componentes de negócio e de usos, da experiência de uso, ligados ao problema (projeto).

Posto dessa forma, o termo GeNTe significa que, independentemente do problema ou projeto, todos os times devem sempre levar em conta os componentes associados a **gente, negócios** e **tecnologia**. Depois que o C.E.S.A.R. passou a montar e gerir seus times de solução de problemas desse jeito, o número de contratempos ou atrapalhações associados às diferenças de entendimento ou de relacionamento diminuiu muito, quando se considera um histórico de muitos anos de soluções elaboradas.

O C.E.S.A.R. além de ser um instituto de inovação, também é uma fábrica de empreendimentos e um gerador de novos negócios. Desde a sua criação na década de 1990, a instituição está no mercado de inovação e, direta ou indiretamente, participou do processo de criação de dezenas de novas empresas, além de ter ganho dois prêmios nacionais Finep da Inovação (em 2004 e 2010). É por isso que muito gente continua indo lá para conversar, assumindo que se trata, pelo menos em um estágio inicial, onde pode achar investidores em potencial para algum negócio deles.

Na IKEWAI, que é uma rede para desenvolvimento de negócios, vai ainda mais gente, apesar de ser muito mais recente do que o C.E.S.A.R. As duas instituições usam uma regra muito simples para aqueles que desejam conversar sobre um novo negócio, proposto pelo autor: só serão agendados encontros se houver dois ou mais empreendedores, na parada, em acordo ou interessados no negócio a ser analisado. **Por quê?** A resposta é simples. Se você que está pensando em começar um novo negócio não consegue convencer nem seus próprios colegas e/ou amigos mais próximos a se juntarem a você nessa aventura, como pretende convencer a IKEWAI?"

Em 2013 o Porto Digital ampliou sua área de atuação, adentrando na EC, que abrange de maneira mais específica os jogos eletrônicos, o audiovisual, a música e o *design*. Neste âmbito, numa declaração para o jornal *O Estado de S.Paulo* em 25 de maio de 2016, o diretor-presidente do Porto Digital, Francisco Saboya, destacou: "Temos agora no Porto Digital um grande *maker space*, chamado Laboratório de Objetos Urbanos Conectados, ou de forma concisa e chamativa, LOUCo. Trata-se de um espaço de múltiplas interações de trabalho colaborativo e criativo, uma espécie de engenho de aceleração de inovações e negócios para o enfrentamento dos problemas das cidades. **Por que a gente está focando nas cidades?** Porque hoje no Porto Digital existe uma convicção muito clara, ou seja, de que nós somos uma espécie de experimentação urbana em escala real. E isso nos dá sem dúvida um grande diferencial competitivo."

Estima-se que no início de 2020 existissem no Porto Digital mais de 300 empresas, institutos de pesquisa, incubadoras, aceleradoras e fundos de investimento. Também segundo estimativas, ao todo trabalhavam nele 9.200 pessoas, alcançando-se um faturamento próximo de R$ 1,9 bilhão.

Um bom exemplo do sucesso do Porto Digital é a empresa In Loco Media, que surgiu no CIn da UFPE e, depois de incubada no Porto Digital, alcançou um faturamento anual de R$ 75 milhões e logo passou a ser avaliada em US$ 160 milhões, estando cotada para logo ser a primeira unicórnio pernambucana (valor de US$ 1 bilhão). Ela tem desenvolvido soluções baseadas em localização que se revelaram cerca de 30 vezes mais precisas do que aquelas do GPS. Entre seus clientes estão marcas famosas, como: McDonald´s, Coca-Cola, BMW, Pizza Hut, Jeep, entre outras.

Gigantes como Fiat Chrysler, IBM, Unilever, Uber e Accenture também já estão no Porto Digital. Aliás, no caso da Fiat, ela instalou nele seu Centro Global de Inovação – *Software Center* –, no qual trabalham cerca de 120 especialistas no desenvolvimento de soluções automotivas para o controle de motores (otimização de combustível) e transmissão (funcionamento de câmbio).

Em 2015, no bairro de Santo Amaro, entrou em operação o Instituto Senai de Inovação e Comunicação, ocupando um prédio de 20 mil m². Nele foram investidos R$ 53 milhões. Apesar de haver 25 unidades deste instituto espalhadas pelo Brasil, o que faz parte do Porto Digital é a única focada na TIC.

O presidente do Porto Digital, Pierre Lucena em 10 de janeiro de 2020 afirmou que as empresas embarcadas no parque tecnológico tinham a intenção de contratar cerca de 3.000 pessoas ao longo do ano.

Infelizmente a crise econômica provocada pela pandemia do *Covid-19* impediu que isso ocorresse!?!?

O Recife tem uma grande tradição na área da **medicina**. O primeiro hospital do Brasil foi a Santa Casa de Misericórdia de Olinda, fundada no ano de 1540, e extinta com a criação da Santa Casa de Misericórdia do Recife. Aliás, foi no Recife que se realizou a primeira operação cesariana do País, em 1817, pelas mãos do médico pernambucano Correia Picanço, fundador das primeiras faculdades de medicina do Brasil e aclamado como "**patriarca da medicina brasileira**".

O Recife é hoje o mais importante polo médico das regiões norte e nordeste do Brasil, possuindo uma vasta rede de serviços tanto no setor público, ofertados pelo SUS, como no setor privado. No início de 2020 estavam ativas no Recife cerca de 125 UBSs, estabelecidas na maioria dos bairros da cidade. Nelas são feitas consultas médicas para crianças, adultos e idosos, assim como vacinação, pré-natal, planejamento familiar e exame ginecológico. Em aproximadamente metade dessas UBSs também podem ser feitos tratamentos odontológicos.

Os principais hospitais da cidade estão localizados nos bairros Derby, Graças, Santo Amaro e da Ilha do Leite. Por sua vez, os serviços públicos de urgência 24 h, que realizam atendimentos nas áreas de clínica geral, ortopedia e pediatria, estão localizados em pontos de fácil acesso da RMR. São cerca de duas dezenas de UPAs, além de 5 policlínicas 24 h que realizam um atendimento semelhante e estão localizadas nos bairros de Casa Amarela, Afogados, Parnamirim (apenas pediatria), Campina do Barreto e Ibura.

Pessoas com suspeita de infarto ou algum outro problema cardiovascular também podem dirigir-se ao Pronto-Socorro Cardiológico Universitário de Pernambuco Prof. Luiz Tavares (PROCAPE), uma unidade de atendimento do SUS e o segundo maior hospital público de cardiologia do País. Ao lado do Hospital Universitário Oswaldo Cruz e do Centro Integrado de Saúde Amauri Medeiros (CISAM), o PROCAPE integra o Complexo Hospitalar da UPE.

Outros hospitais importantes são o Instituto de Medicina Integral Professor Fernando Figueira (IMIP), o Hospital da Restauração (criado em 1969, sendo o maior hospital público de emergência da região nordeste do Brasil, e uma referência nas áreas de trauma, neurocirurgia, cirurgia bucomaxilofacial, neurologia, cirurgia geral, clínica médica e ortopedia), Hospital Agamenon Magalhães (que oferece tratamento de qualidade e conta com bons funcionários, mas precisa de mais recursos para efetuar várias melhorias); Hospital Barão de Lucena (que possui uma boa equipe médica e oferece bom atendimento); Hospital Ulysses Pernambucano (mais conhecido como Hospital da Tamarineira, sendo o segundo hospital psiquiátrico do Brasil); o já citado Hospital das Clínicas da UFPE; o Hospital Getúlio Vargas e o Hospital do Câncer de Pernambuco (um nosocômio de referência no tratamento do câncer, que conta com ótimos profissionais).

No que tange ao IMIP, ele foi fundado em 1960 por um grupo de médicos, liderados pelo professor Fernando Figueira, sendo uma entidade filantrópica, que atua nas áreas de assistência médico-social, ensino, pesquisa e extensão comunitária. Voltado para o atendimento da população carente pernambucana hoje, o complexo hospitalar do IMIP é reconhecido como uma das estruturas hospitalares mais importantes do País, sendo um centro de referência assistencial em diversas especialidades.

É um conjunto de dez prédios, incluindo os hospitais Pedro II e Oscar Coutinho, distribuídos numa área de 64.000 m². Esse complexo hospitalar oferece através do SUS, serviços ambulatoriais e hospitalares especializados para crianças, mulheres e homens, com centro de diagnóstico e medicina intervencionista próprios, Hospital-Dia, emergências e salas para realização de diferentes terapias. Ele possui o maior número de leitos das regiões norte e nordeste, ou seja, 1.075 no total, sendo que por ano são realizados nele mais de 650 mil atendimentos.

Recorde-se que depois de ficar quase abandonado, o Hospital Pedro II (que foi inaugurado em 1861) foi reinaugurado em 1982, graças a uma negociação entre o IMIP e a arquidiocese do Recife e Olinda. Na época ele foi restaurado, oferecendo diversos serviços aos que vivem na RMR, inclusive sendo referência no Estado para o tratamento de queimados. Todavia, por ironia do destino, ele sofreu um incêndio na casa de máquinas no dia 14 de outubro de 2010, ficando inativo por um bom tempo para reformas. Depois de um investimento de R$ 80 milhões pela prefeitura, o nosocômio passou por uma grande reforma e modernização, voltando a atender seus pacientes.

No que se refere ao Hospital Agamenon Magalhães, ele se tornou uma referência no atendimento a gestantes de alto risco, tendo diminuído em 54% as mortes maternas apenas com melhorias na gestão e organização dos fluxos, a adoção de novos protocolos clínicos e a capacitação de seus funcionários.

Enquanto a saúde no País infelizmente patina na redução da mortalidade materna, uma parceria entre essa instituição pública – o Agamenon Magalhães – e outra privada – o Hospital Albert Einstein de São Paulo – mostrou que é possível ser bastante **eficaz**, mesmo enfrentando a **superlotação**.

Entre maio de 2016 e abril de 2017, período anterior ao projeto da parceria, o Agamenon Magalhães realizou 3.783 partos, com **11 mortes maternas**. Já entre maio de 2017 e abril de 2018, com o projeto em andamento, foram feitos 4.167 partos, com apenas **6 óbitos**. Esse projeto faz parte de uma iniciativa mundial da farmacêutica MSD, com foco na redução da mortalidade materna a partir de projetos sustentáveis e adaptados à realidade de cada local.

No Hospital Agamenon Magalhães, os especialistas do Hospital Albert Einstein começaram fazendo um diagnóstico das falhas assistenciais que levavam às mortes e, então propuseram soluções internas para enfrentá-las. Guilherme Leser, diretor de relações governamentais da MSD Brasil, comentou: "O objetivo inicial era reduzir as mortes em 30%, mas como os resultados obtidos foram bem além do esperado, a empresa decidiu estender o projeto a outros 24 hospitais que atendem pacientes do SUS. A ideia é que ele ganhe vida própria e se transforme num modelo a ser adotado pelo governo. E como ele é centrado na capacitação de gestores e funcionários, na revisão de protocolos e na humanização do tratamento, foge bastante de interferências políticas."

Já a diretora-executiva de prática assistencial, qualidade e segurança do Albert Einstein, Cláudia de Barros, comentou: "Um dos fatores que levaram ao sucesso no Agamenon Magalhães foi o intenso engajamento de seus funcionários no aprendizado e na promoção das mudanças. A equipe do Albert Einstein passou alguns dias acompanhando o percurso das gestantes dentro do hospital. Percebeu-se, por exemplo, que havia problemas na detecção de casos mais urgentes. Nesse hospital há sempre um grande volume de pacientes na porta de entrada. Mas qualquer minuto de atraso no atendimento pode fazer muita diferença para uma gestante que chega ao hospital em situação de emergência. Entre as causas de mortes materna mais comuns estão as hemorragias, a hipertensão (pré-eclâmpsia) e a sepse (infecção generalizada).

Foi por essa razão que todos os protocolos do Agamenon Magalhães foram revisados e então sugeridas (e acatadas) mudanças de todas as ordens. O laboratório de análises clínicas, por exemplo, que no passado levava 60 min ou até mais para liberar os resultados – algo que exerce um impacto profundo nas decisões médicas –, passou a liberá-los mais rapidamente, em cerca de 30 min."

Por sua vez, Ângela Lannia, diretora médica do Agamenon Magalhães, complementou: "Uma outra mudança importante foi a reserva de leitos de UTI para as pacientes da maternidade, que antes os disputavam com doentes de outras áreas!?!? São mudanças que vieram para ficar. Não há mais como retroceder. Antes do projeto ocorria uma morte materna em cada intervalo médio de 17,6 dias, mas agora já chegamos a completar 142 dias sem mortes maternas. É evidente que tudo isso motiva e orgulha a todos no hospital."

Infelizmente há muitos outros desafios que ainda persistem no Hospital Agamenon Magalhães. A superlotação é um deles. O centro obstétrico do hospital tem capacidade para 12 leitos, mas às vezes abriga até 50 pacientes. A demanda é muito grande, pois o hospital recebe pacientes de todo o Estado, e a superlotação é um problema que não se consegue gerenciar!?!?

Outro problema para esse hospital, que é mantido pelo governo estadual, é o grau de gravidade com que muitas pacientes chegam até ele. Isso inclui desde os cuidados inadequados no pré-natal até o transporte da gestante de alto risco até a maternidade. Porém, essas falhas também deverão ser corrigidas em breve...

Avanços como os obtidos no Agamenon Magalhães obviamente adquirem bastante relevância, ainda mais quando se vivencia no País um cenário em que lamentavelmente diversos outros indicadores de saúde têm piorado, entre eles o da **mortalidade infantil**!?!?

E infelizmente o Brasil está muito longe de atingir a meta assumida junto a ONU de reduzir as mortes maternas para 30 em cada 100 mil nascidos vivos até 2030!!! Deve-se, entretanto, destacar que outros hospitais públicos do País deveriam inspirar-se nas melhorias já alcançadas no Agamenon Magalhães, no qual, aliás, também já está se buscando capacitar os funcionários para que estes ofereçam um atendimento mais eficiente e simpático aos pacientes!!!

En Recife, não se pode esquecer dos dois hospitais militares da cidade, o Naval (um hospital excelente e que melhora dia a dia) e o Militar (que tem sido bastante criticado pelos pacientes que o procuram). Há também na capital pernambucana diversos hospitais particulares, com destaque para os seguintes:

- **Real Hospital Português da Beneficência** – Fundado em 16 de novembro de 1855, ele conta com diversas especialidades e possibilita ao paciente realizar vários exames. Trata-se do maior complexo hospitalar das regiões norte e nordeste, e seus funcionários são terceirizados. Nele, por causa da grande demanda, os pacientes acabam se aborrecendo bastante com o tempo de espera para atendimento.

- **Santa Joana** – Ele foi fundado em 1979, dispõe de excelentes instalações e equipamentos modernos, e conta com médicos excelentes. Foi o primeiro hospital do País a receber o certificado ISO: 9001:2000, atribuído ao seu serviço de cardiologia. Em 2016 tornou-se a primeira instituição hospitalar da região nordeste a contar com um centro de cirurgia robótica.

- **Unimed** – São na verdade dois hospitais. O primeiro foi inaugurado em 1998 e o segundo em 2011, sendo que ambos dispõem de 246 leitos (50 leitos de UTI para adultos, 10 coronarianas e 20 neurológicas). Esses dois hospitais atendem várias especialidades e também realizam pronto atendimento. Neles há centro de diagnóstico por imagem, serviços oncológicos e centro médico. Mas a Unimed também oferece pronto atendimento em outros endereços, sendo um em Recife e outro em Olinda, além de possuir uma unidade de urgência pediátrica que funciona 24 h, na avenida Agamenon Magalhães, Nº 3.188. Nesses últimos tempos, entretanto, muitos associados da Unimed têm reclamado da demora para a autorização de exames e de outros procedimentos médicos, assim como do atendimento desrespeitoso na recepção dos hospitais, o que obviamente deve ser corrigido urgentemente!!!

→ **Real Hospital Português** – Ele foi inaugurado em junho de 2008. Não atende a todas as especialidades nem a todos os planos de saúde, mas mantém um bom padrão, com boas instalações e bons médicos.

→ **Maria Lucinda** – No geral, as pessoas que recorrem a esse hospital têm sido bem atendidas.

→ **Jayme da Fonte** – A reforma da emergência melhorou bastante o ambiente no hospital e o bloco cirúrgico está bem organizado. Hoje ele é referência nacional em transplante hepático e oferece atendimento de urgência em clínica médica, cardiologia e traumatologia. Tem tudo para se expandir muito mais.

→ **Esperança** – Sua maternidade é muito boa, considerada uma das melhores do Estado. É um excelente local para se cuidar da saúde, com profissionais atenciosos e equipe médica impecável.

→ **Albert Sabin** – Os pacientes têm reclamado bastante das acomodações na enfermaria, mas a equipe de plantão é constituída por profissionais bem prestativos e atenciosos.

→ **São Marcos** – Para muitos pacientes, todos os funcionários são muito atenciosos, desde a recepção até os médicos. Porém, isso não é uma unanimidade e um número significativo de pessoas reclama da qualidade dos serviços neste hospital, considerada insatisfatória.

→ **De Ávila** – Possui médicos competentes, equipamentos modernos e oferece ótimo tratamento, mas as instalações precisam de melhorias. O atendimento prestado pelo SUS é considerado sofrível.

→ **Memorial São José** – É um hospital geral que foi fundado em 2 de junho de 1989. Em 2016 ele foi integrado a rede privada D'Or São Luiz, a maior do País. Em 2018 ele foi totalmente reformado, tendo agora instalações novíssimas e estando bem equipado. Entretanto, os pacientes sofrem nele com o tempo de espera para serem atendidos.

Segundo estimativas do Conselho Federal de Medicina (CFM) no início de 2019, Recife estava no grupo das 5 cidades brasileiras com o maior número de médicos por 1000 habitantes. Isso deve ter influído bastante para que a taxa de mortalidade infantil no município tenha sido inferior a 10 por 1.000 nascidos vivos, de acordo com os dados da prefeitura.

Tenho destacado a importância do **turismo de saúde**, algo que incrementa bastante a visitabilidade a uma cidade. E no Brasil isso acontece em muitas cidades encantadoras, particularmente em Recife, que conquistou o título de **segundo maior polo médico de saúde do País**. Na capital pernambucana, além de vários hospitais de médio e grande porte, como os que foram citados, existem boas clínicas médicas e odontológicas, laboratórios e serviços emergenciais em todas as especialidades. De fato, existem na cidade cerca de 10 mil leitos hospitalares.

Esse polo médico possui três hospitais de grande porte com acreditação internacional JCI (Joint Commission International), a mais importante acreditação de segurança e qualidade do mundo, além de outros hospitais e clínicas com outras certificações. É importante destacar que os valores cobrados pelos diversos serviços médicos são bem menores que os praticados em outras regiões do País e, inclusive, em outras nações.

O Estado de Pernambuco é o único no Brasil que possui um *cluster* (conglomerado) de turismo de saúde – o Pernambuco *Healthcare* –, uma organização público-privada com o objetivo de organizar e promover ações necessárias no sentido de garantir a qualidade, o acolhimento e a segurança na prestação de todos os serviços para atender bem aos pacientes, o que inclui médicos, hospitais, clínicas, hotéis, transporte, lazer, *home care*, entre outros.

Aliás, na rede médica do Recife, existem muitos profissionais que fizeram cursos de pós-graduação nos EUA ou em países da Europa, e que inclusive são fluentes em outras línguas (particularmente no inglês), o que significa que os seus hospitais, em especial os grandes, possuem equipes de profissionais aptos a atender paciente internacionais, sem dificuldades para se comunicar com os mesmos!!!

Note-se que em 2018, o turismo da saúde no mundo movimentou cerca de US$ 445 bilhões, e Recife naturalmente deseja captar um pouco desse montante através do *cluster* Pernambuco *Healthcare*!!!

No que tange aos **transportes**, o Recife foi a primeira cidade do mundo a operar locomotivas a vapor construídas especialmente para rodar nas ruas: a chamada maxambomba (do inglês *machine pump*), um sistema inaugurado no ano de 1867.

Atualmente o município possui uma frota de aproximadamente 3.000 ônibus coletivos, que transportam diariamente 2,2 milhões de pessoas; um sistema de metrô que transporta 420 mil passageiros por dia e um *BRT*, desenvolvido para transportar 335 mil pessoas diariamente.

Apesar disso, a cidade tem sofrido com um forte aumento no número e na circulação de automóveis e, especialmente, motocicletas, o que tem representado um grande problema na hora de estacioná-los. Estima se que no início de 2020 a RMR tivesse uma frota de carros superior a 1,55 milhão, do quais 47% haviam sido emplacados em outras cidades, mas circulavam pelo município do Recife.

No que se refere ao transporte marítimo, o porto do Recife, situado no Recife Antigo, já foi um dos principais portos do Brasil colônia. Atualmente sua base operacional se concentra na movimentação de granéis sólidos, compreendendo grãos, clínquer (escória usada como tijolos para a pavimentação), barrilha e carga geral. Ele se diferencia dos demais portos por sua localização, pois apesar de encontrar-se num centro urbano, consegue operar sem interferir muito na vida dos munícipes. Mas além do transporte de cargas e matérias-primas, o porto de Recife se consolidou como um local de atracação de importantes cruzeiros marítimos, impulsionando o turismo.

No campo aéreo, Recife foi também a primeira cidade da América do Sul a possuir uma conexão direta para a Europa, especialmente para a Alemanha, por meio de dirigíveis. A capital pernambucana tem a única estação de atracação de dirigíveis do mundo que está **preservada** em sua estrutura original: a **torre do Zeppelin**.

Mais recentemente, estimulada pela possibilidade de impulsionar o turismo, em especial de torcedores (muitos estrangeiros) durante a Copa do Mundo de Futebol de 2014, a cidade providenciou uma grande reforma no aeroporto internacional dos Guararapes-Gilberto Freyre (ou simplesmente aeroporto de Recife), que ganhou capacidade para atender 16 milhões de passageiros por ano, uma pista de 3.007 m de comprimento e 45 m de largura, um terminal com 52 mil m², onze pontes de embarque e um estacionamento com quase 2.200 vagas.

Tudo isso transformou o aeroporto internacional do Recife num dos melhores do Brasil, tanto que em 2013 ele apareceu no *ranking* Skytrax 2013, como o segundo melhor da América do Sul!?!? Além disso, em 2014, a revista *TAM* o colocou entre os cinco melhores do mundo, juntamente com os terminais de Madri, Munique, Cingapura e Londres, e como o melhor do País.

O superintendente regional da Infraero do nordeste, Fernando Nicácio da Cunha Filho, numa declaração feita em 11 de setembro de 2013 para o jornal *O Estado de S.Paulo*, comentou: "Posso garantir que o aeroporto internacional dos Guararapes-Gilberto Freyre é o nosso primeiro aeroporto 100% preparado para atender a Copa do Mundo, tanto em quantidade de pessoas como em qualidade de serviços, sem qualquer sobressalto.

O terminal de passageiros possui agora um grande espaço envidraçado que permite a entrada de iluminação natural, o que permite uma considerável diminuição no consumo de energia. Isso indica toda a preocupação com a sustentabilidade e a preservação ambiental, desde a concepção do projeto arquitetônico.

Existe também um sistema de refrigeração com o reaproveitamento de água por termoacumulação e recuperação de água da chuva. A área destinada às compras e ao lazer também seguiu o conceito de *aeroshopping*, com 165 pontos comerciais, o que transformou o aeroporto num centro de negócios, conforto, comércio de produtos e oferta de serviços. As pessoas que viajam normalmente analisam a qualidade dos serviços e as facilidades disponíveis.

Nesse aeroporto os passageiros têm um boa deslocamento, identificam facilmente sua localização dentro do terminal e contam com uma excelente praça de alimentação (com grande variedade). O serviço de restituição de bagagem é muito rápido, com uma média de tempo bem inferior ao normal, mesmo se comparando com os melhores aeroportos do mundo. Todas esses diferenciais refletem a excelência na prestação de serviços.

Já no aspecto operacional, o aeroporto conta com três armazéns nos terminais de logística de carga, sendo que dois deles são destinados a carga doméstica e o terceiro conta com 6.200 m² e abriga mercadorias internacionais alfandegadas. O tempo médio de permanência de carga importada nos armazéns é de **5 dias**, sendo que os principais itens são: materiais hospitalares, reagentes para exames clínicos e de laboratório, fármacos, medicamentos e eletrônicos; já nas exportações o período é de apenas 12 h, e concentra-se basicamente em pescados, eletrônicos e frutas. O terminal de carga conta ainda com depósito de carga restrita, com capacidade diária de 30 t, e câmara frigorífica, com módulos de resfriamento e congelamento."

Nota-se no aeroporto do Recife uma contínua expansão na movimentação (chegada/saída) de passageiros e de carga, o que felizmente significa que ele deverá continuar a receber investimentos que garantam melhoria constante, o que por sua vez possibilitará que a cidade receba cada vez mais turistas.

Em 15 de março de 2019, a empresa estatal espanhola Aena venceu a concorrência no leilão para operar o bloco de 6 aeroportos da região nordeste, ou seja, os de Recife, Aracaju, Maceió, João Pessoa, Campina Grande e Juazeiro do Norte. Na época, o lance mínimo exigia o pagamento de R$ 171 milhões já na assinatura do contrato, porém, no decorrer da disputa entre a Aena e a empresa suíça Zurich, esse valor subiu para R$ 1,9 bilhão. Com isso a empresa espanhola venceu a licitação e adquiriu o direito de operar esses aeroportos por 30 anos, desde que cumpra com os investimentos assumidos no contrato.

O aeroporto internacional Gilberto Freyre foi sem dúvida a joia mais preciosa do bloco de terminais nordestinos, visto que é o de maior movimentação de passageiros das regiões norte e nordeste e em 2018 ele deu um lucro de R$ 130 milhões.

O terminal, que ainda tenta se consolidar como *hub* de uma grande companhia aérea, realizou no início de 2019 cerca de 204 operações diárias, entre pousos e decolagens. Esse número é maior do que a soma dos voos diários realizados nos terminais de Aracaju, Campina Grande, João Pessoa, Juazeiro do Norte e Maceió, que juntos realizam 154 voos diários.

Bem avaliado pelos usuários, o aeroporto internacional Gilberto Freyre foi inaugurado em 2004 e em 2018 registrou um aumento de 4,9% na movimentação, chegando a receber 8,2 milhões de passageiros, entre embarques e desembarques. Essa quantidade é também maior do que no bloco de outros cinco aeroportos privatizados, que agora estarão sob administração da Aena (em 2018 todos juntos atenderam a 5,3 milhões de passageiros).

Destaque-se que pela primeira vez na sua história, o aeroporto de Recife conseguiu superar o aeroporto internacional de Salvador, já privatizado, que registrou em 2018 uma movimentação de 7,8 milhões de passageiros.

O aeroporto Gilberto Freyre tem atualmente 21 posições de estacionamento de aeronaves, onze delas com pontes do tipo *finger* e dez remotas.

O terminal de Recife é usado entre outras pelas companhias aéreas Azul, Gol, TAP, Latam, American Airlines, TACV, Condor, Copa Airlines e Air Europa. São 36 destinos domésticos e 12 internacionais. Os dados mostram que 92% dos passageiros usam o terminal para viagens no Brasil. Para o exterior as rotas têm uma frequência média de 43 embarques e desembarques por semana. Os principais destinos são Lisboa, Madri, Frankfurt, Miami, Buenos Aires e Santiago.

Além de ser considerado um aeroporto novo, com apenas 16 anos de operação, um dos principais trunfos do terminal é sua localização estratégica. Dentro da cidade, ele é vizinho ao bairro de Boa Viagem, na zona sul, que concentra a rede hoteleira de Recife e boa parte dos escritórios das empresas da capital pernambucana.

O vice-presidente da Federação da Indústria de Pernambuco (Fiepe), Alexandre José Valença Marques, comentou: "A localização geográfica do aeroporto de Recife é excepcional. Se girarmos num raio de 800 km, englobaremos quase todas as capitais da região nordeste, o que antecipa a condição de a cidade futuramente se tornar uma **aerotrópole**, ou seja, de se desenvolver muito em torno do seu aeroporto."

Uma das deficiências do aeroporto de Recife é não possuir uma segunda pista, mas, de acordo com o edital, o aeroporto Gilberto Freyre irá receber ao longo de 30 anos R$ 865,2 milhões em investimentos, o que seguramente permitirá que uma parte do dinheiro seja investido nessa segunda pista!!!

No campo das **comunicações**, no Recife há 3 grandes jornais. O primeiro é o *Diário de Pernambuco*, que é o jornal mais antigo em circulação na América Latina (sua primeira edição foi impressa em 7 de novembro de 1825, pelo tipógrafo Antonino José de Miranda Falcão). Atualmente ele faz parte do grupo Diários Associados, fundado pelo empreendedor Assis Chateaubriand.

O segundo é o *Jornal do Commercio* (que surgiu em 3 de abril de 1919), líder em circulação de exemplares no Recife e no nordeste do País, com ainda o maior número de assinantes do Estado de Pernambuco. Ele faz parte do Sistema Jornal do Comércio de comunicação, pertencente ao grupo JCPM. O último é a *Folha de Pernambuco*, fundado em 3 de abril de 1998, que pertence ao grupo empresarial EQM, do empresário Eduardo de Queiroz

Monteiro. Além desses também se destaca o *AquiPE*, um jornal em formato de tabloide, com notícias de caráter popular.

Estão instaladas no Recife diversas emissoras de rádio, algumas delas de difusão nacional, como a Nova Brasil FM e a Transamérica Pop, a Jovem Pan FM, a CBN Recife, a Recife FM, as rádios Jornal e Clube, entre outras. Da mesma forma, estão no Recife várias emissoras de televisão aberta: a TV Globo Nordeste (da rede Globo); a TV Jornal (afiliada do SBT); a TV Clube (afiliada da Record); a rede TV! Recife (da própria rede TV!); a TV Tribuna (afiliada da rede Bandeirantes); a TV Universitária (a primeira emissora de televisão educativa do Brasil, fundada em 1968 e afiliada da TV Brasil); a TV Nordeste (afiliada da TV Cultura) e a rede Estação.

O Recife atrai turistas do mundo todo e entre os motivos para isso estão as manifestações culturais e as festividades que acontecem na cidade, bem como seus parques e museus, suas igrejas barrocas e suas diversas construções históricas. O Recife é o portão de entrada do litoral de Pernambuco, de onde partem para diversas regiões os turistas que ali chegam de avião.

É no centro do Recife que se concentra o principal conjunto arquitetônico e cultural do município, ou seja, nos bairros de Santo Antônio, de São José, de Boa Vista e de Santo Amaro. Esses locais abrigam galerias, museus e outros espaços culturais. Outras áreas de interesse estão nos bairros de Jaqueira, Casa Forte, Poço da Panela, Espinheiro, Ponte d'Uchoa, Graças e Derby.

O Carnaval de Olinda e Recife é considerado a folia do rei Momo mais democrática e culturalmente diversa do País, sendo reconhecido pelos característicos bonecos gigantes de Olinda e também pelos ritmos do frevo e do maracatu. É aí que está o **maior bloco carnavalesco do mundo**, segundo o livro de recordes *Guinness*, registrado em 2015: o **Galo da Madrugada**.

Recife também se tornou conhecida como a **capital brasileira dos naufrágios**, o que tem atraído mergulhadores de todo o mundo, que em suas aventuras aproveitam para ver não apenas as embarcações afundadas, mas também a rica vida marinha que habita as águas calmas e cristalinas do seu mar, cujas temperaturas ficam próximas dos 30°C.

Outro tipo de turismo que se tornou bastante popular no Recife, e cujo número de interessados cresceu bastante, em especial em 2018, é o *tour* **literário**. Na verdade, são diversos esses *tours*, ou seja, passeios ligados à vida e à obra de escritores famosos que nasceram e/ou viveram na cidade. Assim, Manuel Bandeira, Clarice Lispector, Ariano Suassuna e Gilberto Freyre, por exemplo, são temas de roteiros oficiais e gratuitos que acontecem uma vez por mês como parte do programa **Olha! Recife**.

No 2º semestre de 2018, por exemplo, um roteiro específico seguiu os passos dos poetas Ascenso Ferreira (1895-1965), Carlos Pena Filho (1928-1960) e Manuel Bandeira (1886-1968). Bráulio Moura, gerente de projetos turísticos da secretaria municipal de Turismo, comentou: "Essa é uma maneira de as pessoas se apropriarem da cidade a partir da literatura, e criar com ela uma relação afetiva, para gerar preservação. Aliás, muitos dos lugares pelos quais passam esses roteiros ficam abertos ao longo da semana para que possam ser visitados. Por exemplo, o sobrado localizado no Nº 263 da rua da União, que foi a casa do avô de Manuel Bandeira e um local onde o poeta passou sua infância, se transformou no Espaço Pasárgada.

De segunda à sexta-feira, sempre das 9 h às 15 h, os visitantes podem conhecer uma biblioteca que fica nesse prédio, e olhar os manuscritos, as edições originais dos livros do escritor, e inclusive ver os óculos que usou... O trecho do seu poema *Evocação do Recife*, é um passeio pela cidade durante a infância do poeta, que ainda é desconhecida inclusive pela maioria dos recifenses.

Já na rua da Aurora, partindo da rua da União, encontra-se a estátua de Manoel Bandeira, à beira do rio Capibaribe. No passeio guiado pela prefeitura, que conta com atores, os turistas ainda passam pela casa onde o escritor nasceu, na avenida Joaquim Nabuco, no bairro da Capunga. Hoje o imóvel (que já foi um bar) funciona como anexo de uma universidade particular.

No centro do Recife, na esquina da rua do Aragão com a travessa do Veras, Nº 383, fica o antigo sobrado onde Clarice Lispector (1920-1977) viveu dos 2 aos 14 anos. O imóvel fica fechado para visitação, pois pertence à Santa Casa. Em 2017, a Fundação do Patrimônio Histórico e Artístico de Pernambuco (Fundarpe) abriu um processo para o tombamento dessa casa, mas que não tem previsão para ser concluído... No local há apenas uma placa indicando que ela morou ali entre 1925 e 1937.

Ela que é uma das escritoras mais importantes do modernismo brasileiro ainda conta com outros dois marcos no Recife. O primeiro é a praça Maciel Pinheiro, em frente ao sobrado, que abriga uma estátua de Clarice Lispector com uma máquina de escrever no colo. O segundo é a escola pública Ginásio Pernambucano, na rua da Aurora, onde a escritora estudou, que recebe visitantes.

Gilberto Freyre (1900-1987), por sua vez – que é o autor de *Casa Grande e Senzala* – ganhou um roteiro bem caprichado. Aos sábados, sempre às 20h, um passeio noturno de catamarã pelas águas do rio Capibaribe faz uma excursão de aproximadamente 90 min e esse percurso se baseia em outra obra do autor: *Assombrações do Recife Velho*. Esse roteiro turístico se chama *Recife Mal Assombrado*, uma vez que a capital pernambucana tem também a alcunha de **capital das assombrações**. Nele são visitados monumentos como a Cruz do Patrão, que segundo a tradição é o local mais mal-assombrado do Recife."

Gilberto Freyre Neto, coordenador geral de projetos na Fundação Gilberto Freyre, comentou: "O Recife tem um grande potencial para contar histórias. Temos patrimônio histórico espalhado por tudo que é canto. A gente precisa se apropriar mais disso para que a próxima geração possa usufruir melhor de tudo que já foi escrito e feito na cidade. O bairro do Recife Antigo, por exemplo, é um verdadeiro museu a céu aberto."

Também há um passeio em homenagem a Ariano Suassuna (1927-2014), que tem início no Teatro Arraial, na rua da Aurora. Ele foi inaugurado pelo escritor em 1997, quando exercia o cargo de secretário estadual de Cultura, na terceira gestão do governador Miguel Arraes. Nesse passeio, os turistas podem conhecer o parque de Santana, que hoje leva o nome do escritor. Ao lado, na rua do Chacon, no Poço da Panela, fica a casa na qual Suassuna viveu com sua mulher, Zélia, até sua morte. Do portão de ferro é possível avistar várias obras de arte no quintal.

No Recife ainda acontece atualmente o **circuito da poesia**, um percurso que passa por 17 estátuas de bronze de várias poetas, escritores e músicos da cidade. Elas estão espalhadas por todo o Recife!!! As outras cidades brasileiras que tiveram seus próprios músicos, escritores, poetas e artistas famosos também deveriam inspirar-se na encantadora Recife e criar circuitos similares, **não é mesmo?**

Em tempo, Recife também foi o berço de figuras notáveis na literatura, como é o caso do abolicionista recifense Aurélio Barreto Nabuco de Araújo '(1844-1910), que escreveu *Minha Formação*, uma obra clássica da literatura brasileira. Ele foi um importante diplomata e o principal líder parlamentar abolicionista. Como escritor, destacou-se por diversas obras históricas.

O recifense Manuel Carneiro de Sousa Bandeira Filho (1886-1968) é o autor de diversas obras importantes, entre elas o poema *Os Sapos*. Esse poema foi lido na abertura da famosa Semana da Arte Moderna de São Paulo, em 1922, tendo sido considerado o "abre alas" desse movimento.

Como poeta, ele usou o verso livre com grande maestria, elaborando uma obra que fala de amor, morte e momentos de cotidiano, humor, amargura e ironia. Explicando como escrevia, ele disse certa vez: "Faço um poema de uma só vez, basta ter inspiração. Depois, entro na fase de narcisação do poema. Leio dez ou quinze vezes, e quase sempre suprimo muita coisa. Raramente acrescento alguma palavra."

Gilberto de Mello Freyre, também natural do Recife, foi um dos mais importantes sociólogos do século XX e se tornou um marco na história do Brasil por causa do seu já mencionado livro *Casa Grande e Senzala*, no qual descreveu a importância dos escravos para a formação do País, e destacou que brancos e negros são absolutamente iguais. Seu grande diferencial foi transformar a mestiçagem, até então considerada um entrave ao desenvolvimento nacional, em motivo de **otimismo**. Em 1964, ele apoiou o golpe que derrubou o então presidente do Brasil, João Goulart. Morou no *Solar de Apipucos*, no Recife, até sua morte, e essa casa permanece exatamente do jeito que ele a deixou!!!

João Cabral de Melo Neto (1928-1999), poeta nascido na capital pernambucana, foi o único escritor brasileiro a ser galardoado com o prémio Neustadt, tido como o "**Nobel norte-americano**". Quando ele morreu, em 1999, especulava-se que seria um forte candidato ao prêmio Nobel da literatura. Sua poesia reflete as raízes populares das quadras, das trovas e da literatura de cordel. Sua obra mais conhecida é *Morte e Vida Severina* (1967), adaptada algumas vezes para a televisão e, em 1968, para o teatro, com músicas de Chico Buarque de Holanda.

Clarice Lispector (1920-1977), foi uma ucraniana naturalizada brasileira que escreveu clássicos como *A Hora da Estrela*. Ela se declarava pernambucana, pelo fato de ter vivido a maior parte de sua infância e adolescência no Recife. Sua estreia na literatura aconteceu aos 17 anos, quando já vivia no Rio de Janeiro, com o romance *Perto do Coração Selvagem*. Em seus livros publicados a partir de 1961, como *A Maçã no Escuro*, ela mostrou uma narrativa revolucionária, o que fez dela um dos nomes mais importantes da segunda fase do modernismo. Sobre como conseguia escrever seus contos, ela disse: "Inspiração!?!? Ela não existe. A gente tem de estar preparada para o momento que colhe a gente. O meu método de trabalho foi estar com a ponta do lápis feita."

Já o recifense Nelson Falcão Rodrigues (1912-1980) foi uma das personalidades mais marcantes da cultura nacional, tendo inclusive sido considerado **o maior dramaturgo** do País. Ele se mudou para o Rio de Janeiro ainda criança, e suas obras causaram grandes polêmicas ao abordar temas ousados, de caráter sexual e moral, como incesto e virgindade, infidelidade e traição, e sempre de forma mórbida, obsessiva e moralista. Foi sem dúvida um dos principais autores do teatro brasileiro, revolucionando a arte cênica com a peça *Vestido de Noiva*.

O Recife é um dos **cinco patrimônios barrocos do Brasil**, porém, diferentemente de sua vizinha Olinda, a capital recifense **não** possui o título de **patrimônio cultural da humanidade pela Unesco**. A cidade possui entretanto exemplares barrocos de excepcional importância histórica, e inclusive tombados pelo IPHAN. Em que pese o fato de a demolição e descaracterização do centro histórico ter ocorrido em diferentes períodos, dentre as muitas construções históricas – como as do largo do Paraíso e do Corpo Santo (o pelourinho do Recife) – que foram demolidas para a modernização da área central e a construção de avenidas (como a Guararapes e a Dantas Barreto), a cidade barroca ainda resiste, mesmo que somente na parte mais pobre e comercial do Recife.

No campo **culinário**, de acordo com a Associação Brasileira de Bares e Restaurantes (Abrasel), o Recife é o **terceiro maior polo gastronômico do Brasil**, com cerca de 12 mil estabelecimentos. Entre eles está o restaurante *Leite*, surgido em 1882, antes da proclamação da República. Nele o cliente costuma deliciar-se com uma culinária internacional refinada, servida num ambiente sofisticado, enquanto escuta música suave executada por um pianista.

Com seus 137 anos de atividade contínua – e sendo, portanto, o mais antigo do País – o restaurante *Leite* sempre foi um reduto da elite pernambucana de origem açucareira, de políticos e artistas. Aliás, umas dessas personalidades, Assis Chateaubriand (o "Chatô"), um importante nome no campo da comunicação do Brasil, inspirou a criação de um prato famoso: o filé à Chateaubriand (filé *mignon* sob o molho madeira, cebola, ervilha e *champignon*, servido com arroz à grega e batata palha).

E suas receitas continuam praticamente as mesmas dos tempos áureos, assim como seus guardanapos são franceses e palitos de dente feitos num convento português. Note-se que o famoso Gilberto Freyre jamais permitiu que algum visitante ilustre com quem tivesse boa relação deixasse o Recife sem experimentar sua sobremesa preferida: **a cartola**, um dueto de banana e queijo de manteiga (ou requeijão de barra), frito sobre uma superfície espessa de açúcar e canela. Nomes como Simone de Beauvoir, Oscar Welles, JK, Jânio Quadros, entre outros, tiveram a oportunidade de prová-la.

Mas infelizmente não foi isso o que aconteceu no Carnaval e na Páscoa de 2019, quando moradores e turistas que estiveram no restaurante *Leite* ficaram frustrados ao não poder fincar o garfo nessa verdadeira iguaria!?!? E isso aconteceu porque os administradores do estabelecimento se esqueceram de comprar banana!?!? E esse episódio foi apenas um dos indícios recentes da crise que a casa tem enfrentado nos últimos tempos.

Aos 88 anos de idade, seu proprietário, o português naturalizado brasileiro Armênio Dias – que salvou o restaurante da falência em 1956, quando o adquiriu (com a ajuda de sócios) – precisou lutar para evitar um processo de interdição por parte dos filhos, sendo que fez inclusive exames psiquiátricos para atestar suas faculdades intelectuais!?!? Antes frequente e falante entre a clientela, ele já não entra mais no salão. Na verdade, ele foi até impedido de tirar dinheiro do caixa para mandar consertar objetos do restaurante.

Por conta disso, no fim de abril de 2019 ele publicou uma nota paga nos jornais do Recife, expondo a situação. Ele disse: "Não venho concordando com a condução do negócio. Para mim, que estive à frente do *Leite* ao longo desses últimos 60 anos, isso não é só inadmissível, mas uma mácula à dedicação e ao amor que tenho pelo restaurante."

Há 3 anos, descontente com a condução da casa pelas filhas Daniela Ferreira da Fonte e Silvana de Souza Ferreira – que assumiram a direção na última década –, Armênio Dias pediu a devolução da casa. Porém, as filhas se recusaram, com o caso indo parar na Justiça, ambas garantindo que o "restaurante está em perfeito funcionamento".

Porém, nota-se agora que os cardápios estão remendados com fita adesiva, o ar-condicionado tem problemas e as calçadas em frente estão danificadas. Mas o maior problema é que, com frequência, os pedidos dos clientes não podem ser atendidos por falta de ingredientes, como camarão, lagosta, polvo etc.

Um prato muito especial de Recife é o **bolo de rolo**, uma delicada massa fina tipo rocambole, recheada originalmente com doce de goiaba (mas atualmente também vendida com recheios nos sabores chocolate e doce de leite). O bolo de rolo é cara de Pernambuco, tanto que em 2007 essa iguaria foi declarada **patrimônio imaterial do Estado**. E se há alguém que merece receber todo o crédito por isso é dona Fernanda Maria Monteiro Dias – em 1988 com 84 anos –, a matriarca da família que comandava a *Casa dos Frios*, em Recife.

Coube à *Casa dos Frios* o mérito de promover uma ampla comercialização do bolo de rolo, desde a década de 1970, visto que ele já era consumido nos lares pernambucanos... A receita do bolo de rolo foi trazida para a *Casa dos Frios* originalmente pela boleira Maria Soares da Silva, que faleceu em 2012 (aos 92 anos). Suas instruções são seguidas até hoje na receita: vai a mesma manteiga, a mesma farinha de trigo e o mesmo doce de goiaba!!!

De fato, manter o mesmo padrão do bolo de rolo tornou-se uma obsessão na *Casa dos Frios*. Em certa ocasião, na tentativa de aumentar a produção os Dias chegaram a viajar para a Dinamarca para conhecer máquinas que faziam bolos em série... Porém, os equipamentos europeus não conseguiram reproduzir com perfeição as finíssimas camadas obtidas de forma artesanal e, por isso, a *Casa dos Frios* continua se valendo dos cerca de vinte funcionários muito bem treinados que se revezam na confecção dos bolos. Eles trabalham sem interrupção, todos os dias da semana, afinal, os clientes querem um produto sempre bem fresco!!! Aliás, hoje o estabelecimento fabrica todos os dias cerca de 600 kg de bolo de rolo por dia.

A *Casa dos Frios* foi aberta por um casal de origem alemã e, no início, era especializada em embutidos, como diz o próprio nome. Porém, em 1957, o português Licínio Dias – marido de Fernanda –, em sociedade com cinco irmãos, comprou o negócio e, a partir daí, também ganharam espaço nas suas prateleiras muitas gostosuras portuguesas, como queijadinhas, ovos moles, pastéis de Belém etc.

Em 1969, a sociedade dos irmãos Dias foi reformulada e o casal Licínio e Fernanda passou a comandar a *Casa dos Frios*. Além disso, com o negócio dando certo, ainda nos anos 1970 a família decidiu também investir nas comidas da própria dona Fernanda, filha da classe média alta recifense. A partir daí ela passou a preparar e servir sarapatel, vatapá, bolo de camarão, dobradinha etc., além de várias delícias doces, como bolo de maracujá, bolo Souza Leão (uma delícia pernambucana à base de massa de mandioca, ovos e leite de coco) e obviamente o bolo de rolo. Assim, graças aos seus pratos saborosos, a *Casa dos Frios* foi aumentando a sua clientela!!!

Aliás, em 1980, durante a visita do papa João Paulo II a Recife e Olinda, coube ao casal Dias a incumbência de preparar todas as suas refeições. E, diga-se de passagem, o papa não apenas gostou muito da comida, como também aprovou o bolo de rolo, o que obviamente ajudou a divulgar e impulsionar ainda mais a sua venda.

A abertura das importações do Brasil, nos anos 1990, deu outro fôlego à *Casa dos Frios*, que passou também a vender diversas iguarias estrangeiras, como: presunto italiano e espanhol; *foie gras* e *marron glacê* vindos da França; bacalhau da Noruega; chocolates belgas e suíços; queijo de ovelha da serra da Estrela, em Portugal etc.

Atualmente, entre os itens vendidos na *Casa dos Frios* – mais de 7 mil – há até utilitários de cozinha, vindos da Alemanha; jogos de chá, do museu Van Gogh, de Amsterdã, na Holanda. Aliás o que mais se vende hoje na *Casa dos Frios* são os vinhos portugueses, seguido pelos franceses e de outros países também.

Os negócios da família Dias foram se diversificando (especialmente com a entrada na empresa de quatro dos seis filhos do casal (Licínio Filho, Carolina, Isabel e Cristina), com a criação da Licínio Dias Importação, com sede em João Pessoa, o estabelecimento de sociedade com vários restaurantes e a abertura de quiosques em aeroportos e *shoppings*.

Hoje trabalham nos negócios da família Dias cerca de duas centenas de funcionários, e quem for a Recife e visitar a *Casa dos Frios* ficará deslumbrado com os artigos estrangeiros vendidos ali. Porém, o que realmente cativa as pessoas são os produtos regionais, como o já mencionado e imperdível bolo de rolo ou as saborosas casquinhas de caranguejo (consideradas as melhores da cidade). Também será possível degustar o incrível **filhós**, um bolinho doce e frito de origem portuguesa, consumido principalmente nos dias de Carnaval, sendo bem difícil de encontrar em qualquer outro lugar.

Outro caso de sucesso bastante curioso no Recife é o do pernambucano Evangelista Severino de Lima, que nasceu na cidade de Orobó, e desde a infância é conhecido como Nô. Para sobreviver, ele armou uma barraquinha para vender petiscos e bebidas aos moradores de um grande conjunto residencial do Recife. Depois de algum tempo, com as vendas indo bem, ele resolveu ousar e, em 1991, quando tinha 24 anos, começou a vender refeições completas num *trailer*.

Porém, com o intuito de se diferenciar da concorrência, ele decidiu investir em um nicho peculiar e servir pratos feitos com **carne de bode**. Esse tipo de comida já era popular no interior do nordeste, e ele sabia como prepará-la adequadamente. Assim, ele acabou colocando no *trailer* a inscrição *Bode do*

Nô e, a partir daí, mais de uma centena de clientes passaram a se aglomerar nas mesas colocadas em torno do veículo a cada fim de semana, para comer o espeto de bode, o bode com fava ou guisado.

Com o dinheiro que ganhou, Nô conseguiu economizar o suficiente para em 2003 comprar um terreno no bairro Afogados, no qual construiu o seu primeiro e incrível restaurante *Bode do Nô*, em cuja decoração obviamente destacava-se a figura desse animal.

Depois da sede, foram abertas unidades próprias à beira-mar em Olinda (em 2006); no bairro de Estância, em Recife (em 2012) e na cidade litorânea de Cabo de Santo Agostinho (no início de 2014). Juntas essas casas recebem cerca de 3.500 clientes nos fins de semana, o que certamente proporciona um ótimo faturamento.

Nô costuma dizer que não quer mais abrir novos restaurantes, mas, como dizem seus filhos, Lucas e Danilo (seus auxiliares e sócios), "se aparecer uma oportunidade pode ser que ele se anime". Atualmente nesses restaurantes, além de se poder apreciar diversas iguarias feitas com a tradicional carne de bode, também estão nos cardápios pratos variados, inclusive com frutos do mar.

Além desses restaurantes, os principais redutos gastronômicos recifenses estão na rua da Hora, no bairro do Espinheiro (zona norte) e na rua Capitão Rebelinho, no bairro do Pina (zona sul). Vale ressaltar que Recife é também a terceira cidade do País em número de restaurantes **estrelados**, ficando apenas atrás de São Paulo e do Rio de Janeiro.

Há mais de uma dezena de estabelecimentos no município, que contam com *chefs* renomados. Eles apresentam desde a cozinha regional até pratos espetaculares das cozinhas lusitana, italiana, francesa, japonesa e peruana. E aí vão algumas sugestões de restaurantes no Recife:

- → *Ponte Nova* – Trata-se de um ótimo restaurante no estilo bistrô, com um toque de nordeste. Conta com um *chef* premiado, que no seu menu apresenta pratos elegantes e vistosos, os quais incorporam sabores regionais.
- → *Mingus* – Um restaurante bem sofisticado que apresenta um menu de alta gastronomia contemporânea. Os pratos são ótimos e consumidos ao som de música suave ao vivo. É uma referência gastronômica no Recife, sendo que o visitante deve considerá-lo como programa obrigatório enquanto passeia pela cidade.

- *Chica Pitanga* – É um restaurante casual com serviço de *buffet* e pratos nordestinos criativos e inesperados, além de excelentes sobremesas e tortas finas, como as norueguesas, como cobertura de chocolate.
- *Tio Pepe* – Voltado para gastronomia nordestina, incluindo carnes e frutos do mar. Fica numa casa com quintal, plantas tropicais e artesanatos.
- *Parraxaxá* – A casa ostenta uma decoração com artesanato regional e trabalha com o sistema de *buffet* a quilo, oferecendo diversos tipos de saladas, pratos quentes e sobremesas. Sem dúvida é um ótimo lugar para se ter uma boa refeição, tanto no café da manhã, no almoço como no jantar.
- *Camarada Camarão* – Conta com dois endereços, ou seja, um restaurante no bairro Boa Viagem, na rua Baltazar Pereira Nº 130; outro no mesmo bairro, porém dentro do *shopping* Recife. Serve comida especializada em frutos do mar, especialmente o camarão, mas há pratos com bacalhau e outros peixes, sendo ambos estabelecimentos bem aconchegantes.
- *Bargaço* – Serve carnes nobres, petiscos, panelinhas e pratos *à la carte*, com destaque para os caldos. Nele o clima é intimista e cordial, e o local conta com uma boa carta de vinhos e cobra preços justos.
- *Saborami* – É um restaurante *self-service* que oferece serviço no sistema *buffet*, com carnes de boa qualidade preparadas na brasa todos os dias. Tem uma boa variedade de comida para todos os gostos, que aliás é muito saborosa.
- *Ilha Camarões* – Esse restaurante elegante serve especialmente pratos com camarão, além de pescados variados. Também dispõe de uma boa variedade de cervejas artesanais. O clima é bastante descontraído.
- *Coco Bambu* – Não trabalha como sistema de *buffet*, como os demais restaurantes da rede, somente pratos *à la carte*, mas a comida é deliciosa, o ambiente é iluminado e ouve-se boa música.
- *Entre Amigos Praia* – Trata-se de um restaurante com *buffet* variado de carnes, massas e frutos do mar. Também oferece bons drinques, sendo que as mulheres adoram o de maçã verde. Uma boa pedida é o camarão com "queijo do reino", que é inolvidável!!! Possui um ambiente tranquilo e elegante.

- *Lá Va* – É um restaurante do tipo bistrô e bastante aconchegante. Serve um bom cardápio da culinária francesa, especialmente filés e risotos, além de bons vinhos.
- *Chiwake* – Esse é um restaurante peruano e bem refinado. Serve especialidades andinas e pratos *fusion* com a cozinha japonesa. A comida é farta e os preços acessíveis.
- *Pobre Juan* – Ele está localizado no *shopping* Rio Mar. Seus pratos são deliciosos de bem preparados, servidos num ambiente aconchegante. O atendimento é ótimo, só falta a música argentina ao fundo!!!
- *Tapa de Cuadril* – Especializado em gastronomia argentina. Serve carnes nobres acompanhadas de ótimos vinhos, e conta com boa música semanal, tudo num ambiente clássico é elegante.
- *Prima Deli* – Serve menu italiano *à la carte*, com pratos individuais (massas artesanais) servidos em um ambiente contemporâneo e casual.
- *Jojoo Creative* – Esse é um restaurante japonês especializado em cozinha moderna e variada – serve um dos melhores *sushis* da cidade –, servida num ambiente muito agradável. Também trabalha com *delivery*.
- *Quina do Futuro* – É um restaurante refinado e intimista, no qual se tem um menu contemporâneo e inventivo – *sushis* feitos com alimentos de primeira e que envolvem bastante a criatividade. O problema é o preço, que é muito exagerado.

Claro que isso é apenas uma amostra dos bons restaurantes que existem na cidade, mas há muitos outros estabelecimentos no Recife, em especial nos hotéis, sendo que vários deles são classificados como **4 estrelas**. Aliás, por falar nesses hotéis, aí vão algumas sugestões:

- **Ramada Suítes** – Hotel moderno com estilo *all suites*. Conta com um restaurante regional, duas piscinas (interna e externa), academia. Oferece *Wi-Fi* e café da manhã gratuitamente aos hóspedes, porém o estacionamento é pago. Ocupa um arranha-céu bem elegante, mas numa rua comercial bastante movimentada, a 5 min de caminhada da praia de Boa Viagem e a 18 km do Jardim Botânico.

- **Radisson** – Ocupa um prédio alto e moderno, e conta com restaurante, e piscina. Oferece *Wi-Fi*, café da manhã e estacionamento gratuitamente aos hóspedes. Fica em frente à praia de Boa Viagem, a 12 min de caminhada do parque dos Manguezais e a 6 km do aeroporto internacional do Recife.
- **Mar** – Hotel moderno, com quartos refinados, piscina coberta e externa e estacionamento pago. Possui dois restaurantes, mas as refeições são caras. Os serviços de *Wi-Fi* e café da manhã são gratuitos. Fica 8 min de caminhada da praia de Boa Viagem e a 10 km do Marco Zero, na movimentada praça Rio Branco.
- **Manibu** – Hotel despojado numa torre com vista para o mar, cujos quartos são simples. Possui restaurante, piscina externa e oferece *Wi-Fi* e café da manhã gratuitos. Sua localização é excelente, a 5 min de caminhada da praia de Boa Viagem e próximo do comércio e de muitos restaurantes e bares.
- **Grand Mercure** – Esse hotel despojado ocupa um arranha-céu em frente à praia de Boa Viagem (é o antigo BHG Recife Palace). Tem piscina externa, bares e restaurante com vista para o mar, e oferece café da manhã gratuitamente. Está bem próximo de um *shopping* e a 3 km do aeroporto internacional.
- **Mercure** – Possui quartos bem claros e simples, alguns com mini cozinha e vista para o mar. Fica de frente para a famosa praia de Boa Viagem, e conta com um restaurante e piscina externa. Oferece gratuitamente aos hóspedes os serviços de *Wi-Fi*, café da manhã e estacionamento.
- **Internacional Palace** – Situado de frente para a praia de Boa Viagem, é um hotel moderno e refinado. Possui piscina externa e oferece *Wi-Fi* e café da manhã gratuitamente aos hóspedes.
- **Jangadeiro** – Esse é um hotel moderno que ocupa um arranha-céu. Possui piscina no terraço, bar e um restaurante para café, almoço e jantar – onde é servida a melhor *pizza* da região. Oferece gratuitamente aos hóspedes os serviços de *Wi-Fi* e café da manhã. Está localizado na avenida Boa Viagem, Nº 3.114.
- **LG Inn** – Trata-se de um hotel moderno, cujos quartos são bem iluminados e amplos. Possui restaurante internacional, dois bares e uma piscina externa. Está localizado no bairro de Boa Viagem, a 4 min de caminhada da praia e a 10 km do centro da cidade.

- **Canariu´s Palace** – Hotel relativamente despretensioso, com quartos bem funcionais, piscina externa e sauna. Oferece a seus hóspedes café da manhã e *Wi-Fi* gratuitamente. Fica a um minuto de caminhada da praia de Boa Viagem e a 10 km do forte das Cinco Pontas, no centro da cidade.
- **Golden Park** – Esse hotel conta com suítes e quartos casuais, alguns com vista para o mar. Nele os hóspedes podem banhar-se nas piscinas interna e externa, utilizar o *Wi-Fi*, tomar café da manhã e usar o estacionamento de forma gratuita. Está situado de frente para a praia de Boa Viagem, a 6 min de caminhada do Teatro Luiz Mendonça e a 2,6 km do aeroporto internacional.

Já entre as sugestões de hotéis classificados como **3 estrelas**, estão:

- **Ibis (Aeroporto)** – Ocupa um edifício moderno e bem próximo do aeroporto internacional do Recife. Seus quartos são discretos, possui um restaurante bem arejado, um bar bem animado aberto 24 h, permite a presença de animais de estimação e oferece *Wi-Fi* gratuitamente aos hóspedes.
- **Ibis (Boa Viagem)** – Trata-se de um hotel bem econômico, com quartos bem iluminados, uma churrascaria e um bar que funciona 24 h. Fica a 5 min de caminhada da praia da Boa Viagem, a 10 km do parque de diversões Mirabilandia e permite a presença de animais de estimação. O hóspede tem *Wi-Fi* gratuitamente.
- **Recife Praia** – Ocupa uma torre de frente para a praia do Pina e possui quartos despojados. Oferece um ótimo café da manhã e *Wi-Fi* gratuitamente. Fica a 2,4 km do *shopping* Rio Mar e a 7 km do centro da cidade.
- **Aconchego** – Hotel moderno localizado a 5 min de caminhada da praia de Boa Viagem, e a 9 km do Mercado São José (que foi inaugurado em 1871 e vende peixes e artigos diversos). Tem um bom restaurante e uma piscina com bar ao lado. Oferece ao hóspede serviços do *Wi-Fi*, estacionamento e café da manhã gratuitos.
- **Park** – É um hotel casual com quartos claros, restaurante e piscina com vista para o mar. Oferece *Wi-Fi* e café da manhã gratuitamente. Está situado em frente à praia de Boa Viagem, a 10 km da sinagoga e do museu Kahal Zur Israel e a 9 km do Mercado São José.

- **Onda Mar** – Ocupa um prédio de meados do século XX e possui quartos despretensiosos, além de um restaurante descontraído e uma piscina externa. Fica a 8 min de caminhada da praia de Boa Viagem, e conta com um ponto de ônibus bem à sua frente.
- **Nacional Inn** – Hotel econômico e casual, situado numa rua comercial bem movimentada. Ele possui piscina externa, academia e sauna, e oferece café da manhã grátis.
- **Recife Plaza** – É um hotel simples, com restaurante, bar e piscina externa. Está situado no percurso do bloco de Carnaval Galo da Madrugada, e tem vista para o rio Capibaribe. Oferece *Wi-Fi* e café da manhã gratuitamente para os hóspedes. Fica a 8 min da estação de metrô.

Quanto o assunto é **turismo** e **diversão**, é na praça Rio Branco – no Marco Zero da cidade – que se tem o grande palco cultural do Recife. É ali que se reúnem as maiores atrações da folia do Rei Momo, mas nos outros meses do ano o Marco Zero também recebe muitos turistas que desejam apreciar e se conectar ao rio, ao mar, à arquitetura holandesa, à arte e à gastronomia. Afinal, há de tudo na região da praça, então o ideal é sentar-se aí e com calma desfrutar do cenário.

Aliás os antigos armazéns portuários que ficam ao lado do Marco Zero foram transformados em espaços voltados para o turismo, sendo um deles o Centro de Artesanato de Pernambuco. Este ponto turístico funciona de duas formas: além de ser uma grande galeria que expõe as obras de artesãos e artistas de todo o Estado, ele é também uma central de vendas, pois o visitante pode comprar tudo o que estiver exposto por lá.

Mesmo que a ideia seja não levar nada, o visitante deve entrar e apreciar as peças de barro, algodão, tecido, madeira, palha, couro e vários outros materiais. Uma coisa é certa, depois de olhar tudo fica quase impossível não levar alguma coisa para casa, **viu**?! Esse espaço reflete bem o quanto o Pernambuco é diverso, colorido, alegre e cheio de emoção. E uma coisa que certamente estimula ainda mais as vendas é o próprio lema do Recife: *Ut luceat omnibus* (cujo significado é "**Que a luz brilhe para todos!!!**").

Um evento do qual não se pode esquecer em Recife e Olinda é o Carnaval, que infelizmente em 2018 foi o **menor** dos últimos 4 anos na cidade. Famosa pela **descentralização**, a festa teve 43 polos espalhados pela cidade, enquanto em 2014 eles foram 60. O investimento em 2018 também diminuiu, tendo alcançado R$ 26 milhões (dos quais apenas R$ 7 milhões foram provenientes de patrocínio). Vale recordar que em 2014 a prefeitura do Recife e a iniciativa privada haviam desembolsado R$ 33 milhões.

A abertura do Carnaval do Recife em 2018 ocorreu no dia 9 de fevereiro – **dia do frevo** –, na praça do Marco Zero, e em seus vários *shows* foram homenageados a cantora Nena Queiroga e o compositor Jota Michiles. Apesar da diminuição dos recursos para investimento no Carnaval, o evento não deixou de atrair para o Recife milhões de foliões (do exterior e de todas as partes do País, além é claro dos próprios recifenses).

A festa contou com a participação de diversos artistas famosos, como: Lenine, Luiza Possi, Lula Queiroga, Fafá de Belém, Gabi Amarantes e Nando Reis, entre outros. Também participaram da folia as bandas Devotos, Natiruts e Skank. O encerramento do Carnaval foi comandado pelo Orquestrão, tendo como grande destaques o Maestro Forró com a orquestra Bamba do Hemetério, Almir Rouche, Elba Ramalho e Alceu Valença.

Uma coisa é certa, a crise econômica vivenciada pelo País nos últimos anos não atrapalhou o Galo da Madrugada, que ano após ano ganhou cada vez mais as ruas da cidade no sábado de Carnaval. Criado em 1978 por Enéas Freira, familiares e amigos locais, o bloco parte do bairro de São José, na região central da cidade, que, aliás, foi o berço do Carnaval recifense entre os anos 1900 e a década de 1940.

Os becos e as ruas estreitas e apertadas desse bairro é que abrigaram os primeiros clubes carnavalescos da cidade. Entretanto, a partir da década de 1950 o Carnaval de rua local passou a ser ameaçado pela comercialização, com a crescente exclusão por parte dos clubes particulares dos blocos de bairros mais pobres. Esses clubes passaram a promover bailes de Carnaval apenas para seus associados.

Como resposta a essa situação, nasceu o Clube de Máscaras Galo da Madrugada, com o único objetivo de unir as comunidades e levar o **frevo** novamente para as ruas, reconectando-o às suas origens: uma comemoração democrática para proporcionar alegria a todas as pessoas.

Foi em 4 de fevereiro de 1978 que o Galo da Madrugada foi a rua pela primeira vez, com cerca de 75 foliões usando fantasias de **"almas penadas"**. Os participantes andavam pelas ruas do bairro carregando sacolas de confetes e serpentinas, acompanhados por uma orquestra de frevo composta por 22 músicos. Esse foi o começo de um fenômeno que continuaria a crescer.

O desfile do Galo passou por sua primeira grande mudança em 1984, quando as orquestras de frevo começaram a tocar em cima de caminhões. Dois anos depois, para permitir que as orquestras pudessem se envolver diretamente com as multidões que tradicionalmente as acompanhavam, foram introduzidos os **trios elétricos** (caminhões adaptados com aparelhagem de som).

Em 1991, o Galo ultrapassou o seu sucesso alcançado em todos os anos anteriores, quando tocaram 22 orquestras de frevo em trios elétricos, e uma multidão de mais de 1 milhão de foliões o acompanhou, dançando, pulando e cantando, movidos pelo frevo. A partir daí, ano após ano o público foi aumentando e o Galo batendo recordes!!!

Esse foi o caso de 2009, quando os foliões ultrapassaram a marca dos 2 milhões, num histórico desfile em homenagem ao seu fundador Enéas Freire, que faleceu em 2008. Tanto o governo, quanto as empresas privadas perceberam que o Galo da Madrugada era uma grande oportunidade comercial e também uma forma importante de as pessoas e o Estado de Pernambuco celebrarem e manterem sua herança cultural.

Desde então, grandes marcas, em especial as de bebidas, se interessaram em pagar para colocar trios elétricos no desfile e atingir o público que participava da folia com suas mensagens. Com isso, o Galo não precisou mais contratar trios elétricos nem atrações musicais, e pode reinvestir a receita gerada em si próprio.

Na época, pelo acordo firmado, cada patrocinador oficial teve direito a dois trios elétricos e um carro de apoio, todos com a exposição de sua marca. Por exemplo, em 2018, empresas como Pitú, Riachuelo, LG e Bradesco estavam entre os patrocinadores. Suas marcas circularam entre a massa de foliões por 6 h e durante as transmissões foram vistas por milhões de pessoas na televisão, particularmente no nordeste do Brasil, mais também nacional e internacionalmente.

O Galo da Madrugada também começou a licenciar sua própria marca. Os principais patrocinadores receberam o direito de "**licenciamento**", o que lhes permitiu usar a marca Galo em produtos e brindes relacionados ao Carnaval, ou em produtos próprios das empresas pelo período de 6 meses. E agora esses acordos de patrocínio se expandiram muito além do investimento das marcas em trios elétricos.

Mais recentemente, empresas como o Hipermercado Extra, passaram a vender produtos da marca Galo, como camisetas, por exemplo. O Galo também reassumiu o controle de todos os aspectos relativos aos trios elétricos que participam do desfile. Com esse controle geral, o bloco pode contratar decoradores de trios elétricos do próprio bairro de São José e/ou de comunidades vizinhas, além de dançarinos de frevo e outros artistas locais.

Isso permitiu ao Galo cultivar e desenvolver a comunidade de artistas carnavalescos, assim como a cadeia de fornecimento, e fazer escolhas não apenas sobre o Carnaval, mas também sobre quem está mais envolvido, de acordo com a filosofia original do grupo: **manter a cultura local e estimular sua cadeia de produção!!!**

Além dos trios patrocinados, no dia do desfile, os diretores do Galo coordenam a operação da cessão dos 66 camarotes que ficam de frente para a sua sede (cujos ingressos são vendidos antecipadamente, muitos para os próprios patrocinadores). Cada um desses espaços tem capacidade para receber até 20 pessoas, e são o ambiente perfeito para os que desejam desfrutar do conforto. As pessoas dentro de cada camarote têm um atendimento especial, com direito a comida e bebida, enquanto se divertem assistindo ao desfile de rua.

Mas é importante destacar que já há um bom tempo o Galo não se envolve apenas com o Carnaval. De fato, a agremiação vem desenvolvendo atividades culturais ao longo do ano todo. Com o *slogan* "**Galo da Madrugada, Felicidade o Ano Inteiro**", o bloco elaborou um calendário de eventos que inclui outras atividades e feriados importantes, como São João e Natal. No período de setembro a fevereiro, tem-se uma festa chamada Quinta do Galo, que ocorre sempre às quintas-feiras, na qual se fazem prévias do Carnaval, o que certamente é uma forma de engajar o público e conectá-lo ao bloco.

Ao contratar artistas, bandas e grupos folclóricos para a Quinta do Galo, a administração do bloco criou uma importante alternativa de trabalho, ou seja, um calendário bem extenso para as suas atividades remuneradas. Esse programa anual foi lançado na nova sede própria do Galo, um prédio com dois andares e 1.000 m² de área, que, aliás, foi o catalisador para essa programação e acabou se tornando uma atração cultural e turística à parte. A prioridade de uso é dada aos grupos locais, que, como já mencionado, têm a oportunidade de realizar ali suas apresentações artísticas e ainda vender alimentos.

Dentro dessa sede há também um restaurante chamado *Varanda do Galo*, que serve pratos tradicionais com nomes de importantes grupos de frevo. O restaurante inclusive se tornou um ponto de encontro para os interessados na cultura de Pernambuco, especialmente para os que desejam conhecer mais sobre o Galo.

O fato é que, ao disponibilizar toda a sua estrutura ao longo do ano, a conhecida marca Galo está ajudando a atrair cada vez mais pessoas para a sede e também para as atividades relacionadas ao Carnaval. O desenvolvimento da marca Galo também resultou em outros produtos, como: caixas térmicas para cerveja, protetores de celular, copos e até cadernos etc. Porém, como 80% da receita do Galo ainda é proveniente do Carnaval, o objetivo é conseguir obter diversas outras rendas ao longo do ano, a partir de diferentes fontes.

As atividades culturais do Galo da Madrugada também já se espalharam pelo mundo, tanto que atualmente existem blocos inspirados no Galo em países como Canadá, Japão e Alemanha. No Brasil o Galo é pai e avô de todos os blocos existentes nas cidades brasileiras de Maceió, Manaus, Brasília e Rio de Janeiro.

Outro aspecto interessante é que, além de privilegiar os artistas locais, o Galo busca mais do que nunca atrair artistas de outras regiões para participarem ativamente do desfile. Com isso eles se tornam verdadeiros embaixadores da cultura do Galo e do frevo, aumentando assim sua legitimidade e divulgando o ritmo em outras partes do País. Isso também amplia o interesse da mídia e o potencial de patrocínio.

Todos os anos o bloco lança um *CD* que é distribuído em diversas plataformas digitais. Essa prática abre espaço tanto para os artistas iniciantes quanto para os mais experientes, e apoia um modelo de aprendizagem e desenvolvimento.

O modelo comercial adotado pelo Galo gera renda suficiente para que o bloco beneficie as comunidades do seu entorno, mantendo assim a **empregabilidade** local. Ele abre diversas oportunidades de trabalho ao longo do ano todo para empreendedores locais criativos, que são a principal força de trabalho do grupo. Por meio de cursos, o Galo também estimula os profissionais locais em todos os aspectos de seu trabalho, oferecendo-lhes programas de capacitação e desenvolvimento de suas habilidades criativas (pintura, *design*, decoração e música).

Aliás, nos últimos quatro anos o Galo tem se concentrado no projeto Cultura e Cidadania, que na realidade é uma escola de música que atende crianças e adolescentes carentes de toda a RMR. Com isso, cerca de 30 alunos com idades entre 10 e 16 anos têm agora aulas de saxofone, trombone, trompete, violão, teclado, bateria ou contrabaixo, sendo que é o aluno que escolhe o instrumento que deseja aprender a tocar. Esses jovens são instruídos em todos os aspectos da música, da teoria à prática, e assim vão se preparando para carreiras profissionais, à medida que se apresentam na Quinta do Galo e nos desfiles!!!

Em 2018, na comemoração de 40 anos do bloco, o tema foi *"Galo da Madrugada: 40 Anos Promovendo o Folclore e a Cultura Pernambucana"*. O desfile reuniu mais de 2 milhões de foliões, além de mil artistas locais contratados (entre carnavalescos, *designers*, artesãos, cantores, músicos e dançarinos), 200 diretores e 30 trios elétricos.

O Carnaval do Galo da Madrugada em 2018, segundo a estimativa da agremiação, gerou 35 mil empregos diretos temporários, e, como já foi dito, a prefeitura do Recife investiu R$ 26 milhões nessa festa. Mas isso representou um grande impulso na economia da cidade, com a intensa ocupação da rede hoteleira, que chegou a 98% (ou seja, 18% acima da média anual).

Houve também uma grande movimentação das empresas de transporte, dos restaurantes (que ficaram repletos) e ainda garantiu um incremento nos negócios dos varejistas e dos fornecedores de bens e serviços. O dia do desfile do Galo é o mais lucrativo dos taxistas de Recife e também do metrô!!!

Além disso, o Galo afeta diretamente a economia informal, com um grande número de ambulantes espalhados pelas ruas vendendo cerveja, água, fantasias de Carnaval e alimentos.

Bem, com tudo isso, fica claro o excelente trabalho que o Galo da Madrugada vem desenvolvendo. Como uma associação sem fins lucrativos, seu conselho de associados têm agora cerca de 200 diretores, coordenados por Rômulo Meneses, genro do seu fundador, Enéas Freire!!!

Destaque-se que o Carnaval de Recife e Olinda em 2020, que "**terminou**" no dia 26 de fevereiro, possibilitou um saldo econômico bem positivo para as duas cidades, pois reuniu um grande público (cerca de 4,8 milhões no total). A ocupação nos hotéis foi bem elevada (96% da rede) e os restaurantes também ficaram repletos de clientes. Os artesãos fizeram muitas vendas para os visitantes, e o transporte de foliões foi intenso. Aliás, durante o período de Carnaval, passaram pelo aeroporto internacional cerca de 240 mil passageiros. Já no terminal rodoviário de Recife circularam mais de 65 mil pessoas (11% mais que em 2019). Com tudo isso, estima-se que no total tenha havido em Recife e Olinda uma injeção de **R$ 700 milhões** em suas economias durante o Carnaval de 2020.

O lado negativo desse Carnaval foi provavelmente o início de um grande contágio pelo novo coronavirus (mas isso não aconteceu apenas em Recife e Olinda, mas em muitas outras cidades do País), que foi trazido particularmente pelos turistas europeus. Aliás, "**parece**" que as autoridades governamentais já sabiam de sua propagação no Brasil, mas não tiveram a coragem de cancelar as folias do Carnaval, visto que isso traria significativos prejuízos econômicos em muitos locais!?!?

Mas como o assunto ainda é **festa**, o que não falta em Recife são festivais de músicas e as mais diferentes manifestações culturais, que utilizam como "veículo" a música.

Quando se instalou a ideia de se organizar e formatar o Festival *Rec-Beat*, nos idos de 1990, a cidade do Recife vivia o que se imaginava ser o ápice de sua efervescência cultural. Naquela época a proposta era realizar festas itinerantes pela cidade, apresentando as novas bandas desse novo e propício contexto cultural. Quando o projeto tomou a dimensão de festival, realizou sua 1ª edição em 1995, durante a festa do Carnaval de Olinda e, desde então, sua efervescência jamais deixou de aumentar.

Com o passar do tempo o Festival *Rec-Beat* não apenas acompanhou lado a lado todas as transformações da história da música local, como foi um dos responsáveis por diversas mudanças na mesma. Sua programação, que é **totalmente gratuita**, ganhou pluralidade, na medida em que o *Rec-Beat* se tornou um evento que inclui tudo o que existe de interessante em Pernambuco, no Brasil, na América Latina e no mundo. Assim, ele se transformou num espaço bem diferenciado, no qual é possível conhecer música nova e colocar essas canções em trilha sonora.

Ele também virou um espelho para a bandeira do multiculturalismo, levantada pelo Carnaval que o circula. De fato, o que se tentou fazer ao longo de toda a existência do *Rec-Beat* foi torná-lo mais do que apenas outro palco da folia. Aliás, desde que o *Rec-Beat* passou a integrar a Associação Ibero-Americana de Festivais, que reúne eventos em toda a América Latina, sua programação passou a atrair milhares de visitantes de todos os lugares do País, e tem ajudado a divulgar nossa música fora do Brasil. Nesses últimos anos, eventos paralelos ao *Rec-Beat* têm acontecido nas cidades de João Pessoa, Caruaru e Maceió.

Hoje é quase impossível pensar no Carnaval e na música pernambucana como um todo sem ter como referência o *Rec-Beat*. Em 2020, coube ao *rapper* paulistano Emicida (convidado pela rádio Frei Caneca) a missão de encerrar a 25ª edição do *Rec-Beat*, na noite de 24 de fevereiro.

Quem vai a Recife também se encanta com o **maracatu**. O **maracatu nação**, também conhecido como "**maracatu de baque virado**", é uma manifestação cultural da música tradicional pernambucana afro-brasileira. O registro mais antigo que se tem sobre o maracatu nação data de 1711, porém, o ano de sua origem é incerto. O que se sabe é que ele surgiu em Pernambuco e vem se transformando com o passar do tempo.

Um dos maracatus mais antigos é o Maracatu Elefante, fundado em 15 de novembro de 1800 no Recife pelo escravo Manoel Santiago, após a sua insurreição contra a direção do Maracatu Brilhante. A escolha de elefante como nome e símbolo da agremiação se deu pelo fato de esse animal ser protegido por Oxalá, um dos muitos orixás do candomblé.

Uma das peculiaridades deste maracatu é o costume de conduzir três cabungas (bonecas negras), ao invés de duas, como é comum nos demais maracatus. Essas bonecas simbolizam figuras da corte "dona Leopoldina", "dom Luís e "dona Emília", que representam respectivamente os orixás Iansã, Xangô e Oxum. Outra característica singular do Maracatu Elefante é o fato de ele ter sido o primeiro conduzido por uma matriarca – até então todos os maracatus sempre foram regidos por uma figura masculina.

Mas além do maracatu, como já foi citado o outro gênero musical e de dança que se destaca bastante no Recife: o **frevo**! Aliás, por conta do seu ritmo acelerado e dos passos que lembram a capoeira – uma expressão cultural que tem em Pernambuco um dos seus berços –, o frevo também se tornou símbolo do Carnaval de Recife e Olinda. E vale lembrar que antes da criação da axé *music*, na década de 1980, o frevo era utilizado também no Carnaval de Salvador, e que esse gênero já revelou e influenciou grandes músicos. E para consagrar sua importância, numa cerimônia realizada em 2012 em Paris, a Unesco anunciou a aprovação por unanimidade do **frevo** como **patrimônio cultural imaterial da humanidade**.

Nos anos 1990 surgiu na capital pernambucana o *manguebeat*, um movimento da contracultura que mistura ritmos regionais como o maracatu, o *hip-hop*, o *funk* e a música eletrônica. Por meio do *manguebeat* foram feitas muitas críticas à desigualdade e ao abandono socioeconômico do mangue – e no Recife como um todo. Apesar de ter suas bases na década de 1970, com o guitarrista Robertinho do Recife – em seus álbuns *Jardim da Infância* (de 1977), *Robertinho no Passo* (de 1978) e *Loucos Swings Tropicais* (de 1979), o *manguebeat* teve como maior ícone o já falecido músico Chico Science (1966-1997), ex-vocalista da banda Chico Science e Nação Zumbi, que foi o idealizador do rótulo **mangue** e o principal divulgador das ideias, dos ritmos e das contestações desse movimento. Outro grande responsável pelo crescimento do gênero foi Fred Zero Quatro, vocalista da banda Mundo Livre S/A, que criou em 1992 o primeiro manifesto sobre o ritmo, intitulado *Caranguejos com Cérebro*.

O **cinema** do Recife é bem respeitado pela crítica, e já recebeu muitos prêmios nacionais e internacionais. Aliás, ele é o recordista em indicações nas premiações em diversas edições de festivais. Filmes de cineastas e roteiristas pernambucanos, como os dramas *Baile Perfumado* (1996); *Amarelo Manga* (2002); *Cinema, Aspirinas e Urubus* (2005); *Febre de Rato* (2012); *O Som ao Redor* (2013); *Aquarius* (2016) e também romances e comédias, como *O Auto da Compadecida* (1999); *Caramuru – A Invenção do Brasil* (2001); *Lisbela e o Prisioneiro* (2003); *A Máquina* (2005); *Fica Comigo Esta Noite* (2006); *O Bem-Amado* (2010), entre muitas outras produções, alcançaram grande projeção.

Cineastas como Marcelo Gomes, Kleber Mendonça Filho, Cláudio Assis, Heitor Dhalia, Lírio Ferreira, Gabriel Mascaro, Hilton Lacerda, Daniel Aragão, todos oriundos do Estado do Pernambuco, atingiram notoriedade internacional. Entre 2012 e 1013, o Recife conquistou os principais prêmios nos três maiores festivais nacionais. Os filmes *Era Uma Vez Eu, Verônica*, de Marcelo Gomes, e *Eles Voltam*, de Marcelo Lordello, dividiram o Candango de Melhor Filme no Festival de Brasília; *Som ao Redor*, de Kleber Mendonça Filho, conquistou o troféu Redentor de melhor filme no Festival do Rio; e *Tatuagem*, de Hilton Lacerda, ganhou o Kikito de melhor filme no Festival de Gramado.

O município de Recife abriga vários museus centros culturais e instituições voltadas para a promoção de ações artísticas. Assim, no centro da cidade estão localizados alguns dos mais importantes espaços voltados à cultura. O Museu da Cidade do Recife, instalado no forte das Cinco Pontas, destaca-se por conter em seu acervo documentos iconográficos para a preservação da história urbana e social recifense. Já o Instituto Arqueológico, Histórico e Geográfico Pernambucano é o mais antigo dos institutos históricos regionais do País, possuindo o mais importante fundo arquivístico sobre o Brasil holandês.

O Museu Cais do Sertão, é um museu interativo e já foi considerado um dos mais modernos equipamentos culturais do País, tendo sido eleito pelos usuários do *site* de viagens Trip Advisor como o 18º melhor museu da América do Sul. O Paço do Frevo é um espaço cultural voltado para a difusão, pesquisa, lazer e formação nas áreas de dança e do frevo, sendo um dos mais visitados de Pernambuco.

O Teatro de Santa Isabel, projetado por Louis Leger Vauthier, é um teatro-monumento do Brasil, e compõe um importante conjunto arquitetônico e paisagístico da praça da República, juntamente com o palácio do Campo das Princesas, o palácio da Justiça, o Liceu de Pernambuco. Esse teatro recebeu um dia o imperador dom Pedro II, e foi palco da campanha abolicionista de Joaquim Nabuco. Foi nele também que Castro Alves conheceu o seu grande amor: Eugênia Câmara.

Também merecem destaque o Gabinete Português de Leitura de Pernambuco, o Arquivo Público de Pernambuco, o Museu Franciscano de Arte Sacra, o Museu Militar do forte do Brum, o Museu do Trem, o Museu de Arte Moderna Aloísio Magalhães, a Caixa Cultural, o Centro Cultural dos Correios, o Museu Judaico de Pernambuco, entre outros, todos localizados no centro da cidade.

Nos tradicionais bairros da zona norte também estão situados importantes centros culturais do município. No bairro das Graças está localizado o Museu do Estado de Pernambuco, criado em 24 de agosto de 1928, e que possui um grande e eclético acervo, com cerca de 12 mil itens, abrangendo as áreas de arte, antropologia, história e etnografia.

Em Casa Forte encontra-se o Museu do Homem do Nordeste, vinculado à Fundação Joaquim Nabuco/ministério da Educação. Ele é um importante museu antropológico e reúne um acervo com cerca de 16.500 peças que representam uma herança cultural da formação do povo nordestino. No local há uma sala de projeção – o Cinema do Museu –, onde são exibidos filmes alternativos que não chegam às grandes telas da cidade.

E por falar em Joaquim Nabuco, um acervo raro e até então inacessível desse importante brasileiro finalmente veio ao público, pondo em relevo memórias e relatos de sua vida pessoal e familiar. Composto de 6 mil peças, a maioria delas inéditas, o material reúne fotos, cartas, inventários, cartões-postais e diários. São registros que começaram a ser guardados em 1834 pelo pai dele, o político Thomaz Nabuco (1813-1888), e mantidos por mais de três gerações.

O documentarista Pedro Nabuco, bisneto do abolicionista, explicou: "Por se tratar de arquivos de cunho pessoal, os familiares acharam por bem mantê-los guardados até agora. Mas esse material é muito interessante e precisa de abrigo técnico, confiável e com acesso aberto a pesquisadores. É natural que sejam guardados no Recife, onde ele nasceu, foi criado e enterrado. Foi para isso que a família resolveu doar o material para a Fundação Joaquim Nabuco (Fundaj), que desde 1984 já possuía uma coleção de 15 mil documentos pertencentes a Joaquim Nabuco.

Com esse esforço, a Fundaj se tornou detentora do maior acervo privado de Joaquim Nabuco, que aliás completou 70 anos de existência em 2019. Mas vale lembrar que também existem itens relativos a Joaquim Nabuco guardados no Itamaraty e no Rio de Janeiro, mas estes se referem à sua atuação como embaixador."

No bairro de Apipucos está localizada a casa onde viveu o escritor, sociólogo e pensador Gilberto Freyre e que atualmente abriga a Fundação Gilberto Freyre, instituída em 11 de março de 1987. O objetivo dela é contribuir para o desenvolvimento político-social, científico-tecnológico e cultural da sociedade brasileira, tendo como referencial a obra freiryana.

Já no bairro da Madalena fica o Museu da Abolição, vinculado ao Instituto Brasileiro de Museus. Ele se dedica à preservação e divulgação do patrimônio material e imaterial dos afrodescendentes. Além disso, tem-se ainda na cidade a Academia Pernambucana de Letras, que congrega os grandes escritores do Estado e colabora muito com a difusão da literatura.

Também estão espalhados pelo Recife vários mercados públicos bem tradicionais, destacando-se entre eles o famoso Mercado de São José, que ocupa o mais antigo edifício pré-fabricado em ferro no Brasil; o Mercado da Boa Vista; o Mercado da Madalena; o Mercado de Casa Amarela e o Mercado da Encruzilhada. Esses locais integram um importante roteiro cultural da cidade e costumam agradar muito aos visitantes.

Outro importante ponto turístico da cidade é a Casa da Cultura, o maior polo de artesanato do município. O local, que atualmente é um popular centro de compras e bastante visitado por turistas, já abrigou no passado um antigo presídio recifense, desativado há mais de 40 anos.

No bairro da Várzea estão duas das atrações turísticas mais procuradas da capital pernambucana. A primeira delas é a Oficina Cerâmica Francisco Brennand – **museu de arte e ateliê** –, um complexo monumental com 15 km^2 de área construída criado pelo artista plástico Francisco Brennand. Ele herdou a propriedade de seu pai e a transformou em um museu a céu aberto. O local possui ambientes distintos e serve como oficina para a produção de uma das cerâmicas mais resistentes do Brasil.

A Oficina Cerâmica Francisco Brennand surgiu no ano de 1971, nas ruínas de uma olaria do início do século XX, e foi fundada pelo pai de Francisco Brennand. Hoje é um complexo monumental, tendo espaços como a Accademia (galeria), um anfiteatro, um salão de esculturas, o templo Central e o templo do Sacrifício, um estúdio (um espaço destinado à realização de eventos), auditório, capela, loja, café, além de lindos jardins projetados por Roberto Burle Marx.

As obras do notável Francisco Brennand – que, além de intelectual de grande erudição foi também ceramista, desenhista, gravador, tapeceiro e principalmente um importante pintor e escultor – inspiram-se principalmente em mitologia e muitas apresentam forte conotação sexual. Aliás, ele também foi escritor, e vale muito à pena ler o seu livro *Diário de Francisco Brennand*. A obra – composta por quatro volumes e um total de 2.190 páginas – contém uma verdadeira coletânea de pensamentos, contradições, memórias, filosofias e produção artística.

O material, escrito por ele mesmo ao longo de 50 anos de carreira, foi organizado pela cineasta Marianna Brennand Fortes. Com ele o(a) leitor(a) aprenderá sobre a vida e a carreira de um homem que amou, viveu, pensou, pintou, esculpiu, leu, estudou e escreveu enlouquecidamente, o que poderá ser bastante útil para qualquer pessoa que queira enveredar para o ramo das artes visuais!!!

Lamentavelmente, esse ícone pernambucano faleceu em 19 de dezembro de 2019 aos 92 anos, no Real Hospital Português de Recife. Vale lembrar que antes de se tornar artista, ele foi editor e ilustrador de um jornal estudantil, ao lado do poeta, romancista e dramaturgo pernambucano Ariano Suassuna (1927-2014), integrando o Movimento Armorial na década de 1970.

Em 1971, Brennand criou nas cercanias do Recife, no bairro da Várzea, a oficina que levou seu nome, localizada numa antiga fábrica de cerâmica, e que pertenceu à sua família e estava abandonada!!! Essa oficina se tornou um lugar de peregrinação de visitantes interessados em arte, algo semelhante ao que aconteceu com a observação das construções de Antoni Gaudí, em Barcelona, cidade que Brennand conheceu bem nos anos 1950. Aliás, o pernambucano viveu na Europa entre 1948 e 1951, quando inclusive descobriu a cerâmica como forma de arte. Nesse período ele também se envolveu com a pintura, seguindo os primeiros mestres da moderna Escola de Paris (Matisse, Bonard etc.).

De fato, Brennand sofreu grande influência do arquiteto catalão Gaudí e, por isso, tornou-se um artista moderno, ancorado na tradição antiga. Aliás, sua inclinação para a ancestralidade e o seu gosto pelo arcaico podem ser facilmente constatados em suas referências a deuses e figuras mitológicas.

Um exemplo típico disso é a sua escultura *Pássaro Roca* (criada em 1990), uma peça em cerâmica vitrificada instalada na plataforma central da estação do metrô paulistano Trianon-Masp. Por sinal, esse mesmo pássaro é o tema recorrente de diversas obras em sua oficina-ateliê. Em sua visão cosmológica, essa ave é uma guardiã dos espaços, vigia a todos e mantém a ordem...

Brennand foi também um refinado cinéfilo, tendo inclusive escrito sobre o famoso cineasta italiano Pier Paolo Pasolini (1922-1975). Ele desenvolveu muito respeito e enorme admiração pelos textos clássicos e pela arte dos antigos. Por isso fez de suas escultura totêmicas peças de resistência contra o triunfo da razão contemporânea, resgatando os mitos ancestrais para humanizar uma sociedade tecnológica que expulsou os deuses do seu convívio!?!?

Antes de falecer ele teve o prazer de descerrar uma placa que tornou oficial um dos seus principais desejos em vida, ou seja, a transformação da Oficina Cerâmica Francisco Brennand em um **instituto**, isto é, uma entidade sem fins lucrativos e com o objetivo de preservar toda a sua obra – cerca de 3 mil itens, entre pinturas e esculturas de cerâmica – e de se tornar um **polo cultural da região**.

Os trabalhos de Francisco Brennand estão espalhados em espaços públicos e privados de várias cidades, inclusive do exterior, como é o caso de um painel que decora a parede lateral externa do edifício da empresa de bebidas Bacardi, em Miami (EUA). Mas sem dúvida é no Recife que estão as suas obras mais espetaculares, como é o caso do mural sobre a batalha dos Guararapes, além de um parque com cerca de 90 esculturas que podem ser observadas na praça do Marco Zero, sendo que a principal delas é a torre de argila e bronze de 32 m de altura!!!

A segunda atração no bairro da Várzea também está relacionada à família Brennand. Trata-se do Instituto Ricardo Brennand (IRB), também conhecido como castelo de Brennand, criado por Ricardo Brennand, primo de Francisco Brennand, que se destacou bastante na indústria canavieira na região nordeste, atuando também nos segmentos de produção de cimento, azulejos, vidro, porcelana e aço.

Nascido em 1927, na tenra idade de 7 anos, Ricardo Brennand ganhou um canivete do tio homônimo e, desde então, passou a colecionar armas!!! Na década de 1940 ele se envolveu ainda mais com a sua coleção de armaria, sobretudo as chamadas "armas brancas", e consolidou nas décadas seguintes o que viria a se tornar um dos maiores acervos privados dessa tipologia em todo o mundo.

Nos anos de 1990, Ricardo Brennand decidiu investir o capital resultante da venda de parte de suas fábricas na criação de uma fundação cultural voltada à preservação e exposição de seu acervo. Ainda antes da inauguração do seu instituto, ele começou a adquirir obras de arte e objetos relacionados à história do Brasil, sobretudo aos anos de ocupação holandesa da região nordeste.

Em poucos anos Ricardo Brennand amealhou um vasto conjunto do importante artista neerlandês Frans Post (1612-1680), além de paisagens e retratos do século XVII, mapas, tapeçarias, moedas, documentos, livros raros e outros objetos referentes a essa temática.

O IRB foi inaugurado em setembro de 2002, com a exposição itinerante *Albert Eckhout Volta ao Brasil* (também montada posteriormente na Pinacoteca do Estado de São Paulo, no conjunto cultural da CEF em Brasília e no Paço Imperial do Rio de Janeiro), que apresentou pela primeira vez ao público brasileiro o conjunto completo das pinturas de Eckhout, pertencentes ao Museu Nacional da Dinamarca.

Em 2003, o instituto inaugurou a exposição permanente *Frans Post e o Brasil Holandês,* do IRB, com a presença da rainha Beatriz dos Países Baixos, do príncipe Willem-Alexander (em neerlandês) e da princesa Máxima Zorreguieta. Além das exposições permanentes e temporárias, o instituto oferece visitas guiadas, cursos de história da arte, programa educacional voltado aos alunos dos sistemas público e privado do ensino de Pernambuco, programas de arte-educação para professores e atividades culturais em geral. Em 2014 ele foi eleito **o melhor museu da América do Sul** e o 17º melhor do mundo pelos usuários do *site* Trip Advisor.

O IRB está sediado em um complexo de edifícios, inspirado no estilo Tudor, com uma área construída de 77 mil m². É uma construção contemporânea, combinada com alguns elementos decorativos originais, tais como uma ponte levadiça, relevos de brasões e um altar em estilo gótico. O complexo engloba o Museu de Armaria, uma biblioteca com foco na história do Brasil holandês que conta atualmente com mais de 20.000 itens, com diversas obras raras; a pinacoteca, um auditório com capacidade para 120 pessoas; áreas de serviço para os visitantes; reserva técnica e espaços técnico-administrativos.

Cercando todo o complexo há um vasto parque com uma área de 18 mil ha, dotado de lagos artificiais e esculturas em grande escala, tais como uma fundição recente de *O Pensador* (de Auguste Rodin), uma cópia de *David* (de Michelangelo), a *Dama e o Cavalo* (de Fernando Botero), e outras peças de Sonia Ebling e Leopoldo Martins, entre outras.

O acervo do IRB é composto pelos núcleos de armaria, artes decorativas, tapeçaria, esculturas, mobiliário e artes visuais, abrangendo o período que vai da Baixa Idade Média até o século XX, com milhares de objetos procedentes da Europa, Ásia, América e África.

O núcleo de armaria corresponde às origens da coleção de Ricardo Brennand, sendo composto por mais de 3 mil peças, procedentes da Inglaterra, França, Itália, Alemanha, Espanha, Suécia, Turquia, Índia e Japão, estando assim entre as maiores coleções do mundo em sua tipologia. As peças são classificadas em segmentos específicos: armas de caça, guerra (defensivas e ofensivas), proteção pessoal e exibição. Um destaque do acervo é o conjunto de 27 armaduras completas, ou seja, incluindo escudos, elmos, manoplas, guantes e cotas de malha, produzidas entre os séculos XIV e XVII, além das armaduras para cavalos e cães.

A coleção de armas brancas inclui punhais, estiletes, espadas, bestas, clavas, alabardas, facas e canivetes de origens e formatos variados, abrangendo o período entre o século XV até os dias atuais, e incluindo-se exemplares decorados com gemas, marfim, chifres, madrepérola, aço e metais.

O núcleo de artes decorativas é composto por objetos provenientes da Europa, Ásia e África, remontando aos século XVII. Inclui castiçais, candelabros, jarros, mosaicos, vitrais, cofres, cerâmicas chinesas, instrumentos musicais etc. A coleção reúne ainda relógios de caixa alta franceses e austríacos, e até um órgão italiano em estilo barroco, produzido por Domenico Mangino por volta de 1625.

A coleção de mobiliário é constituída majoritariamente por exemplares franceses e ingleses, incluindo peças de descanso e de guarda, como arcas, aparadores, guarda-comidas, estantes e assentos. O núcleo de tapeçarias inclui exemplares franceses e flamengos, datados do século XVIII e produzidos por manufaturas como a dos Gabelins e a de Aubusson.

Por sua vez, o núcleo de artes visuais é composto por pinturas, esculturas, desenhos e gravuras de artistas brasileiros e estrangeiros, datados do século XV em diante. A coleção de arte brasileira é majoritariamente formada por paisagens e por um conjunto significativo de brasilianas, com predominância de registros iconográficos relacionados ao atual Estado de Pernambuco.

Estão representados no acervo artistas como Carlos Julião, Claude François Fortier, Nicolas-Antoine Taunay, Jean-Baptiste Debret, Johann Moritz Rugendas, Franz Heinrich Carls, José Telles Júnior, Benedito Calixto, entre outros. A coleção de pintura europeia é caracterizada pela ênfase nas cenas de gênero, temáticas palacianas ou relacionadas à armaria, datadas do século XVII em diante, com obras de Francesco Maltese e Enrique López Martinez, Tito Lessi e outros.

Outra vertente presente nesse segmento é o segmento de pintura do século XIX de temática orientalista e de seus nus femininos, como é o caso da famosa obra de William-Adolphe Bouguereau, *Após o Banho* (de 1894). Na coleção de esculturas, destaca-se uma peça anônima em madeira do século XV, representando um escravo negro em trajes da época, e outras obras de Giovanni Maria Benzoni, Henri Levasseur, Abelardo da Hora e um conjunto de réplicas de esculturas clássicas executadas pelo ateliê de Romano Romanelli.

O IRB possui uma das mais completas coleções de documentos históricos e iconográficos relacionados à ocupação holandesa da região nordeste do Brasil. O destaque principal desse núcleo é **a maior coleção mundial de pinturas de Frans Post**, o primeiro pintor de paisagem de continente americano.

Particularmente relevante é a peça *Forte Frederick Hendrik*, pintada por Frans Post no Recife em 1640. Trata-se da única, dentre as sete paisagens remanescentes executadas no local a ser mantida numa coleção brasileira [as outras seis estão espalhadas por outras partes do mundo: no Louvre (em Paris), no Mauritshuis (em Haia) e na coleção Cisneros (em Caracas)].

O IRB conserva um conjunto de gravuras executadas entre 1644 e 1645 por um grupo de artistas liderados por Jan van Brosterhuisen, a partir de desenhos detalhados feitos por Frans Post para ilustrar um livro de Caspar Barlaeus. Também de grande importância histórica é a rara coleção de moedas obsidionais holandesas (moedas emergenciais), cunhadas em Pernambuco entre 1645 e 1654 para superar a escassez de numerário em Recife, ocasionada pelos constantes cercos impostos por Portugal.

A coleção de manuscritos é composta por relatórios, ordens, memorandos e correspondências relacionadas aos importantes eventos e personalidades da época. O grande destaque é uma correspondência escrita por dom João IV, em 1647, informando sobre a sua decisão de enviar um reforço de 200 homens para auxiliar na expulsão dos holandeses, um documento-chave para a preparação da primeira batalha dos Guararapes.

A edição de objetos relacionados a esse período inclui peças confeccionadas na Holanda com matéria-prima vinda do Brasil (como taças feitas de coco), prataria comemorativa, cachimbos da Companhia das Índias Ocidentais.

Outros objetos mostram a influência que o material iconográfica e científico coletado por Maurício de Nassau no Brasil e distribuído entre os soberanos europeus, teve na produção de artefatos e no imaginário de seus contemporâneos.

Esse é o caso das famosas séries de tapeçarias *Anciennes* e *Nouvelles Indes*, baseadas nos desenhos de Albert Eckhout e tecidas pela manufatura dos Gobelins, da qual o IRB conserva quatro exemplares, bem como de uma paisagem brasileira imaginária pintada por Jillis van Schendel, artista holandês que jamais esteve no Brasil!?!?

Bem, caro(a) leitor(a), deu para entender muito bem o porquê de o IRB ser um incrível "**tesouro**", mantendo tantas relíquias, peças raras e documentos incríveis, não é?

O romancista francês Albert Camus, que esteve no Recife em 1949, ficou tão encantado com os diversos "tesouros" culturais da capital pernambucana que em seu livro *Diário de Viagem* a comparou a uma incrível cidade italiana – Florença. Foi daí, aliás, que veio a alcunha de Recife como "**Florença dos trópicos**"!!!

No dia 25 de abril de 2020, depois de internado no Real Hospital Português, faleceu em decorrência do novo coronavirus o colecionador Ricardo Brennand, que tinha 92 anos.

E buscando manter-se bem próxima de tudo o que acontece no mundo, nos mais diversos setores ligados a EC, Recife já celebrou acordos de **cidade-irmã** com as cidades de Aveiro e Porto (em Portugal), Guangzhou (antiga Cantão, na China), Amsterdã (na Holanda), Corunha (na Espanha), Nantes (na França), Veneza (na Itália) e Vitória (a capital capixaba), no Brasil.

O Recife tem o maior número de consulados estrangeiros (11 no total) fora do eixo Rio de Janeiro-São Paulo, entre eles os de países como China,

França, Reino Unido, Alemanha (um dos quatro no Brasil) e EUA. Aliás, este último foi criado na cidade em 1815, sendo, portanto, entre eles o mais antigo do hemisfério sul e um dos mais antigos do mundo. Além disso, estão em Recife mais de duas dezenas de consulados honorários.

No âmbito esportivo, o mais **popular** no Recife é o **futebol**. Aliás, Pernambuco é o líder entre os Estados do norte e nordeste no *ranking* da CBF, o que por sinal evidencia o bom desempenho dos clubes recifenses nas várias competições. Durante a Copa do Mundo de Futebol de 1950, a capital pernambucana foi uma das seis sedes oficiais, tendo sido o palco do jogo entre Chile e EUA, vencido pelos chilenos por 5 a 2. A cidade também foi uma das sedes na Copa do Mundo de Futebol de 2014.

O Campeonato Pernambucano de Futebol, um dos principais torneios estaduais do País, é disputado desde 1915, e tinha como campeão sempre um time da capital. Os principais times do Recife são: o Sport Club do Recife, o que mais tem títulos estaduais (42, até 2019); o Santa Cruz Futebol Clube (com 29 títulos pernambucanos até 2019) e o Clube Náutico Capibaribe (que detém a marca de mais títulos estaduais consecutivos (é hexacampeão, e no geral conta com 22 conquistas até 2019). Porém em 5 de agosto de 2020, o Salgueiro Atlético Clube chamado de **"carcará do sertão"** colocou um fim à hegemonia desse **"trio de ferro"** e fez história como o primeiro clube do interior do Estado, ao conquistar o Campeonato Pernambucano. O "tricolor do sertão" venceu na final o Santa Cruz na decisão por pênaltis, após dois jogos que terminaram empatados.

Os outros clubes esportivos importantes do município do Recife são o Clube Português e o América Futebol Clube, que já foi campeão estadual seis vezes.

Guilherme de Aquino Fonseca, fundador do Sport Club do Recife, era integrante de uma rica família pernambucana. Seu pai, João d'Aquino Fonseca, e sua mãe, Maria Eugênia Regados Aquino Fonseca, eram exigentes quanto à conduta e o caráter de seus filhos. Assim, eles mandaram Guilherme para a Inglaterra para realizar seus estudos na Universidade de Cambridge, onde ele se formou engenheiro. Quando ele voltou da Europa, em 1903, trouxe consigo a paixão pelo futebol, que naquela época era um esporte de elite.

A partir dos primeiros contatos com a bola, o jovem recifense começou a sonhar alto, prometendo a si mesmo que quando voltasse para o Brasil, fundaria um clube de futebol – que mais tarde viria a se chamar o Sport. Ele acreditava que, com a habilidade latina, seria possível jogar melhor que os ingleses. Ele também imaginava que depois disso surgiriam outros clubes no País e o futebol ganharia popularidade.

Assim, antes de regressar ao Recife comprou com o seu próprio dinheiro bolas, apitos e todo tipo de material necessário para a prática do esporte. Em 13 de maio de 1905, às 12 h, no salão da Associação dos Empregados do Comércio do Recife, foi fundado o Sport Club do Recife e, junto com ele, nasceu também o futebol pernambucano, visto que não há registros de qualquer time de futebol no Estado antes disso.

Foi empossado como presidente do clube Elysio Alberto Silveira, e como diretor de esportes terrestres o próprio Guilherme de Aquino Fonseca. Em 1919, no Estado do Pará, o Sport Clube do Recife venceu o troféu Leão do Norte, uma competição considerada na época muito difícil para qualquer equipe nordestina, visto que o futebol paraense era o mais desenvolvido até então!!!

Porém, contrariando a situação vigente, o Sport foi a Belém e conquistou o belíssimo troféu de bronze francês, que mais tarde viria a ser o motivo da criação da mascote – o **leão**, tão apreciado pela torcida rubro-negra. O nome do torneio também impulsionou o surgimento de algumas das alcunhas do clube: "**leão do norte**" ou "**leão da ilha**" e "**leão da praça da Bandeira**".

Pelos mais variados motivos, mas principalmente pelo seu desempenho, o Sport ganhou ainda os seguintes apelidos: "**maior do nordeste**", "**papai da cidade**", "**caminhão de alegria**", "**mais amado das multidões**", "**time do povo**", "**time raçudo das massas**", entre outros.

A mascote-símbolo do Sport se chama Leo (que significa leão em latim) e foi criada há mais de 25 anos pelo chargista Humberto Araújo, e desde então vem ilustrando as conquistas e o momentos marcantes do clube. Ganhou vida em 2007, passando a entrar em campo com os jogadores do Sport e alegrando a festa da torcida.

Já jogaram ou foram revelados no Sport jogadores famosos, como o legendário Ademir de Menezes, que se tornou um dos melhores centroavantes do futebol mundial, Vavá (que foi campeão mundial), o Almir Pernambuquinho (campeão pernambucano de 1956), Dadá Maravilha (o sexto maior artilheiro da história leonina), Emerson Leão (grande goleiro, que encerrou sua carreira em 1987, e depois se tornou treinador, levando o clube à conquista do título de campeão brasileiro), Nelsinho Baptista (que posteriormente foi seu treinador vencedor), entre outros.

O Sport tem o estádio da Ilha do Retiro (o estádio Adelmar da Costa Carvalho), que por sua estrutura, localização e obediência aos padrões da FIFA é considerado um dos melhores estádios das regiões norte e nordeste do País. Ele tem capacidade para receber 30 mil pessoas, 150 camarotes, além de marcenaria, serraria, lavanderia, refeitório industrial, vestiários e elevadores.

Atualmente o clube tem na Ilha do Retiro um grande complexo esportivo, com uma área total de 10,2 ha, que abriga uma sede social, campo de futebol principal e auxiliar, *apart*-hotel com 12 apartamentos para a concentração dos jogadores profissionais, alojamento para a concentração das categorias de base, tribuna de honra, sala de imprensa, vestiários, parque aquático, parque de tênis, quadras de basquete, handebol, hóquei sobre patins, futsal, vôlei, entre outros esportes.

É importante destacar que além de reter sua tradição no futebol, o Sport também compete em diversos esportes (a maioria deles de caráter olímpico). Ele já alcançou sucessivamente títulos importantes nos cenários regional, nacional e internacional, em esportes como handebol, futsal, futebol 7, futebol de mesa, hóquei sobre patins, judô, natação, remo, *taekwondo*, basquete, tênis de mesa e vôlei.

O Sport Club de Recife também é um dos dois únicos clubes brasileiros a conquistar um Campeonato Sul-Americano de Hóquei, e também o único do Estado – fora aqueles do centro e sul do País – a obter títulos brasileiro e sul-americano de basquete, com a sua equipe feminina, em 2013 e 2014.

Quem quiser saber mais detalhes sobre a história do Sport Club do Recife tem hoje cerca de duas dezenas de livros que discorrem sobre as conquistas do rubro-negro pernambucano. Um deles foi escrito por Carlos Celso Cordeiro, em colaboração com outros especialistas em "maior do nordeste". Nessas obras é possível descobrir que o time conta com cerca de 3 milhões de torcedores apaixonados. Note-se que em 2018, o Sport no decorrer da disputa do Campeonato Brasileiro da Série A, teve grandes dificuldades e acabou ficando na 18ª colocação na disputa e caindo para a Série B, porém, em 2019 a equipe conseguiu voltar para a Série A.

O Santa Cruz Futebol Clube, mais conhecido como Santa Cruz, é uma agremiação poliesportiva que foi fundada em 3 de fevereiro de 1914, por um grupo de 11 meninos do Recife, com idades entre 14 e 16 anos. Seu nome veio do pátio da igreja de Santa Cruz, local onde os rapazes costumavam jogar, uma vez que naquela época o esporte ainda era considerado de elite, e não existiam campos para praticá-lo.

As cores oficiais do clube são o preto, o branco e o vermelho, o que explica a razão pela qual seus torcedores são chamados de **tricolores**. O Santa Cruz costuma mandar seus jogos no estádio do Arruda, que é um dos seis maiores do País. A história desse estádio é bem interessante. Em 1943, o dirigente do clube, Aristófones de Andrade, conseguiu alugar um terreno próximo às ruas Beberibe e das Moças, onde muitos anos depois ele seria construído.

Em 1952, esse mesmo terreno foi colocado à venda pelo proprietário, adquirido pela prefeitura e, posteriormente, em 1954, cedido oficialmente e em definitivo ao Santa Cruz. Na época o prefeito era José do Rego Maciel, cujo nome seria dado mais tarde ao estádio da equipe. Este, entretanto, só começou a ser construído em 1965, com a venda de cadeiras cativas e títulos patrimoniais. A partida inaugural no Arruda aconteceu em 4 de julho de 1972, contra o Flamengo do Rio de Janeiro. Na ocasião registrou-se no evento um público de 57.688 pagantes, e a partida terminou empatada sem gols!!!

Depois disso, o estádio passou por uma grande reforma, sendo entregue em 1º de abril de 1982, já com capacidade para receber até 80 mil pessoas. Aliás, em sua reinauguração – num jogo contra o Náutico, que também terminou empatado em 1 a 1 – o estádio recebeu 76.636 pagantes. Posteriormente, por conta dos novos parâmetro estabelecidos pela FIFA no que se refere a conforto e segurança, o Arruda (ou seja, estádio José do Rego Maciel) teve sua capacidade reduzida para os atuais 60.044 espectadores.

Considerado um dos três clubes de maior torcida de Pernambuco, o Santa Cruz tem como principais rivais esportivos no Estado o Sport Club do Recife, com o qual protagoniza o "**clássico das multidões**" e o Clube Náutico Capibaribe, com o qual disputa o chamada "**clássico das emoções**".

Dentre suas principais conquistas está um título no Campeonato Brasileiro da Série C, os dois títulos regionais: um da Copa do Nordeste e um do Torneiro Hexagonal Norte-Nordeste. O Santa Cruz também ostenta o título de **Fita Azul**, honraria de mérito concedida ao clube que concluiu de maneira invicta uma excursão no exterior (realizada em março de 1980).

Na Série A do Campeonato Brasileiro, sua melhor colocação foi nas edições de 1960 e 1975, quando alcançou a fase semifinal. Em 2019 o Santa Cruz disputou o Campeonato Brasileiro da Série C, a Copa do Brasil, a Copa do Nordeste e o estadual pernambucano. A mascote do clube é a **cobra coral** e as diversas alcunhas pelas quais é chamado são: "**tricolor do Arruda**", "**o mais querido**", "**time do povo**", "**terror do nordeste**" e "**trissuper campeão**".

O Clube Náutico Capibaribe, comumente conhecido apenas por Náutico, foi fundado por dois grupos de remadores rivais que acabaram se unindo nessa empreitada. Em 1897, havia um grupo de rapazes do remo, comandados por João Victor da Cruz Alfarra, que costumava alugar barcos da antiga Lingueta, e sair em pequenas excursões até a antiga Casa de Banhos do Pina. Essas viagens chegavam até o bairro de Apipucos.

Com o término da revolta dos Canudos, os recifenses se prepararam para receber as tropas pernambucanas comandadas pelo general Artur Costa. Na ocasião, uma vasta programação incluiu uma recepção para os soldados. João Alfarra e alguns de seus companheiros de proeza pelo Capibaribe foram então encarregados de preparar a parte náutica da recepção e marcaram uma grande regata para o dia 21 de novembro de 1897.

Essa competição acabou despertando o interesse dos recifenses, que sentiram a necessidade de fazer outras promoções do gênero. O remo começou então a ganhar novos adeptos e, no ano seguinte, empregados dos armazéns das ruas Duque de Caxias e Rangel formaram uma agremiação, à qual deram o nome de Clube dos Pimpões. Já os componentes do outro grupo, que haviam brilhado na regata de celebração, também se animaram e houve então uma séria de embates entre as duas turmas na Casa de Banhos, em 1898.

No final daquele ano, ficou acordada a fundação de uma outra sociedade agregando os dois grupos sob o nome de Clube Náutico do Recife. Já em fins de 1899, por decisão dos dirigentes da agremiação, o clube passou por um processo de reorganização, mantendo ainda a fidelidade aos esportes náuticos. Nessa ocasião, seu nome foi mudado para Recreio Fluvial. Porém, a nova denominação não foi do agrado de todos, o que levou à restauração do nome anterior em 1901.

Em 7 de abril de 1901, João Alfarra convocou todos os ligados ao remo para uma solenidade em que foi lavrada e registrada a primeira ata do Clube Náutico Capibaribe. Essa data acabou se tornando reconhecida oficialmente como de fundação do clube. O documento histórico recebeu a assinatura de todos os presentes – de Antônio Dias Ferreira, presidente da reunião, de Piragibe Haghissé, secretário, e de João Victor da Cruz Alfarra, líder do grupo e pai da ideia.

As primeiras cores adotadas pelo clube foram o azul e o branco. Mais tarde, entretanto, o uniforme passou a ser vermelho e branco, o que justifica o nome de "**alvirrubro**" quando se desenvolveu o futebol. Aliás, o futebol somente surgiu no clube a partir de 1905, sendo assim um dos mais antigos do País.

Na fase do **profissionalismo**, o Náutico conseguiu ser o campeão estadual em 1934. Nessa mesma época também surgiu sua mascote, o **timbu** (*Didelphis albiventris*), um marsupial comumente encontrado no Brasil inteiro. Ele vive em vários ecossistemas, como o cerrado, a caatinga, os banhados e o pantanal, habitando capoeiras, capões, matas e áreas de lavoura, além de se adaptar muito bem à zona urbana, onde encontra farta e variada alimentação em meio aos dejetos domésticos. Em outras regiões do País recebe o nome de mucura, cassaco, sarigué, mineré ou simplesmente **gambá**.

A escolha do timbu como mascote aconteceu em 19 de agosto de 1934, quando no campo da Jaqueira o Náutico jogava contra o América. No intervalo, em virtude da chuva e da falta de condições no vestiário, o técnico do Náutico preferiu conversar com os jogadores no centro do gramado e aí um dirigente do clube lhes levou uma garrafa de conhaque e pediu que cada um bebesse um gole para aguentar melhor o frio. Vendo isso, a torcida adversária começou a gritar: "Timbu! Timbu!" O objetivo foi provocar os jogadores, uma vez que o animal **aprecia bastante uma bebida alcoólica**!?!?

O Náutico venceu o América por 3 a 1 e quando os atletas saíram de campo foram perturbar a torcida adversária, gritando: "Timbu, 3 a 1!" Depois desse jogo o timbu se tornou a mascote do Clube Náutico Capibaribe. Em 1934 o pessoal do remo organizou um bloco chamado Timbu Coroado, que desde então se apresenta no domingo de Carnaval, percorrendo um trecho que começa na sede do clube e desenvolve-se pelo bairro dos Aflitos,

Na primeira metade da década de 1940, despontou no Náutico o jogador Orlando Pingo de Ouro, que se tornaria ídolo da torcida da equipe e posteriormente brilharia como goleador no Fluminense do Rio de Janeiro. Aliás, em 1945 o Náutico aplicou a maior goleada de sua história ao vencer o Flamengo do Recife por 21 a 3, sagrando-se inclusive campeão pernambucano nessa ocasião.

A equipe foi vice-campeã do Campeonato Brasileiro de 1967, e semifinalista em 1961, 1965, 1966 e 1968. A equipe também foi um dos representantes do Brasil na Copa Libertadores da América de 1968, junto com o Palmeiras; campeão do Torneiro dos Campeões do Norte-Nordeste de 1952 e da Copa dos Campeões do Norte em 1966.

Há uma rivalidade histórica com o Sport Club do Recife, com o qual o time disputa o "**clássico dos clássicos**", o mais antigo do Estado, também chamado de "*derby* **pernambucano**". Mas também existe grande rivalidade com o América Futebol Clube, cujo confronto é chamado de "**clássico da técnica e disciplina**".

O Náutico é o proprietário do estádio Eládio de Barros Carvalho (que foi presidente do clube durante 14 mandatos), mais conhecido como **estádio dos Aflitos**, por localizar-se no bairro residencial de classe média alta de mesmo nome. Ele foi inaugurado em 25 de julho de 1939 e atualmente tem capacidade para 22.856 espectadores sentados. O local foi bastante utilizado pelo clube até junho de 2013, contudo, desde o dia 10 de outubro de 2011 o Conselho Deliberativo do clube já havia aprovado um projeto que obrigaria o alvirrubro a disputar suas partidas na Arena Pernambuco, que foi construída em São Lourenço da Mata, na RMR, para sediar jogos da Copa das Confederações de 2013 e da Copa do Mundo de Futebol de 2014.

Vale lembrar que O Náutico possui a terceira maior torcida de Pernambuco, estimada em 1,1 milhão de torcedores, que chamam o seu time de "**campeão de terra e mar**", "**timbu coroado**", "**hexacampeão**" e "**timba**", entre outros apelidos carinhosos. Segundo esses torcedores, o novo acesso da equipe à Série B, em 2019, teve um importante protagonista: o **estádio dos Aflitos**.

Para eles, acompanhar as partidas do time numa cidade localizada a cerca de 20 km do Recife, com problemas de acesso, fez com que ano após ano os laços dos torcedores com o time se afrouxassem. Assim, esse período de utilização da Arena Pernambuco foi marcado por quedas da Série A para a B, em 2013, e então para a Série C, em 2017.

No início de 2019, entretanto, a equipe resolver se mudar de volta para o seu próprio estádio, que, aliás, havia estado em reforma por dois anos. A partida festiva que marcou o retorno a sua casa aconteceu em dezembro de 2018, contra a equipe argentina do Newell's Old Boys, quando o Náutico venceu por 1 a 0 e conseguiu a maior renda da história do futebol pernambucano: R$ 1.566.200,00. Desde então o estádio dos Aflitos voltou a receber as partidas do Náutico e até novembro de 2019 foram realizados nele cerca de 30 jogos da equipe, quando como mandante o Náutico obteve um expressivo número de vitórias!!!

O vice-presidente do Náutico, Diógenes Braga, explicou: "Na Arena Pernambuco o clube jogou algumas vezes para cerca de 300 pagantes. A única grande exceção foi a final do Campeonato Pernambucano, contra o Central, em que mais de 42 mil torcedores estiveram presentes e viram nossa equipe levantar a taça depois de 13 anos de jejum. Foi um recorde para o estádio. Essa partida acabou elevando a média de público do clube na arena naquele ano para 6.194 pessoas, mesmo assim, isso representou uma ocupação de apenas 13% do estádio.

Lembro que em pelo menos seis jogos do Campeonato Pernambucano estiveram menos de 500 torcedores. Nosso clube, em 2017, quando caiu para a Série C do Campeonato Brasileiro, teve a pior média de público ao jogar na Arena da Copa, ou seja, 4.388 espectadores, o que representa uma ocupação de 9,6%. Nos jogos de 2019, já na Série B, temos recebido em média mais de 15 mil pagantes por jogo. A volta para o nosso estádio sem dúvida acarretou o retorno e a forte presença de nossos torcedores!!!"

O Náutico possui hoje o maior centro de treinamento das regiões norte e nordeste do Brasil, que se denomina Wilson Campos. Ele está situado no bairro de Guabiraba e conta com 54 ha de área construída, incluindo cinco campos de futebol oficiais e dois de dimensões reduzidas.

Graças aos clubes locais, Pernambuco é também o Estado do norte e nordeste que mais se destaca em outras modalidades esportivas, sendo o segundo em número de títulos nacionais de hóquei, tanto no campeonato masculino quanto no feminino, atrás somente de São Paulo.

PREÂMBULO DE OLINDA

A primeira coisa que se deve fazer ao chegar em Olinda é arranjar um bom guia para conhecer rapidamente todas as suas principais atrações, embora também seja possível conhecê-las por conta própria. O mais importante é que a cidade pode ser visitada percorrendo-se quase todos os lugares **a pé**!?!?

Um passeio obrigatório é visitar o mirante da Caixa d'Água, localizado no Alto da Sé, onde também fica o Mercado do Artesanato e a catedral da Sé. E para quem for até lá, torna-se indispensável provar o **acarajé** que é vendido numa das barracas da feirinha da praça do Alto da Sé, pois é simplesmente espetacular!!!

Outros lugares que devem ser visitados pelo turista são o Mercado da Ribeira e a galeria São Salvador, dois ótimos espaços para se fazer algumas boas comprinhas. Mas além dessas opções, também é possível encontrar pinturas, esculturas e objetos de decoração à venda em cada esquina do centro histórico. Inclusive há muitas cafeterias e diversos bares e restaurantes que também funcionam como uma espécie de antiquário temático.

Uma das surpresas de Olinda é o fato de que nela é possível divertir-se à noite num dos diversos locais animados com música ao vivo e dançar!!! E por falar em dançar, não se pode esquecer do seu incrível Carnaval, que começa bem mais cedo que nas demais regiões do Estado. De fato, cerca de cinco meses antes da data de início oficial, pode-se curtir os ensaios dos blocos que percorrem as ladeiras da cidade.

E nessa época é obrigatório para o visitante tomar **axé**. Isso mesmo, tomar, não dançar (!!!), até porque o que reina em Olinda é o **frevo**. Esse "axé", no caso, é uma bebida típica pernambucana, ou seja, uma espécie de licor feito com diversas ervas e ingredientes, como cravo, canela e guaraná. É docinho, porém tem alto teor alcoólico!!!

Olinda fica bem perto do Recife, e dispõe de muitas outras coisas incríveis para se ver e fazer!!!

A HISTÓRIA DE OLINDA

O município de Olinda ocupa uma área total de 41,68 km², e pertence à RMR. Ele tem como município limítrofe a cidade de Paulista, e fica a apenas 7 km da capital pernambucana, Recife. Estima-se que no início de 2020 vivessem em Olinda pouco mais de 400 mil pessoas. Estas, entretanto, têm forte ligação com Recife, onde, aliás, dezenas de milhares trabalham!!!

De acordo com um mito popular, o nome "**Olinda**" teria surgido a partir de uma suposta exclamação do fidalgo português Duarte Coelho, primeiro donatário da capitania de Pernambuco (ou talvez de um de seus colonos). Ele teria dito: "**Oh, linda situação para se construir uma vila!**"

Já o historiador Francisco Adolfo de Varnhagen acha "ridícula" essa etimologia, considerando que é bem mais provável a hipótese de o nome ter surgido como uma referência a alguma localidade portuguesa daquela época, como Linda-a-Velha ou Linda-a-Pastora. Outra possibilidade seria a adoção do nome por conta da personagem feminina do romance de cavalaria *Amadis de Gaula*, bastante lido na época da fundação da cidade.

De qualquer modo, Olinda é uma das mais antigas cidades brasileiras, tendo sido fundada (ainda como povoado) em 1535 por Duarte Coelho, e dois anos depois, em 12 de março de 1537, elevado à categoria de vila. O fato é que Duarte Coelho fez muito pelo desenvolvimento da região, fundando, por exemplo, o primeiro engenho de açúcar, desenvolvendo a agricultura e estabelecendo um livro de tombo (para inscrever os bens nos arquivos do reino).

Duarte Coelho ordenou também a construção de um edifício destinado ao funcionamento da Câmara do Senado de Olinda, prédio este que foi doado em 1676 ao primeiro bispo de Olinda, dom Estevam Brioso de Oliveira. O bispo o converteu num palácio episcopal, que até hoje se encontra muito bem conservado.

Olinda chegou a ser **a urbe mais rica do Brasil colônia**, entre o século XVI e as primeiras décadas do século XVII, de acordo com escritores da época, como Pero de Magalhães Gândavo. Ela chegou a ser chamada de "**Lisboa pequena**", dada a opulência que somente poderia ser comparada àquela da corte portuguesa. Talvez isso justifique um dos apelidos de Olinda, como "**a capital simbólica do Brasil.**"

E de fato a cidade de Olinda foi sede do Brasil colonial entre 1624 e 1625, por ocasião da primeira invasão neerlandesa, ocorrida naquela época.

Durante esse período, Matias de Albuquerque foi nomeado governador-geral e administrou a colônia a partir de Olinda.

A vila se manteve próspera até a invasão neerlandesa à capitania de Pernambuco, quando os neerlandeses tomaram o lugar em 1630 e **incendiaram Olinda**, em 1631 – isso, é claro, depois de retirarem de lá todos os materiais nobres de que precisavam para erguer suas edificações na capital da Nova Holanda, ou seja, em Recife.

Segundo a concepção holandesa de fortificação, Olinda detinha um perfil de difícil defesa e diante disso a sede foi transferida para o Recife. Somente em 1654 é que os portugueses retomaram o poder no Brasil e expulsaram os holandeses. Então Olinda voltou a ser a capital de Pernambuco, muito embora os governadores continuassem a residir no Recife!!! Vale lembrar que foi na Câmara do Senado de Olinda que o sargento-mor Bernardo Vieira de Melo deu o primeiro grito em prol da independência nacional, em 10 de novembro de 1710.

Por volta de 1800, com a fundação do seminário diocesano e, em 1828, com a abertura de um curso jurídico, ambos em Olinda, a cidade se transformou num **burgo de estudantes**. Aliás, os primeiros cursos jurídicos no Brasil, criados pelo decreto imperial de 11 de agosto de 1827 foram inaugurados no mosteiro de São Bento, em 15 de maio de 1828. Antes de sua transferência para Recife, esses cursos jurídicos funcionaram no prédio em que atualmente encontra-se a prefeitura de Olinda. Então, em 1837, com a transferência do governo provincial para o Recife, Olinda deixou de ser a capital de Pernambuco.

Sob certos aspectos, Olinda rivalizou com a metrópole portuguesa Lisboa. Seus antigos sobrados tinham dobradiças de bronze, enquanto as igrejas, principalmente a Sé, ostentavam em suas portas principais dobradiças de prata e chaves fundidas em ouro.

Uma curiosidade interessante sobre o nome da cidade é que, em 1860, o astrônomo francês Emmanuel Liais descobriu no observatório do Alto da Sé o primeiro cometa a ser observado na América Latina, e o único descoberto no Brasil, que recebeu a denominação de cometa Olinda.

A altitude média do município de Olinda é de 16 m acima do nível do mar. Seu relevo é, em geral, formado por planícies e colinas, algumas bem íngremes. A maior parte do território da cidade fica na bacia hidrográfica do rio Paratibe, e o restante na bacia do rio Capibaribe. A vegetação é formada por mata atlântica, na qual tem-se algumas espécies de grande porte.

O clima do município de Olinda é **tropical úmido**, típico do litoral leste nordestino, com temperaturas médias mensais sempre superiores a 18°C e baixas amplitudes térmicas. A menor temperatura já registrada na cidade foi de 17,1°C, em 2 de julho de 1965, enquanto a mais elevada foi de 33,2°C, em 8 de janeiro de 1966. As precipitações pluviométricas são abundantes na maior parte do ano e por conta disso a umidade relativa do ar é bem alta na região. O índice pluviométrico é superior a 1.700 mm, sendo mais concentrado entre os meses de abril e julho.

Olinda é um município essencialmente habitacional, comercial e turístico. Pode-se inclusive dizer que é uma **cidade dormitório** em relação à vizinha Recife. Quem visita Olinda, e principalmente segue a religião católica, tem nela diversos templos – só no centro histórico da cidade existem 19 igrejas católicas, construídas entre os séculos XVI e XIX –, locais muito interessantes e que valem a pena ser visitados, como por exemplo: a igreja do Rosário dos Pretos de Olinda, a primeira do Brasil pertencente a uma irmandade de negros; a igreja da Misericórdia, da antiga Santa Casa de Misericórdia de Olinda (primeiro hospital do Brasil); a catedral Sé de Olinda; a igreja do Carmo de Olinda (o primeiro templo da ordem dos carmelitas nas Américas); o seminário de Olinda e a igreja de nossa Senhora da Graça; a basílica (e seu belo altar-mor) e o mosteiro de São Bento (e sua sacristia); o convento de São Francisco (e sua sacristia); a igreja de Nossa Senhora das Neves e da capela de São Roque.

No tocante à **educação**, a rede pública conta com algumas boas IEs, como é o caso do Colégio Estadual de Olinda, e escolas como: Marechal Mascarenhas de Moraes, Claudino Leal, Prof. Ernesto Silva, Sara Kubitschek, entre outras. Porém, o grande destaque vai para a rede privada, que dispõe de algumas IEs muito bem avaliadas, como: Lima Oliveira (com avaliação excelente); São Bento (um colégio com boa avaliação); Parque do Saber (excelente avaliação); Viver & Aprender (também com excelente avaliação); Academia Santa Gertrudes (que além de educar, estimula as crianças a terem uma vida religiosa); Dimensão (que vai do pré-escolar até o ensino fundamental II, sempre oferecendo um bom ensino e muitas atividades esportivas); Nova Olinda (se destaca pela criatividade do seu espaço, sendo um lugar em que as crianças aprendem de forma lúdica, o que estimula o seu sentimento de pertencimento com a IE); Dom (um excelente colégio, tanto em termos de estrutura física quanto pedagógica); Santa Rosa (com boa avaliação); Instituto Educacional Irmão Souza (com excelente ensino e muito bem avaliado por conta disso); Carpe Diem (bem avaliada); Santa Emília (um colégio acolhedor e com excelentes profissionais); Integrado Cristão (cuja avaliação é razoável); Expositivo (considerado um excelente colégio); Universo (com avaliação razoável, mas que precisa melhorar sua administração); Espírito Santo Ltda. (uma boa escola); Luiza Cora (com avaliação razoável); Aprender Crescer (o espaço é limpo e conta com bons professores, mas falta uma biblioteca e um laboratório); Novo Horizonte (com boa didática, bons professores e uma coordenação que ouve os pais dos alunos).

Apesar de o olindense poder estudar nas várias IESs do Recife, a cidade também conta com algumas de boa qualidade e que atendem aos anseios de fornecer à sua população uma profissão promissora no mercado de trabalho. Esse é o caso do *campus* da IFPE em Olinda; da Faculdade de Medicina; da Faculdade de Ciências Humanas; das Faculdades Integradas Barros Mello (a partir de 2020 a IES foi credenciada como centro universitário), da Faculdade de Olinda, da Faculdade de Educação, Tecnologia e Turismo; do Instituto de Ensino Superior; da Faculdade Joaquim Nabuco, e de uma unidade do Uninassau.

No que se refere à **saúde**, o olindense tem à sua disposição alguns bons estabelecimentos focados na assistência e nos cuidados com a saúde, e inclusive, pela sua proximidade com a capital pernambucana, pode recorrer àqueles que existem nela.

Estão na cidade a Maternidade Brites de Albuquerque, que oferece um excelente atendimento às mulheres; o Hospital Esperança (com ótimo atendimento oferecido por médico, recepcionistas, técnicos e enfermeiros); o Hospital do Tricentenário (que precisa de mais médicos e enfermeiros para poder oferecer um serviço de qualidade de forma contínua, um problema que afeta muitos dos hospitais públicos) e a Comunidade Terapêutica (é um hospital psiquiátrico com boas instalações e bem limpo, cuja equipe responsável pelo atendimento dos pacientes é bem competente). Além disso há diversos outros centros médicos e serviços de pronto atendimento público em Olinda.

A rede privada da saúde também se faz presente na cidade, como o Hapvida (um serviço bem avaliado pelos que costumam recorrer a ele); Hospital Esperança (uma unidade da rede D'Or sob o comando do cardiologista José Breno); Hospital São Salvador (que atende boa parte dos planos de saúde, tem bons profissionais, mas cujos equipamentos são antigos, precisando também melhorar bastante nos quesitos higiene e limpeza); Materno Infantil 24 Horas (que oferece bom atendimento para mães e crianças).

Olinda é um município integrante do Grande Recife Consórcio de Transporte Metropolitano, uma empresa que fiscaliza o transporte público de ônibus na RMR. O município possui hoje em operação três terminais de ônibus integrados, todos com área coberta, lanchonete e sanitários. A boa notícia para os passageiros é que nesses terminais eles têm a possibilidade de trocar de linha sem pagar nova tarifa.

Além de sua beleza natural, Olinda é também um dos mais importantes centros culturais do Brasil. Em 1982, a cidade foi declarada pela Unesco como **patrimônio histórico e cultural da humanidade**. Olinda também foi eleita como **primeira capital brasileira da cultura**, em 2006. Aliás, essa foi também a primeira vez que o Brasil elegeu uma capital cultural! Esse projeto foi uma iniciativa da Organização Capital Brasileira da Cultura, com o apoio dos ministérios da Cultura e do Turismo, assim como da Unesco.

Infelizmente, embora o Mercado Eufrásio Barbosa, no bairro Varadouro, já tenha sido reformado, diversos equipamentos públicos em Olinda encontram-se num estado deplorável de conservação. Além disso, nos últimos anos os turistas que vêm visitar o centro histórico de Olinda têm reclamado da falta de segurança na região, salientando seu receio em perambular por lá no período noturno.

Um projeto que já vem sendo executado, mas cuja ampliação poderia ajudar bastante no desenvolvimento cultural da cidade de Olinda, é o que se refere aos acordos de **cidade-irmã**. Além de terem muito a oferecer, eles podem permitir a assimilação de boas práticas entre os cidadãos, especificamente no campo da cultura. Neste sentido, Olinda já firmou acordos de cooperação com as cidades de Colônia do Sacramento (no Uruguai) e Vila de Conde (em Portugal).

Olinda sempre revive o esplendor do seu passado durante o famoso Carnaval, que todos os anos atrai muitas centenas de milhares de visitantes. A festança acontece ao som do frevo, do maracatu e de outros ritmos originais de Pernambuco. Há também os **bonecos gigantes**, carregados por homens, verdadeiros atletas, que os carregam (pesando de 12 kg a 50 kg) nos ombros e equilibrados na cabeça por algumas horas.... São diversos os grupos, geralmente acompanhados de orquestras de frevo e/ou grupos de maracatu.

E por falar nos bonecos de Olinda, foi num final de tarde de quinta--feira, mais precisamente no dia 28 de fevereiro de 2019, que o bonecão Zé

Pereira, comemorou seu centésimo aniversário, rodeado de convidados como caiporas, caretas, caboclos de lança, passistas de frevo e papangus (pessoas mascaradas ou fantasiadas). A festança aconteceu durante o pré-Carnaval, na foz do rio Capibaribe e ao som de uma orquestra de frevo, e representou um dos grandes momentos do Carnaval pernambucano de 2019.

Zé Pereira chegou a Recife depois de mais de duas semanas de uma viagem que começou na sua "**cidade natal**", Belém de São Francisco, a 480 km da capital pernambucana. Ele veio acompanhado de Vitalina, sua fiel companheira, e foi recepcionado no centro do Recife por outros 25 bonecos gigantes, além de um bom público.

Vale lembrar que Zé Pereira foi o primeiro boneco gigante da cidade, e o pioneiro de uma longa linhagem de "**bonecões de Olinda**". Esse boneco centenário é fruto da imaginação de **Gumercindo Pires**, que se inspirou nas histórias do padre belga Norberto Phallampin, que celebrava missas em Belém do São Francisco. O religioso costumava contar ao povo sobre o hábito de se usar bonecos gigantes em seu país para atrair as pessoas para a igreja.

Mais interessado no Carnaval, Gumercindo Pires criou então seu próprio boneco, usando papel machê e madeira. Conta-se que Zé Pereira faz sucesso desde sua primeira aparição, mudando o cenário da folia. Gumercindo Pires logo achou que seu boneco precisava de uma companheira, e assim criou 10 anos depois a Vitalina. Eles se "casaram" em uma cerimônia organizada pela população, com direito a padre e comilança. Entretanto, em 2019, Zé Pereira e Vitalina chegaram ao centro da capital pernambucana em trajes especiais, nos tons da bandeira do Estado de Pernambuco. Estavam estilosos e mais leves: a estrutura agora é de fibra de vidro e argila. Sorte dos carregadores, estrelas anônimas do desfile e da festa.

Essa tradição dos bonecos gigantes iniciada em Belém de São Francisco ganhou as ladeiras de Olinda em fevereiro de 1931, quando foi confeccionado o "**bonecão**" **Homem da Meia-Noite** pelo pintor de paredes Luciano Anacleto de Queiroz e o marceneiro e entalhador Benedito Bernardino da Silva, com 3,5 m de altura.

A ideia surgiu do "conhecimento popular" de que todos os dias, exatamente à meia-noite, um homem muito bonito seguia a pé pela rua do Bonsucesso e fazia sempre o mesmo caminho. Depois de um certo tempo as moças da rua descobriram a rotina dele e passaram a esperar, escondidas atrás das janelas, para admirar o belo homem andar na rua!!! A fama desse costume foi se espalhando e virou uma brincadeira de Carnaval.

A partir daí um boneco gigante, bonito e elegante – usando terno, gravata e cartola – foi feito. Desde então, todos os anos as portas do clube carnavalesco de Alegoria e Crítica O Homem da Meia-Noite se abrem à meia-noite do domingo de Carnaval para dar passagem a ele, para percorrer o mesmo trajeto que fazia o "**homem da meia-noite**" da lenda (!!!), obviamente acompanhado por uma orquestra de metais. Vale lembrar que desde 2006 o Homem da Meia-Noite se tornou um patrimônio vivo de Pernambuco. De fato, ele é bem mais que um simples boneco, sendo considerado um calunga, ou seja, uma entidade sagrada do candomblé.

Em 1967, o carnavalesco Israel Pereira da Costa teve a ideia de criar uma companheira para o Homem da Meia-Noite, ou seja, a **Mulher do Dia**, uma boneca bem grande, bonita e fogosa. Em 1974, Ernane Lopes e Odival Olbino decidiram fundar uma troça carnavalesca. Eles então pediram a Julião das Máscaras que desenvolvesse um boneco para representar a troça. Surgiu então o **Menino da Tarde**. Este sempre cai no frevo na tarde do sábado de Carnaval, arrastando milhares de foliões até a noite, quando se recolhe!!!

Ainda na década de 1970, por sugestão de Dalma Soares e com a confecção pelo artista plástico olindense Sílvio Romero Botelho de Almeida, surgiu a **Menina da Tarde**. Daí em diante, ao longo da década de 1980 os bonecos gigantes no Carnaval se multiplicaram. E isso não aconteceu somente em Olinda, mas também em Recife e em outras cidades do Estado de Pernambuco.

Silvio Botelho conseguiu popularizar bastante o desfile dos bonecos gigantes, quando criou em 1987 o **Encontro dos Bonecos Gigantes**, no qual vários bonecos de diversos artistas se encontravam em um grande cortejo no sítio histórico de Olinda, sempre na terça-feira de Carnaval. No início de 2007, o empresário cultural Leandro Castro, juntamente com sua equipe de artistas, criaram uma **nova geração de bonecos gigantes**. O principal objetivo foi a construção e a materialização de grandes ícones da história e cultura brasileira, assim como de personalidades. Surgiram assim os "**bonecões**" de Maurício de Nassau, Ariano Suassuna, Roberto Carlos, Michael Jackson, David Bowie etc.

Essa nova geração de bonecos impressionou a todos pelo grande realismo das expressões faciais e figurinos. Eles alcançam 4 m de altura, pesam aproximadamente 20 kg e são confeccionados em fibra, após terem sido moldados em argila. Seus braços são de isopor para manterem a leveza de movimentos durante o desfile e não machucar os foliões que os acompanham, no cortejo.

Em 2009 foi realizado na segunda-feira de Carnaval a primeira **Apoteose dos Bonecos Gigantes em Olinda** com 30 bonecos, número que foi crescendo a cada ano e já chegou a 80. Atualmente esse desfile acontece também em Recife Antigo, saíndo do prédio da Embaixada de Bonecos Gigantes na rua do Bom Jesus Nº 183 (onde por sinal há atualmente um acervo de quase 400 bonecões) na terça-feira de Carnaval, à partir das 17 h.

Em 2020 a **apoteose** aconteceu pelo 12º ano consecutivo e contou com algumas novidades como do personagem Coringa, a ativista Greta Thunberg etc., desfilando nas ladeiras de Olinda no dia 24 de fevereiro com cerca de 100 bonecões. No dia seguinte esse desfile aconteceu em Recife, passando pelo Marco Zero e encerrando-se na praça do Arsenal.

No que se refere ao Encontro de Bonecos Gigantes deve-se citar que na sua 31ª edição em 2018 voltou nela a Mulher do Dia (também chamada de Monalisa de Olinda), que ficou 15 anos sem aparecer no desfile, após ter recebido uma grande restauração e embelezamento feito por Silvio Botelho (que ao longo de sua atividade profissional já criou mais de 1.340 bonecos gigantes).

De acordo com Israel Pereira, neto do fundador e atual presidente da agremiação Mulher do Dia, com o decorrer do tempo, chuva e sol, houve uma séria deterioração da boneca. Levou muitos anos para que ela fosse restaurada, mas isso ocorreu com o apoio da prefeitura de Olinda!!!

Na 33ª edição do Encontro de Bonecos Gigantes, que aconteceu em 25 de fevereiro de 2020 foram homenageados John Travolta, o carnavalesco Marcos Taramps e as troças carnavalescas mistas Cariri Olindense.

O Homem da Meia-Noite e a Mulher do Dia abriram o desfile, seguidos pelos outros 78 bonecos, entre os quais os de Selma do Cocô, do palhaço Chocolate, dos maestros Spock e Forró, bem como do presidente Jair Bolsonaro e do então ministro da Justiça, Sérgio Moro.

Esse cortejo de 80 bonecos, todos produzidos pelo carnavalesco Silvio Botelho, saiu na manhã de terça-feira do largo de Guadalupe e seguiu até a sede da prefeitura de Olinda, ao som das cinco orquestras de frevo, arrastando uma multidão de foliões. Note-se que o visitante de Olinda que quiser ver os muitos bonecos que já foram criados, pode acabar com a sua curiosidade indo a Casa dos Bonecos Gigantes e Mirins

É vital destacar que sem os **mestres do frevo**, não haveria o Carnaval em Olinda e Recife, pois são eles os propulsores da festa durante os quatro dias. O segredo para arrastar multidões é não parar de tocar um segundo sequer. Os atuais mestres do frevo, responsáveis por comandar orquestras com até 40 músicos e puxar, no chão, blocos tradicionais da folia, chegam a tocar **12 h seguidas**, numa maratona que exige preparo físico, disciplina e sensibilidade para encaixar a música certa na hora certa!!!

Esse é o caso, por exemplo, de Oséas Leão de Souza, ou simplesmente maestro Oséas, que comandou as melhores orquestras de Olinda como: Ceroula, Cariri, Elefante, Trinca de Ás, O Cimento, Boi da Macuca, John Travolta e o Se Não Quer, Tem quem Queira. Ele comentou: "Durante o Carnaval sem dúvida o sol atrapalha um pouco. É preciso tomar cerveja e passar pomada para a boca não estourar enquanto está se tocando.

No sábado de Carnaval é que acontece a maior prova de resistência, pois a 'guerra' começa às 12 h no Trinca de Ás, e depois pego o Ceroula, às 16 h, emendado em seguida com o John Travolta, que começou às 21 h, e de lá fui para o Cariri, o bloco mais antigo de Olinda, que começou às 3h 30 min da manhã de domingo e acabou às 18 h!!!"

E depois de não mais que 2 h de sono, o maestro Oséas já estava de pé no domingo para desfilar com a orquestra do bloco O Cimento, às 11 h, saindo da igreja de São Pedro, no centro do Recife. Uma rotina semelhante tiveram outros maestros, como Carlos Rodrigues da Silva (comandando o Homem da Meia-Noite, o maior ícone da folia de Olinda, e José Joaquim Mendes, responsável por segurar o frevo no desfile do bloco Pisando na Toca), que não permitiram de forma alguma que suas orquestras parassem de tocar.

No Carnaval de Olinda de 2020, estima-se que a cidade tenha recebido cerca de 2,8 milhões de visitantes, dos quais uns 200 mil vieram do exterior, 1,6 milhão de outros Estados do Brasil e 1 milhão da RMR e do resto de Pernambuco.

Com toda essa avalanche de pessoas em Olinda, uma cooperativa de catadores foi estruturada (mais de 200 pessoas) e um trabalho magnífico foi realizado: juntos eles recolheram praticamente todo o lixo descartado pelos turistas e ganharam em média R$ 900,00 cada um, pela venda de um total de 35 t de latinhas e cerca de 7,5 t de material plástico.

Como Olinda recebe tanta gente no seu Carnaval, não foi difícil para seus organizadores receberem apoio financeiro de empresas como a Uber (que relatou um total de 260 mil corridas e, com isso, a arrecadação de algo próximo de R$ 14 milhões durante o período); a Ambev (cujas estimativas de consumo foram de 4,6 latinhas de cerveja por visitante!?!?), a Red Bull etc., o que lhes permite cada vez mais melhorar o evento e contratar mais gente, mesmo que seja em caráter temporário...

Acredita-se que o renomado Carnaval de Olinda de 2020 tenha gerado algo próximo de 108 mil empregos diretos e indiretos.

Não se pode também esquecer que durante todo o ano, em especial no sítio histórico de Olinda, há eventos culturais, como feirinhas de artesanato, apresentações de *reggaes*, sambas, maracatus e afoxés (ou candomblés de rua).

Por exemplo, Manoel Salustiano, que no passado era cortador de cana-de-açúcar, foi um dos fundadores em 1977 do Piaba de Ouro, um maracatu que acabou se tornando um dos mais famosos do Estado de Pernambuco. O nome do grupo homenageia um rio que costumava ser tão limpo no passado que era possível observar em suas águas os cardumes desses peixes de boca pequena e dentes fortes.

Atualmente o maracatu conta com nada menos que 230 integrantes e, desse batalhão, 40 são filhos, primos, sobrinhos, netos e bisnetos do próprio Manoel Salustiano (que faleceu em 31 de agosto de 2008). Uma de suas filhas, a Imaculada, é hoje a dama do paço do Piaba de Ouro, uma personagem que aparece nos cortejo carregando uma boneca negra conhecida como "**calunga**" – a protetora espiritual da comitiva.

Imaculada explicou: "Começamos nossos preparativos para o Carnaval seis meses antes do evento. Pessoas de diferentes regiões do Estado, muitas delas da zona rural, deslocam-se para Olinda para trabalhar na produção e no próprio desfile do Maracatu Piaba de Ouro (cerca de 300 colaboradores). Essa tradição passou do meu avô para o meu pai, e dele para os filhos, e seguirá para os netos e bisnetos de forma que o maracatu irá continuar!!!"

Um festival que já atraiu muita gente em Olinda foi o Mimo Festival, que em 2018 ocorreu entre os dias 23 e 25 de novembro. Lu Araújo, sua idealizadora e produtora, explicou: "O Mimo Festival é hoje um dos mais conceituados festivais de música do Brasil, oferecendo *shows* gratuitos em praças públicas e igrejas nas cidades históricas, com artistas de países do eixo clássico, como EUA, Inglaterra e França, mas também de regiões culturalmente menos expostas no País, como Mali, Senegal, Israel, Mauritânia e Cuba. O público que compareceu nos três dias do evento superou 100 mil pessoas."

Também existem em Olinda muitos ambientes mais intimistas, como casas de festas, bares e restaurantes culturais, com noites literárias, gastronomia, música ao vivo etc. Circulam em meio a essas atividades crianças, jovens e adultos dos mais variados estilos.

Além disso, são **símbolos culturais** da cidade a **tapioca** (comida típica) e o farol de Olinda, no morro do Serapião.

Um evento religioso muito importante na cidade e que atrai muitos visitantes, especialmente da RMR, é a procissão dos Passos de Olinda, que é um cortejo religioso que representa o caminho de Jesus Cristo até o calvário. Durante o cortejo os fiéis visitam pequenas capelas, chamadas de **passos**, que foram construídas entre 1773 e 1809 no sítio histórico da cidade, e somente são abertos durante a procissão. Ao todo são cinco passos com os seguinte nomes: da Sé, do Amparo, dos 4 Cantos, da Ribeira e do Senhor Apresentado ao Povo.

É claro que todos os turistas que vem para Olinda precisam se hospedar e se alimentar.

Os visitantes têm à sua disposição em Olinda uma razoável rede hoteleira, com alguns hotéis confortáveis classificados como três estrelas. Vejamos alguns deles:

- **Irradiante** – No local é servida uma tapioca incrível para os hóspedes no café da manhã.
- **Colonial** – Um hotel simples e com excelente custo-benefício para os hóspedes. É limpo, bem organizado e tem boa localização.
- **Costeiro** – Hotel descontraído à beira-mar, localizado a 6 km do centro de convenções Chevrolet Hall e do *shopping* Tacaruna. Durante a sua estadia o hóspede pode desfrutar de um *buffet* de café da manhã e, além disso, do estacionamento e do *Wi-Fi* gratuitamente.
- **São Francisco** – Uma pousada despretensiosa, com restaurante e piscina externa. Está localizada a 2 min de caminhada da praia e a 4,5 km do Mirabilândia Parque de Diversões.
- **Status** – Dispõe de belos quartos e piscina coberta. O local é limpo e serve boa comida.
- **Pousada do Amparo** – Em estilo colonial português, o local dispõe de quartos decorados no estilo antigo, além de boa piscina, restaurante sofisticado e jardim. É um ótimo espaço para eventos com até 100 convidados para jantar, celebrar casamentos etc.).

Já para quem não se incomoda muito com luxo e sofisticação, Olinda conta também com alguns hotéis mais simples (com duas estrelas), pousadas e *hostels*. Nesse caso, entre as sugestões estão:

- **5 Sóis** – Um hotel de frente para o mar que oferece um farto café da manhã (praticamente um almoço).
- **Eco Olinda B&B** – Dispõe de quartos com ar-condicionado. Oferece serviço de *Wi-Fi*, estacionamento, e um incrível café da manhã gratuitamente para os hóspedes. Além disso, o local permite a presença de *pets*.
- **Cama e Café Casa de Campo Olinda** – O acesso ao local é um pouco complicado, mas o local dispõe de restaurante, piscina externa e permite animais de estimação. O café da manhã é excelente.
- **Mameluco** – Trata-se de um *hostel* localizado no centro histórico de Olinda. O local oferece *Wi-Fi* e café da manhã gratuitamente e permite animais de estimação.
- **Albergue de Olinda** – Localizado a 1 min de caminhada de um ponto de ônibus, esse *hostel* é bem despojado e dispões de piscinas interna e externa. Oferece *Wi-Fi* e café da manhã gratuitamente.
- **Da 13** – Esse *hostel* possui piscina externa e restaurante. O café da manhã e o serviço de *Wi-Fi* são gratuitos para os hóspedes.
- **Farol de Olinda** – Também oferece *Wi-Fi* e café da manhã gratuitamente para os hóspedes.
- **Dos Quatro Cantos** – Uma pousada repleta de antiguidades, numa mansão do século XIX. O local possui bar, piscina e bar/galeria de arte. Está localizada a 10 min de caminhada da praia.
- **Milagres de Olinda** – Fica a 700 m do centro histórico da cidade e nela o café da manhã, Wi-Fi e estacionamento são gratuitos.
- **Villa Olinda** – Uma pousada com ótimo atendimento e delicioso café da manhã, além de boa localização.
- **Alto Astral** – Pousada bem colorida e decorada com obras de arte e murais peculiares, que ocupa uma construção do século XVIII. Oferece translado do aeroporto e permite animais de estimação. Possui piscina externa e oferece *Wi-Fi* e café da manhã gratuitos para os hóspedes.
- **Flor de Olinda** – É uma ótima pousada, com bons quartos e um excelente café da manhã. Porém, o acesso até ela é complicado.

- **Encantos de Olinda** – Uma pousada com decoração *kitsch*, piscina externa e restaurante/bar rústico. Oferece *Wi-Fi* e café da manhã gratuitamente.
- **D'Olinda** – Uma pousada com ótima localização, dispõe de quartos agradáveis, boa piscina externa e bom atendimento. O café da manhã e o serviço de *Wi-Fi* são gratuitos para os hóspedes.

E também são várias as opções de alimentação e, naturalmente, a maior parte dos restaurantes se concentra na culinária nordestina. Entre eles destacam-se:

- *Casa de Tonho* – Oferece cozinha regional com especialidades nordestinas caseiras, servidas em espaço rústico e bem descontraído.
- *Beijupirá* – O local oferece uma vista linda, boa música e atendimento cortês, sendo, portanto, uma ótima opção para os turistas. Sua especialidade são os frutos do mar – filé de pescada com canela, lagosta, vôngoles, polvo etc. –, mas serve também comidas típicas da região.
- *Casa de Noca* – Cardápio variado de pratos fartos que podem ser divididos. O cardápio inclui pratos à base de carne, queijo coalho e outros acompanhamentos. A atmosfera é caseira. Há quem diga que o local serve a melhor mandioca/macaxeira do Brasil (!?!?), isso sem falar na carne de sol...
- *Oficina do Sabor* – É um aclamado e charmoso restaurante de comida nordestina de Olinda, como o gratinado de macaxeira com charque. A especialidade da casa são os frutos do mar na moranga, com molho de frutas!!! E enquanto saboreia a comida, o cliente desfruta de uma bela vista.
- *Bode do Nô* – Esse restaurante de ambiente simples atrai os clientes com seu rodízio de *pizza* e preços justos praticados. A casa também serve pratos nordestinos, acompanhados com favas, farofa de jerimum, cuscuz e vinagrete. Tem serviço de *delivery*.
- *Estrela do Mar* – Trata-se de um restaurante especializado em frutos do mar e pescados, sendo que duas boas pedidas são o arroz de polvo com salmão grelhado, ou então a lagosta *à thermidor*. O ambiente é bem familiar, com uma ampla varanda e linda vista para a praia.
- *Patuá Delícias do Mar* – A casa oferece culinária pernambucana. Sua decoração é repleta de itens de artistas populares, o que cria

um clima bem aconchegante. Os pratos são deliciosos e a carta de vinhos é razoável. O atendimento é ótimo, mas os preços um pouco salgados, mas vale a pena uma visita...

- *Muvuca Food Park* – É um ambiente bem legal e familiar, com uma boa variedade de *food trucks*, incluindo aqueles que vendem *pizza*, *sushi*, *temakis*, pastéis, hambúrgueres, espetinhos, cervejas artesanais, doces, açaí e várias outras coisas, inclusive artesanato. O clima é bem animado, com *rock* ao vivo, banheiros no local e inclusive espaço para crianças.
- *Espigão* – É um restaurante rústico e informal com vista para o mar e boa comida. No cardápio tem camarões, caranguejos, carne de sol etc. Os preços são justos, o ambiente é tranquilo e o local oferece música ao vivo, mas o atendimento aos clientes é um pouco demorado...
- *Naylê Bar & Comedoria* – A comida é bem gostosa e diferenciada, os preços dos pratos executivos são bem acessíveis, e os coquetéis são ótimos. É um gastrobar descontraído, com receitas regionais apuradas e chamativas, servidas ao som de dupla de música popular suave.
- *Pra Quem Gosta* – Oferece comida regional bem saborosa, com boa variedade no cardápio. É um local simples, mas excepcional e aconchegante, com bela vista, porém o acesso a ele não é muito fácil...
- *Sabor Mineiro* – É um restaurante espetacular, especializado em comida mineira (e muito saborosa), mas também serve um delicioso filé com molho de frutas vermelhas, de enlouquecer o paladar de qualquer um. Ele fica no sítio histórico e seu ambiente é intimista. O atendimento é exemplar.
- *Flor do Coco* – Esse bom restaurante fica numa pousada e, além de contar com um ambiente bem tranquilo à meia luz, oferecendo uma bela vista. Sua cozinha é contemporânea e utiliza desde ingredientes internacionais até os mais típicos. Seu menu inclui carnes, aves, massas e frutos do mar.
- *Creperia* – Um ambiente aconchegante e cozinha antiga, repleta de artesanato. Seu menu inclui lanches franceses e sucos naturais, além de *pizza* com massa bem fininha, assada no forno à lenha, que vale a pena ser provada.
- *Donna Massa* – Trata-se de um restaurante/*pizzaria* localizado no centro histórico (também chamado de Cidade Alta), no qual além

de deliciosos crepes, é possível pedir *pizza* com sabores variados, naturalmente com destaque para as clássicas de calabresa e muçarela, mas também diversas outras com massa fina e crocante e recheios especiais. Fica localizado na rua mais charmosa da antiga Olinda...

- *Trattoria Don Francesco* – Essa *trattoria* aconchegante, com pegada de bistrô, oferece um refinado menu com pratos do mediterrâneo, com massas incríveis. Uma boa pedida é o *ravioli* de carne com molho de manteiga e sálvia, que é delicioso. A casa conta com uma varanda aberta e confortável para os comensais.
- *Tribuna Sabores Ibéricos* – Esse restaurante possui um ambiente intimista informal. Sua especialidade é a cozinha portuguesa tradicional, servida *à la carte*. A carta de vinhos mescla opções leves e encorpadas. O cliente se sente como se estivesse em Portugal saboreando um incrível pastel de Belém!!!

A cidade também conta com bons lugares para turistas e olindenses fazerem suas compras, em especial no que se refere a vestuário. Entre os centros comerciais existentes, estão o Tacaruna, o Alameda do Sol, o Cris *Center*, a Galeria Santa Lúcia, nos quais alguns milhares de pessoas trabalham no atendimento diário de dezenas de milhares de clientes.

Deve-se destacar que o primeiro grande *shopping* de Olinda foi o Patteo Olinda, inaugurado em abril de 2018. Ele foi construído graças a uma parceria do grupo CM e a HBR Realty. Com um investimento de R$ 500 milhões, o Patteo Olinda teve mais de 1.000 trabalhadores atuando em suas obras.

A partir de sua inauguração ele passou a impulsionar bastante a economia local, pois permitiu a criação de 5 mil empregos diretos. Isso porque nele estão cerca de 450 lojas, pontos de gastronomia, lazer e serviços, além de cinemas, academia e uma universidade.

O prédio conta com sete pavimentos, o que inclui três pisos de garagem. No terceiro piso comercial, destinado ao lazer, há cinemas e praça de alimentação. Também há um terraço com vista para o oceano. A fachada ventilada aproveita as brisas marinhas, utilizando-se de um vão no corpo da edificação, o que reduz a temperatura interna e gera economia de energia no sistema de climatização de cerca de R$ 37 mil por dia!!! O átrio central atravessa todos os andares e tem no topo uma claraboia que fornece iluminação natural. No térreo existe um grande espaço livre, apropriado para a realização de eventos.

Henrique Borenstein, diretor da HBR Realty, explicou: "Nesse empreendimento os investimentos nos itens de sustentabilidade consumiram 8% do custo total de toda a obra. Em relação ao consumo de água e luz, conseguiu-se uma economia de 22% e 25%, respectivamente, em comparação com o que ocorre em projetos similares.

Aqui os equipamentos de ar-condicionado estão atrelados a três torres de resfriamento. A termoacumulação tem como objetivo reduzir as despesas com energia. O sistema utiliza tanques de água gelada, que armazenam a carga térmica de madrugada, quando o custo é mais baixo. São três tanques de 1,5 milhão de litros cada um. O conjunto, que conta com bombas de recirculação, custou US$ 11,7 milhões. Em relação aos custos de manutenção e conservação, a estimativa é de uma redução de 12%."

Já o diretor do grupo CM, José Luiz Muniz, complementou: "Sem dúvida, entre as muitas inovações tecnológicas que permitiram ao Patteo Olinda ganhar o prêmio Master Imobiliário de 2018, em sua 24ª edição, destaca-se o sistema de controle de ruídos, com redução de 50% do barulho (!!!), assim como o menor consumo de energia no sistema de ar-condicionado, que utiliza um *chiller* de última geração, ou seja, uma tecnologia de rolamento magnético que tem uma eficiência 20% superior aos modelos convencionais."

Você já imaginou a **visitabilidade** que o Patteo Olinda passou a gerar na cidade a partir de sua inauguração?

No âmbito **esportivo**, particularmente no futebol, Olinda possui um clube disputando o campeonato estadual: o Olinda Futebol Clube, que joga como mandante no estádio municipal Eugênio de Araújo. Mas a cidade também possui um clube de futebol de mesa: o Olinda Clube de Futebol de Mesa. Vale lembrar que essa prática é oriunda do jogo de botão, e que foi oficializada como esporte pela antiga Confederação Brasileira de Desportos (CBD), em 1988. A equipe foi fundada em 18 de junho de 2015, no bairro de Peixinhos e atualmente participa do Campeonato Pernambucano de Futebol de Mesa, nas modalidades **individual** e **por equipe**.

O time está presente também em competições de âmbito regional e nacional, nas modalidades 12 Toques e Dadinho. O clube tem como sede a arena Armandinho, local usado para o treinamento da equipe e a realização de competições de pequeno porte, localizado no edifício empresarial *Pessoa de Melo*, no centro do Recife. E existe ainda uma outra sede no bairro de Campo Grande, de uso **exclusivo** das crianças da escolinha de **futmesa** do clube.

É preciso enfatizar que Olinda é um lugar que atrai bastante **os turistas** que desejam encontrar animação em qualquer mês do ano. Considerada ao mesmo tempo sagrada e profana, Olinda é a cidade da religião e do Carnaval. Os campanários e as torres de suas igrejas centenárias apontam para o céu, criando uma bela silhueta para quem admira a cidade de longe. Já para quem a vê de perto, ao pisar em suas ruas de paralelepípedo é possível sentir a agitação do frevo e dos tambores do maracatu, que animam o Carnaval de rua olindense.

As fachadas multicoloridas dos casarios dos séculos XVIII e XIX enchem os olhos de quem sobe e desce as ladeiras dessa encantadora cidade pernambucana, e fazem com que o visitante tenha a certeza de que Olinda está sempre em festa, em qualquer época do ano...

Diariamente o badalar dos sinos das igrejas faz lembrar que a cidade também **reza**!!! Além da beleza dos seu templos e da folia, Olinda oferece muitas opções para quem for conhecê-la. Em três a cinco dias é possível desfrutar das principais atrações: das igrejas, dos museus, dos restaurantes, dos botecos e da praia.

Um exemplo disso é a *Bodega do Veio*, que tem um aspecto bem boêmio, com balança sobre o balcão, garrafas de cachaça nas prateleiras, condimentos, enlatados, doces, baleiro, manteiga de garrafa e salgados típicos. Trata-se de um botecão das antigas, porém muito frequentado por conta da cerveja gelada e dos petiscos que os visitantes têm a oportunidade de consumir...

Cerca de três meses antes da data oficial do Carnaval, os olindenses e os muitos visitantes podem ir para as ruas nas noites de sexta-feira, sábado e domingo para ensaiar as marchinhas que serão cantadas nos dias da folia. São as chamadas "**prévias do Carnaval**". Basta a pessoa colocar um sapato confortável, roupas leves, separar uma garrafa de água e sair pulando pelas ruas de paralelepípedo ao som das marchinhas tocadas pelas bandas de rua, que se espalham pelo centro histórico da cidade.

Especialmente os visitantes aprendem que no Carnaval devem se fantasiar, podem usar pistolas de água para molhar os outros transeuntes, se divertir e precisam principalmente chamar atenção para si, desenvolvendo brincadeiras, danças provocativas, pois isso pode atrair muitas parceiras para namoro!?!?

As praias de Del Chifre, dos Milagres, do Carmo, São Francisco e Janga são as mais próximas do centro de Olinda, porém, infelizmente encontram-se nos dias de hoje **impróprias para banho**. Mesmo assim, os amantes das belas praias podem viajar "apenas" 40 km de Olinda para chegar a um dos paraísos pernambucanos: a ilha de Itamaracá, onde as águas são limpas e esverdeadas, as areias são brancas e há muitas centenas de cajueiros e mangueiras, bem perto delas...

Um lugar incrível para se ter uma visão panorâmica fantástica é o farol de Olinda, que foi construído e inaugurado em 18 de novembro de 1872, a apenas 2 km do centro da cidade. Em 7 de setembro de 1941 foi inaugurado o novo farol, com uma torre de concreto com 42 m de altura, no alto do morro do Serapião. Ele é visível de quase 20 km de distância, sendo um dos locais mais interessantes da cidade. Claro que há muito mais para se ver e fazer em Olinda, mas isso será descoberto pelo(a) caro(a) leitor(a) desse livro quando ele(ela) visitar essa encantadora cidade brasileira!!!

Infelizmente vou terminar a descrição dessas **duas cidades encantadoras** com um relato devastador, ou seja, citando a desgraça provocada pela pandemia do novo coronavirus no Estado de Pernambuco.

Até o dia 15 de agosto de 2020 havia no Estado cerca de 112 mil infectados (certamente um número drasticamente subestimado) e o registro de mais de 7.100 óbitos provocados pela *Covid-19*. Aproximadamente 47% de todos esses casos aconteceram na RMR.

Entre as diversas medidas que foram tomadas para impedir a propagação da *Covid-19*, de 16 de maio até o dia 31, a Grande Recife ficou em quarentena sob duras regras para garantir um maior isolamento social. Adotou-se inclusive um rodízio de veículos que impôs a circulação de metade de sua frota, pois num dia ímpar rodavam apenas os veículos com final ímpar e nos outros dias aqueles com chapa com final par e o zero!!!

Houve quem achasse que essa foi uma péssima decisão das autoridades governamentais, que foram de alguma forma "convencidas" pelos empresários de transportes públicos pois dessa forma, os moradores precisaram deixar seus veículos em casa e andar principalmente de ônibus e metrô, e obviamente ambos os serviços ficaram lotados. Sem dúvida, tais aglomerações aumentaram ainda mais a probabilidade de contágio pelo vírus!!!

Salvador

O icônico elevador Lacerda, em Salvador!!!

PREÂMBULO

Salvador é a capital do Estado da Bahia, mas hoje é mais conhecida como a **capital da alegria**. Os motivos para isso são vários: a cidade é o lar de um povo acolhedor, de sotaque contagiante; abriga praias maravilhosas; é o berço de muita música boa; oferece um Carnaval espetacular e está repleta de vários belos monumentos turísticos – seus "**tesouros**".

Mas se você, caro (a) leitor (a), ainda não sabe exatamente o que fazer quando for a Salvador, veja aqui algumas sugestões que tornarão sua estada inolvidável.

1ª) Visitar algumas de suas igrejas históricas – reza a lenda que Salvador tem 365 delas, ou seja, uma para cada dia do ano!!!

2ª) Caminhar pelas suas muitas ladeiras e admirar a arquitetura barroca, que chama muito a atenção não apenas pela beleza, mas pelo colorido de seus prédios.

3ª) Experimentar a comida tradicional, como é o caso do **acarajé**, que pode ser adquirido nas muitas barracas espalhadas pela cidade. Ou então provar a deliciosa **moqueca baiana**, o prato mais demandado pelos turistas. Aliás, também vale muito a pena comer um **vatapá** ou até mesmo o **sopão baiano**.

4ª) Assistir uma apresentação da banda **Olodum**, uma das mais famosas do País – e também conhecida no exterior –, e um verdadeiro marco da cultura soteropolitana.

5ª) Percorrer o **Pelourinho**, um dos bairros mais antigos da cidade, considerado **patrimônio da humanidade desde 1985**.

6ª) Entrar no **elevador Lacerda**, com cerca de 72 m de altura, o primeiro elevador urbano do mundo.

7ª) Fazer algumas comprinhas no **Mercado Modelo**, sem deixar de comer algo em um de seus ótimos restaurantes.

8ª) Maravilhar-se com o pôr-do-sol no **farol da Barra**, uma edificação com 22 m de altura, construída em 1839.

9ª) Nadar numa de suas diversas **praias de águas mornas e calmas**, como a famosa Itapuã, a da Barra, a do Flamengo etc.

10ª) Conhecer o *Solar do Unhão*, construído no século XVII, que abriga o **Museu de Arte Moderna da Bahia**. A casa reúne mais de 2.000 obras de pintores brasileiros, como Di Cavalcanti, Cândido Portinari, Tarsila do Amaral etc.

A HISTÓRIA DE SALVADOR

O município de Salvador ocupa uma área de 692,82 km² e, conforme estimativas do início de 2020, viviam na cidade cerca de 3,03 milhões de pessoas, o que a tornava a cidade mais populosa não apenas da Bahia, mas de todo o nordeste do País, e a 3ª maior do Brasil (é fato que desde 2016 a cidade de Brasília a ultrapassou, mas trata-se do Distrito Federal, não de um município).

Salvador é o núcleo central da região metropolitana de Salvador (RMS), conhecida como Grande Salvador, composta ainda por doze municípios: Camaçari, Dias d'Ávila, Mata de São João, Pojuca, São Sebastião da Possé, Lauro de Freitas, Simões Filho, Candeias, Madre de Deus, Itaparica, Vera Cruz e São Francisco do Conde, lembrando que essas últimas sete fazem limite com a capital do Estado. No início de 2020 a RMS contava com cerca de 4,1 milhões de habitantes, o que corresponde à sétima área metropolitana mais populosa do Brasil – e uma das 120 maiores do mundo.

Por conta da crença seguida pelos colonizadores católicos do império português – o **cristianismo** –, a cidade foi fundada com o nome de Cidade do Salvador, numa homenagem a Jesus Cristo, o Salvador. Ela também chegou a ser chamada no passado de "**Bahia**", ou "**cidade da Bahia**". Outros epítetos da cidade foram "**Roma negra**" e "**Meca da negritude**", por se tratar de uma metrópole com uma elevada percentagem de negros. Aliás, no início de 2020, 80,1% da população de Salvador se declarava parda ou negra.

Os locais são chamados de **soteropolitanos**, um gentílico criado pela helenização do nome da cidade, ou seja, **Soterópolis** (cujo significado é "Cidade do Salvador"). Alternativamente, há também o gentílico "**salvadorense**", que entretanto encontra-se em desuso. O lema da cidade é *Sic illa ad arcam reversa est*, que quer dizer: "**Assim ela voltou à arca.**"

Acredita-se que por volta do ano 1000 os índios tapuias que habitavam a região tenham sido expulsos para o interior do continente por causa da chegada na região de povos tupis procedentes da Amazônia. Então, no século XVI, quando os primeiros europeus desembarcaram ali, depararam-se com um desses povos tupis: os tupinambás.

A presença de europeus na região data desde pelo menos o naufrágio de um navio francês em 1510, de cuja tripulação fazia parte Diogo Álvares, o famoso Caramuru. Aliás, Diogo Álvares acabou se tornando um morador da região, juntamente com sua esposa Catarina Paraguaçu, sendo que em

1534 foi fundada na região uma capela em louvor a Nossa Senhora da Graça.

Um ano mais tarde, em 1535, chegou à região o primeiro donatário português, Francisco Pereira Coutinho, que recebeu a capitania diretamente das mãos do rei de Portugal, dom João III, após a instauração do sistema de capitanias hereditárias no País. Coutinho fundou ali o arraial do Pereira, que ficava nas imediações do que é hoje chamada de ladeira da Barra. Doze anos depois da fundação da cidade esse arraial passaria a se chamar Vila Velha.

Os índios não gostavam de Pereira Coutinho por causa de sua crueldade e sua arrogância no trato com eles. Isso levou a diversas revoltas indígenas no período em que ele permaneceu na Vila Velha. Uma delas inclusive o levou a refugiar-se em Porto Seguro, juntamente com Diogo Alvares.

Quando tentou retornar, já na baía de Todos-os-Santos, seu barco ficou à deriva por causa de uma forte tormenta, o que acabou levando-o para a praia de Itaparica. Segundo a história, ele foi feito prisioneiro e posteriormente morto, retalhado e servido numa festa antropofágica!?!? O Caramuru, entretanto, foi libertado pelos indígenas.

Somente em 29 de março de 1549 é que chegou à Barra, pela ponta do Padrão, Tomé de Sousa, um militar e político português designado como governador-geral. Ele veio acompanhado de uma comitiva distribuída por seis embarcações: três naus, duas caravelas e um bergantim. Suas ordens, conferidas pelo rei de Portugal, eram fundar uma cidade-fortaleza chamada São Salvador. E foi assim que Salvador nasceu, como cidade e capital, sem jamais ter sido uma província!?!?

Todos os donatários das capitanias hereditárias ficaram submetidos à autoridade do primeiro governador-geral do Brasil, Tomé de Sousa. Aliás, o **marco da fundação da cidade** – uma coluna de 6 m de altura feita em pedra de lioz – fica na praia do Porto da Barra, exatamente no local de desembarque da comitiva de Tomé de Sousa. Esse monumento foi erguido por iniciativa da comunidade portuguesa da Bahia, em 1952, e restaurado em 2013.

Com o governador-geral Tomé de Sousa vieram no total mais de mil pessoas, das quais cerca de 320 foram nomeadas e que recebiam salários. Entre elas estavam o primeiro médico nomeado para trabalhar no Brasil, por um período de três anos, o doutor Jorge Valadares; o farmacêutico Diogo Castro, 600 militares, degredados e alguns fidalgos, além dos primeiros padres jesuítas, como Manoel de Nóbrega, João Aspilcueta Navarro e Leonardo Nunes, entre outros. Vale lembrar que as mulheres eram poucas, o que fez com que mais tarde os portugueses radicados no País solicitassem ao rei de Portugal que lhes enviasse pessoas do sexo feminino que pudessem se tornar suas noivas...

Por ocasião da comemoração de 450 anos de existência da cidade, o historiador Cid Teixeira comparou o empreendimento de construção da primeira capital do Brasil no século XVI com a construção de Brasília, no século XX. As duas cidades surgiram de uma decisão política de ocupação do território, e ambas, cada qual em seu tempo, trouxeram inovações urbanísticas.

Foi através de seu porto que Salvador se articulou com o mundo, e por causa disso, desde o seu primeiro instante, foi cosmopolita. Em relação a isso, o escritor Antonio Risério fez uma análise precisa ao dizer: "A cidade já surgiu estruturada. Salvador não nasceu de um passado, mas de um projeto de futuro que era o de construir o Brasil!!!

A cidade seguiu o modelo de urbanização adotado em várias cidades costeiras portuguesas – como Lisboa e Porto – ou até mesmo do Rio de Janeiro ou de Luanda (fundada na segunda metade do século XVI, em Angola), que incorporavam as características do meio físico ao desenho urbano.

Entre essas características estavam: a escolha de sítios elevados para a implantação dos núcleos defensivos; a estruturação da cidade em dois níveis; a cuidadosa adaptação do traçado das ruas às características topográficas locais; um perímetro de muralhas que não acompanhava o tecido construído, mas se adaptava às outras condições do território e uma concepção de espaço urbano nos edifícios localizados em posições dominantes.

Nas cidades portuguesas, os edifícios públicos, civis ou religiosos ficavam localizados em pontos proeminentes do território e associados a uma arquitetura mais cuidada, que os destacava na malha urbana, e tinham um papel estruturante fundamental na organização da cidade. Assim o núcleo urbano primitivo na primeira capital brasileira foi construído no cume de um monte, e a organização da cidade se deu em dois níveis: na **Cidade Alta** ficaram as sedes do poder civil e religioso, e na **Cidade Baixa**, desenvolveram as atividades marítimas e comerciais."

Nas instruções dadas em 1548 por dom João III a Tomé de Sousa, estavam claramente expressas as preocupações da coroa portuguesa com a regularidade do traçado da nova cidade. Salvador, portanto, foi uma cidade planejada, e o seu traçado por um lado foi adaptado à topografia local e, por outro, a um perímetro de fortificações de forma trapezoidal.

Já no seu interior, Salvador foi montada em quarteirões retangulares, com o que resultou uma malha regular, mas não perfeitamente ortogonal. Na cidade inicialmente delineada por Luís Dias, havia dois conjuntos de quarteirões retangulares, de diferentes proporções, sendo que um deles tinha uma estrutura idêntica aos encontrados em cidades medievais.

Mas os quarteirões do outro conjunto tinham uma forma mais quadrada, e cada um deles era composto por lotes dispostos costas-com-costas, ou fazendo frente para às quatro faces do quarteirão. Essa estrutura era idêntica àquela do bairro Alto de Lisboa ou da cidade de Angra do Heroísmo, ambos contemporâneos da fundação de Salvador.

Após Tomé de Sousa foi a vez de Duarte da Costa assumir como governador-geral do Brasil. Ele chegou ao País em 13 de julho de 1553, trazendo consigo 260 pessoas (entre elas seu filho Álvaro), jesuítas (como José de Anchieta), e dezenas de órfãs, que serviriam de esposas para os colonos. Depois dele veio Mem de Sá, que governou até 1572, realizando uma profícua administração.

Uma nova muralha, desenhada em 1605, envolveu uma área que correspondia a três ou quatro vezes o tamanho original da cidade. No centro da nova expansão urbana, desenvolvido ao longo da segunda metade do século XVI, ficavam o Colégio dos Jesuítas e o Terreiro de Jesus. O traçado dessa nova área de expansão da cidade foi mais ortogonal e regular do que o núcleo original. A estrutura de loteamento dos quarteirões também se revelou igualmente regular, idêntica em estrutura e dimensões àquela do bairro Alto. O Terreiro de Jesus foi concebido desde o início como uma praça regular e, sem dúvida, foi um elemento gerador da malha urbana circundante. Foi uma concepção radicalmente diferente – e **moderna** – de espaço urbano e da estruturação urbana.

A cidade foi invadida pelos neerlandeses no período de 1624 a 1625, e então novamente em 1638. O açúcar, no século XVII, assim como havia sido no século anterior, foi o produto mais exportado pela América portuguesa, e a Bahia era a segunda maior capitania produtora de açúcar no Brasil, atrás somente de Pernambuco. Na época os limites da cidade iam da freguesia de Santo Antônio Além do Carmo até a freguesia de São Pedro Velho.

A cidade de Salvador foi capital e sede da administração colonial do Brasil até 1763. Em 1798 ocorreu a revolta dos Alfaiates, na qual estavam envolvidos homens do povo, como Lucas Dantas, João de Deus e também intelectuais da elite, como Cipriano Barata e outros profissionais liberais.

Em 1809, Marcos de Noronha e Brito, o conde de Arcos, iniciou a sua administração. Em 1812 ele inaugurou o Teatro São João, onde mais tarde Xisto Bahia cantaria suas chulas e seus lundus, e Castro Alves inflamaria a plateia com seus maravilhosos poemas líricos e abolicionistas.

Ainda no governo do conde de Arcos, ocorreram os grandes deslizamentos nas ladeiras da Gameleira, Misericórdia e Montanha. No século XIX, no **período imperial**, diversas alterações sociais provocaram uma mudança da elite do Pelourinho para Vitória, porém, casarões dessa época ainda persistem no corredor da Vitória, a despeito da especulação imobiliária.

Em 1835 ocorreu a revolta dos escravos muçulmanos, conhecida como **revolta dos Malês**. Durante o século XIX, Salvador continuou a influenciar a política nacional, tendo emplacado diversos ministros de gabinete do segundo reinado, tais como: José Antônio Saraiva, José Maria da Silva Paranhos (o visconde de Rio Branco), Sousa Dantas e Zacarias de Góis.

Com a proclamação da República e a crise nas exportações de açúcar, a influência econômica e política de Salvador no cenário nacional decresceu bastante. Em 1912 ocorreu o bombardeio da cidade, provocado por disputas entre as lideranças oligárquicas na sucessão do governo. Na ocasião foram destruídos o arquivo e a biblioteca da cidade, o que levou à perda irremediável de importantes documentos históricos da região.

Na virada entre os séculos XIX e XX, as influências das intervenções urbanísticas ocorridas em Paris, feitas pelo barão Haussmann, acabaram chegando à cidade. Assim, em 1915 foi inaugurada a avenida Sete de Setembro, construída a partir de algumas demolições. Essa nova avenida foi a maior da cidade na época, com mais de 4 km de extensão, e seguia desde o centro até a Barra.

Da mesma forma, a organização urbano-financeira do centro de Londres e de Wall Street, em Nova York, também marcaram sua influência em Salvador. De fato, após vários aterros sobre a baía de Todos-os-Santos, o bairro do Comércio surgiu em 1920, com a tarefa de concentrar as atividades financeiras da cidade. O local abrigou as sedes de agências de exportação e câmbio, além de instituições bancárias e financeiras.

Durante a década de 1960 o **processo de industrialização** na RMS atraiu para a cidade muita gente do interior do Estado, o que intensificou muito a formação das periferias da capital baiana. Some-se a isso a venda de terras públicas do município, especialmente em 1968, o que fez com que os terrenos do centro da cidade e da orla atlântica se tornassem bem mais caros. Isso, por sua vez, empurrou os mais pobres para regiões ainda mais distantes, e também para enclaves no entorno do centro comercial.

Porém, a partir da década de 1970, as atividades econômicas de comércio varejista passaram a agrupar-se em centros comerciais. Desse modo, muitos *shopping centers* surgiram na cidade, para abrigar não apenas restaurantes e locais destinados ao entretenimento, mas especialmente um conjunto de estabelecimentos comerciais de varejo de diferentes bens.

Atualmente o município de Salvador está restrito à península da entrada da baía de Todos-os-Santos, que entretanto corresponde a apenas um terço da área que ele possuía no início da década de 1950. O fato é que muitos distritos que o compunham ainda não haviam sido emancipados, algo que começou a ocorrer a partir de 1958. Assim, em 1961 os distritos de Candeias e Água Comprida (hoje Simões Filho) se tornaram municípios, assim como Santo Amaro de Ipitanga (hoje Lauro de Freitas), em 1962, e Madre de Deus, em 1989. Desse modo, a atual área do município é de 692,2 km^2, dos quais apenas cerca de 343 km^2 são de **território emerso, ou seja, seco**. Essa é a porção continental da cidade, uma península em formato triangular banhada a oeste, ao sul e ao leste pelo mar, e limitada ao norte pelos municípios de Lauro de Freitas e Simões Filho. Os outros quase 350 km^2 do município pertencem a baía de Todos-os-Santos e constituem **território submerso**, em meio do qual encontram-se várias ilhas e ilhotas, como as de Maré, dos Frades, de Bom Jesus dos Passos, de Santo Antônio dos Santos, dos Coqueiros etc., que juntas somam 30 km^2.

O relevo de Salvador é acidentado e cortado por vales profundos. Ele conta com uma estreita faixa de planícies, que em alguns locais se alargam. A cidade está 8 m acima do nível do mar. Uma característica particularmente notável é a escarpa que divide Salvador em duas partes: a **Cidade Baixa**, na porção noroeste e a 85 m abaixo da segunda, que é a **Cidade Alta**, maior e mais recente que a primeira, que corresponde ao restante da cidade. O elevador Lacerda – que como já mencionado não só foi **o primeiro instalado no Brasil**, mas também o **primeiro elevador urbano do mundo** – tem conectado ambas as partes desde 1.873, já tendo sofrido diversos melhoramentos de lá para cá.

A baía de Todos-os-Santos recebeu esse nome por ter sido descoberta pelos portugueses no dia de Todos-os-Santos. Ela forma um porto natural, o que permitiu que Salvador se transformasse num dos principais portos de exportação do País. A cidade, afinal, encontra-se no centro do Recôncavo Baiano, uma rica região agrícola e industrial, que engloba a porção norte do litoral do Estado da Bahia.

O município de Salvador possui dez regiões hidrográficas delimitadas, sendo as mais expressivas aquelas dos rios Camarajipe, com 14 km, e do Jaguaribe (ou Trobogi), com 15,2 km. Ambos atravessarem muitos bairros de Salvador e estão bastante poluídos. Por outro lado, o rio do Cobre, que termina na baía de Todos-os-Santos, é o único que ainda abriga vida em suas águas.

E por falar de água, a que abastece a capital baiana vem da barragem de Pedra do Cavalo, no rio Paraguaçu, e dos rios Joanes e Ipitanga, localizados na RMS. Salvador possui praias famosas, como as de Itapuã, dos Artistas e do Porto da Barra. Essas praias atraem tanto os soteropolitanos como os turistas, principalmente por conta da temperatura agradável de suas águas. Algumas praias chegaram a abrigar em suas areias restaurantes típicos (grandes barracas), porém eles tiveram de ser retirados com base no artigo 225 da Constituição brasileira. Mas isso não impede que os banhistas se deliciem com os acarajés vendidos nos tabuleiros das baianas, nas proximidades dessas praias!!!

Como parte dos preparativos para sediar partidas da Copa do Mundo de Futebol, realizada no País em 2014, a orla de Salvador ganhou uma extensa faixa de ciclovia. Aliás, ao concluir o seu plano de expansão em 2016, havia na cidade cerca de 200 km de ciclovias, ciclorrotas e ciclofaixas.

Ao longo da orla marítima de Salvador há muitos coqueiros, com destaque para existentes nas praias do Jardim de Alá e de Piatã. Também decoram a orla plantas rasteiras como o capim-da-areia e a grama-da-praia. Na cidade tem-se também importantes áreas de dunas, como é o caso da Bolandeira (no bairro de Costa Azul) e de Armação, além daquelas localizados no parque metropolitano do Abaeté. Todas são reconhecidas como áreas de valor cultural e ambiental pelo Plano Diretor de Desenvolvimento Urbano (PDDU) de Salvador, conforme a lei Nº 8.167, de 2012.

Vale ressaltar que somente no nordeste soteropolitano são 6 milhões de m^2 de dunas, que se estendem desde Itapuã até a praia do Flamengo. E com o intuito de preservar o ecossistema de dunas, lagoas e restingas da APA Lagoas e dunas do Abaeté, foi criada uma organização de sociedade civil e interesse público (OSCIP), denominada Unidunas.

Em 2008, uma área dentro dessa APA foi declarada de interesse público, para permitir a implementação do parque das Dunas. Então, no fim de 2013, esse parque foi reconhecido pela Unesco como posto avançado da reserva da biosfera da mata atlântica. Entretanto, a Unidunas, responsável por administrar o parque, tem alertado reiteradamente para a degradação de todo o ecossistema, sobretudo em razão da retirada da vegetação de restinga.

O PDDU ainda estabeleceu ainda o Sistema de Áreas de Valor Cultural e Ambiental de Salvador, abrangendo quatro APAs (Joanes-Ipitanga, bacia do Cobre-São Bartolomeu, baía de Todos-os-Santos e as lagoas e dunas do Abaeté) e doze áreas de proteção de recursos naturais.

Um dos últimos remanescentes da mata atlântica do município situa-se no bairro do Cabula. Trata se da mata do Cascão, uma área que pertence à União, mais precisamente ao Exército brasileiro. Ela está situada nos fundos do quartel do 19º Batalhão de Caçadores e é cercada por muros. A área abrange a antiga fazenda Cascão, com 137 ha, e faz divisa com a avenida Luís Viana.

As trilhas, que antes eram percorridas somente pelos soldados em treinamento, agora podem ser utilizadas por visitantes e pesquisadores. Todavia, o acesso é controlado e depende da autorização do 19º Batalhão de Caçadores. Apesar da existência no local de espécies exóticas (como jaqueiras e mangueiras), a mata encontra-se em processo de regeneração. Assim, o visitante poderá encontrar espécies nativas, como pau-pombo, matataúba, pau-paraíba, janaúba, ingá, jenipapeiro, sucupira e pindaíba.

A densa vegetação protege as nascentes do rio Cascão, que alimenta um reservatório de 4.400 m^2 de espelho de água, construído entre 1905 e 1907 pelo engenheiro Teodoro Sampaio. Lamentavelmente, esse corpo d'água que antes era límpido acabou sendo contaminado nos últimos anos pelo lançamento de esgotos diretamente no rio Cascão (ou rio das Pedras), o que inclusive levou à proibição da pesca e do banho no rio. Esses dejetos são oriundos de condomínios residenciais e também de invasões instaladas nas vizinhanças.

No que se refere ao **clima**, o de Salvador é quente e úmido, típico de **floresta tropical**. A temperatura média fica em torno dos 25°C e se mantêm relativamente constante ao longo do ano, podendo, entretanto, ultrapassar os 30°C no verão e ficar abaixo dos 20°C no inverno. A menor temperatura registrada na capital baiana foi de 17,5°C, em 25 de julho de 2008, enquanto a mais elevada atingiu 37°C, em 8 de março de 1933. As precipitações são abundantes durante o ano todo, não havendo estação seca discernível.

O índice pluviométrico é superior a 1.800 mm, concentrados entre os meses de abril e julho. O maior nível acumulado de precipitação em 24 h foi de 232,5 mm, em 21 de abril de 1996.

Salvador é o centro da cultura afro-brasileira e a cidade com o **maior número de descendentes de africanos no mundo** – seguida por Nova York nos EUA –, majoritariamente de origem iorubá, vindos da Nigéria, Togo, Benin e Gana. Um estudo genético realizado em 2018 sobre a população de Salvador confirmou que a maior contribuição genética da cidade é africana (49,2%), seguida pela europeia (36,3%) e indígena (14,5%). Dito isso, segundo estimativas do início de 2020, e conforme já mencionado, a maior parte da população soteropolitana é de pardos (51,8%) e negros (28,3%). O restante é composto de brancos (18,6%), amarelos (1%) e indígenas (0,3%).

Esse mesmo estudo também concluiu que indivíduos com sobrenomes de conotação religiosa tendem a ter maior ancestralidade africana (54,9%) e a pertencer a classes sociais menos favorecidas. E por falar em religião, Salvador é famosa por possuir mais de **365 igrejas católicas**, uma para cada dia do ano, e por demonstrar grande sincretismo religioso, pois na cidade o **catolicismo** convive lado a lado com o **candomblé**!!! O arcebispo da arquidiocese de São Salvador da Bahia recebe o título de **primaz do Brasil**.

Embora a população católica entre os soteropolitanos ainda seja preponderante (57% do total), o número de seguidores diminuiu muito. Em contrapartida, a quantidade de evangélicos cresceu bastante (hoje é de 19,2%) no município. Também é bem significativo o número daqueles que se dizem sem religião (18,1%), havendo ainda 2,6% dos moradores voltados para o espiritismo e os restantes para outras crenças.

Apesar de ser a capital mais rica do nordeste do País, a cidade de Salvador sofre com diversos problemas. Além da grande desigualdade social, o município sofre bastante com o crescimento desordenado, o que inclusive tem provocado a **favelização** – hoje há mais de 100 favelas no município. A cidade também enfrenta outros problemas sérios, como violência, desemprego, precariedade na saúde, desrespeito ao meio ambiente, turismo sexual, iluminação pública deficiente etc.

O IDH de Salvador é levemente maior que da média do Brasil, sendo que em alguns bairros da cidade pode até alcançar níveis tão bons quanto àqueles de alguns países europeus. Por exemplo, de acordo com o PNUD, o IDH-M do bairro do Itaigara é nada menos que 0,971, e portanto um dos melhores do País. Em bairros como Iguatemi, Pituba e Parque Nossa Senhora da Cruz, esse índice chega a 0,965, que só se observa em países líderes nesse quesito, como a Noruega. Por outro lado, em outros bairros de Salvador, como Areia Branca, Coutos, Itapuã, Felicidade etc., esse índice cai para valores próximos de 0,661, sendo menor que em países da África, como Guiné Equatorial, Gana, África do Sul etc.

Existem sérios problemas de **habitabilidade** em Salvador, o que infelizmente faz com que a paisagem urbana da capital baiana provoque ao mesmo tempo deslumbramento e perplexidade. Dados recentes mostram que algo próximo de 33% da população local vive nos chamados **aglomerados subnormais** (as favelas), concentrados nas regiões do Subúrbio Ferroviário (constituída por 22 bairros) e do Miolo (formada por 41 bairros).

Apesar disso, existem na cidade alguns bairros – como o Horto Florestal e Vitória – repletos de edifícios grandes e vistosos, onde o m^2 do apartamento custa no mínimo R$ 13.000!?!? Infelizmente, portanto, na paisagem urbana de Salvador pode-se ficar deslumbrado com certas moradias, e ficar muito triste ao observar centenas de milhares de barracos, nos quais vivem e dormem tantos soteropolitanos!?!?

Em tempo, em 1º de setembro de 2020, o prefeito de Salvado, Antonio Carlos Peixoto de Magalhães Neto, assinou um decreto, criando mais sete novos bairros, com o que a cidade passou a ter 170 bairros oficialmente.

No que se refere à **segurança** das moradias, uma pesquisa divulgada pelo IBGE em 2018 revelou que no País havia um total de 8,2 milhões de pessoas vivendo em áreas consideradas de risco em caso de desastres naturais. Porém, vale lembrar que esse número está subestimado, uma vez que foi obtido usando-se dados do IBGE relativos ao censo de 2010!?!?

De qualquer modo, segundo esse levantamento a cidade de Salvador era a que estava em pior situação do Brasil, com cerca de 45% de sua população (em 2020, isso representaria aproximadamente 1,45 milhão de pessoas) vivendo em moradias sujeitas a deslizamentos de terra, inundações e enxurradas frequente.

O problema é que Salvador é uma cidade de topografia irregular e ocupação desordenada, possuindo cerca de 600 áreas de risco, de acordo com registros da Defesa Civil. Por conta disso, desde abril de 2018 as comunidades de Bom Juá, Vila Picasso, Calabetão, da rua Coronel Pedro Ferrão, Mamede, Baixa de Santa Rita etc., passaram a ter sirenes de alerta para avisar a população da capital baiana em caso de risco de deslizamento.

Um fato não pode ser contestado, e que é totalmente **inaceitável** (!!!) é o seguinte: nenhuma nação avançará enquanto estiver **repleta de favelas**!!! Mas, infelizmente, foi isso o que se viu no ano de 2020, data de publicação deste livro, no que se refere a **habitabilidade**. Vivemos numa época em que os países mais desenvolvidos estão se preparando para extrair minério no espaço; estamos vivenciando a quarta revolução industrial; a humanidade logo se deslocará em carros autônomos e cada vez mais as pessoas interagem com a IA.

Enquanto isso, não existe no Brasil nenhum sinal claro ou projeto efetivo para solucionar um dos mais escancarados retratos de injustiça social no mundo: o fato de **milhões de brasileiros viverem em favelas**!!! Não podemos mais aceitar que nenhum brasileiro viva em condições tão adversas, precisando diariamente percorrer vielas sinuosas por onde correm esgotos a céu aberto; subir escadas intermináveis, enquanto carrega nas mãos sacolas pesadas (imagine idosos nessa situação); e, tudo isso, enquanto se desvia de balas perdidas.

E não se deve acreditar que o programa MCMV (Minha Casa, Minha Vida) tenha amenizado o problema. Na realidade, foram gastos centenas de bilhões de reais do erário em construções de qualidade e arquitetura questionáveis. Além disso, elas ficam muito distantes dos centros urbanos e, por causa disso, não dispõem de serviços públicos essenciais, como escolas, hospitais, postos de polícia etc. Aliás, muitas vezes as áreas escolhidas sequer são atendidas pelo transporte coletivo, ficando muito longe de locais onde as pessoas possam obter emprego!!!

Esse problema, entretanto, não é insolúvel, tanto que em vários países já se conseguiu inclusive erradicá-lo. O ideal seria que nossos gestores públicos e empresários da iniciativa privada se inspirassem neles, uma vez que já não é mais possível continuar achando normal o cenário que se vê há quase um século: **favelas fazendo parte da paisagem de nossas cidades**!!!

O Brasil do futuro precisa repensar suas cidades, especialmente as que chamamos de encantadoras nesse livro. Isso significa que na administração municipal devem estar gestores talentosas, patriotas e honestos, que consigam impor uma transformação exponencial nas políticas públicas; desenvolver soluções para problemas modernos e disruptivos e resolver os problemas de habitabilidade com soluções eficazes e definitivas para essas favelas.

Lamentavelmente, entre as capitais estaduais, a **taxa de criminalidade** em Salvador é bastante alta. Em 2018, a cidade apareceu no *Anuário Brasileiro de Segurança Pública* (divulgado pelo Fórum Brasileiro de Segurança Pública), como a **oitava mais violenta do País**, com uma taxa de homicídios de 57,51 para cada 100 mil habitantes. Esse é um número bem elevado, considerando-se que a média no Brasil é de 27,1 por 100 mil habitantes. Aliás, na RMS, dois municípios já apareceram entre os mais violentos do Brasil, Mata de São João e Simões Filho.

Além dos ladrões ocasionais que agem nas áreas turísticas da cidade de Salvador, a violência ocorre mais nos bairros periféricos e tanto na tarde da noite como no início da manhã. Algo como 70% dos crimes violentos letais acontecem devido a conflitos entre gangues rivais que buscam domínio no tráfico de drogas; a disputas entre viciados em *crack* ou ainda na cobrança de dívidas dos usuários de narcóticos.

Em 1987, Salvador foi dividida em 18 zonas político-administrativas, ou regiões, para melhorar a gestão territorial. Fisicamente, a cidade como já foi dito, encontra-se dividida em duas partes. Na Cidade Baixa, localizada na estreita planície banhada pela baía de Todos-os-Santos, ficam as atividades portuárias e comerciais atacadistas. Já na Cidade Alta, que fica num platô que se eleva de forma aguda e se caracteriza por uma encosta íngreme, estão os bairros residenciais e o comércio varejista, assim como a administração pública.

Embora a criação de Salvador tivesse sido idealizada pelo reino de Portugal e seu projeto original conduzido pelo engenheiro português Luís Dias, o crescimento contínuo da capital ao longo dos séculos – e especialmente nas várias décadas dos séculos XX e XXI – foi completamente **espontâneo**. Desse modo, os muros da cidade-fortaleza na puderam de forma alguma segurar a expansão da cidade e daí surgiram novas localidades, por exemplo, no sentido do bairro do Carmo, área onde está a atual praça Castro Alves.

Na época de sua fundação, Salvador tinha duas praças e o primeiro bairro a surgir foi aquele que constitui hoje a região central. O Pelourinho e o bairro do Carmo vieram posteriormente, criados como uma consequência da crescente necessidade de espaço que as ordens religiosas tiveram. Com a rápida expansão, os bairros cresceram e muitos deles foram agrupados na mesma área.

Depois disso, a primeira experiência de planejamento urbano em Salvador foi com o Escritório de Planejamento Urbanístico da Cidade de Salvador, coordenado pelo engenheiro Mário Leal Ferreira, sendo que hoje a cidade está dividida em 18 regiões, nas quais existem 160 bairros.

A **atividade turística** concentra-se principalmente na região centro-sul da cidade, especialmente no **centro histórico**, na Cidade Baixa e na Barra, onde está localizado o forte de Santo Antônio da Barra, junto ao icônico farol, e a praia de Porto da Barra, que já foi eleita pelo jornal inglês *The Guardian* como a **terceira melhor do mundo**!!!

Num artigo incrível publicado no jornal *Folha de S.Paulo*, em 20 de janeiro de 2019, o ex-deputado federal e agora prefeito de Salvador (no seu 2º mandato), Antônio Carlos Magalhães Neto, escreveu: "O presente projeta o futuro. A colheita do amanhã depende da semeadura de hoje. Mas os frutos já brotam nessa terra chamada de **Kirimurê** pelos seus primeiros habitantes, os índios tupinambás.

Não é à toa que Salvador voltou a estar na moda como destino turístico internacional. Recentemente, a cidade foi indicada como um dos principais locais a serem conhecidos em 2019 por nada menos que quatro publicações estrangeiras: a plataforma de viagens Kiwi.com, as revistas *National Geographic* e *Holland Herald*, e o jornal *The New York Times*. Aliás, este último incluiu a capital baiana – única representante brasileira – entre os 52 destinos do planeta que merecem ser visitados.

Isso é sem dúvida o resultado dos investimentos que foram feitos para aprimorar a infraestrutura geral e turística da cidade, com a inauguração de novos equipamentos culturais e a criação de um calendário permanente de eventos que duram o ano inteiro, além da constante parceria com a iniciativa privada. Mas nada disso seria possível se não tivéssemos arrumado as finanças e resgatado a autoestima dos soteropolitanos a partir de 2013.

O futuro só é auspicioso para uma cidade que se organiza financeiramente. Com as contas arrumadas, tornou-se possível investir na transformação de Salvador, criando as condições para os avanços que inclusive possibilitaram que o seu povo tivesse melhor **qualidade de vida**. Com planejamento e priorizando os que mais precisam, Salvador – a primeira capital do Brasil – vem superando seus índices negativos e descartando rótulos como o de ser a '**capital do desemprego**'.

Naturalmente muito contribuiu para isso o incremento do turismo em Salvador, o que injetou muitos recursos na economia da cidade e como consequência foram criados muitos novos empregos para se atender melhor os visitantes. O programa **Salvador 360** se tornou uma bússola, guiando-nos para o futuro. Abordando a cidade sob todos os ângulos, esse programa estimulou a simplificação fiscal, a geração de emprego e renda em diversos setores da nossa economia, e os investimentos públicos em áreas essenciais."

Pois é, um ingrediente essencial para que uma cidade seja cada vez mais encantadora é ter um prefeito trabalhador com excelente equipe, e competente para administrá-la!!!

Na Barra, o bairro mais meridional da capital baiana, também estão localizados importantes estabelecimentos da cidade, tais como o *shopping* Barra e o Hospital Espanhol. Já na região centro-sul da cidade ficam os bairros nobres e tradicionais da Graça e Vitória, assim como os de Campo Grande (que abriga a praça Dois de Julho, popularmente conhecida como largo do Campo Grande), de Ondina (onde ficam o Jardim Zoobotânico de Salvador e o palácio de Ondina, residência oficial do governador do Estado) e o boêmio bairro do Rio Vermelho, no qual estão diversos bares, hotéis e atrações como a *Casa do Rio Vermelho* (na qual viveram Jorge Amado e Zélia Gattai).

Outra parte da cidade muito procurada pelos turistas, em especial no período do verão, são as regiões das praias de Stella Maris, do Flamengo e de Itapuã. A região conhecida como **centro antigo** abriga um forte comércio de rua, que se expande pela avenida Sete de Setembro e pelas localidades da Barroquinha e Baixa dos Sapateiros, recebe por isso muitos visitantes. Há hoje uma forte presença de imigrantes no comércio soteropolitano, especialmente os chineses.

No entanto, o principal eixo financeiro hoje se localiza na região leste da cidade, onde estão localizados os bairros de Itaigara, Pituba, Costa Azul, Caminho das Árvores etc., nos quais está a maior concentração de empresas e importantes instituições da cidade. Na região noroeste da cidade, ao longo da baía de Todos-os-Santos estão os bairros suburbanos como Periperi, Paripe, Lobato, Liberdade, Nova Esperança, Calçada etc. Aliás, o bairro da Liberdade já foi aquele com a maior proporção de afro-brasileiros de Salvador, que agora é de Pernambués.

No que se refere a economia estima-se que em 2019 o PIB de Salvador havia ultrapassado **R$ 63 bilhões**. De fato, a economia da RMS evoluiu muito nas últimas décadas, quando surgiram aí muitos galpões industriais. Houve também a construção de uma grande refinaria de petróleo, de um polo petroquímico e de outras indústrias, o que gerou muitos empregos.

Devido ao rápido crescimento da população em Salvador surgiu a necessidade de novas moradias em quantidade significativa bem como de escritórios. Isso fez com que muitas das antigas edificações do período colonial tivessem que dar lugar a arranha-céus, o que causou uma perda irreparável para a história da cidade.

O **clima tropical** de Salvador atrai muita gente, com o que Salvador se tornou um dos destinos mais procurados para o lazer no Brasil. Dentre outros pontos de interesse para os visitantes estão suas praias, além de suas igrejas históricas e o seu famoso Pelourinho. Os turistas ficam também muito atraídos pela beleza do conjunto arquitetônico da cidade e da cultura local. A infraestrutura para o turismo em Salvador, especialmente em termos de alojamento, é uma das melhores do País. Assim, a cidade dispõe de acomodações de todos os padrões, desde albergues, pousadas e hotéis de grande porte.

O que não falta em Salvador são os *shoppings centers*, nos quais trabalham algumas dezenas de milhares de pessoas, e que são visitados diariamente por algumas centenas de milhares de consumidores para fazerem suas compras, para se alimentar e também para se entreter, em especial nos seus cinemas. Entre esses *shoppings* destacam-se os seguintes:

- **Barra** – Esse centro comercial foi inaugurado em 16 de novembro de 1987, e está situado próximo a um dos importantes cartões-postais soteropolitanos, como o farol da Barra e o Porto da Barra. Ele fica bem próximo do mar, tem boas lojas, lanchonetes, cinemas e uma agradável praça de alimentação.
- **Salvador** – É um centro comercial bem moderno e de grande porte, com vários andares. Ele fica na avenida Tancredo Neves e foi inaugurado em 22 de maio de 2007. O empreendimento é de responsabilidade do grupo pernambucano JCPM. É um ótimo lugar para se passear, assim como para fazer compras, possuindo lojas com produtos de preços variados, desde os mais em conta até os mais caros.
- **Bela Vista Salvador** – Esse *shopping* é um *mix* perfeito de negócio, lazer, cultura, localização e acesso, ou seja, é um centro comercial integrado a um bairro. Oferece ótimas opções de lojas, excelente estacionamento, boa praça de alimentação, bancos e uma variedade de serviços.
- **Salvador Norte** – Um ótimo lugar para compras e diversão, além de haver aí diversos tipos de serviços e uma boa praça de alimentação.
- **Center Piedade** – Esta no centro da cidade, com boa localização, tem boas opções de compras. Ele fica anexo ao terminal de ônibus/metrô.

- **Paralela** – O cliente encontra aí tudo o que precisa num só lugar: lojas, restaurantes, cinemas, bancos, caixas eletrônicas e opções de lazer.
- **São Cristóvão** – Muito bem avaliado em todos os seus aspectos e na oferta das oções de compras, lazer e alimentação.
- **Bahia** – Tem duas praças de alimentação, lojas de todos os tipos e bons preços.
- **Cajazeiras** – Um ótimo lugar para se fazer compras, pois aí existem boas lojas e estacionamento gratuito. O local é bem limpo e possui cinema, mas precisa de algumas melhorias.
- **Center Lapa** – Uma boa opção para compras no centro da cidade e cinema com ingressos com desconto.
- **Paseo Itaigara** – O local abriga lojas para todos os gostos, um bom estacionamento, restaurante japonês (*Soho*) e um cinema que exibe filmes artísticos, além de um ótimo café.
- **Outlet Center** – Tem uma boa variedade de lojas (particularmente de roupa, cama, mesa, banho e calçados), com preços bem atraentes.
- **Florestal** – Muito frequentado por aqueles que desejam comer bem e pagar preços justos, com lojas de serviços.
- **Brotascenter** – Com boa diversidade de lojas, espaço para alimentação (almoço, jantar ou café) e estacionamento gratuito (quase sempre lotado...).
- **Sumaré** – Possui boas lojas, farmácias, lanchonetes e restaurantes, além de estacionamento e até um cartório. É pequeno, mas aconchegante!!!

A **construção civil** é um dos setores que mais emprega no município, junto com os diversos serviços (educação, saúde, transporte etc.) As atividades turísticas e o comércio são também outras grandes geradores de empregos e renda.

Em dezembro de 2010, de acordo com o site especializado em pesquisa de dados sobre edificações, o *Emporis Buildings*, Salvador foi classificada entre as 100 cidades do mundo com mais prédios altos, mais precisamente em 62º lugar e na 9ª colocação na América do Sul e, dentre as cidades brasileiras, em **sexto lugar**, atrás de São Paulo, Rio de Janeiro, Curitiba, Recife e Fortaleza, nessa ordem. Atualmente estima-se que exista na cidade mais de 900 grandes edificações de todos os tipos, entre as quais o maior prédio residencial da cidade: a *Mansão Margarida Costa Pinto*, com 154 m de altura.

Alguns urbanistas criticam muito os exageros aos quais estão sujeitos os **tombamentos**, destacando que eles não podem ser **castigos** para os locais onde estão essas **edificações**. Diferentemente do senso comum, tombamento não pode resultar apenas de um parecer técnico. O ato de tombar deveria ser o resultado de uma política pública coerente que reúna instrumentos urbanísticos de compensação, estímulos técnicos e pecuniários, além de ser aplicado pelo consenso entre aqueles que representam a sociedade civil. Claro que nessa complexa ação, a **preservação** deve ser o cerne técnico da discussão, mas não o único!!!

É verdade que nos países onde existe uma longa cultura de preservação, as edificações são reformadas apenas por artífices, seguindo os critérios científicos. Em Salvador aconteceu recentemente uma pintura sem autorização no farol da Barra, uma edificação tombada pelo IPHAN, que segundo essa instituição deverá ser removida!?!?

No início de 2019 foi anunciada no perfil da Marinha no Instagram: "Finalizamos na primeira sexta-feira do ano a inscrição '**Marinha do Brasil**', num dos mais belos cartões postais do Brasil, o farol de Santo Antônio, mais conhecido como farol da Barra." Destaque-se que a Marinha brasileira trata o farol da Barra como seu diamante mais valioso. Aliás, ele foi inaugurado em 1698, sendo o segundo farol mais antigo das Américas – antes dele só havia o farol do antigo palácio de Friburgo, em Recife, que é de 1642.

O farol da Barra já consta de uma lista pré-aprovada pela Unesco de candidatos a se tornar patrimônio da humanidade. Ele foi um dos primeiros bens tombados no Brasil, em 1938, junto com o conjunto arquitetônico de Ouro Preto, em Minas Gerais, e as Missões Jesuíticas Guaranis, no Rio Grande do Sul.

O farol da Barra faz parte de uma estrutura maior, o forte de Santo Antônio da Barra, e ambos estão na lista de 19 fortificações militares que o governo brasileiro está tentando junto a Unesco para serem considerados patrimônios da humanidade.

O arquiteto Luciano Gomes Machado, professor aposentado e especialista em patrimônio histórico, enfatizou: "Qualquer intervenção de um bem tombado precisa ser aprovada após análise de especialistas para avaliar se ela interfere nas características originais da edificação. Esse prédio tombado junto ao farol foi tombado sem essa inscrição e sem dúvida essa pintura no telhado interfere porque altera as características originais da edificação. Isso não pode ser feito!!!"

Bem, a superintendência do IPHAN em Salvador enviou em janeiro de 2019 uma nota técnica à Marinha na qual diz que a pintura terá de ser removida, destacando que qualquer alteração no conjunto arquitetônico precisa ter o aval do órgão.

Será que a Marinha vai retirar essa inscrição? Vale lembrar que é a Marinha que administra o forte desde 1939 e acredita que tem mantido o farol da Barra no mais alto grau de conservação e, com a inscrição, não danificou ou alterou de forma alguma o patrimônio cultural!?!?

No que se refere a **educação**, tem-se em Salvador uma boa quantidade de IEs que oferecem um ensino de qualidade, tanto na rede pública como na privada, se bem que em ambas também existem muitas que precisam de uma imediata intervenção para que de fato possam ensinar adequadamente as crianças e jovens soteropolitanos. Entre as **escolas municipais** com boa avaliação estão: Luiza Mahim, Doutor Orlando Imbassahy, Anfilófio de Carvalho (com excelente avaliação); Brigadeiro Eduardo Gomes (com ensino muito bom); Martagão Gesteira (bem avaliada), entre outras.

Há também diversas IEs sob administração estadual, tanto para o insino fundamental como para o médio, nas quais se oferece um bom ensino. Esse é o caso das seguintes escolas e colégios: Naomar Alcântara (bem avaliada); João das Botas (colégio bem avaliado); Marechal Mascarenhas de Morais (bem avaliado); Daniel Lisboa; José Tobias Neto; Raphael Serravalle; Luis Viana; Ruth Pacheco; Vale dos Lagos e Rubén Dario.

Deve-se destacar especialmente o Colégio Modelo Luís Eduardo Magalhães, um dos maiores da cidade, que oferece excelente ensino, o Centro Estadual de Educação Profissional em Gestão Severino Vieira e o Centro de Atendimento Educacional Especializado Pestalozzi da Bahia, que desenvolve um trabalho louvável e eficiente; o Colégio Militar e o Instituto Federal da Bahia.

Na rede de ensino privado de Salvador estão muitos bons colégios, como é o caso dos seguintes: Módulo, Nossa Senhora da Conceição (com excelente estrutura); Nossa Senhora do Resgate; Miró (com ensino bem diferenciado); Salesiano (talvez um dos melhores colégios da cidade); Integral (cuja essência filosófica está em destacar a força da família); Sartre; Paralela; São Lázaro (muito bem avaliado); Favo; Acadêmico; Assunção; Anchieta; Anglo-Brasileiro; Santíssimo Sacramento; Diplomata, entre outros.

E não se pode esquecer das IEs particulares, que cuidam da **educação infantil** e também do ensino fundamental (pelo menos nos primeiros anos), como: Kimimo (que realiza um trabalho muito bem avaliado, especialmente pelos pais das crianças); Sulamericana (para muitos a que tem o melhor sistema de ensino infantil ao ensino fundamental); Geração 10 (nela se abusa da criatividade no processo de ensino e aprendizagem); o Centro Educacional Titânia (bem avaliado); o Espaço Verde; Adonai; Solares; Patamares; Lua Nova, entre outras.

Já entre as principais IESs sediadas em Salvador tem-se a Universidade Federal da Bahia (UFBA), a Universidade do Estado da Bahia (UNEB), a Universidade Católica do Salvador (UCSAL); Escola Bahiana de Medicina e Saúde Pública, Faculdade de Tecnologia e Ciências (FTC), o Instituto Federal da Bahia (IFBA), a Universidade Salvador, a Faculdade Ruy Barbosa, o Centro Universitário Jorge Amado, a Faculdade Maurício de Nassau, dentre outras.

Sem dúvida, a mais importante entre elas é a UFBA, que instituiu um dos primeiros cursos universitários do País, ou seja, a Escola de Cirurgia da Bahia (atual Faculdade de Medicina da Bahia). Ela foi fundada por dom João VI logo após a família real portuguesa desembarcar em Salvador. Suas atividades se iniciaram em 18 de fevereiro de 1808 e simbolizaram o início da independência científico-cultura do Brasil.

Ela foi constituída formalmente como universidade em 8 de abril de 1946, através do decreto-lei Nº 9155, e se instalou definitivamente em 2 de julho do mesmo ano, sendo composta inicialmente pelos seguintes estabelecimentos de ensino superior: Faculdade de Medicina da Bahia e suas escolas anexas – Odontologia e Farmácia –, Faculdade de Direito da Bahia, Escola Politécnica da Bahia, Faculdade de Filosofia da Bahia e Faculdade de Ciências Econômicas.

A UFBA teve como primeiro reitor o médico e professor Edgard Santos, que, em regência situada no período imediato ao pós 2ª Guerra Mundial, foi o principal articulador do convite para que artistas e intelectuais da vanguarda europeia, então em dificuldade para encontrar trabalho por lá, viessem ensinar na UFBA. Tal iniciativa foi decisiva para a formação de uma nova geração artístico-cultural na Bahia, o que promoveria posteriormente as sublevações do Cinema Novo e da Tropicália, com relevantes contribuições para a cultura nacional.

A sua gestão ainda foi marcada pelas grandes estruturas físicas implementadas, que são hoje os atuais *campi*, bem como do Hospital Universitário.

A IES foi inicialmente denominada Universidade da Bahia e assim ficou de 1946 a 1950, quando adotou a nomenclatura atual, por ocasião da **federalização** das unidades isoladas que a compunham.

Em 1952 surgiu o brasão da UFBA, criado pelo beneditino Paulo Lachenmayer, porém, que foi originalmente desenhado por Vitor Hugo Carneiro Lopes. Nele aparece em latim o lema: *Virtude spiritus* ("Pela força do espírito"), que essa IES tem passado para a vida futura dos que se formam nela!!! A UFBA tem sede na cidade de Salvador, com *campi* também localizados em Vitória da Conquista e Camaçari, e com projetos de criação de outros *campi*, tanto em Salvador como na Chapada Diamantina.

A UFBA tem sido destacada por diferentes entidades pela sua qualidade de ensino, do seu corpo docente, pela empregabilidade de seus ex-alunos, pelas pesquisas e patentes. Assim, em 2015, de acordo com o *QS World University Rankings*, a UFBA ficou em 62º lugar entre as melhores IESs da América Latina, e, em 2016, o *Center for World University Rankings* a colocou no 962º lugar na lista mundial das universidades. Já segundo o *RUF 2019*, esta IES ocupou o 14º lugar, entre as 107 universidades públicas analisadas.

A UFBA possui diversos programas de auxílio para seus alunos de baixa renda que ingressam nos cursos oferecidos em Salvador. Dentre esses programas destacam-se os complexos de residência universitários para alunos oriundos de outras cidades, o bolsa permanência, em parceria com o governo federal, o BUZUFBA etc.

A UFBA possui em Salvador quatro complexos de moradias localizados ao redor de seu *campus*, nos quais a permanência do aluno está vinculada ao tempo máximo para a conclusão do curso. Durante essa estada o residente é assistido com café da manhã gratuito, serviço de alimentação (almoço e jantar) no restaurante universitário, transporte gratuito (ônibus), atendimento psicossocial, orientação pedagógica e cuidados com a saúde.

O BUZUFBA possui atualmente 5 linhas totalmente gratuitas que circulam entre as unidades da UFBA, além do Hospital Universitário Professor Edgard Santos, atendendo às necessidades de muitos estudantes que precisam circular entre elas. Com todo esse suporte, em especial para os mais carentes, esses alunos podem se dedicar plenamente aos estudos, sem terem outras preocupações com a própria sobrevivência, **não é mesmo?**

Todavia, o que não é muito fácil é ingressar na UFBA!?!? Estima-se que no final de 2019 houvesse nos diversos cursos de graduação (quase uma centena) e pós-graduação cerca de 42 mil alunos. Além disso, trabalhavam na IES algo como 2.350 docentes. Existem atualmente 31 unidades universitárias da UFBA, divididas em escolas (9), faculdades (10) e institutos (12), além dos órgãos suplementares (cerca de 17).

Como equipamentos culturais, tem-se na UFBA o Teatro Martim Gonçalves (muito usado pelas suas escolas de Dança, Música e Teatro) e a Sala de Arte, que na realidade é uma sala de cinema localizada no *campus* Canela, bem próxima da Faculdade de Educação. O local é aberto ao público em geral e oferece descontos significativos para alunos e professores da IES.

Outra IES importante é a UNEB, que foi fundada em 1983, sendo a maior IES pública *multicampi* da Bahia e está presente em quase todas as regiões do Estado. A capilaridade de sua estrutura e abrangência de suas atividades está diretamente relacionada à missão social que desempenha, e tem tudo a ver com seu lema: *Hominem augere* ("**Para o aperfeiçoamento do homem**").

Atualmente a UNEB possui 29 departamentos (quatro deles em Salvador) instalados em 24 *campi*. A administração central da UNEB está em Salvador. A UNEB tem desenvolvido importantes pesquisas em todas as regiões em que atua. Alguns de seus projetos trazem a marca da vanguarda acadêmica, como por exemplo os trabalhos executados nas áreas de robótica e jogos eletrônicos pedagógicos, com os quais já conquistou premiações e o reconhecimento nacional e internacional. Aliás, seu corpo discente é estimulado a participar das pesquisas por meio de programas de iniciação científica e de concessão de bolsas de monitoria.

Com o apoio de sua comunidade acadêmica, dos muitos parceiros e da sociedade, a UNEB tem reafirmado a cada dia que passa seu compromisso de continuar trilhando o caminho que alia excelência acadêmica à missão social da IES, contribuindo assim para o desenvolvimento socioeducacional econômico da Bahia e do País.

A UCSAL é uma IES privada, filantrópica e confessional, reconhecida pelo decreto Nº 58 de 18 de outubro de 1981. Seu núcleo inicial foi o antigo convento da Lapa, palco de alguns dramas da história da Bahia (como o martírio da abadessa Joana Angélico), e no qual foi aberto inicialmente um curso de Letras, e depois acrescido do de Direito. Ambos mais tarde se tornariam integrantes da UCSAL.

Atualmente trabalham nessa IES cerca de 1.000 professores e uns 800 funcionários. Ela possui unidades de ensino nos *campi* de Pituaçu e Federação, nos quais estudam aproximadamente 20 mil alunos, distribuídos em 26 cursos de graduação nas áreas de Ciências Humanas, Naturais e da Saúde; Ciências Exatas; Tecnologia e Artes.

Apesar de sua importância no ensino superior em Salvador, a UCSAL até agora não recebeu ainda o selo pontifício de Roma, por isso é uma das poucas do gênero que **não é pontifícia**. Em 24 de março de 2020 tomou posse como reitora a professora doutora Silvana Sá de Carvalho, e no dia 5 de junho de 2020 o cardeal Sérgio da Rocha se tornou o arcebispo de Salvador e primaz do Brasil (em substituição a dom Murilo Krieger), e passou a ser o grão-chanceler da UCSAL.

Já a Escola Bahiana de Medicina e Saúde Pública é uma IES privada, sem fins lucrativos, fundada em 1952, que atualmente possui unidades acadêmicas nos bairros de Brotas e Cabula, em Salvador. A história dessa IES teve início quando um grupo de visionários – médicos, religiosos, acadêmicos e gestores públicos, com olhos e cérebros bastante atentos para a realidade do mercado de formação profissional em saúde na Bahia dos anos 1950 – idealizou uma nova IES.

Naquela época, o Estado da Bahia contava apenas com o curso da Faculdade de Medicina da Bahia, que oferecia apenas 130 vagas por ano, disputadas pelos soteropolitanos e jovens baianos oriundos do interior do Estado e também de Estados vizinhos. A transferência das atividades práticas do curso de Medicina da Universidade da Bahia para o Hospital das Clínicas, em 1948, deixou livre o Hospital Santa Izabel, mantido pela Santa Casa de Misericórdia, o que permitiu o desenvolvimento dentre dele de atividades acadêmicas.

Percebendo essa oportunidade, o grupo de idealizadores entrou em negociação com a direção da Santa Casa, tendo como o objetivo a implantação ali um novo curso de Medicina. A proposta foi aceita com entusiasmo pelo então provedor Otávio Ariani Machado. Foi assim que em 31 de maio de 1952, 13 fundadores assinaram a ata que formalizou a criação da Fundação Bahiana para o Desenvolvimento da Medicina (atual Fundação Bahiana para o Desenvolvimento das Ciências), com a missão de servir como mantenedora da Escola Bahiana de Medicina e Saúde Pública. O primeiro diretor dessa IES foi o médico e professor Jorge Valente.

Em 14 de abril de 1953, foi realizado o primeiro vestibular da IES, para o qual inscreveram-se 94 candidatos para concorrer a 40 vagas. Cinco anos mais tarde, em 1958, formou-se a primeira turma da Escola Bahiana de Medicina e Saúde Pública. Daí em diante a IES não parou mais de crescer.

Nos anos subsequentes foram criados vários cursos, como: Fisioterapia e Terapia Ocupacional (1972); Odontologia (1999); Psicologia (2000); Biomedicina (2003); e Enfermagem (2007), que, por sinal, com apenas cinco anos de existência, obteve em 2012 o mais alto conceito na avaliação do ministério da Educação.

Ao longo do tempo a IES foi ampliando o seu ambulatório, que se transformou num centro de referência em assistência médica e hoje conta com mais de 20 especialidades. Estima-se que em 2019 esse centro tenha atendido mais de 720 mil pessoas por rede conveniada e particular.

Desde 2003, a Bahiana tem ofertado também cursos de pós-graduação – *lato* e *stricto senso* – contemplando diversas áreas do conhecimento em saúde, tendo um renomado corpo docente e aproveitando parcerias com a instituições de referência no cenário nacional.

A FTC é uma IES com sede em Salvador, e possui instalações também nas cidades de Itabuna, Vitória da Conquista, Feira de Santana, Jequié, Petrolina e Juazeiro. Foi o empresário Gervásio Oliveira que fundou uma rede de IESs a partir de entidades mantenedoras do ensino superior privado e agora a FTC se tornou Centro Universitário Uni FTC. Fazem parte atualmente da rede FTC o Colégio DOM, o cursinho pré-vestibular DOM e o curso de inglês Think.

No que se refere à **saúde**, os soteropolitanos têm à sua disposição uma boa rede de **hospitais públicos**, como: Hospital Municipal de Salvador (que possui excelente estrutura e presta um serviço de primeira); Hospital Manoel Victorino (um estabelecimento público que é uma referência em certas especialidades); Hospital Geral Ernesto Simões Filho (oferece atendimento ágil e atencioso, porém tem uma grande demanda, o que provoca longas filas de espera); Maternidade João Batista Caribé (com enfermeiras maravilhosas e médicos muito bons); Hospital Especializado Dom Rodrigo Menezes (ficou ótimo após a reforma, com bom estacionamento e boa estrutura); Hospital Especializado Mário Leal (uma clínica de saúde mental que precisa de rápidas melhorias em diversos setores); Hospital Juliano Moreira (foi fundado em 24 de junho de 1874, sucedendo ao asilo São João de Deus, sendo agora um hospital psiquiátrico e de saúde mental); Hospital do Subúrbio (o HS, que segundo os pacientes deveria inspirar a criação de outros, pois é uma referência); Hospital Professor Eládio Lassére (HPEC); Instituto Couto Maia (Icom); Hospital Geral Roberto Santos (com excelentes equipes médicas, mas atendentes da linha de frente precisando demonstrar mais cortesia); Hospital Ana Nery (uma referência em diversas especialidades e um bom corpo médico); Hospital Professor Carvalho Luiz (com avaliação apenas razoável pelos pacientes); Maternidade Tsylla Balbino (que precisa rapidamente de melhorias, tanto na recepção como no atendimento oferecido às parturientes); Hospital Dois de Julho (excelente hospital, com amplo atendimento ao público do SUS e bons funcionários).

O Estado da Bahia tem um razoável número de PPPs bem-sucedidas entre os setores público e privado. Esse é o caso do HS e do Instituto Couto Maia. Particularmente sobre o HS, deve-se salientar que ele foi inaugurado em 10 de setembro de 2010, com o que se reforçou bem a rede pública de hospitais de urgência e emergência de Salvador, que não crescia há 20 anos.

O governo estadual foi o responsável pela construção do prédio, gastando mais de R$ 50 milhões na obra e R$ 30 milhões foi o que a concessionária investiu no aparelhamento do hospital e na adequação das instalações nos primeiros quatro anos de uso. É, portanto, um **hospital geral público estadual com gestão privada**.

De acordo com a diretora-geral do HS, Lúcia Cavalcanti, graças ao seu modelo de gestão constituído a partir de uma PPP, isso lhe permite ter uma celeridade para a sua manutenção e qualidade de serviços prestados excelente. Entre os pontos fortes do HS deve-se destacar o eficiente gerenciamento dos leitos; as linhas de cuidado dos pacientes com AVC (acidente vascular cerebral) e daqueles com traumas; a qualidade do seu parque tecnológico, que permite agilidade nos processos de diagnóstico e nos terapêuticos e finalmente a interação do hospital com a comunidade, com base na transparência. Recentemente o HS passou a integrar a seleta lista dos 12 hospitais públicos de **excelência** no País.

Essa sua inclusão foi feita pela Organização Nacional de Acreditação, que certifica a qualidade de serviços de saúde no Brasil com foco na segurança do paciente. O secretário estadual da Saúde, Fábio Vilas Boas, comentou: "A gestão através de uma PPP permite uma maior flexibilização para a contratação de mão de obra e a própria manutenção do parque tecnológico do HS. Isso faz com que os equipamentos estejam sempre funcionando e nós possamos contratar os melhores profissionais para atuar no atendimento.

Desde 2011 o HS opera com capacidade plena, tendo ao todo 373 leitos, dos quais 253 de internação, 10 de UTI pediátrica, 50 para adultos e 60 de internação domiciliar. O HS tem uma equipe com cerca de 1.850 profissionais dos quais aproximadamente 4.500 são médicos. Ele fica no barro de Periperi, na região do Subúrbio Ferroviário, considerada muito pobre e violenta. Está localizado na periferia de Salvador, sendo uma prova concreta de que é possível melhorar a saúde pública no País, sem ter de gastar uma fortuna. Essa foi a primeira PPP no Brasil no setor da saúde, na qual conseguiu-se aliar o melhor dos dois mundos. É um hospital público, com atendimento gratuito e qualidade de um bom hospital particular."

O HS dispõe de especialidades nas áreas de clínica médica (clínica geral, nefrologia e neurologia), clínica cirúrgica (cirurgia geral, torácica, plástica, vascular, neurocirurgia, ortopedia e traumatologia, urologia, pediatria cirúrgica e anestesiologia), cirurgia bucomaxilofacial e pediatria clínica, interagindo com as diversas áreas da saúde, como enfermagem, fisioterapia, nutrição, farmácia, serviço social, psicologia e fonoaudiologia, além de todo um time de apoio.

Conta também com serviços de medicina intensiva, radiologia e radiologia de intervenção, e chega a atender uma média de 480 pacientes por dia!!! Os usuários do HS têm elogiado o atendimento recebido nele, com depoimentos do tipo: "É tranquilizador saber que um ente querido está sendo atendido no HS. Quero com a mais sincera manifestação expressar a minha gratidão e, em nome de meus familiares, parabenizar todas as equipes nas áreas em que meu pai foi atendido, especialmente à maravilhosa equipe da enfermaria 3."

Realmente o HS tem profissionais excelentes, que trabalham de forma muito dedicada, com muito respeito por todos os pacientes. É por isso que o HS tem nesses últimos anos recebido vários prêmios internacionais pelo seu desempenho!!!

Em 1853 foi fundado em Salvador, no bairro do Monte Serrat, na Cidade Baixa, o Hospital Couto Maia. Ele foi evoluindo ao longo do tempo e mais recentemente, ou seja, em 2012, incorporou o Hospital Especializado Dom Rodrigo Maia, que prestava assistência especializada em hanseníase. Finalmente, em 6 de julho de 2018, surgiu o Instituto Couto Maia (**Icom**), tendo sua origem no antigo Hospital Couto Maia.

E nos meses que restaram para completar 2018, foram realizadas no Icom 1.834 internações, 166.576 exames laboratoriais, 7.587 exames de bioimagem, 876 atendimentos emergenciais e 13.499 consultas médicas. O Icom tem 120 leitos, dos quais 20 são de UTI. Ele presta atendimento de urgência e emergência. Ele conta ainda com um ambulatório especializado, um centro de referência para imunobiológicos especiais, uma agência transfuncional e serviço de reabilitação e logística. O investimento nesse hospital foi de R$ 120 milhões.

O Icom é fruto de um PPP na qual o Estado entrou com o setor assistencial, munindo-o com 780 profissionais (entre médicos e enfermeiros) e o privado ficou responsável pela construção, aquisição de equipamentos e pela contratação de serviços, como administrativo, limpeza e portaria, totalizando inicialmente 263 profissionais. Hoje o Icom é considerado **o maior e mais moderno hospital público especializado em doenças infectocontagiosas do Brasil**, sendo também um centro de referência internacional em pesquisa no campo de doenças infecciosas. Ele recebe pesquisadores mundialmente conhecidos. Esse hospital oferece em nível ambulatorial consultas nas especialidades de HIV/AIDS, hanseníase, infectologia geral e neuro-infectologia.

O governador da Bahia, Rui Costa, afirmou: "Essa estrutura que tive a honra de inaugurar nada deve ao melhor hospital particular do Brasil!!! Isso foi possível por meio de uma PPP, na qual o serviço médico é oferecido por profissionais do Estado, e todos os demais serviços são realizado pelo parceiro privado. Tecnologicamente, nós temos aqui os melhores equipamentos e todos os prontuários são digitais. Enfim, este é um hospital moderno para atender bem ao povo baiano!!!"

No campo da **saúde pública**, deve-se também destacar que os moradores em Cajazeiras II, um bairro da periferia de Salvador, foram beneficiados em 5 de dezembro de 2009, com a reinauguração pelo governador Jaques Wagner de um importante equipamento público na área de saúde, ou seja, do Hospital Professor Eládio Lasséré (HPEL), que passou a ter 154 leitos (antes eram apenas 50).

Recorde-se que o HPEL foi inaugurado em 12 de dezembro de 1996, e precisou ser ampliado para poder atender a uma população estimada em 850 mil habitantes, das comunidades de Águas Claras, Cajazeiras, Fazenda Grande, Pau da Lima, São Caetano, Castelo Branco, Valéria e adjacências. Ele tem passado por sucessivas melhorias. Assim, a partir de 27 de junho de 2017 ele passou a ter uma UTI (com 10 novos leitos), tornando-se referência na região.

Desde 2018 são realizadas no HPEL cirurgias por vídeo, conhecidas em termos técnicos como **videolaparoscopia**. A utilização dessa técnica oferece diversos benefícios ao paciente, entre eles a redução do risco de complicações, a diminuição do tempo de permanência no hospital, a possibilidade de uma recuperação mais rápida e a redução da dor durante o período pós-operatório.

Em janeiro de 2019 o HPEL recebeu o novo serviço de tomografia computadorizada, e com esse equipamento é possível agora fazer exames com maior rapidez e alta resolução, o que permite ampliar o volume de cirurgias. Só no 1º trimestre de 2019 foram realizados no HPEL 48 mil atendimentos, além de mais de 40 mil exames e cerca de 2.100 procedimentos cirúrgicos.

Claro que em Salvador há diversos prontos-socorros, UPAs, centros de saúde etc., e em alguns deles, como na UPA 24h de Paripe, tem-se funcionários extremamente prestativos, que oferecem um ótimo atendimento, além de médicos que exercem a profissão com dedicação e paixão.

Também existe em Salvador um bem avaliado Hospital Geral da Polícia Militar, bem como uma Santa Casa da Misericórdia, com ótimos funcionários e excelente atendimento aos pacientes, que aliás é proprietária do Hospital Santa Izabel (um excelente hospital particular, muito limpo, com funcionários prestativos e médicos atenciosos).

Na **rede particular** de Salvador há bons hospitais, como o São Rafael Brotas (talvez um dos melhores da cidade segundo os pacientes); Hospital Santo Amaro (com boa estrutura, ótimos médicos e atendimento eficiente); Hospital Aliança (um excelente hospital, com uma competente equipe médica, no qual o paciente se renova e ganha novas forças só de olhar para fora e ver a linda paisagem, a partir de uma de suas varandas); Hospital da Sagrada Família (uma instituição seriamente focada nos cuidados com a saúde, onde o atendimento é humano, hábil e, sobretudo, harmonioso em todos os setores); Hospital Português da Bahia (com atendimento rápido, recepcionistas bem atenciosos e sorridentes, estrutura satisfatória, boa localização e bons médicos); Hospital Cárdio Pulmonar (que possui uma boa equipe médica, um bom ambiente e atendimento rápido e prestativo); Hospital Evangélico da Bahia (um ótimo lugar para pacientes sem plano de saúde fazerem seu exames, além de oferecer bons serviços de emergência); Hospital da Cidade (com médicos competentes, estrutura completa, serviços de alta qualidade oferecidos com excelência e humanização no atendimento); Hospital Salvador (que possui inclusive uma emergência excelente que opera 24 h, sendo todos os serviços eficientes e rápidos); Hospital Agenor Paiva (com ótimo atendimento por parte de médicos, enfermeiros e recepcionistas); Hospital Sobaby (que conta com excelentes médicos, boa avaliação pelos que recorrem aos serviços fornecidos), entre outros.

A partir de 2006, a rede pública de saúde do País passou a ofertar 29 práticas **integrativas** e **complementares**. São atividades como ioga, acupuntura, homeopatia, quiropraxia e *tai chi chuan*, que nesses últimos 14 anos passaram a fazer parte do SUS por sua relevância na promoção da saúde e do bem-estar da população brasileira, em particular da **soteropolitana**.

O modelo adotado pelo ministério da Saúde está absolutamente de acordo com as orientações da OMS e atende a um pleito de gestores, trabalhadores e usuários nas **conferências nacionais de saúde**. Claro que essas atividades não substituem o tratamento convencional. Como o próprio nome diz, elas são oferecidas de **forma complementar** ao cuidado realizado nas unidades de saúde, e por profissionais que tenham formação específica.

Note-se que assim como no Brasil, outros países também já incluíram essas práticas em suas rotinas, com base em uma ampla produção científica, que demonstrou a segurança e a efetividade dessas modalidades para a saúde das pessoas. Assim, na Suíça se oferece no sistema público homeopatia, antroposofia e fitoterapia. Já na Inglaterra, o sistema oferta hipnose, meditação, massagem, quiropraxia e musicoterapia. No México há fitoterapia, homeopatia e quiropraxia.

Naturalmente há sempre aqueles que não concordam com a decisão do governo de incluir essas alternativas na cobertura do SUS!!! Esse é o caso do CFM, que considera um **equívoco** a inclusão de práticas integrativas no rol de serviços oferecidos no SUS, pois elas não garantem resultados, ou seja, não contam com a confirmação de pesquisas científicas com metodologia comprovadamente reconhecida.

Ainda de acordo com o CFM, essas práticas não apresentam **resolubilidade** conforme as melhores evidências científicas disponíveis. Na melhor das hipóteses elas oferecem um **efeito placebo** aos seus adeptos, ou seja, o seu uso por um **doente otimista** pode gerar a percepção de efeito semelhante ao de um procedimento já testado e reconhecido pela ciência. Porém, isso não significa cura ou melhora duradoura. Entretanto, em algumas circunstâncias, isso pode retardar o início de tratamentos necessários, comprometendo ainda mais o quadro da enfermidade, com a redução da possibilidade de recuperação e, inclusive, até o aumento do risco de morte.

A oferta dessas práticas no SUS é um tema sério, pela confusão que gera na população brasileira no momento de optar entre tratamentos alternativos e os realmente eficazes. O CFM, num contexto de alerta, destacou que cabe aos médicos atuarem na medicina com procedimentos e terapêuticas que apresentem **validade científica**.

Dentre as 29 práticas integrativas cobertas pelo SUS, isso ocorre apenas com a **homeopatia** e a **acupuntura**. Ambas são especialidades médicas que observam protocolos clínicos, compromissos e responsabilidades éticas. O CFM salientou que o equívoco da incorporação dessas práticas ao SUS não reside apenas na ausência de comprovação de sua segurança, mas também na eficiência no tratamento. Também precisa sem considerado o impacto que a medida traz para a rede pública, do ponto de vista de seu **financiamento**.

Evidentemente, oferecer nos postos de saúde acesso a apiterapia, aromaterapia, bioenergética, constelação familiar, cromoterapia, geoterapia, hipnoterapia, imposição de mãos, terapias de florais etc., sem dúvida exigirá verbas que poderiam ser bem aplicadas na contratação de profissionais de saúde e compra de medicamentos, equipamentos e insumos, atualmente bastante prejudicados.

Assim, a incorporação dessas práticas ao SUS contribuiu par o uso complementar de recursos públicos (algo indevido, segundo alguns especialistas da saúde), agravando o quadro de um sistema já marcado por carências e faltas, e que há tempos clama por mais competência administrativa. Por isso, a gestão do SUS deveria agir com bastante cautela, fazendo escolhas corretas e atentas às reais prioridades e necessidades dos profissionais da saúde e da população. Sem isso, o governo oferecerá à Nação um **grande placebo**, que como todos os outros, não trará uma resposta conveniente, eficaz e talvez definitiva para os problemas de saúde pública no atendimento dos brasileiros e, em particular, dos soteropolitanos.

No âmbito dos **transportes**, os moradores de Salvador – e também os visitantes – podem valer-se de diversos modos de locomoção, dentro da cidade e para fora dela: **rodoviário, ferroviário, aquaviário e aéreo**. Aliás, dentro da cidade não se pode esquecer do **transporte vertical**, ou seja, utilizando-se os ascensores que fazem a ligação entre a Cidade Baixa e a Cidade Alta, em quatro pontos distintos: elevador Lacerda e os planos inclinados Gonçalves, Pilar e Liberdade-Calçada.

Há a promessa de que um dos equipamentos mais antigos de ligação entre a Cidade Baixa e a Cidade Alta, ou seja, o elevador do Taboão – que não funciona há mais de 55 anos – passe por uma restauração e volte a funcionar, quem sabe em 2021...

As principais vias terrestres são as rodovias BR-324 (federal) e BA-99 (estadual) e as avenidas Luís Viana (Paralela) e Afrânio Peixoto (Suburbana).

Dessas, a avenida Paralela e a rodovia federal são importantes vias metropolitanas e os principais corredores de ônibus urbanos.

Salvador também conta com transportes intermunicipais que conduzem às cidades do interior do Estado e os coletivos que circulam por toda RMS. Esses transportes desembocam no terminal rodoviário. A estrutura viária da cidade dispõe de duas vias exclusivas para ônibus, uma localizada na avenida Vasco da Gama (do Dique ao Lucaia, inaugurada no início de 2013), e outra que se estende da avenida Paralela (a partir da concessionária de veículos Grande Bahia) até a avenida Antônio Carlos Magalhães (na sede do DETRAN), no chamado sistema Iguatemi-Paralela-Orla (etapa do Transporte Moderno de Salvador). Há também a faixa exclusiva localizada na avenida Paulo VI, na Pituba, implantada no fim de 2013.

As rodovias federais BR-101 e BR-116 atravessam o Estado da Bahia de norte a sul, permitindo uma ligação entre Salvador e o restante do País, pois é possível chegar a elas através das rodovias BR-324 e BR-242. Aliás, quatro estradas pavimentadas conectam a cidade com o sistema nacional de estradas de rodagem.

A capital baiana é servida por várias empresas de ônibus, que permitem aos usuários chegar a quase todos os Estados brasileiros. Assim, os ônibus oferecem um serviço direto para a maioria das cidades brasileiras mais importantes, como Brasília, São Paulo e Rio de Janeiro, bem como para muitos destinos regionais.

Ainda no que se refere vias de rodagem, em 13 de dezembro de 2019, um consórcio formado por empresas chinesas venceu (sem concorrência) na Bolsa de Valores de São Paulo o leilão para a construção de uma ponte que ligará Salvador à ilha de Itaparica. Esse consórcio ofereceu um lance sem desconto de R$ 56, 2 milhões em contraprestações, que serão pagas pelo governo da Bahia. Ele tem um ano para elaborar o projeto e outros quatro para construir o equipamento. A gestão e a administração da ponte terá duração de 30 anos. O investimento previsto será de R$ 5,3 bilhões e o aporte do governo estadual foi estabelecido em R$ 1,5 bilhão (pagos no quarto e quinto anos do contrato). A previsão é de que sejam gerados cerca de 12.000 empregos durante a construção da ponte.

Em relação a esse projeto, o governador Rui Costa comentou: "Trabalhamos muito e finalmente conseguimos que um consórcio acreditasse na Bahia. O projeto é vital, pois a intenção é desenvolver o Recôncavo e o sul do Estado. Teremos um grande crescimento do investimento imobiliário não só em Itaparica. Essa ligação encurtará o trajeto entre Salvador e a ilha de Itaparica de 90 min para 30 min. A distância por rodovia entre Salvador e Ilhéus cairá de 452 km para 309 km. Obviamente, a nossa participação no custo da construção é **grande**, mas tenho certeza de que valerá a pena realizar esse sonho de décadas..."

Essa ponte, quando for concluída, terá 12, 4 km e será a 2ª maior do País, atrás apenas da ponte Rio-Niterói (com 13,29 km). Seu vão central terá 85 m de altura e 400 m de largura, o que possibilitará a passagem de grandes navios. Para atravessá-la o usuário terá obviamente de pagar pedágio (o que possivelmente abaterá uma parte do que for investido em sua construção), porém, este não poderá ser elevado, uma vez que atualmente cobra-se R$ 45,70 pela travessia por *ferry-boat* entre Salvador e a ilha.

Note-se que devido à turbulência no campo da saúde e da economia, provocada pela *Covid-19*, o consórcio Ponte Salvador-Itaparica – formado pelas empresas estatais chinesas – solicitou ao governo da Bahia a prorrogação do prazo para a assinatura do contrato de concessão para a construção da ponte por 90 dias, contados a partir de 25 de abril de 2020, sem alterar as condições ofertadas no leilão, com preço e prazo de construção. O governo baiano concordou com a solicitação, acreditando que no início de 2021 essas obras serão iniciadas. Note-se que em 15 de julho de 2020, deu-se um novo prazo para a assinatura do contrato, o que finalmente ocorreu em 12 de novembro de 2020!!!

Por outro lado, não se pode esquecer que o ano de 2020 foi o último para que as cidades brasileiras reduzissem em 50% o número de mortes no trânsito. Essa meta foi pactuada pelo País junto a ONU, e levou em conta o período até 2020. Um levantamento inédito feito pelo jornal *Folha de S.Paulo* mostrou que em 2018 seis capitais – Rio Branco, **Salvador**, BH, Aracaju, Curitiba e Porto Alegre já haviam alcançado esse objetivo. Já o DF e outras cinco capitais – Recife, Fortaleza, São Paulo, Belém e Campo Grande – também registraram uma boa redução e, se o ritmo for mantido, alcançarão a meta até o final de 2020. Existem, entretanto, cidades como Palmas e Florianópolis que em 2018 testemunharam a morte de ainda mais gente no trânsito, apresentando respectivamente taxas de **18,84** e **12,37** por cada 100 mil habitantes.

Especificamente Salvador foi a capital com a segunda maior redução de mortes no trânsito em 2018 (a diminuição foi de 54,85%), ou seja, naquele ano ele foi **55% menos letal** que em 2011!!! Desde 2016, a capital baiana apresenta a **menor taxa de mortalidade por 100 mil habitantes** no trânsito no País, e tal redução foi conseguida mesmo com o aumento da frota de veículos em 31% nesse mesmo período.

Em 2018, sua taxa foi de **3,99**, que segundo a OMS equivale àquela da Dinamarca!!! É provável que isso tenha ocorrido pelo fato de a prefeitura ter adequado a velocidade nas vias à presença de pedestres nos calçadões e nas praças. Assim, o número de atropelamentos caiu, bem como houve uma diminuição na gravidade dos eventos registrados.

Em alguns bairros foram criadas **áreas calmas**, perímetros onde nenhuma via tivesse velocidade acima de 30 km/h ou 40 km/h. Reduziu-se também as velocidades máximas em grandes avenidas, que em alguns trechos foi de 70 km/h para 40 km/h, enquanto na cidade aumentou-se em 71% o número de radares. Um novo projeto incluiu a criação de ciclovias, redesenharam-se as esquinas e o avanço das calçadas.

Com maior fiscalização a quantidade de infrações triplicou de 2012 a 2016, mas, ao mesmo tempo, após o pico verificado em 2016 as violações do limite de velocidade caíram em 35%. Para a Transalvador, uma autarquia vinculada à prefeitura soteropolitana e responsável pela mobilidade, isto foi um sinal evidente de que o comportamento dos motoristas da cidade mudou bastante.

Como se vê, a redução do número de acidentes com mortes no trânsito é fruto de um trabalho eficaz dos especialistas nesse setor, e pode – e deve – ser replicado nas cidades brasileiras, particularmente naquelas que desejam ser chamadas de **encantadoras**.

Ainda falando sobre números, quando a seleção brasileira entrou em campo para disputar a Copa do Mundo de Futebol, realizada no México em 1970, a torcida cantou um hino que dizia: "**90 milhões em ação...**", o que aliás estimulou bastante nossos jogadores a vencerem a competição!!! Já no início da Copa do Mundo de Futebol da Rússia, em junho de 2018 (na qual o nosso País foi eliminado pela Bélgica...) a população brasileira já era estimada em 208 milhões de habitantes, o que representou um **aumento** de **2,31** vezes em menos de **meio século**!!!

De fato, o Brasil teve um crescimento populacional incrível nas últimas décadas, principalmente nas suas cidades encantadoras. Mas essas proporções parecem pequenas quando comparadas à migração das áreas rurais para os centros urbanos. De acordo com a IBGE, em 1950, só um terço dos brasileiros morava nas cidades.

De 1950 até 2018, a população urbana mais que **decuplicou**, partindo de 18 milhões para atingir 183 milhões (88% dos brasileiros vivendo em 2018 nas cidades). Assim o fluxo migratório do campo para a cidade tem sido intenso e só não houve **tensão social** porque o País conseguiu nesse período um grande crescimento econômico, especialmente na agricultura, que teve um significativo incremento não só na quantidade do que se produzia, como também na produtividade.

Porém, não houve um planejamento urbanístico para dar conta de acomodar adequadamente os que chegaram às cidade e como resultado foram surgindo problemas em várias de suas áreas!!! E como não poderia deixar de acontecer, em praticamente todas as cidades encantadoras, elas têm sérios problemas de mobilidade, ou seja, um trânsito caótico e frequentemente as pessoas perdem muito tempo no deslocamento entre suas casas e locais de trabalho (e vice-versa) utilizando transporte público lotado ou indo com o próprio veículo!!!

Na virada do século XX, a bomba demográfica brasileira reduziu um pouco, parte de seu impacto. Se o século XX foi de um crescimento populacional desenfreado, o século XXI, especialmente na 3ª década tende a ser marcado por relativo estabilização demográfica, indicando a possibilidade de que as cidades médias e grandes de nosso País consigam concentrar seus esforços no sentido de corrigir seus problemas e estabelecer condições para uma vida urbana menos tumultuada e desconfortável, mesmo com a previsão de que 90% da população brasileira esteja vivendo nelas em 2030!!!

Essa relativa estabilidade populacional vai dar aos próximos governos das cidades e dos Estados a possibilidade de estabelecer prioridades na área de mobilidade urbana. E trata-se de construir **menos vias**, mas melhorar os serviços de transporte das pessoas pelas ruas e avenidas. Como dizem alguns urbanistas, de pensar menos no *hardware* urbano e se concentrar mais no *software*, encaminhando-se para tornar a **cidade inteligente**. Esse é o caso de se ter semáforos conectados e munidos de câmeras e sensores, que alertem para um mau funcionamento ou engarrafamentos, o que permitiria reparo mais rápido e inclusive a reprogramação do controle do fluxo de trânsito.

No caso do **transporte público**, dispor de dados como a localização dos ônibus, o tempo de espera e as condições de trânsito, disponibilizando-os aos usuários por meio de aplicativos. Assim, o próprio usuário poderia decidir quando trocar de linha ou até de modal, ficando menos tempo no ponto de parada.

Entre outras ideias que poderiam ser implementadas para melhorar o transporte, e não somente em Salvador, vejamos as seguintes:

1ª) **Prioridade para o transporte público em vez de carros** – Incentivos fiscais e subsídios federais, estaduais e municipais ficariam concentrados nas indústrias de veículos pesados de transporte e na construção e manutenção de serviços de transporte público.

2ª) **Implementação de pedágio urbano** – Estabelecer que veículos particulares passem a pagar um pedágio pesado para poder circular nas áreas sujeitas a congestionamentos. Há várias formas de realizar com eficiência essa cobrança. Uma delas é a instalação de *chips* (como os utilizados para sistemas tipo Sem Parar) ou com a implantação de identificadores de placas em semáforos espalhados pela região pedagiada.

3ª) **Eliminação das vagas de estacionamento em áreas públicas (tanto as gratuitas com aquelas da "zona azul")** – Isso significa proibir veículos de pararem em áreas públicas (ruas, avenidas, parques etc.) e assim eliminar a oferta de um estacionamento gratuito ou barato, pois isso é uma forma de incentivar o uso do carro particular. Essa medida tornaria mais difícil e caro estacionar um veículo, o que reduziria muito a circulação de carros.

O autor de *The High Cost of Free Parking* ("O Alto Custo do Estacionamento Gratuito"), Donald Shoup, ensina: "Estacionamento grátis é como dar gasolina (ou etanol) de graça!!!" Essa ideia pode ser implementada por uma medida administrativa da prefeitura de forma progressiva, começando pelas regiões onde há um intenso tráfego e se pode parar os carros nas vias. Naturalmente, é vital que não haja nenhum tipo de exceção e mais ainda que o proprietário de um veículo prove que ele tem um local para guardá-lo, dentro de uma garagem ou num espaço dentro de sua residência. Note-se que no Japão, desde 1957, para registrar um veículo o dono deve provar a existência de uma garagem para ele.

4ª) **Reduzir vias de trânsito para automóveis particulares em áreas de grande oferta de transporte público** – Isso significa o fechamento de vias para a circulação de automóveis (tanto reduzindo faixas em vias largas, quanto das ruas inteiras) e destinando os espaços liberados para pedestres, ciclistas e meios de transporte público. Caso isso sirva de inspiração, por medida administrativa, prefeituras de cidades criativas como Londres, Paris e Nova York estão reduzindo cerca de 30 km de vias ao trânsito de carros particulares **anualmente**!!!

Naturalmente o transporte público nessas vias torna-se mais rápido, o que estimula os moradores dessas cidades a utilizá-lo. Na criativa Melbourne (na Austrália), foram impostas restrições de trânsito e estacionamento de automóveis particulares no seu centro e, na mesma área, todo o transporte público é **gratuito**. Claro que os que têm de se movimentar dentro dela gostaram da solução, **não acha?**

5ª) **Adotar o conceito "cidade de 30 min"** – No planejamento urbano, especialmente nas grandes cidades encantadoras, deve-se adotar o conceito de "**cidade de 30 min**" no que se refere ao tempo médio de deslocamento dos cidadãos entre a casa e o trabalho. Isso depende da implementação de um conjunto de políticas públicas, incluindo incentivos, criação de infraestrutura, regras indutoras de criação de empregos em áreas próximas àquelas zonas que se tornaram dormitórios ou simplesmente residenciais ao longo das décadas passadas!!!

O conceito de "**cidade de 30 min**" norteou a proposta chamada *São Paulo 2040*, preparada em 2010 por técnicos da prefeitura de São Paulo e outros especialistas na gestão do prefeito Gilberto Kassab. Infelizmente o prefeito não conseguiu iniciar a execução dessa proposta, que implicava no estabelecimento de modos de transporte público de alta velocidade e capacidade, e da criação de novos múltiplos centros urbanos na cidade!?!?

6ª) **Fim dos subsídios indiretos aos combustíveis fósseis** – Conforme a recomendação da ONU, os países devem eliminar os "subsídios escondidos" dos combustíveis fósseis, o que significa repassar ao consumidor todos os custos relacionados com subsídios à prospecção e aos preços finais, custos de saúde pública decorrentes da poluição e de acidentes de trânsito; construção de infraestrutura etc.

Existem muitas projeções de qual seria o preço final de um litro de gasolina, com resultados discrepantes, entretanto, na Noruega, que é uma grande produtora de petróleo, quando o governo reduziu os subsídios, a gasolina passou a custar US$ 2,3 o litro!!!]

Claro que o corte de subsídios afetaria também o preço do diesel e do gás de cozinha, o que provocaria pressão sobre os preços de quase todas as cadeias produtivas. Como se nota, na tentativa de melhorar a **mobilidade urbana**, buscando o abandono ou a redução no número de veículos movidos a combustíveis fósseis, pode-se provocar o aumento dos preços de muitas coisas, caso não seja possível substituir esse veículos imediatamente por **elétricos** e, ao mesmo tempo, implementar um melhor transporte público e de cargas!?!?

Em praticamente todas as grandes cidades encantadoras citadas nesse livro, algumas dessas ideias pelo menos parcialmente estão sendo tentadas, mas nenhuma delas foi "introduzida de forma maciça"... Por exemplo em Porto Alegre, buscou-se melhorar o transporte público, mas isso tem sido feito de forma lenta ou está apenas no plano das intenções...

Na capital gaúcha foi **requalificada** uma linha de trem metropolitano para metrô. Entretanto, problemas de financiamento estão deixando o sistema degradar rapidamente.

No caso específico de Salvador, a sua prefeitura deve concentrar-se em tornar a mobilidade na cidade eficiente, pois isso a tornará **encantadora**, ou seja, atraente para que as pessoas queiram se mudar para lá, pois assim terão uma melhor **qualidade de vida**!!!

Para se ter acesso às lindas praias de Salvador basta percorrer a BA-99 (ou a estrada do Coco e a Linha Verde) mantida sempre em bom estado, construída paralelamente à costa, com vias de acesso na saída para o litoral propriamente dita. Quem anda por essa entrada nota que ao longo dela há muitas dunas de areia bem branca e a costa em si é uma linha quase ininterrupta de coqueiros. Além disso, passa por algumas vilas de pescadores na faixa do litoral da praia do Forte.

Por ser uma cidade litorânea, é comum em Salvador a utilização do **transporte aquaviário**, contando inclusive com algumas rotas para a ilha de Itaparica. A Companhia das Docas do Estado da Bahia, a Companhia de Navegação Baiana e o Circuito Náutico da Bahia são os principais responsáveis por esse transporte.

Com um volume de carga que tem crescido ano após ano, seguindo de certa forma a mesmo ritmo do desenvolvimento econômico que acontece no Estado, o porto de Salvador, localizado na baia de Todos-os-Santos, alcançou a condição de terceiro maior em movimento de contêineres das regiões norte e nordeste do País e o **segundo maior** do Brasil na exportação de frutas.

A crescente capacidade de lidar com o envio de um grande volume de cargas posicionou o porto de Salvador para novos investimentos em modernização tecnológica, que ficou conhecido por ter preços competitivos e um elevado nível de flexibilidade operacional. E esse porto está ano a ano procurando melhorar a sua infraestrutura para facilitar a circulação de mercadorias, atendendo simultaneamente as necessidades de exportadores e importadores internacionais.

Já o **transporte ferroviário** foi inaugurado pela empresa inglesa Bahia San Francisco Railway Company (Estrada de Ferro Bahia e São Francisco), cujo primeiro trecho de Jequitaia a Aratu, entrou em funcionamento em 28 de junho de 1860. Atualmente disso sobrevivem o Sistema de Trens Urbanos de Salvador, com a estação da Calçada, antiga Jequitaia e a estação Paripe, como **extremos** da linha, desde o início da década de 1980.

Agora a Companhia de Transportes do Estado da Bahia, operadora do sistema, planeja a requalificação do transporte ferroviário, estendendo-o para a avenida São Luis e para o bairro do Comércio. Salvador possui hoje o segundo maior **sistema metroviário** das regiões norte e nordeste e o quarto do País. Os primeiros trabalhos para a licitação foram iniciados em 1997, com o apoio financeiro dos governos municipal, estadual e federal, mas sua construção de fato só foi iniciada em abril de 2000.

Surgiram, porém, muitas denúncias de superfaturamento da obra o que provocou as investigações do Tribunal de Contas da União (TCU) e do Ministério Público Federal (MPF), o que interrompeu a construção. Além disso, aconteceram outros atrasos nas obras, o que prolongou por mais de uma década a inauguração do sistema. As obras foram repassadas para a administração estadual em 2013, e o metrô entrou em funcionamento sob operação assistida em 11 de junho de 2014 (um pequeno trecho).

A cobrança da tarifa só começou em janeiro de 2016. Nesses últimos anos o governo estadual envolveu-se mais dinamicamente com a mobilidade em Salvador, em especial com o metrô, que no final de 2019 tinha 390 mil pessoas utilizando-o por dia. Pode-se dizer que o sistema metroviário se integrou com as linhas de ônibus da cidade e em outubro de 2019, já contava com 20 estações em operação das 23 previstas, uma extensão de 33 km, sendo que uma das estações fica no aeroporto internacional.

No tocante a **mobilidade**, a boa notícia para a RMS se refere à expansão do sistema metroviário e a provável construção da ponte para a ilha de Itaparica. Assim, em 20 de fevereiro de 2019 o governo do Estado da Bahia declarou oficialmente a construtora Queiroz Galvão como a vencedora da licitação para a implantação do tronco 3, uma extensão da Linha 1 do Sistema Metroviário Salvador – Lauro Freitas.

O trecho licitado parte de Pirajá, tem 5,5 km e prevê a construção de duas estações metroviárias – Campinas e Águas Claras/Cajazeiras (de responsabilidade direta do governo estadual), cabendo à concessionária CCR Metrô Bahia a implantação dos sistemas operacionais.

Salvador é servida pelo **aeroporto internacional Deputado Luís Eduardo Magalhães** (anteriormente denominado Dois de Julho), que é o segundo maior e mais movimentado terminal aeroportuário do norte--nordeste, tendo sido em 2018 o nono mais movimentando do País. Esse aeroporto foi inaugurado em 1925, fica no bairro de São Cristóvão, no limite com o município de Lauro de Freitas. Ao longo das décadas ele sofreu várias reformas e ampliações.

A última grande reforma do aeroporto ocorreu em 2012, quando foi construída uma nova passarela interligando o piso superior do estacionamento de veículos do edifício-garagem, direto ao terminal de embarque, houve a ampliação na capacidade de funcionamento, com obras nos pátios de manobras, bem como o estacionamento de aeronaves, ergueu-se uma nova torre de controle (que é a segunda mais alta do Brasil, com 66 m de altura); promoveu-se uma significativa melhoria no terminal de passageiros e construiu-se um novo Destacamento de Controle do Espaço Aéreo de Salvador (DTCEA-SV).

Em 2013, a Infraero assinou um contrato de concessão para obras de ampliação no estacionamento de veículos, com o que o local ganhou mais 1.328 vagas, sendo 1.050 na ampliação do edifício-garagem. Em 2014 o aeroporto passou por novas melhorias, que visavam atender os torcedores brasileiros e estrangeiros que viriam a Salvador para assistir as partidas dos jogos da Copa do Mundo de Futebol naquele ano.

Houve a ampliação da área de embarque, surgiu uma nova área de *check--in* e o terminal de passageiros recebeu novas escadas rolantes, elevadores, esteiras de restituição de bagagem e foram construídos 19 novos banheiros. Em 31 de maio de 2016 foi inaugurada uma nova torre de controle no DTCEA-SV, com equipamentos mais modernos, possibilitando uma melhor visualização das áreas de circulação de aeronaves, além do aprimoramento no controle do espaço aéreo na região.

Em 16 de março de 2017 ocorreu o leilão de **concessão** do aeroporto à iniciativa privada e a operadora francesa Vinci Airports (parte do grupo Vinci) arrematou o mesmo com o lance mínimo de R$ 660 milhões, representando um ágio de 113% sobre o valor inicial estipulado de R$ 310 milhões. O contrato de concessão com a empresa francesa foi assinado em 28 de julho de 2017, e teve início logo após diversas obras de modernização do aeroporto.

O aeroporto está localizado a 28 km do centro, indo pela avenida Luiz Viana Filho (avenida Paralela) e no trajeto até ele passa-se por uma bela alameda de bambus com cerca de 1 km de extensão, que existe desde o final dos anos 1940, além de se poder admirar dunas e vegetação nativa, com o que ele se tornou inclusive uma atração panorâmica da cidade.

Nas suas proximidades está localizada uma estação do metrô da Linha 2, que facilitou chegar-se ao terminal de embarque/desembarque do aeroporto, usando-se uma linha de ônibus circular que passa de 10 min, com ar condicionado, assentos preferenciais, espaço exclusivo para malas grandes ou médias e com facilidades para receber pessoas com mobilidade reduzida ou com deficiências físicas.

Ele ocupa uma área de cerca de 7 milhões de m², sendo atualmente capaz de atender a 15 milhões de passageiros por ano, e possuindo um pátio para operar 26 aeronaves simultaneamente, cuja área é de 255 mil m². A média diária de passageiros está em torno de 26 mil, mas na alta estação esse movimentação chega a 38 mil por dia.

Em 2019 o aeroporto recebeu 7,8 milhões de passageiros e movimentou-se nele cerca de 28 mil toneladas de carga. Existem hoje voos regulares de Salvador para as principais capitais estaduais e a capital do País, bem como para alguns países da Europa e da América do Sul.

Em 2019 estima-se que as duas cidades brasileiras que mais receberam embarques saindo de Salvador foram São Paulo (Guarulhos) e Rio de Janeiro (Galeão), com cerca de 1,2 milhão e 1,52 milhão, respectivamente. Entre os visitantes que chegaram por rotas internacionais e desembarcaram em Salvador em 2019, destacaram-se os argentinos (cerca de 23 mil), os portugueses (quase 20 mil) e os italianos (aproximadamente 17.500).

No setor das **telecomunicações** e **mídia**, não se pode esquecer que Salvador foi sede da administração portuguesa no Brasil, e por isso teve importantes jornais a nível nacional e nessas últimas décadas tem acompanhado as grandes mudanças, sendo uma das primeiras a implantar novas tecnologias no País. Esse foi o caso do telefone celular, que inicialmente foi lançado no Rio de Janeiro em 1990 e logo em seguida na capital bahiana.

Salvador ainda possui um dos jornais impressos mais antigos do Brasil, *A Tarde*, publicado diariamente desde 1912, bem como é sede da rede Bahia, o maior conglomerado de mídia das regiões norte e nordeste. Claro que há outras emissoras de televisão afiliadas, inclusive das mais importantes redes nacionais.

Aliás, falando de um modo geral de **comunicações**, convém destacar que a imensa conectividade nos tornou **super-humanos**, pois permitiu multiplicar nossas horas produtivas e fez com que transitássemos de forma fluida entre tempos e espaços, reinventando a forma como trabalhamos e consumimos. Ficamos mais elásticos e disponíveis, mas também mais suscetíveis a novas formas de dependência. O vício em TIC é um dos males mais debatidos do século XXI, que ao mesmo tempo se tornou um grande nicho para que empreendedores possam inovar.

A **comunicação** sempre foi o *software* mais básico da humanidade. A espécie humana se tornou humanidade por meio da sua capacidade individual e coletiva de expressar pensamentos e emoções das mais variadas formas. Por isso, a maior capacidade de comunicação possibilitou a maior aptidão humana de se organizar e produzir.

Naturalmente muitas vezes toda essa capacidade de se comunicar, organizar-se e produzir pode ser usada de forma devastadora. É o caso atual de usar o WhatsApp, que no início de 2019 tinha no Brasil cerca de 130 milhões de usuários, para a disseminação de notícias falsas (*fake news*) pelo aplicativo, como ocorreu durante a campanha eleitoral no País em 2018.

Apesar de já se ter um histórico terrível de devastações provocadas pelas *fake news*, deve-se acompanhar as visões otimistas de pensadores como Peter Diamondis e Steven Pinker, que conseguiram mostrar, com dados verificáveis e incontestáveis, como a humanidade **vive muito melhor hoje do que ontem**, de acordo com praticamente todas as medidas objetivas relevantes.

E eles argumentam que ainda estamos prestes a realizar descobertas e melhorias espetaculares, potencializadas pelas TICs, que trarão mais prosperidade e bem estar às pessoas. Vivemos tempos de grandes mudanças na forma como as pessoas desejam (ou podem) receber as notícias, as informações e chegar aos conhecimentos.

Nota-se de forma evidente que, se não conseguirem transmitir seus programas via Internet, as rádios AM terão seus dias contados, sendo substituídas pelas rádios digitais. Já existem aplicativos para que se possa ouvir rádio nos *smartphones*. Essa mesma dinâmica também está afetando os livros impressos, com uma evolução – embora ainda lenta, mas já bastante significativa – dos *e-books* (livros eletrônicos). Aliás, também já se nota grandes mudanças na programação dos canais de TV, que vivem uma era em que os telespectadores podem assistir a uma grande variedade de programas, *shows*, filmes etc. sob demanda (*on demand*).

Por exemplo, uma pessoa que deseja desenvolver sua carreira em **publicidade e propaganda** – uma das áreas da EC – tem diante de si um ferramental prático extraordinário, inimaginável há poucos anos (ou até meses!). Hoje ela tem acesso a públicos, informações e referências de um grande número de fontes e assim pode criar peças de comunicação em diversas plataformas, com uma variedade de conteúdos, formatos e custos tão grandes quanto as diversidades de público-alvo.

E todo aquele que quiser seguir uma carreira extremamente promissora não deve esquecer que hoje os dois titãs do capitalismo global, como Google e Facebook, consolidaram seu poder na base da boa e nova **propaganda**. A Alphabet, companhia que é a dona do Google, divulgou em 3 de fevereiro de 2020 que em todo o ano fiscal de 2019, teve um lucro líquido de US$ 34,2 bilhões com publicidade. Já o Facebook também cresceu não só em receita, como também em lucro líquido. De fato, seu lucro líquido com publicidade no 1º trimestre de 2019 foi de US$ 2,4 bilhões, e saltou para US$ 4,9 bilhões no 1º trimestre de 2020.

Claro que muita gente que trabalha com comunicação sente preocupação com a era digital, porém é melhor se adaptar a ela e celebrá-la no ligar de lamentá-la. Neste sentido, deve-se lutar para mudar o que for preciso para se comunicar da melhor forma possível, valendo-se das poderosas TICs.

Salvador é o 2º destino turístico do País, e estima-se que em 2019 a cidade tenha sido visitada por aproximadamente 4 milhões de turistas, sendo que cerca de 80% deles eram brasileiros. Desses, 60% vieram do interior do Estado da Bahia.

A orla marítima do município de Salvador tem cerca de 50 km de extensão, abraçada parcialmente pela baía de Todos-os-Santos, a 2ª maior baía do planeta. Entre essas praias destacam-se as do Farol da Barra, do Flamengo, do Buracão, Jaquaribe, Piatã, Itapuã, Stella Maris etc.

E por falar em praias, vale ressaltar que as de Salvador são calmas e ideiais para a natação, prática de vela, mergulho e até mesmo pesca submarina. Elas são também bastante procuradas por surfistas, uma vez que abrigam várias enseadas nas quais as ondas são bem fortes e altas. Mas na região existem também as praias cercadas por recifes, que formam belas piscinas naturais de pedra e um ambiente ideal para as crianças brincarem.

Mas além de curtir as belíssimas praias da cidade pela manhã, o turista que escolhe Salvador para descansar e passear também poderá caminhar pelo **centro histórico** à tarde, jantar em um dos bons restaurantes da cidade, curtir os ensaios dos blocos de Carnaval da cidade ou dançar ao som de outros estilos musicais. Há também outras opções de lazer na capital baiana, como as apresentações que acontecem em teatros como o Castro Alves, Jorge Amado e Vila Velha.

Existem muitos hotéis em Salvador, sendo que a maioria dos de grande porte estão localizados na orla marítima. Já os menores e mais baratos, assim como as diversas pousadas da cidade encontram-se espalhados na Barra, ao longo da avenida Sete de Setembro (ou simplesmente "avenida Sete", como é carinhosamente chamada pelos locais), e há também outros no entorno do Pelourinho.

Uma má notícia para os visitantes de Salvador foi o encerramento das atividades, ainda em 2018, do icônico hotel da rede Othon na cidade, após mais de quatro décadas de história. A vista do hotel era esplendida, sendo que metade das janelas da construção estava voltada para a praia de Ondina, e as demais para a avenida ao longo da qual desfilavam os trios elétricos no Carnaval.

E não foi somente o Othon de Salvador que fechou as portas. Após um lacônico anúncio da rede, a unidade de BH também deixou de operar. Ainda assim, a rede Othon – que possui outros hotéis em cidades brasileiras e um passivo de cerca de R$ 530 milhões, principalmente em tributos – disse acreditar na recuperação da economia do País e declarou que continuará apostando no turismo nacional...

Só em Salvador, o fechamento do hotel Othon representou a perda de 240 empregos. Aliás, desde o *boom* da Copa do Mundo de Futebol de 2014, até o fim de 2018, foram fechados 22 hotéis na capital baiana (?!?!), com o que o número de leitos caiu de 46 mil para menos de 40 mil.

Em relação ao ocorrido, o secretário de Turismo da Bahia, José Alves, afirmou num tom otimista: "Estamos entretanto vivendo um momento positivo no turismo, não somente na capital baiana, mas em várias outras regiões do Estado, com boas taxas de ocupação dos hotéis. Vejo o fechamento do

Othon como um ponto fora da curva. Em Salvador, por exemplo, surgiram na região central o Fera Palace, que recebeu 28 mil hóspedes com um ano de funcionamento, assim como o luxuoso hotel Fasano. Além disso, nos últimos anos está sendo desenvolvido um grande programa de divulgação de Salvador como destino turístico!!!"

De fato, em 2019, alguns hotéis tiveram um excelente desempenho. Um ótimo exemplo disso foi o hotel Fasano, localizado na praça Castro Alves – eternizada por um músico brasileiro, que disse: "A praça Castro Alves é do **povo**" (palavras inspiradas no famoso poeta Castro Alves, em sua poesia *O Poder ao Povo*, em que se referia a todas as praças em geral).

O hotel cinco estrelas Fasano ocupa um imóvel icônico em estilo *art déco*, cuja construção teve início em 1921. Segundo o historiador e arquiteto Francisco Sena, o prédio foi um dos primeiros a utilizar a então inédita tecnologia de concreto armado no País. A proposta inicial da construção, que contava com salas comerciais e escritórios, era abrigar o jornal *A Tarde*, que foi fundada por Ernesto Simões Filho em 15 de outubro de 1912. Os dois últimos andares seriam usados pelo hotel Wagner.

Porém, depois de 43 anos, o periódico mudou sua sede em 1975, deixando vagas diversas salas comerciais. Com isso, o prédio começou a sofrer um processo de esvaziamento e, pouco a pouco aderiu a uma tendência que também afetou outros edifícios do parque imobiliário do centro de Salvador: entrou em estado de **abandono**!?!?

Por algum tempo, o centro da cidade ficou abandonado. Essa situação começou a mudar a partir de 2007, quando a empresa Prima Empreendimentos Inovadores adquiriu o prédio, e logo começou a buscar bandeiras hoteleiras que tivessem interesse em explorá-lo. O escolhido foi o grupo Fasano, e as suas obras de reforma se iniciaram em agosto de 2015.

O prédio passou por uma minuciosa restauração, com a adição de novas tecnologias, assim como uma eficiente reforma que elevou o imóvel histórico a padrões internacionais de qualidade e modernidade, sem deixar que o charme tradicional se perdesse. O projeto foi do arquiteto paulista Isay Weinfeld e foram investidos na obra cerca de R$ 85 milhões. Essa intervenção arquitetônica envolveu o reforço da estrutura e a modernização dos sistemas internos, além do restauro das características históricas da construção. Manteve-se a fachada original, inclusive com o nome do jornal.

A obra mais pesada levou cerca de 18 meses, embora as reformas (especialmente as internas) tenham se estendido por quase três anos, sendo reinaugurado em 8 de dezembro de 2018. Nesse edifício, o tom do azul lembra o estilo provençal, e também se assemelha àquele do oceano à sua frente. Seu tombamento só foi possível devido à manutenção da cor original.

Sua elegante modernidade é adornada com detalhes que lembram a cultura baiana, com trabalhos do artesanato local, revestimentos de palha de bananeira, lambris de madeira da Bahia e móveis de jacarandá. Há também peças decorativas ou utilitárias, como as formas metálicas de pão de açúcar (como se chamavam os grandes torrões arredondados produzidos nos engenhos de açúcar), que decoram o restaurante e o bar.

Hoje o hotel Fasano conta com 70 quartos luxuosos, cujas diárias em março de 2020 eram de R$ 1.400. Entre as acomodações está o apartamento Nº 106, onde foi a antiga sala da presidência do jornal *A Tarde*, da qual foram conservados o piso de tacos, os painéis de jacarandá e os adornos de gesso.

No topo do prédio ficam o *spa*, a sala de ginástica e a bela piscina com vista panorâmica do mar, além de um bar. Já no primeiro piso fica o restaurante, que também possui um bar no qual hóspedes, visitantes e até mesmo os moradores de Salvador podem apreciar deliciosos drinques, antes de fartar-se no excelente e animado restaurante do hotel. O cardápio da casa foca na culinária italiana (como já é habitual nas demais unidades da rede), oferecendo os clássicos da grife, como o *carpaccio* com pinoli e azeitonas pretas, o ossobuco de vitela com risoto e açafrão ou o tiramisú (uma sobremesa espetacular).

Todavia, nesse restaurante – cujo *chef* executivo é o baiano Lomanto Oliveira (que atuou pelo grupo em outras cidades por muitos anos) – também dispõe de um menu diferenciado de comida baiana, elaborado pela *chef* Tereza Paim (que comanda na cidade o restaurante *Casa da Tereza*). Desse modo, o comensal poderá provar os sabores locais, com itens como o acarajé com vatapá, a moqueca de peixe ou então uma sobremesa de cocada de forno com sorvete de rapadura, enquanto toma um gole de cachaça acompanhado de petiscos incríveis...

Como já mencionado, outro hotel famoso da cidade de Salvador é o Fera Palace. Vale destacar que o processo de restauro de um prédio histórico requer não apenas **artesania**, mas um certo **desprendimento**. É preciso trazer o passado de volta à vida, mas, ao mesmo tempo, criar uma infraestrutura contemporânea!?!? Essa observação é do famosos arquiteto Adam Kurdahl, que assinou a reforma do hotel Palace, reaberto oficialmente em 5 de março de 2017, com a bandeira Fera Hotéis.

O hotel Palace foi construído em 1934, em estilo *art déco*, dividindo as ruas Chile (a primeira rua planejada do Brasil!) e do Tesouro. Sinônimo de luxo e diversão até meados de 1970, o icônico e simbólico edifício da Cidade Alta foi inspirado na arquitetura triangular do icônico *Flatiron Building*, de Nova York, e chegou a receber hóspedes ilustres, como Carmen Miranda, Pablo Neruda, Orson Welles etc.

Todavia, a partir de 2000, a imponente construção entrou em franco ostracismo, permanecendo fechada por mais de uma década. Foi somente em outubro de 2014 que numa iniciativa conjunta do empreendedor mineiro Antônio Mazzafera (um apaixonado por Salvador) e do empresário da moda Marcelo Lima, o edifício começou a ser reformado, de acordo com um projeto de Adam Kurdahl, da Spol Architects.

Hoje a fachada do Fera Palace é deslumbrante, enquanto o interior conta com uma decoração sofisticada. Sua cobertura também é espetacular, com uma piscina de borda infinita da qual se tem a melhor vista da baia de Todos-os-Santos. Entretanto, a repaginação manteve as características arquitetônicas do edifício, com suas 629 janelas, seus 205 adornos, a envolvente escadaria de mármore em estilo caracol e os dois elevadores com motivos geométricos feitos em madeira. Seu estilo harmoniza perfeitamente com as várias construções em seu entorno.

No primeiro dos oito andares do edifício fica o antigo salão do cassino, um cenário imortalizado na obra *Dona Flor e Seus Dois Maridos*, de Jorge Amado, que foi transformado em salão de festas, com capacidade para 300 pessoas e um pé direito de 6 m de altura. Uma das novidades, é que em todas as suas luxuosas 81 acomodações (71 quartos e 10 suítes), os hóspedes têm banheiros privativos, visto que antes no hotel Palace eles eram coletivos, havendo apenas dois por andar...

Atualmente o hotel conta com um incrível restaurante: o *Lina*, com as assinaturas do consultor francês Charles Piriou e da premiada *chef* mineira Manuelle Ferraz. As sextas-feiras, hóspedes e visitantes podem experimentar diversas delícias típicas baianas, como o vatapá, o caruru, a moqueca de peixe e a farofa de banana da terra, entre outras opções. Já no jantar, o *Lina* oferece serviço *à la carte*, com pratos autorais da cozinha clássica brasileira. Naturalmente o hotel dispõe de um *lobby-bar* para atender os clientes na *happy-hour*. Há também o *Fera Lounge*, que conta com uma atraente carta de *drinks*, petiscos e sanduíches.

E não se pode esquecer que a localização do Fera Palace é privilegiada. O hotel fica praticamente do lado do elevador Lacerda e de quase todos os cartões-postais de Salvador, como a Fundação Casa de Jorge Amado, o Museu da Gastronomia Brasileira, o convento e a igreja de São Francisco, o Mercado Modelo, o monumento da Cruz Caída etc.

Um outro hotel de destaque em Salvador é o Wish. Para falar sobre o hotel Wish é preciso antes recordar a história do hotel da Bahia, que foi idealizado pelo então governador Otávio Mangabeira e projetado pelos arquitetos Diógenes Rebouças e Paulo Antunes Ribeiro. A obra foi construída com dinheiro público e inaugurada em 24 de maio de 1952. O edifício foi então reformado em 1970 e, no decorrer daquela década foi repassado para a iniciativa privada, passando a ser gerido pela rede Tropical Hotéis.

Todavia, o empreendimento voltou a passar por dificuldades depois de algumas décadas, sendo então arrematado num leilão em 2010 pela GJP Hotels & *Resorts*, do empresário Guilherme Paulus, por R$ 31 milhões. Nessa época o hotel foi declarado **patrimônio histórico** do Estado e, posteriormente, mediante um acordo com a Starwood Hotels & *Resorts*, ele passou a funcionar na Bahia sob a bandeira Sheraton. Finalmente, no início de 2018, a GJP anunciou uma nova mudança de bandeira, e o estabelecimento passou a se chamar Wish.

Atualmente o Wish possui 284 quartos bem modernos, restaurante, dois bares, duas piscinas e um *spa* elegante. No local há obras de arte incríveis, espalhadas por todas as partes do edifício de 12 andares. O hotel está localizado num ponto estratégico, ou seja, na avenida Sete de Setembro Nº 1537, entre o centro histórico e o bairro Rio Vermelho (o mais agitado da cidade para quem deseja curtir a noite).

Apesar dessa proximidade, os hóspedes em geral preferem permanecer dentro do próprio hotel, uma vez que ele oferece excelente gastronomia e bastante lazer!!! Aliás, o Wish consegue atender bem tanto ao público que busca lazer familiar quanto o corporativo, dispondo de um excelente centro de convenções, com capacidade para acomodar cerca de 1.200 pessoas.

Lamentavelmente o Pestana Hotel Group, interrompeu em 15 de abril de 2020 o funcionamento do hotel Pestana Convento do Carmo, em Salvador.

O comunicado do grupo foi: "Devido à crise mundial desencadeada pela *Covid-19* foi necessário tomar a triste decisão de encerrar as operações no Pestana Convento do Carmo, após 15 anos de atividades, isso num destino tão querido, amável e caloroso como Salvador."

E quem visita Salvador também tem à sua disposição algumas opções **quatro estrelas** bem interessantes, dentre as quais estão os hotéis:

- **Sol Victoria Marina** – Esse é um hotel bem moderno, com uma fachada envidraçada e uma excelente vista para a baía de Todos-os--Santos. Fica a 1 min a pé de um ponto de ônibus e a 11 mim a pé do Museu Rodin Bahia. O hotel conta com restaurante internacional e três piscinas. O hóspede tem estacionamento e café da manhã gratuitamente. Um problema reportado pelos hóspedes é que seus quartos cheiram mofo...
- **Sol Barra** – Trata-se de um hotel tranquilo e descontraído, com fachada verde. Está localizado a 1 min a pé da praia e a 11 min a pé do Museu Náutico da Bahia. Esse hotel possui restaurante e bar, além de terraço e piscina externa. Nele o hóspede tem *Wi-Fi*, café da manhã e estacionamento gratuitos.
- **Real Classic Bahia** – Esse é um hotel despretensioso localizado a 2 min de caminhada da praia da Pituba e a 15 km do centro histórico da cidade. Ele possui um bom e sossegado restaurante, uma piscina externa e academia, e oferece aos hóspedes *Wi-Fi* e café da manhã gratuitamente.
- **Golden Tulip Salvador** – É um hotel bem elegante, instalado num edifício moderno e com vista para o oceano Atlântico. Além de quartos discretos, o hotel dispõe de dois bares, um restaurante baiano e uma piscina externa no terraço. Oferece café da manhã como cortesia aos hóspedes, e está localizado a 6 km do Museu Náutico da Bahia.
- **Quality Hotel & Suites São Salvador** – Ele ocupa dois prédios modernos interligados, sendo muito usado para conferência nas quais o público não é muito grande. O local possui restaurante, bar e piscina externa, e oferece gratuitamente aos hóspedes *Wi-Fi*, estacionamento e café da manhã. Fica a 20 km do aeroporto e a 10 km do elevador Lacerda.
- **Mercure Salvador Pituba** – É um hotel refinado e bem moderno, que ocupa um prédio bem alto localizado a 3 km do mar e a 5 km do centro de convenções Fiesta. Possui restaurante com terraço, bar no *lobby* e piscina externa. O hóspede tem nele *Wi-Fi* e café da manhã grátis.

Também há uma quantidade razoável de hotéis classificados com **três estrelas**, entre os quais destacam-se:

- **Colonial Chile** – Com excelente localização – Fica a 100m do elevador Lacerda e a 1km do Mercado Modelo – no centro histórico, está instalado em um elegante edifício, do período colonial, no qual os hóspedes têm comodidades modernas nos seus quartos (TV, ar-condicionado, frigobar etc.), oferecendo-lhes também gratuitamente o café da manhã e o *Wi-Fi*.

- **Porto Salvador** – Esse hotel modesto fica a uma quadra da praia, a 2 min a pé do ponto de ônibus mais próximo e a 5 km do Pelourinho. Seus quartos são despretensiosos (alguns com vista parcial para o mar), e os hóspedes têm *Wi-Fi* e café da manhã gratuitamente. Um diferencial é que nele são permitidos animais de estimação.

- **Bahia do Sol** – Esse hotel modesto, com suítes e quartos discretos (alguns com vista para a baía de Todos-os-Santos), está situado em uma rua arborizada, a 2 km da praia do Porto da Barra e do Pelourinho. Possui um restaurante descontraído e o hóspede tem como cortesia *Wi-Fi* e café da manhã.

- **Ibis Salvador Rio Vermelho** – É um hotel econômico, moderno, contemporâneo localizado a poucos minutos a pé da praia. Possui restaurante descontraído, bar aberto 24 h e permite a presença de animais de estimação. O hóspede tem *Wi-Fi* gratuitamente.

- **Bahia Sol e Mar** – Possui quartos simples com vista para a praia e uma piscina externa. Oferece aos hóspedes café da manhã grátis e fica a 1 km da praia e 4,3 km do Museu de Arte Moderna da Bahia.

- **Salvador Mar** – Seus quartos são simples, com vista para o mar, e possui piscinas interna e externa, além de restaurante. O café da manhã é cortesia. Está localizado a 5 min de caminhada do oceano Atlântico e a 10 km do estádio de futebol Itaipava Arena Fonte Nova.

- **Golden Park Salvador** – Trata-se de um hotel descontraído que ocupa um edifício de arquitetura moderna em rosa e branco. Está localizado a 1,4 km da igreja Nossa Senhora da Luz. Possui restaurante e bar, além de piscina com vista para o mar. Oferece um ótimo café da manhã gratuitamente.

- **Salvador Express Praia** – É um hotel bem colorido e com vista para o mar. Seus quartos são bem confortáveis e tranquilos, com banheira de hidromassagem no terraço. Oferece aos hóspedes *Wi-Fi*, café da manhã e estacionamento gratuitamente.

- **National Inn Salvador** – Trata-se de um hotel com quartos bem simples e piscina externa. O hóspede tem estacionamento, *Wi-Fi* e um bom café da manhã gratuitamente. Fica de frente para a praia e a 8 km da icônica igreja Nosso Senhor do Bonfim.
- **Sol Bahia** – Está situado no topo de uma colina, com vista para a praia de Patamares, e suas acomodações são sossegadas e confortáveis, com vista para o mar. Possui duas piscinas, bom restaurante e bar. Oferece aos hóspedes excelente café da manhã e ótimo serviço de estacionamento. Está localizado a 9 min a pé do Teatro Diplomata e a 10 km do *shopping* Salvador.
- **Mercure Salvador Boulevard** – É um hotel sofisticado, com quartos bem elegantes e com varandas. Possui restaurante, piscina coberta e três piscinas externas. O café da manhã oferece muitas opções. O estacionamento é pago, mas o *Wi-Fi* é gratuito. Está localizado a 300 m do *shopping* Salvador, a 10 km do estádio Itaipava Arena Fonte Nova.
- **Hit** – É um hotel despretensioso, com quartos simples, mas modernos. Fica a 1 min a pé da praia do Porto da Barra e a 9 min de caminhada do Museu Náutico da Bahia. Nele o hóspede tem o café da manhã e *Wi-Fi* gratuitamente.

Sem dúvida há muitos outros lugares para se hospedar em Salvador confortavelmente e por preços módicos...

Em dezembro de 2019 o governador da Bahia, Rui Costa, aprovou uma Proposta de Manifestação de Interesse do grupo português Vila Galé para desenvolver estudos de viabilidade para transformar o palácio Rio Branco em um empreendimento hoteleiro. O secretário de Turismo da Bahia, Fausto Franco, explicou: "O palácio Rio Branco, é de fato um imóvel que faz parte da história do Brasil, mas está subutilizado.

Entendemos que é melhor conceder este patrimônio para a iniciativa privada do que deixar que ele continue se degradando e sendo usado apenas como espaço para a realização de alguns eventos públicos ou privados e abrigando a secretaria de Cultura da Bahia. Naturalmente, um novo empreendimento hoteleiro poderá ajudar muito na recuperação e na retomada econômica da região do centro histórico de Salvador. É claro que o governo estadual exigirá do grupo português a recuperação da estrutura do palácio e a manutenção do Memorial dos Governadores."

A história do palácio Rio Branco remonta a 1549, quando o governador-geral Tomé de Souza desembarcou no local onde seria erguida a cidade de Salvador, concebida para ser a sede administrativa da América portuguesa. Um dos primeiros edifícios da nova cidade foi a Casa dos Governadores, construção em taipa e palha que serviria de morada do governador-geral e sede administrativa do governo. Desde então, outras três construções se sucederam no local.

Em 1663, a casa de taipa virou um edifício de pedra e cal, ganhando ares de palácio. Em 1808, hospedou por 34 dias o rei dom João VI, que desembarcou no porto de Salvador fugindo das tropas de Napoleão Bonaparte que invadiram Portugal. Em 1837 ele foi a sede da efêmera República Bahiense, que foi proclamada em Salvador após a revolta da Sabinada.

No final do século XIX, foi novamente reformado e passou a ter uma arquitetura em estilo neoclássico. Em 1912 foi alvejado por tiros de canhão que partiram do forte de São Marcelo para destituir o governador Aurélio Viana!?!? Aí, o palácio foi novamente reconstruído entre 1912 e 1919, tendo sido reinaugurado assim há mais de cem anos, quando ganhou o nome de palácio Rio Branco.

Até 1972 o palácio foi sede oficial do governo da Bahia. Está encravado na primeira praça dos três poderes do Brasil, hoje dividindo o espaço com a Câmara Municipal, a prefeitura e o elevador Lacerda. Além de abrigar o Memorial dos Governadores, o palácio possui espaços como a sala Pompeana, com afrescos dos séculos XIX e XX, e a sala dos Espelhos, em estilo rococó. Todavia, por não possuir mais os traços de sua arquitetura original, não é tombado pelo IPHAN, apesar de os especialistas (particularmente os arquitetos) atestarem sua importância histórica e simbólica, sendo contrários à ideia de o palácio ser transformado num hotel!!!

Tudo indica que o **turismo** vai crescer cada vez mais em Salvador, especialmente se outros prédios no seu centro histórico forem concedidos à iniciativa privada para transformá-los em locais nos quais se apresentem exposições, competições esportivas, espetáculos musicais etc. com o que a capital baiana terá uma visitabilidade ainda maior...

É o que vai acontecer depois que foi inaugurado no dia 23 de janeiro de 2020 o novo Centro de Convenções Antônio Carlos Magalhães, em Salvador, na orla do bairro Boca do Rio!!! Ele possui um formato geométrico que remete à imagem de uma pomba, um símbolo da bandeira soteropolitana. E isso não é por acaso. Ele foi construído num terreno de 103.200 m², de frente para o mar, usando muito alumínio e vidro autolimpante.

O local tem capacidade para receber 14 mil pessoas simultaneamente para congressos, feiras, exposições etc., ou até 20 mil espectadores nos *shows* nas suas áreas interna e externa. Possui espaços moduláveis, ou seja, que podem ser adaptados de acordo com as necessidades dos clientes. Conta com um restaurante de 334 m², uma cobertura para eventos na mesma área e um estacionamento com capacidade inicial de 1.460 veículos.

A solenidade de inauguração contou com o prefeito de Salvador, Antônio Carlos Magalhães Neto, o presidente do Senado, Davi Alcolumbre, e muitas outras autoridades, em particular vários prefeitos de cidades baianas. Em relação ao centro de convenções, o prefeito de Salvador disse: "Esse equipamento vai permitir movimentar bem mais o **turismo** na cidade, com os eventos que aqui serão programados.

As empresas que trabalham com grandes eventos têm agora um excelente local para realizá-los. Recordo que em 2015 o Centro de Convenções da Bahia encerrou suas atividades, e isso abalou muito a economia de Salvador. Desde então, a cidade perdeu muitas posições como destino turístico de negócios. Chegou a ser o terceiro maior destino para esse público, mas depois despencou para o nono lugar e parece que até a inauguração desse local estava na quinta posição no País.

Estima-se que nesse período, ou seja, até 2020 a nossa cidade perdeu cerca de R$ 2 bilhões, mas agora está novamente pronta para retomar seu lugar como destino procurado para entretenimento e o turismo de negócios. Temos uma cidade muito badalada no verão, mas no restante do ano perdíamos muito pela falta de um conveniente centro de convenções.

A prefeitura assumiu o protagonismo e em tempo recorde de 15 meses o construiu!!! Investiu nele R$ 130 milhões de seus recursos e em breve poderão ocorrer aqui até 100 eventos por ano, sejam pequenos, médios ou grandes, atraindo dessa forma centenas de milhares de visitantes. Com isso vai entrar muito mais dinheiro na economia local.

Atualmente o turismo já contribui com 22% para o PIB de Salvador. Em termos nacionais, o turismo de negócios é o terceiro principal ativo de visita de estrangeiros ao Brasil, e esse turista gasta cinco vezes mais (cerca de US$ 340 por dia) que o de lazer (US$ 75 por dia). Nossa estimativa é que esse novo espaço rapidamente irá gerar cerca de R$ 500 milhões por ano beneficiando dezenas de setores da nossa economia, especialmente fazendo crescer a ocupação dos hotéis.

A empresa francesa GL Events é a concessionária que irá administrar o centro de convenções. Ela pagou R$ 10 milhões de outorga fixa à prefeitura, e vai aplicar cerca de R$ 15 milhões para o mobiliário e equipamentos modernos. No decorrer dos 25 anos de concessão deve investir mais R$ 50 milhões. Trabalharão nela aproximadamente 120 pessoas, e estima-se que os grandes eventos que aqui serão realizados devem gerar até 2.000 empregos temporários. Aproveitem agora a apresentação de Maria Bethânia, que inicia aqui os incríveis *shows* que incrementarão significativamente a visitabilidade a Salvador."

Bem, a LG Events já é responsável pela administração no Brasil do São Paulo Expo e na cidade do Rio de Janeiro do Rio Centro e da Jeunesse Arena. O CEO da GL Events, Damien Timpério, explicou: "Esse centro de convenções já é um sucesso e estamos negociando para ele cerca de 130 eventos para os próximos três anos, com a Bienal do Livro, Super Bahia (feira de supermercados); *Show Room* (feira de móveis) etc. Desde que fechou o antigo espaço, a cidade só dispunha de locais com auditórios para receber no máximo 1.800 pessoas.

Nós temos três agências internacionais instaladas em Londres, Nova York e Xangai, o que permitirá dar bastante visitabilidade a Salvador no mundo e com isso atrair muita gente para os nossos eventos. Em 2019, Salvador recebeu 9,9 milhões de turistas, contra 9,8 milhões em 2018, com apenas 3,5% deles estrangeiros... Com esse novo equipamento e as demais ações de impulso ao destino que desenvolveremos, acreditamos que aumentaremos o fluxo desse tipo de turista na cidade, no mínimo em 1 milhão por ano, em média."

Paulo Marques do grupo Fera Investimentos, que administra o hotel Fera Palace, comentou: "Esse centro de convenções vai contribuir muito para o combate à sazonalidade, ou seja, vai complementar a demanda de lazer, trazendo um hóspede de maior poder aquisitivo durante toda a semana e em todos os períodos do ano, o que é essencial para a hotelaria *boutique*, com o é o caso de estabelecimento que gerencio.

Acredito que já em 2020 a ocupação média nos hotéis da cidade deve subir de 62% para 68% e em 2023 deve chegar a 78%. O centro de convenções está localizado de forma estratégica: a 15 km do aeroporto e equidistante dos principais polos hoteleiros – Itapuã/Stella Maris; Centro; Barra/Ondina –, o que favorece uma boa logística de deslocamento.

No início de 2020 havia em Salvador 404 hotéis e 40 mil leitos, mas apenas 16 deles com estrutura para receber e hospedar muitos visitantes, ou sediar eventos de médio porte. Tenho plena convicção de que rapidamente surgirão alguns novos hotéis em torno do Centro de Convenções Antônio Carlos Magalhães, se bem que já há alguns bem perto, como o Sotero (a 0,9 km), o Salvador Mar (a 0,5 km), o Pisa Plaza (0,8 km); Quality (0,9 km); Bahia Mar (a 1,3 km), entre outros."

Convém citar que as estimativas para 2020 eram de que fossem oferecidos no Brasil cerca de 600 mil eventos (algo como 1.643 por dia), e que o mercado de eventos e turismo de negócios empregasse direta ou indiretamente 25 milhões de pessoas!!! Infelizmente, a pandemia do novo coronavirus impediu que isso ocorresse no País, e Salvador foi duramente atingida por ela.

No âmbito da **alimentação**, os que visitam Salvador têm muitas opções divinas. Aí vão algumas sugestões de restaurantes.

- *Origem* – Tem uma cozinha inventiva e sofisticada de raízes baianas, um convite incrível para a degustação de iguarias do mar, num espaço bem acolhedor e fino.
- *Casa de Tereza* – Oferece a cozinha requintada da Bahia, com frutos do mar e pratos regionais, servidos em casa estilizada e acolhedora, com música ao vivo no piano.
- *Amado* – É um restaurante refinado e um dos mais famosos de Salvador. Ele foi projetado por arquitetos aclamados e oferece uma incrível vista para o mar. Nele prepara-se a culinária contemporânea fina e tudo é impecável: ambiente, comida, bebida e atendimento. Sua cozinha é assinada pelos criativos *chefs* Ricardo Brito e Edinho Engel, que também é *restauranteur*, e do qual gostaria de destacar que sou amigo. Sua vida é uma mistura de experiências que poderia servir até de enredo para um filme. Ele nasceu em Uberlândia e é um típico autodidata que em 1981 montou seu primeiro restaurante em São Paulo, o *Família Mineira*. Com o sucesso da casa, vendeu o ponto e partiu par uma jornada em busca de novas referências. Sua volta às panelas aconteceu no *Manacá*, em Camburi, um local da moda no litoral paulista. Nos quase 20 anos que comandou a

cozinha, a casa se tornou uma referência em pescados. Em 2002, sua paixão pela Bahia falou mais alto, e Edinho Engel mudou-se para Salvador, onde abriu o *Amado*. Esse endereço sintetiza hoje suas encarnações culinárias e seu amor pela terra e pelo seu povo louvado nos livros de Jorge Amado. A combinação da Bahia com as receitas das regiões banhadas pelo mar Mediterrâneo, geraram receitas como a pescada amarela em crosta de castanha-de-caju e caruru, com purê de banana-da-terra.

- *Mistura Contorno* – A casa é relativamente rústica, tem um ambiente intimista e uma sacada de onde se tem uma linda vista da baía de Todos-os-Santos. Nesse restaurante são servidos pescados em pratos individuais, e muito chamativos. Numa primeira visita convém pedir a lagosta gratinada e o *carpaccio* de polvo!!!
- *Larriquerrí* – O lugar é bonito e aconchegante, e a comida é ótima e servida *à la carte*. O destaque é a codorna recheada e o *steak tartare*. A casa serve uma boa variedade de *drinks* e oferece excelente atendimento.
- *Pedra Puã* – Com culinária sofisticada com mesas ao ar livre e pratos chamativos, com pescados, massas artesanais e carnes.
- *Poró* – Apresenta uma gastronomia criativa e contemporânea, em uma casinha histórica e bem aconchegante.
- *Coco Bambu* – Num ambiente exótico, rústico e tropical, o cliente tem *à la carte*, excelente comida baiana, com destaque para os frutos do mar. Os garçons são bem atenciosos e o lugar é bem agradável.
- *Ki-Mukeka* – Com gastronomia que tem como base diversos tipos de pescados, oferece pratos com receitas regionais, tudo num espaço despojado e bacana. A moqueca de camarão sertaneja é uma delícia.
- *Casa di Vina* – Focada em culinária baiana, com destaque para os pratos preparados com frutos do mar. Ele funciona na antiga casa onde o famoso poeta Vinícius de Moraes viveu a sua história de amor com Gesse Gessy, e dispõe de um ambiente bem elegante.
- *Dona Mariquita* – Tem um menu baiano com elementos da cozinha indígena. A sua cozinha é bem estilizada.
- *Yemanjá* – É um restaurante de comida baiana, com destaque para os frutos do mar. O ambiente e bem aconchegante, com muita arte nas paredes.

- *Paraíso Tropical* – É um dos melhores e mais conhecidos restaurantes de Salvador, que ficou famoso por sua moqueca com frutas e ervas naturais, tortas e sucos. Nele os clientes ficam num ambiente bem verde, inclusive a casa tem horta e pomar orgânicos.
- *Pokeria* – Nele os clientes têm até rede para deitar e relaxar enquanto curtem um *poke* (uma comida de origem havaiana)!!!
- *Mistura* – Oferece pescados com sabores brasileiros e mediterrâneos, tendo um *buffet* de entrada que inclui ostra recheada com queijo, lagosta e outras delícias. Tem uma boa adega de vinhos e o seu ambiente é rústico e elegante.
- *Lafayette* – Esse restaurante possui um salão sofisticado com uma vista náutica incrível. Tem uma cozinha refinada e variada de pratos feitos com toques mediterrâneos, com opções de carnes e uma grande variedade de frutos do mar.
- *A Casa Vidal* – É um belo restaurante, com ambiente aconchegante, no qual os pratos apresentam sabores da Itália, França e Espanha, e incluem carnes, frutos do mar e massas, sendo tudo muito bem feito.
- *Pysco* – Sua comida é muito boa – o *carpaccio* de polvo é uma delícia e a salada verde, com queijo *brie* e tomate é inolvidável. A casa fica num edifício com arquitetura colonial.
- *Pasta em Casa* – Focado em gastronomia italiana refinada, com versões arrojadas de pratos consagrados e autorais em um espaço bem sofisticado.
- *Du Chef Arte e Gastronimia by Lucius Gaudenzi* – Para alguns clientes este é o melhor restaurante de Salvador, pois seu criativo *chef* segue o estilo francês na elaboração dos pratos. Tem um boa carta de vinhos, seus funcionários são muito atenciosos e o ambiente é bem intimista.
- *Salvador Dali* – Nele os clientes podem apreciar a culinária baiana, italiana, francesa e tailandesa, além de poder tomar drinques inesquecíveis... É um espaço bem descontraído, com linda vista para o mar.

Claro que existem muitas dezenas de outros bons restaurantes em Salvador, mas os citados há pouco com certeza não desapontarão os(as) leitores(as) desse livro, caso façam suas refeições neles...

Porém, o maior atrativo da capital baiana é seguramente o seu **Carnaval**, que, aliás, é considerado a maior festa popular do mundo. Em 2004, o

Guinness Book registrou o Carnaval da Bahia como **o maior do mundo**, o que certamente não agradou nem os cariocas nem os recifenses.

Existem pelo menos três formas de se aproveitar o Carnaval baiano. A **primeira** é associar-se a um dos blocos carnavalescos puxados por trios elétricos e isolados da multidão por uma corda. O problema é que para ser autorizado a acessar esse espaço o folião terá de desembolsar em média R$ 1.000,00 para adquirir o abadá (traje oficial) do bloco. Isso significa que somente os foliões com alto poder aquisitivo participam integralmente da folia. Muitos argumentam que isso acaba privatizando o espaço público.

Isso, aliás, nos leva à **segunda** forma, que é acompanhar os trios elétricos do lado de fora dos cordões de isolamento. Esses foliões são conhecidos como "**pipocas**" e, embora não paguem nada, precisam dividir os espaços bem apertados que sobram além das áreas isoladas, sendo protegidos pelos chamados "**cordeiros**".

A **terceira** possibilidade é assistir a folia a partir de um dos camarotes distribuídos por todo o percurso. Neste caso, o folião ocupará um espaço confortável, onde poderá dançar, ter acesso a um banquete de frutas e comidas típicas e, inclusive, contar com serviço médico e outras amenidades. O problema é que isso só é acessível para quem tem ainda mais dinheiro disponível!!!

Na tentativa de atender à população de baixa renda, a prefeitura de Salvador tem procurado desenvolver um trabalho de inclusão nos circuitos da folia, montando arquibancadas para os munícipes com acesso gratuito às mesmas!!! Deve-se destacar que, segundo estimativas da prefeitura, os dias de folia carnavalesca em 2020 injetaram na economia de Salvador R$ 1,85 bilhão. A cidade recebeu cerca de 920 mil turistas para participar da festa de 2020, cuja tema foi *O Carnaval dos Carnavais*. Esse número de visitantes representou um aumento de 7,8% em relação a 2019, e fez com que a ocupação média dos hotéis chegasse a 95%!!!

Mas apesar de a festa de Carnaval atrair centenas de milhares de turistas nacionais e estrangeiros, muitos soteropolitanos optam por sair da cidade durante esse período, preferindo a tranquilidade do litoral e das ilhas da baía de Todos-os-Santos à agitação do Carnaval.

Os ritmos musicais mais comuns da região são o axé, o pagode, o forró, o arrocha e o samba. Mas há também um forte movimento de MPB e *rock* acontecendo na Bahia, que vem atraindo a atenção dos produtores musicais brasileiros. O fato é que, no campo da música, não existe nada igual a Salvador em nenhuma outra cidade do País!?!?

Por exemplo, na rua do Caruzu, Nº 228, no bairro da Liberdade, fica a *Senzala do Barro Preto*, a sede do bloco afro Ilê Aiyê, que foi criado em 1974, no terreiro de candomblé Ilê Axê Jitolú. Ele era comandado por Hilda Dias dos Santos, a Mãe Hilda Jitolú (1923-2009). Esse é o bloco afro-brasileiro mais antigo da história, e para a Mãe Hilda, Ilê Aiyê significava "**a casa de todos**".

Hoje é uma associação cultural que reúne cerca de 3.000 membros, todos negros, sendo um patrimônio da cultura baiana e um marco da reafricanização do Carnaval em Salvador. A filha de Mãe Hilda, a estilista Hildete "Dete" Lima, chefia a oficina que faz os figurinos das roupas usadas pelos integrantes dessa instituição carnavalesca, valorizando bastante as suas cores: vermelho (alusão ao sangue derramado); amarelo (conexão com a riqueza cultural africana); preto (vínculo com a pele) e branco (para destacar a paz desejada).

A própria Dete assina as indumentárias que incorporam essas cores e, por extensão, a ideologia do grupo. Ela destacou: "O Ilê se tornou uma afirmação de tudo o que minha mãe falava: 'Vocês são negros, são bonitos e têm que se orgulhar disso'."

O Ilê Aiyê também cresceu muito em estrutura, sendo que a *Senzala do Barro Preto* é atualmente um edifício de oito pavimentos que abriga inclusive uma escola voltada à educação infantil e ao ensino fundamental, outra de canto, dança e percussão, e uma terceira profissionalizante. Na entrada desse edifício estão fixados os versos de Rita Mota, poeta e compositora do bloco: "**Nosso sonho almejado já deu certo. Eu vi palha com barro virar concreto**."

A cultura desenvolvida em Salvador e no Recôncavo da Bahia, exerceu forte influência em outras regiões do País, assim como na própria imagem que se tem do Brasil no exterior. Desde o século XVII, observa-se no Estado uma dualidade religiosa: de um lado a religião **católica** (de origem europeia); do outro, o **candomblé** (cuja origem é africana).

Os aspectos históricos e culturais de Salvador foram herdados pela miscigenação de grupos étnicos africanos, europeus e indígenas. Essa mistura pode ser claramente percebida na religião, na cozinha, nas manifestações culturais e na própria personalidade do povo baiano.

Já no século XIX firmou-se o gosto do baiano – tanto o de origem abastada quanto pobre – pelo **epigrama** (tipo de poesia satírica); pelas **modinhas** (poesia lírica musicada); e também pelos **sermões religiosos**, praticados desde o frei Vicente do Salvador, e tendo o seu ápice com Antônio Vieira.

A chegada dos africanos vindos do golfo do Benin (ou Benim) e do Sudão, no século XVIII, foi decisiva para o desenvolvimento da cultura da Bahia como um todo. De acordo com Nina Rodrigues, isso é o que diferenciou a cultura baiana daquela encontrada nos demais Estados brasileiros, para onde foram os negros africanos bantos provenientes de Angola.

Já os negros iorubanos e nagês, que possuíam suas próprias raízes, estabeleceram uma rica cultura nas terras da baía de Todos-os-Santos. Eles tinham sua própria religião, o candomblé; sua própria música, o chula; sua dança própria, praticada no samba de roda; sua comida, com base em azeite-de-dendê e leite de coco – que, aliás, deu origem à culinária baiana (acrescentando-se muita farinha-de-guerra, usada pelos índios tupinambás e tapuias) –; suas sobremesas (desenvolvendo o que havia chegado de Portugal); sua própria luta, o maculelê; sua vestimenta, que aliou as já tradicionais indumentárias africanas aos tecidos portugueses; e sua própria mistura de línguas, que mesclou o iorubá ao português.

Já no século XIX, os visitantes passaram a cultuar a Bahia como uma terra **alegre**, **bonita**, **rica** e **culta**. Vale lembrar que o Estado deu ao Brasil grandes intelectuais e ministros do gabinete imperial.

Na década de 1870, as baianas começaram a migrar para o sudeste do País, em busca de melhores empregos e uma sobrevivência mais digna. E, assim, essas "tias" baianas foram disseminando a cultura da Bahia, vendendo acarajés nos tabuleiros e nas gamelas, dando festas onde se dançava samba de roda (que mais tarde seria modificado pelos cariocas, resultando no samba conhecido hoje), desfilando suas batas e panos-da-costa especialmente pelas ruas do Rio de Janeiro.

Por isso, passou-se naquela época a chamar de baianas todas as negras bonitas, como afirmou o escritor Afrânio Peixoto, em sua obra *Livro de Horas*. Aliás, a partir da década de 1920, tornou-se moda fazer músicas em louvor à Bahia. Houve até uma grande polêmica quando o sambista Sinhô, contrariando muita gente cantou que a Bahia era "**terra que não dá mais coco**". Surgiram então diversos baianos e cariocas, tais como Donga, Pixinguinha, Hilário Jovino Ferreira e João da Baiana, que passaram a defender a Bahia... A partir da década de 1930, por conta primeiramente dos romances de Jorge Amado, e então pelas músicas de Dorival Caymmi, estabeleceu-se a imagem da Bahia que se tem até os dias atuais!!!

E por falar em **Dorival Caymmi** (1914-2008), que foi cantor, compositor, violinista e ator brasileiro, pode-se dizer que descendia de italianos pelo lado paterno (seu bisavô chegou ao Brasil para trabalhar no reparo do elevador Lacerda) e de portugueses e africanos pelo lado materno, pois sua mãe era mestiça. Ainda criança, Dorival iniciou sua atividade como músico, ouvindo parentes tocar piano. Seu pai foi um funcionário público e músico amador, que tocava piano, violão e bandolim.

Foi ouvindo o fonógrafo e depois a vitrola que surgiu em Dorival Caymmi o desejo de compor. Em 1930 ele escreveu sua primeira música, *No Sertão*, e, aos 20 anos, ele estreou como cantor e violinista em programas da Radio Clube da Bahia. Já aos 22 anos ele venceu o concurso de músicas de Carnaval, compondo o samba *A Bahia Também Dá*.

Dorival Caymmi chegou ao Rio de Janeiro em 1938 e, a partir de então, começou a ganhar projeção nacional com seu trabalho musical. Ele, que se considerava filho de santo de Mãe Meninha de Gantois, sempre compôs inspirando-se nos hábitos, costumes e tradições do povo baiano, tanto que em suas letras – *Maracangalha, Doralice, Saudade da Bahia, Marina, Rosa Morena, Saudade de Itapuã* etc. – as referências à cultura africana, às doenças, à roupa, à comida e, principalmente à religião, sempre foram evidentes.

O estilo desenvolvido por Dorival Caymmi para compor e cantar demonstrava espontaneidade nos versos, riqueza melódica e até mesmo certa sensualidade. Durante o Carnaval de 1986, a escola de samba Estação Primeira da Mangueira apresentou o enredo *Caymmi, mostra ao mundo o que a Bahia e a Mangueira têm*, e com o belo samba e um desfile impecável, conquistou a **vitória!!!**

Dorival Caymmi foi casado com Adelaide Tostes, que depois adotou o nome de Stella Maris (que significa "**estrela do mar**", em latim). Seus três filhos – Nana, Dori e Danilo – se tornaram cantores, assim como suas netas Juliana e Alice. A Bahia se tornou muito conhecida no País graças a ele, e também pelos vários cantores e cantoras que o sucederam, como Gilberto Gil, Caetano Veloso, Maria Bethânia, Gal Costa, Daniela Mercury, Ivete Sangalo e Claudia Leitte.

Gilberto Passos Gil Moreira nasceu em Salvador em 26 de junho de 1942 e se tornou conhecido nacional e internacionalmente como cantor, compositor, multiinstrumentista, produtor cultural, político e gestor público (foi ministro da Cultura do Brasil no período de 2003 a 2008, quando sofreu severas círticas por ter aceito o cargo...).

Nos quase 60 álbuns que lançou ao longo de sua carreira conseguiu incorporar uma gama eclética de suas influências, incluindo *rock*, gêneros tipicamente brasileiros, música africana e *reggae*. Com esses álbuns, Gilbertto Gil ganhou muitos prêmios nacionais e internacionais. Ainda no início de 1966, Ele passou a se destacar no programa *O Fino da Bossa*, exibido pela TV Record e apresentado pela famosa cantora Elis Regina, a quem mostrou suas composições *Eu Vim da Bahia* e *Louvação*.

Em outubro de 1967, durante o III Festival de Música Popular Brasileira, realizado no Teatro Paramount em São Paulo, quando Nana Caymmi (sua segunda esposa) foi sua parceira, ele apresentou a sua canção *Domingo no Parque*, interpretando-a ao lado de Os Mutantes. A canção ficou com o 2º lugar, atrás de *Alegria, Alegria*, de Caetano Veloso.

O fato é que ambas as músicas representaram um divisor de águas na MPB, pois a partir daí – e até o fim de 1968 – instalou-se no País o movimento revolucionários influenciado por Oswald de Andrade, assim como o movimento antropofágico, batizado de *Tropicália* (nome de uma exposição de arte criada pelo carioca Hélio Oiticica).

A *Tropicália* representava uma intervenção na cultura do País, e fazia uma crítica à política nacional. Por conta disso, o governo vigente decidiu reprimir o movimento e, em 13 de dezembro de 1968, prendeu Gilberto Gil e Caetano Veloso, em São Paulo. Ambos ficaram presos durantes alguns meses e então, juntamente com as respectivas esposas, decidiram partir para o exterior, onde viveram por alguns anos e prosseguiram com suas carreiras musicais.

Ao retornar ao Brasil, Gilberto Gil obteve um grande sucesso ao lançar a canção *Expresso 2222*, que continuou com os seus álbuns *Refazendo* (em 1975), *Refavela* (em 1977) e *Realce* (1979). Em abril de 1981 a rede Globo homenageou o cantor com um programa especial intitulado Gilberto Passos Gil Moreira.

Ao longo de sua vida, Gilberto Gil se casou quatro vezes e teve oito filhos: dois com Belina de Aguiar; nenhum com Nana Caymmi; três com Sandra Barreira Gadelha e três com Flora Nair Giordano, com quem vive até hoje. Infelizmente nos últimos anos Gilberto Gil tem sofrido com problemas de insuficiência renal, o que o tem afastado de diversas apresentações musicais, apesar de manter-se ainda bem ativo...

Caetano Emanuel Viana Teles Veloso, ou simplesmente Caetano Veloso, nasceu em 7 de agosto de 1942, em Santo Amaro, no Estado da Bahia. Ele é o quinto dos sete filhos de José Teles Veloso, um funcionário público, e Claudionor Viana Teles Veloso, mais conhecida como **dona Canô**, que foi muito importante em sua vida e faleceu em 2012.

Em 1946 nasceu sua irmã mais nova, para quem ele próprio escolheu o nome de Maria Bethânia, uma vez que adorava ouvir a valsa de mesmo nome, interpretada na época pelo famoso cantor Nelson Gonçalves. Foram esses os dois filhos de dona Canô que mais se destacaram no cenário da MPB.

Desde o início de sua carreira, Veloso sempre evidenciou sua posição política contestadora, sendo inclusive confundido com um militante da esquerda. Por isso mesmo, ele ganhou a inimizade do governo militar entre 1964 e 1985. Somente em 1981 ele ganhou seu primeiro disco de ouro, com seu disco *Outras Palavras*, que vendeu mais de 100 mil cópias!!!

Além da carreira como cantor, compositor, músico, produtor, arranjador e escritor, Caetano Veloso também teve alguns livros escritos sobre sua vida, participou de alguns filmes e fez dezenas de *shows* no exterior. Com tudo isso, ele desenvolveu uma carreira de muito sucesso, embasada na **releitura e renovação**, que já ultrapassa cinco décadas e já lhe rendeu muitos prêmios e homenagens.

Sua importância para a MPB é clara, justificando plenamente sua escolha – ao lado de Gilberto Gil e Anitta – para participar da cerimônia de abertura dos Jogos Olímpicos no Rio de Janeiro, em 5 de agosto de 2016, ocasião em que o trio interpretou a música *Isso Aqui, o Que É!!!*

Como já mencionado, sua irmã, **Maria Bethânia Viana Teles Veloso**, também é uma famosa cantora e compositora brasileira. Em sua juventude participou de peças teatrais ao lado de seu irmão. Em 1963 mudou-se para o Rio de Janeiro, onde começou oficialmente sua carreira musical em 13 de fevereiro de 1965, substituindo a cantora Nara Leão no espetáculo *Opinião*. Seu primeiro grande sucesso foi a canção de protesto *Carcará*, composta originalmente para Nara Leão. Em 1967 ela teve sua carreira bastante impulsionada com o seu segundo álbum, *Edu e Bethânia*, feito em parceria com Edu Lobo.

Nos anos 1970 Maria Bethânia idealizou a banda Doces Bárbaros, em que fazia um dos vocais. Ela também lançou um disco ao vivo, homônimo, com os colegas Gal Costa, Caetano Veloso e Gilberto Gil. Daí em diante sua carreira evoluiu muito, e ela se tornou conhecida por sua **"voz eloquente"** e por apresentar-se na maior parte das vezes com cabelos soltos, vestidos longos e descalça!!!

Raramente concede entrevistas, e explica isso dizendo: "Acho que a minha vida pessoal não é interessante. O que acho interessante em mim e o que pode servir para a humanidade é o que faço nos palcos..." De qualquer modo, por sua contribuição para a música popular brasileira ela é citada como a "**abelha rainha da MPB**", tendo sido a primeira mulher a vender um milhão de discos no País. Ela é a artista feminina que mais vendeu discos no Brasil na década de 1970. Em 2013 a revista *Rolling Stone Brasil* a escolheu como a quinta melhor voz da MPB.

Maria da Graça Costa Penna Burgos, ou apenas **Gal Costa**, nasceu em Salvador em 26 de setembro de 1945. Por volta de 1955 ela se tornou amiga das irmãs Sandra e Andreia (Dedê) Gadelha, futuras esposas dos cantores e compositores Gilberto Gil e Caetano Veloso, respectivamente. Em 1963 foi apresentada a Caetano Veloso por Dedê Gadelha e, a partir daí, teve início uma grande amizade e admiração mútua, que perdura até hoje.

Gal Costa estreou ao lado de Caetano Veloso, Gilberto Gil, Maria Bethânia, Tom Zé e outros, o espetáculo *Nós, Por Exemplo...*, com o qual inaugurou-se em 21 de agosto de 1964 o Teatro Vila Velha, em Salvador. Seu primeiro grande sucesso aconteceu em 1975, quando gravou para a abertura da telenovela *Gabriela* (da rede Globo) a canção *Modinha para Gabriela*, de Dorival Caymmi.

Daí em diante sua carreira teve uma evolução excepcional e, em 2001, ela foi incluída no *Hall of Fame* do Carnegie Hall, após participar do *show 40 Anos de Bossa Nova*, ao lado de César Camargo Mariano e outros artistas, em homenagem a Tom Jobim. Mais recentemente, em 25 de novembro de 2017, Gal Costa, Gilberto Gil e Nando Reis apresentaram juntos o *show Trinca de Ases*, e em 2018 ela lançou o álbum *A Pele do Futuro*.

Gal Costa sabe interpretar vários gêneros – bossa nova, *rock*, psicodélico, MPB, samba –, mas é também uma notável soprano. Ela se tornou conhecida no mundo musical como a "**musa do desbunde**" e "**musa da Tropicália**".

Daniela Mercuri de Almeida Verçosa, ou **Daniela Mercury**, é uma cantora meio-soprano, compositora, bailarina (licenciada em dança pela UFBA), instrumentista, produtora musical e produtora televisiva. Ela nasceu em 28 de julho de 1965, na cidade de Salvador. É filha de Liliana Mercuri de Almeida e Antônio Fernando de Abreu Ferreira. Sua carreira começou bem cedo, tanto que aos 15 anos ela já se apresentava em barzinhos da cidade, com o gênero axé *music* (que surgiu na Bahia, principalmente como herança dos baianos Armandinho, Dodô e Osmar e de outros grandes nomes que se apresentavam nesse estilo).

Ela foi *backing vocal* da banda Eva, no período de 1986 a 1988, e depois da banda do Gilberto Gil. Em 1991 lançou seu primeiro álbum intitulado *Daniela Mercury*, com o qual obteve grande sucesso. Porém, ela somente se consagrou como cantora nacional em 1992, com o sucesso O Canto da Cidade, do seu 2º álbum.

Daniela Mercury foi casada com o engenheiro eletrônico Zalther Portela Laborda Póvoas, com o qual teve os filhos Gabriel e Giovana. Separou-se dele e casou-se com o publicitário italiano Marco Sabia, do qual divorciou-se em 2012. Em 2013, depois de declarar-se homossexual, uniu-se à jornalista Malu Vergara, sua atual esposa!?!? Claro que a imprensa deu muita notabilidade ao fato, o que fez com que o nome da cantora fosse o mais comentado nas redes sociais por um longo tempo, e provavelmente garantiu-lhe mais fama que os quase 22 milhões de discos vendidos ao longo de sua carreira!!!

O fato é que Daniela Mercury continua atraindo multidões, assim por exemplo no Pós-Carnaval de São Paulo, no domingo (10 de março de 2019), seu bloco Pipoca da Rainha reuniu mais de 850 mil foliões no longo trajeto pela rua da Consolação.

Ivete Maria Dias de Sangalo Cady, ou apenas **Ivete Sangalo**, nasceu em 27 de maio de 1972 na cidade baiana de Juazeiro. Ela é filha da pernambucana Maria Ivete Dias de Sangalo e do espanhol Alsus Almeida de Sangalo, de uma família de músicos. Filha caçula de outros cinco irmãos, ela passou sua infância em Juazeiro e, ainda pequena, Ivete acompanhava as músicas tocadas nas horas vagas por seu pai e sua irmã mais velha, Mônica. Além disso, ela costumava cantar no colégio, onde estudava e aproveitava os intervalos para tocar violão, o que a fez adquirir bem cedo o gosto pela música.

Quando tinha 16 anos seu pai faleceu e, a partir daí ela precisou trabalhar para ter uma fonte de renda e subsistência. Nessa época, além de vender roupas e marmitas preparadas pela sua mãe, ela também se tornou modelo. Em 1993 ela assumiu o comando da banda Eva na parte vocal, e o grupo acabou assinando um contrato com a Sony Music. Daí em diante sua carreira profissional entrou em ascensão. Ela vendeu mais de 4 milhões de discos como vocalista da banda Eva e chegou a fazer 30 *shows* por mês!!!

Ivete Sangalo é a cantora brasileira com mais prêmios de "**melhor cantora**" e "**melhor música brasileira**", e também já ganhou três vezes o Grammy Latino. Hoje seus *shows* atraem grandes multidões, e não apenas em Salvador, mas no mundo todo, em especial nas edições do megaevento *Rock in Rio*, realizadas no Brasil, em Portugal, na Espanha e nos EUA. Aliás, ela é a única cantora brasileira que foi convidada para todas as edições do evento.

Recentemente, em 2017, Ivete Sangalo foi homenageada com o enredo da escola de samba Acadêmicos do Grande Rio, no Carnaval carioca. Atualmente, essa notável cantora, compositora, instrumentista, atriz, apresentadora de TV e empresária Ivete Sangalo serve de inspiração para muitas mulheres que desejam alcançar o mesmo sucesso em suas vidas profissionais. Na sua carreira até hoje já vendeu mais de 17 milhões de cópias de seus discos.

Claudia Cristina Leite Inácio Pedreira, ou **Claudia Leitte** (cujo sobrenome foi alterado por aconselhamento de uma numeróloga...), nasceu em 10 de julho de 1980, em São Gonçalo, no Estado do Rio de Janeiro, mas quando tinha apenas cinco dias de vida sua família (bem humilde) se mudou para Salvador!!!

Em sua adolescência ela morou na cidade baiana de Feira de Santana, onde começou a cantar em bares e restaurantes (?!?!), até que com 13 anos ela passou a integrar a banda do cantor Nando Borges, como *backing vocal*. Ela então passou por outras bandas e, em 2001, ao lado de outras amigos músicos, formou a banda Babado Novo, com a qual conseguiu não apenas reconhecimento nacional, mas ultrapassar as fronteiras do Estado da Bahia.

No final de 2007 ela saiu da banda Babado Novo e lançou seu primeiro *single* solo: *Extravasa*. Porém, foi com a canção *Beijo na Boca* que ela entrou para o livro dos recordes, *Guinness Book*, ao promover o maior número de beijos simultâneos durante o evento Axé Brasil, em 2009, quando 8.372 casais se beijaram ao mesmo tempo ao som dessa música.

Sua carreira não parou de evoluir, mas não se pode deixar de admirar também sua atuação filantrópica. A cantora realiza diversos *shows* beneficentes, destinando as receitas obtidas ao Hospital de Câncer de Barretos. Ela também é madrinha da oncopediatria do Hospital Aristides Maltez, de Salvador.

É claro que em Salvador existem muitos outros cantores e bandas notáveis, mas, sem dúvida, tudo o que os mencionados há pouco já fizeram (e ainda fazem) pela capital baiana – e pelo País como um todo – justifica plenamente a inclusão da cidade na RCC, na categoria **música, não é mesmo**?

Após um duro trabalho a cidade de Salvador enviou sua candidatura para a Unesco, que em 11 de dezembro de 2015 atribuiu o título de **cidade da música** para a capital baiana. E em 1º de junho de 2016, Patrícia Braz, coordenadora do setor de Cultura da representação Unesco Brasil, entregou pessoalmente ao prefeito da cidade, Antônio Carlos Magalhães Neto, o documento de reconhecimento (!!!), numa cerimônia que contou com a presença de vários artistas.

Na ocasião, o prefeito de Salvador disse: "Para ser reconhecida como cidade da música, nossa cidade não precisaria desse título outorgado pela Unesco. Basta ver a produção dos maravilhosos artistas que temos e que fazem Salvador ser diferente de todas as outras cidades do País nesse segmento. Porém, é claro que esse reconhecimento projeta ainda mais aquilo que é produzido aqui.

Nossa cidade é marcada pela diversidade cultural e multiplicidade de gêneros musicais, que a projetou no País e no mundo. Salvador tem na música uma das suas mais fortes indústrias de produção econômica, inclusão social e geração de empregos e renda. Esse título renderá muitos frutos, trazendo para cá pessoas apaixonadas pela música para conhecerem mais de perto a nossa cidade."

Por sua vez, Patrícia Braz destacou: "Mais do que obter um título, isso faz com que, para mantê-lo, a prefeitura da cidade desenvolva estratégias que coloquem a **cultura** como um **fator determinante** na evolução de seus cidadãos. E ao assumir esse compromisso a prefeitura tem a sua frente alguns desafios, tais como: entender qual é o impacto da música para a economia local, bem como estimular capacitações e treinamentos, com a interação entre a cultura e a música com a educação."

No decorrer da cerimônia, Daniela Mercury aproveitou a oportunidade para cantar a canção *Cidade da Música*, que fez em homenagem à cidade. Finalmente, a cantora, compositora e atriz Margareth Menezes salientou: "Sem dúvida Salvador merece muito esse título. Ela é a capital brasileira que mais promove festas e *shows*. Toda a história da música brasileira teve seu nascimento em Salvador, onde funcionou a primeira escola de música do

País. Portanto, a gente merece isso e muitas outras coroações semelhantes pelo que fizemos no setor da música."

O prefeito Antônio Carlos Magalhães Neto não esqueceu de equipar a cidade com equipamentos nos quais é possível contar a história da música brasileira a partir da sonoridade baiana, pois isso é sem dúvida mais um fator positivo de atratividade para visitantes. Assim, no dia 5 de fevereiro de 2018, foi inaugurada a Casa do Carnaval, um espaço no centro histórico no qual os visitantes podem escutar e rever músicas e coreografias como as de Carlinhos Brown e Ivete Sangalo, bem como relembrar os Carnavais antigos.

Na oportunidade muitos artistas baianos se manifestaram de forma contestadora e até agressiva nas redes sociais, dizendo que não iriam permitir que tocassem nesse local suas músicas, pois a prefeitura lhes devia direitos autorais... Apesar desse inconveniente, quem vai à Casa do Carnaval acaba tendo uma divertida experiência sensorial, e aprendendo como negros e brancos costumavam fazer festas de maneira segregada!?!? As elites do Carnaval desfilavam com máscaras na Cidade Alta, enquanto os escravos e os negros libertos faziam batucadas na Cidade Baixa.

O visitante acaba tendo também a experiência de brincar de Carnaval, usando a tecnologia. Nesse museu da folia, que tem quatro pavimentos, há uma biblioteca, dois cinemas, um centro de pesquisas e um terraço para *shows*, além de mostras de fantasias de blocos afro e figurinos de estrelas do axé.

Todavia, o ato mais importante do prefeito Antônio Carlos Magalhães Neto aconteceu em 18 de outubro de 2019, quando ele assinou a ordem de serviço destinando R$ 7,8 milhões para transformar o *Casarão dos Azulejos Azuis*, no bairro do Comércio, no Museu da Música Brasileira. Com isso, também se conseguirá preservar a história de um importante casarão da cidade. O projeto do museu indica que a área construída será de 1914,76 m². Ele faz parte do programa de investimentos Salvador 360, com o qual se busca revitalizar o centro histórico de Salvador. Mas com certeza o objetivo principal é promover um resgate histórico e cultural da música produzida no País.

E ainda no **âmbito cultural**, um local que o turista deve visitar em Salvador é o já mencionado Pelourinho!!! A palavra "**pelourinho**", em sentido mais amplo, corresponde a uma coluna de pedra localizada normalmente no centro de uma praça, onde os criminosos eram expostos e castigados por causa de alguma desobediência.

No Brasil, e em particular no pelourinho de Salvador, este foi de fato seu principal uso durante o período colonial, ou seja, exibir as chicotadas que se aplicavam nos escravos. Ele representava, ao mesmo tempo, um símbolo de autoridade e de justiça para alguns, mas de injustiça para outros. Tempos depois do final da escravidão no País, esse local específico da cidade passou a atrair artistas de todos os gêneros: cinema, música, pintura etc., tornando o Pelourinho um **centro cultural**.

O Pelourinho está dentro do centro histórico de Salvador, que foi tombado pela Unesco, o que permitiu que a capital baiana se tornasse membro da Organização das Cidades do Patrimônio Mundial (OCPM). O centro histórico de Salvador foi designado como patrimônio da humanidade em 1985, visto que a cidade representa um excelente exemplo do urbanismo português a partir de meados do século XVI, com sua cidade administrativa localizada num nível superior em relação à cidade comercial. Além disso, grande parte da cidade manteve suas raízes em suas ruas e casas coloridas.

Como a primeira capital da América portuguesa, Salvador valeu-se bastante do trabalho escravo e fixou suas bases e lugares abertos, como o Terreiro de Jesus e as praças que hoje são conhecidas como praça Tomé de Sousa (também conhecida como praça Municipal) e praça Castro Alves. Posteriormente, o centro histórico foi deslocado para o que hoje é a praça da Piedade e acabou emprestando seu nome ao complexo arquitetônico e histórico do Pelourinho.

Desde 1992, houve um maciço investimento estatal no centro histórico, no âmbito da segurança e o financiamento para a instalação no local de hospedarias, restaurantes, escolas de dança e outras artes. Além disso, teve início um amplo processo de restauração dos casarios. É verdade que diversas construções não puderam ser recuperadas internamente, afinal, a grande deterioração encontrada impediria sua reconstrução fiel. Assim, foi priorizada a recuperação das fachadas.

Após esse trabalho, um grande esforço foi implementado no sentido de transformar toda a região do Pelourinho numa atração turística altamente impactante, e não apenas para os turistas nacionais, mas também para os estrangeiros. Nesse processo, lamentavelmente muitos moradores acabaram sendo "expulsos", em sua maioria afrodescendentes.

Isso inclusive gerou um intenso e acalorado debate político no Estado da Bahia, pois não foi bem aceita a solução de realocar os antigos moradores em outros bairros de Salvador, tampouco foram bem recebidos os significativos benefícios econômicos obtidos por alguns empreendedores envolvidos no processo!!!

Salvador é muito **encantadora**, graças à riqueza e ao prestígio que conquistou desde a época colonial – e como capital que foi durante 250 anos. Isso se reflete claramente na magnificência de seus palácios coloniais, igrejas, conventos etc., a maioria deles datando dos séculos XVII e XVIII. Entre os "**tesouros**" destacam-se os seguintes:

→ **Mercado Modelo** – Inaugurado em 1912 (num prédio de 1861) na praça Visconde de Cairu, no edifício da Alfândega, ele foi construído com uma rotunda, ou seja, uma grande sala circular com teto abobadado. Ela fica na extremidade posterior do edifício, onde os navios ancorados costumavam descarregar suas mercadorias. Hoje, caso o visitante esteja interessado em preparar sua própria comida, adquirir algum artigo do artesanato ou simplesmente passear, esse é o local perfeito para se visitar. O mercado ocupa 8.410 m² e dois pavimentos, abrigando cerca de 266 bancas, e oferece uma enorme variedade de itens de artes e ofícios feitos na Bahia, bem como oriundos de outros Estados da região nordeste do País. Também ficam ali dois restaurantes, vários bares que servem petiscos e bebidas típicas (licores, quentão etc.). Em 1984 o edifício pegou fogo e foi praticamente todo destruído, mas voltou a funcionar depois de uma ampla reforma e restauração. Em termos arquitetônicos, o visitante poderá aproveitar para apreciar os arcos do edifício, com seus tijolos à mostra, que fazem belas composições quando refletidos no espelho de água... Vale lembrar que, no passado, o porão desse mercado foi usado para abrigar os escravos vindos da África, enquanto eles aguardavam para serem leiloados, mas hoje esse espaço está repleto de placas de concreto com aproximadamente 30 cm de altura em relação ao piso, para que o turista possa caminhar por ali mesmo com a maré cheia, uma vez que inundações são comuns nessas ocasiões. Essa edificação foi tombada pelo IPHAN em 2009.

→ **Elevador Lacerda** – Inaugurado em 8 de dezembro de 1873, este elevador foi planejado e construído pelo empresário Antônio Francisco de Lacerda. Hoje, as quatro cabines do elevador conectam os 72 m de altura entra a praça Tomé de Sousa, na Cidade Alta, e a praça Cairu, na Cidade Baixa. Cada percurso tem a duração de 22 s e o elevador pode transportar 128 pessoas durante 24 h por dia!!!

- **Catedral basílica primacial de São Salvador** – Trata-se de uma antiga igreja jesuíta da cidade, construída na 2ª metade do século XVII. Ela é um belo exemplo de decoração e arquitetura maneirista. Nela trabalharam vários artistas e pintores.
- **Igreja e convento de São Francisco** – Essas duas edificações datam da 1ª metade do século XVIII, e representam belos exemplos da arquitetura colonial portuguesa. A decoração barroca da igreja é considerada uma das mais belas do País.
- **Igreja de Nosso Senhor do Bonfim** – Tem um estilo rococó, com decoração interior neoclássica. A imagem de Nosso Senhor do Bonfim é a mais venerada na cidade, e a Festa de Nosso Senhor do Bonfim, que sempre acontece em janeiro, é a mais importante da cidade, depois do Carnaval!!!

Hoje, além das igrejas incríveis, Salvador também conta com a primeira santa brasileira!!! Em 13 de outubro de 2019, no Vaticano, a irmã Dulce foi canonizada pelo papa Francisco, tornando-se a santa Dulce dos Pobres. Recorde-se que quando ela nasceu, em 26 de maio de 1914, em Salvador, seu nome era Maria Rita de Souza Brito Lopes.

Sua vocação para ajudar os mais necessitados se tornou pública já na adolescência. Aos 13 anos ela começou a acolher doentes e moradores de rua em sua casa. Durante dois anos ficou enclausurada no convento de Nossa Senhora do Carmo, em Sergipe, onde prestou seus votos e se tornou freira. Ela retornou para sua cidade natal em 1934, e sua primeira missão foi na **área da saúde**, ou, mais especificamente, no setor de limpeza e na portaria do Hospital Espanhol, até alcançar o posto de enfermeira.

Depois disso ela migrou para a área de educação e foi ensinar numa escola na cidade, onde lecionou principalmente História e Geografia. Mas faltava-lhe aptidão para o magistério. Aliás, de acordo com uma das irmãs superioras "**como docente era um desastre**"!?!? Ela acabou sendo liberada para prestar assistência social aos pobres da região.

Criado a partir dos anos 1940, o conjunto de favelas dos Alagados foi por décadas o principal símbolo de pobreza em Salvador. Existiam ali muitas centenas de barracos de madeira erguidos sobre palafitas, fincadas sob o mangue. As frágeis construções ficavam assim sujeitas ao vaivém das maré e eram conectadas por pedaços de tábuas, que tornaram-se becos e vielas!?!?

E foi justamente nesse local que irmã Dulce começou seu trabalho de acolhimento de pobres e doentes. No ambiente insalubre dos Alagados, ela atendia os moradores em um barraco simples de madeira, com o apoio dos médicos Bernardino Nogueira e Edgar Meyer. Aos poucos esse trabalho foi catapultando a imagem da freira, tornando-a uma das figuras mais conhecidas da Bahia.

Paulatinamente, o que era um trabalho pontual num dos bairros mais miseráveis de Salvador foi ganhando outra dimensão e, em vez de a irmã precisar percorrer as ruas da capital baiana em busca dos desamparados, eram eles que iam até a freira!!! A partir de 1949, quando transformou o galinheiro de um convento em um abrigo para doentes, a religiosa concentrou a maior parte de sua obra social na região do largo de Roma, também na Cidade Baixa.

Porém, sua atuação nos Alagados fez da freira uma espécie de marca profunda na história da comunidade. Em 1959 ela fundou as Obras Sociais Irmã Dulce, um projeto ao qual se dedicou até sua morte em 1992. Em vida, recebeu o apelido de "**o anjo bom da Bahia**". Seus últimos 30 anos de vida foram especialmente difíceis por causa de um enfisema pulmonar, que reduziu sua capacidade respiratória em 70%. Ela chegou a pesar apenas 38 kg.

Desde o início da década de 1980 as palafitas dos Alagados começaram a dar lugar a conjuntos habitacionais, descontruindo aos poucos aquele que tinha sido o **principal cartão-postal negativo** de Salvador. A denominação genérica Alagados deu lugar aos bairros de Massaranduba, Uruguai e Jardim Cruzeiro. A região, entretanto, ainda é uma das mais pobres da capital baiana, e enfrenta problemas de infraestrutura básica, poluição das praias e falta de moradia. Não raro voltam a surgir palafitas nas áreas de mangue.

Em 2014 as Obras Sociais Irmã Dulce voltaram a ficar pé nos Alagados, com a inauguração de um centro de atendimento à comunidade, em parceria com a paróquia local. Nele são oferecidos serviços como distribuição de sopa, acompanhamento para jovens grávidas, catequese para crianças e atividades de promoção da saúde e prevenção de doenças.

Hoje o bairro dos Alagados também ganhou o apelido de "**terra santa**", pelo fato de já terem pisado (ou vivido) ali três dos mais importantes santos nascidos no século XX, ou seja, a madre Teresa, o papa João Paulo II e a irmã Dulce. A visita do papa João Paulo II foi em 1980, quando em meio ao povo dos Alagados ele fez um discurso no qual pregou o amor ao próximo e a partilha entre os cristãos. Na época, uma nova igreja de alvenaria foi erguida em três meses para recebê-lo. Hoje ela leva o nome do papa que virou santo em 2014. Já a madre Teresa de Calcutá, por sua vez, visitou Alagados em 1979, quando abriu aí uma casa de assistência no bairro do Uruguai.

A irmã Dulce, agora santa Dulce dos Pobres, passou boa parte de sua vida entre palafitas!!! A partir dessa canonização, nosso País tem a primeira mulher brasileira a ser declarada santa pela Igreja Católica, o que certamente incrementará a **visitabilidade** a Salvador, em especial pela vinda de muitos devotos. Isso já aconteceu no dia 20 de outubro de 2019, quando o público lotou a Arena Fonte Nova (mais de 50 mil pessoas) para comemorar a canonização da freira baiana!!!

No tocante a **literatura**, Salvador começou a se destacar com Gregório de Mattos, que nasceu na cidade em 1636 e foi educado pelos jesuítas. Ele se tornou o mais importante poeta barroco no Brasil colonial, por suas obras religiosas e satíricas.

O padre Antônio Vieira, por sua vez, nasceu em Lisboa em 1608, mas foi criado e educado no colégio jesuíta de Salvador. Ele morreu na cidade em 1697. Seus sermões eruditos lhe renderam o **título de melhor escritor do idioma português estilo barroco**!!!

Após a Independência do Brasil, em 1822, Salvador continuou a desempenhar um papel importante na literatura nacional. Significativos escritores do século XIX associados à cidade incluem o poeta romântico Castro Alves (1847-1871) e o diplomata Ruy Barbosa (1849-1923).

Já no século XX, coube ao baiano Jorge Leal Amado de Faria (1912-2001), ou apenas **Jorge Amado**, popularizar a cultura da cidade não apenas no Brasil, mas em todo o mundo. Embora não tenha nascido em Salvador – ele nasceu em Itabuna, em 10 de agosto de 1912, mas faleceu em Salvador em 6 de agosto de 2001 –, Jorge Amado encantou gerações com seus romances *Jubiabá*, *Dona Flor e Seus Dois Maridos* e *Tenda dos Milagres*, tornando-se um dos mais famosos e traduzidos escritores brasileiros de todos os tempos (foram 49 idiomas para cerca de 80 países).

Ele integrou os quadros da **intelectualidade comunista brasileira** desde o final da primeira metade do século XX – ideologia presente em várias de suas obras (49 no total), como a retratação dos moradores do trapiche baiano em *Capitães de Areia*, de 1937. Em 1995, já descrente dos resultados práticos do comunismo, ele o abandonou, despejando inclusive fortes críticas a essa ideologia!?!?

Jorge Amado foi também o autor mais adaptado para o cinema, teatro e televisão no País. Verdadeiros sucessos, com obras do quilate de *Tieta do Agreste, Gabriela Cravo e Canela, Tereza Batista Cansada de Guerra* e os já citados *Dona Flor e Seus Dois Maridos* e *Tenda dos Milagres*. Suas obras literárias também se transformaram em temas de escolas de samba por todo o País.

De fato, Jorge Amado só foi superado em número de vendas por Paulo Coelho, mas em seu estilo – **romance ficcional** – não tem paralelo no Brasil, sendo interessante constatar que ele viveu exclusivamente dos **direitos autorais de seus livros**. Pode-se dizer também que sua obra seja talvez a mais significativa dentro da ficção brasileira moderna, e voltada essencialmente às raízes nacionais. Nela são temas recorrentes os problemas e as injustiças sociais, o folclore, a política, as crenças, as tradições e a sensualidade do povo brasileiro, o que contribuiu bastante para a divulgação desse aspecto em todo o mundo.

Foi em 1958 que Jorge Amado publicou *Gabriela, Cravo e Canela*, que representou um momento de mudança na sua produção literária, até então voltada para temas sociais e políticos. Nesta segunda fase ele fez uma crônica de costumes, marcada por tipos populares, poderosos coronéis (seu pai foi um deles...) e mulheres sensuais.

Assim, *Dona Flor e Seus Dois Maridos* (publicado em 1966) foi considerado uma crônica de costumes da vida baiana. Regida sob a inspiração do realismo fantástico, a história mostra dona Flor como uma mulher que consegue realizar a fantasia de levar para a cama o marido falecido e o atual ao mesmo tempo!!! O primeiro, um malandro; o segundo exatamente o contrário, e só assim ela se sente realmente completa e feliz. O livro é pontuado de receitas culinárias, ritos de candomblé e exemplos de uma contradição que tão bem retrata o Brasil: o convívio do sério com o irresponsável, do prazer e do dever; da regra e do "jeitinho" brasileiro.

Jorge Amado foi casado com a também escritora Zélia Gattai, que o sucedeu em 2002 na cadeira 23 da ABL. O casal teve dois filhos: João Jorge (em 1947) e Paloma Jorge (em 1951). Ele teve uma outra filha, fruto do casamento anterior com Matilde Garcia Rosa. A adolescente nascida em 1935 se chamava Eulália Dalila, mas faleceu precocemente em 1949.

Ele era primo do advogado, escritor, jornalista e diplomata Gilberto Amado, e da atriz Vera Clouzot. Correspondeu-se com grandes escritores, poetas, intelectuais e políticos brasileiros de seu tempo. E não se pode esquecer que precisou viver exilado em diversos países durante vários anos.

No seu círculo de amizades havia gente renomada e bastante culta, como Federico Felini, Alberto Moravia, Jorge Semprún Maura, Pablo Picasso, Oscar Niemeyer, Vinícius de Moraes, Jean Paul-Sartre, Simone de Beauvoir, entre outros.

Jorge Amado recebeu muitos prêmios, como o **Camões** (em 1994), assim como muitos títulos (como de *doutor honoris causa* de dez universidades de várias países), além de diversas homenagens. Além da ABL (academia para a qual entrou em 6 de abril de 1961, ocupando a cadeira 23 cujo patrono é José de Alencar) ele integrou diversas academias importantes.

Recentemente, Joselia Aguiar lançou o livro *Jorge Amado – Uma Biografia*, no qual ela procura desfazer o mito de que o autor só teria alcançado tamanho sucesso por causa de suas ligações com o comunismo internacional. Ela destacou que Jorge Amado, filho de Oxóssi, orixá das matas, foi um dos autores brasileiros de maior sucesso comercial dentro e fora do País, tendo vendido nada menos que 80 milhões de livros em todo o mundo. Quando morreu, em 2001, estiveram em seu velório cerca de 15 mil pessoas.

Feito o axexê – a cerimônia do candomblé para os mortos –, as cinzas de Jorge Amado foram descansar entre as plantas de sua casa em Salvador. No lugar onde elas ficam, até hoje se lê uma frase dele: "**Aqui, neste recanto de jardim, quero repousar em paz quando chegar a hora, eis o meu testamento!!!**"

E como o assunto é **cultura**, quando se fala na aquisição desse bem por parte da população brasileira, notam-se imediatamente enormes obstáculos. Um exemplo típico é a degradação em que se encontram nossos museus, com péssimas condições de segurança. Um exemplo lamentável disso foi o incêndio que praticamente destruiu o Museu Nacional em 2 de setembro de 2018, que era administrado pela Universidade Federal do Rio de Janeiro.

Aliás, é um extraordinário golpe de sorte que isso já não tenha ocorrido com muitos outros espalhados por todo o País. Dos 2.769 museus brasileiros, 456 são federais. Destes, 172 estão sob a tutela do ministério da Educação, a maior parte, como no caso do Museu Nacional, absorvida nas estruturas das universidades federais, que carecem de recursos e de pessoal capacitado para cuidar deles.

Enquanto todos os museus do Instituto Brasileiro de Museus (Ibram) estão inseridos no seu organograma e contam, conforme a lei, com um Plano Museológico, **29%** dos museus universitários não constam do organograma das universidade e **27%** sequer possuem esse plano!?!? Apenas **30%** dos museus universitários têm reserva técnica, isto é, locais com condições especiais de preservação.

As ameaças que pairam sobre o patrimônio nacional deixaram todos perplexos, pois é extremamente lamentável a atenção que é dada aos museus do País de modo geral, e não apenas no que se refere a segurança dos acrevos, como também das mostras e exposições organizadas dentro deles, que não têm impacto para atrair visitantes.

Michael Kirby, diretor de proteção contra incêndios do famoso Museu Smithsonian, que está em Washington, nos EUA, comentou: "O melhor modo de prevenir incêndios devastadores são os *sprinklers* utilizados corriqueiramente em prédios comerciais. Afinal de contas, ainda que a água possa danificar algumas peças, como pinturas, melhor que sejam molhadas que incineradas!!!"

No caso do Museu Nacional, faltavam não apenas *sprinklers*, como também hidrantes com pressão suficiente. Por isso foi necessário providenciar um caminhão-pipa para tentar apagar o incêndio...

A verdade é que os problemas dos museus não se resumem apenas ao fato de os acervos estarem constantemente em risco. Em muitos casos não se sabe exatamente do que esses acervos são compostos, uma vez que não existe um inventário nacional consolidado. No caso do Museu Nacional, por exemplo, não foi possível aferir quantos e quais itens foram perdidos ao todo!!!

Mas apesar desses e de muitos outros contratempos, alguns museus brasileiros acabam se recuperando!!! Este é o caso do Museu de Arte Moderna da Bahia, que está situado num antigo engenho do século XVII, às margens da baia de Todos-os-Santos, no conjunto arquitetônico *Solar do Unhão*. Ele ficou cinco anos em obras de requalificação e restauro, tendo sido reaberto ao público em 18 de julho de 2019.

O investimento estadual nesse espaço, que inclusive já foi tombado pelo IPHAN, foi de R$ 15 milhões. Hoje ele conta com um cinema com 104 poltronas, um café, uma prainha, o parque de Esculturas – onde ficam as obras de Bel Borba, Carybé e Mestre Didi – e o *Solar Gastronomia*, um restaurante com mesas ao ar livre que permitem ao visitante apreciar um belíssimo pôr do sol.

Originalmente, o conjunto do *Solar do Unhão* era um complexo agroindustrial no estilo dos antigos engenhos de açúcar, e contava com casa-grande, capela, senzala, armazéns e cais. A construção principal foi erguida em três pavimentos, utilizando alvenaria de pedra, com uma arcada de tijolos no térreo.

O acesso ao casarão se dá por uma ponte de quatro arcos decorada com azulejos portugueses de ornamentação barroca. A capela Nossa Senhora da Conceição, em estilo rococó tardio, tem fonte, aqueduto e chafariz em arenito.

No passado esse conjunto serviu como fábrica de rapé, armazém de derivados de cacau, trapiche e até quartel (durante a 2ª Guerra Mundial). Sua transformação em museu aconteceu por iniciativa da arquiteta ítalo-brasileira Lina Bo Bardi, ainda nos anos 1960. Depois de uma excelente reforma, seu acervo incluiu obras de Di Cavalcanti, Tarsila do Amaral, Cândido Portinari, Pierre Verger, entre outros.

O Muse de Arte Moderna da Bahia, que mesmo durante as reformas não deixou de oferecer diversas oficinas e expor seu acervo, tem hoje condições de montar excelentes exposições e oferecer aos visitantes mais conforto e lazer.

Ainda no âmbito cultural, aconteceu em Salvador no dia 28 de março de 2019 a abertura da 1ª edição do Festival da Língua Portuguesa, o Felpo, uma iniciativa do Global Media Group, um conglomerado de comunicação de Portugal, que possui a rádio TSF e os jornais *Diário de Notícias* e *Jornal de Notícias*, entre outros veículos.

O objetivo dessa edição foi incrementar ainda mais o calendário de eventos expressivos em Salvador e, assim, aumentar a **visitabilidade à cidade**. E é bastante natural que a capital baiana celebre o idioma nacional, tão bem cuidado por tantos autores importantes que ali nasceram – como Gregório de Matos, Rui Barbosa, Luís Gama e Gilberto Gil – ou passaram boa parte de sua vida – como é o caso de Castro Alves, Jorge Amado, João Ubaldo Ribeiro, entre outros.

Essa primeira edição do Felpo fez parte das comemorações dos 470 anos da capital baiana, e durante o evento houve *show* musical no Farol da Barra, troca de livros na praça da Mesquita (no Rio Vermelho) e bate-papo com diversos escritores (entre eles a neta de Jorge Amado, Maria João). O destaque foi a **gastronomia**, que se concentrou nos pratos brasileiros, portugueses e angolanos.

O jornalista português Ricardo Oliveira, organizador do evento, comentou: "No Felpo, tentamos abarcar as latitudes da língua, e não apenas do ponto de vista geográfico. Também abordamos o idioma por meio da música, tanto a baiana (com Daniela Mercury), como a portuguesa (com

Ana Moura e Antônio Zambujo trazendo o fado) e a angolana (com Paulo Flores interpretando o samba tradicional daquele país). Claro que nem a literatura nem a gastronomia foram esquecidas..."

Vale a pena também relatar o recente e magnífico caso do "**empreendedor cultural**" Natanael Couto, que em junho de 2019 inaugurou em Salvador o **Museu do Sorvete**, dedicado única e exclusivamente a essa guloseima!!! O local inclui, além de uma sorveteria, é claro, um espaço cultural, e ocupa o casarão *Solar Amado Bahia*.

Essa edificação imponente, localizada na orla da Ribeira, fica de frente para o mar apinhado de lanchas e saveiros na baía de Todos-os-Santos. Ela foi erguida em 1904 e tombada em 1981, mas o local ficou abandonado desde 1993, sendo reaberto somente em junho de 2019, para ser usado em um novo propósito.

Sem dúvida esse empreendimento de Natanael Couto – um autodidata que sobreviveu no início da vida vendendo picolés nas ruas da capital baiana, até montar sua própria fábrica, a Sorveteria Real (atualmente uma das maiores do Estado da Bahia) – atrairá ainda mais visitantes para Salvador e alegrará muita gente.

Embora "fincada" na Cidade Baixa, a orla da Ribeira ostenta um clima bucólico e ares de cidade do interior. Ela ganhou o *status* de ponto turístico ao se firmar como uma espécie de corredor do sorvete na capital baiana. Ao longo dessa orla fica, por exemplo, a *Sorveteria da Ribeira*, um icônico estabelecimento fundado em 1931, e famoso por seus sorvetes de frutas. No entorno surgiram pelo menos outras quatro sorveterias, que atendem a uma alta demanda de público, em especial nos fins de semana.

Foi justamente devido à tradição sorveteira desse bairro que Natanael Couto escolheu a orla da Ribeira para abrir a primeira loja própria de sua marca. Entretanto, ao receber no seu celular a mensagem sobre o leilão de uma charmosa edificação no local, o empresário teve uma ideia audaciosa, que o levou a arrematar o solar por R$ 1,5 milhão, em outubro de 2017.

No passado o local pertencera a um comerciante de carnes, Francisco Amado Bahia, e fora inaugurado para o casamento de duas de suas filhas. Com dois pavimentos e um sótão, o casarão tem piso de mármore de Carrara e é cercado por gradis de ferro fundido importados da Inglaterra no início de século XX. Em seu interior existem amplos salões e quartos com espelhos fabricados na França, além de um oratório em estilo neoclássico.

Em 1949, com a morte do patriarca da família, o casarão foi doado à associação de empregados do comércio para que o local se tornasse um hospital. Porém, esse plano nunca vingou, e a casa acabou virando uma escola, sede de sindicato, brechó e até serralheria. Por fim o lugar foi ocupado por famílias do movimento sem-teto. Naturalmente, esse uso contínuo desgastou a estrutura e, além disso, parte das peças que compunham o mobiliário original foi saqueada.

Natanael Couto explicou: "Quando adquiri o casarão ele estava bastante degradado e maltratado. Então, sob a supervisão do IPHAN, iniciei o restauro da construção, numa empreitada que durou dois anos e custou cerca de R$ 700 mil. O trabalho foi bem minucioso. Ao todo, a casa tem 18 cômodos. As dezenas de portas foram emendadas e restauradas uma a uma.

Entretanto, o principal desafio foi reproduzir a pintura das paredes, que foram originalmente feitas com a técnica de escaiola, na qual o acabamento imita mármore polido. Com o avanço da reforma tomei a decisão de transformar o solar em um museu dedicado ao sorvete. A sorveteria, item que fazia parte do plano original, foi construída numa parte dos fundos do casarão. Porém, ele parece que foi edificado para contar a história do sorvete!!! É uma casa alegre, colorida, com cada sala de uma cor diferente.

Fui a diversos antiquários para encontrar réplicas de equipamentos norte-americanos usados na produção de sorvete. Também entrei em contato com vários fabricantes de maquinário para sorvete no Brasil e na Itália. Fui instalando tudo o que conseguia no andar térreo do casarão e mandei também fabricar peças de sorvete em fibra de vidro, para criar um ambiente lúdico dentro do museu. No piso superior mantivemos os móveis que pertenceram à família Amado Bahia, recriando dessa maneira o ambiente de uma casa do início do século XX.

Começamos cobrando R$ 10,00 por ingresso para a visita ao museu, se bem que crianças não pagam. Nos primeiros meses de funcionamento muita gente veio ver o museu. Nos fins de semana cerca de mil pessoas nos visitam por dia, e praticamente ninguém sai daqui sem deliciar-se com os sorvetes que produzimos!!! Estou muito feliz, pois consegui transformar um solar tombado e abandonado num local que agora surpreende e encanta todos que o visitam!!!"

A alta temporada em Salvador é marcada por uma mistura de **fé** e **folia**, quando acontecem algumas de suas festas religiosas mais icônicas. Em aproximadamente 100 dias a cidade abriga eventos incríveis, que deveriam inspirar outras cidades do País para que elas tivessem uma visitabilidade tão intensa como a de Salvador. Veja alguns dos festejos a seguir:

- Em 4 de dezembro acontecem as homenagens a santa Bárbara (Iansã, no sincretismo de religiões de matriz africana). Os católicos e seguidores do candomblé se vestem de vermelho e participam de uma procissão pelo centro histórico para homenagear a santa.
- A padroeira da Bahia, **Nossa Senhora da Conceição da Praia**, é celebrada no dia 8 de dezembro – feriado municipal – em templo localizado no bairro do Comércio. Os festejos incluem uma procissão com andores – as imagens de Nossa Senhora da Conceição e de santa Bárbara – e o desfile de um trio elétrico para agitar o público, entoando hinos católicos.
- Nos dia 31 de dezembro e 1º de janeiro do ano seguinte, são tradicionalmente realizadas **duas procissões marítimas** na baia de Todos-os-Santos. A primeira vai do largo da Boa Viagem, na Cidade Baixa, até a basílica da Conceição da Praia. A segunda é a incrível procissão do Senhor Bom Jesus dos Navegantes, na qual centenas de embarcações de todos os tipos velejam pela baia de Todos-os-Santos acompanhando a galeota *Gratidão do Povo*, e carregando a imagem de Bom Jesus desde a igreja da Conceição da Praia até a capela da Boa Viagem. É um lindo desfile de fé.
- **Festa de Reis**, que se celebra no dia 6 de janeiro na paróquia da Lapinha.
- Na segunda quinta-feira do mês de janeiro se faz a **lavagem das escadarias da igreja do Nosso Senhor do Bonfim**, que acaba se constituindo em uma enorme procissão na qual os participantes vestem trajes brancos em homenagem a Oxalá (orixá relacionado à criação do mundo). A multidão parte da igreja da Conceição da Praia em direção à igreja do Bonfim, no alto da Colina Sagrada do Senhor do Bonfim. A cada ano aproximadamente 800 mil pessoas participam desse grandioso evento religioso. Ao chegar ao final do cortejo, baianas com suas roupas típicas despejam os vasos com água de cheiro no adro da igreja do Bonfim e também sobre a cabeça dos fiéis. É uma festa católica, misturada com o candomblé, que com o tempo foi se tornando mais profana que religiosa... No final da lavagem, inicia-se a parte mais popular, com muita cerveja, pagode, *reggae* e comidas servidas em barracas espalhadas por quase todo o

bairro do Bonfim. Durante a realização dessa festa, a Cidade Baixa fica praticamente interditada para o tráfego de veículos pelas ruas e avenidas por onde o cortejo se desloca. Apesar de não ser um feriado oficial na cidade, os estabelecimentos comerciais que ficam ao longo do percurso fecham as portas em respeito à celebração ou apenas por falta de condições de funcionar enquanto milhares de pessoas se divertem nas ruas.

- A segunda-feira após a lavagem do Bonfim é popularmente conhecida como **Segunda-Feira Gorda**. Nesse dia acontece a Festa da Ribeira, na qual se reúnem principalmente os moradores da região da Cidade Baixa que seguem os trios elétricos e as fanfarras pelas ruas.

- Em 2 de fevereiro os adeptos do candomblé homenageiam a **rainha do mar, Iemanjá,** simbolizada numa sereia. A festa acontece no Rio Vermelho, quando muitas centenas de pessoas ligadas direta ou indiretamente ao candomblé "entregam" seus presentes à rainha do mar, depositando perfumes, flores e outras oferendas em barcos que transportam esses presentes. Na verdade, algumas pessoas simplesmente atiram os presentes na água!?!? Essa é uma grande e poderosa manifestação de fé na **força da mãe da água**, que tem desdobramento profano nas barracas padronizadas, nas quais a crença é transformada em samba, festa que se prolonga até altas horas da noite, regada principalmente a cerveja.

- Em fevereiro, na quinta-feira anterior ao início do Carnaval, acontece o evento **Lavagem de Itapuã**, que é um ritual fruto da devoção dos pescadores à Nossa Senhora de Conceição de Itapuã. O evento começa às 2h da manhã, com o Bando Anunciador (grupo de percussionistas da comunidade) dizendo que a igreja será lavada com água de cheiro no dia seguinte. Às 7 h da manhã acontece uma missa, seguida pelo cortejo de baianas que lavarão a escadaria. Depois disso, trios elétricos e grupos culturais circulam por ali até o início da noite.

- Entre fevereiro e março acontece o tão esperado **Carnaval**. Durante sete dias – entre a quarta-feira anterior até a quarta-feira de Cinzas, acontece o que segundo alguns especialistas é a "**maior festa do mundo em participação popular**", com a cidade toda ficando repleta de foliões, vestidos com abadás e becas de seus blocos preferidos, ou simplesmente com fantasias e pulando como "pipoca" atrás dos trios independentes, rumo aos diversos circuitos do Carnaval soteropolitano!!! Há um circuito central do Carnaval, que vai do Campo Grande até a praça Castro Alves, enquanto outro sai da orla no sentido Barra-Ondina. Neles desfilam os grandes blocos, com os passantes trios elétricos – uma criação dos baianos Dodô e Osmar, que virou mania em todo o Brasil. Todavia, o mais tradicional segue do Pelourinho até a rua Chile, no centro histórico. Nele, o forte é a música das bandinhas de sopro e percussão, os afoxés, os blocos afros e os fantasiados.

Esse incrível calendário de eventos está concentrado principalmente no 1º trimestre do ano, mas os festejos continuam ao longo do ano inteiro....

- Na segunda quinzena de junho acontece a muito aguardada festa de São João, que na capital baiana tem o nome de "**Arraiá da Capitá**", e se concentra no parque de Exposições, reunindo não somente cantores do Estado da Bahia, mas de várias partes do Brasil. O evento é marcado por muitas barracas vendendo comidas e bebidas típicas.
- O dia 2 de julho é uma data magna baiana, quando se celebra em Salvador e nas cidades do Recôncavo a festa pela **independência da Bahia**. A comemoração tem o **caboclo** e a **cabocla** como ícones da participação popular na defesa do que viria a se tornar a nação brasileira, contra o domínio português. O desfile de 2 de julho aconteceu pela primeira vez em 1824, como forma de protesto do povo baiano contra a continuidade da ordem social vigente.
- Em 27 de setembro se comemora o **dia de São Cosme e São Damião**, quando os devotos fazem caruru e distribuem balas para as crianças. Essa festa, porém, se restringe basicamente ao Mercado de Santa Bárbara, na Baixa dos Sapateiros, uma região do centro histórico de Salvador. Muitos adeptos do candomblé, entretanto, fazem festas particulares em suas residências, distribuindo o tradicional caruru e as balas.
- Entre 29 de novembro e 8 de dezembro, comemora-se em Salvador o **Dia da Nossa Senhora da Conceição da Praia**. O ponto culminante desse evento acontece em frente da igreja de mesmo nome, nas imediações do elevador Lacerda. Ali são armadas barracas e servidas comidas e bebidas, ao som de *reggaes*, pagodes e os mais diversos sambas.

Além de integrar os programas da Unesco (RCC e OCPM, como já foi mencionado), o município de Salvador faz parte de várias outras organizações internacionais, como: Mercado Comum de Cidades e União das Cidades Capitais Luso-Afro-Américo-Asiáticas. As relações internacionais da cidade estão a cargo do gabinete do prefeito, por intermédio do Escritório Salvador Cidade Global.

Graças ao seu trabalho no campo das relações internacionais, Salvador abriga a primeira Casa da ONU do Brasil, ou seja, um escritório compartilhado por cinco organizações do sistema ONU – a Organização Internacional do Trabalho (OIT), o Fundo das Nações Unidas para a Infância (Unicef), o Fundo de População das Nações Unidas, o Fundo Internacional de Desenvolvimento Agrícola e o PNUD, sendo que esse último é o coordenador da atuação das agências do sistema no País. Ele foi inaugurado em 26 de novembro de 2010, e ocupa um espaço cedido pela prefeitura no elevador Lacerda.

A capital baiana também abriga 26 consulados, o que indica claramente sua importância diante de dezenas de países. Também são mantidos na cidade centros culturais e museus administrados por outras nações, como é o caso do Centro Cultural Casa de Angola na Bahia (na Baixa dos Sapateiros), do Museu Casa do Benin e da Casa da Nigéria (ambos no Pelourinho).

No estágio contemporâneo das relações internacionais, Salvador também participa com sua paradiplomacia, o que levou a um processo de geminação de cidades a partir de 1962. A partir daí começaram a ser firmados acordos de **cidade-irmã** com diversas cidades importantes, como: Los Angeles (nos EUA); Angra do Heroísmo, Cascais e Lisboa (em Portugal); Cotonu (em Benin); Pontevedra (na Espanha); Havana (em Cuba); Sciacca (na Itália) e Harbin (na China).

Mas além de cidades-irmãs, Salvador também possui cidades e regiões **parceiras**, com as quais mantém um estreito relacionamento: Heidelberg e Munique (na Alemanha); Luanda (em Angola); Buenos Aires e São Miguel de Tucumã (na Argentina); Baku (no Azerbaijão); Ajudá (no Benin); Cartagena das Índias (na Colômbia); Santiago e Valparaíso (no Chile); Roseau (na Dominica), San Salvador (em El Salvador); Quito (no Equador); Barcelona, Cádiz e Madri (na Espanha); Atlanta, Filadélfia, Norfolk e Nova York (nos EUA); La Rochelle, Caiena, Carântono-Marítimo e Grenoble (na França); Libreville (no Gabão); Boké (na Guiné); Bali (na Indonésia); Cagliari, Ferrara, Florença, Nápoles, Sant'Oreste e Turim (na Itália); Nara e Kyoto (no Japão);

Essaouira e Marrakesh (no Marrocos); Ilha de Moçambique, Maputo e Pemba (em Moçambique); Lagos (na Nigéria); Assunção (no Paraguai); Figueira da Foz (em Portugal); Guangzhou, Cantão, Dalian, Shenzhen, Xantungue (na China); Krasnodar (na Rússia); Ilha do Príncipe (em São Tomé e Príncipe); Goreia (no Senegal); Esmirna (na Turquia) e Montevidéu (no Uruguai).

Nenhuma capital estadual brasileira firmou tantos relacionamentos internacionais com outras cidades do planeta, o que seguramente permite a Salvador, entre outras ações, promover bastante o intercâmbio educacional e cultural, que é tão necessário num mundo cada vez mais global e conectado.

No campo do **esporte**, o mais popular em Salvador é o **futebol**, e são dois os principais clubes da cidade. O Esporte Clube Bahia, também chamado de Bahia ou pelo acrônimo ECB, é um clube desportivo sediado na capital baiana, cujo foco principal é o futebol profissional. O ECB foi fundado em 1º de janeiro de 1931 por ex-jogadores do Clube Bahiano de Tênis e a Associação Atlética da Bahia, agremiações que tinham encerrado suas atividades futebolísticas no final da década de 1920.

O ECB é simbolizado por suas **três cores**, o azul, em homenagem à Associação Atlética da Bahia; o branco, em gentileza ao Clube Bahiano de Tênis e o vermelho, por ser uma das cores da bandeira da Bahia. De qualquer modo, as três cores do clube, coincidentemente ou não, compõem a bandeira do Estado, homenageando-o. Além disso, o formato retangular com faixas horizontais e o posicionamento do escudo também lembram bastante o pavilhão baiano.

Os demais símbolos do ECB são o próprio escudo, suas duas estrelas, seus uniformes, sua mascote (o **Super-Homem**) e seu hino. Em seus 89 anos de existência, o **"tricolor da boa terra"** (que é um dos apelidos mais utilizados na Bahia para se referir à equipe, além de **"esquadrão de aço"**, **"maior do nordeste"** e **"tricolor de aço"**), se tornou um dos clubes mais populares do País, e o de maior torcida das regiões norte, nordeste e centro-oeste. Somente na Bahia o time possui cerca de 3,6 milhões de torcedores. Sua marca vale algo próximo de R$ 90 milhões.

O ECB foi o primeiro clube a conquistar o Campeonato Brasileiro de Futebol, em 1959, contra o poderoso Santos. Em 1988 o tricolor baiano conquistou o seu segundo título brasileiro, dessa vez derrotando o Internacional de Porto Alegre. Com tais títulos, o Bahia é o único clube fora do eixo sul-sudeste a deter dois títulos nacionais da principal divisão do futebol brasileiro. O clube foi também vice-campeão brasileiro em duas oportunidades, em 1961 e 1963.

A equipe também foi o primeiro representante brasileiro a participar de uma edição da Taça Libertadores, em 1960, competição em que infelizmente ela foi desclassificada já na primeira fase. Em sua segunda participação, em 1989, o Bahia alcançou as quartas de final, um feito que nenhum outro clube do norte, nordeste e centro-oeste jamais alcançou.

O clube também soma três títulos nas Copas do Nordeste e 47 no Campeonato Baiano de Futebol, sendo o 2º maior campeão estadual do Brasil (atrás apenas do ABC de Natal, com 55 títulos). De fato, por muito tempo o Bahia dominou o futebol baiano, ao ponto de ser heptacampeão entre 1973 e 1979.

Porém, apesar desse currículo vitorioso, o time amargou durante a década de 2000 um dos piores períodos de sua história. Nessa década, além de conquistar somente um título estadual (em 2001), foi rebaixado para a Série B do Campeonato Brasileiro em 2003 e então para a Série C, em 2005. Depois disso, o clube conseguiu retornar para a Série B em 2008 e finalmente para a Série A em 2011.

O ECB mandava seus jogos no campo da Graça desde 1931, até a inauguração em 1951 do estádio da Fonte Nova, também chamado de estádio Octávio Mangabeira. O Fonte Nova foi interditado em 2007, quando houve um trágico incidente em que parte da construção cedeu, ferindo dezenas de pessoas e provocando a morte de sete.

Em 2010 ele foi demolido e substituído por uma nova arena, conforme os padrões estabelecidos pela FIFA. Posteriormente, em 2013, ele foi reinaugurado, dessa vez com capacidade para 50.025 espectadores, distribuídos em três níveis de arquibancadas com assentos cobertos. Também há camarotes, um restaurante panorâmico com vista para o estádio e um estacionamento para 2 mil veículos.

A cervejaria Itaipava comprou os direitos de nome do estádio, rebatizando-o de Itaipava Arena Fonte Nova. No período em que ficou sem o estádio, o Bahia mandou seus jogos no estádio Roberto Santos (também chamado de Pituaçu), cuja capacidade é para 32.157 pagantes e que pertence ao Estado da Bahia. Esse local conta com a simpatia da torcida tricolor, pois foi nesse local que a equipe conseguiu retornar para a Série A.

O maior rival do Bahia é o Esporte Clube Vitória, com o qual a equipe protagoniza o clássico **Ba-Vi**. Nessa disputa direta o Bahia ainda detém uma vantagem considerável, embora ela já tenha diminuído drasticamente – seja em triunfos ou em gols marcados – desde a década de 1990.

O ECB também protagoniza clássicos históricos com outros clubes tradicionais de Salvador, que já tiveram seus dia de glória, como o Galícia (o "**clássico das cores**"); com o Botafogo da Bahia (o "**clássico do pote**") e com o Ypiranga (o "**clássico do povo**", "**clássico das multidões**" ou "**clássico dos milhões**"). Regionalmente o Bahia tem grande rivalidade com o Sport de Recife.

Um detalhe muito interessante sobre o ECB é a beleza de seu hino, que extrapolou a normalidade e se transformou até mesmo em música carnavalesca, sendo possível ouvi-lo ser cantarolado em alto e bom som por torcedores de outros times, que se renderam à grandiosidade de sua letra. Ela diz:

"Somos a turma tricolor
Somos a voz do campeão
Somos do povo o clamor
Ninguém nos vence em vibração...

Vamos, avante esquadrão!
Vamos, serás o vencedor!
Vamos, conquista mais um tento!
Bahia! Bahia! Bahia!
Ouve esta voz que é o teu alento!
Bahia! Bahia! Bahia!

Mias um! Mais um, Bahia!
Mais um, mais um título de glória!
Mais um! Mais um, Bahia!
É assim que se resume a tua história."

Esse hino surgiu de um trabalho conjunto: foi escrito pelo jornalista e professor Adroaldo Ribeiro Couto (que durante algum tempo não permitiu que esse fato fosse revelado...), o maestro Agenor Gomes, fez a instrumentação, e o dirigente do clube, João Palma Neto, buscou e organizou um coro de torcedores e a banda do Corpo de Bombeiros para gravá-lo.

Um fato curioso é que o Bahia foi um dos clubes pioneiros na implementação de uma torcida exclusiva feminina para os jogos realizados em seu estádio: as *Tricoleaders* (o equivalente às tradicionais animadoras de torcida do futebol norte-americano, referidas em inglês como *cheerleaders*). O grupo de 16 jovens animadoras se formou em 2011, porém, por questões burocráticas, só foi "apresentado" nos gramados em 2014, na gestão do presidente Fernando Schimidt. Daí em diante ele passou a se apresentar em todos os jogos oficiais do ECB.

O Bahia tem hoje um moderno centro de treinamento, o Osório Villas-Boas (mais conhecido como Fazendão), que atende com conforto seus atletas, inclusive os da divisão de base. Mas já está em construção um novo centro bem maior e mais sofisticado, que receberá o nome de Cidade Tricolor.

Por fim, não se pode esquecer que o ECB estimula bastante o futebol feminino, o futevôlei, o futebol de 5, o futebol de 7 e o futebol de salão, inclusive participando de diversas competições. No que se refere a outros esportes, o ECB também já alcançou destaque em várias disputas, possuindo equipes de jiu-jitsu, natação e tênis, e já até patrocinou alguns pilotos em provas automobilísticas.

O outro importante clube baiano é o Esporte Clube Vitória. Conhecido simplesmente como Vitória, ou pelo acrônimo ECV, é o grande rival do ECB. Trata-se de um clube multiesportivo localizado na capital baiana. Ele foi fundado em 13 de maio de 1899 e, atualmente, é o terceiro clube brasileiro mais antigo em atividade e praticando o futebol.

A equipe nasceu por iniciativa pioneira dos irmãos Artur e Arthêmio Valente, em conjunto com outros 17 companheiros. Os dois, que pertenciam a uma tradicional família baiana, adquiriram o gosto pelo *cricket* na Inglaterra, onde estudavam. Ao retornar ao Brasil eles trouxeram na bagagem a paixão pelo esporte. Na época, o *cricket* dominava a preferência dos baianos, mas o esporte era restrito aos imigrantes ingleses, restando aos brasileiros o "privilégio" de repor as bolas no campo, uma tarefa similar a dos gandulas nos jogos de futebol profissional.

Isso naturalmente provocou a marginalização dos brasileiros nesse esporte e, cansados disso, os 19 jovens tiveram a ideia de criar uma agremiação que os livrasse desse fardo e não mais os privasse de praticar o esporte. Assim, em 13 de maio de 1899 surgiu o Club de Cricket Victoria. Mais tarde, em outubro de 1902, seu nome foi alterado para Sport Club Victoria, quando José Ferreira Junior (que também retornara de seus estudos na Inglaterra) trouxe para Salvador um esporte diferente: o **futebol**. Este logo se transformaria numa febre entre os jovens baianos e os brasileiros em geral.

Aliás, no clube nessa época além do *cricket* e futebol também se praticava remo, natação e atletismo, e foi nessa mesma época que surgiu a alcunha de "**leão da Barra**", apelido que ostenta até hoje. Vale lembrar que a mascote da equipe é justamente um leão. O nome atual somente foi introduzido em 1946, com as cores do clube sendo o preto e o vermelho. Mas o clube também atende pelos apelidos "**brinquedo assassino**", "**fábrica de craques**" e "**nêgo**".

Passado um longo período impróspero, em especial na década de 1970, aconteceu a construção do estádio Manoel Barradas (o "Barradão"), em 1986, cuja capacidade atual é para 35 mil pessoas. Ele representou um divisor de águas na história do clube, pois logo se transformou um ponto de encontro para os torcedores do Vitória, estimulando a equipe a conquistar vitórias em seus jogos.

Desde a inauguração desse estádio, o Vitória rapidamente se consolidou no âmbito estadual e regional, em especial nas últimas duas décadas, tanto em termos financeiros quanto em conquistas esportivas. Nesse período o rubro negro baiano conquistou quatro títulos da Copa do Nordeste, tornando-se tetracampeão, e se tornou o maior vencedor desse torneio regional. Ele também estabeleceu um amplo domínio no Campeonato Baiano, conquistando 13 títulos nas 20 últimas edições da competição, contra apenas seis do arquirrival ECB. No total, até 2019 o Vitória já possuía 29 títulos baianos, sendo que o último deles foi celebrado na edição de 2017.

Foram também brilhantes as campanhas do "leão da Barra" nos Brasileirões de 1993 e 1999, quando a equipe terminou respectivamente em 2º e 3º lugares; já nas edições da Copa do Brasil de 2004 e 2010, foi o quarto colocado e vice-campeão, tornando-se o único clube do Estado a avançar até as semifinais e chegar à final desse torneio.

É importante salientar que todas essas campanhas vitoriosas ocorreram após a construção do Barradão, o que evidencia a importância do estádio na história recente do clube. A divisão de base do ECV é uma das mais bem sucedidas do mundo, e teve o seu auge entre 1995 e 2000, conquistando dezenas de títulos.

O Vitória é também o 1º campeão da Copa do Brasil de Futebol Sub-20, cuja edição inaugural aconteceu em 2012. Das categorias de base do "leão da Barra" saíram nomes que obtiveram destaque no futebol internacional e/ou em convocações para a seleção brasileira, como Hulk, David Luiz, Dida, Fábio Costa, Vampeta, Paulo Isidoro, Bebeto, Dudu Cearense, Elkeson etc.

Nessa última década, a torcida do Vitória foi considerada uma das 15 maiores do futebol brasileiro, com cerca de 2,8 milhões de torcedores em todo o País. O clube já teve (e tem) muitos torcedores ilustres, destacando-se entre eles o ex-governador Antônio Carlos Magalhães, o ex-prefeito da cidade João Henrique Carneiro, o deputado federal Antônio Imbassahy e muitos artistas, cantores, esportistas, escritores, como Wagner Moura, Lázaro Ramos, Ivete Sangalo, Daniela Mercury, Pepeu Gomes, Léo Santana, Carla Perez, Acelino "Popó" Freitas, José Araripe Júnior, João Ubaldo Ribeiro (1941-2014), entre outros.

O grito mais famoso dos torcedores do Vitória é "Nêgo", que foi incorporado depois de um erro da torcida. O fato aconteceu em 1981, num jogo contra o Grêmio pelo Campeonato Brasileiro. Depois de começar o 2º tempo perdendo por 1 a 0, a Vitoraça, uma torcida organizada do time, procurou motivar os jogadores com seus gritos. Um deles, o "Leeeeããão", que seria usado pela primeira vez, acabou pegando, mas outra forma (!?!?), ou seja, uma boa parte do estádio não entendeu corretamente e acabou repetindo de outra forma, ou seja, "Nêêêêgooooo", e hoje o grito é o mais usado nos jogos do rubro-negro.

Outro fato marcante na história do Vitória aconteceu em 1º de agosto de 1985, quando o clube lançou seu novo hino, de autoria do compositor Walter Queiroz Júnior. O hino antigo do Vitória foi criado por Albino Castro e Vivaldo Jesuíno de Souza, com o título de *Mostra o teu Valor*. O novo hino tinha um objetivo: ajudar na construção do estádio do clube. Ele foi gravado em vinil para ser vendido aos torcedores e seu título era *Esse Hino Vai Levantar o Estádio*.

Vale ressaltar que o Vitória já lançou vários discos com seus hinos (tanto o antigo quanto o atual, em épocas diferentes), além de outras músicas feitas em homenagem ao time. Assim, em 2000 foi lançado um *CD* em comemoração aos 100 anos do clube só com cantores que torcem pelo clube, como Ivete Sangalo (ela canta nesse *CD* o hino oficial), Daniela Mercury, Gilmelândia e Tatau. Aí está a letra do novo hino:

"Eu sou leão da Barra, tradição
Eu sou vermelho e preto
Eu sou paixão
Pelos campos do Brasil
Nosso grito já se ouviu
Ô...ô... ô... ô... ô... ô...
Eu sou um nome na história
Eu sou seu Vitória com emoção
Eu sou um grito de glória
Eu sou Vitória de coração
Ô...ô... ô... ô... ô... ô...
Ô Vitória".

Atualmente o clube tem uma sede náutica: Edgar Teixeira, um espaço destinado aos jogadores da divisão de base, ou seja, a concentração do futebol amador Raimundo Rocha Pires, a concentração do futebol profissional Vidigal Guimarães (equipado com apartamentos, refeitório, salão de jogos, piscina térmica, farmácia e enfermaria etc.), o centro de treinamento Manoel Pontes Tanajura (com três campos oficiais de futebol) e, evidentemente, o estádio Manoel Barradas.

Apesar de ser conhecido no Brasil todo pelo seu futebol, o Esporte Clube Vitória sempre teve (e tem) forte ligação com outros esportes. Atualmente, além do futebol, o rubro-negro possui 280 atletas que representam o clube em diversas modalidades: remo, *jiu-jitsu*, *taekwondo*, judô, basquete, futsal, futebol de 7, futebol feminino, futevôlei, vôlei, vôlei de praia, surfe, natação, boliche, futebol norte-americano, handebol e lutas marciais.

Infelizmente, em 2019, o Vitória disputou a Série B do Campeonato Brasileiro e não conseguiu voltar para a Série A!?!?

São Luís

Uma vista aérea do Mercado de Tulhas e outros edifícios históricos de São Luís.

PREÂMBULO

Todo o visitante que permanecer apenas alguns dias em São Luís logo entenderá o porquê de a cidade ser apelidada de "**ilha rebelde**", "**ilha magnética**, "**ilha bela**" e até mesmo "**ilha do amor**". Todas essas diferentes denominações caracterizam algumas das razões pelas quais a capital maranhense se destaca.

Por tratar-se de uma **cidade-ilha**, é natural que o turista se mantenha próximo do oceano Atlântico e tenha acesso a belas praias, como as de São Marcos e do Calhau. Embora a **balneabilidade** não seja seu ponto mais forte, uma vez que infelizmente há muitos locais impróprios para se tomar banho de mar, as praias são magníficas pelo seu entorno. Ele abriga um grande número de barracas, bares e restaurantes bastante convidativos, que se revelam ótimas opções para os que desejam curtir a noite. Já para os que apreciam atividades físicas e a prática esportiva, essas praias são os locais mais recomendados e mais conhecidos da ilha para tais finalidades, inclusive pelos próprios são-luísenses – ou ludovicenses, outro gentílico utilizado.

Todavia, caso o visitante queira fazer uma imersão na cultura maranhense, há vários locais recomendáveis. Um deles é o Centro de Cultura Popular Domingos Vieira Filho, que ocupa um sobrado colonial e possui um grande acervo de peças de manifestações culturais da região. Outra opção é a Casa de Nhozinho, um museu montado numa linda casa e repleto de peças de artesanato e obras com ricos detalhes que fica na rua Portugal, uma das mais famosas de São Luís. Nela está também o Mercado das Tulhas construído no século XIX. Outra sugestão é visitar a Casa do Maranhão, um palacete centenário que abriga belas exposições sobre a história e a cultura de São Luís.

É obrigatória também a visita à Casa de Huguenote Daniel de La Touche, que foi inaugurada em 8 de setembro de 2014. Esse centro cultural tem como objetivo resgatar a verdadeira história da fundação de São Luís, por meio da museulização da memória francesa local, oferecendo ao turista uma melhor ideia do que foi o Brasil estrangeiro.

É um casarão típico e histórico, situado no Beco Catarina Mina, sendo um dos poucos logradouros do centro histórico que levam o nome de uma mulher e o único que homenageia uma negra!!!

A HISTÓRIA DE SÃO LUÍS

São Luís – frequentemente chamada de São Luís do Maranhão – é a capital do Estado e está situada na ilha de Upaon-Açú, no oceano Atlântico sul. A ilha fica entre as baias de São Marcos e São José de Ribamar, no golfão maranhense. O município ocupa uma área total de 834,78 km², dos quais 290 km² representam o vasto perímetro urbano. Seus municípios limítrofes são: Poço do Lumiar, São José de Ribamar, Raposa e Alcântara.

Estima-se que no início de 2020 vivessem em São Luís cerca de 1,1 milhão de pessoas. Já na Região Metropolitana de São Luís (RMSL), composta por 13 municípios, acredita-se que residissem nela, na mesma época mais de 1,7 milhão de habitantes. O IDH de São Luís já foi avaliado em 0,768, ou seja, bem acima da média brasileira, o que a torna a 3ª melhor capital entre aquelas da região nordeste do País.

O nome da cidade é uma homenagem dada pelos franceses ao rei da França Luís XIII, conforme registrou o cronista da França Equinocial, o capuchinho Claude D'Abbeville. Mas tarde, procurou-se ligar o nome da cidade a Luís XIII, que na época já era chamada de "**São Luís, rei da França**". Vale lembrar que esse monarca era muito popular entre os franceses, pois morreu na Cruzada na Idade Média e, posteriormente, foi canonizado pela igreja católica.

A capital maranhense, para quem a visita, é sempre lembrada pelo seu enorme casario de arquitetura portuguesa. No passado o local abrigava somente ocas de madeira e palhas, uma vez que ali existia a aldeia de Upaon-Açú (palavra indígena que significa "ilha grande"), onde viveram os índios tupinambás entre os anos 200 a 600, segundo os cronistas franceses. Essa tribo vivia da agricultura de subsistência, ou seja, de pequenas plantações de mandioca e batata-doce, e do que a natureza lhes oferecia para caça, pesca e coleta.

Nos arredores da atual cidade de São Luís viveu também uma etnia indígena dos potiguaras, o que significa que antes mesmo da chegada dos franceses esse lugar já era densamente habitado por povos indígenas. Atualmente os pesquisadores estão à procura de objetos arqueológicos que provavelmente encontram-se enterrados no sambaqui do Bacanga, localizado no parque estadual do Bacanga. Nessa região foram criadas trincheiras que visam permitir a busca por vestígios de novos artefatos pertencentes a populações pré-históricas, com o objetivo de conhecer o perfil sociocultural dos antigos habitantes.

Esses objetos provavelmente teriam pertencido a populações pescadoras, coletoras, caçadoras e ceramistas pré-históricas que viveram no sambaqui do Bacanga. Quando efetivada, tal descoberta será muito importante para os pesquisadores, pois acredita-se que tais populações tenham migrado da Amazônia para região nordeste do País!?!?

Em 1535, com a divisão do Brasil pelos portugueses em capitanias hereditárias, Portugal teve a primeira oportunidade de colonização da região por meio do tesoureiro João de Barros. Posteriormente, em 1612, Daniel de La Touche, conhecido como o senhor de La Ravardière, chegou à região acompanhado de cerca de 500 homens originários de cidades francesas (Cancale, Granville e Saint-Malo). Seu objetivo foi fundar a França Equinocial e, assim, realizar o sonho francês de se instalar nos trópicos. Daí vem um dos apelidos de São Luís: "**capital da França Equinocial**".

Uma missa rezada por capuchinhos e a construção de um forte denominado como Saint-Louis ("São Luís"), em homenagem a Luís IX, patrono da França, e ao rei francês da época, Luís XIII, marcaram a data da fundação da nova cidade em 8 de setembro de 1612. Essa foi a única cidade brasileira fundada por franceses, que, aliás, conseguiram se aliar aos índios e combater os portugueses que vieram de Pernambuco decididos a reconquistar o território.

Em novembro de 1614 essa reconquista acabou de fato acontecendo, quando os portugueses derrotaram os franceses na batalha de Guaxenduba, na baía de São José. Então, em 1615, a tropa da capitania de Pernambuco, comandada por Alexandre de Moura, expulsou os franceses do Maranhão. Na ocasião, o militar olindense Jerônimo de Albuquerque foi destacado para governar a cidade.

Açorianos chegaram a São Luís em 1620, e com eles teve início a plantação de cana-de-açúcar para a produção de açúcar e aguardente, o que, aliás, se tornou a principal atividade econômica da região. Os índios foram usados como mão de obra na lavoura. Em 1621, quando o Brasil foi dividido em duas unidades administrativas – Estado do Maranhão e Estado do Brasil – São Luís se tornou a capital da primeira unidade administrativa. A produção foi pequena durante todo o século XVII, e como praticamente não circulava dinheiro na região, os excedentes eram trocados por produtos vindos do Pará, da Amazônia e de Portugal.

Por volta de 1641 aportou em São Luís uma esquadra holandesa formada por 18 embarcações. Elas trouxeram mais de mil militares sob o comando do almirante Jan Cornelisz Lichthart e do coronel Koin Handerson. O principal objetivo dos holandeses foi promover a expansão da indústria açucareira na região.

Vale lembrar que antes da invasão em São Luís, os holandeses já haviam invadido grande parte do nordeste brasileiro e tomado cidades como Salvador, Recife e Olinda. Quando investiram contra São Luís, eles amedrontaram os moradores, fazendo com que a cidade ficasse deserta. Em seguida eles saquearam o local, roubaram igrejas e se apoderaram de cerca de 5 mil arrobas de açúcar. Eles então aprisionaram o governador da cidade (o fidalgo português Bento Maciel Parente) e hastearam a bandeira holandesa. Nessa época, além do açúcar e do aguardente, a economia da capitania já tinha como base a comercialização de tabaco, cravo, algodão, sal, azeite, couro, farinha de mandioca, baunilha, entre outros produtos.

Após a expansão dos holandeses para o interior, e além da ilha de São Luís, eles foram em busca do controle sobre outros engenhos maranhenses. Bastante aborrecidos com essa situação, os portugueses iniciaram em 1642 movimentos de revolta e mobilização para tentar expulsar os holandeses das terras maranhenses. Teve início uma guerrilha que duraria cerca de três anos e destruiria a cidade de São Luís. Então, após uma violenta batalha que provocaria a morte de muitas pessoas, os holandeses finalmente desocuparam São Luís em 1644.

A criação da Companhia do Comércio do Maranhão, em 1682, integrou a região ao grande sistema comercial mantido por Portugal. As plantações de cana-de-açúcar, cacau e tabaco estavam agora voltadas para a exportação, o que tornou viável a compra de escravos africanos – grande parte deles oriunda da região atualmente ocupada pela Guiné-Bissau.

Essa Companhia, de gestão privada, passou a administrar todos os negócios na região. Porém, o alto preço fixado por ela para os produtos importados, assim como as discordâncias quanto ao modelo de produção, geraram conflitos dentro da elite maranhense, e culminaram na **revolta de Beckman** – considerada a primeira insurreição da colônia contra Portugal. Esse movimento, entretanto, foi prontamente reprimido pelas forças governistas.

Desde o final do século XVII, novos elementos da civilização europeia chegaram a São Luís por vias marítimas, com destaque para os religiosos carmelitas, os jesuítas e os franciscanos (que também passaram a educar a população). Este processo de modernização aumentou no novo ciclo econômico, o que trouxe benefícios urbanos para a cidade. Assim, durante o período pombalino de 1755 a 1777, aconteceu a canalização da rede de água e esgotos e a construção de fontes pela cidade.

Nessa época, enquanto os filhos dos senhores eram enviados para estudar no exterior, os escravos, longe da repressão da polícia e das elites, na periferia da cidade, fomentavam uma das culturas negras mais ricas do País. Vale lembrar que, entre as abastadas famílias de comerciantes, havia a senhora Ana Jansen, que era conhecida por maltratar, torturar e até matar seus escravos!!! Até hoje ela dá nome à lagoa localizada na parte nova da cidade, mas também é lembrada por uma lenda segundo a qual sua carruagem, puxada por cavalos brancos sem cabeça, ainda estaria circulando hoje pelas ruas escuras de São Luís!?!?

Na segunda metade do século XVIII, por causa da guerra de Independência, os EUA interromperam sua produção de algodão e abriram espaço para que o Maranhão fornecesse essa matéria-prima tão demandada pela Inglaterra. Em 1755, foi fundada a Companhia Geral de Comércio do Grão-Pará e Maranhão, e o porto de São Luís ganhou um enorme movimento de chegada e saída de produtos.

Então, com a proibição do uso de escravos indígenas e o aumento das plantações no Maranhão, cresceu muito a presença na região de escravos negros!!! Em 1780 foi construída a praça do Comércio, na Praia Grande, que se tornou o centro da ebulição econômica e cultural da cidade. Nessa época, tecidos, móveis, livros e produtos alimentícios (como o azeite português e a cerveja inglesa) passaram a ser algumas das novidades a chegar do continente europeu. Porém, o fluxo comercial de algodão entrou em decadência no fim do século XIX, por conta da recuperação da produção norte-americana, e também à abolição da escravatura no País.

A produção agrícola foi aos poucos sendo suplantada pela indústria têxtil, que, além de matéria-prima, encontrou também em São Luís mão de obra e mercado consumidor, por causa da influência da cidade na região. Essa nova atividade colaborou bastante para a expansão geográfica da cidade e também para o surgimento de novos bairros na periferia.

Com a decadência da indústria têxtil São Luís acabou ficando isolada do resto do País, voltando a se recuperar apenas após a 1ª metade do século XX, quando foram feitos grandes investimentos na região, como: a construção da estrada de ferro Carajás e dos portos de Itaqui e Ponta da Madeira. Aliás, este último de propriedade da empresa Vale, sendo o 2º terminal portuário mais profundo do mundo, capaz de receber navios com calado superior a 20 m.

Hoje a sede política e institucional do governo estadual fica no palácio dos Leões, que no passado serviu como o forte que originou a cidade, no século XVII. Ele é um dos símbolos culturais mais importantes da cidade. Já a atual sede do governo municipal é o palácio La Ravardière, que foi construído originalmente por volta de 1689, e serviu como Casa da Câmara e Cadeia. O local possui fachada simétrica e dois pavimentos, centrada por uma caitela e decorada com conchas e folhas de acanto estilizadas, o que dá ideia de um pequeno frontão, todo em estuque. À frente dessa construção fica o monumento em homenagen a Daniel de La Touche, senhor de La Ravardière, um busto feito em bronze e esculpido por Bibiano Silva.

Em 6 de dezembro de 1997, o centro histórico de São Luís foi merecidamente declarado como **patrimônio cultural da humanidade** pela Unesco. Isso porque São Luís tem hoje um acervo arquitetônico estimado em cerca de 4 mil imóveis dos séculos XVIII e XIX, reconhecidos pela União e pelo Estado, que se constituem no maior conjunto de prédios tombados do País. Eles estão distribuídos por ruas e vielas que integram os mais de 220 ha do centro histórico.

Grande parte desse acervo é composto por casarões dos séculos XVIII e XIX, cujas fachadas ostentam mirantes e são revestidas com preciosos azulejos portugueses – a marca registrada da capital maranhense. Esses sobrados podem ser vistos em quase todas as ruas e vielas do centro, uma característica que inclusive fez surgir o apelido de "**cidade dos azulejos**". É importante salientar que vários desses prédios passaram por um *retrofit*, ou seja, uma reforma e processo de restauração para manter seu aspecto original, em especial na parte externa.

Apesar de sua relevância histórica, o centro histórico de São Luís sofreu nos últimos anos uma drástica redução demográfica, provocada pela deterioração de seus imóveis. Isso fez com que os governos municipal e estadual implementassem programas que fizessem os moradores retornarem à região. Porém, para que isso aconteça, é vital que negócios dos mais diversos setores – lojas, pousadas, restaurantes etc. – sejam abertos no centro histórico.

Neste sentido, o governo estadual decidiu buscar parceiros na iniciativa privada para promover a revitalização da área, e incluiu dois projetos relacionados ao centro histórico nas PPPs. O primeiro, denominado **Adote um Casarão**, permite a exploração comercial dos imóveis históricos pertencentes ao Estado, por um prazo de até 30 anos, em troca de incentivos fiscais, como créditos presumidos de ICMS e reunião de débitos administrativos. Infelizmente, dos 77 imóveis que pertencem ao Estado, quase a metade ainda está abandonada!!!

Já o programa **Habitar no Centro** engloba imóveis públicos e particulares que serão reformados pelos próprios moradores ou por empresários interessados em investir em habitação, instalando ali pousadas e/ou "repúblicas". Sobre isso, o secretário estadual da Cidade, Rubens Pereira Júnior, comentou: "O Estado não tem condições financeiros para arcar com todas essas reformas. Por isso convidamos os parceiros da iniciativa privada para nos ajudar. Isso é vantajoso para o empresário e para o governo, porque o dinheiro do imposto está sendo aplicado diretamente na reforma de um bem específico. Todos saem ganhando dessa maneira.

Para o governo maranhense a revitalização do centro histórico é uma prioridade e é por isso que foi feita a reforma do edifício *João Goulart*, abandonado há cerca de 30 anos. Com mais de 6.000 m² de área construída, que incluem dois subsolos, térreo e 10 andares do prédio, o prédio é mais que adequado para abrigar várias secretarias e outros órgãos estaduais que, desse modo, deixariam os imóveis alugados em áreas mais nobres de São Luís.

Para que essa reforma fosse feita, o Estado fez uma parceria com a iniciativa privada utilizando para isso o modelo *built to suit*, uma espécie de aluguel sob medida. Com essa sinalização de que o governo está instalado no centro seguramente isso também estimulará muita gente, em especial os funcionários públicos, a se mudarem para lá também!!!"

No dia 31 de outubro de 2019 a Firjan divulgou o *ranking* das capitais estaduais no tocante à gestão fiscal. O índice foi elaborado com base em quatro indicadores:

1º) **gastos com a máquina pública**;

2º) **folha de pagamento dos servidores (ativos e inativos)**;

3º) **dinheiro em caixa menos restos a pagar**;

4º) **investimentos**.

Salvador ficou em primeiro lugar, com um índice de 0,862, sendo seguida por Rio Branco (0,845), Manaus (0,802), Fortaleza (0,789) e Vitória (0,783). Já nas cinco últimas posições ficaram Campo Grande (0,541), Natal (0,528), Cuiabá (0,493), Rio de Janeiro (0,423) e São Luís (0,358). Os dados, que foram levantados em 2018, mostraram a precária situação em que se encontra a capital maranhense e justificam sua **dificuldade em manter-se encantadora**. Afinal, com quase todos os seus recursos consumidos com a própria máquina pública e o pagamento de servidores, é praticamente impossível investir nas melhorias necessárias.

A ilha de Upaon-Açu tem uma área de 1455,1 km², e nela, além de São Luís, estão localizados os municípios de São José de Ribamar, Paço do Lumiar e Raposa, todos separados do continente pelo estreito dos Mosquitos. Existem outras ilhas que pertencem politicamente ao município de São Luís, como o de Tauá-Mirim (entre o estreito dos Coqueiros e a baía de São Marcos); de Tauá-Redondo (ao sul da ilha Tauá-Mirim); do Medo (a noroeste de São Luís, próxima da praia do Amor); Duas Irmãs (duas ilhas localizadas ao sul da ilha do Medo); das Pombinhas (à leste da ilha do Medo) e Guarapirá (uma ilha que fica em frente ao porto de Itaqui, e serve de referência para o acesso ao porto).

O clima de São Luís é **tropical**, quente e úmido. A temperatura mínima na maior parte do ano fica entre 22ºC e 24ºC, enquanto a máxima geralmente oscila entre 30ºC e 34ºC. Há em São Luís dois períodos bem distintos: o **chuvoso**, de dezembro a julho, e o outro **seco**, entre agosto e novembro.

A média pluviométrica anual é de 2.200 mm, com as chuvas mais concentradas entre fevereiro e maio. Os meses com maior média pluviométrica são março e abril, enquanto os de menor média são os de setembro e outubro. As primeiras pancadas, ainda que pouco intensas, já começam a cair a partir da 2ª quinzena de dezembro, tornando-se mais fortes e frequentes em janeiro. Durante esses dois meses é comum registrar-se alguns dias nublados, outros chuvosos e outros ainda ensolarados, o que caracteriza o período de transição entre os períodos de **estiagem** e **chuvoso**.

Nos meses de fevereiro a maio a zona de convergência intertropical fica mais ativa no município e por isso os dias são marcados por poucos ou até mesmo nenhum período de sol, além de fortes temporais, temperaturas amenas e algumas ocorrências de neblina pela manhã, que caracterizam o período chuvoso. Os meses de junho e julho também são meses de transição, mas da estação chuvosa para a de estiagem. Esse período se caracteriza pela alternância entre dias chuvosos e bem ensolarados, pelo calor, o abafamento, a falta de ventos, a nebulosidade e a umidade baixa, que é chamado de "**calmaria**". Em raras ocasiões, formam-se nesse período de transição as trombas de água pela orla marítima.

Uma peculiar característica das chuvas de junho e julho em São Luís é o fato de elas serem muito intensas, repentinas e rápidas (normalmente não ultrapassando 30 min) e geralmente acompanhadas de vento. Após esse período de transição chega a estiagem, que corresponde aos meses de agosto a novembro. Quando os dias ficam ensolarados e com temperaturas elevadas. As chuvas diminuem drasticamente e a umidade durante a tarde cai. Os ventos vão se tornando mais fortes e chegam a até 50 km/h, principalmente entre os meses de setembro a outubro, o que contribui para o surgimento de focos de incêndio.

A menor temperatura registrada em São Luís foi de 17,9ºC, em 26 de março de 1987, e a mais alta foi de 37,2ºC, em 4 de outubro de 1997. O recorde mensal de precipitação pluviométrica foi de 849,2 mm, em abril de 1985, e o de menor índice de umidade relativa do ar foi registrado em 11 de julho de 1992, de 42%.

A capital maranhense encontra-se a uma altitude de 4 m acima do nível do mar. Existem baixadas alagadas, praias extensas, manguezais e dunas que formam a planície litorânea. Os principais rios que cortam São Luís são o Bacanga (com 233, 84 km de extensão), que atravessa o parque estadual do Bacanga e o Anil (com apenas 13,8 km de extensão), que divide a cidade moderna do centro histórico. O rio Itapecuru é o que abastece a cidade com água, mas não passa pela ilha!!!

As praias são alguns dos pontos turísticos mais procurados pelos que visitam São Luís. Entre elas destacam-se:

- **Guia** – Alguns milhares de pessoas aproveitam os fins de semana para se bronzear no sol, bem como se refrescar na orla marítima do eixo Itaqui-Bacanga. A praia da Guia é uma das mais belas, conhecidas e visitadas da cidade, tendo um movimento intenso já logo pela manhã, quando banhistas e vendedores ambulantes atravessam o canal em canoas para chegar até ela.

- **Prainha** – Ela fica do lado direito da praia da Guia, depois da comunidade do Bonfim. O local é bem aconchegante e abriga bares e restaurantes. Por estar localizada do outro lado da rampa Campos Melo, um dos atrativos mais singulares dessa praia é a vista que seus frequentadores têm de São Luís. De lá é possível observar o palácio dos Leões, o convento das Mercês e todo o centro histórico. Essa maravilhosa vista panorâmica encanta a muitas pessoas, fazendo com que a Prainha seja bastante frequentada.

- **Amor** – A praia do Amor fica numa área da Marinha, sendo que o acesso a ela é um pouco mais complicado. Ela dista aproximadamente 6 km do bairro Anjo da Guarda, e para chegar lá também é preciso utilizar a BR-135 e então seguir por uma estrada que dá acesso à ponta da Espera. Todos os veículos precisam ficar no portão de entrada do porto da Marinha e daí em diante o banhista deve seguir a pé por um pouco mais de 1 km até chegar à praia. Essa praia se caracteriza pelo sossego, primitivismo e um puro contato com a natureza. Assim, ela é bem apropriada para o lazer das famílias: as crianças podem brincar a vontade uma vez que não há tráfego de carros na faixa de areia, e o local conta com serviços de salva-vidas do Corpo de Bombeiros do Maranhão. Por conta disso, algumas centenas de pessoas costumam aproveitar o local, em especial nos domingos ensolarados.
- **Ponta d'Areia** – É a mais visitada tanto pelos são-luisenses como pelos turistas. Isso ocorre pelo fácil acesso, uma vez que ela se encontra a apenas 3 km do centro da cidade. Nessa praia foi construído o espigão costeiro da Ponta d'Areia, cuja finalidade é proteger a costa da forte ação das ondas do mar. A obra acabou se tornando um importante ponto turístico e de lazer da capital maranhense.
- **São Marcos** – Destaca-se por suas ondas fortes, sendo bastante procurada por surfistas.
- **Calhau** – É uma das mais conhecidas da capital maranhenses. Nessa praia há ondas bem fracas e muitas dunas cobertas por vegetação.
- **Olho d'Água** – Localizada a 13 km do centro da cidade, essa praia é cercada por dunas e vegetação rasteira.
- **Do Meio** – Ela fica entre as praias de Olho d'Água e Araçagi, e possui águas límpidas e próprias para a prática do *kitesurf*.

Infelizmente, com exceção de alguns trechos da praia do Araçagi, nenhuma outra – Ponta d'Areia, Calhau, São Marcos e Olho d'Água – está em boas condições em termos de balneabilidade, o que é lastimável...

A cidade de São Luís está localizada numa área de encontro de duas floras: a da Amazônia e a da região nordestina. Isso faz com que a ilha na qual está São Luís tenha uma flora muito diversa e rica em espécies. Na região litorânea (que compreende quase toda ela), foram catalogadas 260 espécies de plantas adentradas em 76 famílias, sendo que a família das *Fabaceae* (leguminosas) possui o maior número de espécies (mais de 26) catalogadas. Deve-se salientar que 125 espécies são exclusivas de São Luís.

A vegetação da cidade é bem diversificada e, em sua maior parte, litorânea. Há um grande número de coqueiros em São Luís, que conta também com uma quantidade considerável de manguezais. A cobertura vegetal original do município é um misto de floresta latifoliada, babaçual, vegetação de dunas, restinga e manguezal.

Há diversos parques ambientais por toda a capital maranhense, entre os quais estão o de Bacanga, o do Sítio do Rangedor, a APA de Itapiracó, dentre outros, que guardam resquícios de vegetação da floresta amazônica. Infelizmente, uma pesquisa feita há mais de dez anos comprovou a existência na RMSL de mais de 28 espécies de **flebotomíneos**, ou seja, mosquitos transmissores de leishmaniose, principalmente nas APAs. Isso, juntamente com a ocupação desordenada promovida pela população, levou à ocorrência na região de diversas mortes por leishmaniose entre os moradores locais.

No Parque Botânico de São Luís é possível observar várias espécies de vegetais e animais, como é o caso do bicho-preguiça, do macaco-prego, do macaco-capijuba, do gato-maracajá, da cutia, do tatupeba, da paca e do tamanduá-mirim.

Também não se pode esquecer de outros importantes parques de São Luís, como é o caso do Diamante, do Rio das Bicas, do Bom Menino, do Itaqui-Bacanga e da zona de reserva florestal do Sacavém, o que obviamente aumenta bastante a área verde do município!!!

Como no restante das cidades brasileiras, São Luís possui na composição de sua população as ancestrabilidades europeia (portugueses, holandeses, franceses etc.); indígena e africana. De fato, de acordo com um estudo genético, a contribuição europeia alcança 42%; a indígena, 39% e a africana, 19%.

Com relação a religião, estima-se que no início de 2020, 61,5% da população fosse católica; 26,4% evangélica e o restante se dividisse entre outras crenças. Pode-se dizer que São Luís esteja hoje fundamentalmente dividida em **cidade nova**, que compreende os bairros de área nobre da cidade – Renascença, Ponta d'Areia, Calhau, entre outros – e **cidade antiga**, que inclui o centro, Monte Castelo, Anil e alguns outros bairros, em sua maioria de classe média.

Uma outra forma de entender a cidade de São Luís é enxergando-a como dividida em 15 setores fiscais, com cerca de 260 bairros, loteamentos, conjuntos residenciais, palafitas e favelas.

No âmbito infraestrutural, São Luís destaca-se no quesito **iluminação pública**, com 100% da cidade estando coberta por redes de iluminação. Além disso, 53% de suas ruas são pavimentadas e têm disponibilidade de serviços de energia elétrica, e 37% das ruas contam com drenagem urbana. Além disso, mais de 81% dos domicílios ludovicenses são atendidos por rede de esgoto, 49% da população tem escoadouro sanitário, 75% dos domicílios têm o lixo coletado por serviços de limpeza.

Estima-se que no início de 2020 houvesse em São Luís cerca de 265 mil domicílios, entre casas, apartamentos e cômodos. Desse total, 87% são imóveis próprios. Hoje, com o crescimento da população, o transporte público não está sendo eficaz, o que fez aumentar muito o número de carros particulares e, especialmente, de motocicletas nas ruas.

Com isso, acontecem em várias horas do dia diversos engarrafamentos, filas enormes nos terminais e outros problemas, com a ocorrência de acidentes.

No tocante à **economia**, inicialmente deve-se recordar que a economia maranhense já foi uma das mais prósperas do País, até a metade do século XIX. Todavia, como já mencionado, após o término da guerra civil dos EUA, perdeu-se o espaço no mercado mundial para a exportação do algodão e o Estado do Maranhão entrou em **colapso**, o que evidentemente gerou um declínio econômico na cidade de São Luís.

Somente após o final da década de 1960 é que o Estado passou a receber incentivos e saiu do isolamento, por meio de ligações férreas e rodoviárias com outras regiões do País.

Claro que no final do século XVIII, o aumento da demanda internacional por algodão fez com que chegassem a São Luís as companhias de navegação Southampton & Maranham Company, assim como a Maranham Shipping Company de transporte marítimo a vapor, que já realizavam o transporte de algodão dos Estado norte-americanos da Georgia e do Alabama. Elas passaram a operar no eixo São Luís-Londres, levando especialmente a produção de algodão do município de Caxias e das cidades da Baixada Maranhense.

Até o início do Século XX, São Luís ainda exportava algodão para a Inglaterra por via marítima, através das linhas Red Cross Line e Booth Line (cuja rota se estendia até Iquitos) e da companhia Liverpool – Maranham Shipping Company.

Nesse período, ou seja, a **fase de ouro** da economia maranhense, graças principalmente ao algodão, São Luís viveu uma **efervescência cultural**.

Isso porque a cidade, que se relacionava mais com as capitais europeias do que com as demais cidades brasileiras, foi a primeira do País a receber uma companhia italiana de ópera.

A cidade possuía calçamento e iluminação como poucas no Brasil. Dessa maneira, São Luís praticamente toda semana recebia as últimas novidades da literatura francesa. Os detentores das grandes fortunas algodoeiras e dos comércios locais enviavam seus filhos para estudar em Recife, Salvador, Rio de Janeiro e, principalmente para cidades europeias.

A inauguração do porto de Itaqui, em São Luís (atualmente o segundo em profundidade no mundo, atrás apenas do de Roterdã, na Holanda) serviu para escoar a produção industrial e de minério de ferro vinda de trem pela EFC, uma atividade explorada pela Companhia Vale do Rio Doce (ou simplesmente Vale S.A.), como já foi dito...

Sua estratégica proximidade com os mercados europeu e norte-americano fez do porto uma atraente opção em termos de exportação. Entretanto, ele padece ainda de uma maior navegação de cabotagem.

A área onde atualmente está localizado o porto de Itaqui já era conhecida como local de fundeio de embarcações antes do século XIX. A primeira tentativa de construir um grande porto na área de Itaqui foi em 1918, quando o governo do Maranhão deu a concessão de obras à companhia inglesa C.H. Walker & Co. Limited, porém, a empresa não obteve êxito e a concessão foi extinta.

Somente em 1966 é que foram iniciadas as obras do porto pela empresa brasileira Serveng – Civilsan, que foi concluído em 1972, tendo inicialmente 367 m, o que logo foi ampliado. Em 28 de dezembro de 1973 foi criada a Companhia Docas do Maranhão (Codomar) para administrar as instalações do porto, que em 4 de julho de 1974 já tinha um cais de 637 m de extensão. Essa também foi a data oficial de início de suas operações.

Finalmente, através de um convênio de delegação entre a União e o Estado do Maranhão, com a interveniência da Codomar, em 30 de setembro foi criada a Empresa Maranhense de Administração Portuária (EMAP), que administra o porto até hoje.

Um dos grandes diferenciais do porto de Itaqui em relação aos demais portos brasileiros é a sua **localização**. Ele fica na saída da baía de São Marcos, a 11 km da cidade de São Luís, e, como já foi dito, é um dos mais próximos dos mercados da Europa, América do Norte e também do canal do Panamá, por onde é possível chegar mais rapidamente aos países asiáticos.

A profundidade dos berços do porto de Itaqui é um diferencial muito grande e nele os gastos com dragagem e aprofundamento são muito menores do que em outros portos brasileiros por causa das especiais condições do clima e maré nessa parte do litoral maranhense.

Os demais portos da região norte não possuem a capacidade de escoamento que tem o porto de Itaqui, que também conta hoje com uma grande rede de conexões rodoviárias e ferroviárias, assim como uma extensa hinterlândia (área servida pelo porto).

No âmbito rodoviário, o porto de Itaqui fica próximo do distrito industrial e do aeroporto internacional de São Luís, sendo servido por uma vasta rede rodoviária composta pelas rodovias BR-135 e BR-222, que, por sua vez, se conectam a estradas federais: BR-316, BR-230, BR-226 e BR-10, assim como a estadual MA-230.

As ligações do porto com as redes ferroviárias também são extensas, como as que têm com a Ferrovia Norte-Sul, a EFC e a Transnordestina, que atravessa toda a região nordeste. Essas conexões transformam o porto em um vetor importante, com uma região de influência de mais de 20.000.000 ha.

Essa região de influência abrange a área conhecida como MATOPIBA – formada pelos Estados do Maranhão, Tocantins, Piauí e Bahia, considerada a terceira e última fronteira agrícola do País, e que realiza 56% de suas exportações pelo porto de Itaqui –, e além disso o Estado do Pará, outros Estados do nordeste e os Estados do Mato Grosso, Mato Grosso do Sul e Goiás.

O acesso marítimo ao porto também é facilitado, uma vez que não ocorre a formação de barra. Ele possui cerca de 55 milhas náuticas de extensão, no sentido sul-sudeste, com profundidade natural mínima de 23 m nos canais, cuja largura aproximada é de 500 m.

Nesses últimos anos houve muitos investimentos no porto de Itaqui. Assim, no final de 2012 foi inaugurado o berço de número 100, cuja finalidade é movimentar grãos, cargas vivas, fertilizantes e permitir a atracação de navios tipo Panamax. Nesse mesmo ano, foi inaugurado o alargamento do chamado cais sul, onde estão os berços 101 e 102. Já em 2015 foi inaugurado o terminal de grãos do Maranhão, com capacidade de armazenagem estática de 500.000 t de grãos, além de modais ferroviários e rodoviários para receber a produção de grãos.

No período de 2016 a 2018, a EMAP investiu no porto cerca de R$ 1,3 bilhão (usando recursos próprios, federais e da iniciativa privada). Em 2018, entrou em operação o berço 108, que ampliou a capacidade de movimentação de granéis líquidos em 40%. No total, o porto de Itaqui possui hoje sete berços operacionais, além do mais novo píer petroleiro (berço 108). Esses berços possuem uma profundidade que varia entre 12 m e 19 m, permitindo a atracação de navios de grande porte (com até 200 mil toneladas).

A atividade portuária no Itaqui gerava no início de 2020 cerca de 16.500 empregos diretos e indiretos, o que alimenta diversas cadeias produtivas em São Luís e ao longo de sua área de influência. Ted Lago, presidente da EMAP, responsável pela administração do porto, comentou:

"A inauguração de um novo berço para combustíveis em 2018 fez saltar a importação de granéis líquidos, que chegou à marca de 1,9 milhão de toneladas – uma alta de 633% - e assim cerca de 60% da gasolina e 40% do diesel importados pelo Brasil chegam ao País pelo porto de Itaqui. Estamos investindo bastante na nossa vocação para ser um *hub* de combustíveis. Os navios chegam aqui e aí passamos a carga para navios menores, que seguirão para portos de outros Estados, cuja profundidade não é tão grande.

A Suzano, **maior produtora de celulose do mundo**, é uma das empresas que têm investido no porto. Ela está construindo um terminal voltado para o embarque e o desembarque de papel e celulose. A obra incluiu a construção de um novo berço, de um armazém de estocagem e um ramal ferroviário, e existem mais de 600 pessoas trabalhando nesse projeto.

A Companhia Operadora Portuária do Itaqui também vai construir um terminal de fertilizantes, provavelmente o mais moderno da América Latina. Esse terminal deverá movimentar 3,5 milhões de toneladas de fertilizantes por ano, e a carga será transportada pela ferrovia. Hoje ainda a maior parte da distribuição de fertilizantes para o interior do País é feita por caminhão, mas esse novo terminal permitirá descarregar o navio e carregar diretamente no trem. Claro que isso aumentará muito a competitividade de todo o agronegócio.

A estratégia de conciliar a experiência da gestão privada com o papel do porto público tem trazido resultados positivos não apenas para o Maranhão, mas para toda a região. Atualmente, sete Estados do País movimentam cargas pelo porto de Itaqui, que é dessa maneira um porto regional e desempenha muito bem o seu papel como porto público, ajudando a desenvolver não só o Maranhão, mas o País como um todo!!!"

No que concerne a Vale S.A., a empresa exporta cada vez mais minério a partir de Itaqui, principalmente de óxido de alumínio (46%), minério de ferro (36%) e alumínio bruto (11%). Com a construção do terminal de grãos no porto de Itaqui, ampliou-se a capacidade de exportação do milho e do arroz, utilizando-se da infraestrutura da EFC para o escoamento da produção do sul do Estado, bem como dos Estados de Tocantins e Goiás, com a ferrovia Norte-Sul. Só no que se refere a soja, estima-se que em 2019 o porto de Itaqui tenha movimentado em torno de 6,7 milhões de toneladas do produto.

E por falar na EFC, ela é uma ferrovia diagonal de bitola larga, com 892 km de extensão, operada pela mineradora Vale S.A. Ela passa pelos Estados do Maranhão e Pará, ligando o porto de Itaqui, no município de São Luís, a Marabá e Paraupebas, no Estado do Pará. A construção da EFC começou em agosto de 1982, e ela foi inaugurada em 28 de fevereiro de 1985, com a presença do então presidente da República João Figueiredo.

Imediatamente teve início o transporte de minérios de ferro e manganês para exportação. Já o transporte comercial de passageiros começou em março de 1986, sendo muito importante para os maranhenses e paraenses, por representar um modal seguro e mais barato de transporte, em comparação com o rodoviário. Daí para frente, a EFC nunca mais parou de receber melhorias e ampliações, sendo que de 2010 em diante foi iniciado o seu processo de duplicação.

Apesar dos problemas enfrentados pelo transporte ferroviário de passageiros em longas distâncias no Brasil, a EFC atualmente tem cerca de 440 mil passageiros por ano, sendo, portanto, a maior ferrovia de transporte de pessoas para longas distâncias em operação no País. Ela possui 5 estações e realiza 10 paradas, em seu percurso que abrange, além de São Luís, as cidades de Santa Inês e Açailândia (no Maranhão) e Marabá e Parauapebas (no Pará).

Porém, a EFC é especializada no transporte de cargas minerais, extraídas nas minas da serra dos Carajás e levadas até os portos da baia de São Marcos para exportação. Estima-se que em 2018 tinham sido transportados cerca de 160 milhões de toneladas de carga. A ferrovia utiliza os maiores trens do mundo, ou seja, a maioria das composições chega a ter 330 vagões, puxadas por três locomotivas.

Como combustível, elas utilizam o B20, uma mistura de 20% de biodiesel vegetal e 80% de diesel, o que reduz consideravelmente a emissão de CO_2 (dióxido de carbono). A velocidade máxima padrão do comboio é de 80 km/h, podendo baixar para 65/h ou até 40 km/h, por conta de restrições.

Diante dessas informações, um fato é indiscutível: o governo brasileiro deveria urgentemente terminar outras ferrovias e, assim, ser capaz de transportar as riquezas produzidas no País – tanto agrícolas como minerais – até seus portos de forma mais econômica. Isso lhe permitiria garantir a mesma eficácia que a EFC está oferecendo às regiões por onde passa!!!

Atualmente a **economia ludovicense** baseia-se nas indústrias de transformação, alumínio e alimentícia, assim como na oferta de serviços (educação, saúde, transporte etc.) e, especialmente, no **turismo**. Segundo estimativas, o PIB de São Luís alcançou em 2019 R$ 30 bilhões.

No que se refere ao **transporte público**, o município conta com cinco terminais de integração – Praia Grande, São Cristóvão, Cohab-Cohatrac, Cohama-Vinhais e Distrito Industrial – que permitem ao passageiro percorrer toda a cidade de ônibus e, inclusive, parte da RMSL pagando apenas uma passagem!!!

A **rede de linhas** do Sistema Integrado de Transporte de São Luís (SIT São Luís) se baseia em dois tipos de operação: as que fazem a integração bairro-terminal e as que integram o terminal ao centro da cidade ou ainda a outro terminal. Atuam na cidade – que está dividida em quatro lotes operacionais – três consórcios e uma empresa que detêm, conjuntamente, uma frota de cerca de 1.300 veículos e utilizam um sistema de bilhetagem eletrônica. Com a conclusão do projeto de terminais de integração na administração do prefeito Tadeu Palácio (governou São Luís de 2002 a 2008), iniciou-se a última fase da reformulação do transporte coletivo de São Luís, com a ampliação das linhas e da frota de ônibus.

Estima-se que no início de 2020 a frota total de veículos da capital maranhense tenha ultrapassado as 310 mil unidades, com destaque para os automóveis (cerca de 193 mil) e as motocicletas (75 mil), além dos caminhões, caminhonetes, ônibus, micro-ônibus etc. Além disso, um sistema de *ferry-boat* realiza a travessia São Luís-Alcântara, cruzando a baia de São Marcos e encurtando a distância entre a capital e a Baixada Maranhense e transportando cerca de 2,3 milhões de passageiros por ano.

Já o aeroporto internacional de São Luís, Marechal Hugo da Cunha Machado, possui um terminal com capacidade para atender 5,5 milhões de passageiros por ano. Ele ocupa 8.100 m², sendo todo climatizado. No local há um estacionamento para cerca de 500 veículos.

Esse aeroporto está localizado a apenas 14 km do centro da cidade, oferecendo aos passageiros um restaurante, duas lanchonetes e lojinhas para se adquirir lembranças do Maranhão. Ele possui duas pistas de pouso e decolagem, sendo que a maior delas possui 2.386 m de extensão e 45 m de largura. Três companhias aéreas atendem nesse aeroporto: a Azul, a Latam e a Gol. Os voos são diários e partem das principais capitais brasileiras. Nos últimos oito anos esse aeroporto passou por diversas reformas e ampliações, o que tem permitido que receba aviões com dimensões cada vez maiores. O objetivo é receber cada vez mais voos *charters* internacionais.

No âmbito da **saúde**, o município de São Luís conta com alguns estabelecimentos de saúde federais, cerca de duas dezenas estaduais e aproximadamente 70 municipais, além de duas centenas de instituições privadas. Dentre os hospitais que merecem destaque na cidade estão:

- **Hospital Municipal Djalma Marques (Socorrão I)** – Como todo hospital público está sempre lotado e com os seus funcionários um pouco estressados, mas os médicos são bons e o atendimento, apesar de demorado, acaba acontecendo... É preciso ter paciência, entretanto.

- **Hospital Municipal Dr. Clementino Moura (Socorrão II)** – Assim como o primeiro, também está sempre lotado. Porém, quem recorre a ele acaba recebendo boa assistência.

- **Hospital Universitário da Universidade Federal do Maranhão (UFMA)** – Ele é constituído pelas unidades Presidente Dutra e Materno Infantil, tendo uma capacidade instalada de 506 leitos, destes 78 leitos são de UTI, realizando atendimento em diversas especialidades desde clínica médica a transplante de órgãos. Possui uma boa estrutura física, com equipamentos modernos e profissionais treinados e atualizados. Na unidade Presidente Dutra são oferecidos diversos serviços assistenciais (hemodinâmica, UTI geral e cardíaca, litotripsia etc.) e na unidade Materno Infantil oferece-se assistência integral à mulher e à criança buscando garantir-lhes, um atendimento humanizado. Esse hospital é certificado em gestão da qualidade desde 2008 e já recebeu diversos prêmios pela forma que presta os serviços de assistência médica. Possui desde 23 de abril de 2014 um formidável Centro de Prevenção de Doenças Renais.

- **Hospital da Criança Dr. Odorico Amaral de Matos** – Precisa melhorar muito no que se refere ao atendimento das crianças, assim como arranjar uma forma de ampliar suas instalações.

- **Unidade Hospitalar Presidente Vargas** – Infelizmente vive num estado precário, com falta de medicamentos e uma grande demora no atendimento dos pacientes.
- **Hospital de Referência Estadual de Alta Complexidade Dr. Carlos Macieira** – Atende apenas funcionários públicos estaduais!?!?
- **Hospital Nina Rodrigues** – É um hospital público estadual que foi inaugurado em 25 de março de 1941, tornando-se uma referência no tratamento de diversas especialidades psiquiátricas. Dispõe de uma equipe profissional multidisciplinar (médico, enfermeiro, assistente social, psicólogo, terapeuta ocupacional e fisioterapeuta).

Os são-luisenses podem também recorrer ao **Hospital HTO** (com médicos muito bons, que atendem os pacientes com muita calma); ao **Hospital Pam Filipinho** (um centro médico público que oferece bom atendimento); ao **Centro de Especialidades Médicas e Diagnóstico Pam Diamante** (os pacientes têm reclamado da dificuldade de marcar consultas); ao **Centro de Saúde do Turu II** (tem boa estrutura física predial, mas precária disponibilidade de materiais e medicamentos); ao **Centro de Saúde Clodomir Pinheiro Costa** (muito bem avaliado pelos ludovicenses); ao **Centro de Saúde Vila Embratel** (necessita rapidamente de muitas melhorias em sua estrutura); à **Unidade Mista São Bernardo** (lamentavelmente possui poucos médicos, e por isso é muito grande a demora para o atendimento) etc.

Há ainda a **Santa Casa** (que oferece um excelente atendimento); o **Hospital do Coração**; o **Hospital Sarah**; a **Maternidade Marly Sarney**; a **Maternidade Benedito Leite** e o **Hospital da Mulher**. Além disso, há em São Luís vários nosocômios particulares, como:

- **Hospital São Domingos** – Tem boa estrutura, equipamentos bons, mas a marcação de consultas e o atendimento em consultório tem agenda apertada. Possui também uma unidade diagnóstica instalada no Golden *Shopping* Calhau.
- **Hospital Aldenora Bello** – É uma instituição sem fins lucrativos mantida pela Fundação Antonio Dino. Nela trabalham bons médicos e enfermeiras eficientes, e os pacientes recebem bom atendimento.
- **Hospital São Marcos** – É uma maternidade que tem recebido algumas críticas das parturientes...

- **Hospital Aliança** – Bem avaliado pelos pacientes.
- **Hospital Português** – É um dos hospitais mais antigos de São Luís, com bons médicos e equipe de enfermagem dedicada, que continuam dando eficaz assistência para os cuidados com a saúde dos ludovicenses. Tem hoje um excelente centro médico e de diagnósticos.
- **Hospital Ibirapuera** – Tem uma estrutura muito boa, estacionamento próprio, porém precisa melhor o seu atendimento.
- **Hospital Guarás** – Dispõe de uma excelente estrutura, conta com excelentes médicos, mas a equipe de enfermagem precisa melhorar no atendimento emergencial.

A capital maranhense possui uma grande quantidade de IEs públicas e particulares. Estima-se que no início de 2020 houvesse em São Luís cerca de 1.050 IEs no total, com preponderância daquelas voltadas para o ensino fundamental (aproximadamente 490), seguidas pelas que se dedicam à educação pré-escolar, e cerca de 150 IEs que oferecem ensino médio.

As IEs públicas de São Luís têm diferentes denominações, como caixa escolar, unidade escolar, unidade integrada, centro de ensino, entre outras. O ponto positivo é que em muitas dessas IEs as crianças e os jovens recebem uma boa instrução, e de forma gratuita, e dentre elas destacam-se:

Helena Antipoff (com excelente avaliação); Menino Jesus de Praga (oferece uma educação de qualidade); Professor Fernando Perdigão (bem avaliada); Margarida Pires Leal (embora tenha ótimos profissionais, mas o seu prédio encontra-se pichado...); Julio Mesquita Filho (bons professores, mas precisa urgentemente de uma reforma em sua estrutura); Escola Modelo Benedito Lopes (professores ótimos e que tratam a educação com muita responsabilidade); Doutora Maria Alice Coutinho (com avaliação razoável); Prof. José Nascimento de Moraes (com avaliação sofrível); Maria Firmina dos Reis (com avaliação razoável); Joaquim Gomes de Sousa (com avaliação sofrível); Aluízio Azevedo (boa avaliação); Renascença (excelente avaliação); Centro de Ensino Professor Barjonas Lobão (uma das melhores IEs públicas de São Luís); Fundação Nice Lobão (a qualidade de ensino nela está em declínio); Escola Liceu Maranhense (com excelente avaliação) e Escola Militar dos Bombeiros – Colégio Militar 2 de Julho (passou por uma grande reforma e é uma IE de excelência dentro do ensino público).

Na rede de ensino particular estão em São Luís boas escolas, como: Crescimento (uma excelente IE, com eficiente método de ensino, sendo o local propício para o desenvolvimento socioeducativo das crianças); Universidade Infantil Rivanda Berenice (uma excelente IE do infantil ao ensino médio); Nosso Mundo (uma IE maravilhosa com princípios cristãos); Educandário Ágape (uma equipe docente de primeira linha, sendo um local agradável e talvez a melhor IE da cidade); Viva Vida (excelente ensino e oferece muitas atividades esportivas aos seus alunos); Criamor (com avaliação razoável); Grupo Educacional Paralelo (estrutura excelente e bons professores); São José (com avaliação razoável); Raio de Sol (com boa avaliação e tem transporte escolar próprio); Escola Anna Adelaide Belo do Sesi (uma boa IE), entre outras.

Já aquelas que se denominam colégios, as de maior destaque em São Luís são: Universitário (com excelente avaliação para o seu processo de educação e aprendizagem); Educallis (tem professores competentíssimos que utilizam uma metodologia de ensino eficiente); Daniel de La Touche (cujos valores e ética estão voltados para uma educação cristã); Santa Teresa (uma excelente IE em qualidade de ensino e apoio humano); Literato (excelente ensino, bem como o acompanhamento dos alunos); Adventista (tem excelente estrutura e boa qualidade de ensino); São Luís (é uma IE jesuíta, ou seja, o segundo colégio jesuíta fundado no Brasil, após o retorno da ordem ao Brasil, expulsa que fora pelo marquês de Pombal no reinado de dom Jose I, que hoje oferece na cidade uma educação de primeira graças aos seus professores de alto nível); Aprender Cohatrac (oferece excelente ensino, pois tem um corpo docente bem capacitado); São José do Maranhão (especializada na educação básica, focada na produção de conhecimento); Solução Maranhense (com boa avaliação) Instituto Profissional Stênio de Avelar (com excelente avaliação); Sistema Educacional Master (oferece excelente ensino).

As principais IESs públicas sediadas em São Luís são a Universidade Federal do Maranhão (UFMA), a Universidade Estadual do Maranhão (UEMA), o Instituto Federal de Educação, Ciência e Tecnologia do Maranhão (IFMA) e o Instituto Estadual de Educação, Ciência e Tecnologia do Maranhão (IEMA).

A UFMA tem sede localizada em São Luís, mas possui *campi* em mais oito cidades do Estado. Em São Luís, a cidade universitária encontra-se no bairro do Bacanga, no qual ficam os melhores cursos de Medicina, Direito e Pedagogia do Maranhão. Ela teve sua origem na antiga Faculdade de

Filosofia de São Luis, fundada em 1953 por iniciativa da Academia Maranhense de Letras, da Fundação Paula Ramos e da arquidiocese de São Luís. Embora inicialmente sua mantenedora fosse aquela fundação, por força da lei estadual Nº 1976 de 31 de dezembro de 1959, desligou-se dela e, posteriormente, passou a integrar a Sociedade Maranhense de Cultura Superior (SOMACS), que fora criada em 29 de janeiro de 1956, com a finalidade de promover o desenvolvimento da cultura do Estado, inclusive criando uma universidade católica.

A universidade então criada, foi fundada pela SOMACS em 18 de janeiro de 1958 e reconhecida como uma universidade livre pela União em 22 de maio de 1961, por meio do decreto Nº 50.832. Ela recebeu o nome de Universidade do Maranhão, sem a especificação de Católica, e congregou a Faculdade de Filosofia, a Escola de Enfermagem São Francisco de Assis (criada em 1948), a Escola de Serviço Social (1953) e a Faculdade de Ciências Médicas (1957).

Posteriormente o então arcebispo de São Luís e chanceler da universidade, acolhendo a sugestão do ministério da Educação, propôs ao governo federal a criação de uma fundação oficial que passasse a manter a Universidade do Maranhão, agregando ainda a Faculdade de Direito (a mais antiga faculdade do Estado, criada em 1918), a Escola de Farmácia e Odontologia (1922) – ambas instituições isoladas federais – e a Faculdade de Ciências Econômicas do Maranhão (em 1958), uma IES isolada e particular.

Assim foi instituída pelo governo federal e regulamentada por diversas leis, a primeira de Nº 5152, de 21 de outubro de 1966, a Fundação Universidade do Maranhão, cuja administração ficou a cargo de um conselho diretor, composto por seis membros titulares e dois suplentes, nomeados pelo presidente da República, que entre si elegeram seu primeiro presidente e vice-presidente.

Foi, porém, somente em 14 de novembro de 1972 que se inaugurou a primeira unidade do *campus* do Bacanga, ou seja, o prédio Presidente Humberto de Alencar Castelo Branco, e a partir daí a mudança de todas as outras IESs para esse local se tornou irreversível.

A história da UFMA, suas relíquias e seus tesouros patrimoniais e arquitetônicos estão devidamente catalogados e em exposição no memorial Cristo Rei, no térreo da sua reitoria, que ocupa o palácio Cristo Rei, na praça Gonçalves Dias. Esse prédio é um grande marco da arquitetura colonial de São Luís, pois foi construído em 1877.

Seus primeiros proprietários pertenceram a uma tradicional família maranhense que mais tarde o doaram para o clero, transformando-o na primeira diocese da capital maranhense, que mais tarde abrigaria a antiga Faculdade de Filosofia. Apesar de ter parte de sua estrutura destruída por um incêndio em 1991, o palácio Cristo Rei foi totalmente recuperado, sendo hoje um símbolo da antiga arquitetura maranhense.

Já com mais de cinco décadas de existência, a UFMA contribuiu bastante nesse tempo todo para o desenvolvimento principalmente do Estado do Maranhão, formando profissionais competentes e talentosos em diferentes áreas de conhecimento em nível de graduação e pós-graduação, empreendendo pesquisas voltadas aos principais problemas do Estado e de toda a região nordeste. A UFMA executa atividades de extensão que abrangem ações de organização social, produção e inovações tecnológicas, capacitação de recursos humanos e valorização da cultura. Aliás, seus cursos de mestrado e doutorado em Políticas Públicas estão entre os melhores do País. No início de 2020, havia no *campus*-sede em São Luís 53 cursos de graduação, distribuídos entre bacharelados e licenciaturas, nos períodos integral, matutino, vespertino e noturno.

E não se pode esquecer que a UFMA mantém também um Colégio Universitário (desde 20 de maio de 1968), que oferece ensino fundamental (anos finais), ensino médio regular, ensino médio técnico integrado (cursos de Administração e Meio Ambiente) e um curso técnico subsequente de Enfermagem, sendo que seus alunos têm acesso a todos os recursos e estruturas da própria universidade.

Também está bem desenvolvida na UFMA a modalidade EAD, com cursos de Administração, Administração Pública, Ciências Psicológicas, Pedagogia, Artes Visuais, Teatro, Química e Matemática. A TV UFMA e a rádio Universidade FM, cuja finalidade é educativa e cultural, são também as primeiras TV e rádio universitárias do Maranhão.

Porém, a instituição de maior destaque na UFMA é o já citado Hospital Universitário, que, segundo estimativas em 2019, realizou mais de 55 mil consultas, atendeu mais de 260 mil emergências, recebeu 17 mil internações e realizou mais de 220 transplantes.

Esse hospital – que já recebeu diversos prêmios – é uma referência para procedimentos de média e alta complexidade, nas áreas cardiovascular, nefrológica, traumato-ortopédica e neurológica; em procedimentos como videolaparoscopia, transplantes, facoemulsificação, cirurgia bariátrica, litotripsia, hemodinâmica, audiometria, ressonância magnética e atendimento à gestante de alto risco. Ele conta com banco de olhos e núcleo de fígado, além de alguns programas estratégicos de atenção básica integrada à rede do SUS.

No início de 2020, matricularam-se na UFMA cerca de 27.300 alunos, sendo 20.100 deles nos cursos de graduação e os demais 7.200 nos de pós--graduação. Seu quadro de servidores era composto por 1.800 docentes e 1.760 técnicos administrativos, que procuram executar seu trabalho de forma eficaz, sempre estimulados pelo lema da UFMA: *Vita est certamine* ("A vida é combate").

A UFMA teve muitos alunos que, pelo seu talento, tornaram-se celebridades – como Zeca Baleiro (cantor) e Flávia Bittencourt (cantora) – ou até mesmo importantes ícones na política local e nacional. Nesse último grupo destacam-se José Sarney (ex-presidente do Brasil), Flávio Dino (atual governador do Maranhão); Jackson Lago (ex-governador do Maranhão) e Tadeu Palácio (ex-prefeito de São Luís). No *RUF 2019* a UFMA ocupou a 51ª posição entre as universidades públicas brasileiras.

A UEMA foi fundada em 25 de março de 1987, e em setembro de 2016 parte dela foi desmembrada para a criação da UEMASUL. No início de 2020 ela tinha mais de 21,5 mil alunos, cerca de 18 mil distribuídos pelos 118 cursos de graduação e 3.500 nos 19 cursos de pós-graduação (4 de especialização, 13 de mestrado e 2 de doutorado). Seus 22 *campi* e 26 centros universitários encontram-se espalhados por várias cidades maranhenses. Seu quadro de pessoal inclui 820 docentes e quase 600 servidores.

Na UEMA existe o Núcleo de Tecnologias para a Educação, que é responsável pela coordenação da modalidade EAD, em franca evolução, e também desenvolve outras ações que necessitem de recursos tecnológicos para garantir um ensino e uma aprendizagem mais eficazes.

Entre seus órgãos complementares destaca-se o Hospital Veterinário Universitário Francisco Edilberto Uchoa Lopes e os seus ambulatórios. Esse hospital presta atendimentos clínicos e cirúrgicos em animais de pequeno, médio e grande porte, e colabora bastante com o curso de Medicina Veterinária da UEMA. Ele atende aos programas de graduação, pós-graduação e pesquisa, propiciando treinamentos mediante supervisão de docentes e prestando serviços à comunidade.

No seu atendimento, o hospital cobra taxas bem mais acessíveis em comparação com as clínicas particulares, visando apenas uma boa manutenção de seus equipamentos e o pagamento dos custos da medicação. Entretanto, já existe um projeto que visa garantir atendimento gratuito de animais pertencentes a pessoas em situação de vulnerabilidade econômica!?!?

Seguindo o seu lema *Scientia ad vitam* ("Conhecimento da vida"), os objetivos da UEMA se concentram na promoção de um ensino de qualidade nos cursos de graduação e pós-graduação, de extensão universitária e nas pesquisas, bem como na difusão do conhecimento, na produção do saber e de novas tecnologias, interagindo com a comunidade para garantir o desenvolvimento social, econômico e político do Maranhão. Infelizmente, no *RUF 2019* a UEMA ficou entre as últimas classificadas, ocupando a 91ª posição.

No que se refere ao IFMA, ele surgiu a partir do antigo Centro Federal de Educação Tecnológica do Maranhão, ou seja, foi criado em 29 de dezembro de 2008. Possui 29 *campi* em 27 cidades do Maranhão (uma delas é São Luís) e nele o ensino médio está integrado ao ensino técnico. A partir de 2018, começaram a ser ofertados nele 41 cursos superiores em 15 *campi* em várias cidades do Estado, e atualmente tem pós-graduação *lato sensu*.

Mas entre todas as IESs do Maranhão, certamente a mais conhecida é o IEMA uma autarquia estadual maranhense vinculada à secretaria de Educação do Estado. Ele oferece ensino médio, técnico e superior, contemplando também, e de forma não dissociada, o ensino, a pesquisa e a extensão na área tecnológica e no âmbito da pesquisa aplicada.

Anteriormente essa IES pública foi denominada Universidade Virtual do Maranhão (UNIVIMA), que foi criada pela lei estadual Nº 7.934, de 14 de julho de 2003, sancionada pelo então governador José Reinaldo Tavares. Ela tinha como vocação o ensino virtual em nível técnico, universitário e de educação continuada na modalidade EAD.

Então, em 2 de janeiro de 2015, por força da medida provisória Nº 184, editada pelo então governador Flávio Dino, a IES foi convertida no IEMA. A partir daí, ela foi reorganizada com a finalidade de ampliar a oferta de educação profissional técnica de nível médio para todo o Estado, expandindo-se para muitos outros municípios maranhenses. Ela oferece à sociedade infraestrutura, equipamentos e pessoal para o desenvolvimento de cursos de formação inicial e continuada, técnicos e tecnológicos, sempre respeitando as necessidades locais e as prioridades estratégicas do Maranhão.

Em 2018, o IEMA se tornou a primeira IES pública do Maranhão a obter o título de **Escola Associada da Unesco**. Nesse mesmo ano os seus alunos conquistaram 1.226 medalhas em olimpíadas nacionais e internacionais de conhecimento.

O IEMA também oferece programas de intercâmbio internacional aos seus estudantes, e de fluência em língua inglesa, cursos de formação inicial e continuada para os municípios mais pobres, oficinas de férias de reforço de conteúdos curriculares e incentivo à pesquisa científica. Em 2018 o IEMA era composto por 13 *campi* (unidades plenas nas quais funcionavam escolas de ensino médio técnico em tempo integral) e 12 polos (unidades vocacionais que atendem tanto a jovens como a adultos, ofertando cursos técnicos profissionalizantes e oficinas para quem deseja entrar no mercado de trabalho e aprimorar seus conhecimentos profissionais).

Além disso, há várias IESs particulares no Estado do Maranhão, como é o caso da Faculdade São Luís, da Faculdade Atenas Maranhense, da Faculdade Santa Terezinha, da Faculdade do Maranhão, do Instituto de Estudos Superiores do Maranhão e da Universidade Vale do Acaraú. Porém, o maior destaque é o Centro Universitário do Maranhão (Uniceuma), que teve início em 2 de março de 1990, quando o então presidente da República José Sarney assinou o decreto autorizando o funcionamento dos cursos de Administração, Ciências Contábeis, Economia, Letras e Pedagogia.

No início essa IES funcionou no Colégio Meng, no centro de São Luís, mas em 1992 ela passou a ocupar sede própria e em caráter definitivo. Em janeiro de 1993, foi autorizado o funcionamento do curso de Direito e, no fim daquele mesmo ano a Uniceuma formou suas primeiras turmas em outros cursos. Hoje a universidade oferece cerca de 31 cursos de graduação, distribuídos entre Ciências Biológicas, Ciências Exatas e Humanidades.

No que se refere a **mídia** e **comunicação**, encontram-se em São Luís as sedes do grupo Mirante – um dos maiores grupos de comunicação do Estado, é responsável pela TV Mirante São Luís, pela rádio Mirante, pela Mirante FM e pelo Jornal *O Estado do Maranhão* – e também do Sistema Difusora de Comunicação – que engloba a TV Difusora São Luís, a rádio Difusora e a Difusora FM. Também instalados no município de São Luís estão os *Diários Associados* – que controlam os jornais *Imparcial* e *Aqui Maranhão* – e há ainda a estatal EBC, que controla a TV Brasil Maranhão.

No âmbito das compras, São Luís possui hoje diversos centros comerciais, dentre os quais destacam-se:

- **Da Ilha** – Conta com uma boa variedade de lojas, uma boa praça de alimentação, com diversas opções, e bons cinemas. É uma ótima alternativa em termos de passeio, lazer, compras e negócios, mas o estacionamento é caro.

- **São Luís** – Está bem localizado e o acesso a ele é fácil, pois fica próximo dos principais hotéis da ilha. O local é totalmente climatizado e oferece boas opções de lojas, além de ótimas salas de cinema.
- **Praia Grande** – Esse local é focado na comercialização de cortinas, mas os clientes encontram nele tudo para decoração: papéis de parede, tapetes, carpetes, pisos, portas etc.
- **Rio Anil** – É de fácil acesso, pois existem pontos de ônibus bem próximos. O local é bem interessante para os clientes, ou seja, ele oferece muitas opções de compra e lazer, além de bons cinemas, mas o destaque é a ótima praça de alimentação.
- **Passeio** – Com boa variedade de lojas, o local é uma ótima opção de lazer. O cinema é muito bom e os preços são atraentes. O local também abriga alguns consultórios.
- **Golden Calhau** – Com amplo espaço e boas acomodações, ele se tornou uma boa opção de lazer, pois o ambiente é bem agradável. Às terças paga-se meia-entrada no cinema, e o estacionamento é gratuito. Porém, o local dispõe de um número reduzido de lojas e opções limitadas na praça de alimentação.
- **Tropical** – Fica perto de bancos, das escolas, das faculdade etc., sendo um ótimo lugar para um passeio com a família. Possui uma boa variedade de lojas e a praça de alimentação serve ótima comida.
- **Marajó** – Um ótimo local para compras, com muita diversidade em produtos. As lojas oferecem bons preços e um ótimo atendimento, porém, o estacionamento é muito pequeno e, portanto, bastante disputado.
- **Jaracati** – O local não deveria ser classificado como centro comercial, uma vez que parte dele é ocupada por uma concessionária de veículos. O local dispõe de poucas lojas, mas a praça de alimentação é razoável.

Apesar de todos esses *shoppings centers* terem sofrido muito nesses últimos anos com a crise socioeconômica, especialmente a de 2020 provocada pela pandemia da *Covid-19*, e de muitas de suas lojas terem fechado, mesmo assim eles empregam muita gente e atendem a muitos clientes.

Já no que se refere a hospedagem, uma boa recomendação é o hotel **Brisamar**, estrategicamente localizado na Ponta do Farol. Ele fica a 4,3 km do *shopping* Tropical, a 4,7 km da igreja Nossa Senhora do Rosário dos Pretos, a 3 min de carro da praia do Calhau e a apenas alguns passos da praia da Ponta d'Areia.

O local é perfeito para quem deseja visitar os pontos turísticos, os restaurantes típicos e as praias de São Luís. Possui também uma estrutura de lazer completa, além de comodidades que fazem desse hotel uma referência em receptividade e conforto, dignos de um hotel 4 estrelas. Ele também dispõe de um *business center*, um centro para congressos ou conferências e salas para reuniões.

Para quem deseja cuidar da sua saúde, ou apenas sentir uma sensação especial de bem-estar, o local conta com banho turco, sauna e serviços de *spa*. Nele o hóspede tem espreguiçadeiras junto à piscina externa, e o serviço de quarto funciona 24 h por dia. Além de tudo isso, o Brisamar também permite que os hóspedes tragam seus animais de estimação, desde que estes tenham no máximo 10 kg!?!? Com tudo isso, o hotel Brisamar oferece aos hóspedes o que há de melhor em termos de conforto, praticidade (*Wi-Fi* gratuita) e segurança, além de serviços diferenciados para que os visitantes possam sentir-se melhor até mesmo que em suas próprias casas!!!

Mas São Luís possui outros bons hotéis além do Brisamar, destacando-se entre eles os classificados com **quatro estrelas**:

- **Blue Tree** – Com vista para a baia de São Marcos, esse hotel chique dispões de suítes e quartos bem arejados, além de restaurante e bar internacional, piscinas interna e externa, *spa* etc. Fica a 7 min a pé da praia do Calhau, a 9 km do Museu Histórico e Artístico do Maranhão, e ao lado de um *shopping*. Nele o hóspede tem *Wi-Fi*, café da manhã e estacionamento gratuitamente.

- **Grand São Luís** – Esse hotel requintado fica no centro da cidade e a 5 min de caminhada do palácio dos Leões. Tem ótimos quartos, piscina externa e serviços muitos bons. Nele o estacionamento é pago, mas o *Wi-Fi* e o café da manhã são gratuitos.

- **Calhau Praia** – Situado em frente da praia de mesmo nome, é um hotel bem moderno, localizado a 10 km da catedral da cidade e a 16 km do aeroporto internacional. É uma opção para os que desejam curtir tranquilidade, especialmente no seu restaurante informal, na piscina ou ainda no terraço do bar, com vista para o mar. Nele o *Wi-Fi*, o estacionamento e o café da manhã não são cobrados dos hóspedes.

> *Infinity Hotel American Flat* – Esse hotel casual e de quartos simples ocupa um moderno edifício envidraçado e de frente para o mar, na arborizada avenida dos Holandeses, repleta de palmeiras e com vista para a baía de São Marcos. Possui piscina externa, restaurante e academia, e oferece *Wi-Fi* e café da manhã gratuitamente aos hóspedes.

Além desses hotéis, existem em São Luís diversos outros classificados como **três estrelas**, dentre os quais destacam-se:

> **São Fernando Praia** – Um hotel descontraído localizado de frente para a praia do Calhau e cercado por muitos restaurantes. Alguns dos seus quartos possuem cozinha, e nele oferece-se o café da manhã gratuitamente para os hóspedes.

> **Praiabella** – Esse hotel moderno e informal fica de frente para a praia, a 9 km do centro da cidade. Possui um restaurante arejado, piscina com vista para o mar, quartos despretensiosos e oferece *Wi--Fi* e café da manhã gratuitamente aos hóspedes.

> **Costa Atlântico** – É um hotel moderno, possui bons quartos e um ambiente limpo, além de piscina externa, estacionamento e café da manhã grátis para os hóspedes. Fica à beira da praia, a 6 km da lagoa da Jansen.

> **Bristol Express** – É um hotel moderno, cuja torre tem vista para a lagoa da Jansen. Seus quartos são bem práticos e no local há um restaurante-bar. Está localizado a 3,5 km da catedral, no centro histórico, e a 5 km da praia do Calhau, e oferece gratuitamente aos hóspedes estacionamento e café da manhã.

> **Veleiros Mar** – Esse é um hotel tranquilo que ocupa um edifício moderno e impressionante. Seus quartos são coloridos e têm vista para o mar. Oferece gratuitamente aos hóspedes *Wi-Fi*, café da manhã e estacionamento. Fica na península da Ponta d'Areia, a 3,9 km da praça Maria Aragão e a uma quadra da beira da praia.

> **Abbeville** – É um hotel tranquilo, com restaurante e belo terraço. Oferece gratuitamente aos hóspedes *Wi-Fi*, café da manhã e estacionamento. Fica a 2,1 km da praça Maria Aragão, a 3 km da praia e a 13 km do aeroporto internacional.

> **Ibis** – Possui quartos bem discretos, com acesso gratuito a *Wi-Fi*. O café da manhã também é oferecido gratuitamente aos hóspedes.

Possui um restaurante agradável, bar 24 h e permite a presença de animais de estimação.
- **Step Way** – Ele ocupa um prédio alto e seus quartos são contemporâneos, com excelente vista. O hotel conta ainda com piscina externa, restaurante e bar. O café da manhã é grátis para os hóspedes. Fica próximo de uma lagoa e a 2 min a pé da praia da baía de São Marcos.
- **Rio Poty** – Esse hotel moderno, instalado em um edifício contemporâneo e com *design* invertido, possui quartos e suítes bem confortáveis, com vista para a baía. Tem piscina externa, hidromassagem, dois restaurantes casuais com bares. Nele o hóspede tem *Wi-Fi*, café da manhã e estacionamento gratuitos. Fica de frente para a baía de São Marcos.
- **Tambaú** – É uma pousada básica, com vista para a baía de São Marcos, fica de frente para a praia do Coelho e a 10 km da catedral da cidade e do Museu de Artes Visuais. Ele possui bar e restaurante com terraço e com vista para o mar. O hóspede tem *Wi-Fi* e café da manhã gratuitos.
- **Green Smart** – Esse hotel moderno e econômico está situado na movimentada avenida Castelo Branco, a 2 km do centro histórico da cidade. Seus quartos são simples e o *buffet* de café da manhã está incluso na diária.
- **Skina Express** – Hotel básico localizado no bairro de São Francisco. Fica no centro, a 2,1 km da animada praça Maria Aragão. Seus quartos são modestos e o local possui um restaurante modesto. Oferece café da manhã e estacionamento gratuitamente aos hóspedes.
- **Premier** – Esse hotel modesto tem quartos bem simples, além de restaurante e bar. O local também possui um centro comercial e espaço para eventos. Está situado na movimentada avenida dos Holandeses.

Claro que em São Luís também existem hospedarias bem econômicas, classificadas com **duas estrelas**, onde é possível pernoitar de forma confortável. Entre elas destacam-se:

- **Ilha Costeira** – É um hotel tranquilo e moderno, cuja construção é contemporânea e bem localizada. Seus quartos são simples e o local conta com piscina externa na cobertura. Os hóspedes têm *Wi-Fi*, café da manhã e estacionamento gratuitamente.

- **Soft Win** – Possui quartos simples e restaurante aconchegante. Oferece *Wi-Fi* e café da manhã (sem muita variedade) gratuitamente. Fica a 4 min a pé da baía de São Marcos e a 4,5 km do Museu Histórico e Artístico do Maranhão.

No quesito **alimentação**, existem em São Luís algumas dezenas de bons restaurantes, destacando-se entre eles os seguintes:

- *Armazém do Chef* – Seu ambiente é muito agradável, com mesas internas e também externas, no fundo do restaurante. A casa é muito bem avaliada e serve uma farofa deliciosa feita com farinha biju. É uma ótima pedida como acompanhamento!!!
- *Escola Senac* – Como o próprio nome já diz, é um restaurante-escola. Porém, talvez ele represente a melhor opção no centro histórico da cidade. O ambiente é muito tranquilo e às sextas-feiras, no almoço, serve um *buffet* de frutos do mar imperdível. O atendimento é impecável e a comida excelente!!!
- *Ferreiro Grill* – Oferece boas opções no menu, com ótima qualidade. Além disso, o serviço dos garçons é muito bom
- *Espaço Mediterrâneo* – É um restaurante bem aconchegante, com ambiente decorado com arte e velas. Oferece uma gastronomia italiana, com ênfase para massas caseiras e uma boa carta de vinhos.
- *Cabana do Sol* – É um restaurante excelente com cozinha maranhense, além de outros pratos típicos do nordeste. Entre as sugestões estão: arroz de cabrito, peixe frito com arroz de cuxá, filé de carne de sol, camarão no espeto e moquecas. Possui dois endereços em São Luís: um na avenida Litorânea Nº 10 e outro na rua João Damasceno Nº 24A.
- *Amendoeira* – Um restaurante no qual se tem um clima bem familiar e são servidos pratos variados, com destaque para os quibes de entrada, o carneiro assado e as *pizzas* com diversas coberturas.
- *Gafanhoto's* – Restaurante *self-service* e bem aconchegante, sendo especializado em pratos vegetarianos que incluem desde saladas até entradas e pratos quentes.
- *Cozinha Guidô* – Um restaurante bem decorado e de ambiente agradável e familiar, especialmente para jantares românticos. Os pratos individuais de risoto e massas com camarão são muitos bons!!!

- *Casa de Juja* – Oferece um ambiente acolhedor e ótimo atendimento. A comida é deliciosa, sendo, portanto, uma excelente opção para se reunir a família ou grupos de amigos.

  Nesse restaurante é servido o incrível prato *Arroz do Mar da Juja*, o qual tem como ingredientes, lagosta, camarão, patinhas, mexilhão, lula, polvo e temperos próprios).
- *Coco Bambu* – O atendimento nesse restaurante segue o bom padrão da rede. O local é belíssimo e a comida é excelente.
- *Manu* – Oferece uma gastronomia requintada, comida espetacular e atendimento excelente. A música ambiente e a de festa são ótimas.
- *Dolcce Grill* – Esse restaurante com espaço rústico-contemporâneo serve cafés, pães e tortas, além de almoços pelo sistema *self-service*. Para sobremesa a opção é sorvete. Os preços, entretanto, são bem elevados...
- *Mandacaru* – É uma boa opção para levar as crianças, pois tem um parquinho para que elas se divirtam. Tem no cardápio uma grande variedade de comidas e marcas de cervejas, cobrando preços acessíveis.
- *Cafofinho da Tia Dica* – Para alguns, esse é o melhor lugar de São Luís para quem deseja se envolver com a culinária de frutos do mar – como por exemplo um arroz de cuxá com camarão, alho e óleo –, porém, os preços são meio salgados.
- *Cheiro Verde* – É um ótimo lugar para quem gosta de peixe e frutos do mar em geral. Os preços cobrados são justos.
- *Gaia Bistrô Lounge Bar* – Traz em seu cardápio filés e frutos do mar, além de risotos, vinhos e sobremesas, servidos num ambiente moderno e cosmopolita. Tem nome de bistrô, mas o tamanho é de um restaurante e o local é bem elegante.
- *Feijão de Corda* – O restaurante oferece comida nordestina, com pratos à base de carnes, peixes e feijão de corda. O ambiente é charmoso e a vista é linda.
- *Porto Seguro* – Oferece uma comida gostosa, com boa variedade de sabores. O atendimento é excelente, e o ambiente é bem limpo. Ele fica no centro da cidade e conta com um amplo estacionamento.
- *Brasileirinho Delivery* – Serve uma comida muito boa, sempre com sabor caseiro. As entregas acontecem no prazo e os preços cobrados são bem acessíveis.

Claro que há ainda muitas outras opões de restaurantes, mas seguramente com os que foram citados o turista já sabe que não terá problemas com alimentação na encantadora São Luís.

Quando o assunto é **cultura**, inicialmente deve-se salientar que a capital maranhense possui manifestações bem fortes. Esse é o caso do **Bumba-Meu-Boi**, uma tradição afro-indígena que aflora na cidade durantes as festividades do mês de junho.

São Luís também realiza um movimentado Carnaval de rua, quando blocos populares se misturam aos brincantes e às bandinhas tradicionais da cidade. Embora a cidade não faça parte do circuito mais visitado do litoral nordestino, e por isso não usufrua da publicidade adquirida por outras capitais dessa região do País, quem pular o Carnaval ali certamente se divertirá bastante.

E quem percorrer seu centro histórico terá também muitas surpresas agradáveis (!!!), e certamente pensará: **"Como é que eu nunca soube que em São Luís existe tanta beleza?"** Com ruas de paralelepípedos e construções coloniais, o centro da capital maranhense poderá até fazer com que os turistas se lembrem de Ouro Preto ou Salvador, porém, eles logo perceberão que não existem ali nem ladeiras nem igrejas barrocas. Além disso, a região, à beira da baía de São Marcos e próxima do deságue do rio Bacanga no mar, tem suas edificações cobertas por azulejos, o que garante ao local lindos tons de azul, amarelo e verde.

O visitante que andar nas ruas de São Luís tem a possibilidade de assistir a uma das manifestações culturais mais importantes do Estado, e um patrimônio cultura do Brasil: o **tambor da crioula** (ou punga) –uma espécie de dança de roda na qual se misturam giros, canto e o toque de tambores, num louvor a são Benedito.

Além dele há também o Cacuriá e o Tambor de Mina (religião afro-brasileira). Essas manifestações não têm data nem local fixo, mas geralmente acontecem no período das festas juninas e em terreiros como a Casa das Minas (Querebentã de Tói Zomadônu) e a Casa de Nagô (Nagon Abioton), ambas fundadas no século XIX. Elas também se tornam mais frequentes na época do Carnaval e nas festas de Bumba-Meu-Boi, que começam próximo da Páscoa e seguem até julho. Nesse período o visitante de fato terá a oportunidade de ver a cultura local tomando forma nas saias rodadas e floridas das participantes.

Já no que se refere ao próprio Carnaval, sempre se tem em São Luís uma programação que inclui desfiles de vários blocos tradicionais, com a participação de artistas e cantores famosos no Brasil. Além disso, participam da festa cerca de 40 grupos de tambor de crioula, ditando o ritmo carnavalesco!!!

Os ritmos cadenciados de São Luís transbordam alegria e sensualidade. Um deles é o *reggae*, um ritmo jamaicano – a que em 2018 foi declarado pela Unesco como **patrimônio cultural imaterial da humanidade** – que garante à capital maranhense títulos como "**Jamaica brasileira**" e "**capital brasileira do *reggae***".

No *Cazumbá*, um jornal turístico e cultural publicado em São Luís destacou-se: "O *reggae*, inspirou em São Luís uma dança própria, e esse ritmo foi difundido em centenas de 'radiolas', grupos musicais organizados ao redor de *DJs* e paredes de som que chegam a ter até 40 amplificadores. O turista em São Luís pode participar do projeto *Roteiro de Reggae* percorrendo diversas ruas, ouvindo músicas, acompanhado por um grupo de dança, que lhe poderá ensinar como dançar o ritmo bem agarradinho!!!"

Isso justifica parcialmente o fato de a cidade contar com uma farta programação de música e dança, mesmo fora da época da folia do Rei Momo.

No âmbito **literário**, no final do século XVIII, graças à força econômica adquirida com as vendas de sua produção algodoeira, São Luís se tornou a cidade brasileira com mais contato com a literatura europeia, o que fez surgir na capital um grande contingente de escritores. Estes, por sua vez, acabaram exercendo um importante papel nos movimentos literários brasileiros, a partir do **romantismo**.

Foi desse modo que se concretizou a imagem do Maranhão como o Estado no qual se falava o **melhor português** do País, assim como a fama de São Luís como "**Atenas brasileira**". A primeira gramática do Brasil foi escrita e editada na cidade por Sotero dos Reis. Também faz parte do **patrimônio cultural** de São Luís a riqueza dos poemas e dos romances de grandes escritores locais, como é o caso de Aluísio de Azevedo, Artur de Azevedo, Gonçalves Dias, Graça Aranha, entre outros, que, para os mais bairristas, dão à cidade o apelido de "**Atenas maranhense**".

Um dos mais conhecidos romancistas do naturalismo brasileiro foi Aluísio Tancredo Gonçalves de Azevedo (ou simplesmente Aluísio de Azevedo, 1857-1913), que nasceu em São Luís, onde se tornou escritor, jornalista e diplomata maranhense, e escreveu obras como *O Mulato* e *O Cortiço*.

O irmão de Aluísio de Azevedo, Artur Nabantino Gonçalves de Azevedo (1855-1908), também nasceu em São Luís, onde se tornou poeta e dramaturgo. Aliás, ao lado de Luís Carlos Martins Pena, ele foi um dos fundadores da dramaturgia nacional, tendo escrito mais de 70 peças, a maioria delas comédias de costumes.

Antônio Gonçalves Dias (1823-1864), por sua vez, foi um notável poeta maranhense que se tornou o principal expoente do romantismo nacional. Seus poemas falam de amores impossíveis e da pátria, e dentre eles destaca-se *Canção do Exílio*.

Já José Pereira da Graça Aranha (1868-1931), que nasceu em São Luís, por conta de seu trabalho se tornou um imortal da ABL. Ele é considerado um autor pré-modernista no Brasil, tendo sido um dos organizadores da famosa Semana da Arte Moderna, ocorrida em São Paulo em 1922. Devido aos cargos ocupados por ele na diplomacia brasileira em países europeus, ele esteve a par de vários movimentos vanguardistas surgidos na Europa, e, ao seu modo, tentou introduzi-los na literatura nacional. Entre seus principais livros destacam-se *Espírito Moderno* e *Canaã*.

O fato é que mesmo atualmente a cidade ainda exibe sua grande vocação para a literatura e poesia, em especial pela obra literária de uma das figuras mais importantes de São Luís e do Estado do Maranhão. Trata-se de José Ribamar Ferreira de Araújo Costa Sarney, ou simplesmente José Sarney, que é autor de contos, crônicas, ensaios e romances, destacando-se entre eles: *Marimbondos de Fogo* (poesia); *O Dono do Mar* (romance); *Saraminda* (romance); *Saudades Mortas* (poesia); *Maranhão – Sonhos e Realidades* (romance). Vale lembrar que em 17 de julho de 1980 José Sarney foi eleito como integrante da ABL, ocupando a cadeira N° 38, cujo patrono é o poeta Tobias Barreto.

José Sarney nasceu em 24 de abril de 1930, na cidade de Pinheiro. Em 12 de junho de 1952 ele se casou com Marly Macieira, com quem teve três filhos: Roseana, Fernando e José (o Zequinha) (que também seguiriam carreiras políticas). Ele se formou em Direito, tornou-se escritor e então político, tendo sido deputado federal; governador do Maranhão, entre 1966-1971; senador pelo mesmo Estado, entre 1971 e 1985; 20° vice-presidente do País, em 1985 e seu 31° presidente, entre 1985 e 1990.

Depois que deixou a presidência ele se tornou novamente senador, dessa vez pelo Estado do Amapá, cargo que ocupou entre 1991 e 2013. De fato, ele presidiu o Senado em três mandatos, mas em 23 de junho de 2013 comunicou formalmente que abandonaria a política, afirmando: **"Faço isso, pois a política está muito desestimulante!?!?"**

Dos três filhos de José Sarney, sem dúvida quem a mais influenciou o desenvolvimento do Estado do Maranhão e, obviamente, de São Luís, foi Roseana Macieira Sarney Murad, que nasceu na capital maranhense em 1º de junho de 1953. Ela passou sua infância e juventude em São Luís, estudando no Colégio Marista e depois formando-se socióloga pela Universidade de Brasília. Casou-se em 1976 com o empresário e político Jorge Murad Júnior, com quem adotou uma filha, Rafaela Sarney. Eles se separaram em 1988, mas reconciliaram-se em 1995.

No ano de 1990 Roseana Sarney candidatou-se a deputada federal, foi eleita e exerceu o cargo de 1991 a 1994. Em seguida disputou a eleição para governador do Estado e acabou sendo eleita em 1994, quando se tornou a primeira mulher governadora do Estado. E ela foi reeleita para o cargo, ocupando-o entre 1995 a 2002.

Ainda em 2002, depois de ser cogitada para disputar a presidência e a vice-presidência do Brasil, ela enfrentou uma série de acusações e teve vários desentendimentos que a levaram a candidatar-se para o Senado, cargo para o qual foi eleita e ocupou entre 2003 e 2009. Depois disso ela voltou a ser governadora, durante o período de 2009 a 2010, substituindo o governador Jackson Lago – cassado em 2009 – e, posteriormente, entre 2011 a 2014, após ter vencido as eleições no final de 2010 contra o deputado federal Flávio Dino e o ex-governador Jackson Lago.

Porém, alegando problemas de saúde, ela renunciou ao governo do Estado em 10 de dezembro de 2014. E de fato, a saúde dela tem se mostrado bastante frágil, tanto que Roseana Sarney já passou por mais de 20 cirurgias bem sérias, das quais se recuperou... Ela sempre demonstrou muita energia na luta por seus objetivos que, em sua maioria, estavam associados as atividades que visavam melhorar a qualidade de vida dos maranhenses!!!

No final de cada volume dessa série sempre inclui diversas indicações de locais relativamente próximos das cidades encantadoras que costumam atrair milhares de visitantes todos os anos. Nesse caso, quem for a São Luís não pode deixar de visitar o **Parque Nacional dos Lençóis Maranhenses**. Esse parque nacional foi criado em 2 de junho de 1981 e é gerido pelo ICM Bio, um órgão ambiental ligado ao ministério do Meio Ambiente.

Com uma área total de 156.584 ha, o local possui um ecossistema formado por dunas, lagoas de água doce, áreas de restingas e manguezais. Porém, tudo indica que em breve esse parque terá seus limites alterados. O local tem merecido atenção especial do governo federal e também dos empreendedores do setor privado. A ideia é abrir áreas para empreendimentos turísticos e retirar dali povoados onde atualmente vivem cerca de 1.030 famílias. Aliás, parte dos atuais guias turísticos são os próprios moradores do parque, que também oferecem suas próprias casas para serem ocupadas pelos turistas.

A proposta de mudança dos limites do parque tramita no Senado, em projeto de lei do senador do Maranhão, Roberto Rocha, que conta com o apoio inclusive do presidente Jair Bolsonaro. Ela prevê que povoados como Travosa, Betânia e Ponta do Mangue deixem de fazer parte da APA e tenham mais flexibilidade para as construções.

A perspectiva de mudança dos limites do parque tem provocado muitas críticas por parte de ambientalistas e antropólogos, além de grande preocupação entre os moradores dos povoados da região. E sem dúvida essa proposta pode acarretar a redução do potencial econômico, pois a concessão da exploração de serviços dentro da área acabará deixando fora de seus limites lagoas que são perenes e geram fluxo de turistas durante o ano inteiro.

A concessão, entretanto, é defendida pelo ministro do Meio Ambiente Ricardo Salles, cujo objetivo é o de alavancar investimentos, aumentar a visitação de turistas e diminuir os custos de manutenção desse parque nacional. Em 2018 esse parque recebeu aproximadamente 130 mil visitantes, sendo a principal destino turístico do Estado do Maranhão.

O parque não tem boa fiscalização, contando com apenas **três fiscais** para garantir a proteção de toda sua extensão!?!? E diante de um efetivo tão restrito, são comuns casos de pessoas que burlam as regras, realizando, por exemplo, pesca de arrasto ou dirigindo pelas dunas em seus veículos particulares.

O autor do projeto, que redesenha os limites do parque, acredita que a nova configuração, além de impulsionar o potencial turístico da região, possibilitará uma melhoria na infraestrutura dos povoados que aí existem e liberar os seus moradores quanto às regras em vigor, que, entre outras coisas, impedem a construção dentro deles de postos de saúde, escolas, igrejas etc.

Vamos acompanhar não apenas o que irá acontecer com esse belo parque maranhense, caso a aprovação aconteça, mas também a concessão de outros parques nacionais como os de Jericoacoara, Caparaó, Chapada dos Guimarães, Aparados da Serra, Serra da Bodoquena, Serra Geral, Serra da Canastra e a floresta nacional de Canela.

Sobre esse tema, o ministro do Meio Ambiente detalhou: "Uma das prioridades do ministério que comando é o de conceder cerca de 20 parques nacionais à iniciativa privada, para que neles sejam oferecidos melhores serviços e o turismo possa se realizar de forma bem cômoda e atraente, com os visitantes podendo admirar suas belezas.

Pode-se fazer o discurso mais bonito do mundo sobre o meio ambiente, mas, se não tivermos recursos econômicos se tornará cada vez mais difícil conservar bem esses '**tesouros naturais**' de nosso País. É preciso repassar às empresas privadas tudo o que for possível, mantendo só o mínimo sob a alçada do governo.

Não se pode, entretanto, incorrer novamente no erro que se cometeu na concessão do Parque Nacional da Chapada dos Veadeiros, feita no fim de 2018. Nessa concessão, a iniciativa privada garantiu o direito de atuar apenas sobre cerca de 20% do parque, o que não deu aos empreendedores quase nenhuma liberdade, pois os demais 80% ficaram sob o comando do ICMBio. Daqui para frente as concessões terão o mínimo possível de restrições, cabendo mais ao governo a **responsabilidade de fiscalizar**."

No âmbito **esportivo**, assim como acontece em todo o Brasil, o futebol é o esporte mais praticado em São Luís. A cidade possui os três importantes clubes de futebol profissional: o Sampaio Corrêa, o Moto Clube e o Maranhão Atlético Clube.

O Sampaio Corrêa Futebol Clube foi fundado em 25 de março de 1923, por um grupo de jovens operários praticantes do futebol amador. Isso, assim como o fato de seus fundadores serem moradores do subúrbio da capital maranhense, caracterizaram o clube como um **time da classe trabalhadora**, e deram a ele a alcunha de "**campeão suburbano**".

Seu nome é uma homenagem ao hidroavião *Sampaio Corrêa II*, que amerissou (termo usado para pousos de aeronaves aquáticas) na capital maranhense em 12 de dezembro de 1922, sob o comando do piloto brasileiro Pinto Martins e do norte-americano Walter Hinton. O avião tinha sido doado pelo senador carioca José Mattoso de Sampaio Corrêa, presidente do Aeroclube Brasileiro, e que por isso levava seu nome.

Aliás, foram dois os aviões doados pelo senador: *Sampaio Corrêa I* e *Sampaio Corrêa II*, sendo que o primeiro pegou fogo, antes do segundo ser doado. Os dois pilotos tentavam realizar a primeira ligação aérea entre as Américas, levantando voo dos EUA para o Brasil.

As vestimentas dos pilotos também deram origem ao primeiro uniforme do clube. Ambos homenagearam seus respectivos países: o brasileiro usava camisa verde e amarela, com linhas verticais, e o norte-americano vestia um macacão vermelho e branco. Por conta disso, o uniforme titular do Sampaio Corrêa tem hoje as cores verde, amarelo e vermelho. Considerando que essas também são as cores da bandeira da Bolívia, outro apelido do clube é "**Bolívia querida**". O segundo uniforme ostenta as cores branco, verde e vermelho.

O Sampaio Corrêa é o clube mais popular e de maior torcida do Estado do Maranhão – e uma dos maiores da região nordeste do País. Sua mascote é o **tubarão**, o animal mais forte e feroz dos mares, que surgiu em 1950, após dois amistosos realizados em São Luís pelo clube maranhense contra a forte equipe do Ceará, quando o time da casa arrancou dois honrosos empates. Esse feito rendeu charges que mostravam o tubarão ameaçando um jangadeiro, um tradicional personagem do litoral cearense, que simboliza o Ceará.

O Sampaio Corrêa costuma mandar seus jogos no estádio Castelão (é o estádio Governador João Castelo, que foi inaugurado em 1º de maio de 1982), que permaneceu fechado entre 2004 e 2012. Ele pertence ao governo estadual e tem capacidade para 49.149 pessoas.

Em 2012 o estádio passou por uma ampla reforma e modernização, quando foram colocadas cadeiras antivandalismo, grandes telões de *LED* (sigla em inglês, cujo significado é diodo emissor de luz), 22 câmeras de TV, e foi feita uma adaptação para facilitar a entrada aos portadores de necessidades especiais. Também foi feita a climatização nas cabines nas quais trabalhavam os narradores dos jogos para as emissoras de rádio e televisão; foram instalados 75 novos holofotes etc., tudo isso para adequar essa praça de esportes para as exigências de segurança e estrutura da FIFA.

Ele está localizado no Complexo Esportivo Canhoteiro, no bairro Outeiro da Cruz, em uma área que abriga também o ginásio de esportes Castelinho (o maior do Estado), uma ampla pista de atletismo, parque aquático, ginásio de artes marciais, pista de *skate* e pista de *kart*.

Também é usado o estádio Nhozinho Santos, inaugurado em 1950 e localizado na Vila Passos. Ele pertence à prefeitura e tem capacidade atual para 13.500 espectadores.

Seus principais adversários, com os quais compartilha grande rivalidade, são o Moto Clube e o Maranhão Atlético Clube. Ainda assim, é o clube que possui mais títulos do Campeonato Maranhense profissional com 34 conquistas, sendo oito delas de forma invicta. Ele é o único time do Maranhão que venceu a Copa Norte em 1998 e a Copa do Nordeste em 2018, sendo dessa forma o único clube do Brasil a ser campeão de dois regionais distintos!!!

O Sampaio Corrêa é também a única equipe do País a ter sido campeão de três divisões nacionais diferentes – a Segunda Divisão de 1972 (atual Série B), a Terceira Divisão de 1997 (atual Série C) e a Série D de 2012. Em torneios nacionais, soma participações em 12 edições na Série A do Campeonato Brasileiro (considerando a era da Taça Brasil), 16 na Série B do Campeonato Brasileiro e outras 23 na Copa do Brasil.

A equipe ainda é o único time maranhense a ter participado de um torneio internacional oficial, a Copa Conmebol de 1998, tendo nessa oportunidade alcançado a fase semifinal. Infelizmente, em 2018, o Sampaio Corrêa foi rebaixado da Série B para a Série C, mas em 2019, estimulado pelo sua grande torcida animada pelas "bolivetes", o estádio Castelão ficou cheio em suas partidas, o que motivou a equipe a garantir sucessivas vitórias (!!!) conseguindo voltar para a Série B, mas em 2020 o seu desempenho tem sido bem promissor... E não se pode esquecer que em 2016 o Sampaio Corrêa ganhou destaque nacional no basquete, ou seja, vencendo a Liga de Basquete Feminino.

O Moto Club de São Luís foi fundado em 13 de setembro de 1937, na casa onde residiu o industrial César Alexandre Abud, que ficava na rua da Paz, Nº 486. Seu nome inicialmente foi Ciclo Moto, pois o objetivo inicial era participar das modalidades de motociclismo e ciclismo, bastante praticadas naquela época. No entanto, foi no futebol que o Moto Club alcançou notoriedade.

Branco e verde foram as primeiras cores do uniforme do Moto Club, mas por influência de seu presidente, César A. Abud, elas foram substituídas por vermelho e preto, quando foi criado o departamento de futebol do clube. Em 17 de setembro de 1939 ocorreu a estreia do Moto Club como time de futebol, contra o Ateneu – o campeão estudantil –, num jogo que terminou empatado por 1 a 1. Também nesse ano foi inaugurado o estádio Santa Isabel, uma homenagem à fábrica de César A. Abud.

Com seu próprio estádio, pois o Moto Club foi o único time do Estado a ter um, ele conseguiu seus primeiros títulos e de forma incrível, pois foram sete títulos seguidos, os estaduais de 1944 a 1950, lembrados até hoje pelos torcedores da época, tornando-se o único **heptacampeão clássico** do Estado. Até agora foi campeão 26 vezes.

A equipe participou ainda 11 vezes do Campeonato Brasileiro, 13 vezes da Série B, 9 vezes da Série C e 6 vezes da série D. Em 1972 o seu estádio foi demolido e em seu lugar foi erguido o prédio do ministério da Fazenda em São Luís. Hoje o Moto Club manda seus jogos no estádio Nhozinho Santos.

A mascote do clube é o **bicho papão**, o que lhe rendeu o apelido de "**papão do norte**". Aliás, esse apelido surgiu em 1948, quando o Moto Club conquistou a Copa dos Campeões do Norte e venceu em Belém o Paysandu e o Fortaleza. O outro apelido do clube é "**rubro-negro do fabril**", uma clara alusão às cores do clube e ao local da sede do clube e do estádio Santa Isabel (nome da fábrica de César A. Abud), que ficavam no Canto do Fabril.

Atualmente o Moto Club tem um excelente patrimônio, caso do seu centro de treinamento Dr. José Pereira dos Santos, no qual existe um espaço para a concentração dos jogadores do time, uma sala da presidência, sala de troféus, sala de imprensa, sala de reuniões, salão de jogos, departamento médico, uma cozinha industrial, refeitório, lavanderia, vestiários, além de dois campos de futebol de medidas oficiais para o treinamento dos profissionais e das categorias de base.

O "**super clássico**" é o nome dado ao confronto entre o Moto Club e o Sampaio Corrêa, que em 1987 registrou seu maior público da história, quando cerca de 98.720 mil torcedores compareceram ao Castelão. Não é por acaso que em 21 de dezembro de 2015, foi oficialmente aprovado pela Assembleia Legislativa do Maranhão, o projeto de lei Nº 279/2015, com o qual se instituiu o **Dia do Torcedor do Moto Club de São Luís** (!?!?), para ser comemorado no dia 13 de setembro.

Além de praticar o futebol, com participação em todas as categorias (profissional, júnior e juvenil), o Moto Club participa agora de outras modalidades esportivas, como: ciclismo, handebol, voleibol, atletismo, futebol de salão e futebol feminino, terceirizando essas atividades com uma cooperativa, constituída por técnicos dessas modalidades esportivas.

O Maranhão Atlético Clube, ou simplesmente MAC, foi fundado em São Luís em 1932. Nos tempos ditosos da década de 1930, quando São Luís vivia a efervescente fase do domínio comercial dos portugueses, dos sírios e dos libaneses, e uma forte influência do setor industrial têxtil dos ingleses e outras nacionalidades europeias, empolgando o empresariado local, um acontecimento importante sacudiu a cidade, e pela primeira vez mostrou à sociedade então ainda reticente, a **projeção do desporto** e o seu **poder**

transformador junto às massas, principalmente entre os menos favorecidos, ou seja, aqueles mais pobres.

Dessa maneira, o futebol que durante muito tempo não era lembrado e nem discutido nas rodas de conversas do largo do Carmo, onde predominava a política, ganhou novos espaços e agitou a cidade quando eclodiu uma cisão nas hostes do clube Syrio Brasileiro. Divergências profundas levaram duas facções a entrarem numa luta surda. De um lado estava Wady Nazar, possuidor de um terrível poder de argumentação e muito radical na defesa de suas posições, ladeado por Jamil Jorge, que o assessorava, e também o continha quando os ânimos ficavam mais exacerbados.

Do outro lado estavam Severino Dias Carneiro, Manoel Maia Ramos Sobrinho e Silvio Arliê Tavares, ardorosos defensores de uma abertura do clube e lutando para que ele se "abrasileirasse", porque até então só se destacava o "Syrio" nos noticiários, enquanto o "Brasileiro" ficava esquecido....

Eles queriam estar mais próximos da população, não desejando que o clube ficasse como estava, ou seja, qualificado de "**granfino**". Além disso, havia uma evidente animosidade, praticamente incontrolável, no que se refere à presença de alguns diretores, e uma forte simpatia por Paulo Silva, que não tolerava Nazar e reagia sempre contra suas posições, que considerava ditatoriais.

Ocorreu finalmente um confronto mais intenso entre duas facções, e isso propiciou que no dia seguinte, mais precisamente em 24 de setembro de 1932, nascesse o Maranhão Atlético Clube (MAC), com um grande grupo saindo do Syrio para cuidar do novo clube. Após a vitoriosa conspiração, a "vingança total" começou em 1933, pois o MAC ao entrar oficialmente em campo, derrotou o Syrio por 4 a 0.

E as meninas do voleibol do MAC também se juntaram aos "**rapazes rebeldes**" do novo clube. No dia seguinte a essa primeira vitória no futebol elas também ganharam do time da Escola Normal. Foi esse o início da trajetória de glórias desse clube, que acabou tornando-se um dos mais tradicionais do Estado do Maranhão.

A sede social do MAC chama-se Parque Valério Monteiro e fica localizada na avenida 7, sem número, no bairro da Cohama. O clube já conquistou 15 títulos do Campeonato Maranhense de Futebol profissional e, além disso, já participou do Campeonato Brasileiro em três ocasiões, da Série B (8 vezes), da Série C (4 vezes) e da Série D (4 vezes). A mascote do clube é o "**bode Gregório**" e o time tem diversas alcunhas, como: "**Macão machão da ilha**", "**demolidor de cartazes**", "**esquadrão quadricolor**".

Como o município de São Luís tem cerca de 32 km de praias, nelas são praticados – tanto pelos moradores locais como também pelos turistas – esportes como surfe, futebol de areia, *stand-up-paddle*, futevôlei, vôlei de praia, frescobol e *kitesurf*.

Teresina

Uma vista aérea de Teresina, com destaque para a ponte estaiada João Isidoro França.

PREÂMBULO

A **encantadora** Teresina é hoje uma das mais prósperas cidades brasileiras, destacando-se nos setores de eventos, congressos e indústria têxtil, assim como pelo fato de ser o centro médico de uma vasta região do Piauí. A capital piauiense possui diversos apelidos, dentre os quais "**verdecap**" e "**cidade verde**" – pela quantidade de parques existentes no município (são muitos); "**terra da cajuína**" (os visitantes precisam provar essa bebida) e "**capital do meio-norte**" (pela forte influência exercida em sua região).

Como Teresina está no interior do Estado do Piauí, essa ausência do mar, obrigou a cidade a desenvolver bastante a sua vida noturna, com o que ao longo de todos os dias da semana, especialmente os visitantes têm a seu dispor várias opções de *shows*, apresentações musicais e divertimento em algumas boates, além de poder desfrutar nos seus restaurantes da culinária típica de sabor inigualável.

Quem visita Teresina acaba percebendo que a maioria dos teresinenses age de acordo com o lema da cidade "*Omnia in caritate*", cujo significado é "**Tudo pela caridade**". Todos são realmente muito amistosos e prestativos em relação aos visitantes que vêm conhecer a sua cidade!!!

Existem diversos lugares em que o turista, ou até mesmo o teresinense, pode ir passear. Todavia, um local bastante interessante para se aprender a respeito da cultura afro é o Memorial Zumbi dos Palmares. Esse espaço bastante agradável é um verdadeiro culto à beleza negra, e abriga muita gente alegre e bonita. Inaugurado em 25 de julho de 2007, o local é administrado pela secretaria estadual da Cultura, e passou a se chamar Esperança Garcia (a escrava piauiense que se tornou a primeira advogada do Brasil) depois de uma ampla reforma. Mas Teresina possui diversos outros locais atraentes, sobre os quais falaremos a seguir!!!

A cidade é de fato um mosaico de cores, sabores e diferentes culturas no nordeste brasileiro.

A HISTÓRIA DE TERESINA

Teresina é a capital do Estado do Piauí, sendo a única capital estadual da região nordeste que não se localiza às margens do oceano Atlântico. O município de Teresina ocupa uma área de 1.391,98 km², constituindo-se na maior capital nordestina em extensão territorial. Seus municípios limítrofes são: União, Altos, Monsenhor Gil, José de Freitas, Nazária e Demerval Lobão, no próprio Piauí, assim como Caxias e Timon, no Maranhão.

Estima-se que no início de 2020 vivessem em Teresina cerca de 880 mil pessoas e na RIDE de Grande Teresina, praticamente 1,25 milhão de habitantes. A origem de Teresina está diretamente associada ao rio Poti. O primeiro proprietário da região foi o sargento-mor Antônio Coelho Teixeira, cuja sesmaria foi confirmada, em Lisboa, no dia 1º de julho de 1744. Às margens desse rio havia um povoado que mais tarde foi elevado à condição de Nova Vila (do Poti ou Poti Velho).

Essa aglomeração era inicialmente formada por pescadores e pequenos comerciantes, e cortada por uma estrada que ligava Oeiras, então capital da província do Piauí, a Parnaíba, uma das cidades mais prósperas do atual Estado. Por volta de 1740, o padre Romualdo da Silva Bezerra também possuía uma sesmaria na região das Aldeias Altas, isto é, no norte da capitania.

É ainda bom lembrar que nessa época havia diversos outros povoados ao longo de rios e caminhos. A capital nasceu no que corresponde agora ao bairro do Poti Velho, que apesar de ter surgido mais de 100 anos antes que ela, só foi anexada à mesma em meados do século XX.

Atualmente, apesar da grande e profunda mudança em sua paisagem, o bairro ainda preserva seus costumes e suas tradições. Ele é considerado o mais antigo da capital, porém, o marco e a data de fundação da capital piauiense são atribuídos à construção do que é atualmente o centro dela.

Vale ressaltar que a transferência da capital da província do Piauí de Oeiras para Teresina realizou-se sob vários protestos da comunidade oierense, que desejava a todo custo garantir a permanência daquela cidade como capital. Contudo, apesar de toda essa pressão, o presidente da província, José Antônio Saraiva, ardoroso defensor das ideias **mudancistas**, efetivou essa transferência de capital para Teresina em 16 de agosto de 1852. O nome da cidade remete à imperatriz Teresa Cristina Maria de Bourbon, que teria intermediado com o imperador dom Pedro II a ideia de mudança e, em sua homenagem, deu-se o nome da cidade que é a contração das palavras **Teres**a e Cris**tina**.

Tornada capital, Teresina passou por um crescimento bastante acentuado, alcançando 20 mil habitantes em apenas duas décadas. Ela não nasceu ou se desenvolveu de forma espontânea, mas de **modo artificial**, tendo inclusive sido a primeira cidade do Brasil construída em **traçado geométrico**.

José Antônio Saraiva tomou pessoalmente diversas providências, e, juntamente com o mestre-de-obras português, João Isidoro França, planejou com muito cuidado o estabelecimento de logradouros em linhas paralelas, simetricamente dispostas. Todas essas moradias partiam do rio Parnaíba rumo ao rio Poti, que eram – a ainda são – as principais fontes de água da cidade.

Assim, em 1860 a nova capital já contava com uma área urbanizada de um quilômetro de extensão na direção norte-sul, tendo de um lado o largo do quartel do Batalhão (atual estádio Lindolfo Monteiro) e do outro o "Barrocão" (atual avenida José dos Santos e Silva). Já na direção leste-oeste o desenvolvimento da cidade não ganhou a mesma intensidade.

Tomando-se como base o lado do rio Parnaíba, as ruas terminavam a algumas dezenas de metros acima das duas praças principais, a praça da Constituição (atual Marechal Deodoro da Fonseca, que também já fora chamada de Palácio e largo do Amparo) e a do largo do Saraiva (hoje praça Saraiva). Já no caso do rio Poti, nem todas as ruas chegavam até ele. Uma das ruas principais, que teve um papel significativo no desenvolvimento da nova cidade, foi a rua Grande (atual rua Álvaro Mendes).

Graças ao escritor maranhense Coelho Neto, Teresina tornou-se conhecida pelo codinome "**cidade verde**". Isso porque ele a descreveu como aquela cujas ruas e grandes avenidas eram entremeadas por árvores. Muito se fala que a criação da capital Teresina teria sido uma medida político-estratégica, uma vez que a cidade de Caxias no Estado vizinho do Maranhão, estava ameaçando a hegemonia da região norte do Estado do Piauí, com o que buscou-se transferir para esse local a capital para promover mais a centralização do Piauí!?!? Aliás, Teresina foi a **primeira capital brasileira** especificamente planejada para substituir outra já existente. As demais, como já se mencionou neste livro, foram as encantadoras Aracaju (em 1855), BH (1894), Goiânia (1933), Brasília (1960) e Palmas (1989).

Todavia, convém ressaltar que os núcleos fundacionais das encantadoras cidades de Salvador (1549), São Luís (1612) e Recife (Mauritsstadt-1637) também foram projetados. Ainda assim, os traçados de Salvador e Mauritsstadt tinham uma malha reticulada flexível, e **tais cidades não foram projetadas para substituir outras capitais já existentes**.

O principal motivo do desenvolvimento inicial bem acelerado de Teresina deveu-se a extração da borracha de maniçoba e da cera de carnaúba. Além disso, Teresina começou década após década a ganhar uma postura de capital, o que fez surgirem muitos templos católicos.

Assim, já em 1852, ano da fundação, foi inaugurada a igreja matriz de Nossa Senhora do Amparo. Em 1858 foi inaugurado o Teatro Santa Teresinha e em 1867 a igreja de Nossa Senhora das Dores (que mais tarde seria elevada à categoria de catedral) e no mesmo ano a cidade ganhou seu primeiro sistema de iluminação pública, dispondo de seis combustores de querosene sobre postes de madeira que passou por uma grande ampliação em 1882. Em 1886 foi inaugurada a igreja de São Benedito.

Já no século XX, particularmente entre os anos de 1937 e 1941, ocorreram uma série de incêndios clandestinos que foram provocados para se poder expandir a cidade, transformando as áreas atingidas em áreas nobres!?!?

Na realidade, esses incêndios surgiram de forma muito estranha (!?!?) e atingiram muitos barracos, desabrigando muitas centenas de pessoas. Mas houve uma investigação sobre esses incêndios criminosos e descobriu-se que o Estado foi responsável pelos mesmos, mas especificamente a Polícia Militar, com um líder de nome Evilásio Gonçalves Vilanova.

Vários livros abordaram a temática dos incêndios criminosos, como foi o caso do romance *Palha de Arroz*, de Fontes Ibiapina. Levou um bom tempo para a cidade se recuperar e iniciou-se nela uma constante expansão para o leste. O *boom* populacional ocorreu principalmente a partir da década de 1950, quando Teresina saltou de 90.723 habitantes para praticamente 803 mil em 2010. Claro que isso se deve a forte centralização de muitos serviços importantes, como educação, saúde, comércio etc., em Teresina, o que por sua vez levou à multiplicação de vilas e favelas na periferia de Teresina, pois vieram para ela muitas pessoas sem recursos para se ter uma boa moradia.

Um das curiosidades relacionadas a esse período é que Teresina possui hoje a 2ª maior favela originada a partir de uma invasão de terras em toda a América Latina. Trata-se da Vila Irmã Dulce, um local onde não mais de 14% da população local tem acesso a água potável e 84% sobrevivem com meio salário mínimo por mês!?!?

O bairro mais populoso de Teresina é o Dirceu Arcoverde, com mais de 220 mil habitantes, que se localiza na zona sudeste da capital e surgiu da união de vários conjuntos habitacionais construídos pela já extinta Companhia de Habitação do Piauí. Devido a grande concentração populacional o bairro conta com um intenso fluxo comercial e há alguns anos tentou sem sucesso sua emancipação de Teresina.

Ressalte-se que a RIDE da Grande Teresina em 2007 era composta pela capital Teresina e os municípios de Alto Longá, Beneditinos, Coivaras, Curralinhos, Demerval Lobão, Jóse de Freitas, Lagoa Alegre, Lagoa do Piauí, Miguel Leão, Monsenhor Gil, Pau d'Arco do Piauí, Palmeirais e União, no Piauí, além de Timon, no Maranhão.

Socialmente, Teresina possui hoje o melhor IDH do Piauí (alcançando 0,751) e, ao mesmo tempo, é um dos maiores níveis de desigualdade e concentração de riqueza entre as importantes cidades do País. A parte central da cidade está situada entre os rios Parnaíba e Poti, pertencentes à bacia hidrográfica do rio Parnaíba. Por essa característica, há quem chame a capital piauiense de "**Mesopotâmia do nordeste**".

Na zona norte da cidade os dois rios se unem e transformam-se em um só leito, que corre na direção do oceano Atlântico. Nesse lugar está o Parque Ambiental do Encontro da Águas, tendo dois mirantes, para que a linda paisagem possa ser bem observada. Aí é possível o visitante encontrar algumas lindas peças de cerâmica do rico artesanato de Teresina, e um monumento que ilustra a lenda da Cabeça de Cuia, personagem do folclore local.

O centro da cidade localiza-se em uma depressão, e na maior parte da área do município, o relevo é bastante plano, com destaque para a região do bairro Monte Castelo (zona sul), onde estão as maiores altitudes, e as adjacências dos bairros Satélite e Vila Bandeirante (ambos na zona leste), onde existem muitos morros.

O rio Parnaíba (o mais extenso do Estado) forma a barragem de Boa Esperança, de grande potencial hídrico para a agricultura, pecuária, abastecimento humano, além de atividades como a piscicultura e o turismo. O rio Poti (o terceiro mais extenso do Estado) por sua vez, forma um belíssimo cânion no seu médio curso, de grande interesse ecológico, cultural e econômico na região. Ele percorre uma grande área de clima semiárido, onde predominam a **caatinga** e o **cerrado**.

No seu baixo curso de clima tropical predominam a mata de cocais e as florestas estacionais, aí o rio se torna mais caudaloso até se encontrar com o Paranaíba, que tem águas barrentas e que não se misturam com as águas escuras do Poti por longo do percurso.

No que tange ao clima, o de Teresina é tropical semiúmido, com duas estações características: o **período das chuvas** (que ocorrem no verão e no outono) e o **período seco** (no inverno e na primavera). De janeiro a maio, devido às chuvas, o clima é quente e úmido, porém há possibilidade de ocorrer neblina nas manhãs. Já entre junho e agosto o clima começa a ficar mais seco, com noites relativamente frias. Entre os meses de setembro a dezembro o clima se torna mais quente e abafado, podendo ocorrer algumas pancadas de chuva já a partir de novembro.

Uma característica peculiar das chuvas da cidade é a de serem rápidas e muito intensas, havendo vendavais, grande força das águas e trovões impressionantes. A incidência de raios também é muito comum, por isso o local onde está situada Teresina é também conhecido como "**chapada do Corisco**".

A precipitação pluviométrica anual situa-se em torno de 1.300 mm. Quente na maior parte do ano, Teresina possui uma temperatura média em torno dos 27° C, sendo que a menor temperatura já registrada (a partir de 1961) foi de 15°C, em 29 de julho de 1976, e mais elevada foi de 41,1°C, em 24 de outubro de 2012.

No que ser refere à **vegetação**, uma vez que a cidade está situada numa zona de transição entre o semiárido nordestino e a Amazônia (conhecida por **meio-norte**), a vegetação do município é composta pela **floresta estacional semidecidual**, pelo **cerrado** e pela **mata de cocais**. A floresta estacional semidecidual, que é encontrada em grande áreas associadas com a mata de cocais, caracteriza-se pelo fato de grande parte dos vegetais perderem as folhas no período seco, enquanto outras se mantêm verdes o ano todo.

As principais espécies florestais encontradas são o angico-branco, o angico-preto, o pau d'arco-amarelo, o ipê-amarelo, o ipê-branco, o ipê-roxo, o juazeiro, a pitombeira, o jacarandá, o cedro, a aroeira, a capaíba, o jenipapo, o jatobá, o jucá, ou pão-ferro, o louro-pardo etc., além de outras espécies de plantas de pequeno, médio e grande portes.

Em várias áreas do município de Teresina o que predomina é o **cerrado**, que é um tipo de vegetação com árvores distantes umas das outras, casca grossa e galhos retorcidos. As espécies são resistentes a queimadas, predominando ali árvores com como a faveira-de-bolota, o cajuí, o pau-mocó, a fava-danta, o barbatimão, a folha-larga e a sambaíba (ou lixeira), além de plantas herbáceas, cactáceas, entre outras.

Na mata de cocais tem-se a predominância de palmeiras, do babaçu e da carnaúba, que são de relevante importância para o extrativismo vegetal e também para a economia local, além do buriti, do tucum, da macaúba e da pati.

Na **fauna**, são encontrados na região alguns animais que habitam áreas ainda preservadas. Assim, nas florestas e nos cerrados do município podem ser encontrados a cotia, o porco-do-mato, o macaco prego, o soim, o xexéu, os sabiás, os bem-te-vis, as alma-de-gato etc.

Os maiores riscos que existem hoje para a manutenção das espécies de plantas e animais no município de Teresina são as alterações do *habitat* natural, ou seja, o desmatamento, a agricultura, a pecuária, a caça dos animais silvestres e as queimadas que ocorrem na vegetação.

Na região do município de Teresina há também remanescentes da mata atlântica, o que dá à paisagem uma cobertura florestal rica é muito variada. À árvore símbolo do município de Teresina, que foi instituída pelo artigo 1º do decreto Nº 2.407 (de 13 de agosto de 1993), é a espécie *Cenostigma macrophyllum Tal*, conhecida popularmente pelo nome de **caneleira** ou **canela-de-velho**.

Esse tipo de árvore aparece em grandes áreas, tanto nas zonas urbana quanto rural do município, e naturalmente o objetivo dessa lei é garantir sua preservação. Entre suas principais características estão: altura entre 6 m e 16 m; tronco de 30 cm a 50 cm de diâmetro; estrutura ereta e cilíndrica, porém, com caneleiras longitudinais mais estreitas e profundas (daí o seu nome popular); copa piramidal, fechada, bastante ramificada e ampla.

Essa árvore também possui casca com manchas cinzentas claras, resiste bem ao fogo e rebrota com certa facilidade. De fato, elas germinam sem dificuldade e apresentam um desenvolvimento razoável, por isso ela é recomendada para a arborização de praças, parques, canteiros centrais e estacionamentos.

No tocante à **religião**, estima-se que no início de 2020 cerca de 74% da população de Teresina fosse constituída de católicos romanos; 19% de evangélicos; 4,5% não tivessem religião e o percentual remanescente fosse composto por espíritas, mórmons, testemunhas de Jeová, seguidores da igreja ortodoxa etc.

Os templos católicos mais antigos são a igreja de Nossa Senhora do Amparo, cuja arquitetura é bem eclética, com grandes torres em estilo neogótico, e a imagem de Nossa Senhora do Amparo que ocupa seu interior veio de Portugal, em 1850. A catedral de Nossa Senhora das Dores, que começou com uma cúpula construída pelo vigário Manuel Mamede em 1867, foi ampliada pelo bispo dom Severino. Há também a igreja de São Benedito, que foi inspirada nas igrejas de região da Catânia, na Itália. Ela foi construída por mão de obra escrava, e levou 12 anos para ficar pronta (entre 1874 a 1886). Suas portas foram tombadas pelo IPHAN e, todos os anos, grupos de cultura negra e umbandista lavam suas escadarias com ervas, flores e água de cheiro.

Teresina possui hoje uma grande quantidade de bairros, sendo que os mais notáveis são os seguintes: Jóquei, Fátima, Noivos, São Cristóvão, Dirceu Arcoverde, Santa Maria da Codipi, Planalto Uruguai e o próprio centro da cidade. Ela foi dividida em quatro zonas: leste, sudeste, norte e sul, além obviamente do centro da cidade. Em cada uma das zonas há uma Superintendência de Desenvolvimento Urbano, que funciona como uma espécie de subprefeitura, dando suporte ao prefeito e à equipe dele na administração da cidade.

Pela lei Nº 3.834, criou-se em Teresina uma Guarda Civil Municipal, que, entretanto, só teve um concurso realizado em 2015. No dia 24 de janeiro de 2017, às 19 h, essa nova guarda foi oficialmente apresentada aos munícipes. O evento aconteceu no Parque da Cidadania, e nele foram especificadas suas atribuições: atuação no próprio parque, nos lagos do norte e nos complexos esportivos municipais. O comandante da Guarda Civil Municipal, major João Amorim Neto afirmou na oportunidade que o efetivo era de quase 100 guardas, dos quais 28 eram mulheres. Os integrantes dessa guarda tinham coletes balísticos e pistolas, de acordo com a autorização do Exército brasileiro, e inicialmente tiveram à sua disposição alguns veículos.

Em 27 de julho de 2020 a Guarda Civil Municipal já contava com 392 agentes, 31 viaturas e 4 motocicletas, o que lhe permitia fazer vários serviços úteis para os teresinenses!!!

Teresina ainda possui uma rede de **saneamento básico** bastante **deficiente**, o que tem provocado um aumento no número de doenças relacionadas à contaminação da água com dejetos domiciliares. Tal fato pode ser facilmente percebido na **zona norte** de Teresina, que possui um complexo sistema de lagoas fluviais, cercadas com favelas e dotado de pouquíssima infraestrutura.

Entretanto, esse quadro deve mudar nos próximos anos. Basta que a prefeitura continue a desenvolver seu projeto Lagoas do Norte, que visa organizar toda a região... A mais recente pesquisa sobre a cobertura de esgotamento sanitário girou em torno de 21%, porém, também está em execução um projeto de expansão da rede coletora de esgoto, que com a sua conclusão deverá alcançar 54% da cobertura total.

A contaminação das águas por esgotos residenciais é sentida mais nos meses de setembro a dezembro, quando, conforme já informado, ocorre uma elevação das médias térmicas, além de um aumento da atividade biológica nas lagoas urbanas e nos rios. Isso culmina com o fenômeno da eutrofização (poluição) das lagoas e o aumento de número de aguapés, em especial no rio Poti, o que forma um tapete verde que impede a penetração da luz do sol no manancial. Por sua vez, isso acarreta alterações do ciclo biológico das espécies nativas e da economia pesqueira, ainda bem significativa na capital piauiense.

A prefeitura de Teresina sonha com a execução de diversos projetos que tornem a cidade cada vez mais atraente e encantadora. Um objetivo prioritário é o contínuo desenvolvimento da rede hospitalar e dos demais estabelecimentos de serviços de saúde. Isso tudo tem que ser acompanhado pelo crescimento tecnológico da engenharia médico-hospitalar, incluindo-se aí o uso de robôs capazes de executar cirurgias. Além disso, é preciso ampliar e modernizar os recursos humanos, tanto no que se refere aos profissionais quanto ao âmbito de atuação: superior, técnico, auxiliar e administrativo.

Outro problema que precisa ser solucionado, e de forma definitiva, é o das enchentes provocadas pelo rio Poti. Neste caso, uma possível solução seria a construção de um canal que o ligasse diretamente rio Parnaíba, na altura do bairro Angelim, num trecho de 10 km. Isso também faria com que a capital se tornasse uma ilha fluvial, o que possibilitaria um novo encontro dos rios. Esse é um projeto repleto de polêmicas e análises ambientais contraditórias, mas que não deve ser abandonado... Outro "sonho" de Teresina é **recuperar** as ruas e os prédios antigos que ali existem, bem como promover a revitalização das praças e a retomada de áreas ocupadas por ambulantes.

É óbvio que qualquer cidade que deseja receber mais visitantes precisa contar com um complexo adequado para a realização dos mais diversos eventos. Neste caso, a ideia indispensável é construir o Cajuína Center, às margens do rio Poti, por meio de uma PPP (entre o governo e os empresários).

No âmbito da **economia**, de acordo com estimativas fidedignas em 2019, o PIB de Teresina ultrapassou os R$ 19,2 bilhões. Isso representa algo próximo de 46% do PIB do Estado do Piauí. Na indústria, destacam-se na capital piauiense os setores têxtil e de confecções, que enviam sua produção para outras regiões do País, gerando cerca de 16 mil empregos.

Além deles, operam na cidade indústrias de bebidas, medicamentos, do setor químico, moveleiro, cerâmico, entre outras. A construção civil também obteve um grande destaque, tendo se expandido e de maneira rápida por conta da intensa verticalização da cidade nos últimos 15 anos. Há também na cidade uma montadora de bicicletas. Em 2019 a pauta de venda de produtos de Teresina teve como base os artigos de couros e peles curtidas de bovinos ou equídeos (56%); resíduo de cobre (37%) e tampas de plástico (7%).

Porém, é nos setores da educação, saúde, alimentação, comércio, transporte e hospitalidade que trabalha a maioria dos teresinenses. Aliás, no que se refere a centros comerciais, existem na cidade alguns *shopping centers* destacando-se os seguintes:

- **Teresina** – Fica às margens do rio Poti. Possui um amplo estacionamento e boa variedade de produtos, com lojas como a Skyler, que comercializa roupas de qualidade e estilo por preços razoáveis. É um bom lugar para se alimentar e curtir atividades de lazer com as crianças e para os jovens. Às quartas-feiras realizava-se ali uma promoção no cinema, em que todos pagam meia-entrada!!!
- **Rio Poty** – Dispõe de boas lojas, como a Espaço Nascer, que oferece uma ampla variedade de artigos para bebês e crianças. Também conta com diversos serviços disponíveis e as melhores salas de cinema de Teresina. Fica ao lado do rio Poti. Tem estacionamento com e sem cobertura, e admite a presença de animais de estimação como cães.
- **Riverside** – Conta com uma boa variedade de lojas e tem uma excelente praça de alimentação para se fazer uma boa refeição. Porém, tem poucas opções de lazer e um único cinema, e boa parte dele não tem ar-condicionado. Fica também às margens do rio Poti.
- **Cocais** – Existem poucas lojas abertas, mas possui um estacionamento muito bom, um cinema e, apesar de não ter climatização, é um bom lugar para se tomar um chope!!!
- **Piauí Center Moda** – Trata-se de um local com diversos serviços, lanchonetes, restaurante e um excelente estacionamento.
- **Da Cidade** – Esse centro comercial foi inaugurado pela prefeitura em 29 de junho de 2009, o que permitiu retirar muitos "camelôs" das ruas do centro de Teresina. Está bem localizado e nele se vende praticamente de tudo (itens de decoração, roupas, calçados, aces-

sórios etc.). Possui local para alimentação, cinema etc. mas precisa melhorar bastante a segurança para os seus usuários não sofrerem furtos e outros constrangimentos.

Um ponto relativamente fraco de Teresina é a sua **rede hoteleira**, que precisa crescer bastante e oferecer hotéis mais luxuosos e confortáveis. Seguramente o melhor hotel da cidade é o Metropolitan, que alguns até classificam como 5 estrelas (o que é um pouco exagerado). Todavia, trata-se de um hotel refinado, com quartos bem limpos. Ele ocupa um edifício relativamente simples, com piscina externa, restaurante, bar e *spa*, localizado a 2 min de caminhada da igreja São Benedito e as 6 min do famoso Teatro 4 de Setembro.

Há, porém, uma razoável quantidade de hotéis classificados como **3 estrelas**, como:

- **Velho Monge** – Situado bem no centro da cidade, a 2 km da UFPI e há 3 km do aeroporto, é um hotel despretensioso. Possui boas acomodações e ali o hóspede tem café da manhã e *Wi-Fi* gratuitamente. No local é permitida a presença de animais de estimação.
- **Uchôa Teresina** – Possui quartos e suítes casuais, sendo um hotel simples. Aos domingos o restaurante local oferece *buffet self-service*, além de cardápio *à lá carte*. Está situado em um prédio bem alto no centro da cidade, com muito comércio ao seu redor, e a 1 km do famoso parque Potycabana. O hóspede tem café da manhã e estacionamento gratuitos.
- **Lis** – Esse hotel modesto e econômico possui restaurante e está cercado por clínicas e hospitais. Está localizado a 14 min a pé da estação de trem/metrô Frei Serafim, e a 4 km do *shopping* Teresina. O café da manhã é gratuito para os hóspedes.
- **Real Palace** – É um hotel informal, como fachada de colunatas. Fica no centro da cidade, a 7 min de caminhada do palácio Karnak. Seus quartos são simples e ele conta com restaurante e piscina externa. Nele o hóspede tem *Wi-Fi* e café da manhã gratuitamente.
- **Portofino Hotel Prime** – Está localizado num lugar lindo, no centro da cidade. Os hóspedes dormem em camas bem confortáveis e têm avaliado muito bem o atendimento que recebem no local.

- **Cabana** – Esse é um hotel simples e funcional, com restaurante, bar e piscina externa com tobogã. Fica próximo da rodovia BR-343, a 2 km do estádio Governador Alberto Tavares Silva e a 9 km do aeroporto Senador Petrônio Portela. Nele os hóspedes têm *Wi-Fi* e café da manhã gratuitos.
- **Ibis** – Trata se de um hotel econômico e casual, com quartos modernos, restaurante e bar aberto 24 h. Oferece estacionamento café da manhã e *Wi-Fi* gratuitamente para os hóspedes. Ele fica a 15 min de caminhada da tradicional praça da Liberdade.

Já quem preferir preços mais económicos poderá recorrer a alguns dos hotéis **2 estrelas**, como os apresentados a seguir:

- **Cidade Verde** – O hotel possui quartos bem simples e um ambiente bem descontraído, no qual os hóspedes têm *Wi-Fi*, café da manhã (bem modesto) e estacionamento gratuitos.
- **Teresinha** – Nesse hotel é proibido fumar, e o hóspede tem *Wi-Fi*, estacionamento e café da manhã gratuitamente.
- **Ideal** – Trata-se de um hotel no centro da cidade, sendo bem discreto, com quartos básicos. O hóspede tem incluído em sua tarifa o café da manhã, o estacionamento e o *Wi-Fi*.
- **São Raimundo** – É um hotel bem localizado, que oferece ao hóspede um espaço tranquilo a preços módicos e com atendimento realizado por pessoas simpáticas.
- **Fórmula Arrey** – Possui quartos e suítes bem simples, além de uma piscina interna. Oferece aos hóspedes *Wi-Fi*, estacionamento e café da manhã gratuitamente, e fica a 3 min de caminhada das margens do rio Poti.
- **Express Arrey** – Está localizado a 11 min de caminhada do centro de convenções Atlantic City, numa avenida muito movimentada – a João XXIII. Seus quartos são mobiliados de maneira bem simples, sendo proibido fumar. O hóspede tem nele *Wi-Fi*, café da manhã e estacionamento gratuitamente.
- **Cajuína City** – Está localizado na principal avenida do distrito de Monte Castelo, mais precisamente na avenida Miguel Rosa Nº 4.531. É um hotel com quartos tradicionais, alguns com hidromassagem. Tem piscina externa, restaurante 24 h e oferece *Wi-Fi* e café da manhã gratuitamente aos hóspedes.

- **Detroit** – É um hotel bem econômico, localizado a 6 min do centro da cidade. Possui quartos funcionais, com *Wi-Fi* e *buffet* de café da manhã gratuitos. Alguns dos seus quartos têm uma pequena cozinha.
- **Sacada Center** – Hotel bem econômico localizado perto de tudo (restaurantes, barzinhos, *shoppings*, farmácia etc.), no qual o hóspede tem café da manhã e *Wi-Fi* gratuitamente.

Em 2020, o turismo em Teresina foi muito prejudicado pela pandemia causada pelo novo coronavírus, com o que em muitos meses os hotéis da cidade ficaram com ocupação abaixo de 10% (e alguns até fecharam...) isso principalmente pela diminuição radical no transporte aéreo.

Note-se que desde o início da pandemia até 22 de setembro de 2020 ocorreram em Teresina devido à *Covid-19*, 1001 óbitos e contabilizaram-se 31.495 casos de pessoas infectadas, número tremendamente subestimado...

No campo da **educação**, que está a cargo da prefeitura e do governo estadual, pode-se dizer que em Teresina existe uma quantidade razoável de escolas municipais, unidades escolares e colégios estaduais.

Entre as escolas municipais, destacam-se a Prof. Manoel Paulo Nunes (com boa avaliação pelo ensino oferecido); Didácio Silva (com avaliação razoável); Residencial Pedra Mole (uma escola de ensino fundamental dos anos iniciais ou seja, do primeiro ao quinto anos, com bons professores, salas climatizadas e uma parte significativa da área externa coberta); Prof. Benjamim Soares Carvalho (como avaliação razoável), Mario Quintana.

Aliás essa EMEF alcançou a nota 8,7 na última avaliação nacional do Ideb 2019 e obteve o melhor resultado em Matemática entre os anos iniciais de ensino fundamental.

Para comemorar o destaque, a equipe escolar da Mário Quintana organizou no dia 22 de setembro de 2020, um buzinaço pelas ruas do bairro Dirceu Arcoverde II, onde está localizada a unidade de ensino.

Os pais também foram convidados para a ação festiva. Uma grande fila de carros e motos percorreu o entorno da Mário Quintana celebrando e anunciando a conquista.

Aliás, Teresina é a capital do País com a melhor educação pública no ensino fundamental, apontou o Ideb 2019, como foi divulgado em 15 de setembro de 2020.

Essa é a segunda vez que o município alcançou a maior nota no País (a primeira vez foi em 2017).

De acordo com os dados do Ideb 2019, Teresina atingiu a média **7,4 nos anos iniciais** e **6,4** nos **anos finais** (!!!) do ensino fundamental.

A secretária municipal de Educação de Teresina, Kátia Dantas, comemorou o resultado do Ideb 2019, afirmando: "É um título que nos orgulhou, porque o ministério da Educação comprovou a qualidade do ensino da rede municipal, o compromisso dos nossos professores e que os nossos alunos estão aprendendo, sendo por isso os melhores do País."

Há também várias boas unidades escolares em Teresina, administrados pelo governo estadual, destacando-se entre elas: João Clímaco de Almeida (uma IE limpa, reformada, com ótimos professores e excelente avaliação); Presidente Castelo Branco (uma IE com boa estrutura, onde os próprios alunos procuram cuidar de tudo, e excelente avaliação pelo ensino oferecido); Anísio de Abreu (muito bem avaliada); Professor Joca Vieira (com qualidade didática muito boa, na qual os professores orientam bem os alunos no sentido de aguçarem o seu senso crítico); João Soares da Silva (com boa avaliação); Prof. Pinheiro Machado (uma IE do bairro Dirceu Arcoverde, com boa avaliação); Cristino Castelo Branco (com boa avaliação); Matias Olímpio (com boa avaliação); Lucídio Portela (como avaliação razoável); Profa. Angelina de Moura Leal (como avaliação razoável); Nair Gonçalves (com avaliação razoável); Helvídio Nunes (também com avaliação razoável).

Entre os colégios estaduais deve-se citar: Zacarias de Gois (trata-se do Liceu Piauiense, a mais antiga escola pública do Estado, pelo qual já passaram jovens que se tornaram celebridades, em especial em Teresina, e hoje ele ainda possui uma boa estrutura e bons professores, mas alguns deles faltam muito, o que atrapalha a sua avaliação final); Prof. Edgar Tito (oferece ensino em tempo integral e talvez seja a melhor IE estadual da cidade); Prof. José Amável (bem avaliada, com ensino em tempo integral, mas há nele um exagero no número de eventos sociais e festas nos fins de semana); Prof. Balduíno Barbosa de Deus (o seu ensino é considerado razoável, apesar de ser em tempo integral, pois faltam-lhe professores efetivos em diversas disciplinas).

Se o ensino público fundamental vai muito bem não só em Teresina, mas em todo os Estado do Piauí, isso já **não** acontece com o ensino médio. Note-se que o ensino médio é predominantemente de responsabilidade do governo estadual.

Lamentavelmente no Ideb 2019, o ensino médio da rede pública no Estado do Piauí obteve uma avaliação de 3,7 precisando, portanto, melhorar muito!?!?

Para as famílias que desejam um ensino um pouco mais efetivo para suas crianças, e dispõem de recursos para isso, existem em Teresina várias escolas particulares muito bem avaliadas, como: Santo Afonso Rodriguez (uma ótima IE, com bom ensino, boa estrutura e muita natureza, sendo um lugar muito bonito e confortável); Santa Helena (que precisa se renovar para não perder espaço no mercado); Cidadão Cidadã (muita gente que estudou nessa IE desde o maternal considera essa a melhor de Teresina); Irmã Maria Catarina Levrini (com muito boa avaliação); Santa Angélica (considerada uma referência em termos de ensino na zona norte de Teresina, que construiu sua reputação pela disciplina que acaba incutindo em seus alunos). Mas também existem outras IEs privadas em Teresina, e de renome nacional, como é o caso do Instituto Dom Barreto, do Instituto Educacional São José e do Colégio Sagrado Coração de Jesus (popularmente conhecido como "Colégio das Irmãs").

O Instituto Dom Barreto foi criado em 1944, pelas irmãs do Instituto das Missionárias de Jesus Crucificado, congregação fundada pelo bispo dom Barreto e pela madre Maria Villac, em 1928, na cidade paulista de Campinas. Com o passar do tempo, apoiando-se na confluência de muitos sonhos educacionais, ele foi se aprimorando e evoluindo, tornando-se uma referência para todo o País.

Atualmente ele possui três unidades em Teresina, e estima-se que no início de 2020 tivesse cerca de 4.000 alunos, distribuídos entre educação infantil, ensino fundamental e ensino médio. Praticamente 97% de seus professores – cerca de 900 – têm curso superior completo e em 2018, cerca de 122 de seus alunos obtiveram uma nota média de 754,65 pontos no Enem, com o quê o instituto ficou na **quarta posição** entre as mais bem colocadas do País!!! Em 2019 ele também ficou entre as melhores do Brasil...

No Instituto Dom Barreto os alunos praticam meditação; são incentivados a estudar para dominar uma segunda língua; participam de eventos internos (como a Feira de Ideias); têm aulas em museus da cidade; envolvem-se com exposições montadas na própria IE (como foi o caso de *Aprendendo com Anne Frank - Histórias que Ensinam Valores*); fazem revisões de livros importantes, como *Biologia, um Estudo de Arte*; e desafiam suas mentes ao participar de jogos que exigem muita concentração e raciocínio lógico.

Além disso, eles fazem de muitas atividades em grupo quando estão nas aulas do laboratório de Inteligência de Vida ou no laboratório *Maker*; participam de aulas de educação física para desenvolver lateralidade, coordenação motora e noção de espaço; executam diversos projetos; frequentam oficinas de arte, música, teatro, dança etc.; aprendem a cuidar das plantas e assistem palestras dos melhores professores do País. Os alunos do Instituto Dom Barreto também têm participado de competições e olimpíadas sobre conhecimentos, obtendo prêmios e menções honrosas.

Por isso, os alunos do Instituto Dom Barreto tornam-se agentes transformadores das realidades do mundo, engajados com o compromisso de fazer mais e fazer melhor para promover o bem da sociedade. A IE nunca recebeu e continua não recebendo nenhuma subvenção oriunda de qualquer órgão público, nacional ou internacional, sobrevivendo com o que obtém das matrículas dos seus alunos. Qualquer excedente obtido da sua receita é aplicado na melhoria do seu funcionamento!!!

Os dombarretenses são comumente aprovados nas primeiras colocações da Universidade Federal do Piauí (UFPI). Com este projeto pedagógico, percebe-se que não é por acaso que o Instituto Dom Barreto chegou a um excelente patamar em seu processo de ensino e aprendizagem, **não é mesmo?**

Já o Instituto Educacional São José oferece educação infantil, assim como os ensinos fundamental e médio, e cursos pré-vestibular. Sua missão é oferecer uma **educação inovadora e de qualidade**, que possibilite o desenvolvimento de seus alunos e sua transformação em cidadãos conscientes e felizes, capazes de gerir a sua própria vida e atuar como membros ativos na sociedade.

Ele se propõe a fazer com que seus alunos possam viver bem em um mundo globalizado, competitivo e em veloz transformação, que exige de todos a capacidade de aprender continuamente, transformando-se em indivíduos criativos, empreendedores, íntegros e socialmente responsáveis, capazes de assumir responsabilidades diante da vida.

O Instituto Educacional São José, com o objetivo de incentivar os estudantes a participarem de atividades científicas, faz com que eles elaborem e executem diversos projetos científicos, seja individualmente ou em grupos. Para que isso aconteça os estudantes são orientados por excepcionais professores (talvez alguns dos melhores do País...).

O Colégio das Irmãs, por sua vez, foi fundado em 4 de outubro de 1906, e oferece hoje educação infantil, ensino fundamental e ensino médio. Sua

missão é promover e apoiar o desenvolvimento integral do ser humano, por meio da educação, da assistência social e da evangelização, à luz dos princípios cristãos e dos valores savinianos (estabelecidos pela beata, madre Savina Petrilli), para formar cidadãos comprometidos com uma sociedade mais justa e fraterna.

Nessa IE os alunos participam de muitos projetos, como por exemplo o denominado *Os Grandes Mestres das Artes*, no qual, os que têm especial interesse por artes podem conhecer a vida e a obra de artistas como Renoir, Picasso, Van Gogh, Tarsila do Amaral etc., ou então do projeto *Matematicando 1,2,3...*, no qual procura-se despertar nas crianças o prazer de **aprender a aprender** com os números.

Um grande evento que aconteceu em Teresina foi a comemoração em 2006 dos 100 anos dessa tradicional IE, e, em especial da inauguração no dia 8 de dezembro do seu projeto *Um Brasil de Luz, um Natal de Luz* (bancado pela Eletrobras através da Companhia Energética do Piauí). Nessa ocasião, o colégio foi decorado pelos alunos com 5.000 micro lâmpadas. Mas a grande atração foi o *Concerto de Corais*, em que 60 coralistas foram distribuídos em 30 duplas que ficaram em 30 janelas da fachada de três andares de seu edifício, que aliás é um verdadeiro monumento arquitetônico.

Os resultados obtidos pelos estudantes do Colégio Sagrado Coração de Jesus nos vestibulares, assim como as classificações conquistadas nas diversas avaliações nacionais, comprovam que ele é de fato um dos melhores do Brasil!!! Mas não se pode esquecer também dos seguintes colégios particulares de Teresina:

- **Diocesano** – Essa é a denominação dada ao Colégio São Francisco de Sales, uma IE secular que foi inaugurada em 25 de março de 1906, e oferece ótima qualidade de ensino.
- **Lerote** – Trata-se de uma ótima IE, que começou suas atividades em 1983, na qual o aluno tem uma intensa carga horária para ficar bem preparado não apenas para o Enem, mas para outros exames vestibulares.
- **Jesus de Nazaré** – Que vai da educação infantil ao ensino médio, e é muito bem avaliado.
- **Pro Campus** – Faz parte do grupo educacional Pro-Campus, que tem como missão formar alunos para a vida, começando pelo Pro Campus Baby e evoluindo para o Pro Campus Criança, o Pro Campus Junior, até chegar ao Pro Campus (ensino médio). De fato,

esse é uma IE de excelente padrão em termos de espaço físico e atendimento aos alunos e aos pais, sempre inovando em sua didática de ensino e estimulando bastante a leitura de livros pelos seus estudantes. Pode-se afirmar que é uma IE cheia de amor, repleta de profissionais muito educados e professores com visão do futuro, que sabem educar os jovens para a vida.

- **Teresina** – É uma IE que oferece bom ensino e proporciona aos seus alunos a possibilidade de construir relacionamentos duradouros com seus colegas. Estes, afinal, serão muito importantes no decorrer da vida dos estudantes. Seus professores são qualificados e competentes.
- **Cebrapi** – Esse colégio possui boa estrutura, ótimos professores e tem uma mensalidade considerada acessível por muitos pais ....
- **Integral** – Essa IE oferece boa estrutura, tem organização eficaz e bons professores, atuando nos quatro níveis da educação básica.
- **Objetivo** – Possui uma unidade no bairro de Fátima, no leste, e outra no centro, ao sul. A IE tem uma boa proposta educacional, o que permite que alguns de seus alunos passem nos vestibulares mais concorridos do País.
- **Santa Marcelina** – Com boa avaliação por conta do que oferece em seu processo educacional. Nasceu como Escola Gurilândia.
- **Copérnico** – Uma IE onde o processo de ensino e aprendizagem é desenvolvido com muito profissionalismo. Seus professores transmitem conhecimentos com ênfase nos valores éticos.

Ainda no que se refere à **educação**, o ensino e a aprendizagem se revelam eficazes quando os alunos conseguem realizar bem os "**três erres**" vitais do processo. O primeiro deles é o de **registro** adequado dos conhecimentos que recebem, "arquivando-os e retendo-os" adequadamente em sua memória. Para que isso aconteça, faz-se necessária uma **recepção** eficiente de todas as informações transmitidas aos aprendizes. Isso significa uma boa comunicação que garanta o armazenamento eficaz no cérebro. O terceiro "R" refere-se à **recuperação** (ou retorno) desses conhecimentos, quando os mesmos são necessários para a elaboração de raciocínios que levem os indivíduos às mais diversas decisões ou respostas ao longo de suas atividades.

Naturalmente, tudo isso acontece quando os conhecimentos adquiridos são retidos na memória de longo prazo das pessoas. Todavia, para que os alunos consigam transferir seus conhecimentos para a memória de longo prazo é preciso que sejam submetidos a uma **aprendizagem colaborativa**, que lhes permita de fato lembrar por muito tempo do que aprenderam ...

Note que a aprendizagem colaborativa é um modo de ensino em que o aluno, e não o professor, é colocado no centro do processo, sem, entretanto, romper com o modelo tradicional de ensino. Ela causa um certo *frisson* (arrepio), porque os alunos podem sair da sala de aula e ficarem mais soltos. Para isso, é necessário se introduzir algumas medidas que os tirem da passividade, mas também impor restrições que evitem que eles se tornem indisciplinados. Claro que essa inovação deve ser introduzida de forma incremental, mas sempre começar pela imposição de que **cabe ao aluno** buscar informações confiáveis sobre fenômenos ou assuntos que deva conhecer.

Por exemplo, se um aluno aprende o significado de fotossíntese fazendo pesquisa sobre isso, esse conhecimento permanecerá por toda a vida. Como exemplos da aprendizagem colaborativa temos os seguintes modelos:

- **Com base em problemas** – Nessa metodologia de ensino os alunos partem de um problema real ou simulado, ou de um estudo de caso proposto pelo professor, e trabalham colaborativamente para chegar à uma solução.
- **Com base em projetos** – Método em que os estudantes fazem juntos um produto, como um *site* por exemplo, uma história em quadrinhos a partir de um tema relacionado, de preferência um problema real etc.
- **Com base em equipes** – A proposta é de que os alunos colaborem na construção de seus conhecimentos a partir de interação com seus colegas e professores. Essa é uma metodologia bem recomendada quando as turmas são grandes.
- **Criativa** – Nesse caso, incentiva-se nos alunos a livre exploração e a criação de projetos, colocando-os como protagonistas do seu conhecimento. As atividades dos alunos costumam envolver temas abertos e materiais diversos, como bloquinhos Lego, massinha, solução de charadas e a busca de respostas por meio de *tablets* ou de outros dispositivos que possam ser conectados a Internet.
- **Cidade educadora** – Como praticamente a maioria das pessoas vive em cidades (qualquer que seja o seu tamanho...), a compreensão disso passa a ser vital. Os espaços e os importantes atores de uma

cidade devem serem entendidos como agentes pedagógicos, que podem e devem participar do processo de formação das crianças e dos jovens!!!

- **Competências para o século XXI** – Há um conjunto de conhecimentos e atitudes bem conhecido que os alunos devem adquirir e desenvolver para poderem atuar em um mundo em constante transformação. Esse conjunto envolve aspectos cognitivos (capacidade de resolver problemas e pensamento crítico) e socioemocionais (autocontrole e empatia).
- ***Design Thinking*** ("Pensamento de *design*") – Nessa abordagem busca-se criar soluções inovadoras para desafios cotidianos do processo de ensino e aprendizagem, por meio da colaboração entre as pessoas.
- **Educação integral** – Esse método considera o desenvolvimento das pessoas em todas as suas dimensões: intelectual, física, emocional, social e cultural. Neste sentido, a escola age como uma articuladora de experiências que ocorrem dentro e fora dela.
- **Espaço *Maker*** – A escola deve ser o espaço físico que ofereça ferramentas e materiais diversos para que os alunos desenvolvam projetos utilizando especialmente impressoras 3D, em pequenas oficinas tecnológicas. Um exemplo mais sofisticado é o que acontece hoje em algumas escolas do Senai, em seus Fab Labs (laboratórios de fabricação).
- **Educomunicação** – Nesse método busca-se fortalecer a **comunicação** em espaços educativos, quando o professor propõe, por exemplo, que os estudantes façam análises críticas da mídia e criem seus próprios veículos.
- **Ensino híbrido** – Nessa metodologia, há momentos de interação entre professores e alunos, presenciais e *on-line*, dentro e fora da sala de aula.
- **Gamificação** – Concentra-se na utilização de elementos de jogos, nos quais se tem a colaboração, a competição, a superação de obstáculos e a premiação dos participantes, ao percorrer uma trilha de aprendizagem, mantendo os alunos motivados e envolvidos. O interessante é que podem ser usados jogos que não envolvam tecnologias digitais...

Que bom que seria se em Teresina, em especial em sua rede pública de ensino médio fosse possível oferecer em suas IEs uma **aprendizagem colaborativa**, aplicando-se algumas das formas (ou a maioria) há pouco citadas, **não é mesmo?** O bom e interessante é que na capital piauiense há diversas IEs particulares como o Instituto Dom Barreto, o Instituto Educacional São José, o Colégio Sagrado Coração de Jesus, que, entre outras, praticamente já fazem tudo isso – e **muito bem!!!**

No nível superior, Teresina destaca-se por possuir importantes IESs que atraem jovens de todo o interior do Piauí – e de outros Estados. A principal é a Universidade Federal do Piauí (UFPI), que possui o maior número de cursos de graduação e pós-graduação, entre eles o de Direito (criado em 1931) e o de Medicina. Ambos estão entre os melhores do nordeste, sendo que a UFPI ficou na 45ª quinta posição entre as universidades públicas brasileiras pelo *RUF 2019*, que utilizou em sua métrica critérios de **ensino**, **pesquisa**, **mercado**, **inovação** e **internacionalização.**

A UFPI foi instituída nos termos da lei Nº 5.528, de 11 de novembro de 1968, mas somente instalada oficialmente em 12 de março de 1971. O principal *campus* da UFPI, em Teresina, fica no bairro Ininga e chama-se Ministro Petrônio Portella, mas existe outro *campus* em Socopó. Ela conta ainda com um prédio ao lado do Hospital Getúlio Vargas, para o seu curso de Medicina. Ela possui também a maior biblioteca do Estado, um hospital veterinário e um hospital comunitário, além de *campi* nas cidades piauienses de Parnaíba, Picos, Bom Jesus e Floriano.

A UFPI dispõe também de três colégios técnicos sediados em Teresina, Floriano e Bom Jesus. Estima-se que no início de 2020 estivessem matriculados na UFPI cerca de 28.200 estudantes, e que trabalhassem nela algo próximo de 1.150 docentes.

A Universidade Estadual do Piauí (UESPI) é também um importante centro de educação superior, com sede na capital piauiense, mas possui centros espalhados por todas as regiões do Estado, em 14 cidades do interior. Em Teresina a UESPI possui dois *campi*, um em Dirceu Arcoverde (o *campus* Clóvis Mouro), e outro no bairro Pirajá (*campus* sede, que funciona no palácio Pirajá).

A UESPI surgiu a partir da criação em 1984 da Fundação de Apoio ao Desenvolvimento da Educação do Estado do Piauí, pela lei estadual Nº 3.967. Porém, foi somente no início da década de 1990 que a personalidade jurídica evoluiu para a Universidade Estadual do Piauí.

Como forma de expandir continuamente o conhecimento humano, a UESPI tem investido bastante em **pesquisas científicas** em diferentes áreas, tentando responder a diversas questões da sociedade. Dessa maneira, as pesquisas têm sido fundamentais na UESPI. Com esse intuito, desenvolveu-se nela ações e estratégias que garantam para todos a oportunidade de uma produção científica de qualidade.

Por isso, no início de 2020, havia na UESPI cerca de uma centena de grupos de pesquisa, e algumas centenas de pessoas dentro do programa de bolsas de iniciação científica. Não é, pois, por acaso que entre os 400 melhores classificados dentre os 6.000 pesquisadores de instituições brasileiras analisadas, apareça o nome do professor doutor Laércio Santos Cavalcante da UESPI, na 386ª posição. No *RUF 2019* a UESPI estava na 79ª posição, e no início de 2020 ela contava com cerca de 30.000 estudantes matriculados.

Há ainda o Instituto Federal do Piauí (IFPI), uma autarquia federal vinculada ao ministério da Educação, e cuja estrutura organizacional foi criada pela lei Nº 11.892, de dezembro de 2008.

O IFPI oferece educação básica, superior e profissional, de forma pluricurricular. Sendo uma IES *multicampi*, ela tem instalações em 12 cidades do interior do Piauí e está se expandindo para outras. Ela é especializada na oferta de educação profissional e tecnológica nas diferentes modalidades de ensino, com base na conjugação de conhecimentos técnicos e tecnológicos às suas práticas pedagógicas.

Desse modo, o IFPI oferece diversos cursos integrados ao ensino fundamental, em diversas áreas, dentre elas: eletrotécnica, eletrônica, mecânica, administração, informática, vestuário, edificações, guia de turismo, artes visuais, saneamento, meio ambiente, agroindústria, agronegócio, entre outras.

O IFPI também oferece diversos cursos técnicos, valendo-se da modalidade EAD, como os de: administração, qualidade, automação industrial, mecatrônica, contabilidade, agente comunitário de saúde, refrigeração e climatização, desenho da construção civil, entre outros.

Os jovens que concluem cursos no IFPI têm grande probabilidade de conquistarem empregos em pouco tempo. Há também o Instituto Superior de Educação Antonino Freire, que foi criado em 30 de março de 1910, como a Escola Normal do Piauí, formando profissionais para o magistério em educação básica. Em 2004 foi oficializada a denominação atual.

Em Teresina também estão instaladas algumas boas IESs privadas, destacando-se entre elas uma unidade do importante Centro Universitário Maurício de Nassau.

Estamos vivenciando uma época bem revolucionária e complicada, na qual as livrarias estão fechando suas portas, cada vez menos gente frequenta bibliotecas e o número de leitores de livros está declinando. Alguns tentam argumentar que isso se deve aos grandes avanços nas TICs, e à facilidade de se obter informações através de outras plataformas. Há inclusive quem justifique o encerramento das atividades de muitas livrarias que utilizam atendentes, uma vez que os amantes da boa leitura acabam adquirindo seus livros por meio do comércio *on-line*, ou seja, nas chamadas lojas virtuais, dentre as quais destaca-se a Amazon, que recentemente passou a operar nesse setor no País.

Em contrapartida, as bibliotecas ainda têm a função de permitir que os alunos, em especial àqueles mais carentes de recursos, entrem em contato com livros didáticos e obras voltadas para pesquisa. Essas pessoas podem inclusive emprestar livros para desfrutá-los em casa ou na escola, sem precisar comprá-los!?!?

Aliás, por falar em compras, os preços dos livros também são uma boa barreira para muitas pessoas adotarem o hábito da leitura. Em Teresina, as principais bibliotecas públicas estão nas suas principais IESs. Esse é o caso da biblioteca comunitária Jornalista Carlos Castello Branco, da UFPI, e também das bibliotecas comunitárias da UESPI e do UFPI.

Também existem duas boas bibliotecas municipais em Teresina, a Abdias Neves e a Fontes Ibiapina, assim como uma biblioteca pública do Estado do Piauí e a biblioteca da Assembleia Legislativa, que inclusive é virtual. Nesta última os usuários podem valer-se de novas tecnologias em um ambiente agradável. Além delas existem aproximadamente 10 bibliotecas departamentais localizadas em algumas instituições e entidades, como as do palácio Karnak ou então da Embrapa.

Infelizmente tudo indica que no futuro o livro físico poderá desaparecer, e com isso o próprio conceito estrutural de uma biblioteca deverá mudar bastante!?!? Uma pergunta que se faz necessária é: "Onde se armazenará o material existente, isto é, o conteúdo que uma criança, um jovem ou um adulto precisará conhecer e eventualmente memorizar no seu cérebro?"

Talvez no futuro tudo se reduza aos super *smartphones*, que servirão para ensinar, aprender, conhecer, orientar e esclarecer qualquer pessoa, sanando as mais variadas dúvidas que ela tenha no campo do conhecimento, e inclusive lhe permitindo o entendimento e a comunicação com falantes de outras línguas!!!

Há também uma outra questão para explicar a crise que abala as livrarias, que se refere a atual cultura da "**gratuidade na Internet**". Aliás, muita gente hoje reclama do fato de "não conseguir ler os artigos de jornais e revistas que desejam, por **não serem assinantes**" (!!!), e parece não compreender que esses jornais e revistas precisam manter um grande grupo de funcionários (jornalistas, correspondentes, revisores etc.), pois precisam elaborá-los nos formatos impresso e digital. Além disso ainda precisam pagar impostos e manter suas instalações.

Por tudo disso, a **cultura** e a **informação** não podem ser vistas como produtos **gratuitos**, do mesmo modo como não o são os alimentos de que precisamos ou as roupas que vestimos. Tudo tem um custo e é por isso que o **custo da informação** não deveria ser contestado!!! Além disso, as pessoas precisam incorporar em suas mentes que a obtenção de mais informações, mais conhecimento e cultura é cada vez mais imprescindível para que se possa alcançar sucesso no mercado de trabalho do século XXI.

Isso significa que a compra e a leitura de livros – sejam eles impressos ou eletrônicos – não deve ser entendida como um gasto supérfluo, mas um grande investimento em si mesmo. É claro que na pirâmide de necessidades humanas, **comer** vem antes de **ler**, mas, depois de solucionado o problema de alimentação, o indivíduo deve sim priorizar seu acesso à cultura e à informação, aos livros e ao conhecimento.

Apesar de se ter em Teresina algumas IEs públicas que oferecem ensino médio muito bem avaliadas, infelizmente tem-se ainda na cidade uma **educação desigual**, prevalecendo uma enorme disparidade entre o futuro dos alunos da rede pública e da privada. E vale ressaltar que isso não é um privilégio da capital piauiense, mas acontece em todas as importantes cidades do País, podendo ser constatado no estudo do IBGE, *A Síntese dos Indicadores Sociais: Uma Análise das Condições de Vida da População Brasileira 2018*.

Nesse estudo, destacou-se que em 2017, **79,2%** dos estudantes que concluíram o ensino médio na rede particular ingressaram na faculdade, enquanto o percentual relativo aos estudantes da rede pública foi de apenas **35,9%**. Uma das causas para isso é a significativa diferença de oportunidades entre os dois grupos, afinal, na média, a qualidade do ensino da escola pública é visivelmente **pior** que a da escola privada.

Todavia, o IBGE também ressaltou a existência de uma forte influência do perfil socioeconômico ao longo da vida escolar do aluno. Por exemplo, entre os jovens de 15 a 17 anos cujas famílias tinham menor renda, nas 20% mais pobres, a frequência escolar foi de 54,7%; já nas famílias com maior renda, nas 20% mais ricas, a frequência escolar foi de 90,7%. Isso quer dizer que as condições financeiras de uma família naturalmente afetam a continuidade dos estudos.

Ao avaliar as causas que impedem o ingresso na faculdade entre os jovens de 18 a 29 anos, o IBGE ressaltou, por exemplo, que 52,5% dos homens não cursavam ensino superior porque estavam trabalhando ou procurando trabalho. Já entre as mulheres, 39,5% não prosseguiam seus estudos porque precisavam se dedicar a tarefas domésticas ou aos cuidados com os filhos.

Esses dados mostraram a ineficiência do atual sistema de cotas, bem como dos programas de subsídio financeiro, na solução das brutais diferenças entre as classes sociais no que se refere a oportunidades. O grande problema é que, ao tentar reverter as disparidades sociais, a União adotou medidas para facilitar a entrada de alunos nas faculdades públicas – por meio de cotas raciais ou métricas socioeconômicas – e também nas privadas – com o uso de subsídios e programas de financiamento. Porém, **essas medidas foram tardias** e não resolveram a grave questão do acesso a um curso superior.

As verdadeiras causas da **educação desigual** já atuam há muito tempo e, por isso, o que está sendo feito pelo poder público, em especial nos últimos 15 anos, ainda é pouco eficaz, visto que às vezes tais políticas simplesmente escondem as verdadeiras origens das disparidades. Apesar disso, entre 2009 e 2016, a proporção de alunos que ingressaram nas faculdades por meio do sistema de cotas cresceu 2,5 vezes, passando de 1,5% para 5,2%. No mesmo período também houve significativo aumento de matrículas por meio ProUni (Programa Universidade para Todos, do governo federal), que concede bolsas de estudo integrais ou parciais em instituições privadas.

Em 2009, dos 2,84 milhões de matrículas em cursos de bacharelado no setor privado, 26,3% contavam com algum auxílio financeiro por parte do Estado. Em 2016, dos 3,88 milhões de matrículas em cursos superiores, 52% receberam algum benefício financeiro oferecido do poder público. Houve, assim, um aumento da atuação do Estado como facilitador do ingresso de jovens nas faculdades.

Devido provavelmente à crise financeira que continuou ao longo de 2017 e 2018, apesar de o País possuir em 2018 cerca de 8 milhões de universitários, foram assinados somente 80,3 mil contratos no âmbito do Fundo de Financiamento Estudantil (Fies), o que proporcionalmente foi o menor número desde 2010.

Infelizmente as desigualdades persistiram, como comprovaram os dados do IBGE. Assim, em 2017, por exemplo, das crianças entre 4 e 5 anos, 8,3% desse contingente ainda não estava matriculado na escola, embora já seja consenso a **importância da educação nos primeiros anos de vida**. A educação pública precisa, portanto, **chegar bem antes**!!! E não se trata apenas de assegurar a matrícula no ensino infantil, como também destacou o estudo do IBGE. O atraso escolar, ou seja, a necessidade de o aluno frequentar um nível defasado para a sua faixa etária estava entre as principais causas de **evasão escolar definitiva**.

A **universalização da educação básica obrigatória**, que vai até o ensino médio, não é, portanto, apenas uma questão de quantidade de alunos frequentando uma IE. Ela envolve diretamente a eficiência e a qualidade do sistema escolar. A educação é a principal variável de acesso às oportunidades de se evoluir dentro da sociedade. É vital, portanto, assegurar que todos, sem exceção, recebam uma educação de qualidade. De outra forma, por mais que se invista dinheiro público, as desigualdades continuarão a existir!!!

No tocante a **saúde**, a capital piauiense possui uma rede de prestação de serviços bem estruturada, constituída por diversos hospitais, clínicas, policlínicas, unidades mistas, centros e postos de saúde, pertencentes ao Estado, ao município e à iniciativa privada, o que tornou Teresina um **importante centro de atendimento médico** nas mais diversas especializações.

Teresina é uma das capitais estaduais nas quais mais se investe em saúde, e o seu investimento *per capita* em saúde por ano tem sido superior ao que acontece nas grandes metrópoles do sul e sudeste do Brasil. Por essas características, aliadas à sua localização geográfica, para Teresina deslocam-se pessoas vindas de diversos Estados das regiões norte e nordeste do País, em busca de **serviços de saúde**. Esse fluxo chega a representar 45 % do atendimento médico dos hospitais públicos da capital piauiense!!!

Ademais, já existe um significativo número de pequenas pensões que hospedam pessoas mais pobres oriundas principalmente de várias cidades do interior do Piauí e dos Estados vizinhos, em busca de serviços de saúde em Teresina.

Essa é uma tendência crescente na cidade, não só por ter na UFPI, uma excelente Faculdade de Medicina, que está entre as mais bem conceituadas do País, mas também pela excelente qualidade dos serviços prestados pelos profissionais de saúde. Hoje em Teresina são feitas cirurgias cardíacas, transplantes de órgãos e cirurgias neurológicas, entre outras.

De fato, os investimentos na área de saúde nas últimas duas décadas foram bem grandes e estima-se que no início de 2020 houvesse em Teresina cerca de 1.000 estabelecimentos de saúde, algumas dezenas de hospitais, algumas centenas de clínicas médicas e consultórios, que juntos empregavam cerca de 23 mil pessoas. Entre os hospitais que estão em Teresina, destacam-se:

- **Hospital Universitário da UFPI** – Um hospital público no qual trabalham excelentes médicos e funcionários dedicados. Nele as pessoas são atendidas em várias especialidades e podem fazer exames tanto laboratoriais quando de imagem.
- **Hospital do Dirceu** – Um bom hospital público localizado no bairro Itararé, no qual também há pronto-socorro.
- **Maternidade Wall Ferraz** – Para muitas pessoas é a melhor maternidade de Teresina, oferecendo ótimo atendimento às parturientes.
- **Maternidade Dona Evangelina Rosa** – Conta com uma excelente equipe de médicos e enfermeiros, que oferecem às gravidas um atendimento eficaz.
- **Hospital do Monte Castelo** – É um hospital público no qual o atendimento em geral é rápido e de boa qualidade, mas precisa melhorar bastante na recepção dos pacientes.
- **Hospital da Primavera** – Nele acontecem as consultas com especialistas agendadas nas UBSs. O local conta com bons profissionais, mas como na maioria dos hospitais públicos, necessita de uma melhor organização em sua fila de espera.
- **Hospital Municipal Dr. Mariano Gayoso Castelo Branco** – Oferece um bom atendimento no geral, porém com alguns deslizes cometidos por alguns médicos e enfermeiros.
- **Hospital Areolino de Abreu** – É um hospital público que apresenta dificuldades para fornecer um atendimento satisfatório por conta da grande demanda.
- **Hospital e Maternidade do Satélite** – É um hospital público que continua prestando bons serviços aos pacientes, apesar de sofrer bastante com problemas estruturais e com a falta de materiais bá-

sicos. Sua maternidade já foi referência no Estado, mas agora caiu bastante sua qualidade de serviço. Ainda assim, como é grande a necessidade das teresinenses, a demanda continua sendo grande e a maternidade atende principalmente quem vive no bairro Satélite e toda a região circunvizinha.

- **Hospital Geral do Promorar** – Oferece de modo geral um atendimento razoável aos pacientes.
- **Hospital Getúlio Vargas** – É um hospital de assistência médica para média e alta complexidade, administrado pelo Estado. Há muitos anos tem atendido milhares de pessoas, mas que atualmente chega a cancelar cirurgias sem avisar aos pacientes, por falta de recursos e de material!?!?
- **Instituto de Doenças Tropicais Natan Portela** – É um hospital especializado no atendimento de pessoas acometidas por doenças tropicais. Ali são aplicadas vacinas em pacientes mordidos por cães com raiva, por exemplo. Possui uma excelente equipe multiprofissional, mas precisa melhorar sua estrutura e modernizar seus equipamentos.
- **Hospital de Urgência de Teresina Prof. Zenon Rocha** – Oferece um bom atendimento valendo-se da competência de seus profissionais bem qualificados.
- **Hospital Dirceu Arcoverde** – É um hospital da Polícia Militar, no qual o paciente tem um tratamento eficaz.
- **Hospital Geral de Buenos Aires** – Hospital bastante movimentado que precisa aumentar o número de leitos para internações. Os pacientes costumam reclamar do atendimento por parte dos médicos, que parecem bastante estressados com o excesso de trabalho.
- **Hospital Flávio Santos** – É um hospital particular especializado em ouvidos, nariz e garganta, e muito bem avaliado pelos pacientes.
- **Hospital de Olhos Previsão** – É um excelente hospital particular dedicado a tratar principalmente problemas relacionados à visão.
- **Hospital São Pedro** – Oferece um ambiente climatizado, cadeiras confortáveis e é bem limpo. O atendimento é excelente e seus profissionais muito bons. Possui mais de 25 especialidades em consultas eletivas, e já estabeleceu cerca de 15 convênios com planos de saúde.

- **Hospital São Marcos** – É um hospital particular bem organizado, e uma referência no nordeste em tratamento de câncer, com facilidade para o agendamento de consultas e exames.
- **Hospital Santa Maria** – É um hospital particular que oferece bons cuidados e ótimo atendimento. É ótimo para a realização de exames e consultas.
- **Hospital Itacor** – Um hospital particular com médicos bem capacitados e muito educados e humanos, mas precisa melhorar o atendimento telefônico.
- **Hospital São Carlos Borromeo** – É um bom hospital geral e atende pelo SUS.
- **Hospital São Paulo** – É um hospital particular no qual os médicos, enfermeiros, maqueiros são muito atenciosos e humanos, porém, carece de um melhor atendimento na recepção.
- **Hospital Unimed em Ilhotas** – Ele foi inaugurado em 2011, com 65 leitos e UTI adulto (7 leitos) e pediátrica (3 leitos). Tem também um pronto atendimento, e conta com médicos competentes. Precisa aprimorar seu atendimento, principalmente o telefônico.
- **Hospital Unimed Primavera** – É um hospital geral que foi inaugurado em 2016, com 97 leitos, dos quais 11 são de UTI adulta. É moderno e amplo, oferecendo bom atendimento.

Naturalmente, não se pode esquecer que em Teresina há muitas clínicas especializadas (por exemplo, para a realização de exames como de ressonância magnética), unidades de saúde e centros de saúde. Com isso fica bem claro o motivo pelo qual a capital piauiense se caracteriza por uma intensa **visitabilidade** de pessoas que procuram cuidados médicos (vindo frequentemente com acompanhantes), **não é mesmo?**

Entretanto, para oferecer um atendimento bom e de qualidade na 2ª década do século XXI, é preciso que os profissionais da saúde estejam plenamente atualizados e em dia com a tecnologia. Neste sentido, cumpre analisar um artigo recentemente publicado pela prestigiosa revista científica *Nature Biomedical Engineering*, de autoria de cientistas do Google e da Universidade Stanford (dos EUA). Nele relatou-se a criação de um "**robô**" (ou de uma série de operações matemáticas conhecidas como **algoritmo**) capaz de distinguir corretamente, em 97% dos casos, o sexo biológico de um indivíduo, apenas com a análise do fundo de seus olhos!!!

Pois é, nossas retinas podem fornecer pistas que, embora ainda incompreensíveis para o ser humano, parecem óbvias para a IA e permitem responder rapidamente à pergunta: **ele ou ela?** E de fato os exames médicos de imagem são hoje altamente diversificados e abrangentes. Eles são realizados, processados e os resultados obtidos com rapidez, pois estamos na era do *big data* (conceito que descreve o uso de um grande volume de dados estruturados e não estruturados gerados velozmente).

Com esse tipo de evolução, a questão da substituição do homem pela máquina vem cada vez mais à tona!?!? Claro que ainda se faz necessária a opinião humana, que funciona como um tipo de padrão-cura ou referência, que é buscada pelos processadores. Mas, naturalmente, dá para imaginar que nos próximos anos as mais variadas perguntas sobre a saúde de uma pessoa acabarão sendo respondidas pela própria máquina, e a opinião humana classificatória se tornará menos importante!?!?

Por isso, há movimentos no setor da saúde que são contrários à **desumanização** no atendimento médico, propondo recolocar no mesmo patamar a importância da histórica atuação dos médicos – que antes analisavam sinais (via exames) e sintomas (via consulta) – e a realidade de hoje, que lida com equipamentos quase autônomos (que dependem dos seres humanos apenas para a realização de manutenção e controle de qualidade).

Com isso surge a questão: **qual o papel do médico no futuro?** O novo trabalho na saúde – especialmente dos médicos – com certeza não será a manipulação técnica das novas ferramentas, tampouco dos terminais de computador, o que, aliás, irá roubar o tempo da relação médico-paciente. Ao médico seguramente caberá cada vez mais demonstrar empatia em relação ao **sofrimento** do ser humano, traduzindo-lhe o que a ciência médica será capaz de fazer para eliminá-lo ou pelo menos suavizá-lo.

Desse modo, é importante que no ensino médico os jovens que desejam se tornar profissionais da saúde sejam encorajados a adotar uma nova mentalidade e a repensar a maneira como lidarão com respostas que eles próprios não compreenderão como foram obtidas, sem entretanto sentir-se desconfortáveis com isso. Cada vez menos esses novos médicos examinarão exames de pacientes, para juntar os mesmos com a história clínica deles e chegar a hipóteses diagnósticas. Talvez em não mais que uma década esse processo seja feita pelo próprio doente, com o auxílio de algoritmos testados e consagrados!?!?

A partir de agora é importante que os médicos e demais profissionais da saúde reconheçam que, no que concerne ao turismo médico, para mantê-lo elevado em suas cidades será preciso realizar uma eficiente **simbiose silício-carbono**, ou seja, entre os *chips* e os **organismos humanos**. E isso não se aplica somente ao projeto Teresina Polo da Medicina, mas para todas as outras **cidades** do País!!!

Quando o assunto é **transporte público**, Teresina possui consórcios (empresas) de transporte coletivo que atuam na conexão das quatro zonas da capital. Elas fazem parte do Sistema Integrado de Transporte de Teresina, e utilizam o sistema de cartão magnético válido por um período de 2 h 30 min.

Além disso, a cidade conta atualmente com três terminais de integração: Bela Vista, Parque Piauí e Itararé, pelos quais passam diariamente mais de 35 mil passageiros. Há também corredores exclusivos com estações centralizadoras e climatizadas no canteiro central das avenidas, por onde transitam ônibus que deixam os terminais de integração rumo ao centro da cidade.

O metrô de Teresina foi inaugurado comercialmente em 11 de janeiro de 1991, oferecendo um transporte de alta capacidade para o aglomerado urbano da Grande Teresina. Seus trens são novos e cada um tem capacidade para transportar 800 pessoas, sendo que cada composição conta com uma central própria de ar-condicionado. No total são 11 estações, numa linha com extensão de 13,5 km, mas há planos de ampliação, com o objetivo de atender um número crescente de teresinenses. O metrô de superfície liga o bairro Dirceu Arcoverde ao centro, passando pelo bairro Ilhotas.

Ao longo dos últimos anos, Teresina tem passando por uma significativa reestruturação urbana, provocada sobretudo pelo crescimento populacional, pela intensificação do trânsito de veículos e dinamização de sua economia. A cidade conta hoje com várias avenidas de grande porte, a maioria localizada na zona leste. Dentre elas vale mencionar as seguintes:

- **Frei Serafim** – É a mais movimentada e importante avenida da capital piauiense, sendo bastante comuns nela os pontos de lentidão nos horários de pico.
- **João XXIII** – Ela é a continuação da avenida Frei Serafim, na zona leste, quando está atravessa o rio Poti e termina na BR-343, que liga Teresina a Fortaleza.
- **Miguel Rosa** – Conecta o centro à BR-316, contornando-o e chegando a zona sul.

→ **Maranhão** – É uma avenida com verde exuberante, muito bonita, e nela desembocam as pontes que conectam Teresina a Timon.

A cidade é entrecortada por três rodovias: a BR-316 (no sentido sul dá acesso ao Piauí, e no sentido oposto a Belém); BR-343 (liga Teresina a Parnaíba) e PI-130 (liga Teresina a Amarante). A capital piauiense está ligada ao Estado do Maranhão pela Ferrovia São Luís-Teresina, que é responsável por trazer gasolina e diesel do porto de Itaqui até o Piauí, e por transportar cimento, contêineres e ferro-gusa.

Também está ligada ao Ceará pela Ferrovia Teresina-Fortaleza, que transporta cimento, ferro-gusa, produtos siderúrgicos e farinha de trigo. Já esteve em funcionamento a Ferrovia Teresina-Parnaíba, mas atualmente ela está desativada!?!?

No âmbito do transporte aéreo, Teresina abriga o aeroporto Senador Petrônio Portella, que não atende somente a capital, mas também a RIDE da Grande Teresina, assim como o restante do Estado e grande parte das cidades do Maranhão e um pequeno número de cidades do Ceará, localizadas mais a oeste.

Ele fica a 4 km do centro da cidade, numa região entre os rios Poti e Parnaíba, e opera voos nacionais e regionais. É o principal acesso ao Piauí para quem deseja conhecer as atrações turísticas espalhadas pelo Estado. Está numa altitude de 67 m acima do nível do mar e possui pistas com balizamento luminoso noturno. Do ponto de vista operacional tem uma grande importância estratégica, pois é um aeroporto de ligação entre as regiões norte e nordeste do País.

O aeródromo foi inaugurado em 30 de setembro de 1967, sendo administrado inicialmente pelo ministério da Aeronáutica. Todavia, em 23 de dezembro de 1974 ele passou para as mãos da Infraero, com exceção das atividades de navegação aérea. Ao longo dos anos ele passou por reformas de pequeno e grande porte, alcançando capacidade para atender a 1,7 milhão de passageiros (embarque e desembarque), mas estima-se que já em 2019 ele tenha recebido 1,15 milhão de viajantes.

Ele é servido regularmente pelas empresas Azul, Gol e Latam, e pela Piquiatuba, com voos regionais sistemáticos. Sua pista tem 2.200 m de extensão e 45 m de largura, e nos últimos anos recebeu diversas melhorias tecnológicas que não apenas facilitaram pousos e decolagens, mas ajudaram na navegação aérea, mantendo a segurança.

O **turismo** tem sido uma grande fonte de injeção de recursos econômicos para Teresina, que possui vários espaços voltados para a realização de eventos educacionais e culturais, assim como para feiras, exposições, congressos e práticas desportivas. Existem hoje na cidade cerca de três dezenas de bons auditórios que oferecem condições satisfatórias em termos de conforto e comodidade para os participantes.

Entre os principais pontos turísticos da cidade estão:

↳ **Central de Artesanato Mestre Dezinho** – Inicialmente deve-se salientar que Teresina se tornou nacionalmente conhecida pelo seu **artesanato**, principalmente pela **arte santeira** em madeira. De modo mais específico, a Centra de Artesanato Mestre Dezinho é uma verdadeira feira de arte da cultura piauiense, localizada na praça Pedro II. Ela tem quase três dezenas de lojas que comercializam o melhor da produção artesanal e artística do Estado, além de abrigar a Escola de Música de Teresina e também a Escola de Balé da cidade.

A escolha do nome – mestre Dezinho – é uma homenagem a um dos maiores artesãos que o Piauí já teve, com um trabalho consistente e reconhecido nacionalmente. Na Central de Artesanato os visitantes podem encontrar uma variedade de produtos genuinamente piauienses, tanto na arte, na moda, como também na culinária local, em seu restaurante típico. O cardápio oferece o que há de melhor no Piauí, como: sarapatel, feijão com pequi, baião-de-dois, Maria Isabel etc.

O turista fica realmente encantado com o que encontra no local – esculturas e santos feitos de madeira, produtos em cerâmica, couro, fibras, palha, pinturas, doces, cajaína, cachaças e roupas – e todo aquele que quiser conhecer um pouco da cultura local deve começar pela Central de Artesanato, e se maravilhar com os sabores e a sensibilidade das obras ali comercializadas.

↳ **Polo Cerâmico Poti Velho** – O bairro de Poti Velho, situado na confluência dos rios Parnaíba e Poti, é um tradicional polo de produção de artesanato com temática variada, que abriga desde utensílios decorativos até os de uso diário, além de esculturas sacras e profanas.

Aliás, com o passar do tempo houve no Piauí bastante investimento e organização, com o que o artesanato local atingiu níveis de qualidade e refinamento nunca vistos, começando a ser enviado a outros Estados e, inclusive, exportado para outros países. O que marca essa nova fase de desenvolvimento são os novos materiais e tecnologias utilizados, sempre com muito respeito ao meio ambiente. Nessa região os artesãos confeccionam e vendem cerâmica produzida com argila tirada do rio Poti, além de vasos, peças de decoração e até mesmo bijuterias.

- **Mercado Central São José** – Esse é um mercado público multicultural e especializado em produtos artesanais piauienses e maranhenses.
- **Balneário Curva São Paulo** – Foi inaugurado em 2007 e está localizado no bairro São Paulo, na zona sudeste da capital piauiense, tendo uma estrutura construída nas margens do rio Poti que ocupa 19 mil m², numa área total de 32 ha. Nesse espaço existiu um bom estacionamento, algumas dezenas de bares, muitos sanitários, salva-vidas etc. Tudo aí foi feito para oferecer lazer aos teresinenses e desenvolver o turismo na cidade. Graças a esse balneário eram gerados cerca de 700 empregos diretos e 2 mil indiretos. Infelizmente, hoje está bem abandonado pela prefeitura...
- **Museu do Piauí** – Foi fundado em 1934, como uma seção do Arquivo Público do Estado do Piauí, sob a orientação do professor Anísio Brito. No anos de 1980, foi restaurado e se tornou o Museu do Piauí, organizado em convênio com a Fundação Joaquim Nabuco de Recife. Está sediado no antigo casarão do comendador Jacob Manoel Almendra, local que já sediou o governo estadual. Ele possui 15 salas para visitação, com exposições permanentes que contam a história do Estado por meio de aproximadamente 3 mil peças.
- **Museu Municipal de Arte Sacra Dom Paulo Libório** – Foi criado em 2011, com um acervo composto por aproximadamente 3 mil peças dos séculos XVIII, XIX e XX, que contém arte sacra, alfaias, paramentos e mobiliário, tendo surgido a partir da junção de alguns pertences da arquidiocese de Teresina, da compra efetuada pela prefeitura e dos empréstimos feitos por colecionadores da comunidade. A nomeação do museu como dom Paulo Hipólito de Sousa Libório é uma homenagem ao primeiro bispo natural do Piauí, que serviu em Teresina. A casa que foi transformada em museu foi a última residência dele.
- **Museu dos Rios** – Está localizado no parque do Encontro dos Rios, e foi criado para mostrar aos visitantes um pouco da fauna e da flora das regiões percorridas pelos rios Parnaíba e Poti.

- **Parque Potycabana** – Trata-se de um imenso complexo de lazer, com diversas áreas verdes, e ocupa uma área total de 43 mil m². Está localizado às margens do rio Poti, nas proximidades da ponte Juscelino Kubitschek, numa área nobre de Teresina. Conta com oito quadras esportivas (futebol *society*, vôlei de praia, tênis e *badminton*), pista de *skate*, pista de ciclismo e para prática de *cooper*. Também há lanchonetes, palco para *shows* e pontos de Internet gratuita (*Wi-Fi*).
- **Parque Ambiental Poti I** – Ele foi criado em maio de 1994 por meio do decreto Nº 2.642, e está situado às margens do rio Poti, ao lado da avenida Marechal Castelo Branco. É um espaço de visitação pública, com quadras poliesportivas, pistas para caminhadas, posto da Polícia Militar e um monumento em homenagem ao motorista Gregório (que foi torturado e morto para vingar a morte do filho de um delegado que ele atropelou e matou acidentalmente). Nesse parque ficam também as sedes do Conselho Municipal do Meio Ambiente, da Associação Brasileira de Engenharia Sanitária, a secretaria municipal do Turismo, o Centro de Convenções – sede do Piauí Turismo – e a Assembleia Legislativa.
- **Parque Zoobotânico de Teresina** – Está localizado na rodovia PI-112, no sentido do município de União, e ocupa uma área de 137 ha. O local possui uma grande variedade e quantidade de répteis, pois além do rio que passa ao lado (coisa que nenhum outro parque de Teresina tem), há também a presença de três lagos. O parque é coberto pela floresta estacional semidecidual, sendo muito favorável para criação e reprodução desses animais, principalmente cobras, podendo inclusive se tornar uma referência nacional. Como curiosidade, o parque possui o menor lagarto do Brasil (*Coleodactylus meridionales*), que é encontrado com frequência na região, além de muitas outras espécies de animais do Brasil, da África e de outros lugares do planeta. É de fato um ótimo lugar para um passeio ecológico em trilhas, para piqueniques ou passeios de bicicleta.
- **Parque da Cidade** – Ele foi inaugurado em 9 de maio de 1982, com uma área de 17 ha. Está localizado na avenida Duque de Caxias e é um ótimo lugar para lazer e prática esportiva. É considerada uma APA, constituindo-se num local para a realização de eventos culturais/ecológicos, e de apoio às atividades educacionais voltadas para o meio ambiente por parte de escolas e grupos comunitários. No local foram identificadas mais de 120 espécies vegetais, entre

árvores, arbustos e ervas, agrupadas em 48 famílias. É grande a diversidade de animais encontrada no parque, tanto de vertebrados como invertebrados. No interior do parque o visitante encontra banheiros públicos, pontos para descanso e observação e diversas trilhas que lhe permitem fazer um passeio por toda a área do parque.

- **Parque da Cidadania**, cujo nome completo é **Parque Estação da Cidadania Maria Socorro de Macêdo Claudino** – Ele foi inaugurado em 24 de junho de 2016 e está localizado no cruzamento das avenidas Frei Serafim e Miguel Rosa, ao lado da antiga estação de trem.

Esse parque conta com uma quadra de futebol, uma pista de *skate* profissional, um lago artificial, banheiros etc.

Abriga também o Museu de Arte Santeira (aí estão algumas dezenas de peças de madeira representando anjos, santos, profetas e outras figuras esculpidas por famosos artesões piauienses) e o Museu do Inconsciente, que têm significativa visitação.

- **Parque Municipal Floresta Fóssil** – Essa área localizada às margens do rio Poti, é um sítio paleontológico de grande importância para os pesquisadores, devido a valiosas descobertas de afloramentos de troncos fossilizados datados da era paleozoica (aproximadamente 270 milhões de anos atrás). É uma das joias de Teresina. Foram catalogados aí até o momento 65 unidades fósseis vegetais.

A floresta fóssil de Teresina tem como originalidade o grande número de troncos fósseis em posição de vida, sendo também o único sítio paleontológico brasileiro localizado dentro de uma capital estadual. Dentro dele também podem ser observados dois olhos-d'água subterrâneos, que alimentam o rio mesmo durante o período mais seco do ano.

- **Jardim Botânico** – É o antigo Horto Florestal, e ocupa uma área de 33.300 ha, na qual existe uma floresta estacional mista. Ele está situado na avenida Freitas Neto, Nº 6.415, na zona norte da cidade, no bairro Mocambinho, e é a maior APA de Teresina.

Nesse parque são desenvolvidas pesquisas com elementos da natureza, contando para isso com um laboratório e um herbário com vegetais secos para estudos de botânica. Também se destacam nele as trilhas educativas para visitantes, e um auditório para cursos, seminários e treinamentos. É um ótimo lugar para passear em família com as crianças.

Deve-se salientar que em Teresina há vários outros **parques ambientais** (alguns deles infelizmente carentes de boa infraestrutura para receber turistas), como é o caso do Lagoas do Norte (que possui quadras para futsal e pistas de *skate*); Encontro dos Rios; Mini Horto das Samambaias (com uma grande quantidade dessas plantas); do Acarapé (com boas trilhas de *cooper*); Vale do Gavião (ideal para práticas socioesportivas e culturais); Boa Vista (com *playground* rústico, trilhas ecológicas e campo para futebol *society*); Parnaíba I (bom lugar para prática de *cooper* e ginástica, com 3 km de extensão); Macaúba; Porto Alegre; São João; o Beira Rio (com pista de *cooper* e quiosques para a comercialização de lanches naturais); Prainha; Vila do Porto (no qual existe uma creche); São Paulo; Marina; Caneleiro (uma reserva natural da árvore símbolo de Teresina) e o Nossa Senhora do Livramento.

→ **Ponte metálica João Luís Ferreira** – É uma antiga ponte que conecta Teresina a São Luís no Maranhão, e pela qual passa a ferrovia São Luís-Teresina. Projetada pelo engenheiro alemão Germano Frank, ela foi construída em 1939 e se tornou símbolo máximo de Teresina, e o seu mais divulgado cartão-postal. Em 11 de setembro de 2008 o IPHAN declarou a ponte como **patrimônio cultural brasileiro**.

→ **Ponte estaiada João Isidoro França** – Essa ponte é a mais recente atração turística da capital piauiense, e liga a zona norte da cidade à zona leste. Foi construída sobre o rio Poti e tem 363 m de extensão, seis pistas de rolamento e duas ciclovias. Ela conta com uma torre única e estais assimétricos em formato de harpa. Sua característica mais singular, entretanto, é o mirante com 95 m de altura, capacidade para até 100 pessoas e acessível por 2 elevadores panorâmicos, de onde é possível vislumbrar boa parte da cidade e do rio. Ela está entre as 100 maiores pontes estaiadas do mundo, sendo uma das poucas que possui um mirante em sua estrutura.

Pelo fato de a cidade ser cortada ao meio pelo rio Poti, e apesar de já conurbada com a cidade vizinha de Timon, sobre a qual exerce grande influência, muita gente acha que Teresina possui um número insuficiente de pontes!?!? De qualquer modo, dentre as existentes, estão: Juscelino Kubitschek (ou ponte do Frei Serafim); Ministro Petrônio Portella (ou ponte da Primavera); Wall Ferraz; José Sarney (ou ponte da Amizade, que liga a avenida Maranhão, em Teresina, com a avenida Piauí, em Timon); Presidente Tancredo Neves; Mariano Castelo Branco (ou ponte do Poti Velho);

Engenheiro Antônio Noronha (ou ponte Nova); Leonel Brizola (ponte do Mocambinho) e a Anselmo Dias.

Além das pontes, existem também praças importantes na cidade de Teresina, como:

- **Praça da Bandeira** – Trata-se de uma grande praça no centro da cidade, na qual encontram-se o Museu do Piauí, o Mercado Velho, o palácio da Cidade e a igreja matriz.
- **Praça Pedro II** – Uma área verde que conserva a beleza do passado, na qual localizam-se o Centro do Artesanato, o Teatro 4 de Setembro e o Clube dos Diários.
- **Praça Saraiva** – É uma excelente área para a prática de lazer ou simplesmente para desfrutar um estado contemplativo.

Teresina é uma cidade que atrai muitos turistas e alegra bastante os próprios teresinenses, pois conta com um calendário de eventos musicais e culturais que valoriza os costumes de sua população. Entre eles vale citar:

- **Corso de Teresina** – Também conhecido como Corso de Zé Pereira, é considerado como a maior prévia carnavalesca do Brasil, e inclusive já entrou para o *Guinness Book* com o maior corso do País e do mundo.
- **Carnaval** – O desfile de escolas de samba e de antigos blocos de foliões, como o Capote da Madrugada, o Sanatório Geral e o Vaca Atolada – que arrastam verdadeiras multidões e vem ganhando cada vez mais força desde 2013 – é realizado na avenida Marechal Castelo Branco.

E por falar em Carnaval, vale mencionar que em muitas cidades, em especial nas encantadoras, e com o objetivo de incrementar a **visitabilidade**, uma atividade que tem se desenvolvido muito é a realização das **micaretas**, ou seja, festas em que os foliões podem vivenciar um "Carnaval fora de hora"!?!? Esse é o caso da *Folianópolis*, realizada em Florianópolis, sendo o maior evento privado de Santa Catarina; do *Carnatal*, um megaevento que há 29 anos acontece em Natal, sempre na segunda semana de dezembro; do *Fortal*, no final de julho em Fortaleza, e do *CarnaPorto*, que tem início em Porto Seguro exatamente quando termina o Carnaval em Salvador, que em 2020 comemorou sua 24ª edição entre os dias 26 e 28 de fevereiro. Já em Teresina, o grande evento foi a *Micarina Meio Norte*, uma micareta que costumava ser um grande sucesso nos anos 1990 até o início da década de 2000, quando deixou de ser realizada e aí retornou de forma espetacular em 2019. Ela aconteceu no mês de outubro, nos dias 18 e 19, na avenida Raul Lopes, e contou com o desfile de diversos blocos. Nessa edição o evento contou com a participação de artistas como Ivete Sangalo, Bell Marques, Ávine Vinny, Parangolé, Leo Santana, entre outros. Essa é a única micareta do País que vai e vem pelo mesmo trajeto, percorrendo o mesmo trecho da via. Quem compareceu ao evento viu 3 blocos por noite, cada qual com um tempo de avenida de cerca de 2 h 30 min, e com acesso controlado por abadás diferentes. A *Micarina Meio Norte* foi muito bem organizada e o seu circuito permaneceu totalmente fechado, garantindo aos muitos milhares de participantes que ali se divertiam, total segurança.

- **Cultura Negra Estaiada na Ponte** – Esse evento faz parte das comemorações do aniversário de Teresina, e tem por objetivo promover a cultura negra e lutar pela igualdade racial e contra a intolerância religiosa. Ele conta com o apoio de grupos da cultura negra e de terreiros de umbanda do Piauí e do Maranhão. A primeira edição ocorreu em agosto de 2013 e teve a participação do pai-de-santo Bita do Barão.

- **Artista Carismático** – Trata-se de um concurso virtual realizado desde 2015 pelo *site* Folder da Cultura, para eleger por voto popular o artista mais carismático do ano.

- **Forró Fest Teresina** – Cerca de 10 bandas de forró realizam duas noites de *shows* no Centro de Convenções Atlantic City.

- **Encontro Nacional de Folguedos do Piauí** – Em 2019, ocorreu em agosto, a sua 43ª edição, tendo como tema *Entre fitas e encantos*, simbolizando o poder das fitas e das cores, que estão presentes em diversas manifestações como as Fitinhas do Senhor do Bonfim, a Dança das Fitas e o Bumba Meu Boi, tão característico na cultura piauiense.

E se o assunto é **música**, convém lembrar que em 1996 nasceu em Teresina a banda Capitão Guapo, cujo intuito na época era se divertir e tocar números musicais de artistas que agradavam aos próprios integrantes. Essa banda foi fundamental para a solidificação do cenário artístico musical da cidade, com a realização de produções temáticas na mais importante casa de eventos da capital, a Casablanca, durante a década de 1990. Nesses eventos eles reuniam música, artes plásticas e moda, em parceria com o grupo multiartístico Berros de Newton.

Com o passar do tempo, surgiu entre os integrantes da banda o desejo de se expressarem por meio de músicas próprias e então eles gravaram um CD demonstrativo em 1998, intitulado *As Canções que Eu Fiz Pra Mim*. Finalmente, durante o *Festival Piauí Pop de 2004*, eles decidiram mudar radicalmente o estilo, trocando o nome para Radiofônicos. Em 2007 eles lançaram o disco *Esse Som é Radiofônico*, somente com músicas inéditas e autorais.

Durante sua carreira, os Radiofônicos participaram dos principais festivais de música piauiense, inclusive no já citado e findo *Piauí Pop* – em todas as suas edições –, do *Teresina é Pop*, no Cumbuca Cultural, além de terem se apresentado nos principais palcos de bares, boates e *pubs* da cidade. Foram selecionados para lançar seu primeiro disco ao vivo no palco do Sesc Pompeia, em São Paulo. Além disso, também se apresentaram em festivais em São Luís e Fortaleza, na principal vitrine da música independente do Brasil: o *Rock Cordel 2012*.

Com uma base sólida, liderados pelos irmãos Henrique Douglas e Humberto Alexandre, e com trabalhos com os melhores músicos e produtores da capital piauiense, os Radiofônicos seguem há mais de duas décadas movimentando com muita cadência o cenário musical, produzindo suas próprias festas, apresentações e lançamentos originais, assim sendo, são considerados por público e crítica uma das bandas mais longevas e fiéis ao seu público, que sempre encontra talento, diversão e irreverência em seus *shows*.

Eles já lançaram três álbuns e dois *singles* gravados com composições próprias e a marca inconfundível de umas das melhores bandas de *rock* do Piauí. É importante observar a renovação do repertório musical de banda que sempre procurou apresentar músicas inéditas e *shows* com novidades para seu público.

E com tudo isso, o grupo ainda encontrou vivacidade para dois *shows* especiais de tributo aos artistas que mais os influenciaram: Roberto Carlos e os Beatles. Nesse projeto alternativo a banda Radiofônicos entrou numa máquina do tempo e emulou com competência as canções de maior sucesso do "**rei da canção brasileira**" e do quarteto inglês.

→ **Piauí** *Fashion Week* – Nesse evento as tendências da estação, com peças feitas por grifes e produções de Piauí são mostradas em um grande desfile, como um *show*. Ele é realizado desde 2009 tendo geralmente três dias de desfiles revelando sempre novos nomes e prestigiando as marcas já consagradas.

- **Piauí *Art*** – Nesse evento artesãos de todo o Estado se reúnem em uma feira de negócios e expõem suas obras durante uma semana no parque Potycabana.
- **Seminário de Iniciação Científica da UFPI** – Esse é o maior evento acadêmico de pesquisa científica do Estado, e que movimenta muito tanto o corpo discente quanto o docente.
- **Salão do Livro do Piauí** – Sempre homenageando um literato piauiense e outro autor brasileiro, esse festival ocorre no *campus* da UFPI, no espaço Rosa dos Ventos, em junho. Conta com palestras, exposições e feira do livro, reunindo vários intelectuais como professores, advogados, escritores etc. e principalmente os **amantes da leitura!!!**

No âmbito **gastronômico**, o que atrai muitos turistas para Teresina é a cozinha teresinense, que traduz a piauiense no seu gosto pelos temperos, como pimenta de cheiro, coentro e o cheiro verde. O maior destaque é a **galinha à cabidela**, popularmente conhecida como galinha caipira, que é cozida ao molho e acrescenta-se um pouco de sangue da própria galinha.

Outros destaques aparecem no acompanhamento da galinha, que são a paçoca (carne seca pilada com farinha), a "Maria Isabel" (arroz misturado com carne seca), o baião-de-dois (arroz misturado com feijão novo) e o sarapatel (confeccionado com carne, fígado, coração e rim de porco). São também bem populares as comidas como buchada de bode e panelada, servidas nos mercados públicos.

A culinária teresinense também se destacou com a programação do *Festival Gastronômico de Cabritos & Cordeiros*, do qual participaram muitos restaurantes especializados em comidas típicas, com o preparo de pratos que têm como base caprinos e ovinos.

Mas apesar de todas essas comidas famosas e deliciosas, o que mais atrai os visitantes são os derivados do caju: o doce e a famosa cajuína (bebida sem álcool, clarificada e esterilizada, preparada a partir do suco de caju, apresentando uma cor amarelo-âmbar, resultante da caramelização dos açúcares naturais do suco).

O setor de restaurantes de Teresina é um dos que mais tem crescido na cidade. Aí vai uma lista com cerca de duas dezenas de restaurantes de Teresina, que servem comidas típicas e também da culinária internacional:

- *Favorito Comidas Típicas* – Serve comida típica piauiense, com pratos à base de carnes e frutos do mar, servidos em um ambiente bem descontraído, no qual o cliente tem a oportunidade de escutar música tradicional enquanto come.
- *Moinho de Pedra* – Serve carnes na brasa e oferece um menu em que o destaque é o sarapatel, além de bons drinques e cervejas bem geladas. O ambiente é agradável, a música é boa e o preço dos pratos é bem justo.
- *Confraria Uchôa* – É um restaurante de menu variado, com destaque para o churrasco de carne de sol de meio metro!!! É uma boa opção para quem aprecia o sistema *self-service* para café e almoço, bem como para curtir uma *happy-hour*.
- *Grand Cru* – É um excelente restaurante, com ótimo atendimento. Tem bons vinhos, mas os preços são bem salgados.
- *Cantinho do Faustino* – Serve carnes grelhadas, frutos do mar, pratos regionais, tudo em um espaço rústico e ao mesmo tempo contemporâneo, criando uma atmosfera bem familiar. Tem um bom parque para que as crianças possam brincar.
- *Favorito Grill Contemporâneo* – Ocupa uma casa com tijolos aparentes e o ambiente interno é aconchegante. O cliente recebe um ótimo atendimento ao som de piano, podendo optar entre a picanha, os galetos e as massas, além da feijoada aos sábados.
- *Labareda* – É bem localizado e um bom lugar para se levar as crianças. A comida é boa, apesar de o cardápio ser bem enxuto. Enquanto se alimenta o cliente pode ainda escutar boa música.
- *Coco Bambu* –. É um restaurante agradável para se passar bons momentos com amigos ou para casais enamorados. O padrão de qualidade é o mesmo oferecido pelo restante da rede.
- *São João* – Com comida típica de Teresina, oferece provavelmente a melhor carne de sol da cidade, a preços acessíveis. Suas porções são fartas e sua atmosfera é bem familiar.
- *Ateliê do Chef, Gastronomia e Arte* – Aí são preparados provavelmente as melhores *pizzas* de Teresina, além de hambúrgueres, massas e

carnes. No almoço utiliza-se também o sistema *self-service* e a casa possui mesas ao ar livre.

- *Malaguetta* – Serve comida caseira, incluindo carne de sol, picanha e frango. Fica num espaço bem simples, com mesas ao ar livre.
- *Frango Leste* – Com ótimo atendimento, comida muito boa e servida com presteza. Entre as suas "atrações" estão o arroz de carneiro, a picanha e o pão de alho.
- *Fogo Campeiro* – Aí se oferece um rodízio de carnes assadas na brasa, além de *buffet* variado e bons drinques, tudo num salão bem amplo com atmosfera familiar.
- *Texas Picanharia* – Uma *steakhouse* bem elegante que serve picanha e outros cortes de carne, além de caipirinhas variadas, tudo ao som de boa música acústica. O atendimento é nota 10!!!
- *Latitude 30* – Um restaurante bem elegante e intimista, cujo menu é bem variado, com pratos de diversas nacionalidades e apresentações bem chamativas.
- *Misaki* – Tem uma cozinha nipônica contemporânea, além de frutos do mar, boas sobremesas e uma variedade de bebidas, tudo num ambiente moderno e elegante.
- *Formeria Favorito* – Conta com um menu italiano de saladas, assados de carnes, aves, peixes e crustáceos. Nele se tem também o rodízio de *pizzas*. Ocupa um espaço com arquitetura rústica, mas no qual o clima é intimista e o atendimento é ótimo.
- *Bacalhau & Companhia* – Com pratos típicos de Portugal, além de grelhados e massas, é sem dúvida uma excelente opção na cidade para quem adora a culinária portuguesa. O ambiente é clássico e o cliente escuta boa música enquanto come. Também há no local uma lojinha para a venda de vinhos.
- *Cabaña del Primo* – Gastronomia focada em grelhados à moda argentina e uruguaia, com boas guarnições e vinhos. O espaço é intimista e bem chique, sendo um ótimo lugar para um encontro familiar, uma reunião de negócios ou até mesmo um jantar de casais.
- *La Ganadaria* – É uma casa rústica, porém, com um amplo espaço externo com *playground* e belas mangueiras. Serve picanha, cervejas de várias marcas e pode-se ouvir excelente música ao vivo.

A **arquitetura** teresinense assemelha-se bastante àquela das demais cidades importantes do nordeste do País. Há grande influência da arquitetura moderna em diversos prédios da cidade, como se percebe no Fórum e no palácio da Justiça (ambos erguidos em 1972), ou no palácio Petrônio Portela (de 1984), onde fica a Assembleia Legislativa. Todos têm em comum o fato de terem sido projetados por Acácio Gil Borsoi.

Todavia, o que os turistas mais percebem ao chegar na capital piauiense é um conjunto de prédios bastante coloridos, que se destaca muito na paisagem. Infelizmente, muitos dos imóveis históricos de Teresina não foram adequadamente conservados e acabaram cedendo lugar a construções contemporâneas. Mesmo assim, é possível ainda visualizar um pouco do que a avenida Frei Serafim representou no passado, ou seja, o mais valorizado logradouro residencial teresinense. Também é possível encontrar vários prédios históricos nas praças Saraiva, da Bandeira e Pedro II.

Entre a arquitetura moderna e a antiga existem os palácios, que, em sua maioria, sediam instituições públicas ou clericais, dentre as quais destacam-se:

- **Palácio da Cidade** – Já foi uma escola normal e abriga desde 1984 a prefeitura. Dos anos 1920, permaneceram apenas as fachadas neoclássicas. Conta com uma exposição permanente de artes plásticas.
- **Palácio Arquiepiscopal** – Já foi residência de famílias tradicionais de Teresina, e passou a abrigar o arcebispo da cidade. Tem um estilo gótico e em sua capela há peças de arte sacra. Seus jardins ensombreados são um convite à meditação.
- **Palácio Karnak** – O edifício é inspirado no templo egípcio de mesmo nome. Já foi uma escola, residência e depois sede do governo estadual. Hoje é usado para os despachos mais importantes do governador. Tem um acervo de arte e seu paisagismo foi assinado por Burle Marx.
- **Palácio Pirajá** – É a sede administrativa da UFPI desde 1991, tendo uma arquitetura contemporânea. É cercado por gramados e espelhos d'água.

Há em Teresina vários **centros culturais** que atraem principalmente os teresinenses, em especial aqueles que querem se desenvolver em algum setor da EC. Entre os mais importantes estão:

- **Casa da Cultura de Teresina** – Já foi a casa do barão de Gurgéia (1809-1897), mas agora abre suas portas para a cultura. É um casarão do século XIX, mas tem se renovado com os passar dos anos. Suas salas são ocupadas hoje por duas bibliotecas, cursos de dança e artes, videoteca e a orquestra de câmara da cidade. Nela são apresentadas diversas mostras e possui também interessantes coleções sacras, fotográficas e históricas.
- **Teatro do Boi** – Nesse teatro com cerca de 100 lugares os estudantes têm a oportunidade de relacionar-se mais intimamente com as artes. No edifício há também espaços para a biblioteca; salas de dança e oficinas de artesanato. No dia 15 de agosto de 2020, ele comemorou 33 anos de existência.
- **Teatro 4 de Setembro** – Esse teatro localizado na praça Pedro II, conserva uma fachada com arquitetura de inspiração portuguesa, além de detalhes greco-romanos. Tem cerca de 800 lugares, sendo uma sala de espetáculos centenária na qual várias gerações de teresinenses passaram agradáveis momentos de distração e aquisição de cultura.
- **Teatro João Paulo II** – É um teatro localizado no bairro Dirceu Arcoverde, no qual são realizadas várias apresentações de artes cênicas e oferecidos cursos para a comunidade.
- **Cine-Teatro da Assembleia** – É um anexo cultural da Assembleia Legislativa do Piauí.
- **Espaço Cultural Trilhos** – Está localizado nos antigos galpões da estação ferroviária de Teresina, na avenida Miguel Rosa, com espaços para *shows*, exposições e o Teatro da Estação.
- **Centro Cultural Banco do Nordeste** – É um dos espaços culturais mais novos de Teresina.
- **Clube dos Diários** – É um espaço dedicado a exposições de obras de arte e apresentações artísticas, ocupando um edifício em estilo neoclássico, com auditório para acomodar cerca de 200 espectadores.
- **Cine Rex** – É a mais antiga sala de projeções do Estado, inaugurada em 1939. Já foi museu e casa de *shows*, mas em sua época de declínio ficou conhecido por exibir filmes pornográficos. Acabou sendo fechado e então reaberto, abrigando hoje parte dos espetáculos do Teatro 4 de Setembro.

- **Palácio da Música** – É onde acontecem ensaios da orquestra piauiense e dos dançarinos contemporâneos, assim como as aulas de música para os teresinenses.
- **Museu do Piauí Odilon Nunes** – É a antiga casa de Odilon Nunes, construída em 1859, sendo uma instituição de referência da memória do Estado, localizada bem em frente à praça da Bandeira. Foi criado em 1934 pelo governo estadual, e passou por uma grande reforma em 1980. Atualmente, nele reconta-se a contribuição feita pelos antepassados na cultura do Estado através de seus objetos e obras de arte. Nesse museu podem ser vistas obras contemporâneas de renomados artistas piauienses, como Gabriel Archanjo, Dora Parentes, Afrânio Castelo Branco, Liz Medeiros, Nonato Oliveira, Hastyano Machado, Dalva Santana, Josefina Gonçalves etc.

Através de um núcleo de relações internacionais, Teresina estabeleceu alguns poucos acordos de **cidades-irmãs**, numa iniciativa para buscar integração com cidades nacionais e estrangeiras. Isso ocorreu por meio de convênios de cooperação, cujo objetivo é assegurar a manutenção da paz entre os habitantes, com base na fraternidade, felicidade, amizade e respeito recíproco entre os povos. Oficialmente, Teresina tem como cidade-irmã: Changzhou (na China); Positano e Ponte Nossa (na Itália) e as cidades brasileiras de Teresópolis e Imperatriz.

No âmbito **esportivo**, existem hoje em Teresina dois bons estádios voltados especialmente para a realização de partidas de futebol. Um deles é o estádio municipal Lindolfo Monteiro (ou "**Lindolfinho**"), que foi inaugurado em 1944 e, desde então passou por diversas reformas e ampliações. Hoje ele conta com placar eletrônico de 15 m² e oferece boas acomodações para quase 10 mil torcedores.

O outro estádio é o Governador Alberto Tavares Silva (o "Albertão"), que foi inaugurado em 26 de agosto de 1973 e também passou por melhorias. Hoje ele possui infraestrutura completa para abrigar partidas de futebol e competições de atletismo, bem como para a transmissão de jogos pelas emissoras de rádio e televisão, tendo capacidade para 52.216 espectadores.

Assim, os times de futebol de Teresina, o Esporte Clube Flamengo, o River Atlético Clube, a Sociedade Esportiva Tiradentes e o Piauí Esporte Clube, têm bons locais para realizarem seus jogos, sejam eles entre si ou com equipes de outras cidades do interior do Estado, de outros Estados e até do exterior.

O Esporte Clube Flamengo de Teresina, cujo acrônimo é ECF, foi fundado em 8 de dezembro de 1937 pelo senador Raimundo Melo de Arêa Leão, filho de um senhor de engenho e vice-presidente da província do Piauí, Raimundo de Arêa Leão. Com apenas dois anos de existência o time se tornou campeão piauiense, e detém até agora 17 títulos do campeonato estadual, sendo que o seu maior rival é o River, contra qual realiza o clássico **Rivengo**, criado em 1969.

Em participações na primeira divisão do Campeonato Brasileiro, o Flamengo esteve em sete edições da Série A. Também disputou quatro vezes a Série B do Brasileiro. Na Copa do Brasil foram 11 aparições, e sua campanha mais destacada foi na Copa do Brasil de 2001, quando chegou às oitavas de final, representando o melhor desempenho de um clube piauiense na história da competição.

O escudo do Flamengo do Piauí é bem semelhante ao utilizado pelo seu famoso homônimo carioca, e é claro que suas cores também são o vermelho e o preto. Entre as alcunhas do clube estão "**Mengão**", "**o mais querido**", "**o maior do Piauí**", "**rubro-negro piauiense**", "**esquadrão rubro-negro**" e "**super Mengão**". Em seus jogos o time utiliza tanto o estádio Lindolfinho quanto o Albertão. O hino do Flamengo do Piauí é de autoria de Francisco das Chagas Belém, e é muito bonito. Como mascote utiliza o **leão** e a **raposa**.

Hoje o Flamengo vive a maior crise de sua história, pois o time não tem sede nem campo para treinar. Em 2019 o clube disputou somente dez jogos pelo Campeonato Piauiense e um torneio com seis equipes, em que terminou em quinto lugar. Enquanto isso, sua maior inspiração, Flamengo do Rio de Janeiro, conquistou a Taça Libertadores, numa partida em que venceu o River Plate de Buenos Aires, em Lima, no Peru. Vale ressaltar que em seus jogos o Flamengo carioca tem registrado público superior a 50 mil pagantes, mas o rubro-negro de Teresina recebeu pouco mais de 5 mil torcedores, somando as 10 partidas de que participou (!?!?).

E para piorar, o Flamengo de Teresina não conquista um título no Piauí desde 2009. O presidente do clube, Rubens Gomes, comentou: "Estamos vivendo um período tenebroso, com o nosso departamento jurídico analisando a legalidade da venda da antiga sede. Não temos nada hoje, e vamos começar a montar o time do zero."

O outro clube de futebol muito popular em Teresina é o River Atlético Clube, que foi fundado em 1946, sendo a equipe com mais conquistas do Campeonato Piauiense: 31 títulos até agora, incluindo o de 2019.

O dia 1º de março é considerado pelo River como a data oficial de fundação, quando um grupo de estudantes do então Ginásio Leão XIII, na época dirigido pelo professor Antilhon Ribeiro Soares, se reuniu para tratar da fundação de uma sociedade desportiva que tomaria o nome de River Atlético Clube. Todavia, o projeto não foi colocado em prática, haja visto que não ocorreu a legalização da equipe junto aos órgãos desportivos competentes, como também não existe registro de qualquer atividade nos anos de 1946 a 1947.

De fato, o primeiro registro histórico data de 15 de fevereiro de 1948, quando foi disputado o primeiro jogo do River contra o Amarantino, na cidade de Amarante, que foi vencido por ele por 4 a 3. Em 15 de março de 1948 o River foi admitido na Federação Piauiense de Desportos e depois disso se tornou um dos clubes mais populares do Estado do Piauí, atraindo sempre muita gente para seus jogos.

O time continua a mandar seus jogos no estádio Albertão, e suas cores são o preto, branco e vermelho, sendo que o clube é muito conhecido pelo apelido "**o eterno campeão**", em alusão ao período de 1948 a 1965, em que conquistou 14 títulos estaduais em 18 finais consecutivas!!! Outras alcunhas são "**tricolor mafrense**", "**o maior do Piauí**", "**galo carijó**" (a mascote do time é o **galo**), "**galo maluco**", "**galo de aço**", "**tricolaço**" e "**timão**".

Em participações na primeira divisão do Campeonato Brasileiro o River esteve em cinco edições da Série A (desde 1971) e em três da antiga Taça Brasil. O clube já foi vice-campeão do Campeonato Brasileiro da Série D (em 2015) e também disputou a Série B dez vezes e a Série C em nove oportunidades. Atualmente o clube disputa a primeira divisão estadual, a Série D nacional e periodicamente a Copa do Brasil e a Copa do Nordeste. O hino do River Atlético, cuja autoria é do maestro Luís Santos, tem também uma letra bem poética e estimuladora, sendo cantado com muito orgulho pelos riverinos.

A cidade de Teresina vivenciou em novembro de 2019 momentos incríveis quando a rivalidade entre o River e o Flamengo foi bastante ampliada, mas por conta não do "**Rivengo**", e sim da final da Taça Libertadores. O jogo aconteceu no dia 23 de novembro entre a equipe Argentina do River Plate o Flamengo carioca, sendo vencido de forma emocionante pela equipe do Rio de Janeiro, por 2 a 1!!!

Infelizmente, ao contrário da equipe carioca, o rubro-negro de Teresina não vivenciava um bom momento, mesmo assim foi possível vender muitas camisas da equipe uma vez que o uniforme da equipe piauiense é idêntico aquela do time da Gávea. Aliás, o Flamengo de Teresina só criou o seu próprio mínimo em 1980, e antes utilizava aquele do Flamengo do Rio de Janeiro.

Vamos torcer para que o Flamengo de Teresina volte alegrar os teresinenses, apoiados no grande sucesso que alcançou o seu homônimo!!!

A Sociedade Esportiva Tiradentes é outro clube localizado em Teresina. Ele foi fundado em 30 de junho de 1959, quando subtenentes e sargentos da Polícia Militar do Estado do Piauí decidiram criar o Clube Tiradentes dos Subtenentes e Sargentos da Polícia Militar do Estado do Piauí. Na época, o comandante da Polícia Militar era o coronel Pedro Borges da Silva Filho.

Em 14 de setembro de 1966 o então presidente do clube, Luís Castro de Araújo, solicitou à Federação Piauiense de Desportos a inclusão da equipe oficialmente, pedido esse que foi deferido em 3 de outubro. A partir daí, essa entidade esportiva passou a representar a Polícia Militar a disputar as competições no esporte amador.

No início de 1972, o coronel Canuto Tupy Caldas, comandante da Polícia Militar, anunciou que o Tiradentes iria disputar o campeonato de futebol profissional do Piauí. Aliás, o Tiradentes já conquistou o Campeonato Piauiense 5 vezes, e participou do Campeonato Brasileiro de futebol da Série A em cinco oportunidades. A mascote do clube é o **tigre**, que aliás é conhecido por esse nome ou pelo apelido "**amarelão da PM**". Entre as curiosidades da história da Sociedade Esportiva Tiradentes estão as seguintes:

- Ele foi o clube piauiense com uma das melhores participações no Campeonato Brasileiro.
- Venceu o Corinthians em duas ocasiões, por 2 a 1 e 1 a 0, ambas partidas em 1973, quando na equipe paulista jogava o famoso Sócrates.
- Venceu também o Flamengo do Rio de Janeiro em 1975, por 3 a 2, quando na equipe carioca jogava o famoso Zico.
- O clube foi também o que sofreu a maior goleada da história do Campeonato Brasileiro, quando perdeu para o Corinthians pelo placar de 10 a 1, em 1983.

Atualmente a equipe disputa a 2ª divisão do Campeonato Piauiense!?!?

O Piauí Esporte Clube é um clube sediado em Teresina e foi fundado em 15 de agosto de 1948. A mascote do clube é um **rato** se enxugando, daí a origem de um de seus apelidos "**enxuga rato**". Tanto a mascote quanto o estranho apelido – assim como os outros que surgiram na época em que o time começou a conquistar seus primeiros títulos de campeão piauiense – foram adotados quando o seu técnico Ênio Silva gritou as palavras "**Enxuga o rato, menino!!!**", ao ver o time dominando o adversário. O apelido é uma referência à música *Enxuga o Rato*, um baião gravado naquela época, e que fez muito sucesso no nordeste do País.

Os outros apelidos do Piauí Esporte Clube são: "**Zé do povo**" e "**Piauizão vibrante**". O clube já foi campeão estadual em 5 oportunidades, e em 1957 foi campeão piauiense da 2ª divisão. Hoje disputa o Campeonato Piauiense e tem a tradição de ser um clube revelador de talentos para o futebol piauiense, em virtude do significativo investimento que faz nas categorias de base. Assim, suas categorias de base disputam atualmente o Campeonato Piauiense Sub-15, Sub-17, Sub-19 e a Copa Piauí Sub-21.

No que se refere a outros esportes competitivos, o rúgbi (na modalidade *seven-a-side*) tem crescido muito na capital piauiense, que conta com três boas equipes: Teresina *Rugby* Clube, Piauí *Rugby* e Delta *Rugby*, da UFPI.

Teresópolis

Um aspecto de um bairro de Teresópolis, o Jardim Meudon, cercado por exuberantes montanhas.

PREÂMBULO

Apesar do fato de que muitos dos visitantes de Teresópolis virem do Rio de Janeiro apenas para curtir seus museus e restaurantes, no melhor estilo **bate e volta**, o ideal seria que eles ficassem algum tempo nessa linda cidade. E se esse for o caso, as opções de hospedagem em Teresópolis são mais econômicas que em sua vizinha Petrópolis, sem perder nada em termos de qualidade.

Uma das atrações para quem visita Teresópolis é a **cerveja**! A região serrana do Estado do Rio de Janeiro, da qual Teresópolis faz parte, é a que possui a maior concentração de cervejarias do Brasil, incluindo-se aí desde as grandes marcas até as cervejas artesanais. Portanto, não dá para visitar Teresópolis e sair de lá sem provar algumas de suas várias deliciosas cervejas.

Outra grande atração da cidade é o Parque Nacional da Serra dos Órgãos, no qual existem mais de 200 km de trilhas, com diferentes níveis de dificuldade. Além disso, o parque abriga 50 cachoeiras e dois rios que nascem dentro dele. Também ficam aí vários sítios históricos e ruínas de antigas fazendas. A trilha mais puxada é a travessia Teresópolis-Petrópolis, que se estende por 30 km de subidas e descidas nas montanhas.

Teresópolis também é lembrada quando o assunto é futebol. Aliás, é impossível ouvir o nome Granja Comary (nome de um bairro da cidade) sem associá-lo ao espetacular centro de treinamento da seleção brasileira de futebol.

E um convite que todo visitante de Teresópolis não pode deixar de aceitar é o de visitar o sobrado histórico José Francisco Lippi, que o casal José Luís Lippi Leite (neto de José Francisco) e Regina Furtado Lippi Leite, transformou em no primeiro museu memória de Teresópolis, em 2004. Atualmente ele está repleto de documentos e objetos históricos, e o mais interessante é que casal responsável pela instituição recebe os visitantes vestindo roupas típicas do passado. Durante a visita eles explicam em detalhes cada ambiente desse incrível casarão, cujo estilo arquitetônico remete ao século XIX. Suas paredes, seus móveis, enfim, todos os cantos do imóvel, estão repletos de objetos interessantíssimos, todos impregnados de história!!!

A HISTÓRIA DE TERESÓPOLIS

Teresópolis é um município do Estado do Rio de Janeiro, localizado a 75 km da capital fluminense. Ele ocupa uma área de 773,34 km², dos quais apenas 13 km² encontram-se no perímetro urbano. Segundo estimativas, viviam aí no final de 2020 cerca de 181 mil habitantes, o que a tornou a 19ª cidade mais populosa do Estado. Seu IDH-M, que recentemente chegou a 0,790, é considerado alto pelo PNUD, mas está abaixo daquele alcançado por quase duas dezenas de cidades do Estado do Rio de Janeiro!?!?

O nome da cidade foi uma homenagem à imperatriz Teresa Cristina (esposa do imperador dom Pedro II). Ele é formado pela junção do antropônimo "Teresa" com o termo de origem grega *"polis"* ("cidade"). Juntos, portanto, eles formam a expressão **"cidade de Teresa".**

A cidade, que é a mais alta em relação ao nível do mar no Estado do Rio de Janeiro, faz divisa com Cachoeiras de Macacu, Guapimirim, Nova Friburgo, São José do Vale do Rio Preto, Sapucaia, Sumidouro e, finalmente, Petrópolis, com a qual, aliás, está cada vez mais em disputa pelos visitantes.

A região onde atualmente situa-se Teresópolis foi habitada no século XVI por índios timbiras, antes mesmo da chegada dos portugueses. Os primeiros sinais de progresso na região surgiram ainda no período açucareiro, quando escravos fugidos das plantações de cana-de-açúcar da Baixada Fluminense formaram o quilombo da Serra.

Todavia, o seu desenvolvimento de fato somente começou a acontecer quando, durante suas constantes excursões à região (no século XIX), a família imperial brasileira se encantou com as belezas do lugar. Foi também neste período que George March, um português de origem inglesa, adquiriu algumas terras na região (hoje ocupadas pelo bairro do Alto) e as transformou numa fazenda modelo chamada Santo Antônio (ou Sant'Ana do Paquequer). Na época, a propriedade ficou bem no caminho que ligava a província de Minas Gerais com o Rio de Janeiro. Foi em torno dela que surgiu o primeiro povoamento da região.

Então, através do decreto provincial Nº 829, de 25 de outubro de 1855, esse povoamento – Santo Antônio do Paquequer – foi elevado à categoria de **freguesia**. Esta, por sua vez, também foi escolhida como ponto de repouso dos comerciantes que saíam de Minas Gerais rumo ao porto da Estrela (nos fundos da baía de Guanabara), e foi a partir daí que de fato teve início o lento progresso da região.

No começo da última década do século XIX, mais precisamente em 6 de julho de 1891, o então governador do Estado, Francisco Portela, emancipou a freguesia em relação a Magé e atribuiu-lhe a condição de município, batizando-o de Teresópolis.

Posteriormente, a vila de Teresópolis foi elevada à categoria de cidade, graças à lei estadual Nº 43, de 31 de janeiro de 1893. Por essa mesma lei, em decorrência da Revolta da Armada, determinou-se a transferência da capital do Estado do Rio de Janeiro de Niterói para Teresópolis.

Todavia, antes mesmo que essa lei fosse cumprida integralmente, uma outra lei estadual – Nº 50, de 30 de janeiro de 1894 – ordenou a transferência da capital para Petrópolis, local de nascimento do então presidente do Estado do Rio de Janeiro, José Tomás da Porciúncula.

No início, o município de Teresópolis foi composto por dois distritos: Teresópolis e Santa Rita (que mais tarde seria chamado de Paquequer Pequeno e, atualmente, denomina-se Vale do Paquequer). A partir dessa época, a cidade começou a se desenvolver num ritmo mais acelerado, em especial após a chegada da estrada de ferro na região (que mais tarde seria desativada e substituída pela rodovia Rio de Janeiro-Teresópolis), que a conectou ao Rio de Janeiro.

Durante o século XIX, o trem foi o principal meio de transporte em todo o mundo, tendo se expandido muito até a 2ª metade do século XX. O Estado do Rio de Janeiro foi o pioneiro no transporte ferroviário no País. Nele construiu-se um ramal que ligava o cais de Piedade, onde atracavam as barcas de passageiros, ao distrito de Guapimirim, passando pelo centro do município de Magé.

Até 1901 a estação Guapimirim serviu como final da linha férrea, quando tiveram início as obras que permitiriam subir a serra dos Órgãos. Essa expansão foi gradativa, chegando primeiro nas localidades de Barreira (em 1904), Miudinho (em 1905), Garrafão e Alto (em 7 de setembro de 1908), quando todo o trecho foi inaugurado oficialmente. Até então, Teresópolis tinha uma via de transporte bem incipiente.

Em 1919, com a administração da ferrovia transferida para a Estrada de Ferro Central do Brasil (EFCB), o ramal foi prolongado até uma localidade denominada Várzea de Teresópolis, onde foi construída uma nova estação terminal, a José Augusto Vieira. Esta foi inaugurada em 1929 e assim, os trens passaram a sair da estação Barão de Mauá, no Rio de Janeiro, rumo a Magé, de onde seguiam posteriormente para Teresópolis pelo trajeto original.

Lamentavelmente, na manhã de 9 de março de 1957, o trem desceu a serra em direção à Guapimirim pela última vez, dando lugar a um novo plano rodoviário. Aquela viagem marcou o final da **era da ferrovia**. Com o advento da ligação rodoviária de Teresópolis com o Rio de Janeiro, ocorrido em primeiro de agosto de 1959, pode-se dizer que a cidade deu início a um novo ciclo de desenvolvimento.

Vale lembrar que o conceito dessa ligação já havia surgido bem antes da inauguração do projeto, quando em 1932, Armando Vieira imaginou tal possibilidade. Sua ideia foi tomando corpo, até que com a fundação da Sociedade dos Amigos de Teresópolis – que tinha entre seus membros Carlos Guinle – as obras do primeiro trecho da via (com 2 km de extensão) finalmente foram iniciadas, entre os bairros de Alto e Soberbo.

Antes disso, entretanto, em 1948, e após solicitação do governo federal, estudos foram feitos com o objetivo de analisar a viabilidade da construção do trecho em questão. A intervenção de Heleno Nunes junto ao almirante Lúcio Meira (que na época era o ministro da Aviação) foi fundamental para a aprovação do projeto e também para a autorização da obra, que foi dada em 1955. A partir daí a construção foi realizada pelo então Departamento Nacional de Estradas de Rodagem (DNER), atual DNIT.

Foi o engenheiro Pierre Berman, auxiliado pelo seu irmão Raul Berman, que conseguiu transformar o projeto numa realidade. Antes da construção do trecho da serra, o caminho até Petrópolis era feito a partir de Itaipava, o que representava um percurso de mais de 3h.

A rodovia Rio-Teresópolis foi incluída como BR-4 no **plano rodoviário nacional**, passando primeiramente pela Baixada Fluminense, depois por Teresópolis e seguindo até São José do Além Paraíba. Dali, ela seguia rumo ao norte do País, num trajeto que corresponde hoje à atual rodovia Santos Dumont (BR-116/RJ).

Ela foi inaugurada em 1º de agosto de 1959, com uma grande festa, que contou com a presença do presidente JK. Aliás, dois anos antes, mais precisamente em 1º de maio de 1957, que foi inaugurada em Teresópolis a Casa de Portugal, por um grupo de portugueses residentes no município. O local logo se tornou importante para a realização de eventos culturais e atividades de lazer, e não apenas para teresopolitanos, mas também para visitantes que puderam chegar mais facilmente à cidade graças à rodovia!!!

Na década posterior à inauguração dessa rodovia, Teresópolis começou a sentir sua real importância no que se refere a **visitabilidade** e, a partir daí, surgiram os primeiros bons hotéis na cidade. Esse foi o caso dos hotéis Várzea Palace e Philipp, que passaram a receber um grande número de hospedes.

Em 1960, foram criados o Cine Alvorada e o Colégio Nossa Senhora do Carmo, e, no ano seguinte (em 21 de abril de 1961), surgiu a Academia Teresopolitana de Letras, fundada por Arthur Dalmasso, uma importante figura no município. Em 1962 foi inaugurado o Hospital São José e o Clube dos Diretores Lojistas da cidade. Em 1965, aconteceu a primeira edição do Festival Brasileiro de Cinema, o que transformou Teresópolis na pioneira em festivais cinematográficos no País. A Fundação Educacional Serra dos Órgãos (FESO) foi fundada em 1966, e em 6 de julho de 1968, foi a vez da criação do Clube Comary, por 10 personalidades, no bairro homônimo que surgiu 38 anos antes, desenvolvido por Carlos Guinle.

Em bem pouco tempo esse crescimento contínuo tornou-se desordenado em Teresópolis. A população da cidade aumentou muito, e parte dela começou a ocupar áreas nas diversas encostas dos morros próximos da área central, estabelecendo suas residências em locais bastante perigosos... Um exemplo disso foi o surgimento no início da década de 1960 do bairro São Pedro, principal símbolo do processo de favelização de Teresópolis.

Vale lembrar, entretanto, que embora nessa década tenha se iniciado na cidade um período de expansão industrial, muitas tragédias aconteceram na Baixada Fluminense. Isso provocou uma intensa migração para Teresópolis, por parte daqueles que queriam fugir dessas catástrofes.

Além disso, notou-se também que as favelas começaram a se proliferar no bairro do Alto, o principal de Teresópolis. Por conta disso – e apesar das dezenas de casas populares construídas pelo então prefeito Omar Magalhães na área das Vidigueiras – o crescimento desordenado não foi contido... Aliás, com o passar das décadas, ele só continuou a aumentar, por causa principalmente da má administração municipal.

Celso Luiz Francisco Dalmaso (que governou Teresópolis entre 1983 e 1988) foi o segundo prefeito a construir algumas casas populares no bairro de Caleme, para onde transferiu algumas famílias que estavam morando na favela surgida nas proximidades do bairro Soberbo. Todavia, em meados da década de 1980, a população de Teresópolis já beirava dos 100 mil habitantes, o que representava um crescimento de quase 35% em relação a 10 anos antes.

Desde que assumiu seu mandato, em 1989, o prefeito Mário Tricano, prometeu à população mais pobre da cidade a construção de muitas casas populares. Porém, durante o seu mandato ele construiu não mais que algumas dezenas delas (!?!?) no bairro de Caleme.

Caleme, por sua vez, acabou se transformando num bairro popular, repleto de residências de padrão regular e irregular, o que repetia a realidade de locais como Matadouro e Tiro, (aglomerados subnormais dos bairros Fischer e Fazendinha, respectivamente). Daí em diante o processo de favelização acelerou drasticamente, tanto que hoje um dos maiores problemas da cidade é, sem dúvida, a **habitabilidade**. No início de 2020 havia no município cerca de 51 mil domicílios (entre apartamentos, casas e cômodos), porém, ainda existe atualmente muita gente vivendo em moradias irregulares, em sua maioria cômodos. De fato, estima-se que em 2020 cerca de **27%** da população de Teresópolis vivesse em **favelas**.

Também segundo estimativas do início de 2020, cerca de **10%** da população da cidade vivia **próxima** ou **abaixo da linha da pobreza**. No que se refere aos rendimentos totais do município, enquanto a participação dos 20% da população mais rica da cidade é de 69%, a contribuição dos 20% mais pobres é da ordem de 3,4%. Ou seja, o primeiro grupo participa com um total mais de 20 vezes superior àquele dos 20% mais pobres.

Fisiograficamente, predomina no município de Teresópolis um relevo montanhoso e escarpado, com vales encaixados. O centro da cidade está a uma altitude média de 869 m, sendo que o ponto culminante do município é a Pedra do Sino, com 2.263 m. Mas existem outras montanhas bem altas na região, que também ultrapassam os 2000 m. Esse é o caso do pico de São João (com 2.030 m); do Seio da Mulher de Pedra (com 2.040 m); da Pedra Branca de Neve (com 2.040 m); da Agulha do Diabo (com 2.050 m) e da Pedra do Papudo (com 2.242 m). Por causa dessas formações montanhosas, a cidade é considerada como a "**capital nacional do montanhismo**".

E compreende-se facilmente o porquê de o lema da cidade ser: *Sub Digitum Dei* ("**Sob o dedo de Deus**"), não é?

O rio Paquequer, que banha Teresópolis, nasce na Pedra do Sino, atravessa toda a cidade e corre para o norte, banhando áreas rurais. Porém, ao longo do seu curso ele recebe efluentes de origem industrial, doméstica e rural, o que significa que ele é bem **poluído**. No final ele desemboca no rio Preto, que é um afluente do rio Piabanha.

Teresópolis possui um dos climas mais agradáveis do Brasil, classificado pelo IBGE como **tropical de altitude**, ou ainda como clima oceânico. A menor temperatura já registrada na cidade foi de 3°C, em 9 de junho de

1985, enquanto a maior atingiu 36,6°C, em 19 de outubro de 2014. Todavia, dentro do Parque Nacional da Serra dos Órgãos a situação é diferente. Em 17 de junho de 1973, registrou-se em seu interior uma temperatura mínima de apenas 1,2°C, e, em 25 de dezembro de 1968, a máxima chegou a 33,5°C. A maior precipitação pluviométrica ocorrida num só mês aconteceu em janeiro de 2007, quando despencaram sobre a cidade 517,8 mm de água, o que provocou diversos deslizamentos, atingindo fortemente as casas nas encostas.

Em Teresópolis está a sede desse parque nacional, que abrange também os municípios de Guapimirim, Magé e Petrópolis. Nele, a vegetação nativa é de mata atlântica. Aliás, ele é considerado como a unidade florestal em que se tem a maior preservação desse tipo de vegetação no País!!!

Dentro dele, conforme a altitude, encontram-se diferentes tipos de vegetação. Entre os 1.000 m e 1.500 m, há espécies como a baguaçu, o jequitibá, e as canela e canela-santa, que se caracterizam por suas floradas amarelas e atingem até 40 m de altura. Já acima dos 2.000 m, a vegetação se constitui principalmente por gramíneas e espécies que crescem sobre os rochedos.

No meio de toda essa diversificação, pode-se observar cerca de cinco centenas de aves, o que representa a maior riqueza da mata atlântica. Além disso, ali são encontradas 82 espécies de mamíferos; 83 tipos de répteis e 102 tipos de anfíbios. Ao todo, cerca de 130 espécies ameaçadas de extinção estão sendo protegidas nesse parque.

Entre os mamíferos destacam-se o muriqui (*Brachyteles arachnoides*), o maior primata das Américas, além de grandes predadores carnívoros, como o puma, muito ameaçado de extinção. Já entre as aves ameaçadas, estão a jacutinga e o tietê-de-coroa, uma ave endêmica da serra dos Órgãos.

Um outro local com muito verde e que atrai muitos visitantes é o Parque Natural Municipal Montanhas de Teresópolis, que fica no distrito de Santa Rita. Nele se tem uma área de mata atlântica, muitas montanhas, fontes e vários animais selvagens. Ele fica a 10 km do centro da cidade e chega-se ao mesmo com facilidade de carro, precisando apenas tomar mais cuidado nos 500 m finais do trajeto, uma vez que a estrada é de terra. Dentro do parque, depois de uma caminhada chega-se à Pedra da Tartaruga, de onde se pode avistar grandes montanhas de todos os lados, em especial os Três Picos.

Como já mencionado, entre os principais problemas que a cidade enfrenta estão as **enchentes**, que no período chuvoso provocam alagamentos nas áreas mais baixas e populosas, e os **deslizamentos** de terra nos morros e nas encostas. As principais causas desse problema são frequentemente: a construção de residências nas encostas dos morros e em áreas de risco; e o despejo de lixo e esgoto nos rios. Vale lembrar que Teresópolis ainda **não possui** uma estação de tratamento de águas residuais, o que significa que todo o esgoto produzido na cidade é liberado diretamente nos cursos hídricos que cortam o perímetro urbano e, posteriormente, chegam ao rio Paquequer.

Infelizmente as queimadas florestais, que geralmente ocorrem no verão, têm destruído a mata nativa e comprometido não apenas a qualidade do solo, mas também do ar. Um dos locais que mais tem sofrido com esse processo de queimada é a serra dos Cavalos.

Em contrapartida, a prefeitura tem implementado diversos programas de arborização nos principais logradouros da cidade. Além disso, ela tem promovido o desassoreamento dos leitos dos rios, de modo a permitir o correto escoamento da água da chuva. Nos últimos anos, aliás, o rio Paquequer recebeu uma atenção especial, com o objetivo de se evitar os graves problemas que suas cheias são capazes de provocar.

No âmbito **religioso**, a Igreja Católica teve seu estatuto jurídico reconhecido pelo governo federal em outubro de 2009, e embora oficialmente o Brasil seja um País laico, ele é considerado o **mais católico do mundo**. E Teresópolis não foge à regra. Estima-se que no final de 2020 a população teresopolitana fosse composta da seguinte forma: católicos (41%), evangélicos (36%), pessoas sem religião (17,1%) e espíritas (2,8%), sendo que os 3,1% restantes estão distribuídos entre outras religiões.

Na cidade são praticados credos reformados ou protestantes, existindo ali a Igreja Presbiteriana e diversas modalidades evangélicas, como a Assembleia de Deus, a Igreja Cristã Maranata, as igrejas batistas, a Igreja Adventista do Sétimo Dia, a Igreja Mundial, a Igreja Universal do Reino de Deus, entre outras.

Atualmente Teresópolis é constituída por um distrito principal, que leva o nome do município e corresponde ao perímetro urbano, e por outros dois distritos que correspondem à sua zona rural: Vale de Bonsucesso e Vale do Paquequer.

No que se refere a **economia**, estima-se que em 2019 o PIB da cidade tenha alcançado R$ 4,8 bilhões, sendo que o grande destaque é o setor de prestação de serviços, ou seja, o **terciário**. A contribuição do **setor primário** para esse total é da ordem de 6%.

Quando o assunto é **agropecuária**, o município possui pequenos rebanhos de bovinos, equinos, suínos, caprinos e ovinos, além de algumas centenas de milhares de aves, com o que existe uma razoável produção de leite e ovos, além de carne.

Já na **lavoura** permanente, estima-se que no final de 2019 apenas cerca de 1,2% de área do município de Teresópolis estivesse ocupada por plantações (a média nacional gira em torno dos 7,8%), o que significa que o setor ainda pode crescer bastante. Os grandes destaques atualmente são as produções de banana e tangerina – o município é o maior produtor dessa fruta no Estado do Rio de Janeiro.

Teresópolis faz parte do **cinturão verde** da cidade do Rio de Janeiro, sendo responsável pela produção da maior parte dos hortigranjeiros consumidos no Estado. Aliás, a cidade atrai anualmente muitos turistas interessados em visitar as zonas de produção, geralmente a partir do mês de outubro!!!

Já no setor **secundário** ou seja da indústria, vale mencionar que ele começou a se desenvolver em Teresópolis com a instalação da Sudamtex, em 1965, que operava na área têxtil e conseguiu gerar renda e empregos para os moradores da região até 1998, quando fechou... Atualmente a indústria teresopolitana colabora com 18% para o PIB municipal, destacando-se a área de bebidas, com a cervejaria Petrópolis, situada na serra do Capim, e a cervejaria Sankt Gallen, situada no bairro Alto e na qual são produzidas cervejas especiais.

Além disso, está em Teresópolis a Arbor Brasil, uma das maiores indústrias de bebidas do País. Ela está localizada próxima da área urbana, no bairro Meudon, onde também está instalada a Trilhas e Rumos, uma fabricante de equipamentos para montanhismo.

Mas a maior fatia do PIB teresopolitano é gerada no setor **terciário**. Estima-se que no final de 2020 houvesse na cidade aproximadamente 6.500 empresas e estabelecimentos comerciais, nos quais trabalhavam cerca de 53 mil pessoas.

De fato, a cidade possui um comércio bem diversificado. Assim, as feiras se tornaram cada vez mais populares ali, destacando-se a FePro, a Tecnohort, a Festa do Produtor Rural, e a Feirarte (Feira de Artesanato de Teresópolis) também chamada de Feirinha do Alto, uma das maiores feiras de artesanato a céu aberto do Brasil, na qual se pode comprar excelentes produtos de moda feminina, infantil, bem como bijuterias, uniformes, potes, móveis, entre outras coisas. Num fim de semana comum, o número de visitantes nessa feira – que existe desde 1983 e conta com cerca de 700 barracas – ultrapassa os 10 mil.

Já no centro da cidade, mais precisamente na rua Francisco Sá (conhecida popularmente como **calçada da fama**), tem-se uma grande concentração de lojas, que atraem também uma intensa movimentação de consumidores. Também existem em Teresópolis alguns centros comerciais bem movimentados, nos quais trabalham alguns milhares de funcionários. Entre eles, estão:

- **Galeria Teresópolis** – É um lugar lindo, com muitas lojas, boas opções para lanches e vários salões de beleza.
- **Teresópolis** – Um lugar bem agradável, com lojas de todos os tipos (de roupas a equipamentos eletrônicos), uma boa área de alimentação (com destaque para a cafeteria e a doceria), cinemas etc.
- **Do Alto** – Tem lojas com produtos regionais (roupas, decoração etc.), há nele também diversos bares e restaurantes para almoço e jantar, e é um lugar ótimo para um passeio com a família.
- **Comary** – Aí estão ótimas lojas, bons restaurantes que servem comida de qualidade e com preços bons. Há também distração para as crianças em seu último piso.
- **Várzea** – Bem localizado, com poucas lojas no térreo, mas uma boa praça de alimentação no piso superior. Nele se tem livraria, serviços médicos e até mesmo aulas de música...
- **New Fashion** – Fica no centro da cidade, com diversas lojas, consultórios médicos e de advocacia, uma boa praça de alimentação, com bons restaurantes para almoços informais ou para quem gosta de comida vegetariana.
- **Popular** – Os clientes encontram aí produtos por preços bem atraentes.
- **Quality Shop** – Muito bem avaliado pelos clientes, atraindo por isso cada vez mais gente para comprar especialmente comestíveis e bebidas.

No campo da **saúde**, estima-se que em 2020 houvesse no município cerca de 120 estabelecimentos desse setor, entre hospitais, prontos-socorros, postos de saúde e serviços odontológicos, sendo que aproximadamente 33% deles são públicos. Nesses locais há cerca de 480 leitos para internação, sendo todos eles cobertos pelo SUS.

No setor de serviços voltados para a saúde trabalham cerca de 1.800 profissionais, como: clínicos gerais, cirurgiões gerais, ginecologistas, pediatras, anestesistas, médicos de família, dentistas, psiquiatras, psicólogos, radiologistas, enfermeiras, fisioterapeutas, fonoaudiólogos, nutricionistas, farmacêuticos, assistentes sociais e auxiliares de enfermagem.

O grande destaque para o atendimento gratuito dos teresopolitano com problemas de saúde é o Hospital das Clínicas de Teresópolis Constantino Ottaviano, que é muito bem equipado. Ele conta com uma boa equipe médica e atendentes extremamente atenciosos. Os pacientes têm elogiado muito a forma como são tratados nesse hospital.

A partir de 26 de março de 2019 começou a funcionar no hospital a nova maternidade, tendo uma estrutura completa para atender as futuras mamães e os seus bebês.

Há também na cidade o Hospital Municipal Paulino Werneck, que, entretanto, tem recebido muitas reclamações, pois os pacientes não têm recebido nele um atendimento satisfatório.

O Centro Médico Hospital São José é uma instituição com atendimento particular e para convênios. É considerado por muitos teresopolitanos como "maravilhoso", desde a marcação de consultas e exames, mas principalmente pela pontualidade no atendimento e nos serviços, e por ter instalações bem cuidadas, com todos equipamentos funcionando.

O hospital particular Nossa Senhora da Saúde tem oferecido um excelente atendimento aos pacientes, bem como a Beneficência Portuguesa. Há também em Teresópolis um Instituto dos Olhos, que conta com ótimos profissionais. Quem precisa recorrer a ele recebe um ótimo atendimento. Também fica em Teresópolis a Clínica Ecológica, uma entidade privada que conta com centro de especialidades e central de exames.

No âmbito da **educação**, o município conta com escolas em todas as suas regiões e a população rural tem um fácil acesso a essas IEs nos bairros urbanos que ficam mais na periferia. As escolas públicas de Teresópolis já conseguiram no Ideb nota 5,5 e tem mantido um lento, porém contínuo avanço na qualidade do seu ensino, como aliás tem sido confirmado com o valor do indicador de educação no seu IDH, que já alcançou 0,861.

Estima-se que no início de 2020 estivessem matriculados nas cerca de 220 escolas das redes pública e privada aproximadamente 42 mil crianças e jovens, para os quais havia um total de 2.500 docentes. De acordo com os últimos levantamentos do ministério da Educação, o índice de analfabetismo (entre pessoas maiores de 15 anos de idade) no município era de 5,7%, mas ele tem diminuído ano a ano, graças ao programa EJA, que inclusive mereceu um reconhecimento do próprio ministério da Educação para a prefeitura de Teresópolis.

Em Teresópolis há várias EMEFs, algumas bem avaliadas, como é o caso da Manoel da Silveira Medeiros Sobrinho (com excelente avaliação) e da Francisco Maria Dallia (bem avaliada); e outras nem tanto, como a Professora Mariana Leite Guimarães (com avaliação regular). Além disso estão em Teresópolis as escolas Professora Acliméia de Oliveira Nascimento, Dorvalino de Oliveira, José Gonçalves da Silva, Rotary, Marília de Oliveira e Silva Porto.

A prefeitura precisa oferecer mais creches, como a Professora Elza Corradini Medeiros Santa Rita. Isso seria muito útil para as mães teresopolitanas, em especial para as que precisam trabalhar e querem deixar nelas as suas crianças bem cuidadas.

Em Teresópolis, por incrível que pareça, há diversos colégios estaduais muito bem avaliados, como: Presidente Bernardes; Edmundo Bittencourt; Lions Club; Campos Sales (cujos alunos têm obtido ótima classificação no Enem nos últimos três anos); Fany Niskier; Higino da Silveira (que ocupa um prédio antigo, bem conservado e bastante fotografado pelos turistas...); Euclides da Cunha (que conta com bons professores), etc.

Já a rede de ensino privada colabora muito na educação em Teresópolis, oferecendo creches, o ensino da pré-escola, e também IEs que atuam nos ensinos fundamental e médio. Assim, elas contribuem muito para o desenvolvimento de milhares de crianças, cujos pais têm mais recursos e podem pagar por seus estudos.

No que se refere a creche, educação infantil e ensino fundamental, destacam-se as seguintes: Florescer (talvez a melhor opção em educação infantil na cidade...); Recanto Infantil (que oferece na sua pré-escola momentos deliciosos às crianças...); Verde (com excelentes orientadores na educação infantil); Centro de Ensino Atualizado (com excelente avaliação); Centro de Ensino Serrano (ensino de excelente qualidade); George March; Centro Educacional Teresopolitano Ebenezer; Centro Educacional Mulher de Pedra, entre outras.

Há também bons colégios particulares em Teresópolis, com o Serrano (muito bem avaliado), o Nossa Senhora do Carmo (considerado um dos melhores da cidade); o Único (com excelentes professores; o Betesda (que utiliza um excelente material didático para o ensino e enriquece o mesmo focando no comportamento dos alunos ; o São Paulo (provavelmente o melhor colégio de Teresópolis...); o Mendes Faria (muito bem avaliado) entre outros.

Vivemos numa época, em especial no período das eleições, quando surgem candidatos aos cargos de prefeito, governador e presidente da República, entre outros, e oferecem soluções aparentemente promissoras para a solução dos graves problemas em nosso País. Um deles é o da educação, que, aliás, é uma **obrigação do governo**!!!

Até mesmo as redes sociais estão repletas de propostas mágicas que visam resolver a situação, como por exemplo uma que diz: "Para melhorar a qualidade da educação oferecida na rede pública, basta voltar ao **ensino da educação moral e cívica**!?!?"

Aliás, Claudia Costin, especialista em políticas públicas e, particularmente em políticas educacionais, comentou: "Independentemente da ideia de se ensinar educação moral e cívica (ou não), a introdução de mais uma disciplina, por mais meritória que pareça para algum internauta criativo, claro que não vai resolver sozinha os complexos problemas da educação no Brasil.

Atualmente circulam outras propostas aparentemente mais charmosas, que também parecem soluções milagrosas, como é o caso do uso da tecnologia e da EAD para substituir o professor nas escolas. Sou uma grande adepta do maior uso de computadores na escola e da customização ou personalização do ensino, mas o fato é que ainda não inventaram nada melhor que o professor!!!

Porém, esse profissional precisa estar bem formado e apoiado (inclusive por computadores, *tablets* e *smartphones*), para assegurar que os alunos desenvolvam, desde a educação infantil até o final do ensino médio, tanto as suas competências cognitivas como as socioemocionais.

Uma outra bala de prata é a ideia de acabar com as escolas públicas e substitui-las por *vouchers* (ou seja, pagamentos a uma entidade externa por um serviço) para escolas privadas. Num País em que 81,7% dos alunos estão na rede pública, isso seria totalmente irreal e indesejável.

O verdadeiro desafio é fazer o difícil trabalho que fizeram as nações que hoje têm bons sistemas educacionais, ou seja, investir pesado na melhoria da educação oferecida em todas as unidades escolares, especialmente as públicas, começando com a adequada remuneração dos professores, tornando essa carreira atraente, inclusive para os jovens que concluem cursos superiores. Além disso, faz-se necessário priorizar o bom atendimento à base, isto é, na educação infantil e no ensino fundamental."

Sem dúvida esse é um importante conselho dado por Claudia Costin, e as prefeituras das encantadoras Petrópolis e Teresópolis (tão próximas...) deveriam arranjar meios para oferecer essa **reeducação** a seus professores e gestores de IEs mantidas por elas, oferecer-lhes melhor remuneração e fazer de tudo para que essas crianças tenham um ensino em tempo integral. Agindo assim, certamente começaríamos a formar uma geração de jovens bem mais capacitados para atuar no mercado de trabalho do século XXI.

Nos últimos anos, várias IESs instalaram novas unidades no município de Teresópolis, contribuindo muito para a mudança do perfil da cidade de industrial para **universitário** (com "visitantes" muito cobiçados por qualquer cidade...).

Assim, encontram-se na cidade, por exemplo, o Centro Universitário Serra dos Órgãos (Unifeso) e a Universidade Estácio de Sá, duas IESs particulares que oferecem cursos de graduação e de pós-graduação. A Universidade Estácio de Sá, cuja primeira faculdade foi de Direito, criada em 1970, no bairro de Rio Comprido, na zona central da cidade de Rio de Janeiro, possui cerca de 39 *campi* espalhados só no Estado do Rio de Janeiro. Em 2019 ela passou a ser administrada pelo grupo YDUQS (uma *holding* de capital aberto com foco no ensino superior). A Universidade do Estado do Rio de Janeiro (UERJ) também está presente na cidade, com o seu curso de graduação em Turismo.

No que se refere a Unifeso ela é uma IES fundada em 1970 e mantida pela Fundação Educacional Serra dos Órgãos (FESO), que oferece atualmente cerca de 16 cursos superiores. O início de suas atividades se deu com a entrada em funcionamento da Faculdade de Medicina (em 1970) e, a partir de 1972, num convênio com a prefeitura de Teresópolis, seu hospital municipal foi transformado em Hospital das Clínicas Constantino Ottaviano, administrado pela FESO.

Em 1975 foram autorizados os cursos de Administração e Ciências Contábeis; em 1995, foi criado o curso de Tecnologia em Processamento de Dados (transformado em Ciências da Computação, em 2000). Então, em 1997, a Fundação Theodor Heuberger- Pro Arte foi transformada em uma unidade de extensão da IES e, posteriormente, elevada à condição de *campus*.

Nesse mesmo ano a fazenda Quinta do Paraíso foi adquirida, e ali foi construído um novo *campus*, onde atualmente funcionam os cursos de

Pedagogia (criado em 1998), Medicina Veterinária (em 2000) e Farmácia e Fisioterapia (respectivamente nos anos de 2008 e 2001).

Em 2006 a IES passou da condição de Faculdades Unificadas a Centro Universitário Serra dos Órgãos (Unifeso). Os cursos de Ciências Biológicas, Engenharia Ambiental, Engenharia de Produção e Matemática foram iniciados em 2009, e o de Nutrição, em 2018. Até o final de 2018, 16 cursos superiores do Unifeso estavam distribuídos entre três centros: o de Ciências Humanas e Sociais, o de Ciências e Tecnologia e o de Ciências da Saúde.

Em seu *campus* FESO Pro Arte, o Unifeso tem desenvolvido muitas atividades de extensão universitária, visando atrair especialmente o público mais adulto (terceira idade), e envolvendo-os em oficinas de xilogravura, cerâmica e artes plásticas, tecelagem, ioga etc., e no estudo de espanhol e filosofia.

No âmbito da **segurança pública**, a criminalidade e a periculosidade são questões que assustam bastante, e não apenas os que vivem no País, mas também aos estrangeiros. Talvez essa seja uma das principais justificativas para o não crescimento significativo do número de turistas estrangeiros.

O ano de 2017 foi marcado pela intensificação da guerra entre facções criminosas e, por conta disso, registrou-se um recorde no número de homicídios no País. De fato, chegou-se ao assustador número de 64.880 vítimas (foram 55.900 homicídios dolosos; 5.144 mortes decorrentes de intervenções policiais; 2.460 em latrocínios e 955 devido a intensas lesões corporais graves, que levaram à morte; e o restante das mortes por outras causas relacionadas).

No Estado do Rio de Janeiro, o número de homicídios chegou a 41 por 100 mil habitantes. Esse é um índice muito alto, se comparado por exemplo àquele do Estado de São Paulo, que foi de 10,7 por 100 mil habitantes, mas bem inferior ao maior índice já alcançado no País, no Rio Grande do Norte, com 68 homicídios para cada 100 mil habitantes.

Na cidade de Teresópolis, entretanto, tinha-se uma das menores taxas de criminalidade de todo o Estado: cerca de **15,4/100** mil em 2017. Não é, pois, por acaso, que muita gente que trabalha na capital fluminense busca residir em Teresópolis, mesmo que isso represente um doloroso deslocamento todos os dias. A segurança no período da noite e também nos fins de semana vem em primeiro lugar... Teresópolis também tem registrado taxas de óbitos por acidentes de trânsito e de suicídios relativamente baixas. Estima-se que em 2019 elas tenham ficado, respectivamente, em 16,3/100 mil e 2,5/100 mil.

No campo do **abastecimento de água e saneamento**, estima-se que em 2019, 81% dos teresopolitanos fossem atendidos pela rede geral de abastecimento. Todavia, apenas 18,5% das residências possuíam rede geral de esgoto ou pluvial. Enquanto isso, 51% delas utilizavam ainda fossa séptica e 23% das habitações despejava os dejetos diretamente nos rios!?!? Os serviços de água e esgoto são fornecidos em Teresópolis pela Companhia Estadual de Águas e Esgotos do Rio de Janeiro.

Já o fornecimento de energia elétrica é feito pela Enel Distribuição Rio, conhecida anteriormente como Ampla, e a limpeza urbana fica a cargo da prefeitura, que coleta o lixo de 89% dos domicílios. Os serviços de telefonia fixa e móvel, e Internet banda larga, são fornecidos por diversas operadoras.

No âmbito da mídia impressa, a cidade conta com diversos jornais locais, sendo que *O Diário* é o único com circulação diária. Porém, o jornal mais antigo ainda em circulação é o semanal *Teresópolis Jornal*. As emissoras de televisão abertas já operam com sinal digital, embora tenham recebido o sinal digital de forma tardia em comparação com outras cidades importantes bem próximas, como Petrópolis e Nova Friburgo. Na cidade existem duas rádios AM e duas FM, além de um portal de Internet exclusivo da cidade, o Terê, que já tem mais de uma década de existência

Quando o assunto é rodovias, o acesso a Teresópolis pode ser feito pelas rodovias BR-116, BR-495 e RJ-130 (conhecida como estrada Terê-Fri). Já o transporte coletivo é de responsabilidade da Viação Dedo de Deus, e feito por meio das concessionárias Dedo de Deus e Primeiro de Março, que realizam o transporte de passageiros dentro da cidade.

A Viação Teresópolis, por sua vez, faz a ligação da cidade com suas vizinhas e em toda a sua área de influência (como Guapimirim e Magé). Além disso ela também atende a distritos e localidades rurais bem distantes do centro, oferecendo transporte para Vieira, Mottas, Serra do Capim e Água Quente. Aliás, graças à Viação Teresópolis, também é possível chegar à capital do Estado e também a outras cidades, como Nova Friburgo, Petrópolis, Sapucaia, Castelo, Nova Iguaçu, Rio das Ostras, São José do Vale do Rio Preto, Carmo e Soledade. A empresa mantém ainda uma linha interestadual entre Teresópolis e Além Paraíba.

Na cidade também opera a Viação Salutaris, com partidas diárias para São Paulo. Recentemente, algumas viações (Itapemirim e Rio Doce) disponibilizaram horários para o Estado de Minas Gerais e cidades da região nordeste – que utilizam a BR-116 (rodovia Rio-Bahia) –, adentrando a cidade de Teresópolis para embarque/desembarque de passageiros.

Teresópolis conta com vários pontos de táxi espalhados pelo centro e demais bairros. Além disso, desde 2018 o Uber – serviço de taxi por aplicativo – começou operar nas cidades de Teresópolis e Petrópolis.

Estima-se que no final de 2020 a frota de veículos em circulação em Teresópolis tenha chegado a mais de 115 mil, sendo que desse total, 67.000 são automóveis e 24.300, motocicletas e motonetas; o restante da frota inclui caminhões, caminhonetes, ônibus, micro ônibus etc.

Apesar de Teresópolis possuir muitas avenidas movimentadas e duplicadas, além de semáforos que organizam e facilitam o trânsito na cidade, o crescimento no número de veículos nos últimos 10 anos tem provocado um tráfego cada vez mais lento, em especial no centro comercial. Por causa disso tem se tornado cada vez mais difícil encontrar vagas para estacionar na região, o que sem dúvida gera muito prejuízo para o comércio local.

Isso naturalmente fez surgir um negócio lucrativo: os estacionamentos pagos. Para isso são aproveitados terrenos vazios ou não, sendo que nesse último caso os interessados demolem as construções... De fato, esses locais se proliferaram bastante, principalmente depois que a prefeitura implantou uma ciclofaixa num trecho conhecido como **"Reta"** (avenidas Lúcio Meira e Feliciano Sodré), desde julho de 2016. A ideia era melhorar o trânsito, mas acabou eliminando muitas vagas de estacionamento. O problema é que, por conta do seu relevo acidentado e da predominância de morros, Teresópolis não é exatamente uma cidade em condições ideais para a prática do ciclismo. Assim, as viagens de bicicleta não se tornaram tão populares, mas a ciclofaixa tirou muitas vagas para estacionar carros.

O ideal seria que algum empreendedor se inspirasse no que fez a Movida, em São Paulo – que investiu na *startup* E-Moving, que oferece um serviço de aluguel de bicicletas elétricas –, e iniciasse na encantadora Teresópolis algum serviço similar. Outra opção para os teresopolitanos seria adquirir sua própria bicicleta elétrica – cujo preço está caindo bastante –, o que facilitaria muito para se percorrer trajetos mais longos e/ou com muitos aclives.

E por falar em transporte elétrico, Teresópolis (que foi pioneira na chegada do trem) poderia se concentrar na rápida evolução da matriz energética, um setor em que de certa forma o Brasil já lidera, e substituir seus ônibus movidos a **óleo diesel** por veículos **elétricos**. Aliás, vários países no mundo já estão fazendo isso, e de forma bem rápida.

Um deles é China, em cujas cidades foram introduzidos nos últimos cinco anos cerca de 430.000 ônibus elétricos, o que representa cerca de 22% da frota nacional de ônibus convencionais a óleo diesel. Naquele país, a cada mês ocorre a troca de cerca de 9.500 unidades – um número equivalente à frota inteira de ônibus londrinos – a óleo diesel por elétricos.

Outro bom exemplo vem da Noruega, onde 40% dos novos veículos adquiridos em 2018 já eram elétricos. De fato, muitos países já estabeleceram como meta a proibição a partir de 2030 da comercialização de veículos a gasolina ou a óleo diesel. As mais importantes montadoras do mundo, especialmente as da Europa (como a Mercedes-Benz, a Volvo, a Volkswagen, a Scania e a Fiat) já anunciaram investimentos bilionários para o desenvolvimento de veículos elétricos e híbridos, como uma resposta a essa nova demanda pelos compradores.

Como se nota, existe aí uma nova oportunidade de negócio. No lugar de se ter um posto para a venda de combustível para veículos, a ideia seria montar postos de recarga rápida para veículos elétricos, pois é isso que acontecerá em breve nas grandes cidades do mundo – e, inevitavelmente, em nossas cidades. É claro que uma consequência inevitável será a substituição de toda a frota de ônibus (e micro-ônibus) urbanos movidos a óleo diesel, adotando-se apenas ônibus elétricos. Isso também promoverá uma completa revisão das políticas de mobilidade urbana.

Vale mencionar que, nos últimos anos, muita gente no País tem optado pelo uso de **motocicletas**. Trata-se de uma opção para garantir um deslocamento melhor e mais rápido num trânsito cada vez mais complicado nas cidades de médio e grande porte do Brasil.

Essa tendência, entretanto, já se espalhou para as cidades menores, em especial nos municípios de 17 Estados do País (predominantemente nas regiões norte, nordeste e também no Mato Grosso, no centro-oeste). Nesses locais o número de motocicletas já ultrapassa o de automóveis!!!

Um estudo da Confederação Nacional dos Municípios (CNM), divulgado no início do segundo semestre de 2018, mostrou que havia no País cerca de 27 milhões de motociclistas circulando pelas nossas vias (ruas, avenidas e rodovias), e algo como 54 milhões de carros.

O presidente do CNM, Glademir Aroldi, relatou: "O crescimento na aquisição de motos está relacionado não apenas à facilidade de crédito, ao baixo preço das prestações e aos incentivos e às isenções do governo federal ao mercado, mas também devido a deficiência dos serviços de transporte público na cidade. Isso criou uma situação bem indesejável, ou seja, um aumento do número de acidentes no trânsito. Atualmente, cerca de 75% deles envolvem motos, sendo a maioria deles com jovens do sexo masculino e com menos de 25 anos!?!?

Tal realidade afeta muito o SUS, aumenta o número de aposentadorias por invalidez e ainda retira do mercado de trabalho jovens que estão no auge de sua capacidade de trabalho!!!

Nas pequenas cidades do norte e do nordeste, as motocicletas foram substituindo os meios de transportes movidos por animais (como cavalos, jumentos e burros). Já existem algumas famílias em que todos os adultos têm sua própria moto. As pessoas encontraram nesse veículo uma forma mais rápida de transporte, que inclusive pode ser usada em estradas esburacadas.

Infelizmente, nota-se nas cidades dessas regiões do Brasil uma evidente irresponsabilidade por parte de muitas pessoas que dirigem suas motos sem estarem devidamente habilitados. Além disso, elas sequer utilizam capacetes. Talvez esteja aí uma parte da explicação para tantos acidentes com motos, assim como para a gravidade de muitos deles."

O fato é que, ano após ano, cresce no Brasil o número de usuários de motos, um veículo que atrai as pessoas pela maior facilidade de locomoção (inclusive para se mover nos congestionamentos), pela economia de horas gastas inutilmente no trânsito, pelo baixo consumo de combustível e, consequentemente, pela economia gerada.

Há muita gente, inclusive, que já tem uma moto e um carro, optando pela primeira no dia a dia (para atividades rotineiras, como ir ao trabalho e à escola) e pelo segundo nos casos de viagens e passeios de fins de semana, com o que tira-se de circulação o automóvel nos dias em que o tráfego é mais intenso.

De qualquer modo, muitos motociclistas precisam ser contidos em suas manobras, pois estão provocando muitos acidentes. E isso precisa ser levado em conta pelos gestores municipais se eles quiserem de alguma forma garantir uma mobilidade urbana mais eficiente e menos perigosa.

A **economia** de Teresópolis, bem como a de outras cidades da região serrana (como Petrópolis e Nova Friburgo), está muito voltada para o **turismo**. No município há diversos atrativos naturais e urbanos. Dentre os naturais, o destaque vai para o Parque Nacional da Serra dos Órgãos, que foi criado em 30 de novembro de 1939. Atualmente ele é administrado pelo ICM Bio.

No campo do **ecoturismo**, um local muito procurado é a serra do Subaio, onde estão localizados diversos atrativos rurais do município: trilhas, montanhas (como a Seio da Mulher de Pedra, que se assemelha à figura de uma mulher deitada) e cachoeiras.

Além da serra do Subaio, as Torres de Bonsucesso, localizadas no distrito de Bonsucesso (composto por 13 bairros), atraem muito aqueles que gostam de montanhismo. Criado em 1985, o orquidário Arabotanica (anteriormente orquidário Aranda), no bairro Quebra Frascos, também atrai muita gente que deseja apreciar (e comprar) uma grande variedade de orquídeas e outras plantas.

Também há muita gente que vem principalmente da cidade do Rio de Janeiro para percorrer o **circuito turístico** Terê-Fri. Com 67 km de extensão, a rodovia RJ-130 serve como um grande corredor turístico da região, e nela estão localizados diversas pousadas e hotéis-fazenda. Por meio dessa estrada tem-se acesso aos Três Picos de Salinas, um importante monumento natural do Parque Estadual dos Três Picos. Há ainda a Pedra da Tartaruga, uma formação rochosa similar ao réptil, e um local ideal para a prática de rapel e também para o encontro de jovens.

Dentre os atrativos urbanos, existem diversos que merecem ser citados, como:

- **Castelo Montebello Medieval** – Seus traços remontam à épocas vividas por senhores que apoiavam sentimentos feudais, e nele já aconteceram diversas confraternizações da alta sociedade local.
- **Colina dos Mirantes** (ou mirante da Colina) – Situada no alto do morro da Fazendinha, dela tem-se uma visualização bem panorâmica de grande parte da região urbana do município, além do maciço da serra dos Órgãos.
- **Higino Palace Hotel** – Localizado no bairro do Alto, é um antigo estabelecimento do luxo que data da era do presidente Getúlio Vargas.
- **Igreja matriz de Santa Teresa** – Construída em estilo gótico em homenagem à padroeira da cidade, santa Teresa D'Ávila.
- **Mirante do Soberbo** – O local também é conhecido como mirante da Vista Soberba, e está situado na entrada da cidade, de onde é possível avistar o pico Dedo de Deus, um dos marcos da região e símbolo do montanhismo brasileiro, bem como o pico do Escalavrado, a Boca do Peixe e outros pontos da serra dos Órgãos;

- **Palacete Granado** – Local que abriga atualmente o Sesc Teresópolis, que realiza diversas atividades culturais e de lazer, e já serviu como local de realização do Festival Nacional de Cinema (que agora foi transferido para a cidade de Gramado, no Rio Grande do Sul).
- **Palácio Teresa Cristina** – Abriga a atual sede da prefeitura
- **Casa da Cultura Adolpho Bloch** – Situada mas proximidades do bairro do Alto, onde são realizadas exposições e mostras de vários tipos de impressões artísticas.
- **Big Magic Trem** – É um trenzinho super animado para as crianças (se bem que os adultos também se divertem), no qual atores vestidos de personagens e super-heróis (Peppa, Homem-Aranha, Thor etc.) fazem uma verdadeira bagunça nesse passeio que dura cerca de 45 min. Esse *tour* é feito pela região da Feirinha do Alto, chegando bem perto da Granja Comary.

Teresópolis, além de ser bem conhecida pelas suas belas paisagens naturais – o que é qualifica como cidade encantadora –, também é bastante exaltada por sua culinária bem diversificada. Restaurantes e bares locais movimentam a vida noturna da cidade, sendo reconhecidos e premiados pela sua excelência. Eles servem, além da comida nacional, culinária internacional (francesa, italiana, portuguesa e japonesa). Entre eles destacam-se:

- *Don Phillipe Gastronomia* – É uma *trattoria* acolhedora que prepara massas artesanais e oferece cozinha brasileira cotidiana. Nela se prepara um prato que está cada vez mais em voga entre os restaurantes italianos: o **macarrão dentro do queijo**. A casa também oferece diariamente serviço *self-service*, com um incrível rodízio de *pizzas* e, às sextas-feiras, com menu de frutos do mar, fica lotada!!!
- *Vagão* – Decorado como um vagão de trem, o local possui um ambiente muito agradável. Serve bons petiscos, *pizzas* e assados, além de mais de 200 marcas de cerveja.
- *Recanto dos Pescadores* – Esse restaurante possui um amplo *deck* de madeira e serve deliciosos pratos com frutos do mar e temperos tradicionais brasileiros. O local também serve *fondue*, carnes e comida japonesa!!!
- *Cremerie Genève* – Esse refúgio montanhês serve pratos finos com iguarias europeias e queijos de produção própria, tudo no sistema

à la carte. A entrada, com os pães feitos na casa, é uma delícia.

Esse restaurante fica na fazenda Genève, que está a uns 30 min do centro da cidade, e no caminho há uma subidinha de terra que demanda um esforço maior do veículo. Nessa fazenda, voltada para o turismo rural, pode-se ver a criação de cabras e a produção dos queijos com o leite retirado delas. As visitas à fazenda são guiadas e, após as mesmas, as pessoas são reunidas no restaurante para ouvir uma palestra sobre a história e a fabricação dos queijos de cabra. Logo depois elas participam de uma degustação desses queijos, com pães. É claro que tem-se aí uma lojinha na qual são vendidos esses queijos!!!

- *Casa da Picanha* – O espaço decorado em madeira e um *deck* ao ar livre. Serve carnes e aves assadas na brasa, com acompanhamentos.
- *Gatto Macchiato Cat Café* – Trata-se de uma cafeteria super agradável e bem decorada, com excelente atendimento. Serve sanduíches veganos e à base de frango, e os preços são bons.
- *Boscarô* – Espaço despojado e familiar. Serve uma gastronomia cotidiana, e seu menu inclui opções mineiras, chinesas e japonesas.
- *Viva Itália* – Ocupa uma casa acolhedora e tradicional, com lareira e jardim. O restaurante se concentra na culinária italiana, e serve massas caseiras, risotos, carnes e vinhos.
- *Imbuhy* – É um espaço lindo, com bela decoração e comida italiana simplesmente deliciosa. É considerado um dos melhores restaurantes de Teresópolis.
- *La Birosca Romana di Sandro* – Embora bem simples, o lugar é muito limpo. A equipe de garçons é muito simpática e bem treinada; sua comida é de boa qualidade e há boas opções de vinhos.
- *Vila St*. Gallen – Trata-se de uma vila germânica fundada em 1912. O lugar possui uma cervejaria original, uma capelinha, lojinhas e belos jardins. Serve um "cachorro quente" de linguiça alemã incrível, além vários tipos de chope.
- *Taberna Alpina* – É um restaurante tradicional da cidade, e conta com um ambiente bem aconchegante. Serve pratos germânicos, filés, lanches e cervejas para todos os gostos.
- *Novilho de Ouro* – Essa casa em estilo alemão, com interior contemporâneo, serve carnes na brasa e tem *buffet* gastronômico. O local conta também com um *sushi bar*.

- *Varietá Grill* – É um restaurante amplo e bem limpo, que serve carnes, massas, caldos e comida oriental.
- *Dona Irene* – É um restaurante charmoso que ocupa uma casa com ambiente tradicional. Especializado em culinária russa, essa casa serve um menu digno dos czares, com o tradicional *borscht* (uma sopa à base de beterraba), o *blini* (crepe russo), suflês e filé *mignon*.
- *Sinhá* – Esse espaço caseiro e charmoso, com jardim e área de lazer para as crianças, serve comida brasileira e conta com um ótimo *buffet* gastronômico de comida mineira. Quem for até lá não deve deixar de experimentar o purê de banana da terra. Além disso, a casa oferece degustação de cachaças.
- *Têmpero com Arte* – Esse restaurante com serviço *à la carte* ocupa um ambiente rústico e pratica preços justos. Serve pratos variados que incluem massas e carnes, com destaque para os pratos caseiros.
- *Caldo de Piranha* – Trata-se de um bar-restaurante. Serve bons pratos à base de peixe e frutos do mar, e conta com uma boa carta de cervejas e vinhos para acompanhar os deliciosos petiscos.
- *Crepe Urbano* – É na realidade um quiosque temático, com mesas ao ar livre num pátio aquecido a gás. O local serve crepes criativos e vistosos.
- *Paradise Garage* – A especialidade da casa são as carnes. Além disso, o lugar dispõe de deliciosas cervejas (o que não é difícil, nessa cidade cervejeira). Porém, o que realmente chama atenção é o fato de os proprietários desse espaço terem conseguido algo interessante e crucial: promover o respeito ao passado e, ao mesmo tempo, dialogar com o futuro. Eles transformaram uma garagem de carros antigos em um ambiente moderno, com atmosfera totalmente contemporânea e, desse modo, criaram um ambiente retrô e atual – e bastante sugestivo. A decoração remete ao *rock*, e por isso a presença de um palco no interior faz total sentido. Apesar de o foco principal da casa ser a alimentação, torna-se evidente que o consumo de boa comida pode perfeitamente conviver com a música ao vivo. Além disso, o local estimula seus clientes a não esquecerem a história, na medida em que os coloca em contato com os carros antigos e personalizados pela própria casa!!! E o *Paradise Garage* tem anseios bem grandiosos para o futuro próximo: fazer com que em seu palco se apresentem nomes da música nacional e até internacional.

Os visitantes que vêm a Teresópolis contam com diversas opções em termos de hospedagem. Na cidade existem alguns hotéis e uma pousada classificados com quatro estrelas, como:

- **Terê Parque** – Uma pousada bem confortável e sofisticada, e ideal para se passar alguns dias de lazer com as crianças. Além de quartos bem funcionais (com bons cobertores), tem uma piscina externa e *lounge*. Aliás, a área externa é bem ampla, o que permite aos hóspedes fazerem caminhadas e curtirem os sons da natureza. As araras nos viveiros são uma atração à parte. Elas são supervisionadas por tratadores, que permitem aos hóspedes interagir com as aves. Aliás, essa pousada permite a presença de animais de estimação.

  O local oferece gratuitamente aos hóspedes *Wi-Fi*, estacionamento e um farto e delicioso café da manhã, com pães (inclusive pão de queijo quentinho), doces (seu bolo de pão de mel é delicioso), frutas, cereais e iogurtes, tudo servido entre 8 h e 10 h 30 min.

- **Bel-Air** – Esse hotel com vista para as montanhas é bem sofisticado e conta com restaurante, sauna, academia, piscina aquecida e espaço infantil, no qual as crianças podem brincar. Ele está situado em uma encosta arborizada, a 1,7 km do Parque Nacional da Serra dos Órgãos.

- **Le Canton** – Trata-se de um *resort* semelhante a um vilarejo suíço, com quartos modernos, *day spa*, piscina coberta, jardins bem cuidados, locais para a prática de esportes e parque temático – o *Parc Magique*. O *Le Canton* é o único *resort* do Brasil que conta com um parque de diversões coberto. Com uma decoração medieval, o parque oferece uma variedade de atrações, com cerca de 15 brinquedos, bem como uma loja para comprar lembranças do lugar. Ele tem, portanto, uma boa infraestrutura para distrair as crianças e oferece uma comida que pode ser considerada bem aceitável...

Há diversos hotéis que podem ser classificados como três estrelas, dentre os quais:

- **Fazenda São Moritz** – Como o próprio nome já diz, esse hotel está situado numa fazenda, possuindo lagoa e jardins arborizados, além de restaurante, piscinas externas e quadras de tênis. Seus alojamentos em estilo suíço são casuais, mas confortáveis. A comida é boa, sendo que o café da manhã é gratuito! Oferece atividades para as crianças.

- **Camponês** – É um hotel simples, mas tem piscinas interna e externa, e *spa*. O local permite a presença de animais de estimação, e oferece aos hóspedes *Wi-Fi*, estacionamento e café da manhã (bem modesto) gratuitamente.
- **Intercity** – Trata-se de um hotel contemporâneo, com restaurante casual, lanchonete, sala de ginástica, *spa*, banheira de hidromassagem externa e quartos com camas *king size*. O lugar, que permite a presença de animais de estimação, também oferece um ótimo café da manhã (gratuito para os hóspedes). Está localizado a 1,3 km do *shopping* Teresópolis, e a 3,9 km do Teresópolis *Golf Club*.
- **Willisau** – É um hotel bem elegante, com vista para as montanhas da serra dos Órgãos. Os quartos possuem camas boas e lareiras. O local conta ainda com bar, terraço, piscina e brinquedoteca (o que é ideal para crianças). Oferece gratuitamente aos hóspedes *Wi-Fi*, estacionamento e café da manhã (muito bom). Está localizado a 2 km do lago na Granja Comary e a 3 km do mirante do Soberbo.
- **Vilanova Parque** – Ocupa um edifício baixo, com fachada de enxaimel. Possui quartos com chuveiro à gás, dois restaurantes e uma piscina externa. O café da manhã é bem variado e gratuito para os hóspedes. Fica a 2,3 km da Feirinha do Alto.
- **Athos** – Trata-se de um hotel despretensioso, com quartos arejados, piscina externa e sauna. No seu restaurante há *self-service* de caldos, rodízio de *pizzas* e massas. Fica a 2 km da serra dos Órgãos e do lago Comary, e a 4 km do aquário Aquaporanga. Os hóspedes têm *Wi-Fi*, estacionamento e café da manhã gratuitamente.
- **Alpino** – Situado num local de cenários deslumbrantes, é um hotel bem sofisticado em estilo chalé. Possui um restaurante, piscina coberta e sauna úmida, além de salão de jogos e parque infantil. Oferece aos hóspedes um excelente café da manhã. Ele fica a 3 min a pé do Teresópolis *Golf Club* e a 23 km do Parque Nacional da Serra dos Órgãos.
- **Oásis** – É uma pousada ideal para se descansar com as crianças, e conta com um ótimo serviço de hospedagem. Oferece gratuitamente aos hóspedes *Wi-Fi*, estacionamento e um primoroso café da manhã, todavia, é proibido fumar no local.
- **Matitaterê** – É uma pousada ideal para o descanso de famílias com crianças. Os quartos possuem banheira quente e os hóspedes têm *Wi-Fi*, estacionamento e um bom café da manhã, gratuitamente.

- **Village Tere** – Essa pousada possui quartos lindos e bem limpos, além de um café da manhã excelente.

Na categoria **duas estrelas** há também em Teresópolis hotéis e pousadas interessantes, como:
- **Várzea Palace** – O local conta com quartos confortáveis e uma academia. Fica no centro da cidade, perto dos *shoppings* e de vários locais incríveis que merecem visitação. Nele os serviços de *Wi-Fi*, estacionamento e café da manhã são gratuitos para os hóspedes.
- **Santiago Centro** – É um hotel despretensioso, com quartos simples, mas confortáveis. Nele o hóspede tem estacionamento, *Wi-Fi* e farto café da manhã, gratuitamente.
- **Philipp** – É um hotel modesto com fachada em estilo Tudor e excelente vista para a serra dos Órgãos. Dispõe de quartos aconchegantes, piscina externa e um bar-restaurante. É um bom lugar para quem tem crianças, e no local é proibido fumar. Café da manhã e *Wi-Fi* são gratuitos para os hóspedes. Fica a 4 km do Teresópolis *Golf Club* e a 6 km da Granja Comary.
- **Vrindávana** – Trata-se de uma pousada e *spa*, com tema indiano, localizado numa reserva florestal. Conta com prédio principal, restaurante, piscina e *spa*, além de chalés de madeira cercados por vegetação. Os quartos e as suítes são limpos e confortáveis, e ostentam um estilo boêmio, com roupas de cama de alto padrão.
- **Pousadinha de Terê** – É uma boa pousada nas proximidades do centro, com piscina externa e churrasqueira. Os chalés contam com lareira. O local é bem cuidado e acolhedor.
- **HospedaBia** – É uma pousada bem aconchegante, com boas acomodações (quarto e banheiro) e um ótimo café da manhã.

Teresópolis se tornou nacionalmente famosa por sediar a Confederação Brasileira de Futebol (CBF), na Granja Comary, um dos bairros mais bonitos e charmosos da cidade. Ali fica também o centro de treinamento e concentração da seleção brasileira de futebol (e também das equipes nacionais de futebolistas jovens), que ocupa uma área de mais de 150 mil m^2, repleta de verde.

O responsável pelo projeto desse centro, e também pela sua execução, foi o arquiteto Octávio Sérgio da Costa Moraes. A obra foi inaugurada em 31 de janeiro de 1987, pelo então presidente da República, general Ernesto Geisel. Posteriormente, entre janeiro de 2013 e março de 2014, esse centro de treinamento passou por uma reforma radical antes de receber os jogadores convocados pelo técnico Luíz Felipe Scolari para disputar a Copa do Mundo de Futebol, realizada naquele ano no Brasil (quanto sofremos uma acachapante derrota para a Alemanha, por 7 a 1...).

A remodelação incluiu a substituição dos 22 apartamentos duplos do edifício original por 30 suítes individuais e seis duplas!!! Atualmente, além dos alojamentos, a Granja Comary dispõe de uma sala de convivência, salão de jogos, academia de ginástica, departamento médico, sala de fisioterapia, barbearia, sala de odontologia, podologia, farmácia, lavanderia, restaurante, três campos de futebol para treinos, vestiários, ginásio, piscinas, *spa* e sauna.

E por falar em esporte, deve-se mencionar também o ginásio Pedrão, que é frequentemente utilizado para a realização de eventos esportivos, tanto de futebol de salão quanto de *jiu-jitsu*. Sua estrutura abriga ainda o Museu Municipal do Esporte, em cujas imediações está a praça de Esportes Radicais Alexandre de Oliveira, que é usada para a prática de alguns esportes radicais e já foi inclusive considerada uma das melhores pistas de *skate* do Brasil, tendo sediado o Campeonato Nacional da modalidade!!! Essa praça esportiva, aliás, fica ao lado do **terminal rodoviário** da cidade.

Como já foi dito, Teresópolis se tornou a "**capital nacional do montanhismo**". E esse é um título justo, uma vez que a cidade está cercada pela natureza e abriga diversos picos. O Parque Nacional Serra dos Órgãos é muito procurado para essa prática, principalmente por abrigar elevações montanhosas como a Agulha do Diabo, o Nariz do Frade, a Pedra do Sino, o Dedo da Nossa Senhora, a Pedra do Elefante etc.

Muitos teresopolitanos curtem e praticam esse esporte, sendo que alguns deles já ganharam até fama internacional. Esse foi o caso de Mozart Catão, um dos mais famosos montanhistas brasileiros, e o primeiro a escalar o pico do Everest, no Himalaia. Lamentavelmente ele faleceu enquanto escalava a face sul do monte Aconcágua, na Argentina, em 3 de fevereiro de 1998, quando foi atingido por uma avalanche!?!?

Destacam-se ainda na região, mais especificamente em Vargem Grande (um bairro situado no percurso do circuito Terê-Fri), o Seio da Mulher de Pedra e a Pedra da Tartaruga, localizados no parque Montanhas de Teresópolis. Mas além do montanhismo, a **equitação** é um outro esporte bastante praticado pelos moradores e também por turistas que chegam à cidade. Nela existem diversos locais bem estruturados para os amantes dessa modalidade.

O **futebol municipal**, apesar de ser um esporte tão tradicional no País, não tem na cidade nenhum representante com destaque no cenário estadual. Mesmo assim, os principais clubes da cidade são o Teresópolis e o Várzea, ambos centenários, e o Barra, que já foi vice-campeão da Copa Rio, em 1995, perdendo a final para a equipe de Volta Redonda.

O Teresópolis é o clube que mais disputou campeonatos profissionais nos últimos anos, no entanto, por falta de apoio financeiro, ele não tem conseguido ficar nas divisões superiores do futebol fluminense. Isso é uma pena, pois o futebol é um entretenimento que poderia aumentar bastante a visitabilidade à Teresópolis, caso ocorressem na cidade jogos entre equipes famosas, em especial as do Rio de Janeiro.

Tiradentes

Casas coloniais coloridas e igreja na encantadora cidade de Tiradentes.

PREÂMBULO

Caminhar pelas ruas de pedra de Tiradentes tornou-se um verdadeiro convite à contemplação e à reflexão. A cidade é o lugar ideal para quem quer conhecer a história, a arte colonial e a culinária mineira, sendo com certeza uma das mais belas cidades históricas de Minas Gerais, tendo por isso servido como *set* (cenário) para gravações de filmes, minisséries e novelas.

O tempo em Tiradentes parece passar de forma diferente, mais lentamente, para que o visitante possa observar em detalhes toda a beleza estampada na arquitetura barroca, ainda bem conservada nas suas casas, seus museus e nas igrejas que datam do século XVIII.

Isolada pela serra de São José, que emoldura o município, Tiradentes de fato é uma cidade na qual surgiu um ambiente fértil para **criação** e o **trabalho autoral**. O ponto central de Tiradentes é o largo das Forras (pois aí moravam os escravos livres ou alforriados) em torno do qual estão localizados diversos hotéis, pousadas, restaurantes, bares e lojas.

Na cidade há vários museus interessantes, como: Museu da Liturgia; Museu Sant'Ana; Museu do Automóvel da Estrada Real (aí estão 50 automóveis antigos muito bem cuidados, incluindo modelos dos anos 1950 e 1960, de um colecionador e restaurador particular).

Muita gente vem a Tiradentes para participar de eventos como a *Bike Fest* que alguns já estão classificando como o melhor encontro dos que "amam" motocicletas do Brasil!?!? Dele participam grandes marcas, como Honda, BMW, Harley-Davidson, Ducati, Triumph, Kawasaki, entre outras. No local são expostas motos, equipamentos e acessórios, divulgam-se tendências que deslumbram os apaixonados pelas motocicletas.

Entre 26 e 30 de junho de 2019, ocorreu a 27ª edição da *Bike Fest* de Tiradentes, que recebeu cerca de 35 mil visitantes, com o que houve 100% de ocupação das hospedarias, uma injeção de R$ 25 milhões na economia da cidade e a criação de 700 empregos diretos.

A HISTÓRIA DE TIRADENTES

Tiradentes é um município do Estado de Minas Gerais que ocupa uma área de 83,21 km², tendo como municípios limítrofes São João del-Rei, Prados, Barroso, Dores de Campos, Santa Cruz de Minas e Coronel Xavier Chaves, ficando a cerca de 190 km da capital mineira. Estima-se que no início de 2020 vivessem na cidade quase 8.400 tiradentinos.

Entre as antigas denominações de Tiradentes tem-se a de arraial Velho de Santo Antônio e um alvará de 12 de janeiro de 1718 criou a vila de São José do Rio das Mortes, e aproximadamente um ano depois esse nome foi trocado para São José del-Rei. Aliás, o nome São José resultou das homenagens que se quis fazer ao então príncipe de Portugal dom José I. A criação do distrito data de 16 de fevereiro de 1724 e em 7 de outubro de 1860 a vila foi elevada à categoria de cidade.

Com a proclamação da República, surgiu entre os novos governantes a necessidade de homenagear heróis que representassem os novos ideais republicanos. Neste sentido, a escolha do novo nome recaiu sobre o alferes Joaquim José da Silva Xavier – o Tiradentes –, que havia inclusive combatido o governo monárquico. Desse modo, através do decreto estadual Nº 3, de 6 de dezembro de 1889, o novo nome da cidade tornou-se Tiradentes.

A cidade passou a chamar mais atenção das autoridades governamentais e acabou se tornando um dos mais bem preservados centros históricos da arte barroca do Brasil. Tiradentes logo se transformou numa grande atração turística, sendo que na metade do século XX ela foi proclamada **patrimônio histórico nacional**, tendo suas casas, seus lampiões, suas igrejas, seus monumentos e demais partes recuperadas.

Ao longo do século, o município de Tiradentes sofreu diversas divisões, com o que surgiram vários dos municípios que hoje são seus vizinhos!!!

No tocante à **educação**, os tiradentinos têm educação infantil nas IEs Ademar Natalino Longatti, Padre Lourival de Salvo Rios e João Pio; o ensino fundamental é oferecido nas escolas Marília de Dirceu, Carlos Rodrigues de Mello e Alice Lima Barbosa e já, na escola estadual Basílio da Gama, além dos anos finais do ensino fundamental pode-se completar o ensino médio.

Em caso de falta de vagas os tiradentinos acabam recorrendo às IEs de São João del-Rei, que é uma cidade bem maior (com cerca de 92 mil habitantes) e bem próxima. Naturalmente isso significa que é necessário providenciar um transporte para as crianças ou os jovens tiverem algum para leva-los até a "**cidade dos sinos**" (apelido de São João del-Rei pelos incríveis sinos que estão em suas igrejas).

Nela há algumas escolas municipais excelentes, como Carlos Damiano Fuzatto e Pio XII, além de escolas estaduais com excelente avaliação como a Aureliano Pimentel (com mais de 90 anos de existência); Deputado Mateus Salomé (muito limpa e bem organizada); Tomé Portes del-Rei; João dos Santos; Governador Milton Campos; Ministro Gabriel Passos, Doutor Garcia de Lima, entre outras.

Além disso, na rede privada de São João del-Rei destacam-se o Colégio Nossa Senhora das Dores, o Catavento Centro Pedagógico, o Centro Educacional Frei Seráfico (uma referência em educação infantil e fundamental); o Colégio Revisão (com excelente avaliação); o Instituto Auxiliadora (talvez a melhor IE de São João del-Rei); a Companhia Educacional Enlace (uma ótima IE com excelentes professores e boa estrutura).

Quando algum tiradentino almeja cursar uma IES, pode recorrer a Universidade Federal de São João del-Rei. E na "cidade dos sinos" tem-se ainda o Instituto de Ensino Superior Presidente Tancredo Neves, o *campus* São João del-Rei do Instituto Federal do Sudeste de Minas e vários polos de EAD de IESs prestigiadas como a Universidade do Sul de Santa Catarina, a Universidade Católica do Brasil etc.

E já que o assunto é **educação** deve-se ressaltar que em Tiradentes criou-se de fato um clima no qual se valoriza muito a **cultura**, a **criatividade** e diversos setores da EC.

Minha opinião continua sendo de que uma das melhores formas para desenvolver a criatividade nas crianças é fazendo-as ler bastante, com o que sem dúvida elas ampliam muito o seu vocabulário, podendo expressar-se melhor e particularmente descrever bem o que imaginam.... Assim, em Tiradentes, em suas escola deveria se dar uma grande ênfase para que seus alunos sejam intensamente motivados para **ler muito**!!!

Pois é, em tempos em que uma nova informação está a um clique de distância, pesquisas recentes mostram a importância de crianças lerem livros – **esses de papel mesmo** – para que melhorem sua aprendizagem!!! Um bom exemplo disso é que as cidades que mais inauguraram bibliotecas (principalmente nas suas IEs) são as que obtiverem resultados melhores em avaliações oficiais das quais participaram seus alunos.

Ter ouvido seus pais contarem histórias em sua infância, leva mais facilmente a ter prazer ao ler um livro e isso acaba fazendo com que um estudante se saia melhor nas provas na escolas. Uma pesquisa inédita sobre bibliotecas realizada anos atrás pelo Instituto Eco Futuro, analisou o efeito da instalação de 107 delas em cidades de 12 Estados brasileiros.

Os resultados foram apresentados ao público durante a 25ª Bienal Internacional do Livro, realizada em São Paulo em agosto de 2018. Essas bibliotecas não foram necessariamente instaladas em IEs, mesmo assim, houve um aumento de 7,8% no Ideb dos alunos do 6º ao 9º anos na cidade analisada.

A melhoria apareceu tanto nas notas de Português quanto de Matemática, sendo que também aumentou significativamente a frequência dos pais nas reuniões escolares, assim como o seu incentivo para que seus filhos fizessem suas lições de casa. Crianças do 1º ao 5º anos também foram beneficiadas, embora os resultados tenham sido menos significativos.

O Ideb é considerado hoje no País, como a melhor forma de expressar a qualidade de ensino em uma IE. Ele é tabulado, como já foi dito, pelo ministério da Educação e considera o desempenho dos alunos em provas de Português e Matemática, além das taxas de aprovação. Infelizmente o atual quadro do País no que diz respeito à leitores é triste (!?!?), pois os brasileiros leem em média **menos de três livros por ano**!!!

As avaliações nacionais mostram que só 30% dos adolescentes do 9º ano, ou seja, de 14 anos, aprenderam o que pode ser considerado como adequado em leitura e interpretação de textos. Entre as crianças de 5º ano, em média com 11 anos, esse índice é de **50%**.

E para piorar a situação só **36%** das escolas – incluindo-se aí as particulares também – **têm bibliotecas**!!! Isso, apesar da existência de uma lei federal que abriga todas as IEs a oferecerem esses espaços de leitura para seus alunos até o fim de 2020!?!? E ressalto mais uma vez que é através da leitura que um indivíduo se torna mais **culto** e **criativo**.

Por conta disso, a cultura é o que as pessoas buscam para atingirem a perfeição, buscando conhecer e compreender o melhor possível tudo o que foi dito, realizado ou até pensado pelos outros. Naturalmente, a cultura assusta bastante a certas pessoas, revelando-se "apavorante" para os ditadores, por exemplo. Porém, um povo que lê **jamais será escravizado**!!!

Dessa maneira a leitura é um assunto muito sério para o nosso País, pois é afinal assim que as pessoas podem compreender melhor o que aconteceu e está ocorrendo nele agora!!! Entretanto, não se pode esquecer de que a leitura é essencialmente uma tarefa **solitária** e, por isso, o **silêncio** é exigido em muitas partes das bibliotecas!!! Escreve-se em solidão, lê-se em solidão e, apesar de tudo, o ato da leitura permite uma comunicação entre pelo menos dois seres humanos!?!? Vale destacar, entretanto, que já vivenciamos uma época em que, graças a IA, máquinas também já escrevem textos!?!?

No cenário internacional, estudos da OCDE demonstraram um desempenho melhor no PISA (Programa Internacional de Avaliação de Estudantes) dos estudantes que **leem diariamente por prazer**!!! E isso é mais importante que a quantidade de tempo dedicado à leitura. A diferença no resultado desses bons leitores equivale a **um ano e meio a mais de escolaridade** com relação aos que não gostam de ler!!!

Recorde-se que o Pisa é uma prova feita por alunos de cerca de 79 países, jovens de 15 anos, nas áreas de Leitura, Matemática e Ciência, realizada pelo OCDE. Os resultados mundiais mostram que, no geral, as **meninas** leem **mais** por prazer que os **meninos**!!!

E para os pais que se questionam sobre como ajudar seus filhos a se sair bem na escola, outros resultados do Pisa também indicam como a leitura de livros é importante para o sucesso nessa tarefa. Assim, os estudantes do ensino fundamental cujos país leram para eles pelo menos um trecho de algum livro todos os dias (ou quase todos), tiveram um desempenho melhor no exame que os demais colegas que não vivenciaram tal experiência...

E o mais interessante é que o resultado apresentado também é bem melhor do que daqueles jovens cujos pais lhes deram brinquedos com as letras do alfabeto. Com isso, percebeu-se que se a criança ou o jovem não estiver envolvido com uma **narrativa**, somente alfabetizá-la será **insuficiente**!!!

Dessa maneira, se no Ideb, ano após ano até se percebeu algumas melhorias (bem pequenas é verdade...) desde que o Brasil começou a participar do Pisa, os nossos alunos não conseguem sair dos últimos lugares... **Isso é muito triste, não é? E o que devemos fazer?**

Sem dúvida, conseguir fazer com que os jovens (principalmente) e todas as outras pessoas leiam cada vez mais e sempre!!! Neste sentido, um **fato relevante** no nosso mercado editorial ocorreu em 2018, quando surgiu a Estrela Cultural, uma editora que propôs uma nova **experiência de leitura**, ao misturar **histórias, jogos** e **brinquedos**!!!

O escritor Beto Junqueyra, *publisher* responsável pela editora, comentou: "Para uma criança, tão importante quanto aprender a andar é aprender a virar sozinha a página de um livro. Somente assim ela conseguirá escolher os melhores caminhos. É a leitura de obras de valor, sobre diferentes assuntos, que ajuda o indivíduo a sentir o mundo de outra forma e a se expressar melhor. Hoje, entretanto, as crianças estão hipnotizadas pela tela de um *smartphone* ou um *tablet*, e com isso acabam perdendo a capacidade de sonhar e imaginar de forma plena..."

Já o presidente da fábrica de brinquedos Estrela, Carlos Tilkian, complementou: "Com as publicações da Estrela Cultural estamos propondo uma nova forma de leitura para as crianças; uma forma que seja mais moderna, mais interessante e mais interativa para elas e, ao mesmo tempo, passível de ser mediada por adultos. Essa é uma maneira que encontramos para incentivar a leitura e oferecer uma alternativa para se escapar do mundo digital."

Já há muito tempo existem editoras que publicam o chamado **livro-brinquedo**, assim como fábricas de brinquedos, como a Toyster, que produzem os livros com **quebra-cabeças**. A proposta da Estrela, todavia, é um pouco mais elaborada.

Por exemplo, o livro *A Volta ao Mundo em 80 Dias*, de Jules Verne – que foi adaptado pelo próprio Beto Junqueyra e ilustrado por Danilo Tanaka – é apresentado numa caixa parecida com a de um jogo. Dentro dela existe além do livro uma ampulheta, assim como sete desafios para serem enfrentados durante a leitura...

Essa obra integra a coleção *Você na Aventura*, com adaptações de clássicos para crianças a partir de 8 anos. Há também a seleção *Cordel*, para crianças a partir dos 5 anos, com ilustrações inspiradas em xilogravuras, que podem ser completadas e pintadas. Já para as crianças de 3 anos em diante a editora lançou a coleção *Os Jardinautas*, da bióloga Célia Hirsh e da ilustradora Gisele B. Libutti. Cada caixa vem com três livros sobre animais que vivem no jardim e ensina a reproduzi-los com a massinha que vem no *kit* (conjunto).

Parabéns para a Estrela, pois certamente dessa forma a empresa irá estimular muito a leitura pelas crianças, **não é**? Mas vivemos numa época de grandes avanços, assim, uma educação eficaz não se resume apenas a tornar os aprendizes bons leitores!?!? Hoje faz-se necessário valer-se da **neurociência aplicada**, mas, ao mesmo tempo, é fundamental escapar dos "**neuromitos**", ou seja, dos conceitos distorcidos da neurociência, que não contam com qualquer comprovação científica. E aí vão alguns deles:

➢ **A educação é mais eficaz se acontecer de acordo com o estilo de aprendizado de cada aluno!!!** – Essa afirmação baseia-se na hipótese de que algumas pessoas respondem melhor a estímulos **auditivos**;

outras a **visuais**, ou ainda outras a **cinestésicos**, com o que os alunos podem aprender lendo, ouvindo, escrevendo e fazendo.

A partir disso foram categorizados alguns "estilos" de ensinar, apoiando-se também nas ideias divulgadas por Howard Gardner, sobre as **múltiplas inteligências** e muito difundidas nas duas últimas décadas do século XX. Em vista disso, os estudantes deveriam ser colocados em grupos fechados, encaixando-os no estilo preferido autodeclarado por eles, o que lhes permitiria desenvolver melhor sua inteligência. Gostos e aptidões pessoais podem influenciar a adesão ao estudo, mas isso não significa concretamente que assim os alunos aprendem melhor, mais eficientemente e tornam-se mais inteligentes. Por outro lado, expor os estudantes a formas de estudar diferentes daquelas preferidas por eles (ou mais fáceis), é uma forma indiscutível de estimular os habilidades cognitivas deles. Estudos científicos recentes e sólidos – feitos com um significativo número de participantes e grupos de controle, e utilizando critérios consistentes para a avaliação dos resultados – indicaram que a educação "customizada", conforme o estilo de cada aluno, **não influencia positivamente** seu desempenho escolar!!!

→ **Pessoas criativas usam o hemisfério direito do cérebro e as mais lógicas o da esquerda** – Apesar de esse conceito ter se tornado popular, tanto na criação de algumas estratégias educacionais quanto nos livros de autoajuda, essa hipótese **não é corroborada pela neurociência**. Embora o cérebro seja anatomicamente dividido em dois hemisférios e exames de neuroimagem identifiquem a lateralização de certas capacidades cognitivas (por exemplo, a linguagem é acionada no lado esquerdo), o **cérebro como um todo é usado** para a realização de tarefas intelectuais. Dessa maneira, para se aprender uma língua entram e ação tanto as partes esquerda (da linguagem) quanto da direita (controle da atenção) do cérebro. Além disso, pesquisas feitas com *scanners* cerebrais também mostraram que, na maioria das pessoas, não há prevalência de um dos lados do cérebro.

→ **Há períodos para desenvolver certos conhecimentos** – De fato existem fases mais propícias para se aprender certas coisas, desse modo, o que coloca esse conceito na categoria de neuromito é sua interpretação fundamentalista. Por conta desses exageros, pesquisadores preferem chamar a fase em que o desenvolvimento de uma capacidade cognitiva exige menos esforço do ser humano de "**período sensível**". Isso não significa, entretanto, que, com o tempo, o ser humano perca a oportunidade de desenvolver certas habilidades. De fato, como mostram as últimas descobertas sobre plasticidade cerebral, a aquisição de novos conhecimentos acontece em praticamente qualquer parte da vida de uma pessoa, sendo, portanto, possível fazer novas ligações entre os neurônios (estabelecer as sinapses) durante toda a vida de um ser humano.

- **É preciso estimular ao máximo a criança até os três anos!!!** – Essa noção está relacionada ao período sensível para a aquisição de habilidades cognitivas. Como nos primeiros anos de vida de uma criança a produção de sinapses é mais intensa do que em outras fases de sua vida, oferecer a ela uma quantidade enorme de estímulos e informações poderia torná-la mais inteligente. Nesse caso a questão é naturalmente o **exagero**!!! Sabe-se que a privação de estímulos – como não conversar com a criança ou excluí-la de interações sociais – é **muito prejudicial** ao seu desenvolvimento cognitivo e emocional. Porém, inexiste ainda comprovação científica sobre a relação entre uma elevada quantidade de estímulos nos primeiros anos de vida e a consolidação de conhecimentos. Além disso, existem suspeitas de que uma estimulação excessiva e incompatível com a idade, poderia provocar efeitos indesejáveis.

- **Ginástica cerebral melhora o desempenho em provas** – Métodos para exercitar o cérebro se tornaram um produto comercial, levando à proliferação de "**academias de ginástica cerebral**"!!! Até aí tudo bem, só que em seu material publicitário essas empresas costumam afirmar que **o cérebro é um músculo**, o que **não é verdade**!!! O cérebro é basicamente um tecido nervoso!!! Claro que essa analogia serve somente para explicar a necessidade de se manter o cérebro em uso, de forma que não perca conexões neurais e siga **sempre** formando novas conexões!!! É isso o que as pessoas fazem quando tentam resolver um problema matemático, quando aprendem uma nova língua, tomam ciência das regras de um jogo (por exemplo o xadrez) ou então acham respostas para charadas. A partir desse pressuposto surgiram várias organizações que oferecem uma série de joguinhos e perguntas criativas que supostamente permitem aumentar a capacidade cognitiva, criar novos caminhos neurais, ajudar alguém a ir bem em um exame. Entretanto, não há um sistema de avaliação para medir a eficácia desses métodos de ativação cerebral!?!?

- **Usamos só 10% do nosso cérebro!!!** – Essa afirmação é um verdadeiro absurdo!!! De um lado, é uma ideia atraente, pois sugere que poderíamos ser muito mais inteligentes (!!!), bem-sucedidos e criativos se conseguíssemos aproveitar os outros 90% supostamente desperdiçados. Infelizmente isso **não é verdade**, em especial se isso se refere a 10% de regiões cerebrais. Usando uma técnica chamada de **imagem de ressonância magnética funcional**, neurocientistas identificaram todas as partes do cérebro que são ativadas quando uma pessoa faz ou pensa em algo. Se os 10% mencionados se referirem ao número de células cerebrais, ainda assim a afirmação não procede. Quando qualquer célula nervosa deixa de ser utilizada ela se degenera e morre, ou é colonizada por outras áreas vizinhas. Não devemos portanto permitir que as células de nosso cérebro fiquem ociosas, pois elas são valiosas demais. Existem dois fenômenos que talvez possam explicar o mal-entendido todo, ou seja, **nove de cada dez** células do cérebro são do tipo neuroglias ou células gliais, que são células de apoio, que provêm assistência física e nutricional. Os outros 10% das células são os neurônios, que se encarregam de "**pensar**"!!! Assim, talvez algumas pessoas tenham imaginado (erroneamente) que seria possível aproveitar as células da glia para aumentar a capacidade cerebral pensante. Só que essas células são totalmente distintas e não podem simplesmente se transformar em neurônios para nos dar mais potência mental. Existem assim os **10%** que **pensam** e os **90%** que **ajudam a pensar**. Não existe nenhuma parte do nosso cérebro em desuso...

Mas, além desses "**conceitos falsos**", também existem algumas "**neuroverdades**", como:

- **Qualidade e período do sono têm impacto na aprendizagem** – Muitos grupos de estudos pesquisaram a relação entre o sono, a memória e o desenvolvimento cognitivo. Já existe evidência suficiente para afirmar que uma noite bem dormida ou uma sesta após o almoço tem efeito positivo no aprendizado. Também já foram realizadas pesquisas científicas que permitiram saber como o ritmo circadiano (período de sono e vigília) interfere na aquisição de conhecimento de alunos de diferentes faixas etárias. Experiências em escolas que retardaram o horário do início das aulas têm comprovado a melhora no desempenho acadêmico causado por mais horas de sono. Essas evidências estão de acordo com descobertas da neurociência sobre a consolidação e a reestruturação da memória quando dormimos e a necessidade do sono para a concentração e a recombinação de ideias que levam à resolução de problemas. Isso significa que começar as atividades escolares logo nas primeiras horas do dia **prejudica** a qualidade do sono e o aprendizado das crianças e dos adolescentes. Assim, já existe em alguns países – como é o caso dos EUA – a recomendação de que as aulas nas escolas comecem no mínimo às 8h ou até 8 h 30 min, diferente do que acontece no Brasil!?!?

↳ **Dieta certa está ligada ao desenvolvimento cognitivo** – De fato há uma correlação direta entre o consumo de nutrientes e a atividade cerebral. Há também muita evidência científica que mostra de que forma dietas deficitárias **prejudicam** o desenvolvimento cognitivo. A ciência indica que **alimentação equilibrada**, em que produtos ultra processados não substituem ingredientes naturais, é também uma questão de **boa educação**. Aliás, numa série de estudos recentes comprovou-se como um bom café da manhã influencia o aproveitamento dos alunos. De acordo com essas pesquisas, não fazer a primeira refeição do dia **prejudica** a realização de tarefas intelectuais mais complexas e a memória de curto prazo. Mas é bom lembrar que a relação positiva entre nutrientes e cognição se aplica à qualidade e variedade de alimentos *in natura* (em seu estado natural), e não a determinados suplementos. E de fato não há evidência científica de que cápsulas de vitaminas tenham efeito no desempenho intelectual!!!

E temos ainda os **neuroapostas**, entre as quais destacam-se:

↳ **Educação bilíngue traz vantagens cognitivas** – A análise de diferentes estudos com **crianças bilíngues** aponta para algumas vantagens, como maior rapidez em avaliar diferentes informações, focalizar nas informações que são relevantes e resolver problemas. Nas pesquisas realizadas nas escolas dos EUA e do Reino Unido, alunos bilíngues também apresentaram maior facilidade para mudar de uma tarefa para outra e para controlar sua atenção. Entretanto, ainda são necessários mais estudos para determinar variáveis capazes de interferir nesses resultados, como condições sociais e econômicas dos estudantes.

→ **Meditação melhora o desempenho escolar** – Técnicas de meditação, como ioga e *mindfulness* ("**atenção plena**"), são objeto de estudo da neurociência há algum tempo. Há desde pesquisas sobre a melhora de sintomas em pessoas com estresse pós-traumático até imagens computadorizadas do aumento e da redução de atividades em certas áreas do cérebro que podem explicar efeitos como maior concentração e diminuição da ansiedade. Esses resultados têm efeito na cognição e no desempenho intelectual e já começaram a ser testados em escolas, mas, por enquanto, os estudos mais amplos sobre os efeitos da meditação são realizados com adultos. Ainda é preciso pesquisar um número maior de crianças e adolescentes e, por enquanto, não está estabelecido como as práticas podem ser replicadas em diferentes ambientes escolares e para quais faixas etárias são mais indicadas.

Quem desejar mais informações sobre esses conceitos e outros capazes de influenciar o desenvolvimento de nosso cérebro deve ler o livro *Caçadores de Neuromitos*, organizado pelos psicólogos Larissa Zeggio, Roberta Ekuni e Orlando Francisco Amadeo Bueno.

No que se refere à **saúde**, os tiradentinos podem recorrer a uma Unidade Mista de Saúde, há também na cidade uma base descentralizada do SAMU, porém, para situações mais sérias será necessário dirigir-se à vizinha São João del-Rei, que conta com uma Santa Casa de Misericórdia. Nesse hospital trabalha um número razoável de profissionais de diferentes especialidades médicas. Há aí também o Hospital Nossa Senhora das Mercês, onde técnicos competentes realizam serviços como manipulação de imagens; o Hospital Monte Sião, que oferece atendimento particular, e a Unimed para o atendimento de laboratório.

Entre os diversos "**tesouros**" existentes em Tiradentes, destacam-se as suas igrejas católicas (oito das quais tombadas pelo IPHAN), como:

→ **Santo Antônio** – Essa igreja matriz é a mais antiga da cidade, tendo sido construída entre 1710 e o início do século XIX, quando Antônio Francisco Lisboa, o Aleijadinho, foi chamado para refazer a sua fachada em estilo rococó. Ela é a segunda igreja em quantidade de ouro do Brasil (a primeira está em Salvador), tendo cerca de 482 kg de folhas desse material, o que a faz reluzir bastante sob o sol. É sem dúvida uma das mais belas construções barrocas e rococós do País, sendo bonita tanto por fora como por dentro. Nela há muitos santos, quadros barrocos, colunas jônicas e um altar com influências gregas e orientais. O visitante não pode deixar de observar seu teto de madeira com o ferro pintado, bem como notar na parte superior do templo um órgão trazido de Portugal em 1798 (considerado um dos quinze mais importantes e espetaculares do mundo). Quem visita a igreja com um guia acaba ouvindo dele as histórias sobre os santos usados para esconder pedras preciosas nos tempos de mineração, uma prática que originou a expressão "**santos do pau oco**".

- **Santuário da Santíssima Trindade** – Sua construção no estilo barroco-rococó data de 18 de outubro de 1822, e é nessa igreja que ocorre anualmente o evento Jubileu da Santíssima Trindade. Ela foi tombada em nível nacional pelo IPHAN e recentemente foi restaurada, com o que agora percebe-se claramente a vivacidade do azul e branco que colorem sua fachada. Entretanto, essa igreja não permanece aberto em tempo integral...

- **Nossa Senhora do Rosário dos Homens Pretos** – Ela foi erguida no século XVIII e muito frequentada pelos negros escravizados. Com um sombreado e um pátio bem elegante à sua frente, essa construção está bem na parte central da cidade. Seu interior, entre pedras, madeiras, santos e pinturas, também recebeu folhagem de ouro, algo bem incomum nas igrejas dos escravos. Nela há três altares de talha, com três santos negros: são Benedito, são Antônio de Cartegerona e santo Elesbão. Conta-se que desejosos de ter um altar tão belo quanto o da igreja matriz, os devotos traziam escondidos para ela pepitas de ouro das minas em que eram obrigados a trabalhar. Como nenhum homem branco entrava nessa igreja, e o padre nunca revelou o segredo, seu altar acabou sendo ornado com ouro, encontrando-se atualmente em processo de restauro...

- **Nossa Senhora das Mercês** – É uma capela em estilo rococó do final do século XVIII. Ela possui um único altar multicolorido, dois belos forros com pinturas também em estilo rococó (cujas cenas aludem a Virgem Maria) e uma imagem da padroeira. Ela pertencia à irmandade dos pretos crioulos, ou seja, os pretos nascidos no Brasil. Toda a pintura dessa capela, datada do início do século XIX, foi executada por Manoel Victor de Jesus, pintor mulato que faleceu em 1828.

- **São João Evangelista** – É uma capela pertencente à irmandade dos homens pardos (mulatos), com fachada simples e três altares em seu interior. O altar-mor possui fragmentos de talhas em vários estilos, enquanto os dois laterais são em estilo rococó. Nessa igreja tem-se um conjunto de imagens de um mesmo santeiro, sendo o seu calvário composto por peças de mais de 2m de altura. Dentro dela está enterrado o compositor capitão Manoel Dias de Oliveira. A construção dessa capela teve início e foi concluída no século XIX, mas demorou bastante para ficar pronto, tendo sido aberta para cultos ainda durante as obras.
- **Bom Jesus** – É uma capela de dimensões modestas, porém notável pela sua estatuária, sendo um bom exemplo da interpretação popular do estilo barroco.

Nas rua chamada Jogo de Bola – que nome engraçado para uma rua, **não é?** – é possível compreender a presença e a importância da fé no cotidiano de Tiradentes. E nesse endereço que se encontra o Museu da Liturgia, cujo acervo inclui 420 peças que datam desde o século XVIII até o XX. Aliás, este é o único museu da América Latina dedicado ao tema.

Esse espaço contou com o patrocínio do BNDES entre 2009 e 2012, e também com a ajuda do padre Lauro, que cedeu a casa paroquial do século XVIII. O diretor do museu, o tiradentino Rogério Almeida, explicou: "Foi bem árdua a tarefa de formar o acervo do museu. Isso envolveu intensas negociações para que a igreja e a população devota aceitassem retirar dos cofres peças de valor histórico e cultural, que assim estão sendo emprestadas para eventos religiosos e outras solenidades. Para mim, uma obra de arte enclausurada é um **furto**!?!?"

Na rua Direita encontra-se o pequeno Museu de Sant'Ana, instalado no prédio da antiga cadeia pública, que data do século XVIII. Seu acervo é de 291 esculturas de Ana, a mãe de Maria, venerada nas religiões cristãs e algumas de matriz africana. Nele há imagens eruditas e populares que datam dos séculos XVIII e XIX. A coleção foi doada ao patrimônio público pela empresária Ângela Gutierrez, sendo que o museu é administrado pelo Instituto Flávio Gutierrez, fundado por ela.

Na praça das Mercês, uma pequenina placa de azulejos num casarão indica o local como Instituto Mário Mendonça. Na verdade, trata-se de uma casa particular com um belo jardim interno, que ocupa cerca de 14.000m². Seu dono é o pintor carioca Mário Mendonça, mais um entre tantos que se encantou com a cidade e quis estreitar os seu laços com ela. Ele não vive nela, mas continua visitando-a com frequência quando vem a Tiradentes, e deixou em exposição permanente as telas que produziu e as obras de arte que adquiriu ao longo de sua vida.

Estão aí cerca de 1.400 peças de Dalí, Degas, Picasso, Tarsila do Amaral, Djanira, Rodin e de outros pintores de renome. Já entre as obras de Mário Mendonça, há retratos de amigos e de figuras conhecidas de Tiradentes. Os temas sacros, contudo, são os que mais aparecem em suas produções. O importante é que a entrada para apreciar essa exposição é **franca**.

Como não poderia deixar de ser, o personagem que dá nome à cidade – Joaquim José da Silva Xavier –, que como já mencionado se tornou mártir da independência pelas mãos do movimento republicano no século XIX, tem um lugar especial em sua homenagem: sua estátua de bronze encontra-se na rua Padre Toledo, no largo das Forras.

Porém, antes de visitar e fotografar o local, o turista deve esquecer aquela imagem de Tiradentes vestindo túnica branca e ostentando cabelos compridos. Essa imagem sacralizada do alferes (e dentista informal), foi a forma encontrada pelos republicanos de o transformarem num **herói**!!! Na cidade, o monumento em sua homenagem mostra um homem em trajes militares, tendo um chapéu na cabeça!!!

A estátua fica ao lado da casa onde viveu outro tiradentino famoso, o padre Toledo. O solar do século XVIII foi tombado pelo patrimônio histórico, e hoje é considerada uma das construções na cidade que mais preservam as características arquitetônicas coloniais. Dentro dela destacam-se seus nove cômodos com forro pintado, algo bem incomum em residências particulares da época.

Entre os lugares que os turistas não deixam de visitar na cidade estão o edifício onde encontra-se atualmente a prefeitura da cidade, o único com dois andares, sacadas de ferro batido e sótão. Além dele há também o prédio da Câmara Municipal, localizado próximo da igreja matriz, que foi construído em meados do século XVIII e também abrigou a administração pública no período colonial e imperial. Um fato incomum sobre esse edifício é que ele foi construído longe da cadeia pública, o que não acontecia na maioria das cidades do século XVIII.

A cadeia pública de Tiradentes, por sua vez, foi construída no período de 1833 a 1845, no local da velha cadeia, que fora destruída num incêndio. Trata-se de um prédio bem sólido e austero, com janelas de cantaria, protegidas por pesadas grades. Outro local bastante visitado e fotografado pelos turistas é a ponte sobre o ribeirão Santo Antônio, que possui duas arcadas romanas, construídas em pedra, no final do século XVIII.

Muita gente vai a Tiradentes para desfrutar do balneário das Águas Santas, que está localizado do outro lado da serra de São José. Lá existe um parque com uma ampla infraestrutura para lazer, além de hotéis e restaurantes. A fonte das Águas Santas é a que tem a maior vazão de água mineral conhecida no Estado de Minas Gerais, com cerca de 1,32 milhão de litros por dia.

Seu nome, segundo a lenda, surgiu depois que um escravo com grandes feridas nos pés conseguiu curar-se ao mergulhá-los em suas águas, que logo passaram a ser chamadas de **santas**. De fato, a água nesse balneário é radioativa e termal (com temperatura de 27,5ºC), e é excelente para o tratamento de várias doenças renais e de pele, além de ser calmante quando se fazem banhos de imersão ou duchas. E vale lembrar que nas proximidades do balneário existem diversos cursos de água, alguns com cachoeiras.

Na cidade acontece anualmente, desde 1997, a **Mostra de Cinema de Tiradentes**, com a exibição de curtas e longas-metragens. Isso faz com que o fluxo de turistas aumente bastante durante o evento, que tem sido patrocinado por empresas públicas e privadas, valendo-se das leis federal e estadual de incentivo à cultura.

O objetivo da mostra é estimular e defender o cinema brasileiro contemporâneo. Além da exibição de filmes, o evento conta com debates, seminários, oficinas e *shows* musicais. Também acontecem homenagens a diretores e atores que imprimiram sua marca e identidade na história do nosso cinema. E embora tenha se tornado um evento bem maior nos últimos anos, a Mostra de Cinema de Tiradentes continua exibindo exclusivamente produções nacionais.

A 21ª edição dessa mostra, ocorrida entre 19 e 27 de janeiro de 2018, foi considerada especial, uma vez que além de celebrar sua própria maioridade, também festejou os **300 anos da fundação da cidade**. E como já é tradição, coube à Mostra de Cinema de Tiradentes inaugurar o calendário audiovisual brasileiro do ano!!!

O evento abrigou a Mostra Aurora, principal vitrine do cinema autoral e independente do País, que atribuiu o troféu *Barroco* ao melhor filme do ano, escolhido por um júri composto por críticos. Não existe premiação em dinheiro nesse evento. A partir dessa mostra, os melhores filmes geralmente participarão dos maiores festivais do mundo.

Na abertura da mostra de 2018, a Universo Promoções – que também realiza ao longo do ano o Festival de Ouro Preto e a Mostra Cine BH – organizou um programa especial que incluiu uma homenagem ao ator Babu Santana, assim como a exibição de seu novo filme *Café com Canela*, de Glenda Nicácio e Ary Rosa. Na película buscou-se destacar a **representatividade da minoria**!?!?

Cleber Furtado, curador da mostra ao lado de Fila Foster, comentou: "Atualmente há uma cobrança por parte dos espectadores por filmes nacionais que mostrem um vínculo com o mundo fora da sala de cinema e com outras questões atuais."

No decorrer do evento foram exibidos 102 filmes e aconteceram 34 debates, o que envolveu milhares de visitantes que vieram a Tiradentes para participar dele. O melhor filme na Mostra Aurora foi *Baixo Centro*, de Ewerton Belico e Samuel Marotta, no qual se narrou a história de um casal que se conhece e se separa na mesma noite, por força das circunstâncias....

Já a 22ª Mostra de Cinema de Tiradentes ocorreu no período de 18 a 26 de janeiro de 2019, sendo uma edição com temática progressista, na qual se destacou a ousadia estética. Durante o evento foram exibidos mais de 100 filmes, em diferentes lugares: o Cine-Praça, no largo das Forras, com capacidade para mais de 1.000 espectadores, e o Centro Cultural Sesi Minas Yves Alves, onde criou-se o Complexo das Tendas para abrigar três espaços: o Cine-*Lounge* (500 lugares); o Cine-Tenda (600 lugares) e o Cine-Teatro (para uma plateia de 120 pessoas).

O grande vencedor do troféu *Barroco* de 2019 foi o filme *Vermelho*, do produtor goiano Getúlio Ribeiro. E talvez esse longa seja um dos produtos cinematográficos mais originais do cinema brasileiro nos últimos anos. O princípio fundamental da obra foi quebrar as expectativas do público – **e o fez o tempo todo** –, com inserções de cenas desconexas e aleatórias, mas que revelaram peças de um mosaico maior!!!

O filme mostrou cenas do cotidiano de uma família, focando na amizade entre dois velhinhos da periferia de Goiânia. A encenação mesclou naturalismo com amadorismo performático, chegando a alguns resultados hilários. Entre a paródia, o lirismo, a comicidade e o registro documental – e apesar de estranhíssimo –, *Vermelho* acabou comprovando o quanto o cinema pode **surpreender**!!!

De fato, essa 22ª edição do evento acabou consagrando o Estado de Goiás como uma nova fonte de bons filmes. O documentário *Parque Oeste*, de Fabiana Assis, levou o prêmio da Mostra Olhos Livres, dedicada a filmes menos comerciais. Nele a autora revisita uma desocupação de terra ocorrida em Goiânia. Além desse filme, dois curtas goianos, *Kris Bronze*, de Larry Machado, e *Guará*, de Fabrício Cordeiro e Luciano Evangelista, também foram muito aplaudidos.

De um modo geral, o que se viu na 22ª edição da Mostra de Cinema foi menos **experimentação** e mais **ativismo**, com a exibição de filmes preocupados com a representação de negros, homossexuais, mulheres lésbicas e transgêneros. A maior parte dos filmes mostrados explorou a fisicalidade e o direito desses grupos de ocuparem espaços, como foi o caso dos filmes *Corpos Adiante, Seus Ossos e Seus Olhos* ou *Tremor Iê*.

Pois bem, pode-se dizer que no ainda conservador Brasil de 2019, a 22ª Mostra de Cinema de Tiradentes foi uma bolha de resistência progressista!!! Mas ela já estourou, e tudo indica que em breve seus ecos serão ouvidos para muito além do pacato interior mineiro no qual se localiza a cidade. Vale ressaltar que durante o evento de 2019 vieram para Tiradentes cerca de 40 mil visitantes.

A 23ª Mostra de Cinema de Tiradentes aconteceu entre 24 de janeiro e 1º de fevereiro de 2020. Nela procurou-se valorizar a **imaginação**. O filme cearense *Conto dos Ossos*, da dupla Petrus de Bairros e Jorge Polo, venceu como melhor longa-metragem na Mostra Aurora, levando o troféu *Barroco* de 2020. O filme apostou na imaginação como potência gestada coletivamente e acolheu o seu caráter disjuntivo.

Os homenageados foram Antônio Pitanga e Camila Pitanga – pai e filha – que juntos fizeram em 2016 o bom documentário *Pitanga*. O evento atraiu cerca de 37 mil visitantes.

Quando muita gente vem para a mostra do cinema (e outros eventos na cidade), boa parte dessas pessoas acaba se hospedando também em São João del-Rei, que possui alguns bons locais para se hospedar, como é o caso dos hotéis Solara, Vereda Park e Lenheiros ou então nas pousadas Villa Magnólia, Estação do Trem e Segredo Ltda.

Muitos visitantes têm vindo a Tiradentes para participar do seu Festival Cultura e Gastronomia, um evento que faz parte do projeto Fartura – Comidas do Brasil, que busca criar conexões entre a cadeia gastronômica, ou seja, da origem dos ingredientes até chegarem ao prato.

A base da curadoria gastronômica do evento, a Expedição Fartura – que já percorreu o Brasil inteiro em mais de 77.000 km, passando por cerca de 150 cidades, entrevistando aproximadamente 380 personagens da culinária nacional – tem coletado informações sobre *chefs*, produtores, produtos, ingredientes, mercados e receitas. Isso não rendeu apenas descobertas de ingredientes e receitas, mas também livros, documentários e diversas formas de conteúdo que explicaram como chegar a uma boa mesa.

A 22ª edição do Festival Cultura e Gastronomia Tiradentes foi realizada ente 23 de agosto e 1º de setembro de 2019, com muitas atrações gastronômicas ao vivo – aulas, palestras e eventos bem requisitados com a participação de cozinheiros renomados –, apresentados nos estandes de *chefs* e produtores de cozinhas criativas. Os estandes foram montados entre a praça da Rodoviária e a praça Campos das Vertentes, e no decorrer desse festival foram oferecidos pratos variados para todos os gostos. Os visitantes puderam comprar pratos preparados por *chefs* conhecidos, como Juliano Caldeira, Elzinha Nunes, Marcia Nunes, Caio Soter de Noronha, Cristovão Laruça etc.

Nas praças também foram montados palcos para orquestras, bandas de *jazz*, grupos de chorinho, *DJs* etc. Atrações cênicas também integraram o festival, com apresentações itinerantes – peças, contação de histórias, cortejos circenses – espalhadas pelas ruas da cidade. Houve ainda muitos festins, ou seja, jantares preparados por *chefs* nacionais renomados, dentre os quais encontravam-se Marcelo Petrarca, Alberto Landgraf, Rafael Pires, André Mifano, Morena Leite, Henrique Gilberto, Marco Gil, Felipe Oliveira, Luciana Avellar, Mauro de Paulo, Ronie Peterson.

Os mais de 55 mil visitantes que compareceram ao festival na praça do Conhecimento, ao longo dos seus dez dias de duração, puderam participar de mais de 200 atividades gastronômicas, como: cozinhar junto com os *chefs* no espaço Interativo; assistir palestras sobre gastronomia no espaço Degustação, ministradas por especialistas no assunto; e comprar ingredientes de várias regiões do País no espaço Produtos & Produtores. Durante o evento foram servidos 150.000 pratos, com o consumo de 48 t de comida preparada, o que envolveu ao todo 380 profissionais.

Um dos focos desse festival foi a **sustentabilidade**. Assim, procurou-se ressaltar entre os participantes a necessidade de se evitar por exemplo o uso do plástico. O objetivo foi desenvolver nas pessoas uma atitude mais ecológica, transformando cada visitante em um indivíduo **3R**, ou seja, que **repensa, reaproveita** e **recicla**. Atualmente há diversas cidades no Brasil – São Paulo, BH, Brasília, Fortaleza, Belém e Porto Alegre – que abrigam eventos semelhantes ao realizado em Tiradentes. Isso consolidou o Fartura-Comidas do Brasil como a mais completa plataforma e fonte gastronômica do País.

Outro evento que ampliou a visitação à cidade foi a Semana Criativa de Tiradentes, idealizado pelos produtores culturais Simone Quintas e Junior Guimarães. Sua **missão** é promover o intercâmbio entre o **contemporâneo** e o **tradicional**, e a ideia é trazer renovações que contribuam para um *design* genuinamente brasileiro, que, ao mesmo tempo, movimentem a EC, estimulem o empreendedorismo, acelerem o turismo e, principalmente, resgatem e valorizem nossas raízes.

Já a **visão** a ser atingida é o reconhecimento do evento como um importante polo de discussão e incentivo a EC. Ela tem como objetivo vital a valorização dos conhecimentos de raiz, garantindo-lhes, entretanto, o frescor necessário para que se mantenham vivos e sejam os guardiões de nossa história. O festival anual reúne os criativos e os *trend-hunters* ("caçadores de tendências"), fazendo com que os participantes repensem seus negócios, troquem conhecimentos, discutam, produzam e estimulem o empreendedorismo por intermédio do *design*, do artesanato, da arquitetura, da tradição e de manifestações como o movimento *Maker* ("faça você mesmo").

Durante os quatro dias do evento acontecem palestras, bate-papos, exposições, laboratórios de cocriação, *workshops* do movimento *Maker* para não apenas introduzir o assunto junto a outros públicos, como também engajá-los na era do capitalismo intelectual.

A 1ª edição da Semana Criativa ocorreu entre 26 e 29 de outubro de 2017, quando foram lançados muitos objetos novos obtidos a partir de programas de imersão. Neles, *designers* como Daniela Karam, Maria Fernanda Paes de Barros, Paulo Alves, André Bastos e Guilherme Leite Ribeiro trabalharam em conjunto com os artesãos locais, como o entalhador de arte sacra Rondinelly Santos; o ferreiro Wagner Trindade; e o escultor em pedra-sabão Expedito Jonas de Jesus. Houve também um incrível encontro na principal praça da cidade, durante o qual os amantes do bordado, do tricô e do crochê, de ambos os sexos, atuaram em conjunto na criação de obras incríveis.

Também foi possível apreciar uma mostra de objetos e móveis que marcaram a história da Oficina de Agosto: o célebre ateliê de criação fundado por Antônio Carlos Bech, também conhecido como Toti. Aliás, ele foi homenageado no evento por seu destacado trabalho de renovação do artesanato mineiro desenvolvido no vilarejo de Bichinho, anexo a Tiradentes.

A Semana Criativa foi realizada no Sesi Centro Cultural Yves Alves, e nele aconteceram várias palestras e diversos debates. As discussões passaram invariavelmente pelo estilo de morar mineiro, que tem tudo a ver com o movimento *Slow*, que defende uma vida menos acelerada.

Neste sentido, Simone Quintas comentou: "É impressionante como as pessoas não conhecem o Brasil. Esse é um dos motivos pelos quais sempre intentamos fazer algo fora do circuito de São Paulo. E desde a nossa primeira visita Tiradentes se mostrou como a localidade ideal para esse festival. Aqui, os visitantes se aprofundam, submergem... E nada é mais espetacular que vivenciar essa cidade (!!!), ao mesmo tempo em que os participantes discutem e praticam o *design* brasileiro."

A 2ª Semana Criativa foi realizada de 18 a 21 de outubro de 2018, quanto o sucesso alcançado foi ainda maior que o da 1ª edição!!! A *designer* Maria Fernanda Paes de Barros, depois que participou da primeira Semana Criativa, encantou-se tanto com o trabalho e as histórias dos artesãos locais que teve a inspiração de conceber a coleção *Artesãos* para a sua marca Yankatu.

Depois de ter participado da 2ª edição ela comentou: "O que mais me fascinou neste evento foi a paixão com a qual cada artesão daqui realiza seu trabalho. Consegui agora assimilar vários detalhes importantes, aprendendo como lidar melhor com o vidro, usar as várias possibilidades do latão e fazer entalhes incríveis na madeira. Daí surgiram sete peças novas que apresentei ao público, um trabalho que foi executado em parceria com os artesãos de Tiradentes.

Eles são a cômoda **Rococó** (com o entalhe do artesão Wagner Rondinelly); o armário **Brocado**, com portas de vidro bordados pela artesã Maria Conceição de Paula; os espelhos **Relicário** e **Janelas**; a mesa **Alma**; a luminária **Matriz** e o terço **Querubins**, uma homenagem minha a Tiradentes."

Quem diria que após a Semana Criativa pudessem surgir tantos objetos novos e tão belos?

A 3ª edição da Semana Criativa de Tiradentes ocorreu entre 17 e 20 de outubro de 2019. Como o crescimento do evento se tornou necessário oferecer na programação várias opções de entretenimento para o público que veio de todas as regiões do País. Assim, na 3ª edição houve novos espaços para palestras, e ampliaram-se também os locais da feira, das exposições e da venda de produtos.

Durante o evento aconteceu o lançamento de livros e sessões de autógrafos, e o convívio entre visitantes, *designers* e artesãos foi bastante incrementado, o que permitiu que os turistas vivenciassem uma incrível imersão com pessoas tão criativas.

Designers e artesãos participantes também obtiveram grandes ganhos!!! Os primeiros aprenderam várias técnicas – como o entalhe de madeira –, e puderam perceber novas possibilidades de uso de materiais aos quais muitas vezes não tinham acesso – como a pedra-sabão, o estanho, o couro etc. Não por acaso, muitos deles voltaram a Tiradentes para trabalhar na Semana Criativa e criar novas coleções próprias ao lado dos artesões locais. Já os artesãos também aumentaram o seu repertório e adquiriram novos parâmetros de acabamento, percebendo as necessidades do mercado. Mas, acima de tudo, eles ganharam maior **visibilidade** e **reconhecimento**!!!

Um evento relativamente novo em Tiradentes é o Encontro de Congados, cuja 6ª edição aconteceu em 28 de julho de 2019. Nele ocorre o cortejo que sai da igreja matriz de Santo Antônio e se encerra na igreja de Nossa Senhora das Mercês. A congada (ou congado) é uma manifestação cultural e religiosa afro-brasileira. Trata-se de um folguedo muito antigo, que se constitui em um bailado dramático com canto e música que recriam a coroação de um rei do Congo.

O Encontro de Congados é um símbolo da reunião entre as raças, e lembra o passado dos negros que viveram em Tiradentes e na região. Nessa 6ª edição as ruas de Tiradentes ficaram ainda mais coloridas, alegres e até ganharam musicalidade ao som dos tambores. Foi uma apresentação repleta de fé. Sete grupos com integrantes de sete cidades participaram do evento: Tiradentes, Perdões, São João del-Rei, Cosmópolis, Barroso, Oliveira e Dores de Campos.

Outro evento muito interessante que passou a fazer parte do calendário de eventos de Tiradentes foi o **Fórum do Amanhã**, no qual reúnem-se diversos pensadores com a finalidade de apresentar suas ideias e propostas. O objetivo é inspirar ações da sociedade civil e, ao mesmo tempo, influenciar políticas públicas para que surjam iniciativas pioneiras e inovadoras que apontem novas soluções para os problemas existentes no País. Sua primeira edição aconteceu em 2016, tendo sido criada pelos pensadores Domenico de Masi e Eduardo Giannetti, com a ajuda do prefeito Ralph Justino.

Desde o primeiro evento o escritor italiano Domenico de Masi alertou: "O Brasil está sozinho diante de seu próprio destino: pode se dissolver na desorientação ou gerar um novo mundo!!! Espero que as ideias apresentadas no fórum auxiliem para que se tenha um Brasil melhor."

A 4ª edição do Fórum do Amanhã aconteceu entre 7 e 10 de novembro de 2019. Durante o evento intelectuais e pensadores discutiram dois eixos temáticos: **Revolução** e **Sonhos** para um futuro melhor. O coordenador do fórum, Ralph Justino, destacou: "Nesse evento não ficamos remoendo problemas do passado. Partimos do que está acontecendo para discutir como reverter os momentos difíceis vivenciado no País, para que as pessoas saiam do evento mais otimistas e com muitas esperanças."

A palestra de abertura da 4ª edição foi do pensador italiano Domenico de Masi (via *streaming*), que falou sobre o tema Revolução, usando as ideias que estão em seu livro *O Mundo Ainda é Jovem*. Já no encerramento do fórum houve o debate: *Qual é o sonho brasileiro?* Ele foi mediado pelos estudiosos dos sonhos, Roberto Gambini e Sidarta Ribeiro.

Ano após ano, o Fórum do Amanhã vem crescendo. Dele, em edições passadas, já participaram intelectuais e líderes em seus campos de atuação, como Jorge Forbes, Zander Navarro, Júlio Medaglia, Eduardo Filgueiras, Rosiska D'Arcy, Cristina Nascimento, Carlo Petrini, Pedro Paulo Diniz, Ilona Szabo, entre outros.

No período em que é realizado o fórum, a cidade costuma receber cerca de 25 mil visitantes, que movimentam bem a sua economia, mas, ao mesmo tempo, geram também alguns problemas. Um bom exemplo disso é o aumento da produção de lixo!!!

Foi dos rios no sopé da serra de São José que brotou ouro e, graças a ele, nasceu nas Minas Gerais no século XVIII a cidade de Tiradentes, que hoje é sem dúvida uma das cidades coloniais mais bem preservadas do País. Todavia, a serra atualmente atrai outro tipo de garimpo, e uma atividade que, aliás, exige olhos atentos e um bocadinho a mais de paciência: **a observação de aves!!!** Conhecida internacionalmente como *birdwatching*, a prática começou a se incorporar ao **turismo** nos anos 1960, quando muita gente descobriu o prazer de visitar lugares remotos apenas para observar o comportamento das aves.

Entre as maiores adeptos desse *hobby* destacam-se os ingleses, porém, nesses últimos anos, cresceu bastante o número de brasileiros que se interessam por essa atividade. Estima-se que no início de 2019 houvesse no Brasil cerca de 15.000 *birdwatchers*. De acordo com a Avistar Brasil, a ONG que organiza o maior encontro de observação de aves da América Latina, esse número deverá superar os 120.000 nos próximos 3 anos. Também pudera, o Brasil é o segundo País do mundo em **diversidade de aves**!!! De fato, de acordo com a Bird Life International, representada pela Save Brasil, uma entidade que trabalha na conservação de aves brasileiras, o Brasil tem 1.809 espécies, ficando atrás somente da Colômbia, com 1.877 espécies.

Após ter se tornado destino para muitos turistas e com atrações variadas – que vão desde a Festa da Cerveja até festivais consagrados (como os de arte, música, cinema etc.) –, Tiradentes começou a conciliar seu charme de cidade histórica com a **imersão na natureza**. Segundo o historiador tiradentino Luiz Cruz, autor do livro sobre a serra de São José, a região é um refúgio de vida silvestre. Ela acolhe, por exemplo, 118 espécies de libélulas popularmente conhecidas como lavadeiras ou helicópteros. Uma delas, aliás, é endêmica (ocorre apenas naquela região). E, geralmente, onde há libélulas há também muitos pássaros!!!

Na serra de São José, uma área de mata atlântica com encraves de cerrado, que se estende por 5 municípios, é o biólogo-ornitólogo Kassius Santos que regularmente guia os observadores de aves que chegam a Tiradentes. Ele calcula que existam cerca de 400 espécies de aves, dentre as quais destacam-se o tangará-dançarino, o rabo-mole-da-serra e o papa-moscas-de-costas-cinzentas, que podem ser observados ao longo das trilhas.

Nos dias de outono, uma família de seriemas pode ser vista enquanto busca alimentos no meio da mata, num ponto da estrada que liga os municípios de Prados e Tiradentes. As matas que rodeiam os riachos são o *habitat* do tangarazinho. No macho dessa espécie chama atenção a plumagem branca, vermelha preta e verde, enquanto na fêmea predomina o verde oliva.

Típico de campos rupestres, outro pássaro que surgiu por ali foi o campainha-azul. Por sua vez, a soberana águia serrana habita os paredões rochosos e costuma nidificar nos penhascos. Aliás, no meio da serra de São José os *birdwatchers* podem também observar uma interessante ave de pequeno porte: o **gavião-carrapateiro**.

Como é, estimado(a) leitor(a), ficou animado(a) para se juntar à prática do *birdwatching*? Que tal começar com uma viagem a Tiradentes?

Entre os passeios memoráveis para quem visita Tiradentes, um sem dúvida é o que se faz a bordo de uma das mais antigas "Marias-Fumaça" do País. A jornada parte de um edifício localizado na praça da Estação, sentido São José del-Rei, cidade bem maior que Tiradentes, cuja população já ultrapassa os 90.000 habitantes, e que integra o circuito histórico mineiro.

Para os que preferem atividades de caráter mais físico, a sugestão é seguir pelo Caminho das Cachoeiras, um trajeto de pelo menos 2 h de duração para percorrer essa trilha. Ela fica entre Tiradentes e São José São João del-Rei, sendo uma das que saem do marco zero da Estrada Real. No passado, mais especificamente nos séculos XVII e XVIII, passaram pelos diferentes caminhos que compõem a Estrada Real o ouro e os diamantes extraídos das Minas Gerais e destinados ao porto do Rio de Janeiro.

Segundo o Instituto Estrada Real, essa é a maior rota turística do País!!! Logo no início do trajeto os trilheiros se deparam com a bela cachoeira do Bom Despacho, onde infelizmente é impossível tomar banho. Em seguida chega-se à cachoeira do Bem-Estar, que é uma ótima opção de mergulho, desde que se esteja disposto a fazer um certo esforço, uma vez que o local é levemente íngreme e o paredão de pedras exige força nas pernas e muito equilíbrio. Embora não seja uma subida longa, o trilheiro transpira bastante, mas depois tudo fica mais fácil.

A vista é deslumbrante!!! Uma paisagem formada por morros tomados pelo verde da vegetação baixa e pedras talhadas pela água. Então a paisagem se transforma: o que era íngreme se torna plano; a terra vermelha cede espaço para areia branca; os campos mais abertos de repente se fecham com os galhos da mata atlântica. E durante todo esse passeio, algo que o visitante não pode deixar de fazer é tomar um banho nas águas geladas e cristalinas de uma piscina natural!!!

Quanto o assunto é **hospedagem**, um lugar bem interessante em Tiradentes é a pousada Richard Rothe, um casarão localizado na rua Padre Toledo. Trata-se da terceira pousada mais antiga da cidade, e pelo tratamento que os hóspedes recebem de sua proprietária, Elisângela d'Angelo, eles acabam se tornando clientes leais e sempre retornando à cidade e à pousada. Além disso, esses hóspedes fazem um incrível *buzz marketing* (divulgação boca a boca) do local.

Sua localização, ao lado da igreja matriz, é tão privilegiada quanto o seu amplo espaço, visto que já foi casa e antiquário de um alemão que, ao morrer, deixou o casarão para o seu sócio Luiz Antônio da Silva, marido de Elisângela. Quando Luiz criou a pousada deu a ela o nome de seu ex-parceiro. O local possui 12 apartamentos de tamanhos variados, mas sempre espaçosos, e conta com uma decoração colonial, com áreas comuns repletas de arte sacra e barroca. O café da manhã é simples, mas muito gostoso. A pousada possui uma piscina e oferece *Wi-Fi* (bem instável).

Mas além dessa pousada, o que realmente não falta hoje para os visitantes da pequena Tiradentes são boas hospedarias (hotéis, *hostels* e, especialmente pousadas), destacando-se entre elas:

- **Oratório** – Está situada em uma casa colonial portuguesa, com um anexo bem moderno, num projeto arquitetônico de encher os olhos, sendo uma pousada *boutique*. Fica em uma rua de paralelepípedos, com vista para a serra de São José a 1 km do centro da cidade, no bairro Alto da Torre, com uma linda vista panorâmica. Seus 11 quartos são refinado, com varanda, tendo uma piscina externa, banheira de hidromassagem e sauna. Oferece ao hóspede *Wi-Fi*, café da manhã (divino) e estacionamento gratuitamente. Sem dúvida é a hospedaria Nº1 de Tiradentes, merecendo a classificação **cinco estrelas**!!!

- **Villa** – É uma pousada ao estilo colonial, charmosa e acolhedora, que oferece aos seus hóspedes uma experiência única e inesquecível. Seus quartos são bons e nela o hóspede tem *Wi-Fi*, café da manhã e estacionamento gratuitamente, além de desfrutar de uma linda vista.

- **Caminho da Serra** – Essa pousada aconchegante, localizada a 600 m do centro da cidade, possui quartos amplos. O local oferece *Wi-Fi* e café da manhã com pratos típicos locais deliciosos, tudo de forma gratuita.

- **Cabana do Rei** – Situado em uma propriedade arborizada e com vista para a montanha, é um hotel rural classificado como 3 estrelas. O lugar é tranquilo e além de quartos espaçosos e chalés simples, possui restaurante, duas piscinas e área de recreação com boas opções para as crianças se divertirem. É um local ideal para passeio e lazer em família. Oferece *Wi-Fi* e café da manhã gratuitamente, e sua recepção e hospitalidade são dignos de elogios.

- **Senac** – Essa pousada está localizada no centro histórico, a 100 m do terminal rodoviário e 200 m do largo das Forras. Possui apartamentos bem confortáveis e, pelo esmero no atendimento, costuma receber boa avaliação de seus hóspedes. Nela o café da manhã, o estacionamento e o *Wi-Fi* são gratuitos.

- **O Amanhecer** – Essa pousada fica bem no centro, a 500 m da estação rodoviária. Suas acomodações são novas, com camas confortáveis. Possui piscina e oferece café da manhã, *Wi-Fi* e estacionamento gratuitamente.
- **Villa Saint Joseph** – É uma pousada maravilhosa. Tudo nela é muito limpo e seus quartos são espaçosos. Os funcionários são carismáticos e prestativos, ou seja, oferecem atendimento nota 10. O hóspede pode ter aulas de ioga, desfrutar da piscina, ficar na área de piquenique etc. O estacionamento, *Wi-Fi* e café da manhã são gratuitos.
- **Odara** – É um *hostel* discreto que ocupa um edifício de tijolos vermelhos localizado a 4 min a pé da rodoviária. Possui dormitórios e quartos básicos, porém confortáveis, e oferece aos hóspedes café da manhã gratuitamente, além de uma linda vista da serra de São José.
- **Pouso da Videira** – É um hotel 2 estrelas, porém bastante aconchegante. Oferece aos hóspedes um farto café da manhã como cortesia, além de excelente qualidade dos serviços, com funcionários solícitos e educados. O *Wi-Fi* e o estacionamento também são gratuitos.
- **Serra Vista** – Esse hotel simples ocupa uma construção tradicional e dispõe de quartos informais, restaurante discreto, bar e duas piscinas externas. Está localizado a 1,6 km do Museu do Automóvel na Estrada Real, a 2 km do chafariz de São José e a 14 km do Teatro Municipal de São José del-Rei.
- **Santo Expedito** – É uma excelente pousada, com boa avaliação. Os ótimos quartos são cheirosos, assim como as roupas de cama e banho. Os colchões e travesseiros são macios, e o local oferece *Wi-Fi*, estacionamento e um incrível café da manhã de forma gratuita.
- **Antigo Moinho** – É uma pousada bem aconchegante, com atendimento excelente, mas os quartos ficam muito próximos uns dos outros, o que incomoda um pouco os hóspedes. O local dispõe de piscina externa e é um local ideal para acomodar-se com crianças. Além disso oferece aos seus clientes *Wi-Fi*, estacionamento e um café da manhã, com quitutes caseiros da culinária mineira, tudo gratuitamente.

- **Villa Alferes** – Essa pousada casual possui quartos aconchegantes, piscina externa e jardim, além de banheira com água quente. Fica em uma rua residencial, a Joaquim Elisário Dias, a 10 min a pé do largo das Forras, a 15 min a pé do museu Padre Toledo e a 12 km do aeroporto de São João del-Rei. Oferece *Wi-Fi*, estacionamento e café da manhã gratuitamente aos seus hóspedes.
- **Ponta do Morro** – Esse hotel simples e descontraído fica em frente à principal praça de Tiradentes, o largo das Forras, no qual são promovidos os principais eventos da cidade, como Festival de *Jazz*, o Encontro de Motos Clássicas, o Festival de Fotografia etc. Está localizado a 3 min a pé do Museu de Sant'Ana. É um ótimo local para hospedar-se com as crianças, pois tem piscina, *playground* e até uma cozinha para se preparar comida para bebês. Oferece também *Wi-Fi* e café da manhã gratuitamente.
- **Mãe da Águia** – Essa pousada singular e sofisticada ocupa uma residência em estilo colonial, de frente para o largo das Forras, e a 500 m do Museu da Liturgia. Dispõe de quartos com vista para a praça, além de duas piscinas (uma ao ar livre e outra coberta), área de lazer, salão de jogos e restaurante. Além disso, oferece *Wi-Fi*, estacionamento e café da manhã gratuitamente.
- **Pouso Alto Tiradentes** – Possui uma boa estrutura e permite animais de estimação. Conta com restaurante e oferece gratuitamente aos hóspedes *Wi-Fi*, estacionamento e farto e variado café da manhã.
- **Ramalhete** – Nessa pousada o hóspede ocupa quartos excelentes, com roupa de cama e banho de ótima qualidade. O local oferece *Wi-Fi*, estacionamento e café da manhã inclusos na tarifa. Um diferencial é que os clientes podem trazer consigo seus animais de estimação, que são bem acomodados.
- **Villa D'Ouro** – É uma pousada rodeada por belos jardins, possui ótimos quartos, restaurante, piscina ao ar livre, banheira de hidromassagem, academia e quadra de esportes. Está situada na rota da Estrada Real, ao sopé da serra de São José, a 1 km do centro histórico da cidade. Nela o hóspede tem gratuitamente o serviço de *Wi-Fi*, estacionamento e um ótimo café da manhã.
- **Vale Verde** – Essa é uma pousada bem em conta, classificada como 2 estrelas. Fica num lugar bem tranquilo, a 5 km do largo das Forras.

Oferece jardim e acomodações aconchegantes. O hóspede tem *Wi-Fi*, estacionamento e um *buffet* de café da manhã, tudo de forma gratuita.

- **Tiradentes** – É uma pousada rústica que possui uma construção singular. Fica no centro histórico, a 6 min a pé do Chafariz de São José e a 8 min do Museu da Liturgia. O hóspede tem *Wi-Fi*, estacionamento e café da manhã gratuitamente, além de o local permitir a presença de animais de estimação.

E essa é apenas uma amostra das hospedarias que existem em Tiradentes. Então, caro (a) leitor (a), você conhece alguma cidade brasileira com menos de 10.000 habitantes que possua tantos locais para acomodar seus visitantes? Certamente não!!! E dentro da lógica reversa, isso indica que é muito fácil e confortável passar um tempo de descanso em Tiradentes, **não é mesmo**?

Já no que se refere a **restaurantes**, quem for a Tiradentes encontrará desde os mais excelentes até os mais excêntricos e exóticos. Dentre eles estão:

Uaithai – Fica na rua Padre Toledo e oferece um *mix* da romântica comida tailandesa e da fascinante comida mineira. A ideia de inspirar o menu nas gastronomias do sudeste asiático e de Minas Gerais foi do *chef* goiano Ricardo Martins, que morou um tempo na Tailândia e há cerca de 6 anos fixou-se em Tiradentes. Esse é um restaurante super descolado com um bar para os clientes tomarem drinques e, na parte externa, tem um pequeno teatro de arena para a apresentação de atores. O ambiente é super agradável e nele os clientes sentem um alto astral. Quase 80% de seus pratos podem ser feitos na versão vegetariana.

Cultivo – Ele surgiu quando dois jornalistas de BH decidiram abandonar suas carreiras para se dedicar à gastronomia vegetariana e vegana em Tiradentes. Nesse espaço bem aconchegante, além de hambúrgueres de feijão com *funghi*, o cliente pode ainda tomar drinques refrescantes, ter acesso a livros (muitos de poesia) e manusear discos que inclusive podem ser tocados na vitrola, conforme o gosto do freguês. É sem dúvida um local de encontro das pessoas que constituem a ala mais progressista da cidade, bem como de visitantes de mente bem aberta. No local se tem exemplares do jornal *O Latido de Tiradentes*, que é escrito pelos proprietários e satiriza fatos e personagens locais!?!?

- *Luth* – É uma opção romântica, descontraída e que tem à frente de sua cozinha o *chef* Luiz César Costa (o Luth, que é também o dono do bistrô). Seu cardápio *à lá carte* inclui sugestões de harmonização com cervejas da marca Trem Bier.

- *Pacco & Bacco* – Nesse restaurante bem romântico o foco é a cozinha contemporânea. O dono é Francisco Rodrigues (o Pacco), que é também *sommelier*. Por isso, a casa tem uma excelente variedade de vinhos, bastante adequados para serem ingeridos enquanto se degusta um dos incríveis risotos preparados pelo *chef*!!! O local tem uma excelente decoração e o atendimento é fantástico, mais os preços são salgados...

- *Raiz Mineira Espaço Gourmet* – Nesse restaurante a culinária é regional, assim o cliente pode se deliciar com o torresmo na caneca, o feijão tropeiro, o risoto de abobrinha, gorgonzola e filé, tilápia grelhada etc. As sobremesas incluem *petit gateau* de pão de mel com doce de leite ou simplesmente o doce de leite quente na panela. Tudo no restaurante é preparado pelo casal Ezequiel Souza, ex-*chef* do badalado restaurante *Tragaluz*, e Ana Carolina Barbosa. Juntos eles decidiram há cerca de quatro anos investir num espaço que, apesar de pequeno, pudesse acolher moradores e turistas oferecendo preços acessíveis. E de fato os preços desse restaurante são justos, as porções são fartas e as cervejas artesanais de primeira linha.

- *Atrás da Matriz* – Localizado no centro da cidade, nesse restaurante do casal Arlete Santos e Gustavo Dias tudo é preparado com muito esmero. Uma boa pedida para o jantar é pedir uma deliciosa *pizza* (destaque para a de gorgonzola com abobrinha) ou o gostoso bacalhau. O local conta também com uma boa adega e oferece aos seus clientes um ambiente bem intimista.

- *Pau de Angu* – Esse é um restaurante-fazenda, com decoração rústica oferece aos clientes um clima tranquilo e intimista. Está localizado num lugar privilegiado ao pé da serra de São José, no distrito de Bichinho. Ele oferece um cardápio essencialmente mineiro, apesar de a chefe Leonidia Bezerra ser capixaba. As verduras e os legumes são de uma horta local e a entrada inclui vários itens: pastéis de angu, seguido pela costelinha (serve para quatro pessoas...) e concluída com um doce de coco, o que acaba se constituindo numa refeição inolvidável... A comida é feita num forno de lenha e os preços são módicos.

- *Caipira* – Oferece comida incrível e um atendimento excelente, sendo uma bela descoberta entre tantos outros que existem na cidade... Uma sugestão de melhoria seria ampliar a diversidade de cervejas em seu cardápio.
- *Delícias* – Esse local acolhedor serve uma comida maravilhosa e bem temperada, no bom e velho estilo mineiro. A casa também serve excelentes saladas em seu *buffet*. Os preços dos pratos são justos.
- *Virada's do Largo* – Serve a boa comida mineira, com pratos regionais, como carne na manteiga com feijão batido ou arroz de alho e farofa. Nele não se pode deixar de tomar a caipirinha feita com cachaça da casa. O ambiente é agradável e com vista para a horta da qual se tiram os insumos para os deliciosos pratos servidos. Entretanto ele fica bem afastado do centro da cidade, em um cantinho escondido e longe da muvuca... Quem for a esse restaurante acabará notando que ele tem a alma de sua dona, a *chef* Beth Beltrão.
- *Tragaluz* – Restaurante com ambiente requintado, numa casa colonial bem conservada. Nele o cliente tem a sua disposição a gastronomia fina brasileira, com ingredientes mineiros, como é o caso do incrível arroz de galinha d'angela!!! A deliciosa comida é servida à luz de velas, o atendimento é bom, a música é agradável e o desfecho do jantar acontece quando chega a sobremesa: queijo com goiabada, que é tão maravilhosa que se torna inolvidável...
- *Montanha's* – Bem localizado, esse restaurante tem um ambiente simples, e a comida de ótima qualidade é sempre fresca. O atendimento é muito cordial e os preços são relativamente baixos. Para muitos visitantes este restaurante serve a melhor comida de Tiradentes.
- *Dona Xica* – É um restaurante interiorano e caseiro, muito convidativo pelo seu ambiente descontraído. Oferece pratos de ótima qualidade, sempre com base na carne de porco – lombo, linguiça, torresmo e costelinha –, além de petiscos incríveis, como o pastel aberto de frango com quiabo. O serviço é *à lá carte*, e tem também um balcão de cachaças seletas. Ele está instalado na rua Ministro Gabriel Passos, a principal da cidade.
- *Empório Santo Antônio* – Ele fica fora do circuito turístico, no bairro Parque das Abelhas, e serve pratos imperdíveis, como arroz de pato, um delicioso pernil, costela no bafo, cogumelos recheados etc., tudo no sistema *self-service*, que ainda inclui sobremesa e café com

deliciosas bolachinhas. É um lugar recomendado para quem gosta de comer bem e **bastante**!

- *Estalagem do Sabor* – Oferece a culinária interiorana de Minas Gerais, servida à moda de fazenda. O espaço é caseiro e intimista, com tema colonial. Os pratos têm aquele tamanho mineiro básico: satisfazem duas pessoas!!!

- *Angatu* – Oferece uma gastronomia muito criativa, utilizando ingredientes regionais. Esse restaurante de cozinha aberta ocupa um espacinho rústico, porém aconchegante. Seu chefe se preocupa bastante em criar pratos originais e com sabores especiais. As misturas que você nunca provou na vida, encontrará ali. Os pratos são deliciosos, e não muito caros.

- *Gourmeco* – É um restaurante italiano que oferece um incrível *polpettoni* (uma grande "bola de carne"). Nele, além da boa comida, escuta-se música muito boa. O ambiente se destaca pelo capricho nos detalhes da decoração. Sua equipe dá um *show* no atendimento e para algumas pessoas esse é o melhor local de Tiradentes para se deliciar com a comida italiana.

- *Sapore D'Itália* – É um excelente restaurante de comida italiana, como o nhoque à matriciana e oferece boas *pizzas*. Fica no centro da cidade e dispõe de ótimas opções de vinho, além de cervejas artesanais.

- *Via Destra* – Para muitos clientes esse é o melhor lugar de Tiradentes pare se comer a *lasanha à bolonhesa* ou o *spaguetti à la mamma*. Na entrada desse restaurante há um jardim encantador e na parte de dentro há um ambiente bem intimista, ou seja um espaço ideal para um jantar romântico. Em dias comuns é muito tranquilo, mas nas sextas, nos sábados e nos feriados é preciso reservar um lugar, ou então aguardar bastante para ser atendido.

- *Noi Tre* – Esse é um lugar charmoso e bem decorado, sendo uma excelente *pizzaria*, com *pizzas* de massa fina com borda crocante e recheio na medida certa. Uma excelente pedida é a de carne seca com queijo canastra, acompanhada de uma salada e um bom vinho!!!

- *Cas Azul* – É um bistrô inspirado na culinária mexicana, que serve ótimas *tortillas* e tacos saborosos. Os pratos incluem carne, salada e contam com opções vegetarianas, sanduíches, crepes, caldos e vinhos, tudo isso num ambiente charmoso e moderno. Nele faz-

-se uma bela homenagem a Frida Kahlo e Diego Rivera, grandes transformadores da cultura mexicana, sendo que o prato principal é o filé Frida!!!

➻ *Entrepôt du Vin* – Na realidade é um bar sofisticado, tipo *pub* irlandês!?!? Nele é possível tomar bons vinhos (mais de 600 rótulos), além de bebidas destiladas (como uísque, vodca, gim, absinto etc.) Há também muitas cervejas artesanais no local. Tudo isso é embalado por uma trilha sonora muito boa, num ambiente cuja decoração é um espetáculo à parte.

E não se pode esquecer que bem perto de Tiradentes está São João del-Rei. De fato, as cidades estão a apenas 15 km de distância, assim, principalmente os que vêm passear na cidade de carro podem também se alimentar nos bons restaurantes são-joanenses, como o *Via Japa* (o melhor restaurante de comida japonesa na região); a churrascaria *Ramon* (que serve carnes especiais e acompanhadas de boa comida mineira); o *Empório del Rei* (com excelentes cervejas artesanais e boa música ao vivo), entre pelo menos outros outras três dezenas de excelentes estabelecimentos!!!

Em Tiradentes já existem agora alguns centros comerciais, como é o caso do Mini Max, que oferece uma boa variedade de produtos em termos de artesanato, porém os seus preços são um pouco elevados. Há também a Rampa das Flores, num local bem bonito onde se pode também tomar bons vinhos e comer diversos aperitivos. Na realidade é um polo de lazer/gastronômico, com diversas opções de lojas, restaurantes e cafeterias. Um destaque é a loja do *Café Carmello*, na qual se pode tomar café incríveis.

Em Tiradentes há também alguns espaços para compras de verdadeiras preciosidades, novas e antigas, como as que podem ser encontradas nos seguintes estabelecimentos:

➻ **RM Cerâmica Artística** – A casa, o estúdio e a loja do casal Rose Valverde (artista plástica e professora) e de Maurílio Souza (físico e professor aposentado) fica no bairro do Cascalho. Juntos eles fazem cerâmica desde 2013. O visitante pode conhecer o espaço e observar as técnicas sustentáveis utilizadas no ateliê na produção de belos conjuntos esmaltados, canecas, moringas, jogos de servir etc.

➻ **Marcas Mineiras** – No largo das Mercês está um casarão com um enorme jardim interno. O local funciona como uma galeria, na qual são comercializados apenas itens de artistas mineiros, como a sala Cristais Ca D'Oro, de Poços de Caldas; as tapeçarias de Marie Camille, de BH; os bordados de Graziella Guimarães (com técnicas tradicionais de Barbacena), que é dona do espaço ao lado do marido Cléber. No local há também uma cafeteria no jardim, onde é servido o café com borda de doce de leite e excepcionais bolos de laranja e abobrinha. Quem vai a essa loja acaba ficando um bom tempo nela, encantado com os itens à venda!!!

→ **Casa de Panela** – Fica numa casa colonial da rua Padre Toledo. Da janela para dentro é possível avistar panelas de pedra-sabão e outros tantos produtos feitos com o esteatito, entre diversos utensílios, peças de decoração e vários *souvenirs* (lembranças). O imóvel é um dos mais antigos da cidade, com piso de madeira e muitas pinturas. Ele pertence ao compositor Custódio Gomes, desde o começo do século XX e está na fila dos imóveis que em breve começarão a ser restaurados, como é o desejo do seu atual proprietário.

→ **Antiquário** – No alto de um morro no distrito de Bichinho, a família de Thomaz Franchi construiu um casarão típico do século XIX, utilizando materiais de outro casarão que fora demolido. Assim, suas portas, janelas, pisos e parte da estrutura podem ser considerados como originais da época colonial. Sua construção levou dez anos. Paulista de São Bernardo do Campo, Thomaz Franchi se mudou para o casarão com a esposa e a filha e cuida do antiquário, uma paixão que vem de seu pai. No local há mais de 500 itens à venda, sendo que os preços de algumas das peças vai de centenas de reais a muitos milhares deles. Há inclusive peças raras e bem caras, como os santinhos de madeira do século XVII, talvez de autoria do mestre Cabelinho Xadrez!?!?

Como a cidade de Tiradentes é relativamente pequena, o visitante pode ir a muitos lugares, numa boa caminhada passando por várias ruas que possuem um calçamento bem singular, em pedra capistrana. E ao longo desse passeio, especialmente no início da ladeira, o turista acaba deparando com o belo chafariz de São José. A obra foi construída em 1749 para abastecer a então vila com água potável (se bem que ele foi também bastante utilizado para lavagem de roupa e como bebedouro de animais, principalmente os cavalos). Assim, havia ao todo três pontos de água: um para o consumo humano e outro para animais, além de um terceiro que servia para os escravos lavarem suas roupas. No passado, os viajantes e tropeiros paravam no lugar para se abastecer de água. Também existe aí um aqueduto que fora construído pelos escravos da época para transportar água de uma nascente a 1 km de distância. **O chafariz ainda está em funcionamento**!!!

Finalmente, não se pode esquecer da Estrada de Ferro Oeste de Minas (EFOM), que atualmente liga São João del-Rei a Tiradentes. Ela foi inaugurada em 28 de agosto de 1881, com a presença do imperador dom Pedro II, e funciona até hoje!!! A linha foi construída em bitola de 76 cm (ou, para ser mais exato, com 762 mm). No passado o trem era puxado por locomotivas a vapor, popularmente conhecidas como Maria-Fumaça. Há exemplares dos fins do século XIX, mais as locomotivas que circulam hoje são do início do século XX.

A EFOM já possuiu 720 km em bitola de 76 cm, mas hoje somente o trecho de 12 km que liga São João del-Rei a Tiradentes está em funcionamento. Esse trecho é administrado pela Ferrovia Centro Atlântica, que foi tombada pelo IPHAN e oferece trens partindo de São João del-Rei às 10 h e às 15 h, e de Tiradentes às 13 h e 17 h, às sextas-feiras, aos sábados, domingos e feriados.

Ao longo da viagem com 1 h de duração, logo no início as pessoas podem observar os contornos da serra de São José e o curso do rio das Mortes, bem como muitas casas do século XIX, e depois uma paisagem na qual se mescla cerrado e a mata atlântica. Chegando a São João del-Rei, deve-se visitar as igrejas Nossa Senhora do Carmo e São Francisco de Assis, e ir ao Museu Ferroviário (também tombado pelo IPHAN), no qual está a locomotiva Nº 1 que percorrer a ferrovia!!!

O acesso a Tiradentes pode ser feito pela rodovia MG-450, a partir do entroncamento com a BR-265, ou então pela rodovia MG-430, a partir do entroncamento com a BR-383. A redescoberta da cidade pelo turismo na década de 1980 trouxe uma intensa especulação imobiliária e provocou o aumento dos preços, o que fez com que muitos tiradentinos se mudassem para São João del-Rei. Por outro lado, é justamente o potencial turístico de hoje a principal diferença entre a vila do passado, marcada pela exploração de ouro e diamantes, e a cidade atual.

Estando no circuito das cidades históricas de Minas Gerais, mas fora da rota das barragens – que têm se rompido no Estado nos últimos anos –, por encontrar-se mais ao sul, Tiradentes criou um modelo incrível para erguer de forma significativa sua própria economia, e o fez de maneira muito inteligente, voltando-se para os diversos setores da EC.

A cidade investiu bastante numa agenda de eventos anuais, sendo que hoje ela abriga cerca de 15 eventos bem importantes, espelhando-se talvez no que também acontece em Paraty e Gramado, especialmente nas duas últimas décadas. Incrementaram-se também várias comemorações tradicionais, como as da Páscoa e do Natal. Por exemplo, em 1º de novembro de 2019 foi lançado na cidade o **Natal Iluminado**, que se estendeu até 25 de dezembro. Durante esse período, todas as casas do largo das Forras e da rua Direita receberam luzes em suas fachadas, bem como as árvores centenárias da praça, que foram ornamentadas com iluminação especial. Essa decoração permaneceu até dia 6 de janeiro de 2020.

Durante os nove finais de semana do *Natal Iluminado* cerca de 50.000 pessoas vieram de outras cidades para apreciar o que foi montado em Tiradentes!!! E a cidade não para de desenvolver projetos novos que possam atrair e encantar os visitantes. Um bom exemplo disso é o projeto desenvolvido por Anna Cardina Barbosa, que já se tornou uma das figuras mais proeminentes do turismo tiradentino. Ela criou dois passeios bem especiais: um deles é a **caminhada noturna**, para revelar certos locais que são objeto de "causos de assombração"; o segundo é uma caminhada por pontos nos quais se reconstrói a história de escravos negros no passado da cidade.

Muito do progresso de Tiradentes – e do destaque que alcançou como uma das cidades brasileiras que mais atrai turistas – se deve ao trabalho desenvolvido por Ralph de Araújo Justino na administração municipal, em especial na época em que foi o seu prefeito da cidade, entre 2013 e 2016.

Ele estudou arquitetura na UFMG, em BH, curso que abandonou para ser empresário do cantor Raimundo Fagner no final dos anos 1970. Ele também estudou Cinema, em Los Angeles (EUA), e inclusive chegou a fazer alguns filmes de média e curta-metragem que alcançaram certo sucesso. Veio morar em Tiradentes em 1992, com o intuito de construir uma pousada e levar uma vidinha tranquila... Todavia, sua vida se transformou bastante quando aceitou o cargo de secretário de Cultura e Turismo de Tiradentes, ocasião em que teve a ideia de fazer na cidade a Mostra de Cinema e o Festival de Gastronomia, e investir no turismo cultural.

Posteriormente ele desempenhou o mesmo cargo nas cidades de Barbacena e São João del-Rei. Então, em 2013 ele assumiu a prefeitura de Tiradentes. Na época, quem a visitava seu gabinete via em sua mesa o livro *a Construção do Turismo – Megaeventos e Outras Estratégias de Venda de Cidades*, de Altamiro Sérgio M. Bessa e Lúcia Capanema Álvares, no qual havia algumas receitas para ajudar cidades a atrair visitantes...

Lendo esse livro Ralph Justino compreendeu o quanto o turismo seria importante para Tiradentes, uma cidade charmosa e que na época já contava com lindas pousadas, excelentes restaurantes e um artesanato tão original. Numa entrevista concedida em 2014, Ralph Justino relatou:

"A política nos dá a possibilidade de transformar uma cidade e mudar a vida de seus moradores. Apesar da burocracia, acredito ser possível fazer política com criatividade. Aliás, acredito que é preciso tentar ser diferente em tudo o que se faz, adotando sempre um novo olhar. Justamente por isso, penso que as escolas deveriam investir mais no **ensino da criatividade** aos seus alunos. Só desse jeito poderemos mudar o Brasil e mostrar o nosso jeito de ser para o mundo.

Eu, por exemplo, quando fui secretário municipal de Barbacena, que é conhecida por muitos como a "**cidade dos loucos**", organizei o Festival da Loucura, cujo perfil era positivo e focava no caráter mais **genial da loucura**. E o festival foi bem aceito não só pelos barbacenenses, mas também por muitas pessoas do País, atraindo milhares de visitantes para a cidade. Infelizmente os prefeitos que vieram depois não apoiaram adequadamente esse festival, que acabou desaparecendo do calendário...

Administrar bem uma cidade é sempre um grande desafio para um prefeito e sua equipe. As diversas possibilidade e as variadas formas como as pessoas veem uma cidade acabam tornando difícil descobrir o melhor caminho para uma administração municipal seguir. No meu caso, entretanto, dirigir uma cidade como Tiradentes me deu uma grande motivação. Claro que uma cidade com cerca de 8.000 habitantes, que ainda não tem uma periferia degradada, é bem mais fácil de ser administrada!!! E, para ter mais recursos, logo percebi que uma saída seria incrementar cada vez mais o **turismo de eventos** dentro dela!!!

Neste sentido, os eventos que foram organizados acabaram de fato trazendo um público específico para a cidade, e dando-lhe uma incrível **visibilidade**. No decorrer da minha administração estimulei a criação de eventos como Tiradentes em Cena, Festival de Vinho & *Jazz*, Encontro de Congados etc. A prefeitura, por sua vez, produziu o Banquete da Inconfidência, reunindo 4.000 pessoas numa única e grande mesa montada na rua Direita, assim como o *Natal Iluminado*. Temos agora pelo menos um grande evento a cada mês. Sem dúvida, Tiradentes já é hoje a cidade do interior com a melhor programação cultural do Brasil.

O turismo é uma grande solução para se incrementar a economia de uma cidade, e com certeza é uma das indústrias mais sustentáveis. Porém, Tiradentes já está com uma programação de certa forma completa para eventos que acontecem nos seus espaços públicos. Além disso, a montagem e a desmontagem das instalações para os grandes eventos acabava trazendo um transtorno para os tiradentinos. Assim, a solução foi desenvolver o turismo de negócios, que acontece de segunda a quinta-feira nos centros de convenções dos hotéis e das pousadas!?!?

Dessa forma, fortaleceu-se na cidade a indústria do turismo, sem que isso causasse muitos problemas aos espaços públicos da cidade. Mas apesar de a cidade já ser um presépio, ainda é preciso que muita coisa seja feita no decorrer do meu mandato, como a retirada do esgoto do ribeirão Santo Antônio, que corta a cidade (o objetivo é torná-la a primeira cidade histórica do País com 100% de esgoto tratado); acabar com o lixão a céu aberto; melhorar o calçamento do centro histórico; criar novos estacionamentos; e organizar melhor o tráfego de automóveis, tanto para os tiradentinos como para os turistas."

Favorecida pelo tombamento como patrimônio cultural em 1938, Tiradentes foi capaz de manter um aspecto colonial, com vielas, sobrados e solares ainda bem conservados, apesar de terem sido erguidos em outros séculos. À noite, lamparinas de óleo de mamona seguem iluminando razoavelmente o caminho feito pelos turistas, que durante o dia são castigados pelo sol...

Talvez surpreenda o visitante a rapidez com que ele pode cobrir os principais pontos históricos do lugar, caso se compare Tiradentes a outra cidade histórica mineira por excelência: Ouro Preto. Mas isso se explica facilmente pelo tamanho dos territórios e das populações, uma vez que os números de Ouro Preto são, respectivamente, 15 e 10 vezes maiores que os de Tiradentes. O mais curioso é que isso está longe de significar que não há muito o que fazer em Tiradentes, uma cidade que possui um vasto espectro de surpresas para os amantes de todo tipo de cultura.

De fato, algo que se tornou uma atração relevante para muitos visitantes é uma visita ao Instituto Márcio Mendonça, mantido como já foi dito pelo próprio artista plástico Mário Mendonça – que, aliás, quando está na cidade tem o hábito de ele mesmo apresentar às pessoas os itens de sua coleção.

E o que não falta em Tiradentes são bons artistas plásticos. O bucolismo do cenário de Tiradentes, e a possibilidade de fugir da agitação das grandes cidades, foram alguns dos fatores que atraíram para a cidade tantos artistas. Essas pessoas abriram suas galerias e estão sempre recebendo visitantes e colecionadores em busca de alguma obra de arte para o seu acervo.

Nesse caso, um bom exemplo é o do pintor paulista Sérgio Ramos, cujos trabalhos já foram apresentados em Portugal, na França e, em 2019, expostos na embaixada brasileira de Londres. Também é o caso de José Luís Rocha, que saiu de BH há quase 20 anos para fincar raízes no povoado de Bichinho, uma espécie de comunidade de artesãos na cidade de Prados, vizinha de Tiradentes, onde abriu seu ateliê.

José Luís Rocha relatou: "Vim conhecer a região num domingo, gostei muito e, em seguida, me mudei para cá. Hoje tenho um galpão no qual produzo, com a ajuda de auxiliares, obras em grande escala, marcadas pelo uso do fogo sobre tintas inflamáveis!!! Recebo agora no meu estúdio muita gente, especialmente vinda de São Paulo e do Rio de Janeiro, são pessoas que encomendam trabalhos para serem colocados em suas residências."

De fato, boa parte dos empreendimentos erguidos recentemente em Tiradentes – de hotéis a pousadas luxuosas e restaurantes veganos – foi aberta por pessoas que migraram de centros maiores, trazendo consigo boa dose de requinte, capacidade de investimento e vontade de transformar a região em um local que lhes garanta tanto o sossego e o lazer quanto a possibilidade de desenvolvimento sustentável e viver na vanguarda cultural. Hoje, sem dúvida, Tiradentes serve de inspiração – e também como base de imitação – para toda cidade brasileira que deseja se tornar uma **cidade encantadora**!!!

Uberlândia

Um espetacular fim de tarde na incrível Uberlândia.

PREÂMBULO

A vegetação predominante no município de Uberlândia é o **cerrado**, o que justifica o fato de um dos seus apelidos ser justamente "**portal do cerrado**". Todavia, os uberlandenses continuam a referir-se carinhosamente à cidade como "**Udi**".

Além dos oito feriados nacionais e de três pontos facultativos, Uberlândia celebra quatro feriados municipais de caráter religioso: Sexta-Feira Santa (sempre em março ou abril); Corpus Christi (sempre na quinta-feira seguinte ao domingo da Santíssima Trindade); dia de Nossa Senhora da Abadia (comemorado em 15 de agosto) e o dia de São Raimundo (celebrado em 31 de agosto, mesma data do aniversário de emancipação do município). Todos esses eventos atraem muitos visitantes para a cidade e envolvem muitos uberlandenses, em especial os católicos.

Já no que se refere a **entretenimento**, a cidade oferece diversas opções, como assistir ótimas apresentações nos teatros Grande Othelo, Palco da Arte e Rondon Pacheco, ou visitar as mostras dos museus de Arte, da Biodiversidade do Cerrado, de Minerais de Rochas e do Índio.

Também é possível passear pelos diversos parques da cidade, particularmente o do Sabiá. Outra boa pedida é fazer uma caminhada pelo bosque Pau-Brasil, onde há dezenas de plantas dessa espécie. Por último, vale a pena conhecer o estádio municipal João Havelange e assistir a uma boa partida de futebol, ou até mesmo acompanhar alguma competição na arena multiuso Presidente Tancredo Neves. Vale lembrar que atualmente a cidade conta com uma poderosa equipe de voleibol feminino, que inclusive sagrou-se campeã nacional em 2018!!!

A HISTÓRIA DE UBERLÂNDIA

Uberlândia é uma cidade mineira localizada 537 km a oeste da capital do Estado, BH, e a 422 km da capital brasileira, Brasília. Estima-se que no início de 2020 vivessem em Uberlândia cerca de 700 mil pessoas, o que tornou esse o município mais populoso da região do Triângulo Mineiro, que inclui Uberaba e Araguari.

O município de Uberlândia ocupa uma vasta área de 4.115,21 km², todavia, apenas 145 km² encontram-se no perímetro urbano. Os municípios limítrofes são: Veríssimo, Uberaba, Araguari, Indianópolis, Monte Alegre de Minas, Tupaciguara e Prata.

O primeiro nome da atual cidade foi São Pedro de Uberabinha, denominação recebida quando ela foi elevada a distrito da cidade de Uberaba, em 21 de maio de 1852. Então, pela lei estadual Nº 23, de 14 de março de 1891, ela passou a denominar-se Uberabinha, na mesma data de sua instalação. Finalmente, pela lei estadual Nº 1.128, de 19 de outubro de 1929, a cidade passou a se chamar Uberlândia, denominação que permanece até hoje. Vale lembrar que Uberlândia é um termo composto por 2 vocábulos de origens distintas: "*uber*", que provém do latim e significa **fértil**, e "*landia*", que vem do alemão "*land*", cujo significado é **terra**.

O primeiro homem de origem europeia a pisar na região do atual município de Uberlândia, até então habitada por índios caiapós e borerés, foi o bandeirante Bartolomeu Bueno da Silva. Isso aconteceu em 1632, quando ela ainda pertencia à capitania de São Vicente. Somente em 1818, após o desbravamento do local pelos bandeirantes, é que João Pereira da Rocha resolveu fixar-se aí, demarcando uma área próxima da aldeia de Santana (atual Indianópolis). No local ele instalou a sede da sesmaria que denominou fazenda São Francisco, que daria origem ao município.

Ele também demarcou a fazenda Letreiro e a do Salto, e batizou com o nome de São Pedro um curso de água que encontrou na região. A vinda de João Pereira da Rocha atraiu muitas outras famílias, inclusive os Carrejos, que em 1835 adquiriram parte da fazenda São Francisco e de outras próximas, formando as sedes nas quais seriam instalados seus irmãos, ou seja, em Olhos d'Água, Lage, Marimbondo e Tenda (esta última foi ocupada por Felisberto Alves Carrejo, que somente seria reconhecido como fundador da cidade em 1964).

Felisberto Alves Carrejo, um professor com formação adquirida em colégios de missionários, instalou em sua casa a primeira escola do local e, aos domingos, rezava-se ali o terço. Assim surgiu um povoado que posteriormente seria denominado Nossa Senhora do Carmo, em homenagem à capela de mesmo nome, inaugurada em 20 de outubro de 1853.

Em 11 de junho de 1857 foram incorporados ao patrimônio 12 alqueires doados por Custódia Fernandes dos Santos – esposa de Luiz Alves Pereira – e por outros cidadãos. Essa área já era habitada por escravos e deu origem ao bairro Patrimônio, na zona sul, pela lei provincial Nº 831. Exatamente um mês mais tarde foi criada a freguesia de São Pedro de Uberlândia.

Em 1861 a capela de Nossa Senhora do Carmo foi ampliada, tornando-se a igreja matriz de Nossa Senhora do Carmo de São Pedro de Uberabinha, que viria a ser demolida em 1943. Foi através do decreto Nº 51, de 7 de junho de 1888, que as freguesias de Santa Maria e São Pedro de Uberabinha foram elevadas à categoria de vilas. Dois meses mais tarde, em 31 de agosto daquele mesmo ano, foi criado o município de São Pedro de Uberabinha, atual Uberlândia, que foi emancipado em relação a Uberaba pela lei provincial Nº 4.643. Ao longo dos anos, ocorreram várias alterações na sua subdivisão distrital.

Após a emancipação de Uberlândia houve nela um grande crescimento de sua área urbana e, em 1897, foi instalada na cidade a primeira escola secundária do município: o Colégio Uberabinhense. Em 7 de janeiro daquele mesmo ano teve início a circulação de *A Reforma*, o primeiro jornal da cidade, cujo fundador e diretor-proprietário foi o professor João Luiz da Silva

No início do século XX a cidade já possuía uma diversificação no ramo industrial, ou seja, tinha fábricas de cigarros e de cerveja, além de sapatarias, ferreiros, marceneiros, selaria etc. Além dessas "indústrias" (que nem eram muito complexas, e cuja produção se caracterizava pela fabricação de utensílios domésticos, materiais para construção civil, ferramentas agrícolas, aparatos para montaria etc.), existia a indústria agropastoril, que apesar de rudimentar foi regulamentada pelo Código de Posturas.

A atividade pastoril movimentava-se em torno da criação do gado bovino para consumo interno, enquanto a criação de suínos estava voltada não apenas para o consumo do próprio criador, como também para a venda para outros municípios e Estados.

Nas ruas e avenidas sem pavimentação de Uberlândia viam-se carroças, charretes e carros de boi, e todo esse tráfego era regulamentado por leis que estabeleciam a lotação, os preços e os cuidados que teriam de ser dispensados aos animais. Vale lembrar que esses veículos de tração animal foram bastante relevantes como meio de transporte na cidade, tanto que nem com a chegada da Estrada de Ferro Mogiana em Uberabinha (em 1895) eles perderam sua importância. Afinal, o comércio entre a cidade e os locais por onde não passavam os trilhos continuou sendo realizado, em especial no que envolvia mercadorias transportadas por carros de boi. Já para as compras de poucas mercadorias, para visitas e ainda para muitas outras atividades, os cavalos eram muito utilizados.

Até o ano de 1908, as atividades sociais da população de Uberlândia giravam mais em torno das comemorações religiosas e relativas aos sacramentos, ou seja, as pessoas iam à missa aos domingos, assistiam ou participavam de batizados e casamentos, organizavam e frequentavam quermesses, eventos que ajudavam a fazer com os fiéis se mantivessem em dia com seus deveres religiosos e estreitassem o convívio com as outras pessoas. Também ocorriam apresentações de bandas de músicas aos domingos, que eram assistidas por muitos uberlandenses.

Além dessas atividades, parte da população se divertia realizando e participando de concursos de beleza. Além disso, já existiam na cidade nessa época diversas casas de jogos, que eram chamadas de **casas de tavolagem**, também consideradas como espaços de interação para os uberlandenses.

Com o crescimento demográfico da cidade, houve a necessidade de se investir não somente na infraestrutura municipal, como também na **cultura**. Assim, ao longo da primeira metade do século XX, foram inaugurados em Uberlândia cerca de 10 cinemas e, posteriormente, surgiram diversas casas de diversão, teatros e a Casa da Cultura. inaugurada em 2008, esta instituição acolheu vários acervos culturais e está situada em um prédio construído entre1922 e 1924, com a finalidade de ser a residência do intendente municipal Eduardo Marques que administrou a cidade entre 1923 e 1926.

Antes de 1930, os municípios brasileiros eram dirigidos pelos presidentes das Câmaras Municipais, também chamados de **agentes executivos**, ou **intendentes**. Somente após a Revolução de 1930 é que os poderes municipais foram separados em Executivo e Legislativo. O primeiro intendente do município foi Antônio Alves dos Santos, e o primeiro líder do poder Executivo e prefeito do município de Uberlândia foi Lúcio Libânio. Até agora, em 29 mandatos, Uberlândia teve 25 prefeitos (o atual é Adelmo Leão Carneiro Sobrinho), além dos 10 agentes executivos.

Sem dúvida, Uberlândia deve muito do seu progresso às boas gestões de seu prefeito Adelmo Leão Carneiro Sobrinho, que comandou a cidade entre 2005 e 2012 (em 2 mandatos), e foi reeleito em 2016 para um terceiro mandato, quando obteve 72,05% dos votos válidos.

E não se pode esquecer que desde 1991 ele foi deputado federal, com quatro mandatos consecutivos e um quinto entre 2015 e o final de 2016. Como deputado federal ele teve grande atuação, não esquecendo jamais de captar recursos e investimentos para Uberlândia e região. Sempre que assumiu a gestão de Uberlândia ele manteve uma postura de coerência, dignidade honradez, simplicidade e, sobretudo, de grande dedicação ao trabalho para melhorar a vida dos que vivem na cidade.

Note-se que nas eleições municipais que aconteceram em 15 de novembro de 2020, ele foi reeleito (seu 4º mandato), tendo obtido uma vitória incontestável, com 70,47% dos votos válidos, confirmando o quanto os uberlandenses apreciam e aprovam o seu trabalho de gestão da cidade.

É uma pena que recentemente se tenha descoberto em Uberlândia a atuação incorreta e ilegal do seu Legislativo, o que também envolveu o vice--prefeito da cidade. O último escândalo na cidade foi a prisão de 20 de seus vereadores (de um total de 27), dentre eles o próprio presidente da Câmara. Esse fato aconteceu em 16 de dezembro de 2019, em decorrência de algumas operações que estavam voltadas para desvios de verbas nos gabinetes dos vereadores e fraudes em contratos de vigilância, serviços em gráficas, transporte escolar etc. Na ocasião, a Justiça autorizou também a prisão de 17 empresários.

É lamentável que ao invés de trabalharem para a melhoria da qualidade de vida dos munícipes, os vereadores se aproveitem de seus cargos e desenvolvam ações ilícitas para obter vantagens financeiras para si mesmos. Além de obviamente serem punidos de forma adequada pela Justiça, todos os envolvidos deveriam ser cassados e impedidos de se eleger para qualquer cargo público, **não é mesmo**? Uma cidade encantadora como Uberlândia jamais poderia apresentar desmandos desse tipo!?!?

Mas voltando à história da cidade, quando Uberlândia foi emancipada ela se constituía de apenas dois distritos: São Pedro de Uberlândia (a sede) e Santa Maria (atual Miraporanga). Tal emancipação foi oficializada pela lei provincial Nº 3.643, de 31 de agosto de 1888, que a elevou à categoria de município.

A última alteração distrital foi feita a partir do decreto-lei estadual Nº 1058, de 16 de dezembro de 1943, havendo agora 5 distritos: Cruzeiro dos Peixotos, Tapuirama, Martinésia, Miraporanga e a sede. O município também está subdividido em 5 regiões (ou zonas), ou seja: central; leste; oeste; norte e sul, e possui cerca de 160 bairros.

Porém, com o objetivo de reduzir esse grande número de bairros a prefeitura elaborou desde a década de 1980 o projeto Bairros Integrados, que visou reunir diversos bairros da cidade através de um estudo detalhado da atual massa urbana, com a meta de reduzir este número para apenas 80!?!?

Com o crescimento de Uberlândia – e das cidades próximas –, foi criada a microrregião de Uberlândia, que reúne além do próprio município outras 9 cidades (Araguari, Araporã, Canápolis, Cascalho Rico, Centralina, Indianápolis, Monte alegre de Minas, Prata e Japaciguará. Estima-se que em 2020 a população desta microrregião tenha superado 1,35 milhão de habitantes, e que IDH médio (que já era bem elevado) tenha ultrapassado um pouco 0,82. Já o índice Gini [que mede a desigualdade social, variando de 0 (ideal) a 1 (pior)] em Uberlândia foi estimado em 2020 como sendo 0,39!!!

No quesito gênero, nota-se na cidade uma maior presença das mulheres, que constituem 51,2% de sua população, enquanto os homens correspondem aos restantes 48,8%. Já no que se refere a etnia, também em 2020 avaliou-se que a população uberlandense fosse composta por 54% de brancos; 36% de pardos; 8,7% de pretos; 1,15% de amarelos e 0,15% de indígenas.

Em termos de crenças, existem atualmente em Uberlândia diversas manifestações religiosas. E ainda aqui oficialmente o Brasil seja um Estado laico, não se pode esquecer que o País é ainda o mais católico do mundo em números absolutos, com 59% de seguidores. Aliás, a Igreja Católica teve seu estatuto jurídico reconhecido pelo governo federal em outubro de 2009.

Porém, apesar dessa matriz social eminentemente católica, é possível encontrar na cidade diversos credos protestantes ou reformados, como por exemplo Assembleia de Deus, Igreja Universal do Reino de Deus, Adventista do Sétimo Dia e outras dezenas de denominações. Acredita-se que em 2020, além dos católicos, a população de Uberlândia fosse composta por 21% de evangélicos; 7,2% de espíritas e 4,1% distribuídos entre outras religiões. Cerca de 8,7% de pessoas declaram-se sem religião.

Atualmente, ou seja, em 2020, Uberlândia apresentava uma boa infraestrutura, o que, aliás, é fundamental numa cidade que deseja ser considerada encantadora. Ainda em 2009, a ONU já havia inclusive reconhecido Uberlândia como a **primeira cidade com acessibilidade no Brasil**.

No início de 2020 havia na cidade 206 mil domicílios, entre casas, apartamentos e cômodos, sendo que algo em torno de 65% deles eram imóveis próprios (destes, 74% já estavam quitados); 17% haviam sido adquiridos recentemente e o restante estava alugado ou cedido. Hoje o município conta com água tratada, energia elétrica, esgoto, limpeza urbana, telefonia fixa e celular (com serviço cada vez melhor...).

O serviço de abastecimento de energia elétrica é feito pela CEMIG. No final de 2020, 98,8% dos domicílios de Uberlândia eram atendidos pela rede geral de abastecimento de água. Cerca de 99,1% deles possuía coleta de lixo e 97,1% das residências dispunham de escoadouro sanitário. Aliás, em 2012, a cidade já tinha sido escolhida pelo Instituto Trata Brasil como um **modelo de gestão em saneamento**.

Infelizmente, como na maioria dos municípios de médio e grande porte do País, a criminalidade (homicídios, roubos, tráfico de drogas etc.) continua sendo um sério problema em Uberlândia. Em 2019, a taxa de homicídios foi de 19,8% para cada 100 mil habitantes, e outros índices de criminalidade também foram altos, sendo que a prefeitura, ao lado da polícia militar, começou a fazer diversos investimentos na área de segurança pública, aumentando significativamente o contingente policial e adquirindo equipamentos modernos (veículos, armas, tecnologia etc.). Esses esforços já têm mostrado resultados positivos, particularmente no combate ao narcotráfico.

No campo das **comunicações**, cidades já contou com alguns jornais importantes, mas agora só tem o *Diário de Uberlândia*, que vive, porém, em crise – na era digital as pessoas estão lendo cada vez mais as notícias em seus dispositivos eletrônicos no lugar das oferecidas via impressa no papel.

Há também algumas emissoras de rádio, como a América em AM e outras em FM, como a Parnaíba, Aurora, Extra e Líder. O município recebe o sinal de diversas emissoras de televisão, e desde 16 de março de 2009 a cidade está recebendo **transmissão digital**.

O município de Uberlândia tem uma altitude média de 887 m, sendo que o seu ponto culminante é a cabeceira do córrego Cachoeirinha, que alcança 930 m. Já a altitude mínima é registrada na foz do rio Uberabinha, com 622 m. A sede municipal fica a uma altitude de 836,18 m. O município possui um relevo típico de chapada (suavemente ondulado, sobre formações sedimentares, apresentando vales espaçados raros). Desse conjunto, a vegetação característica é o cerrado. O solo do município é ácido e pouco fértil. Cerca de 70% do território uberlandense é de terras onduladas, e nos 30% restantes o terreno é planificado.

Uberlândia está localizada junto à bacia do rio Paranaíba, tendo em seu território várias sub-bacias de córregos pequenos e médios com papéis importantes em sua configuração, sendo drenada pela bacia hidrográfica do rio Tijuco (o segundo maior afluente do rio Paranaíba), tendo sua bacia a sul e sudoeste do município, que possui como principais afluentes os ribeirões Babilônia, Douradinho e Estiva, e o rio Cabaçal, todos estes na zona rural, e o rio Araguari. A bacia do rio Araguari abrange a porção leste do município, e seu principal afluente na área do município é o rio Uberabinha, que passa dentro do perímetro urbano. Seu potencial hidrelétrico tem sido explorado nas usinas de Nova Ponte de Miranda e Amador Aguiar I e II.

O rio Uberabinha possui grande relevância para a cidade, pois constitui-se junto com seus afluentes no manancial usado para o abastecimento de água para os uberlandenses. Na zona urbana esse rio tem afluentes menores como os córregos Cajubá, Tabocas, São Pedro (todos totalmente canalizados), Vinhedo, Lagoinha, Liso, do Salto, Guaribas, Bons Olhos, do Óleo, Cavalo, entre outros.

Os principais afluentes do rio Araguari estão também na zona rural do município, sendo o rio das Pedras e os ribeirões Beija-Flor e Bom Jardim (outro importante manancial para o abastecimento de água na cidade).

O clima de Uberlândia é caracterizado como **tropical**, com diminuição de chuvas no inverno e uma temperatura média compensada anual tem torno de 22 °C. O outono e a primavera são estações de transição. O índice pluviométrico anual é um pouco superior a 1600 mm, concentrando-se as chuvas mais nos meses de verão, sendo que em algumas outras ocasiões pode ocorrer o granizo. O maior acumulado de precipitação pluviométrica em 24 h ocorreu em 12 de dezembro de 1986, atingindo 157,8 mm.

Infelizmente, na estação seca é comum registrar-se no município índices de umidade relativa do ar tem críticos, algumas vezes abaixo de 20%, sendo que abaixo de 30% já é considerado **estado de atenção**. A menor temperatura registrada em Uberlândia foi de 1 °C tem 21 de junho de 1981 enquanto a maior atingiu 37,4 °C em 14 de outubro 2007.

Como já foi dito, a vegetação predominante do município é o cerrado e suas variáveis, como veredas, campos limpos, campos sujos ou cerradinho, cerradões, matas de várzea, matas de galeria, ciliares ou mesofíticas.

O município tem 11 áreas protegidas pela legislação ambiental, que são chamadas **unidades de preservação**. Elas contam com a presença de mata ciliar nas margens da água (rios, ribeirões, córregos etc.), que as protegem contra o **assoreamento** e suas vertentes contra a **erosão**, colaborando para a preservação da fauna e a flora do cerrado.

Como objetivo de preservar melhor o meio ambiente, desde 2007 a prefeitura de Uberlândia, com o apoio da sua Câmara de Vereadores, organizou anualmente em junho a Semana do Meio Ambiente (que inclui o dia 5 de junho, data em que se comemora o Dia Mundial do Meio Ambiente), que conta atualmente com a participação de cerca de 3.000 pessoas, envolvidas em oficinas, diversas palestras de visitas monitoradas.

No que se refere à **economia**, em 2019 o PIB de Uberlândia alcançou 33 bilhões, ficando na 2ª posição entre os municípios mineiros (superior ao registrado em 16 capitais estaduais). Ele ocupou à 20ª posição no *ranking* do País. Todavia, apesar de seus rebanhos de bovinos (para a produção de leite) e suínos, e da criação de aves (para venda de ovos e carne), no que tange à contribuição para o PIB, o **setor primário** (**agrícola**) é o menos relevante.

Na lavoura temporária são produzidos no município quantidades significativas de milho, soja e cana-de-açúcar. O **setor secundário**, ou mais precisamente a **indústria**, já é bem relevante para o PIB uberlandense, agregando a ele cerca de 28% do seu total.

Uma importante parcela de participação do setor secundário municipal é oriunda do distrito industrial Guiomar de Freitas Costa, localizado na zona norte da cidade. Nele estão as principais indústrias instaladas em Uberlândia, algumas multinacionais, como é o caso da Algar Telecom Monsanto, Petrobras, Sadia, Coca-Cola, Souza Cruz etc.

Muitas empresas costumam definir prioridades para a sua atuação na área de sustentabilidade, porém, poucas conseguem atuar de forma eficaz. Assim, em algumas delas a ênfase pode recair, por exemplo, na preservação do meio ambiente, no incentivo à educação ou no apoio a comunidades carentes.

A Algar Telecom – empresa do grupo Algar que atua nas áreas de telecomunicações, serviços, turismo agronegócio – operadora de telefonia com sede em Uberlândia, além de incentivar há muito tempo práticas sustentáveis internamente, como coleta seletiva de lixo e medidas para reduzir o consumo de energia e papel, desenvolveu o projeto Ecobanner, com o qual atendeu três áreas: **educacional**, **ambiental** e **social**.

Através deste projeto a empresa começou a recolher lonas acrílicas usadas em *outdoors*, painéis de placas publicitárias nas cidades que ocupam sua área de cobertura. O material coletado serviu de matéria-prima para se fazer bolsas, estojo, porta-cartões, lixeiras e sacolas, produzidos por cooperativas ou organizações sociais. Uma parte das lonas recolhidas foi entregue aos detentos do presídio Jacy de Assis, em Uberlândia, que a usaram para fabricar material escolar que foi encaminhado aos alunos das escolas da rede pública.

A preocupação em coletar um material que seria descartado e encontrar modos de reaproveitá-lo seguiu a mesma lógica do outro projeto da Algar Telecom, ou seja, do projeto Boi na Linha, no qual desde 2011 a empresa promoveu a **reutilização de "orelhões"** – as coberturas que serviram para proteger os telefones públicos – particularmente na pecuária. Esses "orelhões" feitos de fibra de vidro – material que leva milhares de anos para se decompor – estavam inutilizados, pois foram danificados por vândalos ou pela ação do tempo e transformaram-se em recipientes para água e ração de gado no campo.

A Algar Telecom reformou e doou algo como 3.000 orelhões por ano para cooperativas e pequenos produtores rurais, com o que foram beneficiadas mais de 300 famílias de sitiantes, numa parceria com a Emater e a Universidade Federal de Uberlândia (UFU).

Além de cochos para o gado, a Algar Telecom desenvolveu novas aplicações para reaproveitar os orelhões descartados – transformando-os em berços, poltronas, jardineiras e carrinhos de mão. Em 2014, o presidente da Algar Telecom, Divino Sebastião de Souza, comentou: "Naturalmente esse projeto não dá nenhum lucro ambiental para a empresa, mas o ganho ambiental é claro e significativo para a sociedade.

Com uma carteira de quase 4.000 fornecedores e um volume de compras de R$ 1 bilhão por ano, a Algar Telecom usou a sua pujança para influenciar sua cadeia a adotar também as práticas sustentáveis. Aliás, a empresa criou um programa de educação dos fornecedores e incluiu em seus contratos uma cláusula de cumprimento da legislação ambiental. Por sinal, temos escolhido nossos fornecedores com base em regras das quais não abrimos mão e que impõem preocupação com o meio ambiente. Nosso objetivo principal é com essa atitude contribuir para o desenvolvimento sustentável de todos os nossos parceiros."

Que bela ação na área de sustentabilidade pratica a Algar Telecom, **não é**? Sem dúvida, a Algar segue de fato com a sua **missão – servir e integrar** pessoas e negócios de forma sustentável –, e busca também evidenciar a sua **visão – gente servindo gente**!!!

Está também em Uberlândia a AmBev, que tem um centro de distribuição na zona oeste e uma fábrica planejada para ser a maior do mundo, localizada na zona rural do extremo sudeste da cidade. A maior parcela do PIB municipal é proveniente da **prestação de serviços**, isto é, do **setor terciário**, que é a grande fonte geradora do mesmo, participando com cerca de 68% do total.

Isso se deve em parte ao fato de que Uberlândia possui um número relativamente elevado de bons **centros comerciais**, o que tem atraído para eles muita gente, especialmente dos que vivem na região do Triângulo Minério que buscam esses *shoppings* para fazer suas compras!!! Entre ele destacam-se:

- **Uberlândia** – É um ótimo lugar, com boas lojas, restaurantes (numa grande praça de alimentação), cinemas e estacionamento gratuito. Ele foi construído em lugar bem estratégico da cidade, onde estava ocorrendo uma grande expansão residencial. Aliás, da sua praça de alimentação tem-se uma linda vista panorâmica da cidade. Ele foi inaugurado em 28 de março de 2012, ocupando uma área de 45.300 m², no qual puderam instalar-se mais de 200 lojas e os clientes tendo um estacionamento para 2.400 veículos.

- O visitante tem nele várias opções de compras e talvez o melhor cinema da região, com salas dotadas de tecnologia 3D e XD, e o cliente depois desse entretenimento pode deliciar-se com algumas das opções de gastronomia oferecidas nos restaurantes do próprio *shopping*.

- *Center Shopping* **Uberlândia** – O projeto desse centro comercial, incluindo hotel, torre empresarial e espaços para eventos foi concebido em 1990 pelo grupo Arcom Atacadista, fundador e empreendedor, quando foi considerada uma construção muito ousada para a época, tendo sido inaugurado em 27 de abril de 1992. Em 25 de setembro de 1996, ficou pronta a primeira torre do hotel, então denominada de Plaza *Shopping*, sendo que em 2014 o hotel assumiu a utilização da marca Mercure, tornando-se o Mercure Uberlândia Plaza *Shopping*, que passou a contar com um 2ª torre aberta em 4 de dezembro de 2014. Recorde-se que o Center Convention foi inaugurado em 31 de outubro de 2000 e a torre empresarial – Uberlândia *Business Tower* – recebeu as primeira empresas que instalaram seus escritórios no edifício em 1º de novembro de 2013. Surgiu assim um verdadeiro complexo como foi sonhado em 1990.

Nesses seus 29 anos de vida, o *Center Shopping* passou por muitas expansões, ampliações e inclusive em maio de 2013 a empresa BR Malls comprou 51% de suas ações.

Tem agora 10 salas de cinema (sistema Multiplex e som digital), com capacidade para 2 mil pessoas, boliche e outras atividades de lazer. Conta com mais de 300 lojas, comercializando marcas nacionais e internacionais, uma enorme praça de alimentação com mais de 50 opções gastronômicas e passou a atrair algo como 1,5 milhão de clientes (em média) por mês.

- **Pratic** – É um ótimo ambiente para encontrar amigos, tomar uma cerveja ou comer um lanche (estão aí várias lanchonetes e alguns bons restaurantes), além de possuir várias lojas com artigos por preços acessíveis. É, portanto, um lugar bem **prático**, ficando no centro da cidade, sendo bem fácil de se chegar a esse *shopping* usando ônibus.

- **Griff** – Esse é um dos primeiros *shoppings* da cidade, tendo lojas de vários segmentos (infelizmente algumas fecharam em 2017 e 2018, bem antes da crise provocada pela pandemia do novo coronavírus em 2020), para todos os gostos e idades, mas com preços relativamente altos. Fica num local excelente e o seu estacionamento é grátis.

- **Pátio Vinhedos** – Um excelente lugar no setor sul da cidade, com vários serviços incluindo uma excelente escola de inglês, um bom local para se comprar artigos da moda, bem como para alimentar-se bem, gastando moderadamente.

- **Pátio Sabiá** – Fica incrustado numa encosta entre a avenida Anselmo de grande fluxo de veículos e o início do bairro Tibery. É um centro comercial bem lindo, que reúne conveniência, localização estratégica e opções em um ambiente diferente do que normalmente é encontrado em *shoppings* tradicionais, tendo um supermercado, cerca de 170 lojas (de roupas, calçados, perfumes, produtos artesanais e naturais), com área de bares e pequenos restaurantes, sendo assim um excelente lugar para ter uma *happy hour* ("hora feliz").

- **Boulevard Fundinho** – É um centro de compras bem aconchegante, retrô e moderno ao mesmo tempo, tendo uma arquitetura bem interessante. Há nele boas opções de compras e de comida e cervejas artesanais.

- ➤ **Village Altamira** – Tem uma boa variedade de lojas, que vendem produtos de qualidade e um ótimo lugar para apreciar comida japonesa, deliciar-se com uma boa *pizza*, tomar um *chopp*, ou então saborear um incrível sorvete. Lamentavelmente tem poucas vagas no estacionamento, que é gratuito.

- ➤ **Container Village Uberlândia** – Um lugar simpático e aconchegante, ótimo para uma *happy hour*, com um ótimo restaurante, alguns serviços como uma excelente barbearia, tendo um estacionamento de fácil acesso.

- ➤ **Praça** – É um pequeno *shopping*, que fica na área central da cidade, sendo um lugar bem aprazível com boa variedade de lojas e um ótimo restaurante. Recomendável para o encontro de amigos, familiares e colegas de trabalho para momentos de descontração.

- ➤ **Planalto Center** – Tem um ambiente muito agradável, com uma academia *top*. Nele o visitante tem boas opções para comer e beber, mas precisa abrir mais lojas, pois tem estrutura para se tornar um excelente centro de compras.

- ➤ **OK** – Há nele diversas lojas que vendem roupas e acessórios de qualidade (especialmente produtos eletrônicos) por preços acessíveis!!! É um ótimo lugar para comprar presentes de aniversário, Natal e os casuais. Nele está um restaurante com comida caseira, simples e deliciosa.

E apesar da crise econômica que o País vivenciou entre 2016 e 2018, mesmo assim surgiram em Uberlândia vários centros de compras de tamanho menor, mas com diversas lojas, como é o caso da Galeria Jacarandás (inaugurada em 2018, com lojas de vários segmentos); Praça Balux (com academia, loja de produtos para animais de estimação, venda de produtos naturais, etc., entre outros.

A nossa economia estava se recuperando bem em 2019, mas em 2020 foi drasticamente abalada, assim como o restante do mundo, com a pandemia causada pela *Covid-19*... Mas ainda no que se refere ao setor de serviços, deve--se destacar que muitas franquias começaram a mirar fortemente nas cidades do interior, especialmente naquelas das regiões do sul e sudeste do País.

De acordo com um estudo da Associação Brasileira de *Franchising*, a cidade em que houve o maior crescimento de franquias entre o 1º semestre de 2017 e o 1º semestre de 2018 foi São José do Rio Preto, que passou de 537 para 602 franquias, o que representa um crescimento de 12%.

Uberlândia apareceu em 5º lugar entre as 10 cidades que tiveram os maiores crescimento de franquias. Nela nesse mesmo período passaram de 556 para 590, um aumento de 6%, o que significou que algumas centenas de novos empregos surgiram na cidade.

Esse crescimento continuou de forma moderada em 2019, com o que aumentou a **empregabilidade** e os uberlandenses ficaram mais bem atendidos em diversos setores, como alimentação, limpeza, saúde etc. Uberlândia tem também dado passos bem firmes no sentido de fortalecer seu ecossistema de *startups*, sem precisar orbitar em trono de São Paulo ou BH.

O diretor de inovação da prefeitura de Uberlândia, Gustavo Maierá, comentou: "Queremos ser cada vez mais uma cidade atraente para quem quiser abrir uma empresa, em especial se ela for digital. E condições para isso existem, pois temos excelentes IESs, que têm parceria com empresas importantes, como a Algar Telecom... Além disso, o custo de vida na nossa cidade é bem mais baixo que em outras cidades importantes do País.

Uberlândia tem uma localização incrível, ficando entre BH, São Paulo, Brasília e Goiânia, e provavelmente por isso ficou também conhecida como '**capital da logística**'. O primeiro passo dado pela prefeitura foi um censo sobre inovação na cidade para descobrir a vocação das empresas locais.

Houve, entretanto, poucas conclusões, pois constatou-se que tudo estava muito misturado, havendo *startups* de agronegócio, gestão empresarial, *software* etc. Mas a pesquisa conseguiu levantar as dificuldades de praticamente todas as *startups*, revelando-se que elas precisariam pagar impostos menores, o que lhes permitiria sobreviver mais tempo e não abandonar Uberlândia. Porém, verificou-se em seguida que aprovar uma renúncia fiscal desse tipo para as *startups* não seria nada fácil!?!?"

Um bom exemplo em Uberlândia foi a criação da *startup* Evnts, em 2015, que se dedicou a personalizar reservas em hotéis para os que desejam comparecer a eventos de grande porte, como *Rock In Rio* e *Brasil Game Show*. Nela trabalham agora mais de duas dezenas de funcionários, sendo que apenas três deles, da área de tecnologia, ficam na cidade. A maior parte da equipe está alocada em São Paulo.

A Evnts conseguiu estabelecer parcerias com mais de 600 eventos, hospedando em média cerca de 115 mil pessoas por ano e retendo 10% do valor das reservas repassadas pelos hotéis. Obviamente a Evnts já pensa em expansão, com foco no oferecimento de serviços também nos hotéis europeus.

Todavia, a maior *startup* de Uberlândia é a Zup, que foi criada em 2011 é no final de 2019 já contava com cerca de 900 funcionários. Desse total, 60% estão sediados na própria cidade, e o restante encontra-se espalhado por escritórios nas regiões sul e sudeste do País.

A Zup é proprietária de um sistema de análise de grandes conjuntos de dados (*big data*), e desenvolveu aplicativos para operadoras como a Nextel e a Vivo, e para bancos como o Santander, ajudando essas empresas a digitalizarem seus dados com a maior celeridade possível.

Note-se que no início de novembro de 2019 o Banco Itaú anunciou a aquisição de 51% da Zup. Por essa participação foram pagos R$ 293 milhões, e o objetivo é assumir o restante da *startup* em até 4 anos!!!

Em agosto de 2017 ocorreu em Uberlândia a 1ª edição do Congresso Internacional de Tecnologia, Inovação, Empreendedorismo e Sustentabilidade (CITIES), um evento realizado em parceria com os governos municipal e estadual, com a Federação das Indústrias do Estado de Minas Gerais, o Sebrae e o grupo Algar. Nele compareceram mais de 5 mil pessoas – a maioria universitários –, e foram apresentados como exemplos concretos de sucesso os *cases* da Zup e da Evnts.

A 3ª edição do CITIES aconteceu entre 27 e 29 de agosto de 2019, e o evento já está se tornando um dos mais importantes do País. Nele ocorrem dezenas de atividades, exposições, *workshops* e palestras de intelectuais, especialistas em assuntos afins ao empreendedorismo, inovação e tecnologia.

No âmbito da **educação**, Uberlândia conta com escolas em todas as regiões do município. Por conta da intensa urbanização existem atualmente poucos habitantes da zona rural, o que facilita o acesso dessas pessoas às escolas dos bairros urbanos mais próximos...

Porém, tem-se constatado infelizmente que a educação oferecida nas escolas municipais apresenta qualidade inferior àquela registrada nas escolas estaduais. Assim, nos últimos anos a prefeitura tem desenvolvido esforços no sentido de tornar a educação pública municipal melhor, de modo a obter melhores resultados no Ideb.

No início de 2020 o município contava com cerca de 26 mil matrículas, 1.450 docentes contratados e cerca de 86 IEs nas redes pública e particular. Ressalte-se que a primeira escola pública da cidade foi a escola estadual Bueno Brandão, que foi criada pelo então governador Júlio Bueno Brandão e autorizada pelo decreto lei número Nº 3.200, de 20 de junho de 1911. Essa IE tem, portanto, mais de um século de existência.

Em Uberlândia há também na rede pública algumas EMEIs (escolas municipais de educação infantil), como a Profa. Stela Maria de Paiva Carrejo, a Maria Pacheco Rezende e as que se encontram nos bairros Jardim Brasília, Tibery e *Shopping* Park etc.

Uma IE municipal muito bem avaliada em Uberlândia é a Inspetora France Abadia Machado Santana, se bem que o mesmo sucesso pode se dizer das IEs municipais Amanda Carneiro Teixeira, Irmã Odélcia Leão Carneiro, Prof. Milton de Magalhães Porto, Prof. Valdemar Firmino de Oliveira, Prof. Eurico Silva, Profa. Maria José Mamede Moreira, Dr. Gladson Guerra de Rezende, entre outras. Mas existem também na cidade diversas IEs estaduais bem avaliadas, como: Enéas de Oliveira Guimarães, Messias Pedreiro, Guiomar de Freitas Costa, Sérgio de Freitas Pacheco, Museu, Ângela Teixeira da Silva, entre outras.

A rede privada de ensino conta também com boas IEs, desde o berçário até escolas para educação infantil e centros educacionais, institutos e colégios. Aí vão alguns exemplos, começando pelo Berçário e Escola Gente de Botas (que é excelente, desde o berçário até a educação infantil); a Escola Infantil Brincar e Aprender (com excelente avaliação); a Escola da Criança – Espaço Adolescer (com metodologia excelente, apesar de ser um pouco cara...); Escola Navegantes (com excelente avaliação); Centro Educacional Curumim (talvez a melhor da cidade, na qual se ensina de forma criativa é divertida); Centro Educacional Caminho do Saber (que tem como diferencial uma excelente proposta pedagógica); Instituto Peniel de Ensino (uma instituição de ensino que segue os princípios cristãos na educação); o Instituto Teresa Valsé (talvez a única IE de Uberlândia que consegue aliar métodos de ensino relativamente tradicionais e novas tendências educacionais).

E aí vão alguns bons colégios particulares, como: Integração Pequenino Mundo (com boa qualidade de ensino e profissionais dedicados); Monteiro Lobato (uma IE com excelentes profissionais, assim como um local que oferece muita segurança para os alunos); Athenas (que vai da educação infantil até o ensino médio, e possui ótima estrutura); Ressurreição Nossa Senhora (focada no ensino religioso e com excelente avaliação); Pirilimpimpim / São Paschoall (um dos melhores colégios da cidade, com ótimo sistema de ensino); Batista Mineiro (atende desde o berçário até o ensino médio, com qualidade e formação cristã); Apogeu (com excelente avaliação por conta do ensino oferecido para os jovens); Objetivo (com professores dedicados e competentes, que utilizam um bom material didático dentro de um espaço incrível para o desenvolvimento do ensino), entre outros.

A cidade também tem muitos universitários, pois nela encontram-se importantes IESs, tanto públicas quanto privadas. Encontra-se na cidade, por exemplo, a sede da Universidade Federal de Uberlândia (UFU), com 4 *campi* e outros 3 *campi* nas cidades mineiras de Itaituba, Monte Carmelo E Patos de Minas.

A UFU foi criada na década de 1950, mais precisamente em 1º de janeiro de 1957, e federalizada através da lei Nº 6.532, de 24 de maio de 1978. Ela tem como lema "**um bem público a serviço do Brasil**". Sua missão é formar profissionais qualificados, produzir conhecimento e disseminar a ciência, a a tecnologia, a informação, a cultura e a arte na sociedade, por intermédio do ensino público e gratuito, da pesquisa e da extensão, visando a melhoria da qualidade de vida, difusão de valores éticos e democráticos, a inclusão social e o desenvolvimento sustentável.

Atualmente a UFU oferece 75 graduações, 20 cursos de doutorado, 39 cursos de mestrado acadêmico, 6 cursos de mestrado profissional e diversos cursos de especialização *latu sensu*, além de cursos de saúde e meio ambiente na Escola Técnica de Saúde. Já no que se refere à modalidade EAD, a UFU já oferece há algum tempo um significativo número de cursos de graduação, especialização, extensão e aperfeiçoamento.

A UFU conta ainda com a Escola de Educação Básica, onde são oferecidos os cursos de educação fnfantil (1º e 2º períodos) e EJA, ou seja, educação para alunos maiores de 15 anos que não concluíram o ensino fundamental (com duração de dois anos), como para os maiores de 18 anos que não concluíram o ensino médio (com duração de 1 ano e 6 meses).

Estima-se que no início de 2020 estivessem matriculados na UFU cerca de 23 mil alunos, e trabalhassem nela aproximadamente 1.950 professores. Segundo o *RUF 2019*, a UFU ocupou a 23ª posição no *ranking* das universidades públicas do País.

Na cidade de Uberlândia há um *campus* do Instituto Federal do Triângulo Mineiro (IFTM). Essa IES pública do governo brasileiro foi criada por meio da integração entre o Centro Federal de Educação Tecnológica de Uberaba e a Escola Agrotécnica Federal de Uberlândia. Sua sede fica em Uberaba, mas tem *campi*, além daquele em Uberlândia, nas cidades mineiras de Ituiutaba, Paracatu, Patrocínio e Patos de Minas. O IFTM oferece não apenas cursos superiores de bacharelado – graduação e pós-graduação –, mas também cursos técnicos e/ou integrados ao ensino médio.

Entre as IESs privadas localizadas em Uberlândia destaca-se um *campus* da Universidade de Uberaba, que no *ranking* do *RUF 2019* apareceu na 53ª posição e a forte presença do Centro Universitário do Triângulo Mineiro (Unitri), cuja origem remonta à década de 1920, com a criação em 1924 da Escola Normal de Uberabinha, dedicada ao ensino fundamental.

Em 1947 essa IE passou a se chamar Colégio Brasil Central, oferecendo o equivalente ao que hoje se denomina ensino médio. Em 1966 o colégio passou a abrigar a Escola Técnica de Química Industrial e, em 1972, foi autorizado o funcionamento do primeiro curso superior da instituição – a Faculdade de Serviço Social. Três anos mais tarde foi a vez da Faculdade de Educação, Ciências, Letras e Estudos Sociais de Uberlândia começar a operar.

Em 1988 alterou-se pela segunda vez a razão social da instituição para Associação de Ensino do Triângulo e, no ano seguinte (1989) passaram a funcionar as faculdades de Comunicação Social e Fisioterapia. O agrupamento dessas quatro faculdades deu a essa IES a denominação de Faculdades Integradas do Triângulo.

Em 1991 a IES absorveu os cursos da Faculdade de Administração e Ciências Econômicas de Uberlândia e, a partir de 1994, começou a arrancada para a consolidação do **centro universitário**, quando inclusive foram abertos novos cursos, não somente em Uberlândia, mas também em Araguari e Araxá.

Finalmente, graças ao decreto presidencial de 30 de outubro de 1997 surgiu o Unitri. Então, em 1998 houve uma nova alteração social, quando a IES passou a se chamar Sociedade de Ensino do Triângulo SIC Ltda, ampliando-se as vagas para o curso de Direito e criando-se os cursos de Educação Física, Turismo e Hotelaria, Enfermagem, Nutrição e Secretariado Executivo Trilíngue. Em 1999 foram criados os cursos de Odontologia e Psicologia.

Nesse mesmo anos iniciou-se a construção de um novo *campus* universitário na avenida Nicomedes Alves dos Santos, distante apenas 2.800 m do centro da cidade. O novo local conta com uma área total de 1.000.000 m², e oferece atualmente 20 cursos de graduação e 7 cursos de pós-graduação.

O Unitri sempre se caracterizou por sua vocação regional, procurando se posicionar como agente de seu próprio desenvolvimento, conhecendo bem as demandas existentes. A consolidação dessa IES significa que ela está atingindo seu propósito: alcançar a plenitude na autonomia universitária para construir integralmente sua proposta acadêmica, que é a de atender as necessidades de seus estudantes, que buscam obter uma ampla cultura geral e adquirir as competências requeridas por um mercado de trabalho em constante mutação, cada vez mais sofisticado e exigente.

No campo da **saúde**, estima-se que no início de 2020 houvesse no município cerca de 280 estabelecimentos de saúde – entre hospitais, prontos-socorros, unidades de atendimento integradas, postos de saúde, clínicas e serviços odontológicos –, sendo que 60% deles eram públicos, e os 40% restantes privados. Nos hospitais e centros médicos da cidade existem atualmente cerca de 1.300 leitos para internação, dos quais 53% são públicos. Os leitos restantes encontram-se distribuídos em instituições privadas.

Vale destacar que, por contar com mais de uma dezena de hospitais, tanto privados como públicos, a cidade se tornou uma **referência em saúde** para toda a região do Triângulo Mineiro e Alto da Paranaíba, e também para o noroeste do Estado de Minas Gerais e do sul do Estado de Goiás.

Vale lembrar que um dos primeiros hospitais públicos de Uberlândia foi a Santa Casa de Misericórdia, sendo que a sua primeira diretoria tomou posse em primeiro de janeiro de 1908.

O setor de saúde é um importante empregador de Uberlândia, e acredita-se que no início de 2021 houvesse na cidade um total de 13.500 profissionais da saúde contratados (incluindo-se médicos pediatras, clínicos gerais, oncologistas etc.), psicólogos, cirurgiões dentistas, técnicos em enfermagem, auxiliares de enfermagem, entre outros.

Diversos nosocômios destacam-se em Uberlândia, dentre os quais o Hospital das Clínicas da UFU, que foi construído inicialmente como uma unidade de ensino para o ciclo profissionalizante do curso de Medicina da extinta Escola de Medicina e Cirurgia de Uberlândia, inaugurado em 26 de agosto de 1970.

Nesse hospital os pacientes são bem atendidos, pois, além de bastante amplo, pois ele conta com excelentes profissionais. Nele existem muitos quartos com capacidade para até 3 internados e, além disso, a aparelhagem é de primeira. Esse hospital – que atende pelo SUS e disponibiliza cerca de 503 leitos – conta com 3.400 funcionários e realiza uma média de 2.750 atendimentos por dia!!!

Está também na cidade o Hospital e Maternidade Municipal Dr. Odelmo Leão Carneiro, que por ser muito bem estruturado e oferecer um atendimento humanizado acabou se tornando inclusive uma referência no atendimento público hospitalar para assistência de média complexidade. Ele atende nas áreas de pediatria e maternidade, disponibilizando 258 leitos, cerca de 40 salas de UTI individuais para adultos e 28 para neonatal. Aliás, em julho de 2018 ele realizou sua primeira cirurgia cardíaca. Um serviço que ainda precisa ser aprimorado, entretanto, é o atendimento telefônico emergencial do hospital!?!?

Também não se pode esquecer do Hospital do Câncer, que conta com duas unidades na cidade, ambas na zona leste: a primeira no *campus* Umuarama da UFU e a segunda no bairro Alto Umuarama. Esse hospital é 100% integrado ao SUS e atende a cerca de 320 pacientes por dia, com uma equipe de mais de 230 profissionais da saúde.

Outro bom hospital e maternidade da cidade, embora de atendimento particular, é o Santa Clara, que conta com uma excelente equipe médica, boas instalações e está localizado no centro da cidade. Ele foi criado em 1949 com o trabalho do Dr. Ruy Cotta Pacheco, um médico ginecologista e obstetra, que inicialmente atendia numa pequena casa. O local possuía um consultório, uma sala cirúrgica, uma sala para curativos e quatro quartos destinados a internações decorrentes de partos e cirurgias.

Hoje esse hospital conta com cerca de 730 funcionários e um corpo clínico com aproximadamente 400 médicos. Esses profissionais atendem em 40 especialidades e tratam os pacientes com o máximo de segurança e qualidade, o que, aliás, lhe possibilitou a obtenção de uma certificação internacional. Todavia, existe hoje nele uma certa deficiência no atendimento de usuários de planos de saúde, por conta dos desacordos existentes entre a administração do hospital e essas operadoras.

Além desses hospitais, moradores e visitantes também podem contar com um bom atendimento nos seguintes nosocômios: **Hospital do Triângulo** (que conta com boa infraestrutura e excelentes médicos, precisando apenas aprimorar a qualidade do atendimento prestado); **Hospital Infantil Dom Bosco** (com boa avaliação no atendimento oferecido às crianças);

Hospital Santa Genoveva (que é particular, conta com aparelhos de alta tecnologia, certificação e uma equipe muito eficiente de médicos e enfermeiros, e oferece um atendimento de qualidade aos pacientes); **Uberlândia Medical Center** (que tem um espaço amplo e estrutura adequada, bons médicos e boa variedade de serviços); **Hospital e Maternidade Madrecor** (um hospital particular que atua com um conceito de atendimento mais acolhedor e humanizado, tendo uma boa equipe, em especial de berçário e UTI neonatal, mas ainda peca um pouco no que se refere a celeridade); **Hospital Santa Marta** (um hospital particular bem limpo, com boa equipe de enfermagem e excelente equipe médica, mas que precisa humanizar o atendimento dado aos pacientes).

Nos casos de pronto atendimento, os uberlandenses também podem recorrer às **Unidades de Atendimento Integrado** (UAI), administradas pela prefeitura e pela Fundação Maçônica, que estão espalhadas pelos bairros. Já os que dispõem de melhores recursos econômicos, isto é, que podem pagar pelos planos de saúde, Uberlândia dispõe de unidades radiológicas, centros médicos (como a Unimed), além de outros de especialização dermatológica, cirúrgica; clínicas odontológicas e prontos atendimentos (como o do hospital Santa Genoveva).

No tocante ao **transporte urbano**, o sistema de ônibus da cidade é composto por cinco terminais estrategicamente localizados nos principais bairros, e devidamente integrados por ônibus expressos. Além da interligação por ônibus expressos, onde os trajetos são desprovidos de paradas intermediárias, os terminais são providos de ônibus alimentadores, que compõem a ramificação secundária deste sistema de transporte de massas.

A cidade também possui treze corredores e várias estações de ônibus localizadas nos principais pontos da avenida João Naves de Ávila. Nesse trajeto de 10 km, que interliga os terminais Central e Santa Luzia, também circulam os ônibus expressos que não param nessas estações.

Recentemente a cidade recebeu três novas empresas de transporte: São Miguel, Sorriso de Minas e Autotrans, que começaram a operar em Uberlândia com ônibus novos. Assim, a cidade conta agora com cerca de três dezenas de ônibus expressos e semi-expressos, que trafegam todos os dias e transportam milhares de passageiros pelo **Sistema Integrado de Transportes.**

No que se refere à frota total de veículos, estima-se que no início de 2020 houvesse em Uberlândia uma frota de cerca de 413.000 veículos, sendo que 61% deles são automóveis, 33% motocicletas e motonetas, e o restante encontra-se dividido entre caminhões, caminhonetes, ônibus, micro-ônibus, tratores etc.

As avenidas duplicadas e pavimentadas, assim como os diversos semáforos existentes na cidade, facilitam e organizam o trânsito uberlandense. Todavia, o crescimento no número de veículos nos últimos dez anos tem gerado um tráfego cada vez mais lento, principalmente na sede do município, onde as vezes os congestionamento em algumas grandes vias chegam a 5 km. Além disso, tem se tornado difícil encontrar vagas para estacionar no centro comercial da cidade, o que tem provocado significativos prejuízos aos lojistas.

A secretaria municipal de Trânsito e Transporte é o órgão municipal responsável pelo deslocamento de todos os veículos, sendo também a responsável por regulamentar o sistema de transporte público, gerenciar o trânsito e através de seus agentes de trânsito, aplicar autuação dos motoristas que cometerem infrações de trânsito.

O município de Uberlândia possui fácil acesso à BR-50, que dá acesso a Uberaba e ao Estado de São Paulo, ao sul (sendo duplicada até o território paulista) e a Araguari, Catalão (em Goiás) e Brasília, ao norte; à BR-267, que o conecta a Porto Martinho (no Mato Grosso do Sul); à BR-365 que leva a Ituiutaba, Patrocínio, Patos de Minas e Montes Claros; à BR-497, que liga Uberlândia às cidades de Prata, Campina Verde e Iturama.

Além disso, a cidade tem acesso às rodovias de importância estadual e até nacional, por meio de rodovias vicinais pavimentadas e até com pista dupla. Toda essa facilidade para se chegar a Uberlândia a partir de tantas partes do País justifica o seu apelido de "**capital da logística**", **não é?**

Uberlândia também possui duas estações ferroviárias: a Uberabinha (na zona urbana) e a de Sobradinho (na zona rural). Esta última, aliás, foi tombada como patrimônio histórico municipal pelo decreto Nº 10.228, de 31 de março de 2006. Ambas pertenceram à Companhia Mogiana de Estradas de Ferro, e em sua época foram grandes responsáveis pelo crescimento do município, tanto no mercado regional como nacional. Porém, após o declínio do café na região do Triângulo Mineiro, e do crescente aumento do transporte rodoviário, o ferroviário entrou em colapso e acabou desaparecendo nessa região!?!?

Já no campo **aéreo**, Uberlândia possui o aeroporto Tenente Coronel Aviador César Bombonato. Ele foi inaugurado em 10 de maio de 1935, quando ali pousou uma aeronave pilotada pelo então tenente (e depois brigadeiro) Doorgal Borges e pelo então deputado estadual Fábio Bonifácio Olinda de Andrada. O nome do aeroporto foi uma homenagem ao militar César Bombonato, natural da cidade, que infelizmente faleceu num acidente aéreo com uma aeronave *AMX*, em 1998, durante um treinamento na restinga de Marambaia. Atualmente, entretanto, ele é mais conhecido simplesmente como o aeroporto de Uberlândia.

Depois da reforma realizada nele pela Infraero em 2005, o aeroporto começou a receber aviões de médio porte, como *Airbus-320* e o *Boeing 737-800*, numa pista de 2.100 m de comprimento e 45 m de largura. Seu pátio ocupa uma área de 34.611 m², permitindo o estacionamento de até 35 aeronaves. O terminal de passageiros, por sua vez, possui 4.733 m² e abriga cerca de 33 estabelecimentos comerciais. Estima-se que em 2019 tenham passado pelo aeroporto de Uberlândia cerca de 1,27 milhão de passageiros. Até aquele ano o aeroporto operava voos diretos para apenas 5 cidades brasileiras: Ribeirão Preto, BH, Campinas, Rio de Janeiro e Brasília, por intermédio das empresas aéreas Latam, Gol e Azul.

Como já mencionado em outros capítulos, o projeto de **Cidades-Irmãs** é uma iniciativa do Núcleo de Relações Internacionais que busca estabelecer convênios de cooperação entre cidades e ampliar o relacionamento entre elas. Ele se fundamenta na fraternidade, na felicidade, na amizade e no respeito entre as partes, e busca incrementar mais os conhecimentos por meio de eventos culturais. Lamentavelmente, a cidade de Uberlândia **somente** conseguiu se aproximar de 2 cidades até o momento: Heze (na China) e Rondonópolis (no Brasil). Porém esse é um projeto ao qual toda **cidade encantadora** deveria dar muito mais atenção, em especial nessa era de crescente globalização, **não é mesmo?**

No campo da **cultura** e do **lazer**, a cidade de Uberlândia conta com um rico patrimônio cultural, além de interessantes opções de entretenimento para moradores e visitantes. Atualmente existem na cidade cerca de 19 equipamentos **tombados**. Um deles é a praça Tubal Vilela – a principal da cidade, tombada como patrimônio histórico municipal pelo decreto Nº 9.676, de 22 de novembro de 2004 –, que é parte dos projetos urbanísticos elaborados no final do século XIX, que visavam a construção de uma **cidade moderna**!!!

Outro local tombado é a igreja de Nossa Senhora do Rosário, tombada pela lei Nº 4.263, de 9 de dezembro de 1985. Ela é conhecida por ser o prédio religioso mais antigo no espaço urbano de Uberlândia, uma vez que suas obras foram iniciadas em 1893. Há também a Igreja do Divino Espírito Santo do Cerrado, projetada em 1975 pela arquiteta ítalo-brasileiro Lina Bo Bardi, a pedido dos freis Egydio Parisi e Fúlvio, entre outros.

E os visitantes não podem deixar de apreciar a igreja Nossa Senhora das Dores, construída em 1936. Trata-se de uma edificação que exibe uma arquitetura românica e paleocristã-carolíngia, tombada em 2009. Há também a paróquia de São Cristóvão, uma igreja maravilhosa decorada com bancos acolchoados e um belíssimo lustre; a igreja batista do Evangelho Pleno, que foi oficialmente fundada pelo pastor Balmir Rodrigues da Cunha e sua família, em 14 de junho de 1995. Hoje ela fica no bairro Jardim Patrícia.

Nos locais públicos da cidade são organizados diversos eventos e festas, dentre os quais o mais tradicional é o Carnaval. Primitivamente, durante essa festa se costumava cantar e dançar vários ritmos, como valsas, mazurcas, xotes, sendo que a **catira** era sempre a grande atração.

No início do Carnaval de Uberlândia havia o **entrudo**, uma brincadeira trazida para o Brasil pelos portugueses logo no início da colonização. Na realidade era uma prática um tanto "porcalhona", na qual o objetivo era molhar e sujar uns aos outros. O Carnaval de verdade, como o conhecemos hoje com suas músicas e fantasias, sua dança e alegria, começou mesmo foi no Rio de Janeiro, em meados do século XIX.

Somente a partir da década de 1920 que o Carnaval começou a despertar interesse no público em Uberlândia, ocorrendo uma bela **festa de rua** na avenida Afonso Pena, a principal da cidade. E foi graças principalmente aos esforços de Arlindo de Oliveira Filho que surgiu em Uberlândia a primeira escola de samba da cidade, a Tabajaras. Em 1956 ela foi campeã do primeiro concurso de escolas de samba da cidade, organizado na época pela rádio Educadora. Depois disso, entretanto, ela ficou 18 anos seguidos sem ganhar um só título....

O Carnaval de Uberlândia foi se desenvolvendo e passou a ser conhecido como **Uberfolia**, com seus desfiles sendo realizados na avenida Monsenhor Eduardo, no bairro Bom Jesus, e atraindo um grande público. Participavam desses desfiles diversas escolas, como a Acadêmicos do Samba, Garotos do Samba, Unidos do Chatão, Garras de Águia, Tabajaras etc., além de blocos como o Axé, Unidos de São Gonçalo, Donas do Udão, Extravasa etc.

Note-se que de 2005 a 2016 a escola de samba Tabajaras foi 12 vezes seguidas a campeã do Carnaval uberlandense. Porém, sem os recursos necessários para o evento, em 2017 o Carnaval de rua de Uberlândia se resumiu a apenas uma festa no parque de Exposições Camaru. Na ocasião, dois blocos e cinco escolas de samba se apresentaram, e depois houve alguns *shows* do grupo Serelepe e Vinícius Sudário.

Nos anos de 2018 e 2019, também pelo fato de a prefeitura não dispor de verbas, houve apenas o desfile de blocos na cidade, mas em 2020 a prefeitura de Uberlândia finalmente procurou resgatar a tradição do Carnaval de rua, fazendo uma programação especial, inclusive com o *Baile de Máscaras* no estacionamento do Mercado Municipal, ocorrido em 7 de fevereiro, e a apresentação das bandas Casuarina e Quinteto do Samba, nos dias 14 e 15 de fevereiro, na *Noite dos Antigos Carnavais*, na praça Clarimundo Carneiro. Os blocos Extravasa e Me Beija encantaram os foliões com seus desfiles nos dias 22, 23, 24 e 25 de fevereiro. O Teatro Municipal foi o palco da folia, com diversos blocos: Corpo Sensual, Donas do Udão, Bloco do Peixinho, entre outros. E não se pode esquecer que em 2020 os quatro principais clubes de Uberlândia – Praia Clube, Cajubá, Tangará e Caça e Pesca – prepararam folias para os dias de Carnaval!!! E logo depois a cidade começaria a sofrer com a pandemia provocada pelo novo coronavírus!?!?

Comumente, na metade de cada ano acontecem as **festas juninas**, que atraem muita gente de Uberlândia e até mesmo de fora da cidade. As pessoas adoram participa delas, em especial aquelas em louvor de santo Antônio (em 13 de junho); são João Batista (24 de junho) e são Pedro (29 de junho). Em geral essas festas juninas acabam se estendendo até o mês de julho, quando são chamadas de **festas julinas**.

Nessas festas são muito consumidas a castanha de caju e a batata-doce, além de outros pratos típicos "juninos", derivados principalmente do milho (pamonha), do amendoim e da mandioca. E para se "esquentar" durante essas festas tipicamente de inverno, além de beber bastante vinho quente, outra bebida preferida nessa época é o "quentão", uma mistura de aguardente, açúcar, gengibre e especiarias.

Ainda no campo das **tradições**, destaca-se no município o **Congado de Uberlândia**. Essa celebração data do tempo da escravatura, quando um grupo de escravos negros se reunia no mato, cantava e dançava em louvor à sua santa protetora Nossa Senhora do Rosário. Por volta de 1874 teve início o movimento do Congado em Uberlândia e, com o passar dos anos sentiu-se a necessidade de se realizar a Festa do Congado na cidade.

Os negros vinham em carros de bois e se agrupavam de baixo de uma grande árvore, onde hoje se encontra a praça Tubal Vilela. Depois eles seguiam por uma trilha até a capela de Nossa Senhora do Rosário, construída de pau-a-pique e buritis, por volta de 1860, onde é hoje a praça Doutor Duarte, e ali realizavam a festa.

O perfil de Uberlândia na área da **culinária** segue os padrões típicos da região do cerrado. Destacam-se receitas como o arroz com suã, a galinhada, o molho de pequi, de mamão verde, a guariroba, a cambuquira, o frango ao molho pardo, o angu de milho verde, temperados com açafrão, colorau ou pimenta.

Também são típicos da região os doces do pau de mamão, o cajuzinho do campo, a ambrósia, a ameixinha de queijo, a geleia de mocotó e outros, acompanhados de queijo fresco e requeijão caipira.

Quem vive ou visita Uberlândia tem a sua disposição quase uma centena de bons restaurantes, destacando-se entre eles os seguintes:

- *Fogão de Minas* – Oferece uma gastronomia típica mineira, com o cliente podendo escolher uma dentre uma grande coleção de cachaças para ficar mais descontraído. Tem múltiplos ambientes, sendo um deles rico em detalhes da história, com decoração rústica em clima de fazenda.
- *Seo Chico* – É um restaurante mineiro no qual se tem um *buffet* repleto de opções do dia a dia, com boas saladas e outras comidas de qualidade. Na verdade, é uma ampla churrascaria familiar, inclusive com parquinho.
- *Estância do Cupim* – O carro-chefe da casa é o cupim casqueirado, mas as outras carnes na brasa também são deliciosas, especialmente quando vem acompanhadas do molho de alho. Está em um espaço rústico, possui uma área infantil e tem música ao vivo.
- *Minas Tchê* – Possui um espaço amplo para os clientes e oferece uma grande variedade de saladas e carnes. Tem serviço de *delivery*. Sua comida é excelente, tanto no almoço como no jantar, quando se pode optar pelo saboroso rodízio de *pizzas*.
- *Banana da Terra* – O cliente pode valer-se do sistema *self-service* para degustar pratos caseiros variados e uma boa variedade de saladas. Há a opção do churrasco. É um restaurante rústico, mas aconchegante, com clima familiar.

- *Casarão Grill* – Oferece uma gastronomia refinada e variada no dia a dia, com grelhados finos servidos no *buffet* informal e tem um espaço aconchegante, familiar e ao mesmo tempo despretensioso, com bom estacionamento.
- *Purê* – Com cozinha fina de pescados, carnes e massas servidos no *buffet* e também no sistema *à la carte*, num ambiente informal. Os clientes podem também ocupar as mesas externas. Conta com um excelente serviço de entrega.
- *Maia's* – Tem um cardápio variado, com menu executivo, petiscos, sanduíches, carnes e frutos do mar. Talvez seja um dos melhores de Uberlândia, com um ambiente bem elegante e sofisticado, excelente lugar para se tomar uma boa taça de vinho. Fica no hotel Nobile Suites.
- *Terra Brasilis* – É um ótimo restaurante de comida brasileira, com uma boa diversidade de opções no *buffet* à quilo. Seu ambiente é bastante acolhedor e oferece música ao vivo aos sábados. O local também possui serviço de *delivery*.
- *Napolitano* – O cliente tem à sua disposição petiscos, saladas, pescados, além de churrasco e doces mineiros, num restaurante com sistema *self-service* e bem contemporâneo. É um ótimo lugar para uma refeição em família, sem barulho e que oferece facilidade de estacionamento.
- *Liro Chef* – É uma casa bem familiar, bonita e acolhedora, que se tornou especialista em massas artesanais, mas serve também *sushi*, pratos brasileiros (inclusive churrasco) e bons vinhos. Possui também um serviço de entrega de comida a domicílio.
- *Lazinho* – Tem uma cozinha informal, mas diversificada de receitas, ou seja, seu cardápio é ótimo. Os garçons são bem profissionais, o seu ambiente é contemporâneo, contando com jardim de inverno.
- *Bom Apetite* – Um ótimo restaurante, apesar de o ambiente ser despretensioso. O *buffet* de pratos quentes é bom e bastante variado, e a comida é boa. O destaque é a picanha servida no estilo rodízio.
- *Frango Frites* – É o melhor lugar da cidade para quem quer comer frango, com as suas aclamadas coxas, sobrecoxas e asinhas com mel e bastante pimenta. Além disso, tem-se o frango empanado na farinha panko. A atmosfera é casual e conta com mesas externas.

- *Outback Steakhouse* – Fica dentro do *Center Shopping* de Uberlândia, bem próximo do centro. Oferece ótimas comidas, seguindo o padrão da franquia. O ambiente é bem agradável e temático, sendo um ótimo lugar para ir em casais ou com a família. O lugar oferece mesas para grupos.
- *Portal* – Restaurante com um ambiente bem cordial, com foco em pratos tradicionais e contemporâneos da culinária sírio-libanesa.
- *Marlão* – É um espaço informal com mobília de plástico e ambiente ao ar livre, servindo sanduíches, crepes, porções e saladas, acompanhados de cerveja bem gelada, trazida por garçons muito prestativos.
- *Sahtten* – É um restaurante árabe no qual são servidas porções, pratos quentes, lanches e doces típicos. O lugar é bem agradável, com ambiente intimista e requintado, e oferece excelente atendimento. Também possui serviço de *delivery*.
- *Akkar* – É um restaurante com pratos árabes, filés e porções, além de um bom *chopp*. O espaço é rústico, com varanda no segundo andar e moinho de vento.
- *Bella Sicilia* – Um ótimo lugar para um jantar a luz de velas. Conta com gastronomia *gourmet*, servindo pratos italianos variados. Esse é o caso da beringela ao óleo com cebola e especiarias, servida com pão italiano.

Mas além de bons restaurantes a cidade de Uberlândia possui alguns outros atrativos turísticos, tanto de valor arquitetônico quanto cultural e natural. Assim, destacam-se na cidade:

- **Mercado Municipal** – Localizado no centro da cidade, na rua Olegário Maciel Nº 255, ele foi instituído em 1923. Porém, suas obras somente foram concluídas em 1944, no mandato do prefeito Vasconcelos Costa. O lugar possui uma arquitetura bem moderna para a época e serviu de centro atacadista da cidade até 1977 (quando o comércio foi transferido para o CEASA). Nele o cliente pode encontrar produtos típicos do Estado de Minas Gerais, além de obter serviços variados.
- **Parque do Sabiá** – É um parque/zoológico com 1.800.000 m², administrado pela Fundação Uberlandense de Turismo, Esporte e Lazer. Está localizado na zona leste da cidade, entre os bairros Tibery e

Santa Mônica. Esse complexo verde é composto por um zoológico que abriga dezenas de espécies de animais mantidos em cativeiro; sete lagoas que formam um grande lago; aquário bem grande com 36 aquários menores, com 26 espécies de peixes; pista de *cooper* de 5.100 m, além de outros atrativos. O local recebe em média 11 mil visitantes por dia.

- **Parque municipal Victório Siquierolli** – Esse parque ocupa uma área de 232.300 m², e está localizado na zona norte de Uberlândia entre os bairros Jardim América II, Residencial Gramado, Nossa Senhora das Graças e Cruzeiro do Sul. Hoje é um dos principais pontos turísticos da cidade, possuindo legítimos exemplares da vegetação do cerrado, com suas árvores de folhas coreáceas, troncos retorcidos e cascudos, flores muito bonitas e frutos agrestes. O local conta também com um espaço com brinquedos para as crianças e com o Museu de Biodiversidade do Cerrado da UFU.

- **Museu Municipal de Uberlândia** – Localizado no palácio dos Leões, na praça Clarimundo Carneiro no centro da cidade, o edifício já abrigou a sede da prefeitura e a Câmara Municipal. Depois de ser totalmente reformado, hoje ele serve de palco para importantes mostras e também recebe diversos projetos culturais. Nele o visitante tem a oportunidade de conhecer mais profundamente a história de Uberlândia.

- **As belas praças uberlandenses** – Há diversas praças encantadoras em Uberlândia, destacando-se entre elas a Tubal Vilela, a Clarimundo Carneiro, a Rui Barbosa (ou praça da sorveteria *Bicota*) e a Sérgio Pacheco, que se tronaram locais que os turistas nunca deixam de visitar e fotografar.

- **Avenida Governador Rondon Pacheco** – Essa avenida é considerada o "**corredor gastronômico**" de Uberlândia, com vários restaurantes, *pizzarias*, bares e cafeterias. É nela que se concentra a vida noturna da cidade. São mais de 85 estabelecimentos, com mais de 11 mil lugares para acomodar os clientes. Mas a avenida também é o endereço do Teatro Municipal e do Praia Clube, de diversos hotéis, colégios, lojas de conveniência, postos de gasolina, supermercados e hipermercados.

A avenida Governador Rondon Pacheco corta a cidade de leste a oeste, começando no encontro com a avenida Sílvio Rugani, no bairro Tubalina, na região sudoeste do município. Ele segue até a BR-50, na altura do bairro Custódio Pereira, na região leste. Nela trafegam diariamente cerca de 170 mil veículos.

Uberlândia integra o circuito turístico do Triângulo Mineiro, e se destaca bastante na área do **turismo de negócios**, em escala nacional. Já no âmbito regional, a cidade despontou bastante no turismo comercial, com muita gente vindo das cidades vizinhas para fazer suas compras na "**Udi**".

Recentemente a cidade foi classificada pela International Congress and Convention Association (a principal entidade do mundo no segmento de turismo e eventos internacionais) como a **nona cidade brasileira** em número de eventos internacionais sediados. Para isso a cidade conta com um grande centro de convenções e eventos. De fato, entre as doze cidades mais bem colocadas, Uberlândia – a única que não é capital – ficou atras de metrópoles como São Paulo, Rio de Janeiro, Brasilia, BH etc.

Anualmente são realizados na cidade centenas de eventos envolvendo os mais variados setores produtivos do País, bem como alguns de caráter internacional. Um estudo feito pela International Congress and Convention Association indicou que o **turismo** é o maior gerador de oportunidades de trabalho, com mais de 420 milhões de empregos no mundo todo. Assim, esse setor tem grande relevância para o PIB das cidade, dos Estados e países, pois atinge diretamente cerca de 50 setores da economia.

E dentro de todos os segmentos, é o setor de **turismo de eventos** que mais cresce no mundo. Estima-se que em 2019 ele tenha movimentado cerca de US$ 4,8 trilhões. Infelizmente em 2020 houve uma queda dramática nesse montante devido a pandemia causada pelo novo coronavirus. Avaliou-se que no ano de 2019, 23% das empresas de Uberlândia realizaram eventos, sendo que mais da metade desse percentual representa empresas de grande porte. Em 86% de todos esses eventos o público-alvo foram os próprios funcionários, que estavam reunidos para 1º) desenvolver planejamentos para os próximos anos em suas respectivas organizações, 2º) promover integração entre os setores e 3º) comemorar o desempenho alcançado nos últimos trimestres!!!

Uberlândia tem uma **rede hoteleira** razoável, mas que devido ao crescimento do turismo na cidade deveria ser maior e mais sofisticada. Destacam-se na cidade dois hotéis **quatro estrelas**:

- **Nobile Suítes** – Localizado a 4 km do terminal rodoviário e a 9 km do aeroporto, é um hotel urbano de luxo, que se tornou referência no Triângulo Mineiro. Ele ocupa um moderno arranha-céu, com 195 quartos bem confortáveis, uma piscina externa, academia, sauna úmida e quadra de *squash*. Também dispõe de um restaurante bem chique. O hóspede tem serviço de *Wi-Fi*, estacionamento e café da manhã gratuitos. O local conta com boa estrutura para a realização de eventos, com capacidade para até 500 pessoas. Os funcionários de todos os setores são bem atenciosos.

- **Mercure Uberlândia** *Plaza Shopping* – É um hotel moderno e minimalista, localizado a 4,6 km do aeroporto e a 3,1 km do parque do Sabiá. Possui quartos amplos (alguns deles com varanda), piscina externa e restaurante/bar, e nele o cliente tem *Wi-Fi* e café da manhã gratuitamente.

- Em Uberlândia há quase duas dezenas de confortáveis hotéis classificados com **três estrelas**, entre eles:

- **Universe Palace** – É um hotel modesto, com quartos, suítes e apartamentos simples. Possui salão de jogos, restaurante/bar e oferece *Wi-Fi* e café da manhã gratuitamente aos hóspedes.

- **Porto Bello Palace** – Este hotel descontraído e casual fica num edifício contemporâneo, na avenida João Naves de Ávila, Nº 3685, a principal do lado leste do bairro Jardim Finotti. Ele dista 2 km da UFU e 3,5 km do centro da cidade. Possui restaurante/bar, boa academia e salas de conferências. Café da manhã e *Wi-Fi* são gratuitos.

- **Alpha** – Está no centro da cidade, sendo um bom local de hospedagem. Possui garagem e ar-condicionado nos quartos; oferece bom atendimento e um café da manhã maravilhoso.

- **JVA Fenix** – Está também na movimentada avenida João Neves de Ávila, Nº 820, sendo um hotel moderno e com quartos funcionais. Conta com restaurante e academia, e o café da manhã está incluso na tarifa.

- **Parati Palace** – Este hotel simples ocupa uma torre moderna. Possui quartos bem espaçosos, restaurante/bar e sala de ginástica. Oferece aos hóspedes um ótimo café da manhã, assim como serviço de quarto sem preços abusivos.

- **Comfort** – Está instalado num edifício moderno, com quartos casuais, alguns com cozinha. Possui piscina interna e externa, além de restaurante. Oferece translado do aeroporto, sendo ideal para quem viaja com crianças. Fica a 15 min a pé do Teatro Municipal, e a 4,2 km do estádio municipal João Havelange.
- **Sara Palace** – É um hotel simples, com quartos modestos, mas dispõe de academia e oferece aos hóspedes *Wi-Fi*, café da manhã e estacionamento gratuitamente. Fica em frente à estação de transporte público.
- **América Palace** – É um hotel modesto e moderno, localizado no centro da cidade. Possui restaurante/bar e oferece café da manhã gratuitamente.
- **Sanare** – Fica numa área repleta de bares e restaurantes, bem em frente da UFU e a 15 min a pé do *shopping Center*. O hotel é bem simples, com quartos modestos, mas oferece *Wi-Fi*, estacionamento e café da manhã gratuitamente.
- **Carlton Plaza** – Este é um hotel discreto, com fachada bem colorida e quartos bem despojados. Conta com restaurante/bar e sauna, e aceita animais de estimação.
- **Ibis** – Fica a 7 min a pé do *shopping Center* e a 2,8 km do Teatro Municipal. Possui restaurante e bar aberto 24h, e oferece *Wi-Fi*, estacionamento e café da manhã gratuitamente aos hóspedes. Além disso permite a presença de animais de estimação.
- **Montblanc** – É um hotel moderno, cuja fachada em branco e azul se destaca na avenida Cesário Alvim, Nº 655. Seus quartos são discretos, mas bem limpos. Possui restaurante e oferece café da manhã e estacionamento seguro como cortesia para os hóspedes.
- **Apollo** – Está situado no centro da cidade, sendo um hotel moderno e básico. Fica a 10 min a pé da estação de ônibus do terminal central, e a 1,8 km da UFU. Seus quartos são informais e o prédio possui restaurante, bar e piscina externa. Oferece *buffet* de café da manhã.
- **Villalba** – Esse hotel discreto tem quartos minimalistas, restaurante, bar e loja de conveniência aberta 24h. Oferece *Wi-Fi*, estacionamento e café da manhã gratuitamente aos hóspedes. Permite a presença de animais de estimação.

→ **Rota** – Hotel econômico, com quartos modestos, mas confortáveis. Fica entre lojas e residências, e próximo da vida noturna no animado Mercado Municipal da cidade. Nele o hóspede tem *Wi-Fi*, estacionamento e café da manhã grátis.

→ **Alvorada** – Este hotel é prático, pois fica no centro da cidade, na movimentada avenida João Naves de Ávila Nº 92, a 2 km do Museu do Índio e a 7 km do aeroporto. Possui piscina e nos quartos estão instalados aparelhos de TV de tela plana. Os hóspedes têm *Wi-Fi*, estacionamento e café da manhã gratuitamente.

Assim como na maior parte do País, em Uberlândia um esporte bem popular é o **futebol**, se bem que muita gente também gosta de basquete e, nesses últimos anos, os uberlandenses se tornaram torcedores fanáticos do **voleibol feminino**!!!

O principal clube de futebol da cidade é o Uberlândia Esporte Clube (UEC), que foi fundado em 1º de novembro de 1922. Trata-se da única equipe do interior de Minas Gerais que consegue fazer frente (às vezes...) aos três grandes times de BH, porém, ele nunca se sagrou campeão mineiro!?!?

O clube já disputou todas as séries do Campeonato Brasileiro, além de obviamente ter participado do Campeonato Mineiro, em 46 edições. Ele manda seus jogos no estádio municipal Parque do Sabiá, no complexo Virgílio Galassi, na zona sul da cidade. Esse estádio foi inaugurado em 27 de maio de 1982 e que hoje tem capacidade para 53.350 espectadores.

Entretanto, o recorde de público foi na sua inauguração, na partida amistosa entre a seleção brasileira contra a da Irlanda, com vitória do Brasil por 7 a 0. O jogo foi assistido por um público aproximado de 75.000 pessoas. Esse estádio foi palco de grandes jogos, inclusive da final da Taça CBF (a Séria B do Campeonato Brasileiro), em 1984, da qual o UEC foi campeão.

O UEC surgiu numa época em que o município ainda era conhecido como Uberabinha, sendo que o seu nome inicial foi Uberabinha Sport Clube. Na década de 1920, a cidade era comandada e rivalizada politicamente por dois grupos. Cada um deles possuía sua própria banda, e ambos se revezavam na abertura dos jogos de futebol que aconteciam na cidade.

O Partido Republicano Municipal possuía a banda denominada Cocão, enquanto o Partido Republicano Mineiro era representado pelos Coiós. Os dois tinham entre si um acordo de revezamento. Em um importante jogo realizado no campo da Associação Esportiva de Uberabinha, a banda Cocão, por ser a proprietária do campo, decidiu romper o acordo. Então a banda Coiós se retirou do local!?!?

Então, os amigos e empresários Agenor Bino e Gil Alves dos Santos – que também era político e dono de terras – se reuniram na Vila Operária com os demais membros do Partido Republicano Mineiro e juntos eles criaram um novo time de futebol: o Uberabinha Sport Clube em 1º de novembro de 1920. Nessa época, Gil Alves também "cedeu" (por um valor simbólico) um terreno onde mais tarde seria erguido o estádio Juca Ribeiro (hoje não existe mais, e no lugar foi erguido um supermercado...).

As cores tradicionais do clube são o verde e o branco, o que gerou o principal apelido do time: "**alviverde do Triangulo**". As demais alcunhas são: "**verdão**", "**furacão verde da Mogiana**" e "**máquina verde**". A mascote do clube é o **periquito**, por causa da cor verde predominante nessa ave, e pela grande população dessas aves no município. Aliás, o periquito remete à esperança, a vontade de voar alto, ou seja, de ser **campeão**!!!

O hino do clube foi criado a partir de uma composição de Moacir Lopes, e ressalta a luta, a guerra da equipe e o amor de sua torcida. O maior e mais tradicional adversário do UEC tem sido o Uberaba Sport Club, e juntos eles protagonizam o "clássico do Triângulo", que é o de maior rivalidade do interior do Estado de Minas Gerais. Nesses últimos anos a diretoria do UEC tem se esforçado para que a equipe tenha um melhor desempenho no Campeonato Mineiro, e que também volte a subir da Série D para a Série C do Campeonato Brasileiro...

Mas a cidade tem se destacado em outros **esportes**, como o basquete, o voleibol e até mesmo o *rugby*. No passado Uberlândia abrigou o Unitri/Uberlândia, que se tornou um dos times de basquete profissional mais poderoso do País. Ele foi criado em agosto de 1998, após uma parceria entre a Unitri (à época chamada de Unit) e o Uberlândia Tênis Clube.

O técnico escolhido foi o famoso Ary Vidal, que comandou inclusive a seleção brasileira de basquete. Depois dele vieram outros técnicos famosos, dentre os quais o meu amigo Hélio Rubens Garcia (que foi um excepcional jogador de basquete, integrante da seleção brasileira e da renomada equipe da cidade de Franca).

Os uberlandenses prestigiaram muito os jogos da equipe Unitri, lotando tanto o ginásio Homero Santos como a arena multiuso Tancredo Neves (também chamada de ginásio Sabiazinho), nos quais o time conquistou muitas vitórias e alguns títulos. Porém, no término da temporada 2006-2007 a equipe uberlandense encerrou as atividades. Somente em 2010, após a Associação Salgado de Oliveira de Educação e Cultura comprar uma vaga para disputar o NBB, e repassá-la ao time de Uberlândia, este retornou às suas atividades.

Porém, apesar de terem sido montadas equipes competitivas, o Unitri/Uberlândia não conseguiu vencer o NBB. Entretanto, em 2014 ele se tornou campeão estadual **pela 14ª vez**. Na temporada seguinte do NBB, de 2014-2015, a equipe porém não foi nada bem, terminando em 13º lugar (com 9 vitórias e 21 derrotas) e, a despeito de sua gloriosa história, acabou sendo novamente desativada!?!?

Pois é, o fato é que tanto o governo municipal como os empresários ligados às grandes companhias uberlandenses deveriam fazer de tudo para que a Unitri/Uberlândia ressurgisse, pois isso ajudaria muito a aumentar a visitabilidade à cidade, como já está acontecendo nos jogos do time de voleibol feminino do Praia Clube, que tem atraído muitos espectadores, em especial das cidades vizinhas.

Por sua vez, o Praia Clube, sediado em Uberlândia, às margens do rio Uberabinha, é considerado um dos clubes **mais importantes** da América Latina. E o motivo para isso é simples. Como poucos, ele segue ao pé da letra o seu lema: "**Lazer e entretenimento com criatividade, esporte de rendimento em nível nacional e internacional.**"

Esse objetivo se mantém desde a sua fundação, em 10 de julho de 1935, com o clube promovendo a prática desportiva e a formação de atletas em esportes aquáticos e terrestres, olímpicos e paralímpicos, além de atividades culturais e de lazer. O clube explora seu negócio de acordo com a sua **missão**, que é: "Assegurar aos seus associados plena satisfação e qualidade de vida, promovendo atividades esportivas, lazer e entretenimento, em ambiente saudável e seguro, com foco na gestão de qualidade, equilíbrio financeiro e ambiental."

Já a sua **visão** é definida por: "Até 2022 atingir e manter um patamar mínimo de 90% de satisfação dos associados com as áreas de atividades esportivas, de lazer e entretenimento." Dentre seus valores estão: **ética** e **transparência, legalidade, relacionamento, qualidade, responsabilidade socioambiental** e **comprometimento com a performance**.

O surgimento do clube tem relação direta com o rio Uberabinha e a prática esportiva da natação por um grupo de pessoas que se banhavam na propriedade do coronel Constantino. Posteriormente, esse grupo de 12 pessoas solicitou que o proprietário vendesse um pedaço de terra à margem do rio, tendo sido atendido!!!

Com o tempo, surgiu a ideia de criar-se um clube, tendo sido batizado de "Praia", devido a uma praia de cascalho que havia no local onde os frequentadores praticavam a natação. Atualmente o Praia Cloube ocupa uma área de aproximadamente 301.000 m², tendo uma infraestrutura moderna para práticas esportivas, culturais e de lazer.

Inaugurado em 1963, o ginásio Adalberto Testa, apelidado de "**disco voador**", devido ao seu formato, foi uma das primeiras e mais marcantes obras construídas pelo clube, tornando-se cartão-postal da cidade. Na década de 1970 foi construída a **Eclusa**, de grande importância para o crescimento do clube, com a ajuda da prefeitura, na primeira gestão do prefeito Virgílio Galassi. Projetada pelo então diretor-geral, José Pereira Espíndola, tal obra permitiu a subida do rio Uberabinha até a região do Clube de Caça e Pesca.

Atualmente o Praia Clube investe em diversos esportes, destacando-se o **voleibol**. A relação do Praia Clube com essa modalidade iniciou-se na década de 1980, com um grupo de associados que praticavam esse esporte de forma esporádica. O que na época era visto como lazer serviu de pontapé inicial para a criação de uma **escolinha de voleibol**, que em poucos anos já contava com oito turmas, com cerca de 100 alunas aproximadamente.

A filiação à Federação Mineira de Voleibol ocorreu em 1989, e a partir de então o clube passou a disputar os campeonatos regionais em quatro categorias (infantil, infanto-juvenil, juvenil e adulto). E neste mesmo ano as equipes praianas conquistaram títulos regionais nas categorias infantil e infanto-juvenil, além de ter conquistado o Campeonato Mineiro do Interior na categoria juvenil.

Foi a partir de 2008 que a equipe feminina adulta começou a disputar o maior torneio desse esporte no País, a Superliga. Desde então foi se firmando com uma das maiores forças do voleibol feminino nacional, atraindo sempre milhares de pessoas para seus jogos. Para a temporada de 2017/2018, o time resolveu investir e assim trouxe para a equipe dois nomes de peso: Fernanda Garay (campeã olímpica com o Brasil em 2012) e Nicole Fawcett (campeã mundial estadunidense em 2014).

Com uma equipe muito reforçada, o time chegou à consagração ao se tornar campeão da Superliga, vencendo na final um poderoso rival: o Sesc do Rio de Janeiro. Nesse mesmo ano, apesar de ter perdido o Campeonato

Mineiro para a arquirrival Minas Tênis (que também havia se reforçado bastante), redimiu-se em 10 de novembro de 2018, ao vencer a Supercopa, enfrentando na final a poderosa equipe Vôlei Osasco Audax.

Ainda em 2018, entre 4 e 9 de dezembro, a Dentil/Praia Clube participou pela primeira vez do Campeonato Mundial de Clubes, em Shaoxing, na China, mas não conseguiu nas partidas decisivas vencer as equipes turcas, terminando no 4º lugar.

O calendário do Praia Clube esteve cheio para a temporada 2019/2020. Em 2019 a equipe tinha vencido o Campeonato Mineiro (pela sétima vez) e a Supercopa, e chegado às partidas finais da Copa Brasil e do Sul-Americano de clubes, mas acabou sendo derrotada pela arquirrival Minas Tênis. Além disso, na sua segunda participação no Campeonato Mundial de Clubes ficou apenas no 6º lugar.

Infelizmente a pandemia do novo Coranavirus levou à suspensão da Superliga 2020, sem que houvesse um vencedor!?!? Entretanto, o Praia Clube fechou a fase classificatória na liderança, já conquistando as vagas para a Supercopa 2020 e o Sul-Americano de Clubes de 2021, que, aliás, deverá acontecer em Uberlândia.

O clube oferece aos seus sócios a possibilidade de praticar uma grande variedade de modalidades esportivas. Esse é o caso do basquete (participando de campeonatos); do atletismo (tendo diversos representantes na modalidade corrida); do futebol (organizando concorridos campeonatos internos); futebol *society* (muito praticado); futsal (tendo equipes competitivas); judô (com equipes participando de campeonatos e torneios nacionais e internacionais); natação (especialmente nas categorias infantil e juvenil); peteca (o clube já conquistou títulos brasileiros); tênis (possuindo escolinhas de tênis); tênis de mesa (com vários campeonatos internos); xadrez (oferecendo aulas e os integrantes do clube; os irmãos Rodrigo Machado Borges Filho e Gabriela Machado Borges se tornaram campeões brasileiros); equipe paralímpica para a modalidade natação etc.

Como se nota, o associado do Praia Clube não pode se queixar, pois tem todas as condições para **"divertir-se"** enquanto pratica uma modalidade esportiva, ou talvez até se tornar um profissional na mesma – como o clube já procura fazer no voleibol.

É vital também destacar a excelente estrutura que o Praia Clube oferece aos seus associados que têm nele a sua disposição para o seu entretenimento e momentos de descontração:

- **Academias** – A principal academia de musculação do clube foi inaugurado em 1998, possuindo 1.000 m² e ocupando dois andares, tendo equipamentos de musculação modernos e excelentes profissionais para apoio de atividades.
- **Bares** – Dentro do seu perímetro o clube possui diversos bares estrategicamente localizados para atender os seus associados, visitantes, torcedores e atletas. São eles os bares do complexo de tênis e do complexo Cícero Naves, da sauna, da sinuca e dos ginásios Adalberto Testa e Oramides Borges do Nascimento.
- **Bosque** – É um local ideal para se fazer exercícios e ter contato com o ar puro em meio ao centro urbano, tendo esse bosque uma área de 41.000 m², no qual se tem quiosques cascata, deque com mesas e cadeiras à beira de um lago e um mirante.
- *Boutique* – Nessa *boutique* particular os torcedores da equipe de voleibol feminino do clube podem adquirir os uniformes oficiais.
- **Campos de futebol** – Além de um campo de futebol com medidas oficiais e excelente iluminação para se ter jogos à noite, há outras cinco quadras para a prática do futebol *society*.
- **Complexo Cícero Naves** – Foi inaugurada em 2011, sendo composto por salas de treinamento *fitness* ("para manutenção da forma física") e judô, além de ser um espaço para a realização de *shows*.
- **Eclusa** – Essa é uma importante área de lazer do clube, a Eclusa fica ao lado do ginásio Adalberto Testa, que tem uma pista de dança, bar de autoatendimento e palco para apresentações musicais. É um local em que acontece todos os domingos um evento tradicional do clube: o **Música ao Vivo na Eclusa**.
- **Ginásios** – O Praia Clube tem quatro ginásios, a saber: o Adalbrto Testa, que atualmente recebe competições de peteca, tênis de mesa e eventos sociais; o Oramides Borges do Nascimento, construído em 1994, que é utilizado para treinos e jogos do time profissional de voleibol feminino, que foi ampliado em 2013, sendo desde então conhecido como Arena Praia; o Waltercides Borges de Sá, que também acolhe os treinos da equipe de base de basquete e futsal, e no qual são realizadas as partidas da Liga de Desenvolvimento de Basquete, e o da Academia do Futuro – Formação de Atletas, que foi inaugurado em 2016, tendo 7.041 m² de área construída e como

o próprio nome diz é um local destinado ao ensino de valores aos novos atletas.

- **Parques aquáticos e piscinas** – O Praia Clube destaca-se pelos seus parques aquáticos sendo o principal o complexo Parque Aquático, que possui três piscinas para lazer, uma delas com toboáguas. Tem ainda uma sequência de três corredeiras com quatro piscinas menores. No clube os seus sócios têm diversas piscinas disponíveis: frias, aquecidas, rasas, olímpicas e com outras características.
- **Quiosques** – Há no clube vários quiosques terceirizados, com o que os frequentadores têm mais opções e facilidades para comprar, especialmente alimentos.
- **Quadras esportivas** – O clube possui várias quadras internas e externas. Construídas em 2009, as oito quadras de peteca oferecem aos associados espaços para lazer e práticas esportivas, e elas se somaram às 17 já existentes!!! O complexo de tênis sofreu uma grande reforma no final de 2005, com o que passou a receber competições de nível nacional, possuindo 10 quadras oficiais descobertas com iluminação, paredão e um ginásio coberto com duas quadras oficinais iluminadas e arquibancadas.
- **Recanto do Samba** – Um dos espaços culturais mais importantes do Praia Clube – o **Recanto do Samba** – foi o local que permitiu alavancar a carreira do grupo Só Pra Contrariar, e foi o espaço que ajudou a promover a carreira solo do cantor Alexandre Pires. Ele tem uma área de 840 m². Aliás, Alexandre Pires, que é uberlandense, sempre que pode organiza algum evento importante na sua cidade natal. Foi o que aconteceu por exemplo em 27 de dezembro de 2018, quando ele conseguiu reunir num evento esportivo na cidade jogadores famosos (Neymar Jr, Kaká etc.), cantores e outras celebridades que numa partida amistosa de futebol atraíram mais de 30 mil espectadores, que para ver o jogo doaram mais de 100 t de alimentos que foram entregues a instituições de caridade.
- **Postos de enfermagem** – Preocupando-se com a segurança e o bem--estar dos seus sócios, o clube instalou quatro postos de enfermagem para atendê-los em casos de emergência enquanto permanecem no espaço.

→ **Estacionamento** – o estacionamento do clube ocupa uma área de 11.000 m², com capacidade para receber cerca de 400 automóveis e 200 motos. Além disso, o clube conta com o auxílio de um estacionamento que existe em frente a sua portaria principal, que não pertence ao Praia Clube, mas está à disposição dos seus frequentadores tendo aproximadamente 600 vagas.

Deu para entender o porquê de o Praia Clube ser **incrível** e talvez **único** por conta de tudo o que oferece aos seus associados e aos uberlandenses de modo geral? O fato é que ele se tornou um verdadeiro cartão de visita para Uberlândia. Aliás, uma das condições para uma grande cidade ser considerada **encantadora** deveria ser a existência nela de clubes como o Praia Clube, **viu**!?!?

A cidade tem ainda uma competitiva equipe de *rugby*: o Uberlândia *Rugby Leopards*, que foi fundada no 2º semestre de 2006 por um grupo de alunos da UFU. Ela é a pioneira da modalidade no Triângulo Mineiro.

Em 2008 disputou sua principal competição até hoje, o Campeonato Paulista de *Rugby* do Interior, um dos principais torneios universitários do País, chegando às semifinais de uma das etapas, a chamada Taça de Prata. Em 2009, houve uma cizânia entre os atletas da equipe, o que deu origem ao Uberlândia *Rugby* Clube fundado por Danilo Campos Oliveira, em 28 de fevereiro de 2010. Mas em 2012, ocorreu a fusão do Uberlândia *Rugby Leopards* e o Uberlândia *Rugby* Club, surgindo dessa forma o Uberlândia *Rugby*.

A cidade também conta com equipes de futebol norte-americano, de hóquei, de futebol de salão, dentre outras modalidades esportivas. A prefeitura criou diversas escolinhas de esportes no município, denominadas de **núcleos de esportes**, nas quais em 2018 ofereceu 7 mil vagas para crianças e adolescentes nas modalidades voleibol, basquete, handebol, futsal, natação, futebol, caratê, judô, atletismo e ginástica olímpica.

Nesses núcleos são dadas aulas para todos esses esportes, e os jovens são incentivados especialmente para que se apliquem em atividades esportivas. Para isso são oferecidos a eles as explicações adequadas, treinamento esportivo, seja o objetivo final desses alunos o lazer e a recreação ou o preparo para competições. Em todos esses núcleos existem quadras, campos de futebol, vestiários, sanitários e toda a infraestrutura propícia ao desenvolvimento do esporte comunitário.

Vitória

A ponte da Passagem (reinaugurada em 2009), facilitando a mobilidade em Vitória.

PREÂMBULO

Vitória é a charmosa e **encantadora** capital do Estado do Espírito Santo, na região sudeste do Brasil. Localizada na ilha de Vitória, a cidade possui um rico litoral, com muitas opções de praia, belos parques, praças, mirantes e construções históricas, o que a torna um lugar repleto de alternativas para incrementar a cultura do turista e, é claro, dos próprios vitorienses.

Um fato interessante sobre Vitória é que todo aquele que visitar a capital capixaba poderá curtir diversas atividades sem gastar um único centavo (se não quiser)!!! Uma delas é passear pela praça dos Namorados, um dos locais mais tradicionais da capital. Nos fins de semana essa praça abriga uma Feira de Artesanato e é ocupada por várias barraquinhas de comidas deliciosas... Ah! E por falar em comida, não se pode esquecer que somente em Vitória o turista poderá deliciar-se com a famosa **moqueca** capixaba enquanto desfruta do belíssimo cenário que caracteriza a cidade.

A praça dos Namorados fica na praia do Canto – uma das melhores da cidade, embora o litoral espírito-santense seja belíssimo –, de onde quem caminha pelo calçadão tem uma vista privilegiada não apenas da ilha do Frade, mas do Iate Clube do Espírito Santo. Com seus 450 m de extensão, nele é possível passear de bicicleta, andar de *skate* (existe inclusive uma rampa para os mais radicais...) ou jogar tênis numa de suas quadras!!!

Entre os lindos parques, o destaque vai para o da Fonte Grande, com seus diversos mirantes. Desses locais o visitante tem uma vista privilegiada de Vitória, da orla de Camburi – um dos cartões postais da capital capixaba – e até mesmo do convento da Penha, localizado na cidade vizinha de Vila Velha. Sem dúvida o parque Fonte Grande é o local perfeito para se tirar fotos maravilhosas.

A HISTÓRIA DE VITÓRIA

Vitória é uma das três capitais brasileiras cujo centro administrativo e a maior parte do município estão localizados numa ilha (as demais são as encantadoras Florianópolis e São Luís). A cidade limita-se ao norte com o município da Serra, ao sul com Vila Velha, a oeste com Cariacica e ao leste com o oceano Atlântico.

Estima-se que no início de 2021 vivessem em Vitória cerca de 380 mil habitantes. Isso faz dela a 4ª cidade mais populosa do Estado do Espírito Santo, atrás dos municípios limítrofes de sua região metropolitana: Vila Velha, Serra e Cariacica!?!?

A região metropolitana de Vitória – também chamada de Grande Vitória, que além da capital capixaba inclui os municípios de Cariacica, Fundão, Guarapari, Serra, Viana e Vila Velha – tinha no início de 2021 aproximadamente 2.2 milhões de habitantes.

A cidade é cercada pela baia de Vitória, sendo uma ilha do tipo fluviomarinha. Além de uma porção continental, o município reúne 34 ilhas – originalmente eram 50, muitas das quais foram agregadas à ilha maior por aterramento – e conta com uma área total de 96,54 km².

Vitória já foi classificada como a cidade com o 5º melhor IDH (0,845) entre todos os municípios brasileiros. Em 2015, a capital capixaba foi considerada pela ONU como a **2ª melhor cidade do Brasil para se viver** (!!!), e numa pesquisa de 2017 ela foi classificada como a **3ª melhor capital brasileira para se morar**!!!

Vitória também foi eleita a cidade com o **melhor capital humano** do Brasil, de acordo com o levantamento feito pela prestigiada revista *Exame*. Após um estudo feito em 2017 pelo Instituto de Longevidade Mongeral Aegon, a cidade foi classificada como a **9ª melhor** cidade do País para se **envelhecer**!!!

A capital capixaba ostenta o melhor índice de **bem estar urbano** entre as capitais brasileiras, possuindo sete dos 20 melhores bairros de todo o País no que se refere ao IDH-M.

Depois de todos esses destaques, caro (a) leitor (a), você ainda tem alguma dúvida sobre o porquê de Vitória ser uma **cidade encantadora**?

Vale recordar que no século XVI, quando os primeiros colonizadores chegaram à região da atual Vitória, a mesma era disputada por três grupos indígenas distintos: os goitacazes (procedentes do sul), os aimorés (vindos do interior) e os tupiniquins (oriundos do norte).

O donatário português da capitania do Espírito Santo, Vasco Fernandes Coutinho, fundou em 1535 a atual cidade de Vila Velha, que passou a ser a capital da capitania. Porém, devido aos constantes ataques perpetrados pelos indígenas, franceses e holandeses, os portugueses decidiram transferir a capital para a ilha de Santo Antônio, na baía de Vitória.

Essa ilha era chamada pelos índios de ilha de Guanaani, mas como capital foi denominada de Vila Nova do Espírito Santo, fundada em 8 de setembro de 1551. Posteriormente a cidade teve seu nome alterado para Vitória, com o objetivo de celebrar a vitória em uma grande batalha comandada pelo donatário da capitania Vasco Fernandes Coutinho, contra os goitacazes.

Até o século XIX, os limites da capital capixaba eram o atual forte de São João onde atualmente está localizado o Clube de Regatas Saldanha da Gama, próximo ao centro da cidade, e o morro onde funciona o atual Hospital da Santa Casa de Misericórdia, no bairro Vila Rubim

No que se refere a palavra **capixaba**, na língua tupi ela significa raça ou terra limpa para a plantação. Os índios que viviam no Espírito Santo chamavam de capixaba a sua plantação de milho e mandioca. A população de Vitória passou a chamar de capixabas os índios que habitavam a região e depois esse nome passou a denominar todos os que nasciam no Espírito Santo!!!

A cidade foi sendo construída nas partes altas, o que deu origem a diversas ruas bem estreitas. Na parte mais baixa da cidade, sempre sujeita a ataques, foram construídos vários fortes na beira do mar. Em 24 de fevereiro de 1823 (alguns historiadores indicam a data de 17 de março de 1829...), a vila de Vitória foi elevada à categoria de **cidade**, porém o seu isolamento insular dificultava bastante o seu desenvolvimento.

A partir do ano de 1894, com o **ciclo do café**, foram feitos na ilha diversos aterros nas partes mais baixas da cidade, o que alterou bastante a região e permitiu sua modernização. Depois disso foram surgindo diversos bairros, mas havia a necessidade de grandes escadarias para se chegar até eles, o que provocou a derrubada de vários casarões. Ao mesmo tempo, o saneamento básico da cidade começou a ser aprimorado de maneira significativa.

Em 1928 foi inaugurada a primeira ponte de Vitória, a Florentino Avidos, que liga a ilha ao continente. Fabricada em aço, ela foi construída na Alemanha, sendo hoje um patrimônio histórico e ambiental urbano.

Em 1941 surgiu o primeiro cais em Vitória e, a partir daí, o porto foi se desenvolvendo. Mais aterros foram feitos desde 1949, e também foram construídas na cidade amplas avenidas. Depois dessas diversas mudanças e melhorias, Vitória tornou-se o mais importante centro urbano do Estado do Espírito Santo.

Em 1970 o porto de Vitória se tornou um dos mais importantes do País, e a capital capixaba passou assim a industrializar-se. Mas à medida que a modernização se espalhava pela ilha, praticamente todos os vestígios do Brasil colonial e imperial foram desaparecendo da cidade!?!?

O município de Vitória tem um litoral bastante recortado e uma vasta costa. Por outro lado, ele tem cerca de 40% de seu território coberto por morros, o que dificulta bastante o crescimento de áreas urbanizadas nessas regiões. Isso fez com que muita gente, em especial os mais carentes, fossem viver nas regiões suburbanas, apesar de que há alguns bairros bem nobres em Vitória.

A ilha é circundada por diversas áreas de mangue e restinga. Nela, o maciço central é o morro da Fonte Grande, cuja altitude é de 308,8 m. Já os principais afloramentos graníticos em Vitória são a pedra dos Dois Olhos, com 296 m de altura e o morro de São Benedito, com 194 m.

O clima na cidade é **tropical**, com temperatura média anual de 24,8 °C e ocorrência de precipitações pluviométricas, principalmente nos meses de outubro a janeiro, com uma média anual de 1103 mm. Devido à corrente fria que vem do sul do hemisfério, ou seja, das ilhas Malvinas (ou Falklands), Vitória empata com o Rio de Janeiro como a capital brasileira com as menores taxas de precipitação pluviométrica.

Vitória é também uma das cidades mais quentes do Estado do Espírito Santo, isso devido à poluição e à grande aglomeração de prédios, além das várias elevações na ilha que bloqueiam o vento sul que tradicionalmente ocorre nos dias frios no Estado. Isso faz com que as temperaturas mínimas sejam 2 °C **mais elevadas** do que no restante do Estado.

Outro fator contribuidor para isso é o fato de chover cerca de 350 mm **menos** em Vitória do que nas demais cidades capixabas. Tal variação térmica pode ser facilmente notada comparando-se as temperaturas de Vitória com as registradas na vizinha cidade de Vila Velha. Note-se que em todas as épocas do ano, especialmente no inverno, as mínimas de Vila Velha são de 1°C a 3°C inferiores àquelas de Vitória e, às vezes, até as máximas são menores de 1ºC a 2ºC. A menor temperatura em Vitória foi de 14,3°C, no dia 30 de janeiro de 1962, enquanto a maior atingiu 39,6°C, em 25 de fevereiro de 2006.

O menor índice de umidade relativa do ar na cidade foi de 32%, e aconteceu no dia 27 de maio de 1998. A maior precipitação pluviométrica em 24 h ocorreu em 24 de junho de 1969, com 196,9 mm, é o maior volume mensal de chuva foi de 713,9 mm, em dezembro de 2013, quando fortes temporais atingiram Vitória por vários dias seguidos.

Essas chuvas torrenciais provocaram deslizamentos de terra, deixando centenas de pessoas desabrigadas. Na ocasião, o caos provocado por essas chuvas levou o então governador do Espírito Santo, Renato Casagrande (que foi reeleito em 2018...) a decretar **estado de emergência** em todo o Estado.

No que se refere a **vegetação** da ilha, está é composta por floresta tropical, contando também com uma vegetação litorânea, com várias espécies de fauna e flora. A cidade abriga muitos parques, sendo que dentre eles destaca-se o Augusto Ruschi, com uma vegetação de mata atlântica

O primeiro parque de Vitória foi construído no fim do século XIX e inaugurado apenas em 1912. Trata-se do parque Moscoso, que é bem arborizado e possui um lago com peixes. Há também no local uma Concha Acústica que tem servido de palco para vários espetáculos. São cerca de 24.000 m² que são utilizados pelos moradores de Vitória como um refúgio contra a agitação.

Outro parque muito visitado é o Pedra da Cebola, construído em 1977. Sua área abrigou até 1978 a pedreira de Goiabeiras, de propriedade da mineradora Vale. O nome do parque deriva de uma grande pedra esculpida pela natureza no formato de uma cebola, que repousa sobre uma rocha. Esse parque fica bem próximo da Universidade Federal do Espírito Santo (UFES) e do prédio da Petrobras.

Entre os demais parques municipais deve-se citar ainda o Gruta da Onça, o Tabuazeiro, o Barreiros, o da Fazendinha (que é um centro ecológico), o do Pianista Nando Cabral, o Horto de Maruípe, o da Mata da Praia e o da Fonte Grande. O fato é que a capital capixaba está ao mesmo tempo próximo das montanhas e do litoral, abrigando diversas praias. Todavia, em razão do próprio tamanho da ilha nenhuma delas é muito extensa.

Dentre as mais conhecidas estão a praia de Camburi, na parte continental da cidade. Ela é a maior entre todas, com 6 km de extensão, e abriga o píer de Iemanjá (que inclusive tem uma estátua do orixá), um posto de informações turísticas e diversos quiosques para atender aos frequentadores. Essa praia é totalmente urbanizada, possui um belo calçadão e é a mais frequentada pelos turistas, principalmente ao longo dos bairros Jardim da Penha, Mata da Praia é Jardim Camburi.

Todavia, se o objetivo for nadar, o visitante precisará estar atento às placas de balneabilidade, pois em alguns pontos da praia de Camburi a água é imprópria para o banho. Outras praias bem interessantes são: a Curva da Jurema (na qual há também excelentes quiosques), da Ilha do Boi, da Castanheira, do Canto, entre outras.

Os bairros mais nobres de Vitória – e com o m² mais caro – são os do Boi e do Frade, ambos em ilhas. Este último é muito charmoso, ostentando belíssimos casarões, uma natureza exuberante e um lago entre as casas, em volta do qual as pessoas podem relaxar na grama e observar os patos nadando. Nesse bairro fica também o Clube Ítalo Brasileiro.

Na ilha do Frade estão as duas praias queridinhas dos vitorienses, que são as praias Grande e a da Direita. Nos finais de semana as suas faixas de areia ficam lotadas de banhistas, e de jovens jogando bola ou simplesmente curtindo o sol.

No que se refere à **população capixaba**, segundo dados do início de 2021, 47% dos vitorienses se declaravam brancos, 43% como pardos, 9% como negros, 0,62% como pertencentes à raça amarela e 0,38% como indígenas. Em termos de **religião**, o **catolicismo** é a mais seguida em Vitória (assim como em todo o Estado), assim como a de maior influência política e social, sendo praticado por 51% dos moradores.

Nossa Senhora da Penha é considerada pelos católicos como a padroeira do Estado do Espírito Santo. Entre os principais templos católicos da cidade estão a capela de Santa Luzia (que foi erguida no século XVI e é considerada como a construção mais antiga do município); a igreja de São Gonçalo, que foi construída em 1766 pelas irmandades de Nossa Senhora do Amparo e da Boa Morte; a igreja do Rosário (erguida no século XVIII e agora tombada pelo patrimônio histórico); a igreja e o convento do Carmo (fundada pelos padres carmelitas em 1682); a basílica-santuário de Santo Antônio (construída na década de 1960 pelos padres pavonianos); e a catedral metropolitana de Vitória (cuja construção foi iniciada na década de 1920...).

Já entre os evangélicos, a maior denominação de Vitória é a Assembleia de Deus, em suas várias ramificações, seguida pela Igreja Cristã Maranata e pelo Evangelho Quadrangular, nos bairros de periferia. Entre os protestantes destaca-se a Igreja Presbiteriana do Brasil, que desenvolve relevante projeto social através do Instituto Sarça e a Igreja Evangélica de Confissão Luterana no Brasil, com o seu renomado Colégio Martinho Lutero.

O número de adeptos do chamado **cristianismo de fronteira** (restauricionismo), cujo ensino é bem diferente daquele nas demais vertentes cristãs, cresceu bastante em Vitória. Nesse grupo temos as Testemunhas de Jeová e os Santos dos Últimos Dias, mais conhecidos como mórmons, além da grande representatividade já estabelecida pela Igreja Adventista do Sétimo Dia, que possui o não menos conhecido educandário Colégio Adventista e a emissora de rádio Novo Tempo.

Há também na cidade uma igreja ortodoxa grega, frequentada principalmente por uma pequena comunidade grega que vive em Vitória. E não se pode esquecer dos espíritas, do seguidores do budismo, do islamismo, da umbanda, do candomblé etc., assim como dos que não acreditam em nenhuma religião, que também compõem a população vitoriense!?!?

Vitória está subdividida em **oito partes**: zona sul (central); Santo Antônio; Jucutuquara; Maruípe; zona leste (Praia do Canto); zona norte (Continental); zona oeste (São Pedro) e Jardim Camburi. A capital capixaba conta hoje com 79 bairros distribuídos pela ilha e a região continental. Os bairros mais nobres, da cidade – Jardim da Penha, Praia do Canto, Barro Vermelho, Enseada do Suá, Ilha do Frade, Ilha do Boi, Jardim Camburi, Bento Ferreira e Mata da Praia – estão situados ao norte e ao leste. Já os mais carentes do município – Resistência, Nova Palestina, São Pedro, Estrelinha, entre outros – encontram-se no oeste da ilha de Vitória.

Estima-se que em 2019 o PIB de Vitória tenha alcançado R$ 28 bilhões, o que representava um PIB *per capita* de quase R$ 78 mil por ano, ou seja, o **maior do Brasil**!!! Com isso a prefeitura de Vitória dispõe da maior receita pública anual, dentre todas as capitais do País, tanto pelo critério de receita por habitante como de receita por área territorial.

Em 2017 a cidade foi considerada a **7ª melhor para investimentos financeiros** no continente americano!!! Além disso, outros estudos mostraram que a capital capixaba era a 3ª melhor cidade do Brasil para se **abrir um negócio**. A **economia** de Vitória está voltada para as atividades portuárias, a indústria, o comércio ativo (possui importantes *shopping centers*), a prestação de serviços (educação, saúde, transporte etc.) e o turismo de negócios.

Mais adiante serão descritos os portos de Vitória e de Tubarão, que foram vitais para o crescimento e o fortalecimento da economia da cidade.

Sem dúvida a mais importante empresa para esse progresso foi a Vale S.A. (antiga Companhia Vale do Rio Doce), junto com a Arcelor Mittal Tubarão (antiga Companhia Siderúrgica de Tubarão), que fica no município de Serra.

Em 10 de janeiro de 2019 a Vale S.A. escolheu a cidade de Vitória para inaugurar o seu Centro de Inteligência Artificial. Neste sentido, foi levado em conta a posição estratégica de Vitória. A capital capixaba está próxima de pontos vitais para a companhia, como: suas minas no Estado de Minas Gerais, a ferrovia Vitória-Minas, o porto de Tubarão e as usinas de politização do ferro (no próprio município de Vitória).

Além disso, também está na cidade toda a equipe de TIC que será responsável por comandar o primeiro *data center* da organização a ser construído no local. Inicialmente 15 funcionários e outros 35 colaboradores fazem parte dessa equipe. No centro há três perfis diferentes de funcionários quem interagem entre si: os cientistas de dados, responsáveis pela criação dos modelos e algoritmos, os engenheiros de dados, capazes de fornecer a infraestrutura para que esses algoritmos funcionem; e as pessoas da área de negócios, que conhecem a fundo o dia a dia da empresa e são capazes de verificar se os números que aparecem nas telas correspondem à realidade. Cada projeto é tocado por ao menos 3 pessoas de cada perfil.

Apesar de a Vale ter feito algumas contratações no mercado, a maioria dos funcionários desse centro foi escolhida e treinada dentro da própria empresa. Vale lembrar que desde 2014 a companhia iniciou um movimento visando sua transformação digital. Para isso contou com as parcerias estabelecidas junto às empresas de consultoria Accenture, Deloitte e IBM, assim como com a PUC do Rio de Janeiro, que desde o início ajudaram bastante no desenvolvimento de um robusto curso interno de IA.

Atualmente a empresa já usa um modelo de IA que utiliza uma grande quantidade de dados para saber quando um de seus veículos da Estrada de Ferro Carajás (com 892 km, uma frota de 500 locomotivas e cerca de 20.000 vagões) ou uma determinada via poderá precisar de manutenção, antes mesmo de apresentar falhas.

E esses são apenas dois projetos já implantados!!! No caso das soluções de manutenção preventiva de trens e trilhos, um sistema de sensores foi colocado ao lado da ferrovia de Carajás, sendo capaz de monitorar o desgaste dos rodeiros (conjunto de rodas e eixos do trem) e a temperatura, dados que ajudam a empresa a prever compras e revisões para o período de 30 dias seguintes, partindo de um modelo matemático.

Já no que se refere à manutenção das estradas de ferro, ela consegue ser feita a partir de dados captados por um **carro controle** que uma vez por mês percorre os 892 km da ferrovia, captando mais de 60 variáveis a cada 30 m de trilhos!?!? Com isso, a empresa consegue prever a probabilidade de quebras a cada 30 dias. Desde que foi implementado o sistema, a Vale conseguiu reduzir a possibilidade de fraturas em 85%, gerando uma economia de muitas dezenas de milhões de reais e evitando assim quebras e interrupções nas operações.

Com esse Centro de Inteligência Artificial a empresa pretende desenvolver mais de 100 projetos de melhoria em sua produtividade, tornando-se cada vez mais competitiva. O objetivo era que a partir de 2019 esse modelo fosse aplicado na ferrovia Vitória Minas e também em sua empresa em Moçambique, onde a Vale extrai carvão. O desejo é tornar-se cada vez mais eficiente nos seus negócios espalhados pelo Brasil e o mundo

Mas não é só a Vale que está investindo em tecnologia em Vitória. Em 2019, cidade ganhou um novo *hub* de inovação, ou seja, o ***brooder***, uma incubadora de projetos. Isso aconteceu graças a uma iniciativa patrocinada pelo grupo Avista, controlador do cartão de débito e crédito pag!, que reuniu *startups* e empreendedores com boas ideias e projetos relacionados à inovação e às novas tecnologias nas áreas de serviços financeiros, como *blockchain*, IA e novo varejo.

Foram os próprios especialistas e executivos do pag! os mentores daqueles que se apresentaram para trabalhar no *brooder*. O CEO do pag!, Felipe Félix, explicou: "O pag! – carro-chefe do grupo Avista – já nasceu com DNA inovador. A empresa já atua há algum tempo no mercado de cartões de crédito, débito e contas digitais, que vem ganhando cada vez mais adeptos no mundo todo, e apresentando um crescimento que impressiona: entre 15% a 20% ao mês!!!

Nossa proposta é inovar **sempre**, seguindo tendências mundiais. Somos ousados e quisemos trazer para a Vitória parte do que vimos ser feito no Vale do Silício, nos EUA. Por isso é que montamos essa incubadora para o desenvolvimento de ideias e *startups* que sejam realmente inovadoras e viáveis. O *brooder* está funcionando em um espaço anexo ao pag!, com toda a infraestrutura e alta tecnologia necessários. Ela comporta até 100 pessoas, que trabalham em até 10 projetos.

Apesar de o grupo Avista estar voltado para a área de serviços bancários, o *brooder* vai também alavancar outros projetos inovadores que não precisam necessariamente estar relacionados a esse setor. Queremos implementar toda e qualquer ideia que esteja na vanguarda da inovação. Note-se que no Brasil o setor de inovação está em razoável expansão, sendo que já existem no País cerca de 40 aceleradoras que atendem a mais de 1.000 empresas.

Hubs de inovação como este do pag! são imprescindíveis para fomentar o empreendedorismo, porém, mais da metade desses projetos se concentram no Estado de São Paulo. Assim, escolhemos Vitória para ajudar a viabilizar a disseminação do conceito de inovação em outras partes do País. Note-se que na 5ª edição do Índice de Cidades Empreendedoras, elaborado em 2020 pela Endeavor (organização que apoia o empreendedorismo) em parceria com a Escola Nacional de Administração Pública, Vitória apareceu em 4º lugar entre 100 cidades do País mais favoráveis para se empreender.

Já no que se refere a **centros comerciais**, considerando-se o tamanho e a população de Vitória, a cidade está muito bem servida de *shoppings*, destacando-se entre eles os seguintes:

- **Vitória** – Inaugurado em 1993, e apesar da crise econômica que afetou o País em 2015, esse é o principal *shopping center* da cidade, com quase 300 lojas. Embora esse grande empreendimento do grupo Buaiz tenha perdido a posição de maior *shopping* do Estado – com a inauguração em 2014 do *shopping* Vila Velha, na vizinha cidade de Vila Velha –, ele mantém alguns importantes diferenciais, como a venda de artigos de marcas renomadas em suas lojas, sua ala *gourmet* (que abriga ótimas opções de restaurantes), um centro médico, bons cinemas e um estacionamento no subsolo (que entretanto é bem caro...).

- **Norte Sul** – Com mais de 100 lojas, permite ao consumidor fazer boas compras e oferece uma boa variedade de produtos. É um ótimo lugar para se fazer um passeio, tendo uma área infantil e cinema bem barato. Os clientes reclamam, porém, do preço do seu estacionamento.

- **Bulevar da Praia** – Ele possui uma linda arquitetura, um piano bar, liberado para quem quiser tocar, bons locais para refeição e a possibilidade de se fazer compras rápidas (há uma loja *outlet* da Nike no local onde é possível encontrar pechinchas da marca). Seu estacionamento é grátis.

- **Praia** - Um *shopping* cujas lojas são voltadas para a venda de presentes. Ele dispõe de algumas lanchonetes e abriga salões de cabeleireiro, estética, agência de viagens, casas de câmbio e um estacionamento pago no piso superior.

- ➤ **Jardins** – Ele está localizado no bairro de Jardim da Penha. A principal diferenciação entre ele e os demais centros de compras da cidade é a interação direta com a população do entorno, oferecendo diversidade de comércio e serviços profissionais, lazer, informação e cultura, e proporcionando um ambiente de conforto à sua clientela. Ele é bem charmoso, conta com cinema (duas salas), sendo um excelente lugar para se comprar coisas para a casa, roupas e acessórios, se bem que o número de lojas é relativamente pequena. Ele foi construído pelo grupo Proeng, uma das maiores empresas do Estado, que é quem o administra. Fica bem próximo da UFES, com o que parte dos seus frequentadores integra o universo de formadores de opinião.
- ➤ **Victoria Mall** – Também fica no Jardim da Penha, ou seja, muito bem localizado. O local é lindo e bem organizado, com lojas atraentes e agradáveis, mas o estacionamento é relativamente caro.
- ➤ **Masterplace Mall** – Ele oferece muitas opções em um só lugar: supermercado, academia, banco, lojas, lanchonetes, estacionamento (pago) etc.
- ➤ **Triângulo** – É bem pequeno, mas possui uma boa variedade de lojas.

No âmbito da **educação**, embora ainda faltem em Vitória IEs públicas voltadas para a educação infantil – como a que é oferecida no Centro Municipal Educacional Infantil Zenaide G. Marcarini Cavalcanti, por exemplo – de modo geral o vitoriense conta com uma boa quantidade de IEs (tanto municipais como estaduais), que garantem às crianças e aos jovens capixabas uma educação de destaque no País nos níveis fundamental e médio.

Entre as EMEFs destacam-se: a Custódia Dias de Campos (com excelente avaliação); a Francisco Lacerda de Aguiar (com boa avaliação); a da UFES (talvez a melhor de Vitória); a Marechal Mascarenhas de Moraes (com excelente avaliação); a Edna de Mattos Siqueira Gaudio (bem estruturada e bem avaliada); a Arthur da Costa e Silva (que conta com bons professores e uma boa avaliação); a Mauro Braga (com boa avaliação); a Aristóbulo Barbosa Leão (com boa avaliação, mas precisando de melhorias); a São Vicente de Paula (com boa avaliação); a Alberto de Almeida (com avaliação razoável).

Também há um bom contingente de IEs estaduais que oferecem o **ensino médio** (e algumas delas também o ensino fundamental), como a Prof. Renato José da Costa Pacheco (com boa avaliação); a Maria Ortiz (para alguns a que tem o melhor ensino médio de Vitória); o Colégio Estadual do Espírito Santo (com boa avaliação); a Desembargador Carlos Xavier Paes Barreto (uma escola muito boa, com bons professores, e um centro de referência no atendimento de alunos cegos e com altas habilidades); a Arnulpho Mattos (com boa avaliação, mas precisa de reformas); Gomes Cardim (com uma avaliação razoável); a Aflordízio Carvalho da Silva (com boa avaliação); a Hildebrando Lucas (com avaliação sofrível), entre outras.

O ensino na rede pública do Espírito Santo tem se destacado no Brasil nesses últimos anos, inclusive liderando o *ranking* do ensino médio. Isso se deve às muitas ações que foram tomadas pelo governo estadual, como a introdução nas escolas estaduais de várias melhorias, como as aulas do Projeto de Vida (PV), que foi adotado nos 32 colégios de tempo integral da rede estadual, as chamadas **escolas vivas**!!!

Junto com o programa Jovem do Futuro, implantado em 2015 para melhorar a gestão dessas escolas, e o Pacto pela Aprendizagem, de colaboração, incluindo a financeira com os municípios na educação básica, desde 2017 o Estado do Espírito Santo conseguiu melhorar muito o desempenho dos seus alunos no ensino médio, tanto que essas escolas tiveram as maiores notas de matemática e português no Saeb de 2017.

No Ideb, que considera também a taxa de aprovação, a rede estadual capixaba foi a **segunda melhor** do Brasil, com 4,1 pontos, atrás do Estado de Goiás (com 4,3), mas na frente dos Estados de São Paulo, Ceará e Rondônia (todos com 3,8). Incluídas as escolas particulares, o Espírito Santo salta para a primeira posição!!!

Para introduzir essas mudanças, o governo do Espírito Santo se inspirou nas "conquistas" obtidas na educação municipal de Sobral, no Estado do Ceará; na escola de tempo integral de Pernambuco; na experiência do Jovem do Futuro, do Instituto Unibanco, e em outros Estados. O ex-governador do Espírito Santo, Paulo Hartung, explicou:

"Não fomos reinventar a roda, apenas colocar a roda para rodar. Nossos alunos nas **escolas vivas** têm 9 h e 30 min de aulas diariamente. Eles tem acesso a disciplinas eletivas (moda, gastronomia, música, reciclagem, direito etc.), aulas de estudo orientado, professores tutores, clubes juvenis voltados para o teatro, dança, o jogo de xadrez, dispõem de salas com o *Smart* TV, laboratórios e ginásio de esporte.

A Escola Viva São Pedro, por exemplo, fica num bairro periférico da Vitória, tendo sido a primeira desse tipo inaugurada em 2015, num prédio no qual antes funcionava uma faculdade. Porém, as escolas vivas são apenas uma parcela da rede estadual, que ao todo conta com 240 unidades de ensino médio. Nelas estão matriculadas cerca de 101 mil alunos."

O secretário estadual da Educação, Haroldo da Rocha, por sua vez detalhou: "Estamos procurando reformar e adequar cada vez mais todas as nossas unidades educacionais para que todas tenham laboratório, biblioteca, quadra esportiva etc., mas ainda temos muitos prédios em condições inadequadas. Os nossos professores por sua vez ainda ganham pouco e em 2018 só tiveram 5% de aumento nos seus salários, uma vez que não havia recursos para um aumento maior. Tudo isso foi debatido com os docentes, que foram bem compreensivos. Claro que um bom prédio ajuda para que o processo de ensino e aprendizagem seja melhor, mas é evidente que paredes bem pintadas não ensinam. A essência de uma escola é o **professor**!!!

Uma medida que ajudou a alavancar a qualidade da educação foi a aplicação de uma avaliação trimestral em toda a rede. Ela conta pontos na nota do aluno e, portanto, exige afinco por parte dele. Os resultados são analisados por um sistema eletrônico que permite identificar para cada professor as falhas de seus estudantes.

O uso do *smartphone* na sala de aula transformou-se em uma ferramenta que gerou um maior engajamento por parte dos alunos e, em algumas delas, eles já usam um aplicativo gratuito para receber suas tarefas e tirar dúvidas diretamente com seus professores. Por outro lado, cresceu a conscientização entre os alunos de não usar o celular para acessar as redes sociais durante o horário letivo na escola.

Mas nas atividades que utilizam a Internet, o professor aciona o *Wi-Fi* e distribui uma senha que funciona unicamente para aquela aula. Vale lembrar que o professor do século XXI não deve ficar dando aula; o aluno deve ser o pesquisador e o professor o **curador** do conhecimento."

Na rede de ensino privada o vitoriense tem à sua disposição várias IEs que oferecem educação infantil, ensino fundamental e médio, que, em alguns casos, é bem melhor do que aquele oferecido na rede pública. Aí vão algumas sugestões de IEs particulares:

Escola São Domingos (é bem conceituada, pois tem professores bem qualificados e em suas duas unidades atende aos alunos desde a educação infantil até o ensino médio); Escola Dom Bosco (com excelente avaliação); Escola Ludovico Pavoni (com boa avaliação); Escola Cisne Branco (com excelente avaliação); Escola Monteiro (uma das melhores de Vitória); Escola Cristo Redentor (com excelente avaliação); Escola Bem-Me-Quer (com boa avaliação); Ping Pong Educação Infantil e Colégio Evolução (com excelentes profissionais e um processo de ensino e aprendizagem próximo da excelência); Centro de Educação Infantil Virandé (cujo nome em tupi significa "amanhã", com excelente avaliação), Centro Educacional Primeiro Mundo (oferece um ensino inovador, que possibilita um aprendizado real e significativo, com horários diferenciados, disciplinas inéditas – como Robótica); Centro Educacional Dom Fernando (um bom colégio, com professores atenciosos e qualificados, no qual se dá atenção individualizada aos alunos); Sociedade Educacional (localizada no bairro de Bento Ferreira, com boa avaliação); Centro Educacional Agostiniano (uma excelente escola, com boa proposta pedagógica e preocupada em transformar o aluno num bom cidadão); Colégio Adventista (com excelente avaliação), entre outros.

A aquisição por um indivíduo de todas as faculdades que lhe permitem **pensar**, **querer** e **julgar**, lhe permitem descobrir **quem é, o que é, o que deseja e o que deve ser**. Isso também facilita a inter-relação dessa pessoa com as demais. É através da **educação**, portanto, que uma pessoa pode desenvolver significativamente suas **faculdades humanizantes**!!! E para melhorar a educação, uma ferramenta vital a ser utilizada pelos educadores é o **planejamento estratégico**.

Em 5 de setembro de 2019, o ministro da Educação, Abraham Weintraub, comunicou o apoio a 216 escolas **cívico-militares**. Isso ocorreu pelo fato de as escolas militares terem ganhado evidência no País nos últimos anos. Além de praticamente não haver dentro delas problemas disciplinares, elas obtiveram indicadores educacionais bem significativos. Ressalte-se que as escolas militares propriamente, por sua vez, obtiveram **média 7** no Ideb, tanto no ensino fundamental quanto no médio, estando, portanto, bem à frente da média nacional, que foi de apenas **4,9**.

Já as escolas cívico-militares obtiveram nota média 5,6 no Ideb, ficando bem mais próximas da média de todas as demais escolas que daquelas que estão no topo. A diferença no caso dessas últimas está no fato de elas basicamente atenderem aos filhos dos militares, enquanto as cívico-militares são escolas públicas regulares, que contam com a presença de militares em algumas funções na gestão escolar e recebem cerca de R$ 1 milhão para a aquisição da infraestrutura...

Priscilla Cruz, presidente-executiva e cofundadora do movimento Todos Pela Educação, num artigo para o jornal *Folha de S.Paulo* (6/9/2019), comentou: "Não existem ainda evidências claras do impacto que a militarização pode estar trazendo no desempenho dos alunos dessas escolas, diferentemente do que já se comprovou com tantas outras políticas, como melhor formação de professores, maior atenção com a primeira infância, qualidade do currículo e prática pedagógica, gestão escolar, participação das famílias no processo-educacional e educação integral.

Com efeito, o que mais explica os melhores resultados obtidos pelos alunos das escolas militares são os fatores extraescolares. Algumas delas selecionam os estudantes por meio de provas, como um vestibular e assim seus professores têm a sua tarefa de ensinar facilitada, pois trabalham com jovens que já tem um conhecimento e aprendizagem acima da média. Porém, o que mais explica o maior índice no Ideb é o nível socioeconômico médio dos alunos, que são em sua maioria de famílias de classe média ou média alta, bem diferente do nível econômico da maioria dos alunos nas escolas públicas regulares.

Entretanto, não se pode negar que o fator **disciplina** é importante, e é justo que as famílias almejem um ambiente seguro para seus filhos, porém isso não pode ser obtido com repressão e a supressão da individualidade dos alunos. Já existem boas experiências no Brasil, ou seja, de escolas que uma vez bem geridas, também apresentam muito mais disciplina e segurança, conseguindo inclusive um desempenho melhor que o das IEs que se encaixam no modelo militarizado. Nestas escolas nota-se claramente a priorização de projetos pedagógicos mais colaborativos e sintonizados com as competências que devem ser desenvolvidas para o atendimento das necessidades do século XXI."

As principais IESs públicas de Vitória são a Universidade Federal do Espírito Santo (UFES), o Instituto Federal de Educação, Ciência e Tecnologia do Espírito Santo (IFES) – que inclusive possui uma IE para o ensino médio e que está entre as melhores do Brasil por conta do seu desempenho no Enem – e a Faculdade de Música do Espírito Santo.

A UFES teve sua origem na Faculdade de Direito do Espírito Santo, que foi idealizada por Carlos Xavier Paes Barreto, em 1913, quando ele era secretário do presidente do Estado, o coronel Marcondes Alves de Souza. Diversos motivos dificultaram que a ideia de Carlos Xavier Paes Barreto se tornasse realidade, entre eles a mudança do governo, o início da 1ª Guerra Mundial (em 1914), a desistência do proprietário do edifício onde funcionaria a IES etc. Assim passaram-se anos sem que essa sua ideia fosse concretizada ou levada adiante por outros.

Finalmente, em 1930, a ideia tomou corpo quando Carlos Xavier Paes Barreto já era desembargador e presidente do Tribunal de Justiça do Espírito Santo. Surgiu um grupo de estudantes e profissionais militantes no campo do Direito (juízes, advogados etc.), que sob a liderança de Carlos Xavier Paes Barreto – que ofereceu sua própria casa para que fosse usada para as aulas da Escola de Direito – fundou a faculdade em 4 de outubro de 1930.

As inscrições para o curso jurídico foram abertas em 1931 e pelo decreto Nº 1.302, de 9 de junho de 1931, do interventor João Pássaro Bley, a faculdade foi reconhecida como de utilidade pública. Então, em 12 de junho de 1931 ela deixou a residência de Carlos Xavier Paes Barreto e foi instalada no salão nobre do Instituto Histórico e Geográfico do Espírito Santo, do qual por uma coincidência bem feliz o próprio Carlo Xavier fora o fundador e, na época, inclusive presidente.

Carlos Xavier Paes Barreto foi o primeiro diretor dessa Faculdade de Direito que evoluiu e se tornou parte da UFES quando esta foi criada. Na década de 1930 surgiram em Vitória outros cursos superiores criados pela iniciativa privada, o que permitiu ao estudante capixaba fazer pela primeira vez seus estudos sem sair da própria terra. Além do curso de Direito, citado há pouco, também os de Odontologia e Educação fazem parte da história da UFES.

Foi nessa época que o governador do Estado na época, Jones dos Santos Neves, percebeu que a educação superior seria o instrumento capaz de apressar as mudanças e o progresso do Espírito Santo. Ele imaginou que a união dessas IESs dispersas e a formação de uma universidade viabilizaria tudo isso!!!

Como um ato final dessa sua ideia, nasceu em 5 de maio de 1954 a Universidade do Espírito Santo, mantida e administrada pelo governo estadual. Graças a um ativo trabalho do deputado Dirceu Cardoso – que passou uma noite em correria pela esplanada dos Ministérios, com um processo nas mãos, demonstrando toda a urgência do Espírito Santo – a universidade estadual (um projeto ambicioso, mas de difícil manutenção pelo Estado) se transformou numa IES federal!!! Aliás, esse foi o último ato administrativo do então presidente da República, JK, em 30 de janeiro de 1961, que foi de importância crucial para o Espirito Santo.

É bem verdade que a reforma universitária no final da década de 1960, a ideologia do governo militar, a federalização de uma boa parte das IESs do País e, no Espírito Santo, a dispersão física das unidades, foram ocorrências que criaram uma nova situação. Foi por isso que a concentração de IESs e faculdades num só lugar começou a ser pensada em 1962.

Cinco anos depois o governo federal desapropriou um terreno no bairro de Goiabeiras, ao norte da cidade, pertencente ao Victoria Golf & Country Club (conhecido pela população de Vitória como fazenda dos Ingleses). Ali surgiria o *campus* principal da universidade, que ocupa hoje uma área em torno de 1.500.000 m².

A redemocratização do País foi escrita, em boa parte, dentro das universidades, onde a liberdade de pensamento e sua expressão desenvolveram suas estratégias de sobrevivência. A resistência à ditadura nos chamados "**anos de chumbo**" e no período de retorno à democracia, forjaram dentro da UFES lideranças que assumiriam – e ainda assumem – postos de comando na vida pública e privada do Espírito Santo. De fato, a UFES se tornou a formadora dos recursos humanos no Espírito Santo e a grande meta dos sonhadores da década de 1950 se transformou numa vitoriosa realidade. A UFES conta hoje com 4 *campi* – Goiabeiras e Maruipe (em Vitória) e Alegre e São Mateus (no interior do Estado) –, tendo se consolidado como uma referência na educação superior de qualidade, e conceituada nacional e internacionalmente.

Mas a UFES não vivenciou apenas uma expansão geográfica. Ela soube como ultrapassar seus muros e ir ao encontro de uma sociedade ansiosa por compartilhar conhecimentos, ideias, projetos e experiências. Especialmente essas três últimas décadas foram marcadas pela expansão das atividades de extensão (principalmente dentro de comunidades excluídas) e pela celebração de parcerias com o setor produtivo.

Esse objetivo foi atingido graças ao fato de o UFES se manter sempre fiel à sua **missão**: "Gerar avanços científicos, tecnológicos, educacionais, culturais e sociais por meio do ensino, da pesquisa e da extensão, produzindo, transferindo e socializando conhecimentos e inovações que contribuam para a formação do cidadão, visando o desenvolvimento sustentável no âmbito regional, nacional e Internacional." E neste sentido, seus gestores procuram destacar cada vez mais os valores da UFES, a saber:

- Comprometimento e zelo com a instituição.
- Defesa da universidade gratuita como um bem público.
- Busca permanente pela excelência no ensino, na pesquisa e na gestão.
- Atuação sempre calcada nos princípios da ética, da democracia é da transparência.
- Respeito à justiça, à equidade social, à individualidade e à diversidade étnica e cultural.
- Compromisso com a coletividade, a pluralidade, a individualidade e a diversidade étnica e cultural.
- Responsabilidade social, interlocução e parceria com a sociedade.
- Preservação e valorização da vida.
- Estímulo à gestão participativa.

Não é por acaso que na pesquisa científica e tecnológica a UFES possua cerca de 1.200 projetos em andamento, enquanto sua extensão universitária desenvolve mais de 540 projetos e programas, com abrangência em todos os municípios capixabas, contemplando cerca de 2,2 milhões de pessoas.

Recentemente realizou-se na UFES uma pesquisa pioneira na qual avaliou-se como o atual uso da Internet afeta o relacionamento, a rotina e as emoções dos jovens brasileiros. Após medir o tempo gasto com a Internet, assim como o seu impacto sobre o cotidiano dos usuários, o estudo concluiu que 25,3% dos entrevistados são **dependentes da Web**.

Esse estudo foi feito com **jovens** de 15 a 19 anos das escolas públicas e privadas localizadas na região metropolitana de Vitória. Os participantes responderam a um questionário utilizado internacionalmente cujo objetivo era verificar a existência de "**vício digital**". Tratou-se de um "Teste de Dependência da Internet" (ou *Internet Addiction Test*, em sua versão original em inglês).

O resultado deve servir de **alerta** para todos, sejam os pais, os profissionais da educação, da medicina, de áreas de tecnologia ou até mesmo os próprios jovens!!! Com frequência verificou-se o **uso não saudável da Internet**, que há muito tempo deixou de ser um simples instrumento tecnológico para assumir os contornos e as proporções de um verdadeiro

mundo paralelo, com incríveis facilidades e oportunidades, mas também com muitos riscos e problemas.

A qualificação de dependência é fruto da observação de um conjunto de fatores relacionados ao tempo de uso e às reações envolvendo a Internet. Verifica-se, por exemplo, se ocorre instabilidade emocional ou irritabilidade quando o tempo de uso de Internet é reduzido.

Uma das formas de dependência é o **vício em jogos** *online*. Os sintomas são variados: comportamento agressivo, queda de rendimento escolar, ansiedade e atitudes antissociais. A dependência tecnológica também aumenta nos jovens a incidência de transtornos mentais.

Outros sintomas de dependência que causam preocupação dos pais é a apatia que os filhos demonstram em relação a qualquer atividade que não esteja relacionada ao uso da Internet. Nos vários estudos em andamento sobre as possíveis causas da dependência da Internet, percebeu-se em um deles que há uma forte correlação entre a **solidão** e a **baixa autoestima** com o uso problemático da *Web*. Sabe-se também que muitos jovens buscam suprir com a Internet carências vivenciadas no mundo real.

É claro que a Internet oferece oportunidades, mas também traz novos desafios. Porém, com muitas dessas questões ainda sem respostas consolidadas, faz-se necessário acompanhar de perto o que está acontecendo no mundo digital, assim como seus efeitos. A tecnologia deve ser um auxílio, não um empecilho para o desenvolvimento saudável das novas gerações.

O fato é que existe ainda muito para se estudar, pesquisar e desenvolver nesse âmbito, mas seria tremendamente empobrecedor adotar uma postura defensiva diante das novas tecnologias. De qualquer forma, o que já se sabe a esse respeito desaconselha qualquer tipo de deslumbramento ingênuo com a Internet, e o seu **melhor aproveitamento** exige profunda maturidade...

Atualmente a UFES oferece cerca de 103 cursos de graduação presenciais, como um total de 5.004 vagas anuais. Na pós-graduação ela possui 47 cursos de mestrado acadêmico, 9 de mestrado profissional e 26 de doutorado. No *RUF 2019* a UFES foi classificada na 25ª posição entre as universidades públicas do País.

Sem dúvida, uma das maiores contribuições da UFES tem sido a grande quantidade de pessoas talentosas que já se formaram – e irão se formar – nessa IES todos os anos. Estima-se que no início de 2021 estudassem nos cursos de graduação, pós-graduação e na modalidade EAD cerca de 24.200

alunos, e trabalhassem na IES aproximadamente 1.780 docentes e 2.016 técnicos-administradores.

Outra grande contribuição é o seu Hospital Universitário Cassiano Antônio de Moraes, também conhecido como Hospital das Clínicas, um dos mais completos e complexos centros hospitalares do Estado. É nele que todos os dias muitas centenas de vitorienses (e inclusive moradores da Grande Vitória) recebem excelente atendimento. No momento o que esse hospital precisa, e com urgência, é de diversos reparos na estrutura do prédio. Porém, o serviço oferecido por seus médicos, especialmente em cirurgias, é muito eficiente.

E não se pode esquecer que a UFS presta vários outros serviços à comunidade, e não só ao público acadêmico. Ela dispõe de teatro, cinema galerias de arte, centro de ensino de idiomas, bibliotecas, planetário e observatório astronômico, auditórios, ginásios e outras instalações esportivas.

Para se ter uma ideia, só planetário recebe mais de 32 mil visitantes por ano para participar de palestras e discussões, além de observar imagens do sistema solar e das constelações por meio de uma cúpula de 10 m e 180°. O grande objetivo desse planetário é contribuir para o desenvolvimento da educação, enfatizando o estudo da **astronomia**.

Outra importante IES pública de Vitória é o IFES, que oferece cursos técnicos integrados ao ensino médio, cursos técnicos concomitantes e subsequentes aos cursos de graduação, pós-graduação, especialização e mestrado. O IFES se tornou uma instituição de grande prestígio no Brasil por oferecer um ensino de excelência no ensino médio, alcançando em anos consecutivos posições de destaque no Enem.

Aliás, em 2014, os alunos que estudaram no *campus* de Vitória, no bairro de Santa Lúcia, ficaram em primeiro lugar no Enem entre todas as escolas públicas. Por seu turno, os estudantes do IFES no *campus* de Cachoeira de Itapemirim, obtiveram a melhor nota rural do País em Matemática, Ciências Naturais, Ciências Humanas e Linguagem no Enem 2014.

Atualmente o IFES conta com 21 *campi*, sendo que o maior deles fica em Vitória, e os demais encontram-se espalhados por outras cidades do Estado. Estima-se que no início de 2021 estivessem matriculados no IFES cerca de 22.500 alunos, e que trabalhassem ali algo próximo de 1.340 docentes efetivos.

O IFES tem se desenvolvido sempre de acordo com a sua **missão**: "Promover a educação profissional pública de excelência, integrando ensino, pesquisa e extensão para a construção de uma sociedade democrática, justa é sustentável."

Entre as IESs privadas, destacam-se em Vitória a Escola Superior de Ciências da Santa Casa de Misericórdia de Vitória (EMESCAM), as Faculdades Integradas Espírito-Santenses (FAESA) e a Faculdade de Direito de Vitória. A EMESCAM iniciou suas atividades em março de 1968 e na época em que foi fundada, o único curso de Medicina disponível no Estado, pertencia a UFES, mas oferecia apenas 30 vagas em seu vestibular. Apesar de ser a capital do Estado, Vitória tinha um mercado carente de profissionais da área médica e por isso mesmo tinha espaço garantido para duas faculdades de medicina.

Assim, além do curso de medicina – que formou sua primeira turma em 1973 – a EMESCAM oferece hoje outros três cursos de graduação: Fisioterapia, instalado em 1999; Enfermagem, criado em 2002; e Serviço Social, criado em 2003, além de um curso de pós-graduação. Com isso ela se tornou uma das IESs particulares mais renomadas do Estado.

Deve-se recordar que a história da irmandade da Santa Casa de Vitória se confunde com a história do próprio Estado do Espírito Santo, e com a fundação da Santa Casa do Brasil. Ela foi a segunda a ser criada entre os anos de 1545 e 1551, por Vasco Fernandes Coutinho, junto à igreja mais antiga do Estado, a de Nossa Senhora do Rosário, na Vila Velha, com o nome de Irmandade da Misericórdia do Espírito Santo.

Não existem documentos que comprovem quando ocorreu sua transferência para a vila de Vitória, mas acredita-se que a instituição e fundação do Hospital de Caridade Nossa Senhora da Misericórdia tenha acontecido no dia 10 de junho de 1605. Julga-se também que sua transferência tenha ocorrido nessa mesma época, para que ficasse junto da capela da Misericórdia, no largo Pedro Palácios.

O que se sabe com certeza é que foi no monte da antiga fazenda do Campinho – doado em 6 de junho de 1881 por sua proprietária, Maria de Oliveira Subtil à irmandade – que se construiu o Hospital da Santa Casa, que funciona até hoje. Não se sabe, entretanto, quando ele foi construído, mas acredita-se que parte da construção atual tenha sido inaugurada em 1910. A EMESCAM o utiliza hoje como hospital-escola.

A FAESA foi criada na década de 1970, por Antônio Alexandre Theodoro e, inicialmente, oferecia apenas o curso de Administração, iniciado em 1975 com o *campus* em Vitória. Na década de 1980 teve início a construção de um segundo *campus*, no bairro de São Pedro, e em 1981 foi inaugurado o centro de pós-graduação da IES.

Em 1985 foi fundado o colégio de ensino médio FAESA, e no início do ano de 2000 foi criado o terceiro *campus* da FAESA, na cidade de Cariacica, onde foram oferecidos os cursos de Administração e Direito. Em 2004 foi inaugurado o Centro de Educação Superior Tecnológica. Hoje a FAESA oferece mais de 50 cursos distribuídos em seus *campi*.

A Faculdade de Direito de Vitória é uma IES que conquistou grande destaque no estudo do Direito, sendo inclusive considerada como a melhor do Estado. Ela foi fundada em 1995, e com o passar do tempo essa IES se expandiu, oferecendo vários cursos de especialização e mestrado, sempre com foco no Direito. Hoje ela desenvolve suas atividades acadêmicas numa edificação com aproximadamente 3.000 m² de área construída!!!

No que se refere à **saúde**, de acordo com o índice de desempenho do SUS, utilizado pelo ministério da Saúde para avaliar a qualidade e o acesso ao sistema público de saúde pública em todos os municípios do País, a cidade de Vitória obteve **nota 7,08**, de um total de 10 pontos possíveis, o que representa um desempenho bem acima da média nacional, de 5,47. Com essa nota Vitória foi considerada **a capital estadual com a melhor saúde pública do País**!!!

Vitória possui mais de três dezenas de UBSs, alguns pronto-atendimentos que funcionam 24 h, um centro de especialidades, além de centros de referência e polos de academia voltados para a saúde espalhados pela cidade. Para melhorar o atendimento aos vitorienses, a prefeitura já há um bom tempo informatizou todos os equipamentos de saúde do município, agilizando o acesso à informação, a organização e o controle por parte das unidades de saúde.

Além disso, Vitória foi a primeira cidade do País a tornar **obrigatório** do uso do **prontuário eletrônico do paciente** e a **assinatura digital** no padrão ICP-Brasil, através da lei Nº 8.601, de 2013. Esse sistema informatizado, denominado **Rede Bem Estar**, também permitiu agilizar procedimentos administrativos, gerenciais, de atendimento e de acesso à informação de pacientes.

Ademais, o sistema armazena o prontuário eletrônico contendo os dados de cada atendimento prestado ao paciente em todo o município. Isso aumenta a segurança, tanto para os pacientes quanto para os profissionais da saúde. Um bom exemplo disso é o atestado médico emitido utilizando-se o *QR Code* (sigla para *quick response*, ou seja, resposta rápida), o que permite que o documento seja validado (tenha sua autenticidade verificada) pela Internet sempre que desejado.

Num levantamento realizado pela empresa de consultoria Urban Systems, em parceria com a revista *Exame*, foram mapeadas mais de 700 cidades com o objetivo de definir as de maior potencial para desenvolvimento do Brasil. A capital capixaba ocupou a **primeira posição no segmento saúde**.

Com a nota 4,4, Vitória ficou no topo do *ranking* de saúde entre as cidades inteligentes. Naturalmente, o sistema Rede Bem Estar contribuiu bastante para se alcançar esse resultado. Ele foi implantado em toda a rede municipal de saúde, e interligou todos os equipamentos existentes na cidade em único sistema, como já se disse anteriormente.

Realmente esse sistema possibilitou aumentar de forma significativa a quantidade de atendimentos na rede pública municipal e ofereceu aos pacientes a oportunidade de avaliar os serviços por meio do "torpedo" *SMS* (sigla de *short message service*, que significa em português "serviço de mensagens curtas").

A avaliação de atendimento por *SMS* permitia ao usuário avaliar todos os atendimentos de saúde em termos qualitativos e quantitativos. A partir dessas observações a secretaria municipal de Saúde tem mais facilidade para identificar os problemas e adotar rapidamente medidas de correção para aprimorar seus serviços.

Vitória possui vários hospitais – públicos e privados –, dentre os quais destacam-se:

- **Hospital Estadual Central** – Foi inaugurado em 15 de dezembro de 2009, após a reforma do Hospital São José, que foi desapropriado pelo governo estadual. É um excelente hospital, bem estruturado, com médicos e enfermeiros atenciosos, fácil acesso com aplicativo (fica no bairro Parque Moscoso), ambiente bem tranquilo, tendo cerca de 145 leitos.
- **Hospital Estadual de Urgência e Emergência** – Antes foi o Hospital Estadual São Lucas e depois de sofrer várias reformas em 2014 recebeu o nome atual. A partir de 2015 a sua gestão é feita pela Pró-Saúde de Associação Beneficente de Assistência Social e Hospitalar. Oferece um bom atendimento aos pacientes, tendo boa estrutura o que o tornou uma referência regional para o atendimento de trauma.
- **Hospital Santa Casa de Misericórdia de Vitória** – Tem funcionários educados e competentes, oferecendo um bom tratamento para os

que recorrem a ele. É um hospital filantrópico que atende pacientes pelo SUS e também por convênios particulares e é referência no atendimento em várias especialidades.

→ **Maternidade Pró-Matre** – Essa maternidade possui a UTI infantil mais bem equipada do Estado.

→ **Hospital Infantil Nossa Senhora da Glória** – Fica no bairro Santa Lúcia, tem excelentes funcionários, prestando um bom serviço nos cuidados com as crianças.

→ **Hospital da Polícia Militar** – Oferece um tratamento nota 10, voltado prioritariamente para dependentes de militares, mas também oferece um excelente serviço para a comunidade em geral.

→ **Associação dos Funcionários Públicos do Espírito Santo** – A proposta desse hospital é a de atender aos servidores públicos, fazendo isso de forma primorosa.

→ **Hospital Unimed** – Ele foi inaugurado em 2003, sendo um hospital geral com 175 leitos (UTI adulto, com 16 leitos; 10 para UTI pediátrica e 18 para UTI coronariana). Tem um pronto-atendimento com várias especialidades. Seus médicos e enfermeiros são excelentes.

→ **Hospital Dia e Maternidade Unimed Vitória** – Foi inaugurado em 2013, tendo 55 leitos sendo 15 para UTI neonatal. A Unimed tem centros de atendimento médico não apenas em Vitória, mas também nas cidades que fazem parte da Grande Vitória, nos quais também o atendimento é muito bom!!!

→ **Hospital Maternidade Santa Úrsula** – Um ótimo hospital com quartos espaços e limpos, os paciente tendo refeições bem temperadas, mas não salgadas. Eles recebem um atendimento de profissionais capacitados e uma equipe de médicos competentes.

→ **Hospital e Maternidade Santa Paula** – Possui médicos muito bons em todas as especialidades.

→ **Hospital Praia do Canto** – Um hospital que não tem estacionamento e falha bastante na recepção, com funcionários trabalhando frequentemente afetados por algum estresse, ou seja, mal humorados.

→ **Clínica de Acidentados de Vitória** – Especialmente na ala particular e conveniada, os profissionais técnicos e médicos são excelentes, porém a equipe de recepção é bem lenta e pouco atenciosa...

No que se refere ao **transporte urbano**, a cidade possui dois sistemas de ônibus. Um deles é operado pela Viação Tabuazeiro, que funciona somente no município e é conhecido pelos vitorienses como "**verdinhos**", por conta das cores dos seus veículos. Essa frota municipal está dividida em três empresas de ônibus operando 52 linhas convencionais e duas linhas seletivas (ou especiais) com veículos com ar-condicionado.

Nesse sistema a cobrança de passagens é por meio de bilhetagem eletrônica e em dinheiro, oferecendo atendimento para todos os bairros de Vitória. Infelizmente o serviço prestado por esse sistema de transporte vem caindo no tocante a qualidade nos últimos anos particularmente devido a superlotação dos ônibus especialmente nas linhas que vão para os bairros periféricos e devido aos longos intervalos entre as viagens.

Além disso, ele não possui um **sistema de integração**, o que dá aos passageiros apenas duas opções: pagar duas passagens para se locomover entre alguns bairros ou enfrentar longas caminhadas até avenidas de tráfego mais pesado para pegar um só ônibus.

Já no sistema Transcol, que liga a capital capixaba a outras cidades da Grande Vitória, seus ônibus percorrem os principais corredores da cidade, como as avenidas Vitória e Beira Mar. Ele começou a funcionar em 1989. Alguns bairros da cidade, por ficarem fora dos eixos das avenidas principais possuem linhas específicas, como por exemplo Jardim Camburi, que é interligado ao terminal de Carapina e Laranjeiras, no município de Serra por uma linha.

O sistema Transcol possui **integração** através de terminais rodoviários que ficam espalhadas em pontos estratégicos da região metropolitana. O lamentável é que Vitória não tem mais terminais do sistema Transcol, desde a extinção do terminal Dom Bosco, em 2009.

Esse sistema metropolitano de transporte coletivo integrado de estrutura tronco – alimentadora transporta atualmente mais de 19 milhões de passageiros mensalmente nos sete municípios de sua abrangência. A operação, exclusiva através de ônibus é realizada por 11 empresas e gerenciada pela Companhia de Transportes Urbanos da Grande Vitória.

No dia 28 de janeiro de 2020 um veículo surpreendeu os vitorienses. Tratava-se de um *Tuk-tuk*, uma espécie de triciclo elétrico, muito comum nos países asiáticos, que estava circulando na orla de Vitória. O serviço do novo modal foi trazido ao País pela Uber em parceria com a Movida – empresa que aluga carros – sendo inédito!!!

O *Tuk-tuk* pode carregar até duas pessoas, além do motorista, e tem cinto de segurança. No início de operação foram colocados à disposição dos usuários 20 *Tuk-tuks*, disponíveis nos bairros Mata da Praia, Jardim Camburi, Santa Lúcia e Santa Helena, que estão à beira-mar. O veículo só poderá ser chamado por usuários que estiverem e colocarem como destino ruas desses locais. Estabeleceu-se pela Uber que o preço mínimo da viagem é de R$ 4 (inferior ao cobrado pelos carros).

De acordo com a Movida, a escolha de Vitória para o início da operação com *Tuk-tuks* foi feita com base em estudos da Uber que levaram à conclusão que a cidade tinha um perfil de clientes bem adequado para esse modal, além de ter uma característica geográfica favorável, ou seja, um relevo plano, que é bem adequado ao tráfego de veículos elétricos. O *Tuk-tuk* pode alcançar até 35 km/h e vamos torcer para que ocorra a expansão desse serviço de transporte...

No setor de **transporte** estamos vivendo num **mundo novo**, no qual observamos uma explosão (*boom*) nos serviços de transporte por meio de **aplicativos** que já está gerando uma nova preocupação, e não só nas cidade encantadoras do País, mas também em muitas outras cidades pelo mundo!!!

Assim, se antes esses serviços disputavam clientes com táxis, agora ficou claro que eles também competem com o transporte público. Devido aos preços competitivos e também pela comodidade que oferecem, uma boa parte dos cidadãos está se habituando a usar os aplicativos em suas viagens no lugar de **ônibus, trens** e **metrô**!?!?

E entre os efeitos negativos está se notando uma perda de receita nas empresas que oferecem o transporte coletivo e a mobilidade urbana está cada vez mais ineficiente, pois está cada vez mais cheia de carros rodando!!! As empresas de aplicativos (*apps*) no Brasil, como Uber, 99 e Cabify "defendem-se" divulgando que isso não é verdade... Segundo elas, estações de metrô, trens e ônibus estão entre os destinos mais frequentes de suas corridas, o que indicaria uma complementação ao serviço de transporte coletivo.

A Uber informou ainda que a maioria de suas corridas ocorre à noite, quando a oferta de transporte público é menor. A 99 comunicou que já fez diversas parcerias com linhas metroviárias para incentivar as conexões. Já a Cabify declarou que está compartilhando dados com as prefeituras para melhorar o sistema viário.

O fato é que um estudo recente feito pela Universidade da Califórnia, nos EUA, mostrou claramente que existe uma fuga de passageiros do transporte coletivo para os *apps*. Essa mesma pesquisa, na qual foram entrevistados milhares de usuários de aplicativos, concluiu que de 44% a 61% das viagens realizadas pelo serviço poderiam ser evitadas, ou seja, feitas a pé, de bicicleta ou por transporte coletivo!?!? Esse estudo, entretanto, sugeriu que os veículos por aplicativos podem ter um papel importante e sustentável na mobilidade urbana. Porém, são necessárias ações públicas que os integre mãos meio já disponíveis.

Uma agência estatal na criativa cidade de São Francisco (nos EUA) fez um levantamento no intensamente movimentado aeroporto local e constatou um grande aumento no número de deslocamentos feitos até ele utilizando-se *apps*, o que obviamente fez com que o transporte público perdesse força. Agora analisa-se o que está acontecendo dentro da cidade. Também nas inventivas cidades norte-americanas de Chicago e Nova York as autoridades governamentais confirmaram a perda de receita por parte das empresas de transporte público, particularmente nas linhas de ônibus, com os passageiros migrando para os *apps* para se locomoverem!!!

No Brasil, os *apps* não divulgam seus dados de forma completa, sob a justificativa de proteger as informações de seus usuários. O máximo que se sabe a respeito de cada um deles é a quantidade de quilômetros rodados. Essa ausência de dados representa uma barreira para a realização de análises mais precisas por parte das prefeituras sobre o sucesso desses *apps*, embora seja evidente que a falta de sistemas de transporte público seguros, confortáveis e eficientes em nossas cidades justifiquem o grande sucesso deles.

Também não se tem certeza quanto ao tráfego provocado por esses *apps* nas cidades, todavia, essas informações poderiam ser muito úteis na promoção de melhorias no trânsito. Aliás, há quem argumente que essas empresas de *apps* deveriam pagar pela ocupação das ruas, uma vez que transportam passageiros pagantes!?!?

O mundo está em constante **transformação**, e as empresas que fabricam veículos de transporte não podem fugir dos grandes desafios que terão pela frente. Vale lembrar que as montadoras já detém a tecnologia para produzir os **veículos elétricos autônomos**, embora ainda seja necessário desenvolver e implementar sistemas que garantam não apenas a comunicação entre esses automóveis e as vias públicas, mas também a segurança para que eles rodem sem provocar acidentes – algo que parece ainda longe do seu alcance.

Aliás, no que se refere a esse tipo de transporte, uma grande questão é: caso aconteça um acidente envolvendo veículos autônomos, quem será o responsável? Durante o *Summit Mobilidade Urbana Latam 2018* – um evento organizado pelo jornal *O Estado de S.Paulo* –, o diretor-presidente da Mercedes-Benz do Brasil e CEO para a América Latina, Philipp Schiemer, explicou:

"No momento ainda não é possível ter veículos autônomos elétricos rodando em massa nas ruas das cidades brasileiras, devido aos seus custos elevados, mas em poucos anos isso poderá mudar bastante, com a redução dos preços. De fato, para que os carros autônomos rodem nas vias brasileiras o principal inimigo é a infraestrutura. Precisamos ter bons espaços (vias) e tecnologia de ponta, e isso não se tem hoje no País. Há estradas impraticáveis, com pouco sinalização. Outro impedimento é a ausência de uma rede ampliada de comunicação e 5G. Os carros autônomos consomem uma quantidade enorme de dados."

Isso, porém, não significa que em algumas décadas eles não estarão rodando pelas estradas, ruas e avenidas de nossas cidades. De fato, pode ser que no futuro prevaleça o uso do **carro autônomo voador**. Neste sentido, a Audi já tornou isso uma realidade, tendo inclusive um protótipo. A empresa alemã desenvolveu o projeto *Pop Up Next*, ou seja, criou um sistema modular com um carro que voa!!! **Será que esta seria uma solução para os problemas de mobilidade urbana?**

Retornando ao presente, hoje o acesso à cidade de Vitória pode ser feito de forma **rodoviária, marítima, ferroviária** e **aérea**. As principais estradas de acesso à cidade são: a BR-101 (a principal rodovia brasileira que passa pela região da Grande Vitória); a BR-262 (que liga a capital capixaba ao centro-oeste do País e ao Estado de Minas Gerais); e a ES-60 (a chamada "rodovia do Sol", que conecta a cidade ao litoral sul do Estado).

O terminal rodoviário Carlos Alberto Vivácqua Campos (uma homenagem a um dos mais famosos arquitetos da cidade, que faleceu em 1986) foi construído em 1979 e atualmente tem uma movimentação anual de 2,7 milhões de passageiros (embarque e desembarque). A rodoviária fica no bairro da Ilha do Príncipe, na entrada da cidade para quem vem pela segunda ponte. Nela operam várias empresas que transportam os vitorienses e trazem os visitantes para/de outros Estados do Brasil, bem como do interior de Espírito Santo.

Uma vez que Vitória fica numa ilha, e que sua geografia é bastante recortada, a cidade possui várias **pontes** importantes!!! A principal delas é a oficialmente denominada Darcy Castello de Mendonça, mas desde o anúncio de sua construção apelidada como "**Terceira Ponte**". Ela foi construída para desafogar o tráfego nas duas outras pontes existentes na época, que também ligavam a capital capixaba a Vila Velha: a ponte do Príncipe (ou "**Segunda Ponte**"), inaugurada em 1979, que dá acesso a BR-262 e leva o tráfego continental ao miolo de Vitória, e a já citada ponte Florentino Ávidos, toda em aço, que foi trazida da Alemanha em 1927 e logo apelidada de "**Cinco Pontes**", visto se tratar de um conjunto de cinco pontes ferroviárias pré-fabricadas e emendadas.

A Terceira Ponte e é a **quinta maior ponte em extensão do Brasil**, com 3.330 m de comprimento, um vão principal com 70 m de altura e 260 m de um pilar ao outro, o que permite o tráfego de navios de grande porte até a baia de Vitória. Depois da inauguração dessa ponte, a cidade de Vila Velha sofreu um intenso crescimento no que se refere à construção civil, algo que redimensionou sua condição de "cidade dormitório".

O primeiro pilar da Terceira Ponte foi concretado em 1978, durante o governo de Élcio Álvares, mas ela só foi concluída em 1989, na gestão do então governador do Estado, Max Freitas Mauro. Essa foi a maior obra realizada no Estado e uma das maiores do País, e se tornou cartão postal da capital capixaba. No início ela operava com 12 mil carros por dia, mas em 2021 a média diária subiu para 75 mil veículos.

Devido ao grande aumento no número de veículos em circulação, longos congestionamentos se tornaram comuns na ponte, sobretudo nos horários de pico. Sua estrutura é moderna e eficiente, compreendendo iluminação, sinalização, serviço de emergência médica e socorro mecânico. Toda a operação na Terceira Ponte é monitorada por um moderno **centro de controle operacional**.

Além dessas três pontes, deve-se também citar a ponte da Passagem, inaugurada em 1930 pelo governador Florentino Ávidos. Ela foi feita em cimento armado sobre um apoio de pedra nas cabeceiras (enrocamento). Com o crescimento de Vitória e a ampliação da avenida Fernando Ferrari, ela precisou ser modernizada para garantir melhor **mobilidade urbana**. Sua "reforma", que começou em 2008, fez surgir a primeira ponte-estaiada do Estado, com 270 m de extensão. Ela foi reinaugurada em 2009, tendo sido desenhada pelo engenheiro capixaba Karl Fritz Meyer. Em certos períodos do dia, circulam por essa ponte quase 3,5 mil veículos por hora.

Há também na cidade as pontes Ayrton Senna da Silva (que liga os bairros Praia do Canto e Jardim da Penha), a Desembargador Carlos Xavier Paes Barreto (que liga a ilha do Frade com a praia do Canto) e a do Camburi (que conecta os bairros de Camburi e Praia do Canto). Claro que todas são vitais para uma boa mobilidade em Vitória, se bem que esse é um tema bem complexo.

A ANTP (Associação Nacional de Transportes Públicos) estimou que em 2019 o custo socioeconômico da **mobilidade urbana** (muito travada e complicada) no Brasil ultrapassou os R$ 510 bilhões, e tem aumentado a cada ano!!! Entram nessa conta os gastos individuais dos usuários de transporte ou de empregadores (quando há o uso do vale-transporte), os recursos do poder público para manter o sistema em funcionamento e os impactos sociais da movimentação das pessoas. Já no âmbito social, nesse montante também estão incluídos danos causados pela emissão de poluentes, por acidentes de trânsito e poluição sonora.

Uma pesquisa recente realizada pela ANTP revelou que a maioria dos brasileiros se desloca a pé ou de bicicleta, 28% das pessoas recorrem ao transporte coletivo e um pouco menos de um terço do contingente total utiliza carro ou moto. O problema é que as cidades brasileiras, em especial as encantadoras, cresceram numa velocidade superior à capacidade de planejamento urbano e à oferta de transporte coletivo. O prejuízo econômico e social se multiplicou, isso por conta do tempo que os moradores locais perdem em seus deslocamentos dentro delas!?!?

No interessante seminário *Mobilidade e Inovação*, promovido em São Paulo pelo jornal *Folha de S.Paulo* no dia 30 de outubro de 2019, diversos especialistas apresentaram a situação crítica em que se encontram muitas das cidades brasileiras, particularmente as encantadoras, destacando o quanto tempo se perde nelas, pois o transporte nas mesmas é cada vez mais complicado, ou seja, elas vivem num ambiente de "**imobilidade**" ou **travamento**!!!

Divulgou-se que em 37 regiões metropolitanas de 20 Estados brasileiros e do DF, cerca de 18 milhões de pessoas gastam, em cada dia útil, uma média de 114 min para fazer o trajeto **casa-trabalho-casa**!?!? No caso específico da Grande Vitória, esse total é de 119 min – menor, entretanto, que no Rio de Janeiro e São Paulo, nas quais esses números são respectivamente 141 min e 132 min.

Aliás, o gasto com transporte já pesa mais no bolso de muitas famílias brasileiras do que as despesas com alimentação. Pois é, infelizmente quem vive nas cidades encantadoras está agora gastando cada vez mais tempo para se deslocar dentro delas!!!

O acesso marítimo até Vitória pode ser feito por pequenas embarcações ou por grandes cargueiros (vindos de diversos países), ou então por cruzeiros marítimos que fazem escalas no porto de Vitória. Já se falou um pouco sobre os pontos da cidades, mas convém descrever melhor a história portuária do Espírito Santos, cuja origem foi o crescimento da cultura cafeeira na província, o que a partir de 1870 saturou o porto de Itapemirim, então utilizado para o escoamento agrícola, voltado essencialmente para o transporte de cana-de-açúcar.

Como alternativa, foram previstos embarques em outro atracadouro, denominado cais do Imperador, na parte sul da ilha de Vitória. Em 28 de março de 1906, o governo federal autorizou a Companhia Porto de Vitória (CPV) a fazer a implantação de novas instalações no mesmo local, ficando a cargo da empresa C.H. Walker & Co. Ltda., a execução de 1.130 m de cais. Entretanto, em 1914 as obras foram interrompidas. A União encampou a concessão dada à CPV e a transferiu para o governo estadual pelo decreto Nº 16.739, de 31 de dezembro de 1924.

A construção do porto foi retomada no início de 1925, mas sua inauguração ocorreria somente em 3 de novembro de 1940 (!?!?). Com ela teve início o atual complexo portuário, sendo que no decorrer dos anos 1940 foram construídas as instalações de embarque da Companhia Vale do Rio Doce (CVRD), no morro do Macaco, em Vila Velha (hoje totalmente desativadas...) e entregues à Companhia Docas do Espírito Santo (Codesa). Na mesma época teve início a construção do terminal de granéis líquidos, também em Vila Velha.

Paralelamente foram construídas as instalações do cais de Paul (usado pela Usiminas e a CVRD), hoje pertencentes à Codesa e em pleno funcionamento, também localizado em Vila Velha. Na década de 1950 foram construídos os demais cais de Vitória – os berços 101 e 102. Na década de 1960 foi construído o píer do Tubarão e na década seguinte (1970), os cais de Capuaba (em Vila Velha), Barra do Riacho e Ubu. Já na década de 1980 foi a vez do porto de Praia Mole.

Assim o complexo portuário do Espírito Santo se tornou um dos mais importantes do Brasil, com uma infraestrutura de transporte rodoviário, marítimo e ferroviário (ainda subutilizado) em bons níveis, porém com a rodovia já necessitando de uma ampliação. Trata-se de um sistema de transportes intermodal bastante atrativo e competitivo.

Hoje o porto de Vitória, cuja profundidade aproximada é de 12,5 m, possui cerca de 13 berços de atracação voltados para a movimentação de diversas cargas. Porém, como ele está situado no centro da cidade seu acesso por via terrestre é bem complicado, pois o trânsito na região é intenso. Atualmente ele é mais utilizado para reparos de navios (plataformas de petróleo, recebimento de cruzeiros marítimos e até para *shows* de médio porte.

Já a construção do porto de Tubarão foi iniciada pela CVRD em 1962, ano em que foram assinados os primeiros contratos de longo prazo para o fornecimento de minério de ferro para o Japão e a Alemanha. Sua construção foi totalmente paga pelo governo brasileiro. Aliás, deve-se recordar que Eliezer Batista, presidente da CVRD na época, dirigiu-se a um banco de fomento dos EUA para obter um financiamento para a construção do porto de Tubarão, mas não teve sucesso, pois o banco norte-americano não deu crédito nem ao Brasil nem à CVRD, tampouco às siderúrgicas japonesas!?!?

Ele então expôs suas dificuldades ao ministro da Fazenda na época, Francisco Clementino de San Tiago Dantas, numa audiência que se tornou histórica. Depois da reunião ele declarou: "Não tenho recursos para te emprestar, mas vou dar um jeito. Vamos rodar a guitarra!?!?" Pois bem, San Tiago Dantas **mandou imprimir o dinheiro** para se poder construir o porto de Tubarão!?!?

O porto de Tubarão, concebido por Eliezer Batista (1924-2018), se constituiu num projeto pioneiro que permitiu criar um novo processo logístico mundial no transporte de granéis sólidos e líquidos. A participação do Japão nesse empreendimento foi decisiva e a construção do porto de Tubarão é até hoje recordada com simpatia pelos japoneses!!!

A inauguração oficial do porto de Tubarão, em 1960, no governo do presidente Castello Branco, e sua tecnologia pioneira, gerou um grande entusiasmo dentre os investidores japoneses, e isso muito contribuiu para elevar o conceito internacional do Brasil. Sua inauguração atraiu de imediato uma verdadeira "enxurrada" de novos investimentos estrangeiros no País, com a construção de diversas empresas.

Entre elas estão a Companhia Siderúrgica de Tubarão (CST), hoje Arcelor Mittal; da Celulose Nipo Brasileira S.A.; da Albrás-Alunorte (alumina e alumínio), da Mineração da Serra Geral (minério de ferro); da Nova Era Silicon (ligas de ferrosilício) etc., o que, de certa forma, permitiu absolver parcialmente o ministro da Fazenda San Tiago Dantas do "pecado" de autorizar a impressão de dinheiro para a criação desse porto!!! Tubarão fica no final da orla da praia de Camburi, e na última década sua capacidade de embarque foi ampliada para 80 milhões de toneladas por ano.

Tive a felicidade no decorrer de minha vida de passar alguns dias em quase todas as cidades encantadoras descritas nesse livro, na maior parte das vezes exercendo minha profissão de **professor** e **palestrante**. No caso de

Vitória, foram muitas semanas ao longo de vários anos, especialmente quando conheci o engenheiro Getúlio Apolinário Ferreira, que exercia a função de gerente da CST na época. Na ocasião ele também me contratou para a implementação dos conceitos de **qualidade total** e **manutenção produtiva total** (*Total Productive Maintennance*) na companhia. Fui convidado por ele a ministrar muitos cursos com duração de 16 h a 40h para quase 2.000 funcionários entre os mais de 6.000 que trabalhavam na CST, em turmas de aproximadamente 40 pessoas. Na época escrevi com o engenheiro Getúlio A. Ferreira o livro *Estratégia para a Qualidade Total* (publicado em 1987) e depois o livro *Entrosando-se com a Qualidade* (1988), com excelentes ilustrações de Getúlio A. Ferreira.

Esses livros foram utilizados como material didático nas dezenas de cursos que ministrei na CST, numa época em que não havia quase nada escrito em português sobre o tema. O resultado desses cursos foi muito bom para a CST, pois os aprendizes puderam em seguida imaginar e implementar suas milhares, de ideias dentro do conceito *kaizen* (uma pequena melhoria), através dos **círculos de controle de qualidade**.

Isso permitiu que se melhorasse bastante a qualidade e a produtividade na CST. Para mim e para o Getúlio isso foi uma grande recompensa, pois todo o nosso esforço acabou gerando uma mudança de cultura que, de certa forma, se disseminou pelas outras grandes siderúrgicas do País na época!!!

Em 22 de março de 2019 um consórcio formado pelas distribuidoras de combustíveis Raizen, Ipiranga e BR Distribuidora venceu um leilão de portos, no qual o principal ativo era o terminal de Vitória. A oferta de R$ 165 milhões do consórcio foi a única apresentada, e agora ele poderá operar esse terminal de combustíveis por 25 anos, devendo investir nele cerca de R$ 128 milhões. Nesse mesmo leilão esse consórcio também arrematou três terminais de combustíveis do porto de Cabedelo, no Estado da Paraíba, com o pagamento da outorga de R$ 54,5 milhões para poder operá-lo por 25 anos, com investimento de outros R$ 71,5 milhões.

Espera-se que, em especial na capital capixaba, os investimento sejam feitos logo. Isso geraria centenas de empregos e com isso se melhoraria a eficiência na entrega do combustível e, quem sabe, até mesmo levaria a uma queda no preço desse produto. Com os investimentos no porto de Vitória é provável que alguns problemas do Estado do Espírito Santo, que atualmente enfrenta períodos de certo desabastecimento, sejam resolvidos.

Quanto ao **transporte ferroviário**, encontra-se em operação a Estrada de Ferro Vitória a Minas, que transporta muita carga no corredor centro-

-leste, além de passageiros no trajeto Grande Vitória-RMBH, e vice-versa. O ponto final (ou inicial) dessa ferrovia, de propriedade da mineradora Vale, fica na estação Pedro Nolasco, localizada em Cariacica, na Grande Vitória. Uma viagem completa dura em média 13 h e no percurso o passageiro pode observar lindas paisagens das serras e da mata atlântica.

O acesso a Vitória por **via aérea** acontece através do aeroporto Eurico de Aguiar Salles, também conhecido como aeroporto das Goiabeiras. Ele está localizado na parte continental de Vitória, entre os bairros República e Mata da Praia, e dista aproximadamente 10 km do centro da cidade, sendo que o acesso é feito pela avenida Adalberto Simão Nader.

Esse aeroporto ocupa atualmente uma área de 29.500 m², e é o principal do Estado. Hoje ele opera voos nacionais e internacionais de passageiros, e internacionais de carga. Tem capacidade para receber aviões de médio porte, tais como o ATR-72, os Boeings 737, 757 e 767, os modelos Embraer 190 e 195, as aeronaves Airbus A319/A320/A321 e 330.

Ele também recebe jatos executivos e helicópteros, e conta com voos diretos para os aeroportos de Congonhas e Guarulhos (em São Paulo), Santos Dumont e Galeão (no Rio de Janeiro), Confins (em BH) e para as cidades de Brasília, Salvador, Campinas, Fortaleza e Recife. Recentemente tiveram início os voos para Buenos Aires, na Argentina.

Vale lembrar que antes da construção do aeroporto Eurico de Aguiar Salles, os voos com destino à capital capixaba pousavam no hidroporto de Santo Antônio, o mais antigo bairro da capital. Ele foi projetado pelo arquiteto Ricardo Antunes e construído em 1939, logo ficando conhecido como **cais do Hidroavião**.

A edificação era equipada tanto para o transporte de passageiros quanto de carga, e a escolha do local se deveu, especialmente, à calmaria das águas naquele lugar, à topografia do bairro e, também ao fato de haver ali uma linha de bonde que fazia a ligação direta com o centro da cidade.

Todavia, o tempo de vida útil desse cais foi relativamente curto, ou seja, apenas dez anos. Após o fim da 2ª Guerra Mundial, em 1945, **os hidroaviões caíram em desuso**!!! O cais de Santo Antônio foi um dos últimos locais a encerrar as operações aéreas no País, em 1948.

Na década de 1930, no lugar onde fica o atual aeroporto da cidade, funcionava um aeroclube, cuja pista era de terra batida. Ele foi escolhido para se tornar o futuro aeroporto da cidade por um engenheiro francês da Societé de Lignes Latécoère, uma empresa postal francesa. A construção teve início em 1942 e no ano seguinte, 1943, foram inaugurados um terminal e uma pista de cimento.

O aeroporto de Vitória passou a fazer parte da relação de aeroportos participantes do convênio firmado entre os governos do Brasil e dos EUA, por meio do qual o Brasil cedeu durante o período da 2ª Guerra Mundial a utilização dos seus aeródromos às Forças Armadas norte-americanas. Aliás, ainda em 1943 o U.S. Engineer Office – uma repartição do exército dos EUA – concluiu um novo projeto para o recém-construído aeroporto, já prevendo a ampliação da pista para 1.500 m de comprimento e 45 m de largura.

Esse projeto foi realizado pela diretoria de obras do ministério da Aeronáutica do Brasil, tendo sido concluído em 1946 – ano considerado como oficial da inauguração do aeroporto de Vitória. Na década de 1970, cresceu o percentual de voos que utilizavam Vitória como ponto extremo de suas linhas, o que levou a Infraero a providenciar a ampliação do comprimento de sua pista para 1.750 m. Em 1979 foram concluídas as obras de reformulação do pavimento, com reforço de concreto asfáltico na pista e também do concreto no pátio de estacionamento.

Só muito tempo depois, no final de 2004, foram anunciadas obras de modernização. Elas começariam em 2005 e consistiam basicamente na construção de um novo terminal e uma segunda pista para pousos e decolagens. A conclusão dessas obras foi inicialmente prevista para 2007, porém, depois de muitos atrasos – e diversas suspeitas de superfaturamento – elas foram embargadas pelo TCU, em 2008.

O nome Eurico de Aguiar Salles, porém, passou a designar oficialmente o aeroporto em 2006, por meio da edição da lei Nº 11.296/06, sendo uma homenagem ao advogado e político capixaba que ocupou o cargo de secretário de Educação e Cultura do Espírito Santo, e ministro da Justiça e Negócios Interiores do governo do presidente JK.

Por conta de décadas de descaso, o aeroporto de Vitória acabou sendo considerado pela própria Infraero como o pior do Brasil. Em 2012 o então presidente do órgão, Gustavo do Vale, comentou: "O aeroporto de Vitória é o pior do País, e não podemos permitir que uma capital estadual tenha um aeroporto que não atenda aos anseios dos passageiros e, com isso, atrapalhe o crescimento do Estado."

Pois é, depois de algumas reformas emergenciais e de vários anúncios do reinício das obras, uma nova licitação foi realizada e, em junho de 2015, finalmente assinou-se a ordem de serviço para a retomada das obras – cuja previsão de entrega era setembro de 2017, prazo este que foi postergado para 25 de dezembro de 2017!?!? Um dos motivos para o atraso foi a construção do acesso ao novo terminal, que não foi licitado junto com as obras do terminal!?!? Um aditamento contratual foi então realizado, com valor estimado em R$ 15 milhões.

Enfim, após 16 anos de espera e de muitas incertezas, as novas instalações do aeroporto de Vitória foram finalmente inauguradas no dia 29 de março de 2018. O evento contou com a presença do então presidente da República Michel Temer, e a nova pista acabou sendo "inaugurada" com o próprio avião presidencial, a primeira aeronave a pousar nela.

Todavia, apesar do início das operações do novo terminal no dia seguinte à inauguração (em 30 de março), a nova pista só foi oficialmente liberada para pousos e decolagens sete meses depois, em 7 de novembro de 2018!?!? Finalmente os moradores do Espírito Santo tinham em sua capital um aeroporto tão moderno como os existentes nas demais capitais do País.

O aeroporto de Vitória registrou em 2012 uma movimentação de 3.642.842 passageiros (entre embarque e desembarque), um número que em 2018 chegou a cair para perto de 3 milhões. Hoje, entretanto, ele tem capacidade para 8,7 milhões de passageiros/ano, um total que, segundo expectativas, deverá ser atingido no máximo em 15 anos. Essa previsão existe pelo fato de Vitória demonstrar uma forte tendência de se transformar numa **aerotrópole**, afinal, o movimento anual de carga e correios tem crescido mais de 5% ao ano nos últimos três anos, registrando em 2018 aproximadamente 33.500 t.

Infelizmente essa expectativa ainda não começou a se realizar em 2020, ano em que o País foi abalado pela pandemia do novo coronavírus, e o transporte aéreo foi terrivelmente afetado, com o cancelamento de cerca de 90% dos voos ao longo de vários meses.

No que se refere a **segurança**, em 2003 a prefeitura de Vitória criou a Guarda Civil Municipal da cidade, pela lei municipal Nº 6033. E dentro da estrutura dessa guarda, coube à gerência de Proteção Comunitária responsabilizar-se pelos agentes comunitários de segurança e pelo patrulhamento municipal, atuando nas principais orlas (praias), parques e praças da capital capixaba. Os agentes da guarda municipal também estão sempre presentes nas escolas e creches municipais, com o intuito de diminuir conflitos, assim como nos pontos turísticos tradicionais e nos eventos culturais, mantendo a ordem e encaminhando à autoridade policial os casos de flagrante delito.

No mês de abril de 2008, a Guarda Civil Municipal de Vitória foi a primeira do País a ter aprovado junto à Polícia Federal o emprego de armamento, segundo o que diz a lei Nº 10.826, de 2003 (**Estatuto do Desarmamento**), passando assim a atuar legalmente armada, sem precisar recorrer ao Poder Judiciário através de mandado de segurança ou *habeas corpus* preventivo.

Os guardas municipais de Vitória estão aptos a orientar sua população, bem como os visitantes, oferecendo informações turísticas. No início de 2020 o efetivo era de cerca de 750 agentes comunitários de segurança (de farda azul). Além do patrulhamento extensivo a pé, eles também realizam ronda permanente no território municipal, utilizando para isso viaturas, motocicletas, bicicletas ou quadriciclos.

Considerando os bons resultados que vem sendo obtidos por esses guardas na segurança em Vitória, seria muito bom que o efetivo fosse aumentado para chegar a 1300 agentes. Isso evitaria roubos, assaltos e talvez até tantos homicídios na cidade. Infelizmente houve cerca de 3 homicídios por dia no Espírito Santo em 2019, sendo que a maioria aconteceu na Grande Vitoria. Encontram-se presos no Estado aproximadamente 23,4 mil pessoas, e os presídios existentes estão superlotados.

A segurança é sem dúvida um grande problema no País como um todo, e só pode ser melhorada com uma atuação mais rigorosa de todas as polícias... Um triste exemplo disso foi o assassinato em 26 de dezembro de 2018 do ex-governador do Espírito Santo, Gerson Camata. Ele ocupou o cargo maior no Estado entre 1983 e 1986, mas antes disso foi vereador por Vitoria, deputado estadual, deputado federal e senador por três mandatos (de 1987 a 2011).

Gerson Camata, que foi casado com a ex-deputada federal Rita Camata, foi o primeiro governador eleito no período de redemocratização do País, tendo feito um governo realizador e que entrou para a história dos capixabas. Lamentavelmente, no início de janeiro de 2019, a Assembleia Legislativa do Espírito Santo (Ales), aprovou **por unanimidade** o projeto de lei apresentado pelo governador Renato Casagrande (reeleito em 2018), concedendo **anistia** nas penalidades e procedimentos administrativos impostos a policiais militares em razão de uma greve feita por eles em 2017. Foi uma decisão "**discutível**" (ou até mesmo irresponsável) da Ales, pois acabou premiando um movimento ilegal que, na tentativa de obter ganhos salariais e políticos, colocou em risco a segurança da população capixaba.

Iniciada em 3 de fevereiro de 2017, essa paralisação contou com a colaboração de mães, esposas e irmãs dos policiais. Essas pessoas bloquearam os quartéis da Polícia Militar em Vitória e em cidades do interior do Estado. Esse motim terminou no dia 25 de fevereiro, deixando um rastro de violência e criminalidade. No período de greve, sem policiamento nas ruas, em especial na Grande Vitória, houve muitos saques a estabelecimentos comerciais e cerca de 200 pessoas foram assassinadas.

Diante de tamanha afronta à lei, a corregedoria da Polícia Militar abriu 2,6 mil processos administrativos contra os grevistas. Foram expulsos 23 policiais militares e 90 profissionais da segurança foram colocados em processo de demissão. Porém, com a provação da lei de anistia, todos os processos administrativos disciplinares de rito ordinário e sumário foram **arquivados**!?!?

A lei aprovada estabeleceu também que os militares que retornassem as suas corporações teriam todos os direitos relativos ao período de afastamento, ou seja, apesar de terem participado de uma **greve ilegal**, que deixou todo o Estado numa situação caótica, eles receberiam todos os salários do período em que estiveram afastados de suas funções!?!?

Esta lei aprovada pela Ales foi uma promessa de campanha de Renato Casagrande, que acreditava que dessa forma "fecharia uma ferida de um mês triste para a história da segurança pública capixaba"!?!? Porém, para um raciocínio com certa lógica o que essa anistia fez foi o oposto, pois estabeleceu agora uma legislação, ou seja, as condições para que uma nova paralisação ilegal de policiais volte a ocorrer!!!

Realmente é triste constatar que o Executivo e o Legislativo do Estado do Espírito Santo tenham se unido para estabelecer tamanha irresponsabilidade, assegurando a impunidade para quem agiu contra a lei. Recorde-se que na época da greve o governador era Paulo César Hartung Gomes e que em janeiro de 2019 comentou: "Essa decisão da Ales é contra a lei, que proíbe greve de funcionário público armado. É também uma decisão contra a sociedade, que ficou refém durante o movimento grevista e viu vidas serem perdidas em função da greve. No início de 2017, o Estado não tinha dinheiro para conceder reajuste salarial, encontrando-se no limiar de alerta em relação ao gasto de pessoal. Se o aumento fosse concedido estaria se desrespeitando a Lei de Responsabilidade Fiscal."

Aliás, com a ajuda de alguns de seus secretários, como Ana Paula Vescovi e Haroldo Rocha (além de outros), Paulo Hartung elaborou o livro

Espírito Santo - Como o Governo Capixaba Enfrentou a Crise, Reconquistou o Equilíbrio Fiscal e Inovou em Políticas Sociais (lançado no final de 2018). Nele, Paulo Hartung, que já tinha sido governador no período entre 2013 e 2010, retornando à ao comando do Estado entre 2015 e 2018, sucedendo a Renato Casagrande, destacou:

"Assumi o Espírito Santo em 2015 com um déficit de R$ 1,45 bilhão. Na gestão anterior a folha de pagamento do governo estadual saltou de R$ 260 milhões por mês (em 2010) para R$ 430 milhões no último mês de 2014. Não bastasse essa herança negativa, enfrentei nos dois primeiros dias de governo uma série de problemas: uma das piores recessões da história do País; uma crise hídrica causada por uma severa estiagem e as consequências do rompimento da barragem da Samarco, em Minas Gerais. Já no início do terceiro ano de governo ocorreu a 'inusitada' greve da Polícia Militar. Então, para conseguir o reequilíbrio das contas públicas foi necessário demitir muitos funcionários em cargos comissionados, reavaliar os contratos relativos a dezenas de obras paralisadas e tomar muitas outras medidas duras.

Mesmo assim, conseguimos firmar diversas parcerias interessantes, como as que estabelecemos com o Sistema S, para o **projeto Ocupação Social**, que auxiliou jovens pobres, e com o instituto Unibanco, muito útil para o avanço que tivemos na educação. Note-se que em 2017 as escolas capixabas estaduais de ensino médio obtiveram as maiores notas do País no Saeb, tanto em português como em matemática. Já no Ideb, que também considera a taxa de aprovação, a rede do Espírito Santo foi a segunda melhor do Brasil, com 4,1 pontos, atrás somente do Estado de Goiás."

De fato, em 2018 Paulo Hartung deixou o Estado do Espírito Santo sem dívidas comprometedoras, e no seu último mandato melhorou muita coisa em Vitória, especialmente no setor da educação!!!

No âmbito da **comunicação**, os principais meios à disposição dos vitorienses são as emissoras de rádio e televisão, os jornais e revistas impressas, as telefonias fixa e móvel, e a Internet. As principais emissoras de TV capixabas são a TVE ES (uma rede pública) e as afiliadas de grandes emissoras nacionais, como a TV Gazeta (afiliada à rede Globo); a TV Vitória (à rede Record); a TV Tribuna (ao SBT) e a TV Capixada (à rede Bandeirantes). E a cidade também possui algumas dezenas de rádios AM e FM, que podem ser captadas não apenas na Grande Vitória, mas também nas cidades de Estados vizinhos.

Há vários jornais diários circulando na cidade, além dos semanais e dos jornais *online*. Entre eles estão: *A Gazeta, A Tribuna, Metrô, Notícias Agora,*

Gazeta Online, Diário Net, ES Hoje, Século Diário, Folha Vitória e Informe Síndico. No que se refere à telefonia, *as* primeiras empresas responsáveis pela telefonia fixa em Vitória foram a Oi (antiga Telemar), a Embratel, a TIM, a Vivo e a GVT. Já as operadoras de telefonia móvel que fazem a cobertura da região são a Oi, a Vivo, a TIM, a Claro e a Nextel.

No **campo da cultura**, inicialmente deve-se destacar os acordos de **cidade-irmã** firmados por Vitória com diversas cidades do mundo. A finalidade é não somente obter mais conhecimento e cooperação no que se refere à resolução de diversos problemas urbanos, mas também garantir aos vitorienses a possibilidade de conhecer outros lugares e povos, e de vivenciar outras culturas. Vitória possui as seguintes cidades-irmãs: Cascais, em Portugal; Oita, no Japão; Havana, em Cuba; Mântua, na Itália; Dunquerque, na França; Yantai e Zhunhai, ambas na China; Vitoria-Gasteiz, na Espanha, e Miami, nos EUA.

Muitos **espetáculos** em Vitória são realizados na praça do Papa, que tem capacidade para aproximadamente 25 mil pessoas. Atualmente ela é uma das mais importantes áreas de lazer para os vitorienses. Outros são realizados no ginásio Álvares Cabral, localizado na avenida Marechal Mascarenhas de Moraes, Nº 2.100, em Bento Ferreira, cuja capacidade atual é para 6.600 espectadores.

Já para pequenas apresentações culturais ou musicais, estas podem ser realizadas no palácio da Cultura Sônia Cabral, localizado na Cidade Alta, próximo do palácio Anchieta. Aliás, esse edifício conta com um auditório com 220 lugares, além de boas salas para espetáculos ligados à música e às artes cênicas.

Entre os principais teatros da cidade está o Theatro Carlos Gomes, que foi construído com arquitetura inspirada no Teatro Scala de Milão, na Itália, e foi projetado pelo arquiteto italiano André Carloni. A cúpula, por sua vez, foi feita pelo artista plástico capixaba Homero Massena. Ele tem um estilo neorrenascentista italiano, e foi inaugurado em 5 de janeiro de 1927. Ele está localizado na praça Costa Pereira.

Há também o Teatro Universitário, que fica no bairro Goiabeiras, onde está o *campus* da UFES E o Teatro Sesi, inaugurado em julho de 2000. Ele é denominado Espaço Cultural Rui Lima do Nascimento, e tem um palco adequado para receber espetáculos locais, nacionais e até internacionais, sendo um dos principais espaços para se apreciar a arte teatral no Estado do Espírito Santo.

O Carnaval de Vitória é um evento cujo ponto alto são os desfiles das 14 escolas de samba da Grande Vitória (10 do grupo especial e 4 do grupo de acesso), tendo 8 do próprio município. Esses desfiles são realizados uma semana antes do Carnaval carioca (!?!?), na passarela do samba da cidade, particularmente conhecida como Sambão do Povo, inaugurada em 1987.

Uma escola de samba de bastante destaque, que já venceu várias vezes o desfile, é a Mocidade Unida da Glória, do município de Vila Velha. Porém, a grande campeã do Carnaval capixaba de 2020 foi a escola de samba de Cariacica, a Independente de Boa Vista, que fez bonito no Sambão do Povo. Nesses últimos anos tem se ampliado bastante o Carnaval de rua na cidade, com o desfile de várias bandas e blocos.

No que concerne a **museus**, na cidade estão instalados alguns bastante interessantes, como o Museu do Pescador, voltado principalmente para evidenciar a relação dos moradores de Vitória com o mar e o manguezal. Além dele, há também o Museu Capixaba do Negro, um centro estadual de referência à cultura negra; e a Casa Porto das Artes Plásticas, local em que se pode apreciar exposições de artistas locais e nacionais. Também destaca--se em Vitória o Museu Solar Monjardim, que é o único museu federal do Estado e que possui em seu acervo os mais diversos tipos de objetos, como peças de arte sacra, mobiliário, documentos, fotografias, cristais e porcelanas.

O Solar Monjardim está atualmente estruturado como um **museu-casa**, revelando aspectos da vida cotidiana de uma família abastada do século XIX em um casarão que foi a antiga sede da fazenda Jucutuquara. Essa construção teve início no final do século XIX, nos anos 1780, sendo o primeiro edifício tombado em nível nacional no Espírito Santo, em 1940.

Tem-se ainda o Museu de Arte do Espírito Santo, que foi construído entre os anos 1924 e 1925, sendo o primeiro de uma série de prédios públicos construídos por Florentino Ávidos. Ele tem um estilo arquitetônico eclético e foi tombado pelo Conselho Estadual de Cultura em 1983. Esse prédio já abrigou diversos serviços públicos e em 18 de dezembro de 1998 foi finalmente inaugurado como Museu de Arte do Espírito Santo Dionísio del Santo.

O prédio possui um belo *hall*, cinco salas, biblioteca, um auditório para cerca de 40 pessoas e um vasto acervo. Nesse local são desenvolvidas ações educativas, como palestras, oficinas, cursos e seminários, bem como a apresentação de exposições de arte.

No âmbito da **alimentação**, uma coisa sobre a qual os capixabas reclamam muito diz respeito aos **direitos autorais** sobre a verdadeira **moqueca**, um traço identitário forte que une o Estado. Tanto que nos folhetos turísticos e também nos *outdoors* (grandes cartazes expostos ao ar livre), tem-se estampada a frase: **"Moqueca é capixaba, o resto é peixada!!!"**

Aliás, há inclusive uma lei estadual na qual se estabelece que a moqueca é um prato típico do Estado, assim como uma outra lei elaborada na cidade de Vitória que determina o dia 30 de setembro como o **"Dia da Moqueca"**!!! Vale ressaltar que na versão capixaba, o azeite de oliva e o urucum substituem o dendê e o leite de coco da receita nordestina. Também não há pimentão no prato espírito-santense, cuja base é o tomate e a cebola. De fato, o coentro abunda, e não adianta pedir o prato sem ele, pois o cozinheiro capixaba irá ignorar tal solicitação!?!? Aliás, na receita oficial fornecida no *site* do governo estadual são indicados dois maços inteiros de coentro...

Um fato que ambas as receitas têm em comum é que tanto as moquecas capixabas quanto as baianas são servidas de modo parecido: numa panela de barro, chegando à mesa fumegante. Cumpre destacar, entretanto, que a famosa moqueca capixaba não pode ser preparada em qualquer recipiente!?!? De fato, para que a receita seja considerada **tradicional**, dá-se primazia em Vitória para as panelas de barros feitas pelas "paneleiras" (mulheres artesãs) de Goiabeiras, que já se tornaram uma **"essência"** do prato.

Por conta disso, um lugar incrível para se visitar é justamente o galpão da sede da Associação das Paneleiras de Goiabeiras, e observar como essas tradicionais panelas de barro são produzidas. A forma como essas mulheres fabricam essas panelas passa de geração para geração, e nesse local o turista pode aproveitar para adquirir algumas delas. Há vários tamanhos, bem como outros utensílios de cozinha, o que lhe permitirá tentar preparar algo similar à moqueca capixaba quando retornar para casa...

A receita clássica da moqueca capixaba leva peixe – geralmente o badejo, o robalo ou o cação –, com ou sem camarão, mas há também moqueca de polvo, de ostra, de sururu (mexilhão), de siri e de aratu (um tipo de caranguejo do mangue).

Esse prato é tão importante em Vitória que, embora nem todo vitoriense seja fanático pelo futebol, praticamente todos têm sua moqueca preferida. E a verdade é que todas são muito parecidas (e deliciosas...) quando o peixe escolhido é fresco, o cozinheiro é bom. Assim, é quase impossível que um visitante não prove alguma moqueca durante sua estada em Vitória. Afinal, ela está presente tanto no cardápio dos bares mais fuleiros quanto dos restaurantes mais sofisticados da cidade.

De qualquer forma, uma sugestão para se comer uma excelente moqueca é o restaurante *Papaguth*, localizado na parte nobre da cidade. O local possui mesas ao ar livre, salão de batizado e oferece uma bela vista da baía de Vitória e da Terceira Ponte. Já no bairro de Goiabeiras, no distrito de mesmo nome, numa área que começou a ser ocupada há mais de 85 anos e é constituída de baixadas cobertas de manguezais, estão localizados diversos estabelecimentos tocados por famílias de pescadores, nos quais é possível comer moquecas incríveis!!!

Mas a culinária de Vitória não se resume à moqueca, ao peixe e ao coentro. Na cidade encontra-se um dos melhores restaurantes do País, o charmoso *Soeta* (coruja, em italiano). De fato, ele faria sucesso em qualquer parte do mundo, inclusive na nos países europeus mais famosos por sua culinária, porém, para nossa satisfação, ele se encontra na encantadora capital capixaba!!!

A dupla de *chefs* – a capixaba Bárbara Verzola e o equatoriano Pablo Pavón – se conheceram quando os dois trabalhavam no famoso restaurante catalão *El Bulli*, que servia gastronomia mundial com a chamada **cozinha molecular**. Eles andaram flertando com a vanguarda gastronômica, sem, entretanto, "**viajar na maionese**". Seu cardápio tem entradas como o *fideuá* (variante da *paella*) de cogumelos, polvo e tinta de lula. Entre os pratos principais, faz sucesso o espaguete na manteiga defumada (embora seja difícil entender como se defuma a manteiga, não é mesmo?).

Porém, a criatividade da dupla se torna ainda mais evidente no menu de degustações. Verzola e Pavón usam o que há de melhor no mar e nas hortas do Espírito Santo, e apresentam opções deliciosas, como o siri mole em três texturas, o *temaki* de porco com folha de begônia, a bochecha de robalo com molho de moqueca capixaba e a lagosta com manga e limão-caviar (um cítrico australiano com gominhos esféricos). Assim, quem quiser curtir um verdadeiro banquete que irá durar a noite inteira não pode perder a oportunidade de jantar no *Soeta*.

O restaurante mais concorrido de Vitória, entretanto, é a churrascaria argentina *La Dolina*, que fica no bairro Mata da Praia. Todas as noites um grande rebuliço de gente se reúne na área de espera, porém, ninguém reclama enquanto aguarda, pois nesse intervalo as pessoas bebem coquetéis, comem empanadas e tiram fotos com uma boneca em tamanho natural da personagem Mafalda.

A grande sacada do *La Dolina* é dar um toque de informalidade à *parrilla* portenha, sendo que todas as carnes são servidas no centro da mesa para que sejam compartilhadas. Uma boa pedida é o combo *Astor Piazzola*, que é um bife *ancho* ou de *chorizo* servido com batata na manteiga de ervas e pasta de beringela queimada na brasa.

Mas também existem em Vitória diversas opções para quem deseja comer muito bem, gastar pouco e curtir um ambiente informal. Porém, uma coisa que os diversos botequins da cidade não servem é comida "*light*" (leve). Um bom exemplo é o *Bar do João*, considerado o melhor da cidade (!!!). Ele ocupa uma velha residência no bairro de Santa Marta, na zona norte da cidade, e nele as mesas estão dispostas no quintal por onde andam livremente algumas galinhas... Um prato que faz muito sucesso nesse local é o feijão-vermelho com pé de porco e farofa com cebola queimada, além do torresmo perfeito, é claro.

Já no *Mistura's Bar*, as mesas se espalham por um calçadão do bairro República, sob as copas das castanheiras. Ele é muito frequentado pelos universitários, uma vez que a UFES fica bem pertinho. As especialidades da casa são as carnes na brasa, como a coxinha de asa de frango, além da costela no bafo.

Outro boteco famoso em Vitória é o *Pezão*, no bairro Jardim da Penha. Nele uma excelente pedida é a rabada acompanhada de batata cozida (que faz a pessoa suar enquanto come...) e o jiló recheado com carne. Esse bar conquistou também a reputação de preparar o **melhor torresmo** da cidade – e para quem chega a Vitória com a expectativa de comer moqueca todos os dias, ter a opção de comer um delicioso torresmo é no mínimo atraente, para não dizer **irresistível**!!!

Mas além dessas alternativas, o que não falta na capital capixaba são outros bons restaurantes. Entre eles estão:

- *Ilha do Caranguejo* – Ele oferece um ótimo atendimento, boa comida e tem um espaço para crianças de várias idades, um serviço pelo qual se paga uma pequena taxa... Na realidade, é um boteco com mesas ao ar livre, com um menu de pescados, no qual o destaque é o caranguejo. O ambiente é despojado e casual.
- *Delishop* – Oferece boas opções no *buffet* de saladas, uma excelente feijoada aos sábados e carne no ponto certo!!! Faz também entrega de refeições em domicílio, com atendimento *online* (isso bem antes da pandemia do novo coronavírus) ou por telefone. Nele os cadeirantes têm acesso facilitado.

- *São Pedro* – É uma casa tradicional de frutos do mar, que serve moquecas, casquinhas de siri e incríveis pastéis de camarão. O lugar é rústico e repleto de samambaias.
- *Pirão* – É especializado em moqueca capixaba, garoupa salgada com banana-da-terra e outras receitas regionais, desde 1982. O atendimento é excepcional.
- *Esquina da Roça* – Tem uma ótima comida, preparada no fogão a lenha, com tempero caseiro. É um lugar bem aconchegante e fica cerca de 5 min de caminhada do aeroporto.
- *Partido Alto* – Oferece moquecas capixabas, além de peixe frito e talvez a melhor casquinha de siri de Vitória. Essa casa com varanda e decoração simples é bem localizada, mas há poucas vagas para se estacionar no entorno.
- *Enseada Geraldinho* – O seu prato principal é a moqueca de camarão, acompanhada de banana-da-terra, pirão e arroz. O preço é um pouco salgado, mas o ambiente é praiano, com varandas amplas e mesas ao ar livre.
- *Outback Steakhouse* – É um restaurante que se tornou referência de qualidade em serviço e paladar, pois oferece ótimas comidas por preços justos e atendimento impecável. Está dentro do *shopping* Vitória.
- *Forneria Della Garfagnana* – Um restaurante italiano com menu tradicional, rodízio de *pizza*, massas, risoto ou serviço à la carte. Quem escolhe é o comensal. Tem música italiana no jantar e nele o clima é bem familiar.
- *Spaghetti & Cia* – Nele tem-se um menu de especialidades italianas de carnes, aves, frutos do mar e massas diversas, além de uma bela carta de vinhos. O ambiente nessa *trattoria* é bem aconchegante.
- *Oriundi* – É uma referência em Vitória desde 1993, para quem gosta de pratos da cozinha italiana. Quem for a esse restaurante não pode deixar de pedir como sobremesa o pudim com queijo parmesão!!!
- *Don Camaleone* – Restaurante com ambiente moderno e sofisticado. Suas *pizzas* de massa fina com várias combinações de sabores são excelentes. Também há muitas opções de cerveja, vinho e *drinks* em seu bar vanguardista e com varanda externa.
- *Enseada Mediterrâneo* – Oferece cardápio bem variado, pratos fartos e uma comida excelente. Seu ambiente é bem aconchegante.

- *Cantina do Bacco* – Restaurante italiano com pratos fartos servidos *à la carte* (massas e molhos, risotos e especialidades ao forno). O clima é familiar e o cliente sente que é bem atendido.
- *Los Chicos* – É um restaurante que oferece uma boa variedade de comida mexicana, além de serviço de boa qualidade (os garçons são muito atenciosos). Porém, a casa tem poucas opções em termos de bebidas.
- *Lareira Portuguesa* – Um espaço tradicional com lamparinas, quadros de azulejos, uma boa adega de vinhos. Nele são preparadas receitas típicas de Portugal.

Claro que em Vitória há ainda muitas dezenas de outros bons restaurantes, lanchonetes, bares etc., nos quais também é possível alimentar-se muito bem e, inclusive, comer a incrível moqueca capixaba!!!

A **rede hoteleira** disponível para os turistas que chegam a Vitória possui estabelecimentos nas diversas faixas de preço, desde os mais luxuosos até os mais simples e com taxas bem acessíveis. No âmbito dos hotéis **cinco estrelas**, pode-se dizer que existem na cidade dois hotéis desse tipo.

- **Sheraton Vitória** – Localizado no bairro Praia do Canto, a 6 min de caminhada da praia mais próxima e a 3,3 km do Victoria Mall. Trata-se de um hotel moderno, mas informal, com quartos e suítes elegantes. Tem restaurante, bar no *lobby*, piscina e sauna. Permite a presença de animais de estimação e dispõe de *Wi-Fi* gratuito.
- **Senac** – Esse hotel bem moderno e luxuoso fica na Ilha do Boi, numa península no topo de uma montanha, oferecendo uma linda vista para o mar. Fica a 200 m da praia da Curva da Jurema, e a 4,2 km do parque natural municipal Chácara Von Schilgen. Seus quartos são espaçosos, e muitos contam com sacadas com vista para a baía. Além disso ele oferece piscina externa, restaurante e espaço para eventos. Nele o hóspede tem *Wi-Fi*, café da manhã e estacionamento gratuitos.

Já entre os hotéis **quatro estrelas** têm-se em Vitória:

- **Quality Hotel Aeroporto Vitória** – Esse hotel ocupa um edifício com fachada de vidro, no estilo arranha-céu, oferecendo uma vista incrível para a cidade. Seus quartos são bem modernos, e o estabelecimento também oferece piscina no terraço, academia e restaurante (mas os preços dos pratos são altos). O café da manhã é gratuito para os hospedes. Fica a 11 min a pé da praia de Camburi e a 3 km do aeroporto Eurico de Aguiar Salles.

→ **Comfort Suítes Vitória** – É um hotel moderno com fachada de concreto e vidro. Possui restaurante, dois bares, piscina no terraço e academia. Oferece ao hóspede um bom café da manhã e *Wi-Fi* gratuitos. Fica a 13 min a pé da praia.

→ **Golden Tulip Porto Vitória** – É um arranha-céu no estilo contemporâneo e bem luxuoso. Fica na praça do Papa, a 4 km das exposições do Museu Solar Monjardim e a 8 km do famoso convento da Penha, datado do século XVI, localizado na cidade de Vila Velha. Além de quartos simples, mas com vista para o mar (alguns com *jacuzzi*), esse hotel possui restaurante (onde os preços são bem "salgados") e piscina. Ele oferece café da manhã gratuito para os hóspedes.

Também há um significativo número de hotéis **três estrelas** na cidade, entre eles:

→ **Ibis Vitória Praia do Canto** – Esse hotel moderno e econômico fica a 8 min a pé da praia de Camburi. Ele possui um bar 24 h e oferece *Wi-Fi* e estacionamento gratuitos para os hóspedes, entretanto, o preço do café da manhã é considerado elevado. Permite animais de estimação.

→ **Ibis Vitória Praia de Camburi** – Tem do outro lado da rua da praia de Camburi e a 1,8 km do parque Pedra da Cebola. É um hotel bem econômico. Nele o hóspede tem *Wi-Fi* e estacionamento gratuitos, mas paga um preço elevado pelo café da manhã. Também permite animais de estimação.

→ **Minuano** – É um hotel casual com fachada de vidro fumê. Fica em frente à praia de Camburi e a 5 km do aeroporto. Seus quartos e suítes são descontraídos e os hóspedes têm *Wi-Fi*, estacionamento e café da manhã gratuitamente.

→ **Bristol Easy** – É um hotel moderno localizado numa rua movimentada, com vista para o rio Santa Maria. Fica a 7 km do parque Botânico Vale e a 9 km do parque estadual Fonte Grande, com acesso pela rodovia Serafim Derenzi. Seus quartos são bem contemporâneos e o estabelecimento possui restaurante. Nele o serviço de *Wi-Fi* e estacionamento são grátis para os hóspedes, mas o café da manhã é pago.

- **Bristol Alameda Vitória** – Trata-se de um hotel à beira-mar, com quartos simples, mas funcionais e bem iluminados. Possui restaurante, piscina externa e espaço para eventos. Fica a 1 min a pé da praia de Camburi e a 1,7 km da região dos restaurantes e da vida noturna da cidade. Os serviços de *Wi-Fi* e estacionamento são gratuitos para os hóspedes, mas o café da manhã é cobrado.
- **Super Econômico** – É um hotel localizado a 1,3 km da praia de Camburi e a 6 km do parque Pedra da Cebola. Ele tem restaurante e oferece boas acomodações. Nele o hóspede tem estacionamento e *Wi-Fi* gratuitos.
- **Go Inn Vitória** – É um hotel moderno e econômico, com restaurante simples, academia, loja de conveniência 24 h. Fica de frente para uma área de recreação urbana e a 2 km da praia da Curva da Jurema. O hóspede tem *Wi-Fi*, café da manhã e estacionamento gratuitamente, podendo além disso trazer seu animal de estimação.
- **Sleep Inn Vitória** – É um hotel descontraído que oferece gratuitamente ao hóspede *Wi-Fi* e café da manhã, porém, cobra pelo uso do estacionamento. No local há um restaurante italiano, um bar, um salão e, inclusive, um centro comercial. Fica a 13 min a pé da praia do Canto e a 9 min de caminhada do Centro de Convenções da cidade.
- **Pier Vitória** – Fica do outro lado da rua que margeia a praia de Camburi, sendo um hotel informal. Seus quartos com vista para o mar são bem iluminados e o banheiro dispõe de banheira quente. O local possui restaurante despojado, e os serviços de *Wi-Fi*, estacionamento e café da manhã são gratuitos para os hóspedes.
- **Bourbon Vitória** – Esse hotel casual ocupa um edifício moderno com vista para o mar, e possui quartos e suítes bem simples. Está localizado no Jardim da Penha e possui um restaurante, bar e piscina no terraço. Nele o estacionamento é cortesia, e o serviço de *Wi-Fi* também é gratuito para os clientes.

Para os visitantes que desejam economizar na hospedagem, também existem na capital capixaba alguns hotéis **duas estrelas**, como:
- **Prata** – Esse hotel básico ocupa uma construção da época colonial, próxima do rio Santa Maria, a 5 min a pé da catedral metropolitana e a 7 min a pé do parque Moscoso. Seus quartos são simples e nele o hóspede tem *Wi-Fi* e café da manhã gratuitos.

- **Ibis Budget Vitória** – É um hotel bem econômico e contemporâneo que fica a 200 m do *shopping* Masterplace, e a 1,1 km da praça dos Namorados. O hóspede pode trazer o seu animal de estimação, e tem acesso a *Wi-Fi* gratuitamente.
- **Guanaaní**– Este é um *hostel* bem descontraído, instalado num edifício bem colorido em estilo português, localizado a 3 min a pé de diversos bares e restaurantes. Seus quartos e dormitórios são discretos e a cozinha é compartilhada. O hóspede tem *Wi-Fi*, estacionamento e café da manhã gratuitamente.

No âmbito **esportivo**, vários eventos importantes têm sido realizados em Vitória, como é o caso do Renault *Speed Show*, da Regata Eldorado Brasilis, do Campeonato Brasileiro de Pesca de Arremesso, do Torneio Costa Brasil de Pesca Oceânica, da Copa Latina de *Beach Soccer* e do Circuito Banco do Brasil de Vôlei de Praia.

Muitos são os esportes praticados na cidade, destacando-se entre eles o futebol (seja de campo, de areia ou de quadra), o vôlei (quadra e areia), basquete, surfe e pesca de arremesso. Além disso, outros esportes como o judô, o handebol, tênis etc., também têm praticantes.

No que se refere ao futebol, existem atualmente quatro times profissionais na cidade: o Espírito Santo Futebol Clube, o Doze Futebol Clube, o Vitória Futebol Clube e o Rio Branco Atlético Clube, sendo que esses dois últimos são os principais.

O Rio Branco Atlético Clube foi fundado em 21 de junho de 1913 por um grupo de pessoas, entre elas Antônio Miguez, José Batista Pavão e Edmundo Martins, que adoravam jogar futebol, mas não tinham onde praticá-lo. O clube nasceu com o nome de Juventude e Vigor, mas em 10 de fevereiro de 1914 seus fundadores resolveram homenagear o então *chanceler* José Maria da Silva Paranhos Júnior, o barão de Rio Branco, então trocaram o nome para o atual.

Com o passar do tempo o seu grande rival se tornou o Vitória Futebol Clube do Espírito Santo, e após uma disputa com essa entidade esportiva, rodeada de muitas influências políticas, o Rio Branco – que já nessa época era conhecido como "**capa-preta**", por conta das cores do seu uniforme (branco e preto) – conseguiu em 1934 construir seu **segundo estádio**, batizado de Governador Bley, no bairro de Jucutuquara, em Vitória.

Esse estádio foi palco de muitas conquistas do Rio Branco, como o hexacampeonato capixaba (1934 a 1939). Aliás, jogando nesse estádio o capa-preta fez uma excelente campanha na Copa dos Campeões Estaduais de 1937 – a primeira competição nacional realizada no Brasil – quando ficou em **terceiro lugar**.

Devido a administrações pouco comprometidas com o crescimento do clube, ou com o seu patrimônio, o Rio Branco acabou perdendo o seu estádio para poder pagar suas dívidas, que hoje pertence ao IFES. Porém, com o tempo o clube conseguiu adquirir um novo terreno, dessa vez no bairro de Campo Grande, na cidade de Cariacica.

O projeto para a construção do estádio Kleber Andrade (em homenagem a um antigo presidente) – que seria o maior do Estado, com capacidade para 80 mil pessoas – foi desenvolvido e, em 1983, ele foi inaugurado com um amistoso entre o Rio Branco e o Guarapari, vencido pelo capa-preta por 3 a 2. Porém, apesar das grandes pretensões originais, o Kleber Andrade nunca teve suas obras totalmente finalizadas. Mesmo assim ele foi a casa do time por muitos anos, e o principal estádio do Estado.

De qualquer forma, o Rio Branco se tornou o maior detentor de títulos estaduais. Até 2019 a equipe já somava 37 campeonatos conquistados. Por conta disso, sua torcida feliz foi agregando novos apelidos, como "**o mais querido**" e "**brancão**". Sua mascote é o **cavaleiro capa-preta**, que se tornou bem conhecido, uma vez que o Rio Branco também é o clube com maior torcida do Estado (praticamente 35% de todos os torcedores do Espírito Santo).

Em 2008 o estádio Kleber Andrade precisou ser vendido para o governo estadual para que o clube pudesse novamente quitar suas dívidas e então pudesse começar a planejar a construção do seu centro de treinamento. Então, ainda em 2008 o Rio Branco Atlético Clube voltou a ter sede administrativa em Vitória, mais precisamente na avenida Nossa Senhora da Penha, no bairro de Santa Lúcia.

Depois de uma série de administrações que não conseguiram resolver completamente os problemas do clube, em especial os de caráter financeiro, restou como patrimônio uma área de aproximadamente 60.000 m², localizada em Portal de Jacaraípe, onde deverá ser erguido o centro de treinamento!?!?

Ao longo de sua história o Rio Branco já disputou as séries A, B, C e D do Campeonato Brasileiro. No Campeonato Capixaba de 2017 o "brancão" sofreu o seu segundo rebaixamento na década, mas em 2018 retornou à Série A, com a conquista do título da Série B em cima do Estrela do Norte.

O maior rival do Rio Branco é o Desportiva Ferroviária, contra o qual faz o jogo conhecido como "**clássico dos gigantes**", e o outro jogo importante é contra o Vitória, ou seja, o clássico **"Vi-Rio"**.

O Rio Branco tem apoiado outros esportes, entre eles o **futebol de areia** (em que revelou diversos jogadores para a seleção brasileira); o futebol 7 *society* (desde 2014); o **futebol norte-americano** (por meio de uma parceria com o Instituto Serrano de Football Americano) e o **futsal** (desde 2013).

O Vitória Futebol Clube é um clube de futebol profissional sediado em Vitória. No começo do século XX, a fundação de clubes de futebol era uma mania entre os jovens de diversas partes do Brasil. A prática desportiva estava em alta e o futebol, trazido ao País por Charles Miller, em 1895, pouco a pouco foi caindo nas graças dos brasileiros e se tornando o esporte favorito da maioria...

Clubes de futebol começaram a surgir em todas as regiões do Brasil, mas foram os clubes da juventude elitizada do Rio de Janeiro que alcançaram maior fama, como o Fluminense e o Botafogo. Aliás, o Fluminense, considerado pelos jovens da época como um modelo de organização e *glamour*, foi o que inspirou os capixabas Jair Tovar e Nelson Monteiro, que no início da década de 1910 estavam estudando no Rio de Janeiro.

Ao retornarem para Vitória durante suas férias, encantavam seus amigos com os relatos das partidas de futebol disputadas na então capital federal. Decidiram-se então por iniciar a prática do futebol no Espírito Santo, com a mesma pompa, organização e formalismo empregados nos clubes cariocas.

Reuniram-se em um sobrado da rua São Francisco, pertencente à viúva Constança Espíndula, mãe de Constâncio e Taciano Espíndula, dois dos amigos que até então disputavam suas peladas na rua Sete e no Alto do São Francisco.

João Pereira Neto presidiu os trabalhos que resultaram na fundação do primeiro clube de futebol do Estado, em 1º de outubro de 1912. Concordaram em dar ao clube o nome da cidade que lhe serviria de sede e assim nasceu o Foot-Ball Club Victoria. Após muitos debates, as cores azul e branco foram finalmente escolhidas, representando o céu de Vitoria. Por conta do uniforme, a equipe passou a ser conhecida como "**alvianil da capital**". Mais tarde, graças a muitas vitórias da equipe, surgiu outro apelido: "**vitoraço**".

Assim, o glorioso alvianil de Bento Ferreira – bairro onde está localizada a sede social e o estádio Salvador Venâncio da Costa (inaugurado em 1967), o Ninho da Águia" (pois a mascote do clube é a águia azul), é o mais antigo clube profissional de futebol do Estado.

Há um fato bem curioso na história do alvianil que, se por um lado revela muito do caráter nobre do clube, por outro é motivo de lamentação na atualidade. Quando o Brasil entrou na 2ª Guerra Mundial (1939-1945), para combater ao lado dos aliados, foi realizada a **Campanha do Metal**, que visava auxiliar o País no esforço de guerra, uma vez que os dirigentes do clube resolveram doar, na época, absolutamente todos os troféus que o clube havia ganho em sua história. Desse modo, todo o passado do Vitória Futebol Clube acabou sendo derretido para a fabricação de canhões!?!?

O Vitória Futebol Clube é o único clube capixaba que tem um título internacional, ou seja, ele venceu a Copa Presidente da Coreia do Sul (*Korea Cup*) em 1979. Ela já foi campeão capixaba nove vezes e participou algumas vezes do Campeonato Brasileiro nas Séries A, B, C e D.

Em 2018, o Vitória conquistou seu terceiro título da Copa Espírito Santo, juntando-se ao Real Noroeste e ao Estrela do Norte, como os maiores vencedores dessa competição. Com esse título já garantiu participações inéditas em 2019 no Campeonato Brasileiro na Série D e na Copa Verde.

No dia 6 de fevereiro de 2020, o Vitória capixaba, participando da Copa do Brasil (isso pela terceira vez) venceu o CSA de Maceió por 2 a 1 em jogo realizado no estádio Salvador Venâncio da Costa, com o que pela primeira vez ele passou para a 2ª fase da competição. O Vitória já participou com certo destaque dos campeonatos capixabas com as suas equipes de futebol feminino e basquete masculino, e continua dando um significativo apoio às suas categorias de base.

O Estado do Espírito Santo foi um dos pioneiros do futebol de areia no Brasil, e a cidade de Vitória já sediou três edições do Campeonato Brasileiro de Futebol de Areia, sendo que outras quatro edições foram realizadas em outras cidades espírito-santenses. Um dos grandes destaques desse esporte foi o atleta Buru, que nasceu em Vitória e foi eleito pela FIFA como o **melhor jogador de futebol de areia do mundo**!!!

Em Vitória estão sediados três clubes de remo: o Clube de Regatas Álvares Cabral, o Clube de Regatas Saldanha da Gama, e o Caxias Esporte Clube, além da entidade Associação de Remo Feminino do Espírito Santo. Particularmente, o Clube de Regatas Saldanha da Gama foi fundado em 29 de julho de 1902 e ao longo de sua história, as principais modalidades esportivas prestigiadas foram o remo, o basquete e o futsal.

Com o desejo de ter uma sede própria, o Saldanha da Gama comprou em 1931 a antiga edificação do forte São João, construído no período colonial para proteger a cidade dos invasores, e teve um papel fundamental para a defesa da capitania do Espírito Santo.

Porém, já a partir da década de 1920 o clube passou a investir em festas, concursos e eventos que animavam a elite capixaba, e logo ficou conhecido como o melhor clube do Estado. Depois de reformado e ampliado, em 1934, o salão nobre do clube, localizado no terceiro andar do prédio, passou a ser palco de grandes festas e cerimônias, que reuniam as principais autoridades da época e as famílias mais abastadas da capital do Estado. Esse local, com piso de madeira, janelas arredondadas, mezanino, lustres charmosos, papéis de parede e uma bela vista, marcou de maneiro indelével a história de vida de muitos capixabas.

Nas competições de beleza, as jovens procuravam se tornar rainhas do Saldanha ou da Primavera, enquanto os rapazes passavam longas horas em calorosas conversas no bar do clube. Os maiores nomes da música brasileira se apresentaram no salão nobre do clube, como Dorival Caymmi, Luiz Gonzaga, Emilinha Borba, Maysa, Gal Costa, Elizeth Cardoso, Cauby Peixoto etc.

Entraram para a história da sociedade vitoriense os animados Carnavais realizados no salão, que ganhava decoração especial para receber os foliões e os blocos organizados. Esse amplo espaço também foi utilizado para solenidades, com a participação de autoridades e políticos. Entre os visitantes ilustres recebidos pelo clube estiveram o então presidente da República, general João Batista Figueiredo, e o príncipe Pedro de Alcântara de Orléans e Bragança, da família real brasileira.

Em 1961 a baía à frente do pátio do antigo forte foi aterrada, dando origem a atual avenida Marechal Mascarenhas de Moraes. A sede do clube passou por muitos reparos e reformas até 1984, quando se tornou um imóvel tombado pelo município. A partir daí, nenhuma obra que descaracterizasse a arquitetura original foi realizada!?!? Aliás, a própria muralha do clube foi tombada em nível estadual.

A sede do clube, com 4.000 m², foi comprada pela prefeitura de Vitória em 2006, mas ele continuou funcionando em espaço próprio, com 12.000 m², ao lado da antiga sede. Em 2018 a Federação do Comércio de Bens, Serviços e Turismo do Espírito Santo comprou o imóvel pelo valor de R$ 3,5 milhões e, de acordo com a prefeitura, o local deve se transformar no Museu da Colonização e Migração do Solo Espírito-Santense (o que não ocorreu até o momento...).

Recorde-se que em décadas passadas o Saldanha da Gama ganhou a maioria dos Campeonatos Capixabas do Remo (foram 47 vezes, entre 1903 e 2015), o mesmo aconteceu no **basquete** (35 vezes, entre 1932 e 2008), tendo inclusive participado das três primeiras edições do NBB (sendo que na temporada 2010/2011, com o nome de Vitória Basquete). Aliás, o famoso jogador de basquete Anderson Varejão, com 11 anos começou a trinar no Saldanha da Gama, e no futsal, o clube também ganhou vários campeonatos estaduais.

Ainda no que se refere ao remo, o Estado do Espírito Santo já foi o berço de muitos atletas de destaque no cenário nacional. O último a se sobressair foi o remador Tiago Almeida, do Clube de Regatas Saldanha da Gama, que integrou a seleção olímpica brasileira.

Vale ressaltar que a cidade de Vitória tem espaços privilegiados para os atletas dessa modalidade, que são as duas raias oficiais de remo, uma na baía de Vitória e a outra no bairro de Santo Antônio. A Federação de Remo do Espírito Santo foi fundada pelo professor Paulo Pimenta e é uma das poucas do País que possui clubes filiados!!!

Para se conhecer em mais detalhes o que foi feito recentemente em Vitória e no Estado capixaba, uma boa pedida é a leitura do já mencionado livro do governador Paulo Hartung, lançado em dezembro de 2018. Nele o ex-governador descreveu as estratégias que adotou durante os difíceis anos de 2015 a 2018 para conseguir governar o Estado, diante das diversas situações já descritas nesse texto.

Uma delas foi o rompimento da barragem do Fundão, em Mariana, em Minas Gerais, em 5 de novembro de 2015. Ela abrigava cerca de 56,6 milhões de m^3 de lama, dos quais 43,7 milhões de m^3 vazaram e atingiram não apenas o rio Doce, cuja foz é no oceano Atlântico (no município de Linhares, no Espírito Santo), mas também seus afluentes.

Mesmo assim, o então governador Paulo Hartung conseguiu fazer com que o Estado atingisse a melhor posição entre todos os demais Estados brasileiros na classificação de risco de sua dívida, de acordo com a secretaria do Tesouro Nacional. Assim, ao passar em 1º de janeiro de 2019 o bastão para Renato Casagrande, outro experiente político capixaba, este recebeu o Estado em excelente condição e pronto para manter o bom desempenho conseguido pelo antecessor, o que significaria a continuação do progresso, em especial na Grande Vitória!!!

Entretanto, o Brasil e o mundo foram abalados pela pandemia do novo coronavírus. De fato, o próprio governador Renato Casagrande e a primeira-dama do Estado, Maria Virgínia, foram infectados pelo vírus (notícia divulgada em 25 de maio de 2020). Durante essa época, vivenciamos uma dura travessia em meio à pandemia, com todos muito angustiados por conta das incertezas e do sofrimento causado pela perda de tantos brasileiros que viviam nas cidades encantadoras, e no País como um todo.

Paulo Hartung, num artigo para o jornal *O Estado de S.Paulo* (de 5 de maio de 2020) destacou: "Ao terminarmos essa travessia certamente todos perceberemos que essa enorme crise nos trouxe muito aprendizado, exibiu a nossa fragilidade, mas surgiram novas oportunidades. No campo dos aprendizados e das oportunidades, a pandemia escancarou a infâmia da desigualdade social, evidenciando que cerca de 35 milhões de brasileiros estavam sem acesso regular a água tratada. Isto é, sem ter água dentro da casa para lavar as mãos, um ato tão recomendado para se evitar o contágio.

Mais de 100 milhões de brasileiros vivem ainda em domicílios não conectados aos sistemas de coleta e tratamento de esgotos. Dessa maneira, além do aspecto humanitária e sanitário, os investimentos em saneamento são uma oportunidade, seja para gerar ocupação e renda, seja para enfrentar um dos maiores desafios de nossa secular desigualdade socioeconômica.

Do mesmo modo, deve-se investir muito no sistema público de saúde, ou seja, é vital melhorar de forma substancial o nosso SUS, para que tenhamos um maior bem-estar coletivo. Essa travessia evidenciou as tendências para o pós-crise, e entre elas estão o fortalecimento da ciência, o valor da cultura, o incremento inédito da digitalidade em campos como medicina, educação, consumo, trabalho, entre outros."

Lugares Próximos

DE CIDADES ENCANTADORAS
QUE VALEM A PENA SER VISITADOS

1º) Um passeio de balão ou parapente em Torres, no Rio Grande do Sul

Muita gente que visita Porto Alegre sai da capital gaúcha pela rodovia BR-101, rumo ao norte. Nesse caso os viajantes acabam chegando a Torres, um balneário que é considerado a **"capital nacional do balonismo"**. Ali, anualmente acontece (entre os meses de abril e maio) o Festival Internacional de Balonismo. Trata-se de uma competição com várias modalidades de provas que reúne cerca de 60 pilotos, entre brasileiros e estrangeiros.

Um dos pontos favoráveis de voar no município de Torres é a vasta quantidade de terrenos para pouso, assim como o vento mais característico, que sopra paralelo ao mar, o que propicia inclusive pousos na praia de Itapeva. Ela tem uma extensão de 6 km, o que atrai muita gente para participar dessa verdadeira aventura no ar. Os balões chegam a voar a 1.000 m de altitude, numa velocidade que pode variar de 5 km/h – no momento do pouso – a 15 km/h, quando estão no alto.

Quem estiver num balão (ou num parapente) durante o voo consegue ver belezas naturais fantásticas: serras, lagoas, ilhas, o parque estadual de Itapeva e o rio Mampituba (que divide os Estados do Rio Grande do Sul e Santa Catarina).

E todo aquele que vai a Torres, também acaba curtindo uma praia bem deserta – a Bella Torres – que fica na vizinha cidade catarinense de Passo de Torres. Mas para chegar até ela é preciso atravessar uma ponte pênsil que costuma balançar bastante...

2º) A magia das Missões por seus próprios pés!!!

Séculos atrás, mais precisamente entre 1609 e 1768, os padres jesuítas espanhóis e os índios da nação guarani construíram uma experiência única na humanidade – as Missões Jesuíticas dos Guaranis. Uniu-se à cultura europeia, trazida pelos jesuítas, à cultura do povo guarani. Essa história deixou suas marcas num conjunto de obras arquitetônicas, artísticas de valor inestimável, mas que também ainda está presente nos hábitos e costumes do povo missioneiro.

A região das Missões está localizada no noroeste do Estado do Rio Grande do Sul (a 450 km de Porto Alegre) e recebe turistas de todo o Brasil e de diversas partes do mundo, principalmente da Argentina, do Paraguai e até da Europa. O nome Missões deriva do fato de que nessa região foram edificadas as reduções jesuíticas dos guaranis. Do lado brasileiro foram criadas sete reduções denominadas Sete Povos das Missões (ou Missões Orientais, por estarem localizadas a leste do rio Uruguai). São elas: São Nicolau, São Lourenço Mártir, São João Batista (patrimônios nacionais), São Francisco de Borja, São Luiz Gonzaga, Santo Ângelo Custódio e São Miguel Arcanjo (este último, patrimônio da humanidade).

Muito mais que um passeio turístico, o Caminho das Missões, que termina em Santo Ângelo – cidade conhecida como a **"capital das Missões"** –, em frente à catedral Angelopolitana, erguida em homenagem ao santo Anjo da Guarda, é um roteiro interativo no qual a superação dos desafios pessoais proporciona uma experiência inigualável de liberdade e autoconhecimento. Ele abre para o visitante uma nova dimensão na busca de crescimento interior, realização profissional, conhecimento histórico, interação com o meio e com as outras pessoas.

Ele pode ser feito a pé, num percurso que leva 13 dias na parte brasileira; de bicicleta ou de carro, utilizando-se as antigas estradas missioneiras. São vários os relatos de turistas que visitam as Missões e sentem uma energia muito forte!!! E não é para menos, espaços como os sítios arqueológicos onde guaranis e jesuítas criaram o que para muitos pensadores foi a mais perfeita experiência cristã da humanidade, guardam nas suas edificações uma força mística indescritível. A estatuária encontrada em vários museus na região tocam a alma dos visitantes, pelos expressivos traços do barroco missioneiro. Igrejas, santuários, capelas aí construídas são locais de silêncio, oração e contemplação.

E essa experiência mística também está presente na população missioneira, com os benzedores, os rezadores e os mateiros, que trazem consigo a tradição de seus antepassados. Também os guaranis que aí vivem preservaram sua história, cultura e religião.

Pois bem, quem fizer esse roteiro místico religioso terá a possibilidade de sair com a alma pura e as energias renovadas!?!? E durante sua permanência na região, poderá ficar hospedado em confortáveis hotéis e pousadas e ainda ter a oportunidade de deliciar-se com as refeições locais, saboreando a culinária missioneira e gaúcha.

3º) Fazendas de cacau recebem visitantes!!!

Em 2018, um totem em forma de **barra de chocolate** foi instalado em plena BA-262, indicando o início de uma nova rota turística no Estado da Bahia: **a estrada do Chocolate**, uma rodovia bem estreita que liga Ilhéus ao município de Uruçuca.

Todo amante de chocolate deveria programar uma visita a essa região. Os visitantes que vem de Salvador normalmente chegam a Ilhéus por rodovia, percorrendo os cerca de 309 km que separam as cidades. Já os que vem de Vitória normalmente preferem o avião, pois a distância é bem maior, ou seja, 762 km.

Mas o esforço da viagem vale a pena! No dia 18 de julho de 2018 teve início o *Chocolat Festival* de Ilhéus, ou seja, o 10º Festival do Chocolate e Cacau. Naquele ano, 20 propriedades ao longo da estrada principal e das vicinais abriram suas portas para os milhares de turistas que aproveitaram para visitar os centenários casarões impregnados de história, muitos dos quais inclusive serviram de cenário para filmes e novelas. Em algumas dessas propriedades os visitantes puderam também se deliciar com os pratos da roça, típicos da região, e diferentes da culinária baiana que predomina no litoral.

O objetivo é que nos próximos anos esse circuito vá crescendo, envolvendo cerca de 50 fazendas. Obviamente esses passeios incluíam uma ida ao campo para acompanhar a colheita, que há mais de um século é feita do mesmo jeito: com um facão. No meio da floresta também foi possível para os turistas provarem o mel do cacau, um caldo doce que escorre da polpa da fruta. E é claro que os visitantes também tiveram a chance de acompanhar as etapas da produção do chocolate e participar de degustações.

Todos acreditam que esse tipo de **turismo** possa – e deva – ser prolongado, não se restringindo apenas à época do festival, pois isso faria com que a economia da cidade voltasse a crescer. Recorde-se que a economia de Ilhéus desmoronou na década de 1990, depois que as lavouras de cacau do município foram dizimadas por uma praga conhecida como vassoura-de--bruxa. Aliás, há suspeitas de que essa praga tenha sido introduzida para prejudicar a produção cacaueira do Estado da Bahia!?!?

De lá para cá, felizmente alguns produtores recuperaram suas plantações e começaram a obter bons resultados no mercado de cacau fino, destinado à fabricação de chocolates especiais. Então, se você adora chocolate, programe uma visita a essas propriedades para ver os pés de cacau plantados no meio da mata selvagem, entre as árvores nativas, algumas delas com dezenas de metros de altura!!!

4º) **Que tal passar alguns dias incríveis na costa em que se deu o descobrimento do Brasil?**

Acredite, muita gente já aceitou essa "provocação", tanto que Porto Seguro é hoje um dos destinos turísticos mais populares da região nordeste do País. Mas é evidente que isso não se deve única e exclusivamente ao fato de esse local específico ser o **ponto exato** em que a história do Brasil teve início. A cidade se tornou um destino privilegiado por sua **localização geográfica**, pois está a menos de 2 h de voo dos principais centro emissivos das regiões sudeste e centro-oeste do País.

Porto Seguro está no litoral baiano conhecido como **Rota do Descobrimento**, tombada pela Unesco como patrimônio natural. Esse belo litoral é todo contornado por coqueiros, e nessas praias o mar é azul esverdeado, com águas quentinhas e protegidas por arrecifes. Nelas a animação toma conta das megabarracas "pé na areia", ao som do *axé music* e de outros ritmos alegres.

Em 2019 cerca de 148 mil pessoas viviam em Porto Seguro, um local que abriga mais de 85 km de belas praias que se estendem desde Caraíva, um distrito da cidade no litoral sul, até a praia do Mutá, no litoral norte da cidade, na divisa com Santa Cruz Cabrália.

A cidade mudou muito nessa última década, ampliando e diversificando seus atrativos. No início de 2019 ela oferecia aos turistas cerca de 43 mil leitos – o que, aliás, coloca a cidade como o terceiro maior polo hoteleiro do País, atrás apenas do Rio de Janeiro e de São Paulo. E apesar de a maioria dos visitantes estar mais interessado em bronzear-se na praia e curtir os *shows* das barras, a parte histórica da cidade ainda rende bons passeios.

No centro histórico, no alto da cidade, encontram-se os prédios antigos e os museus, que permitem ao visitante compreender um pouco melhor a história do Brasil. Aí o turista se depara com a réplica da esquadra de Pedro Álvares Cabral. Outro local que merece destaque é a reserva indígena Pataxó da Jaqueira, na praia do Cruzeiro, que preserva a cultura das etnias que habitavam a região.

Datas especiais como *réveillon*, Carnaval e São João Elétrico são comemorados na chamada Passarela do Descobrimento, o principal corredor turístico de Porto Seguro. Aí os turistas têm à sua disposição cerca de três dezenas de bons restaurantes e muitas lojinhas com diversos artigos atraentes.

Outro distrito muito charmoso é Arraial d'Ajuda, no qual encontra-se a igreja Nossa Senhora d'Ajuda, reconhecida pelo IPHAN como o primeiro santuário do Brasil. O local é um ponto de parada obrigatório para milhares de turistas do mundo todo, bastando que eles façam a travessia de balsa pelo rio Buranhém, com duração de 10 min – embora na alta temporada, no verão, a espera na fila costume ser longa.

Nesse distrito fica a famosa rua do Mucugê, ao longo da qual alinham-se lado a lado aconchegantes restaurantes de cozinha internacional e aqueles especializados na colorida e saborosa culinária local. Uma sugestão é o *Dolce & Salato*, da *chef* Emanuela Corini, cujos pratos são deliciosos. Aí também ficam diversas lojas e boutiques de grifes conhecidas na região.

Já para quem curte uma boa noitada, estão aí bares com música ao vivo que apresentam bandas de *rock*, *blues*, *jazz*, MPB e outros ritmos. Entre as sugestões, nesse caso, tem-se o Morocha Club, com uma boa variedade musical. Já para quem gosta de forró, a opção é o Armazém Santo Antônio Fábrica de Cultura.

Também em Arraial d'Ajuda há uma atração para a família toda, inclusive as crianças: o Arraial d'Ajuda Eco Parque, com diversos brinquedos aquáticos. O distrito de Trancoso, por sua vez, que fica a cerca de 26 km de Porto Seguro, já adquiriu um *status* incrível, tendo sido visitado por celebridades como a *top* model Naomi Campbell, o ator Will Smith, a cantora Beyoncé, o príncipe Harry, o ex-vice-presidente dos EUA, Al Gore, entre muitas outras figuras proeminentes.

Em Trancoso, desde o rio da Barra até a praia dos Coqueiros, é muito difícil algum visitante não se encantar com a calmaria das águas mornas, protegidas pelas enormes e imponentes falésias. Aliás, ultimamente Trancoso tem sido escolhida como cenário para o casamento dos mais endinheirados e de gente famosa.

Em Trancoso também acontece a efervescência cultural da região. Hoje o município abriga o Teatro L'Occitane, uma impressionante construção projetada pelo arquiteto luxemburguês François Valentiny, o mais conceituado profissional do mundo na construção de anfiteatros ao ar livre. O prédio dispõe de mais de 1.000 lugares e foi idealizado para estar totalmente integrado à natureza. O edifício conta com dois auditórios distintos e sobrepostos – um em cima, ao ar livre, que é quase uma releitura dos anfiteatros romanos; o outro em baixo, coberto pela arquibancada da estrutura superior –, onde são realizados diversos eventos musicais e artísticos.

Seu formato, ao mesmo tempo criativo e inusitado, permite que em caso de necessidade as pessoas migrem de um espaço para o outro em poucos minutos. Os palcos sobrepostos estão ligados por uma estrutura interna que possibilita a montagem do cenário e dos instrumentos de forma rápida e simples. A exuberância natural do local é um espetáculo à parte, e tornou esse espaço famoso. O teatro é rodeado por campos de golfe, *resorts* e condomínios exclusivos, o que garante ao local uma interessante mistura de **charme, luxo e simplicidade!!!**

Como é, já está preparando suas malas para passar pelo menos uma semana em Porto Seguro?

5º) *Resorts* próximos de muitas tartarugas são a atração no litoral da Bahia!!!

Um dado interessante sobre humanos e tartarugas é que ambos gostam de **areia aquecida**. Isso se comprova facilmente no litoral baiano, onde *resorts* incríveis e confortáveis, que recebem a cada ano um número maior de visitantes, compartilham o sol com o projeto Tamar.

Localizado na praia do Forte, mais ou menos a 60 km ao norte de Salvador pela BA-092 (estrada do Côco), o projeto Tamar cuida da sobrevivência de tartarugas e fica bem em frente ao espetacular Tivoli Ecoresort. Esse hotel, em especial, inspirou-se nesses animais para batizar sua principal atração: o clubinho Careta Careta, que homenageia a tartaruga cabeçuda, cujo nome científico é *Caretta caretta*. E é justamente esse réptil que dá as boas-vindas às crianças, acompanhado de uma turma de outros bichos locais que os pequenos visitantes identificam em seu despretensioso passeio dentro do hotel.

Mas o grande trunfo desse *resort* é o simpático e afável serviço de atendimento oferecido às famílias dos hóspedes, em especial pela equipe de monitores do estabelecimento que lidam diretamente com as crianças. Uma das tarefas desse grupo é acompanhar os pequenos ao projeto Tamar, onde eles recebem explicações sobre a vida das tartaruguinhas e outras curiosidades sobre elas, como as diferenças entre espécies e os grandes danos provocados pelas montanhas de lixo que se movem dentro do mar, que prejudicam a sustentabilidade de todos os seres marinhos, inclusive das tartarugas.

Quando as crianças voltam para o hotel, elas são surpreendidas em seu quarto com algumas tartaruguinhas de papel, que certamente serão guardadas com carinhos pelos infantes. Isso com certeza as ajudará a manter todo o importante aprendizado adquirido em suas mentes.

6º) Hoje a festa de São João tem sertanejo, *rock* e até *jazz*!!!

As festas juninas, em especial aquelas que acontecem em muitas cidades da região nordeste do País, são, sem dúvida alguma, um grande Carnaval fora de época no Brasil. Isso já foi citado e destacado em relação a algumas das cidades encantadoras mencionadas até aqui, como: Campina Grande, com o seu *O Maior São João do Mundo*; Aracaju (com o *Forró Caju*); Recife (com mais de 35 arraiais espalhados pela capital pernambucana, e mais de 300 apresentações, incluindo *shows* de trios de forró).

Todavia, diversas outras cidades também recebem centenas de milhares de visitantes durante as festas juninas, como é o caso de Mossoró (no Rio Grande do Norte), Arcoverde (em Pernambuco, com cerca de 10 polos de animação espalhados pela cidade, com mais de 150 atrações); Caruaru (também em Pernambuco), entre outras.

Por exemplo, Caruaru, no agreste de Pernambuco, também se tornou conhecida como a "**capital do forró**". Lá a festa de São João dura todo o mês de junho e durante o evento monta-se uma estrutura gigantesca que inclui 22 polos de animação espalhados pela cidade e pelos arredores.

Estima-se que em junho de 2018 a cidade tenha recebido mais de 2,6 milhões de visitantes, com uma festa que gerou 7.000 mil empregos temporários e movimentou a economia da cidade em aproximadamente R$ 230 milhões.

Vale lembrar que no decorrer das celebrações juninas também acontece em Caruaru o Festival de Comidas Gigantes, sendo que, em alguns pontos da cidade, são montadas mesas enormes com cuscuz, bolos de milho, pé de moleque, mungunzá etc. Mas, antes de cair na farra ou empanturrar-se de comida, uma sugestão é visitar o bairro Alto do Moura, onde estão concentrados os ateliês dos criativos ceramistas locais, bem como a Casa Museu Mestre Vitalino.

Lamentavelmente, o forró pé de serra – que no passado costumava embalar a tradição junina nordestina – acabou se tornando um coadjuvante nessa festa. O motivo é a nova preferência do público, que tem elegido outros estilos musicais para ver e ouvir nos palcos dos grandes eventos, como a música eletrônica, o samba, o *rock*, o sertanejo e até mesmo o *jazz*. E isso tem acontecido em Caruaru e em todas as outras cidades nordestinas.

O fato é que essas cidades ainda conseguem manter elevada sua visitabilidade, oferecendo atrações musicais de qualidade e apresentando artistas renomados, como Alceu Valença, Geraldo Azevedo, Elba Ramalho, Michel Teló, Wesley Safadão, Marília Mendonça, *DJ* Alok, entre outros.

7º) Você gostaria de conhecer um paraíso ecológico?

Bem, se a resposta for afirmativa, a sugestão é uma visita a Cajueiro da Praia, no extremo leste do litoral piauiense. Trata-se do menor da costa brasileira, com apenas 66 km de extensão, mesmo assim, o local oferece uma variedade de praias que agrada a todos os visitantes, desde os viajantes aventureiros até os casais apaixonados, passando pelos grupos de amigos e as grandes famílias.

Nesse litoral encontra-se o município de Cajueiro da Praia, a 394 km da capital Teresina. Ele tem esse nome por conta de um pé de caju que servia como referência para quem passava de barco na região. Atualmente, outra árvore ganhou muito destaque para o município: o cajueiro rei – uma mega-árvore da região, que surgiu por meio de um processo natural de multiplicação ou clonagem, denominado **alporquia**. Ele acontece quando os galhos da árvore tocam o chão e, após serem cobertos por terra, fazem nascer novas raízes e se ligando novamente ao tronco original. O fato é que essa árvore se espalhou tanto que hoje ocupa 8.810 m^2, passando inclusive por propriedades privadas. Trata-se da **maior árvore do mundo**!!!

Barra Grande é o maior povoado de Cajueiro da Praia, e até meados dos anos 2000 foi uma pacata vila de pescadores. Sua transformação veio com a chegada das primeiras pousadas que exploraram o potencial desta área da costa piauiense que tem vento constante. O local é ótimo para o *kitesurf*, um esporte no qual o praticante usa uma pipa e uma prancha para deslizar sobre a água. Deve-se lembrar que a praia preferida pelos *kitesurfers* – a queridinha desses esportistas – fica em Barra Grande!!!

Mas além do *kitesurf*, também é possível praticar outros esportes interessantes no local, como o *stand-up paddle*, no qual o praticante fica de pé numa prancha e usa um remo para se mover, ou o caiaque. Aliás, no município há inclusive escolas que ensinam as pessoas a praticá-los.

A chegada de empresários de outras cidades do Estado do Piauí, do sudeste do País e até mesmo da Europa provocou uma grande mudança em Barra Grande, pois surgiram aí diversas pousadas e restaurantes de alto padrão com conceito rústico, que procuraram integrar a sofisticação ao ar praiano local.

A cidade de Cajueiro da Praia é também uma reserva de vida para diversos animais, como o peixe-boi-marinho, os cavalos-marinhos, diversas espécies de crustáceos e répteis, e aves migratórias. Esses bichos se tornaram uma verdadeira atração para o turismo sustentável.

Como é, está interessado em fotografar o igarapé Gamboa, ao lado de belos cavalos-marinhos protegidos num recipiente transparente? Com certeza, poucos dos seus amigos conseguiram – se é que algum conseguiu – realizar essa façanha!!! Mas saiba que depois da foto todos os peixinhos precisarão ser devolvidos para a água, viu?

8º) Promoção do empreendedorismo!!!

Uma ideia que particularmente as cidades encantadoras de porte médio deveriam implementar, em espacial nos períodos em que têm uma visitação mais baixa, é criar no seu calendário um evento similar ao Festival de Inovação e Impacto Social (FIIS), como o que foi realizado em Poços de Caldas, no período de 2 a 7 de novembro de 2018.

O FIIS é mais um braço da rede *Folha* e do prêmio Empreendedor Social, que conta com a parceria de várias organização para a sua realização. Em sua primeira edição, a programação incluiu mais de 70 painéis, *workshops, master-classes*. Nessa ocasião, o FIIS elegeu seis ODSs da ONU como temáticas centrais, de forma que se debateram assuntos como *Fome Zero e Agricultura Sustentável; Igualdade de Gêneros; Cidades e Comunidades Sustentáveis; Saúde e Bem-Estar; Indústria, Inovação e Infraestrutura; Água Limpa e Saneamento*.

O FIIS ocorreu no Palace Cassino, um complexo hoteleiro da *belle époque* da cidade, que está restaurado, sendo uma atração turística do município, conhecido por suas termas. Participaram do FIIS mais de 1.200 empreendedores sociais, voluntários, especialistas e interessados nos temas que também puderam envolver-se com uma programação cultural, com festas temáticas, *shows* e filmes.

Cidades citadas nesse livro, como Londrina, Foz do Iguaçu, Uberlândia etc., estão procurando se inspirar em eventos como esse realizado em Poços de Caldas, e também oferecê-los no seu calendário de atividades para atrair muitos visitantes.

9º) O queijo feito na roça que virou patrimônio cultural!!!

Muita gente que visita Uberlândia estica seu passeio e vai até o parque nacional da serra da Canastra, percorrendo assim cerca de 334 km de automóvel. Lá a atração mais visitada é a cachoeira Casca D'Anta, uma queda de água de 186 m, localizada no centro das montanhas. No local há muitos cânions, vales e muita água, sendo um ambiente propício e até mesmo ideal para o **ecoturismo**.

Na área de proteção integral do parque nacional da serra da Canastra há 38 espécies de mamíferos e 354 espécies de aves. Não por acaso, uma das atividades mais procuradas aí é a observação de pássaros, e as demais são *mountain bike*, cicloturismo e *trekking*.

Nas margens dos cursos d'água localizados na serra da Canastra ficam sete municípios que se destacaram pela sua produção artesanal do **queijo**! Eles são Bambuí, Delfinópolis, São Roque, Medeiros, Piumhi, Vargem Bonita e Tapiraí, e integram um circuito que envolve o trabalho de cerca de 850 famílias, e mantém viva uma tradição secular.

A região atrai a atenção de milhares de visitantes todos os anos, das mais diversas partes do País, uma vez que o queijo da serra da Canastra é patrimônio cultural e imaterial brasileiro, tombado pelo IPHAN. Agora, com selo de origem, a marca só pode ser usada pelas propriedades dos sete municípios.

Como o produto é artesanal, cada peça tem características singulares. O fato é que o legítimo queijo da serra da Canastra já chegou aos famosos restaurantes paulistanos, como o *D.O.M.* e o *Mani*, referências gastronômicas no mundo!!!

Você já comeu um queijo da serra da Canastra? Se a resposta for negativa, com certeza não sabe o que é um queijo brasileiro delicioso!!!

10º) A incrível Pedra Azul!!!

Quem for até a encantadora Vitória deveria reservar um dia para visitar um lugarejo chamado Pedra Azul, que faz parte do município de Domingos Martins, a 90 km da capital capixaba. O nome desse vilarejo se deve a uma pedra de 1.822 m de altitude, cujo formato lembra bastante um lagarto. Ela está localizada no meio da mata atlântica que ainda existe por lá, sendo um ótimo lugar para fotografar.

Com clima de montanha, a vila de Pedra Azul, na região serrana, se tornou um popular ponto de encontro para viajantes em busca de pousadas charmosas, natureza e boa gastronomia. A principal atração aí é o parque estadual da Pedra Azul, na Rota do Lagarto, uma estrada estreita que começa justamente no km 90 da rodovia BR-262, e é ladeada por árvores que formam uma espécie de túnel natural.

Nesse caminho existem várias pousadas, dentre as quais a chamada Rabo do Lagarto, que é uma ótima opção para quem procura um lugarzinho romântico na serra capixaba. Também ao longo da estrada o viajante encontrará cafés, lojas com artigos artesanais e restaurantes, entre os quais uma ótima sugestão é o *Alecrim*, onde a *chef* Cecília Cunha prepara pratos da cozinha brasileira com referência mediterrânea.

A melhor forma para se chegar a Pedra Azul é obviamente de carro, até porque o veículo será necessário para que o viajante possa se locomover na cidade.

11º) Dias tranquilos em Itaúna!!!

Mais uma vez, quem for a Vitória e tiver alguns dias livres deveria programar uma ida a Itaúna, uma pacata vila na divisa entre os Estados do Espírito Santo e Bahia, e um lugar no qual as pessoas sempre se cumprimentam na rua, mesmo sem se conhecerem!!!

Vale ressaltar que chegar lá não é exatamente uma tarefa muito fácil. De Vitória até Itaúna são 260 km pela BR-10-1, no sentido norte. É preciso entrar à direita no trevo de Conceição da Barra e então seguir por 14 km de asfalto até o acesso Itaúnas. Daí em diante são 21 km de estrada de chão batido e muita poeira...

Porém, depois dessa aventura, logo que o visitante pisar na pracinha central, onde fica localizada a igreja de São Sebastião, ele logo perceberá que chegou a uma espécie de refúgio para quem deseja se esquivar do barulho e da pressão do asfalto. Território simples e acolhedor, Itaúnas não dispõe de caixas eletrônicos nem de postos de gasolina. Assim, para sacar dinheiro ou abastecer o carro é preciso fazer uma parada em Conceição da Barra.

A cidadezinha de Itaúnas é famosa por seu forró, um ritmo ditado por sanfonas, zabumbas e triângulos. O local é conhecido também por suas dunas de areia fina e dourada, que alcançam até 30 m de altura. Atravessá-las é a única maneira de se chegar ao mar... Para protegê-la, foi criado em 1991 o parque estadual de Itaúnas, com 3.481 ha em manguezais, riachos, dunas gigantescas, riachos e trechos de mata atlântica divididos em seis trilhas abertas aos visitantes, sendo que as mais acessadas são a do Tamandaré e a do Pescador, que são relativamente curtas e apresentam baixo grau de dificuldade.

Ambas as trilhas dão em praias selvagens, porém, o mar agitado não chega a deslumbrar: sua cor natural passeia entre o verde e o marrom, por causa dos rios que desembocam por aí. Na área de preservação há registro de 43 espécies de mamíferos, 183 de aves, 32 de répteis, 29 de anfíbios e 101 de peixes. O espaço sob proteção abriga ainda 23 sítios arqueológicos.

Bem, se alguém quiser dormir ouvindo com nitidez o barulho da arrebentação do mar, ou com a algazarra de um punhado de saguis-de-caras-brancas celebrando o amanhecer, certamente deverá passar alguns dias em Itaúnas, onde já existem boas pousadas, como a Casa de Praia, a Helú ou a dos Corais!!!

12º) A famosa Festa da Penha!!!

Em 2019, a Festa da Penha aconteceu entre os dias 21 e 29 de abril, tendo atraído para a cidade de Vila Velha cerca de 2 milhões de pessoas, ao longo dos nove dias de celebração. É óbvio que muita gente viaja de Vitória para lá com o objetivo de participar desse evento religioso do Estado do Espírito Santo, que em 2019 teve como um dos principais objetivos atrair **fiéis adolescente e jovens**.

Como sempre, aconteceram também as tradicionais romarias (dos adolescentes e jovens, dos homens, das mulheres, dos militares, das pessoas com deficiência, dos ciclistas etc.), as missas e os *shows* – com destaque para a apresentação da Orquestra Sinfônica do Espírito Santo, no santuário de Vila Velha –, além de muitos eventos noturnos e a demonstração da grande devoção e amor dos capixabas e visitantes, manifestada à Mãe da Penha.

O frei Pedro de Oliveira Rodrigues, anfitrião e representante do convento da Penha na abertura do evento, destacou: "A nossa festa está se expandindo pelo Brasil e até pelo mundo. Hoje temos visitantes oriundos de todas as partes do País, além de um número cada vez maior de capixabas. Os jovens foram o principal foco da Festa da Penha desse ano, e isso tanto pelo aspecto religioso quanto profissional. Investir no jovem é fundamental, pois isso significa investir no futuro do Brasil."

Em 2019, a marca criada para a Festa da Penha fez uma homenagem aos vitrais que decoram milhares de igrejas católicas do País. Assim, a imagem de Nossa Senhora da Penha, com o menino Jesus no colo, apareceu com as cores azul, violeta, rosa, branco e amarelo, que simbolizam o manto da santa. A festa, que teve início no domingo de Páscoa, uma data que simboliza a ressurreição do Senhor foi a festa da luz e da alegria.

Para Vila Velha, a Festa da Penha é sem dúvida o seu principal evento do ano e, por isso, sempre recebe o apoio da prefeitura para a sua realização. E em 2019 a prefeitura caprichou ainda mais no preparo da cidade, com o intuito de impressionar a todos com a espetacular manifestação de fé dos espírito-santenses.

Posfácio

No dia 12 de fevereiro de 2021 foi a última vez que acrescentei algo nesse livro, (principalmente no 3º volume) que terminei após dois anos. Foi uma data palindrômica - 12022021 – após um *annus horribilis.*

Nessa data, lamentavelmente no mundo chegou-se a ter quase 110 milhões de pessoas infectadas pela *Covid-19* e infelizmente devido a essa doença tinham morrido no planeta cerca de 2,4 milhões de seres humanos.

O país que mais foi devastado pelo novo coronavírus foram os EUA, com aproximadamente 486 mil óbitos, tendo algo como 28 milhões de infectados, a grande maioria deles conseguindo se recuperar da doença.

O Brasil tornou-se o País com o 2º maior número de mortes, que chegaram a 242 mil e o número de infectados atingindo praticamente 10 milhões de pessoas.

Mas vivia-se também um tempo de muita esperança visto que mais de uma dezena de vacinas, cada uma com a sua eficiência, e de procedência diferente, começaram a ser aplicadas, estando os EUA na frente nessa vacinação que foi aplicada em 48 milhões de seus habitantes e o Brasil ainda em marcha lenta, tendo vacinado algo próximo de 5 milhões de pessoas, dentro das prioridades estabelecidas.

Sem dúvida devemos ter um 2021 muito melhor!!!

Peço desculpas aos leitores pelos muitos erros, **não propositais**, que apareceram nesse livro, particularmente sobre datas, nomes, citações históricas, índices, receitas, citações etc.

Foi muito difícil elaborá-lo pois é bem complicado obter dados recentes e confiáveis.

E isso se estende praticamente as mais variadas estatísticas (número de passageiros que utilizam um certo meio de transporte, a quantidade de alunos matriculados na rede pública e privada, os clientes que circulam num certo *shopping*, os domicílios que estão alugados ou são de propriedade dos moradores, o PIB de uma cidade etc.)

Além de tudo, seguramente citei eventos, instalações, empresas, locais etc. que podem ter sido agora cancelados, fechados ou modificados, entretanto quero destacar que eles existiram e foram importantes no seu tempo naquelas cidades.

Essas alterações devem ter acontecido com muitos hotéis, restaurantes, centros comerciais, escolas e assim por diante especialmente ao longo de 2020, que foi sem dúvida o mais terrível ano para a economia do País (e a saúde das pessoas ...) em toda a sua história, devido a pandemia do novo coronavírus.

Ao escrever o livro foi possível, entretanto, receber muitas informações atualizadas sobre as cidades encantadoras usando-se o computador ou o *smartphone*.

Mas compilei as mesmas em letra cursiva e ficou a cargo de uma "sofredora" mas muito prestativa e eficiente digitadora, Sally Tilelli, decifrar e elaborar o texto final, que passou por algumas revisões, para as devidas correções porém, como já disse muitas "imperfeições" permaneceram, que espero eliminar no futuro...

Para tanto, aguardo inclusive um *feedback* (realimentação) daqueles que perceberem as mesmas e alertar-me sobre esses erros.

Acredito que consegui transmitir nessas 1.900 páginas que as cidades brasileiras e os locais no seu entorno serão cada vez mais visitados (principalmente devido a expansão do turismo doméstico) pois as pessoas quererão participar de **experiências inolvidáveis**!!!

Claro que quanto maior for a **visitabilidade**, maior também será a **empregabilidade** nessas cidades e nas suas proximidades para que esse público seja bem atendido nas atividades que realizarem nas mesmas.

Apesar de muitos especialistas indicarem que o "novo normal" após a pandemia causada pela *Covid-19* seja uma aceleração sem precedentes do "despresenciamento", ou seja, termos uma sociedade conectada pelos meios digitais, **acredito** que haverá também nessa 3 década do século XXI grande crescimento da **economia da experiência**, com as pessoas tomando os cuidados necessários e valorizando bastante as ações mais afetivas...

Isso as impelirá a viajar cada vez mais para conhecer lugares exóticos e cidades inspiradoras e encantadoras...

E isso inclui pessoas com todas as idades com destaque para aquelas já aposentadas, mas com alguns recursos para envolver-se com passeios atraentes...

Não é uma tarefa fácil enfrentar com serenidade a imparável progressão do envelhecimento!!!

O fato é que a velhice não passa de um estágio obrigatório da existência, que sucede à infância, adolescência e maturidade.

Sei que ressaltei o óbvio, mas ao contrário do que muitos imaginam, a velhice não precisa ser desagradável, nem penosa.

Algumas das suas limitações podem até serem encaradas como vantagem, por isentarem os mais velhos de diversos encargos, possibilitando-lhes criarem suas próprias agendas, sem as obrigações que os mais jovens precisam cumprir...

Procurei sempre cultivar a **curiosidade**, seguindo esse padrão da minha adolescência à maturidade o que me permitiu possuir agora na velhice, as melhores recordações dos momentos vividos de forma plena e útil, ao longo de mais de cinco décadas com os jovens e criativos alunos, desfrutando também do ambiente repleto de novidades no qual estão imersos os educadores.

Nessa última década, especialmente, dediquei-me a transmitir, nas centenas de palestras que ministrei em muitos lugares do País, os bons valores e as sugestões sobre as profissões mais promissoras para que os participantes pudessem obter um trabalho digno, que lhes permitisse sobreviver nessa era digital, na qual estão **desaparecendo** muitos empregos!!!

Sem dúvida, isso possibilitou manter-me mentalmente ativo!!!

No que se refere ao declínio corporal, não aguardei a sua chegada passivamente.

Ao contrário, com a minha querida esposa Nilza Maria, procuramos cuidar da nossa saúde, alimentando-nos de forma adequada, fazendo alguns exercícios físicos regularmente e cultivando sempre a mente, que não fica fatigada nunca!!!

Temos muitas esperanças após termos sidos vacinados, de desfrutar ainda uns bons anos juntos!!!

É dessa forma que pretendemos continuar a aproveitar com altivez a vida que temos pela frente, cercados pelas famílias dos nossos filhos, apreciando o dinamismo dos nossos netos...

Siglas

A

ABAV – Associação Brasileira de Agências de Viagens.

ABDI – Agência Brasileira de Desenvolvimento Industrial.

ABL – Academia Brasileira de Letras (ou pode ser também área bruta locável).

Abrasce – Associação Brasileira de *Shopping Centers*.

Abrasel – Associação Brasileira de Bares e Restaurantes.

ABStartups – Associação Brasileira de *Startups*.

Acate – Associação Catarinense de Tecnologia.

ACL – Academia Cearense de Letras.

AIDS – Sigla em inglês para *Acquired Immunodeficiency Syndrome*, cujo significado é síndrome da imunodeficiência adquirida. Doença causada pelo vírus HIV (sigla em inglês do vírus de imunodeficiência humana).

Ales – Assembleia Legislativa do Espírito Santo.

ALL – América Latina Logística.

AM – Sigla inglesa para *amplitude modulation*, ou seja, modulação de amplitude.

Anac – Agência Nacional de Aviação.

Anatel – Agência Nacional de Telecomunicações.

ANPROTEC – Associação Nacional de Entidades Promotoras de Empreendimentos Inovadores.

ANS – Agência Nacional de Saúde Suplementar.

ANTP – Associação Nacional de Transportes Públicos.

Anvisa – Agência Nacional de Vigilância Sanitária.

APA – Área de Preservação Ambiental.

APAE – Associação de Pais e Amigos dos Excepcionais.

APL – Arranjo produtivo local.
APP – Área de Preservação Permanente.
ARIE – Área de relevante interesse ecológico.
AUNE – Aglomeração Urbana do Nordeste do Rio Grande do Sul.
AVC – Acidente vascular cerebral.

B

BC – Balneário Camboriú.
Belotur – Empresa Municipal de Turismo de Belo Horizonte S.A.
BH – Belo Horizonte.
BID – Banco Interamericano de Desenvolvimento.
BNB – Banco do Nordeste do Brasil S.A.
BNCC – Base Nacional Comum Curricular.
BNDES – Banco Nacional de Desenvolvimento Econômico e Social.
BRICS – Bloco constituído por Brasil, Rússia, Índia, China e África do Sul.
BRT – Bus Rapid Transit, ou seja, ônibus de trânsito rápido.

C

CADE – Conselho Administrativo de Defesa Econômica.
CAM – Clube Atlético Mineiro.
CAP – Club Athlético Paranaense.
CAPES – Coordenação de Aperfeiçoamento de Pessoal de Nível Superior.
CARI – Circuito de Aventura Rio de Integração.
CBD – Confederação Brasileira de Desportos; mas também pode ser abreviação de canabidiol.
CBF – Confederação Brasileira de Futebol.
CBTU – Companhia Brasileira de Trens Urbanos.
CC – Câmpus do Cérebro; ou também pode ser uma cidade criativa.
CD – Sigla em inglês para *compact disc*, cujo significado é disco compacto.
CEASA – Central Estadual de Abastecimento.
CEEE – Companhia Estadual de Energia Elétrica.
CEF – Caixa Econômica Federal.

CEFET – Centro Federal de Educação Tecnológica.

Celesc – Centrais Elétricas de Santa Catarina S.A.

Cemig – Companhia Energética de Minas Gerais S.A.

CEMIT – Comitê Estadual de Monitoramento de Incidentes com Tubarões.

CEO – *Chief executive officer*, ou seja, o executivo principal da empresa.

Certi – Centro de Referência em Tecnologias Inovadoras.

CES – Consumer Electronic Show.

Cesad – Centro de Educação Superior de Ensino à Distância.

C.E.S.A.R. – Centro de Estudos de Sistemas Avançados de Recife.

CESMAC – Centro de Estudos Superiores de Maceió.

CESUPA – Centro Universitário do Pará.

CETEC – Centro Tecnológico da Universidade de Caxias.

CFM – Conselho Federal de Medicina.

CHN – Complexo Hospitalar de Niterói.

CI – Cidade inteligente.

CIC – Cidade Industrial de Curitiba.

Ciep – Centro Integrado de Educação Pública.

CIn – Centro de Informática

CISAM – Centro Integrado de Saúde Amauri Medeiros

CITIES – Congresso Internacional de Tecnologia, Inovação, Empreendedorismo e Sustentabilidade de Uberlândia.

CLBI – Centro de Lançamento de Foguetes da Barreira do Inferno.

CMF – Colégio Militar de Fortaleza.

CMPH – Centro de Memória e de Pesquisa Histórica.

CNA – Confederação da Agricultura e Pecuária do Brasil.

CNM – Confederação Nacional de Municípios.

CNPq – Conselho Nacional de Desenvolvimento Científico e Tecnológico.

Codesa – Companhia Docas do Espírito Santo.

Codomar – Companhia Docas do Maranhão.

COFINS – Contribuição para o Financiamento da Seguridade Nacional.

Conama – Conselho Municipal do Meio Ambiente.

COMAR – Comando Aéreo Regional.

COMDEMA – Conselho Municipal do Meio Ambiente.

Compaj – Complexo Penitenciário Anísio Jobim.

Conama – Conselho Nacional do Meio Ambiente.
Confea – Conselho Federal de Engenharia e Agronomia.
Copel – Companhia Paranaense de Energia.
CPMGEF – Colégio da Polícia Militar do Ceará General Edgard Facó.
CPV – Companhia Porto de Vitória.
CRB – Clube Regatas Brasil.
CRIED – Centro Richerche Europeo di Design.
CSA – Centro Esportivo Alagoano.
CST – Companhia Siderúrgica de Tubarão.
CT – Centro de treinamento.
CTG – Centro de Tradição Gaúcha.
CUCA – Centro Urbano de Cultura, Arte, Ciência e Esporte
CV – Comando Vermelho.
CVRD – Companhia Vale do Rio Doce.

D

DCE – Diretório Central de Estudantes.
DENATRAN – Departamento Nacional de Trânsito.
DETRAN – Departamento Estadual de Trânsito.
DF – Distrito Federal.
DICEA-SV – Destacamento do Controle do Espaço Aéreo de Salvador.
Dieese – Departamento Intersindical Estatística e Estudos Socioeconômicos.
DJ – Disc jockey, termo em inglês para discotecário. Trata-se de um profissional que seleciona e reproduz composições gravadas utilizando discos.
DMAE – Departamento Municipal de Água e Esgotos.
DMLU – Departamento Municipal de Limpeza Urbana.
DNA – Sigla em inglês para *Deoxyribonucleic Acid*, cujo significado é ácido desoxirribonucleico.
DNER – Departamento Nacional de Estradas de Rodagem.
DNIT – Departamento Nacional de Infraestrutura de Transportes.
DVD – Digital versatile disc, ou seja, o disco digital versátil para guardar e arquivar dados, som e voz, criado em 1995.

E

EAD – Ensino à distância ou educação à distância.

EB – Escola básica.

EC – Economia criativa.

ECA – Estatuto da Criança e do Adolescente.

Ecad – Escritório Central de Arrecadação.

ECB – Esporte Clube Bahia.

EE – Escola estadual.

EEEF – Escola estadual de ensino fundamental.

EFB – Estrada de Ferro Bragança.

EFC – Estrada de Ferro Carajás.

EFCB – Estrada de Ferro Central do Brasil.

EFG – Estrada de Ferro Goiás.

EFMM – Estrada de Ferro Madeira-Mamoré.

EFOM – Estrada de Ferro Oeste de Minas.

EFPC – Estrada de Ferro Paranaguá-Curitiba.

EFVM – Estrada de Ferro Vitória a Minas.

EJA – Ensino (ou educação) de jovens e adultos.

EMAP – Empresa Maranhense de Administração Portuária.

Emater – Empresa de Assistência Técnica e Extensão Rural.

EMBAP – Escola de Música e Belas Artes do Paraná.

Embrapa – Empresa Brasileira de Pesquisas Agropecuárias.

Embratur – Empresa Brasileira de Turismo.

EMEF – Escola municipal de ensino fundamental.

EMEI – Escola municipal de educação infantil.

EMESCAM – Escola Superior de Ciências da Santa Casa de Misericórdia de Vitória.

Enade – Exame Nacional de Desempenho de Estudantes.

Enem -Exame Nacional do Ensino Médio.

EPTC – Empresa Pública de Transporte e Circulação.

EREM – Escola de referência do ensino médio.

ESF – Estratégia Saúde da Família.

ETA – Estação de tratamento de água.

ETBB – Escola do Teatro Bolshoi no Brasil.
ETE – Estação de tratamento de esgoto.
ETEHL – Escola Técnica Estadual Henrique Lage.
ETI – Escola de Tempo Integral.
ETS – Sigla em inglês para *estimated time of sailing*, cujo significado é tempo estimado de navegação.
EUA – Estados Unidos da América.

F

FAAP – Fundação Armando Alvares Penteado.
FAB – Força Aérea Brasileira.
FACAPE – Faculdade de Ciências Aplicadas e Sociais de Petrolina.
FADERGS – Faculdade de Desenvolvimento do Rio Grande do Sul.
FaE – Faculdade de Educação.
FAEMA – Fundação Municipal de Meio Ambiente.
FAESA – Centro Universitário Faculdades Integradas Espírito-Santenses.
FAETEC – Fundação de Apoio à Escola Técnica.
FAO – Festival Amazonas de Ópera.
FAP – Faculdade de Artes do Paraná.
FAPP – Faculdade de Políticas Públicas.
FAS – Fundação Amazônia Sustentável.
Fase – Faculdade Arthur Sá Earp Neto.
FCC – Fundação Cultural Curitiba.
FDC – Fundação Dom Cabral.
FDN – Família do Norte.
FDV – Faculdade de Direito de Vitória.
FESO – Fundação Educacional Serra dos Órgãos.
FGTS – Fundo de Garantia por Tempo de Serviço.
FGV – Fundação Getúlio Vargas.
Fiergs – Federação das Indústrias do Rio Grande do Sul.
Fies – Fundo de Financiamento Estudantil.
FIFA – *Fédération Internationale de Football Association*, cujo significado é Federação Internacional da Associação de Futebol.

FIIS – Festival de Inovação e Impacto Social.

Fipe – Fundação Instituto de Pesquisa Econômica.

Firjan – Federação das Indústrias do Rio de Janeiro.

FJP – Fundação João Pinheiro.

Flip – Festa Literária Internacional de Paraty.

FM – Frequência modulada.

FMC – Fundação Municipal de Cultura.

FMP – Fundação Medicina de Petrópolis.

FSM – Fórum Social Mundial.

FTC – Faculdade de Tecnologia e Ciências.

Funcap – Fundação Cearense de Apoio ao Desenvolvimento Científico e Tecnológico.

Fundaj – Fundação Joaquim Nabuco.

FUNECE – Fundação Universidade Estadual do Ceará.

FUNESA – Fundação Universidade Estadual de Alagoas.

FURB – Fundação Universidade Regional de Blumenau.

FURJ – Fundação Educacional da Região de Joinville.

G

GD – Gabriel Diniz.

GDF – Governo do Distrito Federal.

GEC – Guarani Esporte Clube.

GM – General Motors.

GSM – Sigla em inglês para *Global System for Mobile Communications*, cujo significado é Sistema Global para Comunicações Móveis.

GPS – Sigla em inglês para *Global Positioning System*, cujo significado é sistema de posicionamento global.

GW – Sigla para gigawatt, uma medida de potência equivalente a um bilhão de watts (W).

H

Ha – Sigla para *hectare*, uma medida para área equivalente a 10.000 m².

HIV – Sigla em inglês para *human immunodeficiency virus*, cujo significado é virus da imunodeficiência humana.

HPEL – Hospital Professor Eládio Lassére.
HPS – Hospital e Pronto-Socorro.
HS – Hospital do Subúrbio.
HU – Hospital Universitário.
Hugol – Hospital Estadual de Urgências Governador Otávio Lage de Siqueira.
HUJM – Hospital Universitário Júlio Müller.

I

IA – Inteligência artificial.
Ibama – Instituto Brasileiro do Meio Ambiente e de Recursos Renováveis.
IBGE – Instituto Brasileiro de Geografia e Estatística.
Ibram – Instituto Brasileiro de Museus.
IC – Iniciação científica.
ICC – Instituição Comunitária de Crédito.
ICE – Índice de Cidades Empreendedoras.
ICMBio – Instituto Chico Mendes de Conservação da Biodiversidade.
ICMS – Imposto de Circulação de Mercadorias e Prestação de Serviços de Transporte Interestadual e Intermunicipal.
Icom – Instituto Couto Maia.
ICTQ – Instituto de Ciência, Tecnologia e Qualidade.
Ideb – Índice de Desenvolvimento da Educação Básica.
Idese – Índice de Desenvolvimento Socioeconômico.
IDH – Índice de Desenvolvimento Humano.
IDHM – Índice de Desenvolvimento Humano Municipal.
IE – Instituição de ensino.
IEMA – Instituto Estadual de Educação, Ciência e Tecnologia do Maranhão.
IEMG – Instituto de Educação de Minas Gerais.
IES – Instituição de ensino superior.
IESB – Instituto de Educação Superior de Brasília.
IFAL – Instituto Federal de Educação, Ciência e Tecnologia de Alagoas.
IFAM – Instituto Federal de Educação, Ciência e Tecnologia do Amazonas.
IFB – Instituto Federal de Educação, Ciência e Tecnologia de Brasília.
IFBA – Instituto Federal de Educação, Ciência e Tecnologia da Bahia.

IFCE – Instituto Federal de Educação, Ciência e Tecnologia do Ceará.
IFES – Instituto Federal de Educação, Ciência e Tecnologia do Espírito Santo.
IFG – Instituto Federal de Educação, Ciência e Tecnologia de Goiás.
IFMS – Instituto Federal de Educação, Ciência e Tecnologia do Mato Grosso do Sul.
IFPA – Instituto Federal de Educação, Ciência e Tecnologia do Pará.
IFPB – Instituto Federal de Educação, Ciência e Tecnologia da Paraíba.
IFPI - Instituto Federal de Educação, Ciência e Tecnologia do Piauí.
IFRN - Instituto Federal de Educação, Ciência e Tecnologia do Rio Grande do Norte.
IF – Sertão - Instituto Federal de Educação, Ciência e Tecnologia do Sertão Pernambucano.
IFTM - Instituto Federal de Educação, Ciência e Tecnologia do Triângulo Mineiro.
IFTO – Instituto Federal de Educação, Ciência e Tecnologia do Tocantins.
IGC – Índice Geral de Custos.
IH – Inteligência humana.
IMD – Instituto Metrópole Digital.
IMIP – Instituto de Medicina Integral Professor Fernando Figueira.
INACE – Indústria Naval do Ceará.
INCRA – instituto Nacional de Colonização e Reforma Agrária.
Inep – Instituto Nacional de Estudos e Pesquisas Educacionais Anísio Teixeira.
Inesa – Instituto de Ensino Superior Santo Antônio.
Infraero – Empresa Brasileira de Infraestruturas Aeroportuárias.
INMET – Instituto Nacional de Meteorologia.
INSS – Instituto Nacional de Seguro Social.
IoT – Sigla em inglês para *Insternet of Things*, cujo significado é Internet das Coisas.
Ipea – Instituto de Pesquisa Econômica Aplicada.
IPHAN – Instituto do Patrimônio Histórico e Artístico Nacional.
IPI – Imposto sobre Produtos Industrializados.
IPPUC – Instituto de Pesquisa e Planejamento Urbano de Curitiba.
IPUF – Instituto de Planejamento Urbano de Florianópolis.
IRB – Instituto Ricardo Brennand.
ISD – Instituto Santos Dumont.
ISS – Imposto sobre Serviços.
ITA – Instituto Tecnológico de Aeronáutica.

J

JEC – Joinville Esporte Clube.
JK – Juscelino Kubitschek.
JMPI – Jogos Mundiais dos Povos Indígenas.

L

LBF – Liga de Basquete Feminino.
LCD – Sigla em inglês para *liquid crystal display*, cujo significado é tela de cristal líquido.
LEC – Londrina Esporte Clube.
LED – Sigla em inglês para *light emitting diode*, cujo significado é diodo emissor de luz.
LGBT – Comunidade de lésbicas, *gays*, bissexuais e transexuais.
LGBTI - Comunidade de lésbicas, *gays*, bissexuais, transexuais e interssexuais.
LIKA – Laboratório de Imunopatologia Keizo Asami.
LNF – Liga Nacional de Futsal.
LRF – Lei de Responsabilidade Fiscal.
Lubnor – Refinaria de Lubrificantes e Derivados do Nordeste.

M

MAC – Museu de Arte Contemporânea de Niterói; ou também Maranhão Atlético Clube.
Manaus Cult – Fundação de Cultura, Turismo e Eventos de Manaus.
MAP – Manaus Aerotáxi Participações.
MATOPIBA – Região que inclui os Estados do Maranhão, Tocantins, Piauí e Bahia.
MAUC – Museu de Arte da Universidade Federal do Ceará.
MBA – Acrônimo de *Master of Business Administration*, cujo significado é mestre em gestão de negócios.
MCMV – Programa Minha Casa, Minha Vida.
MEI – Microempreendedor individual.
Mercosul – Mercado Comum do Sul.
MMA – Sigla em inglês para *mixed martial arts*, cujo significado é artes marciais mistas.
MON – Museu Oscar Niemeyer.

MPB – Música popular brasileira.

MPF – Ministério Público Federal.

MS – Mato Grosso do Sul.

MW – Sigla para megawatt, uma medida de potência equivalente a um milhão de watts (W).

N

NAI – Núcleo de Atenção do Idoso

NBA – Sigla em inglês para *National Basketball Association*, cujo significado é liga nacional de basquete profissional dos EUA.

NBB – Novo Basquete Brasil.

O

OAB – Ordem dos Advogados do Brasil.

OCDE – Organização para a Cooperação e Desenvolvimento Econômico.

OCPM – Organização das Cidades de Patrimônio Mundial.

ODS – Objetivo de Desenvolvimento Sustentável da ONU.

OIT – Organização Internacional do Trabalho.

OMPI – Organização Mundial de Propriedade Industrial.

OMS – Organização Mundial da Saúde.

ONG – Organização Não Governamental.

ONU – Organização das Nações Unidas.

OSCIP – Organização da Sociedade Civil de Interesse Público.

OSPA – Orquestra Sinfônica de Porto Alegre.

P

PANC – Planta alimentícia não convencional.

PCB – Partido Comunista Brasileiro.

PCC – Primeiro Comando da Capital.

PDDU – Plano Diretor de Desenvolvimento Urbano.

PEA – População economicamente ativa.

PIB – Produto Interno Bruto.

PIC – Prática integrada e complementar.

PISA – Sigla em inglês para *Programme for International Student Assessment*, cujo significado é Programa Internacional de Avaliação de Estudantes (realizado pela OCDE).

PIS/PASEP – Fundo resultante da unificação de outros dois, constituídos com recursos do Programa de Integração Social e do Programa de Formação do Patrimônio do Servidor Público.

PM – Polícia Militar.

PMI – Procedimento de Manifestação de Interesse.

PNAD – Pesquisa Nacional por Amostra de Domicílios.

PNE – Plano Nacional de Educação.

PNUD – Programa das Nações Unidas para o Desenvolvimento.

Poa – Porto Alegre.

PPP – Parceria público-privada.

PRF – Polícia Rodoviária Federal.

PROCAPE – Pronto-Socorro Cardiológico Universitário de Pernambuco Prof. Luiz Tavares.

Pronaf – Programa Nacional de Fortalecimento da Agricultura Familiar.

Pro Uni – Programa Universidade para Todos, do governo federal, cujo objetivo é conceder bolsas em cursos de graduação nas IESs privadas.

PSF – Programa de Saúde de Família.

PTI – Parque Tecnológico de Itaipu.

PV – Projeto de Vida.

PUC Goiás – Pontifícia Universidade Católica de Goiás.

PUC Minas – Pontifícia Universidade Católica de Minas Gerais.

PUC PR – Pontifícia Universidade Católica do Paraná.

PUC RS – Pontifícia Universidade do Rio Grande do Sul.

R

RA – Região administrativa.

RBS – Rede Brasil Sul.

RCC – Rede de Cidades Criativas.

REM – Sigla em inglês para *rapid eye movement*, cujo significado é movimento rápido dos olhos ocorrido durante uma fase do sono.

RFFSA – Rede Ferroviária S.A.

RIDE – Região Integrada de Desenvolvimento.

RIT – Rede Integrada de Transporte.

RMB – Região Metropolitana de Belém.

RMBH – Região Metropolitana de Belo Horizonte.

RMC – Região Metropolitana de Curitiba.

RMCG – Região Metropolitana de Campo Grande; ou então de Campina Grande.

RME – Região Metropolitana de Esperança.

RMF – Região Metropolitana de Fortaleza.

RMFRI – Região Metropolitana de Foz do Rio Iguaçu.

RMG – Região Metropolitana de Goiânia.

RMGF – Região Metropolitana da Grande Florianópolis.

RMJP – Região Metropolitana de João Pessoa.

RML – Região Metropolitana de Londrina.

RMM – Região Metropolitana de Maceió; ou então de Região Metropolitana de Manaus.

RMN – Região Metropolitana de Natal.

RMNNC – Região Metropolitana do Norte/Nordeste Catarinense.

RMPA – Região Metropolitana de Porto Alegre.

RMR – Região Metropolitana de Recife.

RMRJ – Região Metropolitana do Rio de Janeiro.

RMS – Região Metropolitana de Salvador.

RMSL – Região Metropolitana de São Luís.

RMVI – Região Metropolitana do Vale do Itajaí.

RUF – Ranking universitário elaborado pelo jornal *Folha de S.Paulo*.

S

SAAE – Serviço Autônomo de Água e Esgotos.

SACS – Sigla em inglês para *South Atlantic Cable System*, cujo significado é sistema de cabeamento do Atlântico Sul.

Saeb – Sistema de Avaliação da Educação Básica.

SAMU – Serviço de Atendimento Móvel de Urgência.

SBClass – Sistema Brasileiro de Classificação dos Meios de Hospedagem.

Sebrae – Serviço Brasileiro de Apoio às Micro e Pequenas Empresas.

Semae – Serviço Municipal Autônomo de Água e Esgoto.

Sempab – Secretaria Municipal de Produção e Abastecimento.

Senac – Serviço Nacional de Aprendizagem Comercial.

Senai – Serviço Nacional de Aprendizagem Industrial.

SER – Secretaria Executiva Regional, em Fortaleza.

Sercomtel – Serviços de Comunicações Telefônicas de Londrina.

Sesc – Serviço Social do Comércio.

Sesi – Serviço Social da Indústria.

Siate – Serviço Integrado de Atendimento de Trauma e Emergência.

SIT-FOR – Sistema Integrado de Transporte de Fortaleza.

SIT-São Luís – Sistema Integrado de Transporte de São Luís.

SMS – Sigla em inglês para *short message service*, cujo significado é serviço de mensagens curtas.

SOMACS – Sociedade Maranhense de Cultura Superior.

SRNE – Superintendência Regional do Nordeste.

STEAM – Sigla em inglês para *Science, Technology, Engineering, Arts and Mathematics*, cujo significado é Ciência, Tecnologia, Engenharia, Artes e Matemática.

STEM – Sigla em inglês para *Science, Technology, Engineering and Mathematics*, cujo significado é Ciência, Tecnologia, Engenharia e Matemática.

STF – Supremo Tribunal Federal.

STTP – Superintendência de Trânsito e Transportes Públicos.

Saframa – Superintendência da Zona Franca de Manaus.

SUS – Sistema Único de Saúde.

T

TAP – Transportes Aéreos Portugueses.

TCU – Tribunal de Contas da União.

Tecnopuc – Parque Científico e Tecnológico da PUC RS.

THC – Sigla em inglês para tetrahirocanabiol.

THE – Sigla em inglês para *Times Higher Education*, um *ranking* de IESs publicado pela revista britânica de mesmo nome.

TI – Tecnologia de Informação.

TIC – Tecnologia de Informação e comunicação.

TRF – Tribunal Regional Federal.
TSE – Tribunal Superior Eleitoral.
TV – Televisão.

U

UAI – Unidade de atendimento integral.
UBS – Unidade Básica de Saúde.
UCB – Universidade Católica de Brasília.
UCDB – Universidade Católica Dom Bosco.
UCP – Universidade Católica de Petrópolis.
UCPE – Universidade Católica de Pernambuco.
UCS – Universidade de Caxias do Sul.
UCSAL – Universidade Católica de Salvador.
UDESC – Universidade do Estado de Santa Catarina.
UDF – Centro Universitário do Distrito Federal.
UEA – Universidade Estadual do Amazonas.
UEC – Uberlândia Esporte Clube.
UECE – Universidade Estadual do Ceará.
UEG – Universidade Estadual de Goiás.
UEL – Universidade Estadual de Londrina.
UEMA – Universidade Estadual do Maranhão.
UEMG – Universidade do Estado de Minas Gerais.
UEMS – Universidade Estadual do Mato Grosso do Sul.
UEPA – Universidade do Estado do Pará.
UEPB – Universidade Estadual da Paraíba.
UERGS – Universidade Estadual do Rio Grande do Sul.
UERJ – Universidade Estadual do Rio de Janeiro.
UESPI – Universidade Estadual do Piauí.
UFAL – Universidade Federal de Alagoas.
UFAM – Universidade Federal do Amazonas.
UFBA – Universidade Federal da Bahia.
UFC – Universidade Federal do Ceará.

UFCG – Universidade Federal de Campina Grande.

UFCSPA – Fundação Universidade Federal de Ciências da Saúde de Porto Alegre.

UFES – Universidade Federal do Espírito Santo.

UFF – Universidade Federal Fluminense.

UFG – Universidade Federal de Goiás.

UFMA – Universidade Federal do Maranhão.

UFMG – Universidade Federal de Minas Gerais.

UFMS – Universidade Federal do Mato Grosso do Sul.

UFMT – Universidade Federal do Mato Grosso.

UFOP – Universidade Federal de Ouro Preto.

UFPA – Universidade Federal do Pará.

UFPB – Universidade Federal da Paraíba.

UFPE – Universidade Federal de Pernambuco.

UFPI – Universidade Federal do Piauí.

UFPR – Universidade Federal do Paraná.

UFRGS – Universidade Federal do Rio Grande do Sul.

UFRJ – Universidade Federal do Rio de Janeiro.

UFRN – Universidade Federal do Rio Grande do Norte.

UFRPE – Universidade Federal Rural de Pernambuco.

UFS – Universidade Federal de Sergipe.

UFSC – Universidade Federal de Santa Catarina.

UFT – Universidade Federal do Tocantins.

UFU – Universidade Federal de Uberlândia.

ULBRA – Universidade Luterana do Brasil.

UnB – Universidade de Brasília.

Uncisal – Universidade Estadual de Ciências da Saúde de Alagoas.

Unctad – Sigla em inglês para *United Nations Conference on Trade and Development*, cujo significado é Conferência das Nações Unidas sobre Comércio e Desenvolvimento.

UNEAL – Universidade Estadual de Alagoas.

UNEB – Universidade do Estado da Bahia.

Uned – Unidade de Ensino Descentralizado.

Unesa – Universidade Estácio de Sá.

Unesco – Sigla em inglês para *United Nations Educational, Scientific and Cultural*

Organization, cuja tradução é Organização das Nações Unidas para a Educação, a Ciência e a Cultura.

UNESPAR – Universidade Estadual do Paraná.

UNICAP – Universidade Católica de Pernambuco.

Unicef – Sigla em inglês para *United Nations International Children's Emergency Fund*, traduzido no Brasil como Fundo de Emergência Internacional das Nações Unidas para a Infância.

UniCEUB – Centro de Ensino Unificado de Brasília.

Uniceuma – Centro Universitário do Maranhão.

Unifeso – Centro Universitário da Serra dos Órgãos.

UNIFOR – Universidade de Fortaleza.

Unila – Universidade Federal de Integração Latino-Americano.

Unimed – Confederação Nacional das Cooperativas Médicas, a maior operadora de planos de saúde do Brasil.

Uninassau – Centro Universitário Maurício de Nassau.

Uninorte – Faculdade Norte Paranaense.

Unip – Universidade Paulista.

UNIPÊ – Centro Universitário de João Pessoa.

UniRitter – Centro Universitário Ritter dos Reis.

UNIT – Centro Universitário Tiradentes.

Unitins – Universidade Estadual de Tocantins.

Unitri – Centro Universitário do Triângulo Mineiro.

Univasf – Universidade Federal do Vale do São Francisco.

Univille – Universidade da Região de Joinville.

UNIVIMA – Universidade Virtual do Maranhão.

Unopar – Universidade Norte do Paraná.

UnP – Universidade Potiguar.

UPA – Unidade de Pronto Atendimento.

UPE – Universidade de Pernambuco.

UPIS – União Pioneira de Integração Social.

URB – Universidade Regional de Blumenau.

URGS – Universidade do Rio Grande do Sul.

USP – Universidade de São Paulo.

UTFPR – Universidade Tecnológica Federal do Paraná.
UTI – Unidade de terapia intensiva.

V

Varig – Viação Aérea Rio-Grandense.
VGD – Estácio Vitorino Gonçalves Dias.
VIP – Sigla em inglês para *very important person*, cujo significado é pessoa muito importante.
VLP – Veículo leve sobre pneus.
VLT – Veículo leve sobre trilhos.

W

W ou Watt – Unidade de energia mecânica ou elétrica equivalente à transferência de 1 jaule (J) por segundo. Trata-se da energia produzida pela corrente de 1 ampere (A), através de uma diferença de 1 volt (V).
WEF – Sigla em inglês para *World Economic Forum*, cuja tradução é Fórum Econômico Mundial, realizado anualmente em Davos, na Suíça.
Wi-Fi – Sigla em inglês para *wireless fidelity*, cuja tradução é conectividade sem fio.
WSL – Sigla em inglês para *World Surf League*, cuja tradução é Liga Mundial de Surfe.

Z

ZEIA – Zona Especial de Interesse Ambiental.
ZEIS – Zona Especial de Interesse Social.
ZFM – Zona Franca de Manaus.
ZPE – Zona de Processamento de Exportação.

SUGESTÕES DE LEITURA:

ECONOMIA CRIATIVA: FONTE DE NOVOS EMPREGOS
Volume I e II

CIDADES CRIATIVAS: TALENTOS, TECNOLOGIA, TESOURO, TOLERÂNCIA
Volume I e II

CIDADES PAULISTAS INSPIRADORAS
Volume I e II

ENCANTADORAS CIDADES BRASILEIRAS
Volume I e II